主编　阎纯德　吴志良

北京语言大学
列国汉学史书系
Sinological History Series

《孙子兵法》在英语世界的传播与接受研究

杨玉英　著

学苑出版社

语言资源高精尖创新中心支持项目

图书在版编目（CIP）数据

《孙子兵法》在英语世界的传播与接受研究／杨玉英著. ——北京：学苑出版社，2017.4
（列国汉学史书系 ／ 阎纯德，吴志良主编）
ISBN 978-7-5077-5206-9

Ⅰ. ①孙… Ⅱ. ①杨… Ⅲ. ①《孙子兵法》－英语－翻译－研究 Ⅳ. ①E892.25②H315.9

中国版本图书馆CIP数据核字(2017)第071955号

责任编辑：杨　雷
封面设计：徐道会
出版发行：学苑出版社
社　　址：北京市丰台区南方庄2号院1号楼
邮政编码：100079
网　　址：www.book001.com
电子信箱：xueyuanpress@163.com
联系电话：010-67601101（销售部）　67603091（总编室）
经　　销：新华书店
印　刷　厂：北京建宏印刷有限公司
开本尺寸：710×1000　1/16
字　　数：350千字
印　　张：30.25
印　　数：1500册
版　　次：2017年5月第1版
印　　次：2017年5月第1次印刷
定　　价：60.00元

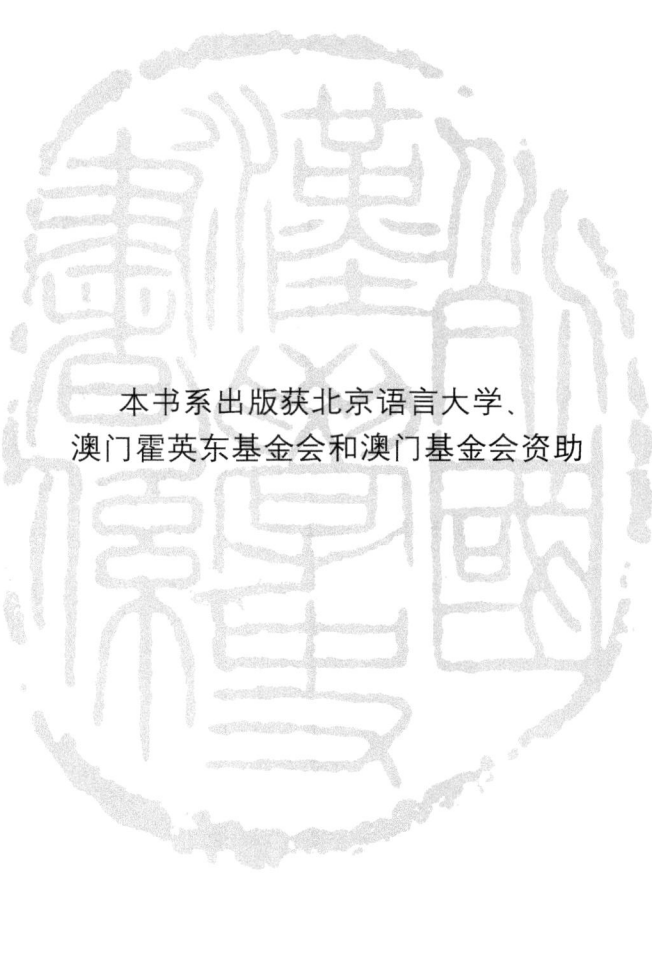

本书系出版获北京语言大学、
澳门霍英东基金会和澳门基金会资助

 **北京语言大学列国汉学史书系
编辑委员会**

顾　问：季羡林　李学勤　汤一介　王路江　李宇明
主　任：崔希亮
副主任：韩经太　曹志耘
主　编：阎纯德　吴志良
编　委：王晓平　乐黛云　安平秋　许光华　刘顺利
　　　　吴志良　张国刚　严绍璗　李明滨　李海绩
　　　　陈开科　侯且岸　柴剑虹　钱林森　耿　昇
　　　　阎纯德　阎国栋　熊文华

序 一

经过近30年多位学者的辛劳努力,现在我们可以说,国际汉学研究确实已经成长为一门具有特色的学科了。

"汉学"一词本义是对中国语言、历史、文化等的研究,而在国内习惯上专指外国人的这种研究,所以特称"国际汉学",也有时作"世界汉学""国际中国学",以区别于中国人自己的研究。至于"国际汉学研究",则是对国际汉学的研究。中外都有学者从事国际汉学研究,但我们在这里讲的,是中国学术界的国际汉学研究。

自从"改革开放"以来,国际汉学研究改变了禁区的地位,逐渐开拓和发展。其进程我想不妨划分为三个阶段:一开始仅限于对国际汉学界状况的了解和介绍,中心工作是编纂有关的工具书,这是第一个阶段。到了20世纪90年代,出现国际汉学研究的专门机构,大量翻译和评述汉学论著,应作为第二个阶段。在这两个阶段里,学者们为深入研究国际汉学打好了基础,准备了条件。新世纪到来之后,进入全面系统地研究国际汉学的可能性应该说业已具备。

今后国际汉学研究应当如何发展,有待大家磋商讨论。以我个人的浅见,历史的研究与现实的考察应当并重。国际汉学研究不是和现实脱离的,认识国际汉学的现状,与外国汉学家交流沟通,对于我国学术文化的发展以至于多方面的工作都是必要的。我曾经提议,编写一部中等规模的《当代国际汉学手册》,使我们的学者便于使用;如果有条件的话,还要组织出版《国际汉学年鉴》。这样,大家在接触外国汉学界时,不会感到隔膜,阅读外国汉学作品,也就更容易体味了。必须指出的是,国际汉学有着长久的历史,因此现实和历史是分不开的,不了解各国汉学的历史传统,终究无法认识汉学的现状。

我们已经有了不少国际汉学史的著作及论文。实际上,公推为中国最早的汉学史专书,是1949年出版的莫东寅《汉学发达史》,尽管是通史体裁，也包含了分国的篇章。这本书最近已有经过校勘的新版，大家容易看到，尽管只是概述性的，却使读者能够看到各国汉学互相间的关系。由此可见，有组织、有系统地考察各国汉学的演进和成果，将之放在国际汉学整体的背景中来考察，实在是更为理想的。

这正是我在这里向大家推荐阎纯德教授、吴志良博士主编的这套"列国汉学史书系"的原因。

阎纯德教授在北京语言大学主持汉学研究所工作多年，是我在这方面的同行和老友，曾给我以许多帮助。他为推进国际汉学研究，可谓不遗余力，所做出的重要贡献是学术界周知的。在他的引导之下，《中国文化研究》季刊成为这一学科的园地，随之又主编了《汉学研究》，列为《中国文化研究汉学书系》，有非常广泛的影响。其锲而不舍的精神，我一直敬服无地。特别要说的是，阎纯德教授这几年为了编著这套"列国汉学史书系"所投入的心血精力，可称出人意想。

在《汉学研究》第八集的《卷前絮语》中，阎纯德教授慨叹："《汉学研究》很像同人刊物，究其原因，是从事这个领域研究的学者太少，尤其是专门的研究者更是少之又少，所以每一集多是读者相熟的面孔。"现在看"列国汉学史书系"，作者已形成不小的专业队伍，这是学科进步的表现，更不必说这套书涉及的范围比以前大为扩充了。希望"列国汉学史书系"的问世成为国际汉学研究这个学科在新世纪蓬勃发展的一个界标，让我们在此对阎纯德教授、这套书的各位作者，还有出版社各位所做出的劳绩表示感谢。

李学勤

2007 年 4 月 8 日

于清华大学国际汉学研究所

序 二
汉学历史和学术形态

汉学历史和学术形态历史是既抽象又具体的存在,是浩瀚无边的过去、现在和未来。历史会让我们兴奋,也会使我们悲哀,有时会令人觉得它又仿佛是一个梦。但是,当我们梦醒而理智的时候,便会发现——自然史、时间史、太阳史、地球史、人类社会史,一切的一切,不管是曾经存在过的恐龙,还是至今还在生生不息的蚂蚁社群,天上的,地下的,看得见的,看不见的,一切都有自己的历史。一切都有过发生,一切都还在发展,一切都还会灭亡。

任何事物的发生都有一个有形或无形的孕育过程,"汉学"(Sinology)也是这样,其孕育和成长,就是中国文化与异质文化相互交媾浸淫的历史。这个历史,始于公元1世纪前后汉代所开通的丝绸之路,接下来是七八世纪的大唐帝国、十四五世纪的明代、清末的鸦片战争和"五四"新文化运动,这种文化的碰撞和交流之潮时起时伏直到今天,还会发展到永远。这是历史,是汉学的昨天、今天和未来,是其孕育、发生和成长的过程显现出的文化精神。但是,昨天有远有近,我们可以循蛛丝马迹地探讨找回其真;而今天,只是一个过渡,一俟走过,便成为昨天的陈迹。写作汉学史是一件艰难的劳作,尤其对象是遥远的昨天,尤其是"遗失"在异国他乡的昨天,更非一件易事。时至今日,朦胧面纱下的汉学还不为一些学人所认识,因此有必要取下面纱,让人们看个究竟。

从20世纪70年代中期之后,尤其90年代以降,"汉学"(Sinology)便逐渐成为学术界耳熟能详的学术名词。中国大陆重提"汉学"(Sinology)至今,汉学就像隐藏在深山里的小溪,经过30年的艰辛跋涉之后,才终于形成一条奔腾的水流,并成为中国文化水系不可或缺的组成部分。这个变化是时代和历史变迁带来的结果,也是文化自己发展的规律。

那么，究竟什么是汉学（Sinology）呢？首先，这里的汉学非指汉代研究经学注重名物、训诂——后世称"研究经、史、名物、训诂考据之学"的"汉学"，而是指外国人研究中国历史、语言、哲学、文学、艺术、宗教、考古及社会、经济、法律、科技等人文和社会科学领域的那种学问，这起码已是200多年来世界上的习惯学术称谓。李学勤教授多次说："汉学，英语是Sinology，意思是对中国历史文化和语言文学等方面的研究。在国内学术界，'汉学'一词主要是指外国人对中国历史文化等的研究。有的学者主张把它改译为'中国学'，不过'汉学'沿用已久，在国外普遍流行，谈外国人这方面的研究，用'汉学'比较方便。"① Sinology 一词来自外国，它不是汉代的"汉"，也不是汉族的"汉"，不指一代一族，其词根 sino 源于秦朝的"秦"（Sin），所指是中国。

在历史长河里，汉学由胚胎逐渐发育成长。当汉学走过少年时代，在西学东渐和中学西传互示友情后，中学开始影响西方而成为人类文明史上的伟大事件。中世纪以来，欧洲视中国为"修明政治之邦"，对中国充满了好奇与好感，当"中国热"蜂起欧洲，19世纪初期法国便成为西方汉学的中心，巴黎成为"汉学之都"。戴密微（Paul Demiéville）曾说汉学的先驱是葡萄牙、西班牙和意大利。但是，汉学作为学术研究和一种文化形态，举大旗的则是法国人。1814年12月11日，雷慕沙（Jean Pierre Abel Rémusat）在法兰西学院首开"汉语和鞑靼——满语语言与文学讲座"，启开了西方真正的汉学时代。但指代汉学的"Sinologie"（英文"Sinology"）一词则出现在18世纪末，应该早于雷慕沙主持第一个汉学讲座的时间，更不会晚于1838年。从此之后，"Sinology"便成为主导汉学世界的图腾、约定俗成的学术"域名"。在世界文化史和汉学史上，外国人把研究中国的学问称为"汉学"，研究中国学问的造诣深厚的学者称为"汉学家"。因此，我认为，我们不必要标新立异，根据西方大部分汉学家的习惯看法，"Sinology"发展到如今，这一历史已久的学术概念有着最广阔的内涵，绝不是什么"汉族文化之学"，更不是什么汉代独有的"汉学"，它涵盖中国的一切学问，既有以儒释道为核心的传统文化，也包含"敦煌学""满学""西夏学""突厥学"以及"藏学"和"蒙古学"等领域。但是一直以来人们对汉学的理解和解释相

---

① 李学勤《国际汉学漫步·序》，石家庄：河北教育出版社1997年。

左,因此便有了"中国学""海外汉学""海外中国学""域外汉学""国际汉学""世界汉学""国际中国文化"等不同的叫法;如果咬文嚼字,推演下来,一定还会有"国内汉学""国内中国学",甚至"北京汉学""河南汉学"等。由于汉学的发展、演进,以法国为首的"传统汉学"和以美国为首的"现代汉学",到了20世纪中叶之后,研究内容、理念和方法,已经出现相互兼容并包状态,就是说Sinology可以准确地包含Chinese Studies的内容和理念;从历史上看,尽管Sinology和Chinese Studies所负载的传统和内容有所不同,但现在可以互为表达、"雌雄同体"同一个学术概念了。话再说回来,对于这样一个负载着深刻而丰富历史内涵的学术"域名",我以为还是叫它Sinology最好,因为,Sinology不仅承继了汉学的传统,而且也容纳了Chinese Studies较为广阔的内容。另外,中国人对中国文化的研究应该称为国学,而外国学者研究中国文化的那种学问则称为汉学。汉学是国学的有血有灵魂的"影子",而汉学不是国学,是介于中学与西学两者之间,本质上更接近西学的一种文化形态。说它与国学同根而生,说它们是一条藤上的两个瓜,都不为过,然而瓜的形象与味道却不相同,一个是"东瓜",一个是"西瓜"。我认为这样认识汉学,既符合中国文化的学术规范,又符合世界上的历史认同与学术发展实际。

汉学的历史是中国文化与异质文化交流的历史,是外国学者阅读、认识、理解、研究、阐释中国文明的结晶。汉学作为外国人认识中国及其文化的桥梁,是中国文化和外国文化撞击后派生出来的学问,实际上也是中国文化另一种形式的自然延伸。但是,汉学不是纯粹的中国文化,它与中国文化有着密不可分的血缘关系,既是中外文化的"混血儿",又是可以照见"中国文化"的镜子,是可以攻玉的"他山之石"。"'Sinology'是一门在国际文化中涉及双边或多边文化关系的近代边缘性的学术,它以'中国文化'作为研究的'客体',以研究者各自的'本土文化语境'作为观察'客体'的基点,在'跨文化'的层面上各自表述其研究的结果,它具有'泛比较文化研究'的性质。"[①]以上两种表述虽有不同,但学理一致,基本可以厘清我们对于Sinology(汉学)的基本学术定位。

法国汉学家马伯乐(Henri Maspero)说过:"中国是欧洲以外仅有的这

---

① 严绍璗《我对Sinology的理解和思考》,载《世界汉学》2006年第4期。

样的一个国家:自远古起,其古老的本土文化传统一直流传至今。"法国哲学家弗朗索瓦·于连(François Jullien)也说:"中国文明是在与欧洲没有实际的借鉴或影响关系之下独自发展的、时间最长的文明……中国是从外部审视我们的思想——由此使之脱离传统成见——的理想形象。"①他在《为什么我们西方人研究哲学不能绕过中国》中提出:"我们选择出发,也就是选择离开,以创造远景思维的空间。人们这样穿越中国也是为了更好地阅读希腊。"为了获得一个"外在的视点",他才从遥远的视点出发,并借此视点去"解放"自己。这便是一个未曾断流、在世界上仅存的几种古老文化之一的中国文明的意义。中国文明是一道奔流不息的活水,活水流出去,以自己生命的光辉影响世界;流出的"活水"吸纳异国文化的智慧之后,形成既有中国文化的因子,又有外国文化思维的一种文化,这就是"汉学"。也就是说,汉学是以中国文化为原料,经过另一种文化精神的智慧加工而形成的一种文化。从某种意义上说,汉学既是外国化了的中国文化,又是中国化了的外国文化;抑或说是一种亦中亦西、不中不西有着独立个性的文化。汉学作为一门独立的具有跨文化性质的学科,是外国文化对中国文化借鉴的结果。汉学对外国人来说是他们的"中学",对中国人来说又是西学,它的思想和理论体系仍属"西学"。

  汉学研究是指对外国汉学家及其对中国文化研究成果的再研究,是中国学者对外国学者研究中国文化的反馈,也是对外国文化借鉴的一个方面。凡是对历史或异质文化进行研究,都有一个价值判断和公正褒贬的问题。因此,对于外国汉学家对于我们中国文化的研究,必得有我们自己的判断,然后做出公正的褒贬。我们说汉学是可以攻玉的"他山之石",但是这句箴言并非只是适用于中国人,对外国人也是一样。汉学也像外国的本体文化一样,对我们来说有借鉴作用,对西方来说有启迪作用——西方学者以汉学为媒介来了解中国,汲取中国文化的精华,完善自己的文明。人类由于文化背景差异和文化语境的不同,思维方向和方式也会不同,因而就会得出不同的结论,讲出不同的道理。"西方学者接受近现代科学方法的训练,又由于他们置身局外,在庐山以外看庐山,有些问题国内学者司空

---

① [法]弗朗索瓦·于连(François Jullien)《迂回与进入》,香港:生活·读书·新知三联书店1998年。

见惯,习而不察,外国学者往往探骊得珠。如语言学、民俗学、考古学、人类学、社会学诸多领域,时时迸发出耀眼的火花。"① 汉学的学术价值往往不被国人重视,并利用汉学家对于中国文化的一些误读贬低汉学的价值。其实,这并不公平,有些汉学家对于中国文化确实有其独到的见解,能发中国人未发之音。法国汉学家马伯乐(Henri Maspero,1883—1945)对中国上古文化和上古宗教的研究就有独到的贡献,被称对中国宗教研究有"先河"之功。他研究中国宗教的宗教社会学的方法,促进和推动了中国学者采用宗教社会学来研究中国宗教,被称为"中国宗教社会学研究的真正创始人"。瑞典汉学家高本汉(Bernhard Karlgren,1889—1978),终生的最高成就是根据研究古代韵书、韵图和现代汉语方言、日朝越诸语言中汉语借词译音构拟汉语中古音和根据中古音和《诗经》用韵、谐声字构拟古音,写出了著名的学术专著《中国音韵学研究》《汉语中古音与古音概要》《古汉语字典重订本》《中日汉字形声论》《论汉语》《诗经注释》《尚书注释》和《汉朝以前文献中的假借字》等,他对汉语音韵训诂的研究是不少中国学者所不及的,并深刻影响了对于中国音韵训诂的研究。20 世纪著名的日本学者津田左右吉关于中国文化的研究著述甚丰,他认为中国文化是一种"人事本位文化",其核心是"帝王文化",其他认识上尽管有偏颇,但也有其独异性和深刻之处。这就是"他山之石"的意义和价值。当然,不可否认,汉学家对于中国文化的误读或歪曲也是常见的,诸如瑞典考古学家安特生(John Gunnar Andersson)于 1921 年 10 月对河南仰韶文化遗址发掘之后,便说中国彩陶制作技术源于西方,并在他的《甘肃考古记》和《黄土儿女》著作中反复强调他的这一错误观点。这一观点亦为"西方文化东移造成中国文化之说"提供了说辞。日本学者石田幹之助也推波助澜,闭门造车地推测出西方文化东渐的路线;甚至连我们的国学大师章太炎、刘师培也被"忽悠"得认可了"中国文化西来说"。② 美国现代汉学(中国学)的奠基人费正清对中国历史尤其近代史的研究独具风采,为美国人民认识中国搭建了一座桥梁;但他在研究上的所谓"冲击—回应"模式,却近乎荒谬,认为

---

① 季羡林《汉学研究·序》第七集,北京:中华书局 2003 年。
② 《章太炎全集·〈訄书·序〉·〈种姓篇〉》,上海:上海古籍出版社 1985 年;刘师培《刘申叔先生遗书·〈思念祖国〉·〈华夏篇〉·〈国土原始论〉》。

是西方给中国带来了文明,是西方的侵略拯救了中国。综上所述,对于汉学成果的研究,只有冷静、公正、客观、全面,才能在沙中淘得真金,拥抱"他山之石"。

在中国,汉学的接受与命运,诚实地说,在20世纪80年代初期之前,基本上是无视它的学术价值,更没人把它看作是中国文化的延伸。此外,由于民族心理上的历史"障碍",我们还曾视汉学为洪水猛兽,甚至觉得它是仇视中国、侮辱中国的一个境外的文化"孽种"。这种"观点",虽嫌偏颇,但也不是空穴来风。因为自19世纪"鸦片战争"前后,直至20世纪40年代,偌大的中国曾经惨遭蹂躏,整个历史写满了炮火压迫和宗教怀柔,其间也不乏为列强殖民政策服务的传教士、"旅行家"和"学者"深入中国腹地,以旅行、探险、考古之名而实行搜集社会情报、盗窃和骗取中国大批文物。

人类思想的飞翔,是受社会和历史禁锢的,山高水远的阻隔也使得人类互相寻找的岁月特别漫长。交流是人类文化选择的自然形态,汉学就发生在这种物质交流和文化交流之中。

公元前后,中国人被称为赛里斯(Seres),中国叫赛里加(Serice),这是陆路交往关于中国最初的叫法,时间较早;另一种叫法,把中国人称为秦尼(Sinai),中国叫秦(Sin),这是海路交往关于中国的叫法,时间较晚。由商人输往西方的中国丝绸绢绘是当时帝王贵族倾慕的奢侈珍品,Seres和Serice两字系由阿尔泰语所转化,是希腊罗马称谓中国绢绘的Serikon、Sericum两字简化而来。西方人当时称中国为"秦"(Sin),称中国人为"秦尼"(Sinai),则是源于秦朝。①

人类在互相寻找的初级阶段,中国和西方试探性的商业交往还很原始,那时的人类,不同的国家、民族和族群处于相对落后和封闭的状态,人类各个角落的不同文化还处于相对不自觉或是相对蒙昧的历史时期。在人类最早的沟通中,中国人走在最前边。公元前139年,张骞奉汉武帝之命,越过葱岭,亲历大宛、康居、大月氏、大夏、乌孙、安息等地,直达地中海东岸,先后两次出使中亚各国,历时十多年,开创了古代和中世纪贯通欧亚非的陆路"丝绸之路",为人类交往开创了先河,也为汉学的萌发洒下最初

---

① 莫东寅《汉学发达史》,北平文化出版社中华民国三十八年(1949年),第3页。

的雨露。

在文化史上,以孔孟儒家学说为核心的中国文化最先影响朝鲜半岛,然后才是日本和越南等周边国家。这些周边国家与中国的关系复杂,甚至被说成同种同文,因此可以说它们的文化与中国文化有着很深的"血缘"关系。公元522年,中国佛教渡海东传日本,从那时开始,中国典籍便大量传入日本,但这只是一种"输入",只是日本创建自己文化的借鉴,并没有形成对于中国文化的深层研究。及至唐代,由于文化上承接了汉朝的开放潮流,那时与异质文化的交流相对更加频繁,商贸往来和文化沟通有了发展,西方和中国周边国家或地域的人士通过陆路和水路进入中国腹地,长安、洛阳、扬州、广州、泉州等城市,都是中外贸易和文化交汇的重要都会,尤其是前者,更是当时世界最大的商业文化之都;而后者,由于东南沿海经济崛起、人口增多、手工业发达、农田水利的改善,为海外贸易发展创造了条件,再由于唐代中期"安史之乱"切断了陆路"丝绸之路"的缘故,曾称为"鲤城""温陵""刺桐城"的泉州,便成为联结亚洲、欧洲和非洲的海上丝绸之路的"东方第一大港",是那时以丝绸、金银、铜器、铁器、瓷器为主的国际贸易之都。通过频繁的往来和交流,外国人对中国文化的认识越来越多、越来越深,汉学也便在这种交流中不知不觉慢慢衍生。

但是,源远流长的汉学,人们习惯地认为其洪流和网络在西方,西方是汉学的形象代表。这一看法一是源自近代以来西方强势文化和中国人的崇洋心理;二是西方汉学的某些特征也确实有别于朝鲜半岛、日本和越南的汉学。其实,如果我们从世界汉学历史发展的角度看,日本、朝鲜半岛和越南的汉学要早于西方的汉学,比如日本在十四五世纪已经初步形成了汉学,而那时西方的传教士还没有进入中国。因此,对于汉学的研究,无论是西方还是东方(朝鲜半岛、日本和越南),我们都不能顾此失彼,要以同样的关注和努力探讨其历史。当然,汉学的历史藏在文献里,而隐性源头却在文献之外。

文化往往伴随经济流动,其交流也会在不自觉或无意识状态下发生。到了明代初年,郑和率舰队出使西洋,前后七次,历经二十八年,到过三十多个国家,最远抵达非洲东岸和红海口,真正拓展了海上"丝绸之路"。

在公元八九世纪至十六七八世纪期间,关于中国,多见于西方商人、外交使节、旅行家、探险家、传教士、文化人所写的游记、日记、札记、通信、报告之中，这些文字包含着重要的汉学资源，因此有人把这些文献称为"旅游汉学"。这些来源于文艺复兴，因为思潮的开放影响了欧洲人的思想和生活，他们或通商，或传教，或猎奇，但了解和研究中国文化却是一致的，于是汉学便在葡萄牙、西班牙、意大利、法国、荷兰、英国、德国、俄罗斯等主要的西方国家逐步发展起来。

这类游记和著作较早的有约在公元851年成书的描述大唐帝国繁荣富强的阿拉伯佚名作者的《中国与印度游记》，吕布吕基斯的《远东游记》（1254），意大利的雅各·德安克纳的《光明城》，贝尔西奥的《中华王国的风俗与法律》（1554），《利玛窦中国札记》，亚历山大·德·罗德的《在中国的数次旅行》（1666），南怀仁的《中国皇帝出游西鞑靼行记》（1684），费尔南·门德斯·托平的《游记》，李明的《关于中国现状的新回忆录》（1696）和《中华帝国全志》（《中国通志》）等，以及罗明坚、金尼阁、汤若望、卫匡国等名士的著作，还有大量名不见经传的传教士、商人、旅行家、探险家的各种记述，都成为日后汉学兴旺发达的必然因素。这类著作主要涉及中国的物质文明，较多描述、介绍中国的山川、城池、气候以及生活起居、饮食、服饰、音乐、舞蹈，也涉及一些中国的观念文化。这些"旅游汉学"著作中，影响最大的是《马可·波罗纪行》（《东方见闻录》）。马可·波罗（Marco Polo）于1275年随父亲和叔父来中国，觐见过元世祖忽必烈，1295年回国后出版了这本书，它以美丽的语言和无穷的魅力翔实地记述了中国元朝的财富、人口、政治、物产、文化、社会与生活，第一次向西方细腻地展示了"唯一的文明国家"——"神秘中国"——的方方面面。

这些包罗万象的文献，不仅记录了不同时代的中国，还以自己的文化视角开始了中西文化最初的碰撞。作为文献，这些游记、日记、札记、通信和报告，有赞美，有误读，也有批评，但因为其中包含大量中国物质文化及政治、经济、历史、地理、宗教、科举等多方面的文化记载，而成为汉学的重要组成部分，在学术史上有重要价值。

汉学的发生、发展与经济、政治、交通以及资讯分不开。有学者把汉学的历史分为"萌芽""初创""成熟""发展""繁荣"几个时期，也有的分为"游记汉学时期""传教士汉学时期"和"专业汉学时期"三个阶段。但汉学的真正形成是在明末兴起的"西学东渐"和"中学西传"的互动之中。

从16世纪到十八九世纪，在数以千计的散布在中国各地的传教士中，有不少人成为名载史册的汉学先驱,他们为汉学的发展做出了重大贡献。自 1540 年罗耀拉(S.Ignatins de Loyola)、圣方济各·沙勿略(Francisco Xavier)等人来华,开始了以意大利、西班牙传教士为主的第一时期的耶稣会的传教活动。接着,意大利的范礼安(Alexandre Valignani)、罗明坚(Michel Ruggieri)等著名传教士来华。1583 年,即明朝万历十一年,罗明坚将利玛窦神甫(Matteo Ricci)带到中国,从此,耶稣会士在中国的宗教活动无论是对于西方或是东方,都开始了一个新的历史时期。西班牙的胡安·冈萨雷斯·德·门多萨(Juan Gonzalez de Mendoza)的《中华大帝国史》于 1588 年问世,这部世界汉学史上的第一部汉学著作,名副其实地对中国的政治、历史、地理、文字、教育、科学、军事、矿产、物产、衣食住行、风俗习惯等做了百科全书式的介绍,具有相当的学术价值,以七种文字印行,风靡欧洲。以利玛窦为核心的耶稣会士的历史意义在于他们开始了对中国文化的全面"开垦",不仅著书立说,还把《大学》《中庸》《论语》《孟子》等中国文化经典译成西文,不仅开西学东渐之先河,也推动了中学西传,使中国文化对西方科学与哲学产生重要影响,因此这位思想家当仁不让地被视为西方汉学的鼻祖。与其先后到达中国的著名的传教士都著书立说、传播中国文化,对推动西学东渐和中学西传作出了贡献。在世界汉学史上,除了以上提及的,还有许多汉学家的名字十分响亮,诸如曾德照、柏应理、卫匡国、殷铎泽、南怀仁、汤若望、龙华民、金尼阁、罗如望、熊三拔、李明、张诚、白晋、马若瑟、宋君荣、钱德明、翟理斯、安特生、雷慕沙、儒莲、德理文、安东尼·巴赞、蒙田、冯秉正、尼·雅·比丘林、巴拉第·卡法罗夫、瓦西里耶夫、沙畹、伯希和、马伯乐、葛兰言、斯文赫定、马礼逊、斯坦因、理雅各、翟理斯、李约瑟、韦利、霍克斯、卫礼贤、福兰阁、孔拉迪、高本汉、卫三畏、费正清、戴密微、石泰安、谢和耐、欧文等。他们和东方日本、朝鲜半岛的富有建树的汉学家以及当今散布在各国的汉学家,对中国文化的独特理解,铸造成汉学史上的思想学术之碑,开垦了汉学成长的沃土。

"西方的汉学是由法国人创立的。"但是,在欧洲全面研究中国文明的问题上,"法国的先驱是葡萄牙、西班牙和意大利"。① 戴密微把以上三个

---

① 戴密微《法国汉学研究史》,载耿昇译《法国当代中国学》,北京:中国社会科学出版社 1998 年。

国家誉为汉学的先锋,"他们于16世纪末叶,为法国的汉学家开辟了道路,而法国的汉学家稍后又在汉学中取代了他们",真正建立起作为学术的汉学传统。就传统汉学而言,法国是汉学家最多的国家之一,有许多汉学界的学术巨擘,不断为汉学的崇高而添砖加瓦。

中外文化交流的结果不仅意味着中国文化"外化"的传播,也意味着异质文化对中国文化"内化"的接受。汉学家作为中外文化交流的桥梁和使者,在异质文化的交流中,也是人类和谐与进步的推动者。

汉学诞生在与异质文化碰撞、交流和相互浸淫之中。这个结果无异于一枚果子的成熟,只有"风调雨顺"才生长得好。和谐、宽容、理解与尊重,是异质文化彼此借鉴的保证。作为文化形态的汉学,其成长和生存离不开良好的国际语境。就中国而言,历史上凡是开放的时代,文化交流多,汉学就发展;反之,汉学就停滞,这似乎成为一种规律。

作为学术公器的汉学,文化上有其自己的成长过程。汉学是发展的,这一植根于中国文化土壤,生存于异国他乡的文化,同样深受不同时代语境的极大影响。这里所说的语境,既包括中国的历史演变,也包括异国和世界的历史变化。也就是说,不同的历史时期,不同的社会、政治、经济、文化背景,在很大程度上左右着汉学的发展方向和内容;换句话说,汉学的形成和发展,不仅受制于中国历史的更迭,也受制于他者社会的变化。这就是以历史悠久的中国文化为研究对象的汉学发展的基本轨迹。

汉学作为一种学术形态,总体上可以分为"传统汉学"和"现代汉学"。传统汉学以法国为中心,而现代汉学兴显于美国,20世纪中期以来,在西方其他国家葆有传统汉学的同时,现代汉学也很繁荣。随着中国与世界政治关系的变化,随着中国文化与世界文化交流的拓展,现代汉学有了显著的发展。

虽然20世纪的后五十多年,中国文化与世界各国文化接触开始多了起来,但就整体而言,1949年后约有三十多年是一个相对"闭关锁国"的时期。公正地讲,这道意识形态的"长城"也并非就是中国的政策,是那时期以美国为首的国家在政治、经济、军事、文化上对我国全面封锁的结果。这个时期的"汉学"涂满了政治色彩,以法国为代表的汉学较多地保持着传统汉学的学术精神,而美国的"中国学"却成了充满政治意识的现代汉学的代表。美国的"中国学"所关心的不是中国文化,更不是中国的传统文化,而是中国的政治、经济、军事、教育和社会生活各个层面的问题。这种政治特征,是那个时期美国汉学的基础,这一特征也影响了其他国家汉学的研究方向和内容。

由于中国与世界的隔离,由于西方与中国少有交流,因此汉学家不了解中国最新的文化进展(比如新的考古发现),致使汉学处于断炊或"无米之炊"的状态,没有中国文化的支持,西方汉学要想取得研究上的突破也很困难。陌生感和神秘感困扰着汉学家,这不仅是文化的尴尬,也是汉学家的难堪。

人类文化包含了物质文化和观念文化等。物质文化表现在衣食住行生活方面,是一种看得见、摸得着又极易变化的"具象"文化,如饮食、服饰、住房、音乐、舞蹈等;观念文化是一个民族的核心,表现在人的价值观、道德观、家庭观、宗教观等诸多方面,以及关于自由、平等、民主的理解,观念文化是一个民族的思维经过高度抽象后形成的思想、观念和精神,它通过文化灵魂——哲学、文学、语言、宗教、历史等来表达。① 观念文化,一俟进入外国汉学家的研究视野,他们的研究也就进入了对中国文化核心的深层研究。

汉学家从对中国物质文化到观念文化的研究,其领域越来越广越来越深。现在,汉学不仅包括对中国的哲学、文学、宗教、历史领域的研究,还包括社会学、政治学和自然科学。Sinology(汉学)和 Chinese Studies(中国学),它们已经发展到可以"异名共体"的地步。

时至今日,传统汉学和现代汉学这两种汉学形态不仅同时存在着、共荣着,而且还互相浸透着。

19 世纪末至 20 世纪初,美国汉学悄然嬗变为中国学,并以自己独有的个性特点和极强的生命力出现在世人面前。美国汉学始自 1830 年东方学会(American Oriental Society)的建立,这个学会虽然代表了欧洲那种对东方学文学的兴趣,但这个学会"从一开始就有一种与众不同的使命感"——"为美国国家利益服务,为美国对东方的扩张政策服务"。② 这个

---

① 任继愈《汉学发展前景无限》,载《中华读书报》2001 年 9 月 19 日。
② 侯且岸《费正清与中国学》,载李学勤主编《国际汉学漫步》(上),石家庄:河北教育出版社 1997 年。

特点也与"美国海外传教工作理事会"向中国派出基督教传教士的宗旨相一致。可见,美国汉学一开始就和美国的国际战略和对华政策联系在一起。卫三畏(Samuel Wells Williams)1848 年出版的百科全书式的《中国总论:中华帝国的地理、政府、教育、社会、生活、艺术、宗教及其居民观》就带有较为浓厚的社会科学特点,与欧洲具有人文科学特征的汉学颇有差异,但它依然属于 Sinology 的范畴。

  美国从南北战争后的统一中走向强大,加入强国之列。八国联军对中国的侵略行径,是列强联合的第一次尝试。从那时起,承担着相当"政治"角色的传教士进入中国。真正美国式的"汉学"——中国学,就从那时开始,而奠基人和开拓者是之后的费正清(John King Fairbank)。作为美国首席中国问题专家的费正清,他的中国学研究不仅影响了美国,也对其他国家的汉学研究或中国学研究有强烈的影响。

  在西方,费正清的魅力在于,没有谁能像他那样以更清晰、更富于洞察力的笔触来表述中国。"在使美国人了解中国,了解中国的传统、中国纷扰不安的近代史,以及中国神秘莫测的现状等方面,谁的贡献也没有像他那样大。"费正清等一批知名的美国中国学家都参与过战时情报工作,在战后作为美国政府的智囊而直接为制定对华政策服务。费正清的研究虽然充满了实用和功利色彩,立场和观点也有偏见,但这并不妨碍他在历史上作为一个贡献巨大的汉学家和中国人民的朋友的光辉。美国学者从事研究的根本出发点是"使命感""学术个性"和"反唯理智论倾向","蔑视学问,更为强调实用性知识","更为明显同自己以外的社会,即政治家、实业家及其实践家始终保持紧密的联系"。① 这就是美国中国学家的基本心态,他们讲究功利和实用,不理会学术上的理智倾向,这与法国汉学家的学术心态、学术个性与学术传统几乎大相径庭。

  传统汉学(Sinology)和现代汉学(Chinese Studies)的差异在于前者是以文献研究和古典研究为中心,它们包括哲学、宗教、历史、文学、语言等;而以美国为中心的现代汉学(中国学)则以现实为中心,以实用为原则,其兴趣根本不在那些负载着古典文化资源的"古典文献",而重视正在演进、发展着的信息资源。但是,汉学发展到 21 世纪,其研究内容和方式已经出

---

① ［美］赖肖尔《近代日本新观》,北京:生活·读书·新知三联书店 1992 年。

现了融通这两种形态的特点。这种状况既出现在欧洲的汉学世界，也出现在美国的中国学研究之中，可以说世界各国汉学家的研究中，都兼有以上两种汉学形态。

汉学（Sinology）对中国研究者来说，被尘封得太久，所以它的空白很多，浩如烟海的资源还有待于深入开掘。这种开掘，不仅可以收获汉学，还可以无意中发现被历史"放逐"和"遗失"在异国他乡的中国文化。编撰"列国汉学史书系"的目的和宗旨，不仅是为了梳理已有的汉学资源，在世界范围内追踪中国文化的外传历史状况、经验及影响，同时探究汉学的产生、成长、发展与繁荣，还要尽可能厘清这块"他山之石"对于中国文化的作用。当然，"列国汉学史书系"还期望对推动中国文化与世界文化的交流有所裨益。

"列国汉学史书系"作为一个文化工程，其撰写的难度非一般学术著作所能比拟。严绍璗教授谈到Sinology的研究者的学识素养时提出四个"必须"：①必须具有本国的文化素养（尤其是相关的历史、哲学素养）；②必须具有特定对象国的文化素养（同样包括历史、哲学素养）；③必须具有关于文化史学的基本学理素养（特别是关于"文化本体"理论的修养）；④必须具有两种以上语文的素养（很好的中文素养和对象国的语文素养）。这几点确实都是汉学研究者必须具备的文化和语文素养，否则很难进入汉学研究的学术境界。

写作"列国汉学史"艰难，而出版可谓难上加难。人间的事好像天上的云、地上的风，飘忽不定没有根，铁板钉钉是没有的，因为钉子可以用"权力"拔出来，一切承诺和协议，都可以化为乌有。虽然"列国汉学史书系"一直受到经济的困扰，但它终没有自毙于摇篮之中，冬天之后是春天，接着便是收获的季节。这套富有创意和价值的书系，将对中外文化交流和汉学的发展及其比较研究产生深远影响。

有人认为"汉学史中国人写不了"，当然这是一个很奇怪的"立论"。日本人石田幹之助写了《欧人的中国研究》（1932）、莫东寅写了《汉学发达史》（1949），接下来又有严绍璗的《日本中国学史》（1991），张国刚的《德国的汉学研究》（1994），张静河的《瑞典汉学史》（1995），何寅、许光华主编的《国外汉学史》（2002），刘正的《图说汉学史》（2005）和李庆的《日本汉学史》（2005）相继面世。在人类的文化长廊里，无论是中国还是外国，各种史书琳琅满目,这其中有外国人写中国的各类历史,也有中国人写外国的各类历史。历史,是往事,是记录,是选择,并有相对独立的评论和褒贬。但是,事实上任何一部历史都不是最后的历史,历史随着时光的流逝而演进,修史很难一步到位,它需要一代代学者"积跬步"才能"至千里",只有"积土成山,积水成渊",方能"风雨兴""蛟龙生"。学问之事非一夕之功,非得有前赴后继者敢于赴汤蹈火"流血牺牲",才会达至光明顶峰。

开拓者也许会在某个时候将自己的真诚劳作化为欢乐,因为在以后的岁月里,定会有人踏着自己的肩膀或是踩着自己的鼻子和头顶攀上高峰,以鸟瞰美丽风光。21世纪是经济的大空间,对汉学来说也是一个"大空间"。但是,要探索这个"大空间",需要有个和谐的"太空站",需要大家联袂共建;当然世界上需要多元文化和谐相处的历史语境,共同创造彼此接近、认识、理解、尊重、沟通、借鉴与融合的机会,这个机会,就是汉学研究发展的机会。

时间在行走,历史在行走。人类创造过历史,书写过历史,但是没有最后的历史。汉学有历史,而且还正在创造新的历史,汉学及其研究将以自己的品格和个性在人类文化的世界里放出异彩。

阎纯德

2006年12月5日

于北京半亩春

序 三

  2016年的11月末,我国的北方已是秋风萧瑟,万木凋零。所以我把计划之中的一场国际学术研讨会特意安排在美丽的厦门举办。一方面希望我们提倡的"新子学"能够像厦门的气候和环境一样,永远欣欣向荣、充满绿色生机。另一方面也主要是为了便于海峡两岸的学者共同参加会议。研讨会的主题是——《"新子学"深化:传统文化价值重构与传播》。海内外的近百名专家学者云集白鹭洲头的筼筜书院,参加了此次盛会。我就是在这个研讨会上认识杨玉英博士的。她向这个研讨会提交的论文是《〈道德经〉在英语世界的传播与接受研究》。

  既然说到了研讨会这个背景,而也许,很多人对于"新子学"这个概念还比较陌生,那就先简单交代一下"新子学"是怎么一回事了!进入21世纪以来,面对全球化以及新媒体泡沫化传播现象的巨大冲击,积极发掘传统文化中的元典精神,解决当代文化发展中的矛盾冲突,越来越成为社会关注的焦点。而"新子学"的现代发现、倡导与构建,无疑是中国文化史上的一件大事。2012年10月,方勇教授在《光明日报》发表《"新子学"构想》,全面论述了对当代诸子学发展的全新观点。2013年9月,又通过《再论"新子学"》集中探讨了"子学精神"。2016年3月,又发表《三论"新子学"》,进一步认为,从"新子学"角度观照传统文化创新,具有其独特的可行性与挑战性,并关联到当代中国学术发展的一系列重要问题。于是,近五年以来,《光明日报》《文汇报》《中国社会科学报》等各大媒体连发专版,连刊数文,大力倡导"新子学"的研究以及"子学精神"的构建,上海等地陆续召开大型学术研讨会,"新子学"概念及相关学说得到各路专家充分肯定和积极响应。在此基础上,《诸子学刊》《探索与争鸣》《河北学刊》《江淮论坛》《中州学刊》等学术杂志也开辟专栏和专刊,发表了许多更加具有学术深度的论文,积极推动新子学的学术进展。这样的一场颇具声势的学术思潮,又在现代媒体的传播与推波助澜之下,越来越广为人知,越来越深入人心。有学者认为,这将引发 21 世纪中国的新一轮文艺复兴。而我和厦门大学新闻学院等单位在厦门联合举办的这次研讨会,已经是第四届这一主题的国际研讨会了。也正是这样的机缘,使我得以认识了这位美女博士和教授。

现在的学术研讨会,其实有一个很重要的功能,就是会下和会后的深入交流。我对杨玉英博士的更加深入的了解,也是通过会下的个别的话题讨论。

一开始的话题居然是从讨论郭沫若的研究引起来的。随意的聊天中我说到第二天的会议上将会发表新观点,指出中国文化实际上经历了三次断裂,而非学界普遍认为的只有两次。第一次断裂是在秦代焚书坑儒和汉代罢黜百家之后,第二次和第三次断裂则是"五四"运动和"文革",这些都对传统文化造成了破坏性的影响。实际上,传统文化并不等同于儒家文化,中国真正的传统文化是百家之学。然后又谈到,我之前是研究中国现当代文学的,说起郭沫若的时候,我们更是有很多共同语言,其中谈到我的一个新的观点。那就是,我认为对郭沫若这位中国新诗领军人物的解读应该回到他的诗歌文本本身,而非纠缠于对其政治身份和道德的质疑。杨博士对我的观点立即产生了共鸣,告诉我她的博士论文做的恰巧就是"英语世界的郭沫若研究"。她那篇三十五万字的论文和后来以此为基础的同名专著《郭沫若在英语世界的传播与接受研究》全面、系统地收集整理了郭沫若及其作品在英语世界传播与接受的研究成果,为国内外的郭沫若研究和现当代文学研究学者提供了翔实的资料参考。

后来就进一步了解到,她是著名学者曹顺庆教授的博士,到今天其科研成果已是相当惊人。从 2008 年开始,她即在曹教授的引导下,利用其同为英语语言文学专业和比较文学专业学者的学科优势和爱好开始了"中国经典在英语世界的传播与接受"系列研究。至今,她已主持了八个系列课题,出版了系列学术专著七本,并发表了系列学术论文四十多篇。研究涉及的对象包括英语世界的郭沫若研究、英语世界的苏轼研究、英语世界的毛泽东诗词与文艺理论研究、英语世界的《孙子兵法》研究、英语世界的《道德经》研究、国际著名汉学家马立安·高利克的汉学研究等,并汉译了马立安·高利克的第一本专著也是欧洲第一本茅盾研究英文著述《茅盾与中国现代文学批评》和英译了杜学元教授的《中国女子教育通史》的古代部分。

  然后就谈到了她正在校对并即将于四月出版的这本《〈孙子兵法〉在英语世界的传播与接受研究》，并希望我从中国经典在海外的传播这个角度为她的这本书写一个序。虽然我确实不是"孙子"研究这个领域的专家，但是，因为有了以上的那些关系，也就只能是勉为其难，因为实在却之不恭了！

  读《〈孙子兵法〉在英语世界的传播与接受研究》这部书稿首先对我来说是一个很好的学习过程。我原本的专业就是研究中国现当代文学的，尤其是对于20世纪初的中国新文化运动有过一些研究，曾经出版了一本《中国现代文化的发生与传播》。所以，对于19世纪中叶以来的西风东渐的历史现象比较了解。但是，对于中国传统文化对外输出的过程和史实，实在是所知甚少。通过对杨博士的这部书稿以及她的另外几部大著的阅读，现在确实有了比较清晰的一些脉络的把握。杨博士在这方面的研究功底深厚，尤其是文献资料的收集整理极其翔实，的确让我很好地补上了一课。

  这部《〈孙子兵法〉在英语世界的传播与接受研究》的最大特点就是其研究课题的创新和研究方法的创新。《孙子兵法》在英语世界的传播与接受研究一直是国内外孙子学研究、汉学研究和传播学研究的弱项，该研究所关注的内容长久以来并没有受到国内外广大孙子学研究者、汉学研究者和传播学研究者的足够重视，甚至尚未有国内外学者对《孙子兵法》在英语世界传播与接受的研究成果进行系统的搜集和整理。杨玉英教授的书稿广泛搜集了《孙子兵法》在英语世界的英译文本和应用研究成果，特别是通过日本学者的帮助找到了现已绝版的1905年在东京出版的英语世界第一个《孙子兵法》英译本，在文献材料上具备了原创性、稀缺性、完整性与权威性，为国内外的孙子学、汉学和传播学研究者提供了大量珍贵的第一手材料，并为其搭建了一座汇通之桥。在研究方法上，著者借鉴了比较文学的研究范式，从系统、整合研究的角度出发，在大量阅读第一手英文资料的基础上，采用文本细读法、微观分析法、变异性研究以及跨文化比较研究的理论与方法，对《孙子兵法》在英语世界的传播与接受研究成果作了系统的介绍与梳理，从异质文化的视角以及异质文化间的差异与互补作用方面，分析探讨了《孙子兵法》在英语世界传播与接受研究过程中的发生、发展与变异。

书中的主要内容是对文本的细读和解析,如在"《孙子兵法》在英语世界的应用研究"一部分,杨博士从六个方面展示了《孙子兵法》在各个领域的应用研究情况:(一)《孙子兵法》与现代战争;(二)《孙子兵法》与反恐和国家安全;(三)《孙子兵法》与网络信息安全;(四)《孙子兵法》与经营管理;(五)《孙子兵法》与体育;(六)《孙子兵法》与日常生活。又如在"比较视野下英语世界的《孙子兵法》接受研究"一部分,杨博士分六个小节从比较的视野梳理了《孙子兵法》与其他西方军事战略经典的相似性,或是《孙子兵法》对其他西方军事经典的影响,或是《孙子兵法》与其他西方军事战略经典对后世各个方面的影响:(一)《孙子兵法》与克劳塞维茨的《战争论》;(二)《孙子兵法》与约米尼的《战略学原理》;(三)《孙子兵法》与马基雅弗利的《君主论》;(四)《孙子兵法》与朱利安·科贝特的《海上战略的若干原则》;(五)《孙子兵法》与弗朗蒂努斯的《谋略》;(六)《孙子兵法》与修昔底斯的《伯罗奔尼撒战争》等,而且,也不乏对研究成果的地毯式扫描,如在"《道德经》在英语世界的英译研究"一部分,杨博士分别对 20 世纪前半期英语世界的《孙子兵法》英译研究、20 世纪后半期英语世界的《孙子兵法》英译研究和 21 世纪英语世界的《孙子兵法》英译研究情况作了翔实的梳理,并对每个时期具有典型特征和重要影响的译本中的重要内容作了译介。

在后记"找寻孙子"中杨博士向读者交代了该研究的缘起和找寻《孙子兵法》英文研究资料的艰难过程,特别是 1905 年在东京出版且已经绝版的英语世界第一本《孙子兵法》英译本的获得。应该说,记录了所有她的系列研究中所遭遇到的文本收集与英译整理的艰辛和不易。但是,她却将研究当成了一种苦中作乐的精神之旅,读来令人佩服和感动。

近年来,习近平总书记多次提出,优秀传统文化中包含着中华民族"最深沉的精神追求""最深厚的文化软实力",可以凝聚和打造强大的中国精神和中国力量。不仅如此,习近平还将中华优秀传统文化视作解决人类共同难题的思想库。复兴传统文化,并且让优秀的中国文化走出去,已成为我国的重要国策和根本战略。那么,我们的文化要在今天走出去,就更需要了解我们的文化曾经如何走出去?从这一点上来说,杨玉英博士的研究真的是非常基础性的工作,而且有着极为重要的现实意义。

非常希望杨博士的这个成系列的研究能一直持续下去,让我们的国人都能明白,中国的传统文化,并不是今天才开始走向世界,从而更加增强文化自信。尤其是,我们今天也更加需要把我们的文化曾经走向世界的历史过程整体地梳理清楚,以便更好地总结历史的经验,更好地制定今天的走出去战略,真正实现总书记提出的凝聚和打造强大的中国精神和中国力量的国策。杨博士未来的工作,还任重道远!

郝雨:原名郝一民

上海大学教授,博士生导师

2017年1月8日

目 录

第一部分 《孙子兵法》在英语世界的传播研究

第一章 《孙子兵法》在英语世界的英译研究 ……………（3）
第一节 二十世纪前半期英语世界的《孙子兵法》英译研究 ………（5）
（一）1905 年版卡尔思罗普《孙子兵法》英译本 ……………（6）
（二）1908 年版卡尔思罗普《孙子兵法》英译本 ……………（9）
（三）1910 年版翟林奈《孙子兵法》英译本 …………………（10）
第二节 二十世纪后半期英语世界的《孙子兵法》英译研究 ………（13）
（一）1963 年版格里菲思《孙子兵法》英译本"致谢"
与"附录三:《孙子兵法》在西方语言中的译介" …………（14）
（二）1988 年版温《孙子兵法》英译本中的"关于译本"
(Notes on the Translations) ……………………………（19）
（三）1993 年版索耶尔《武经七书》英译文本"前言"("Preface"
in The Seven Military Classics of Ancient China) …………（25）
（四）1993 年版安乐哲《孙子兵法》英译本"导论"中的"对
《孙子兵法》的分析:智慧与战争"与"作为情景化艺术
之战争" …………………………………………………（30）
第三节 二十一世纪英语世界的《孙子兵法》英译研究 ……………（34）
（一）2000 年版阿利斯泰尔·麦卡尔平《孙子兵法》英译本之
"导论" ……………………………………………………（37）
（二）2002 年版闵福德《孙子兵法》英译本"导论"中的"狡猾
与欺诈之道,权力与权宜之道"(The Way of Cunning and
Deceit, the Tao of Power and Expediency) ………………（47）
（三）2003 年版黄昭虎《孙子兵法》英译本 …………………（51）
（四）2003 年版格里·加戈里亚蒂《孙子兵法》英译本"孙子
兵法与市场营销艺术"之"导论:孙子的基本概念" ………（56）

（五）2005 年版拉尔夫·索耶尔《〈孙子兵法〉古今精解》之
"后记：法则及其运用"中的"势与时机"和"奇与正" ……（59）
（六）2007 年版梅维恒《孙子兵法》英译本中的"关键术语"
"摘要"和"导论：世界舞台上的《孙子兵法》" …………（63）
（七）2009 年版登马《孙子兵法》英译本之"导论：
《孙子兵法》的运用" …………………………………（68）
（八）2010 年版巴特勒-鲍登《孙子兵法》英译本之"导论" …（76）

第二章 比较视野下英语世界的《孙子兵法》传播研究 ……（87）
第一节 卡尔思罗普《孙子兵法》英译本之比较研究 …………（87）
第二节 拉尔夫·索耶尔《孙子兵法》英译本之比较研究 ……（98）
第三节 托马斯·克利里《孙子兵法》英译本之比较研究 ……（124）
第四节 翟林奈《孙子兵法》英译本对卡尔思罗普《孙子兵法》
英译本之批判 ……………………………………………（137）
第五节 克拉维尔《孙子兵法》英译本对翟林奈《孙子兵法》
英译本之改写 ……………………………………………（157）
第六节 英语世界《孙子兵法》英译本对"奇正"和"非得不用"
法则之解读 ………………………………………………（170）
第七节 英语世界《孙子兵法》英译本对蕴含其中的道家思想
之解读 ……………………………………………………（183）

第二部分 《孙子兵法》在英语世界的接受研究

第一章 《孙子兵法》在英语世界的应用研究 …………………（197）
第一节 《孙子兵法》与现代战争 ……………………………（197）
（一）孙子学派：不战而赢得帝国 ……………………………（197）
（二）《孙子兵法》与现代战争艺术 …………………………（204）
（三）孙子在葛底斯堡：古老军事智慧在现代世界的运用 …（222）
（四）中国的载人航空计划：是孙子还是阿波罗归来？ ……（227）
第二节 《孙子兵法》与反恐和国家安全 ……………………（232）
（一）《孙子兵法》与反恐战略：古代智慧在现代战争中的
运用 ……………………………………………………（232）
（二）恐怖主义的法则：对于国际恐怖主义，孙子能教会我们

　　　　什么？ …………………………………………………… (241)
　　　(三)关于反恐,孙子会说些什么? ……………………… (248)
　　　(四)《孙子兵法》与情报战 ………………………………… (251)
　第三节 《孙子兵法》与网络信息安全 ……………………………… (256)
　　　(一)孙子与汉尼拔带给我们的安全教训 ………………… (256)
　　　(二)身份窃取与轻信的电脑使用者:《孙子兵法》给予我们的
　　　　　教训 ……………………………………………………… (259)
　第四节 《孙子兵法》与经营管理 …………………………………… (264)
　　　(一)《孙子兵法》:给管理者的50条策略 ………………… (264)
　　　(二)《孙子兵法》与人力资源管理 ………………………… (267)
　　　(三)《孙子兵法》"地形篇"与"九地篇"在市场营销策略
　　　　　研究中的应用 …………………………………………… (271)
　　　(四)《孙子兵法》与今日之商业世界 ……………………… (280)
　　　(五)《孙子兵法》与商业政治 ……………………………… (285)
　第五节 《孙子兵法》与体育 ………………………………………… (295)
　　　(一)《孙子兵法》与足球 …………………………………… (295)
　　　(二)《孙子兵法》与篮球 …………………………………… (298)
　　　(三)《孙子兵法》与高尔夫球 ……………………………… (303)
　　　(四)赢取冠军之道:《孙子兵法》及其他可为体育和生活
　　　　　提供帮助的道家智慧 …………………………………… (306)
　第六节 《孙子兵法》与日常生活 …………………………………… (308)
　　　(一)如何将《孙子兵法》运用到生活中获取你的目标 …… (308)
　　　(二)克劳塞维茨与孙子:医疗改革 ………………………… (312)
　　　(三)《孙子兵法》与司法战 ………………………………… (315)
　　　(四)《孙子兵法》与建筑 …………………………………… (327)
　　　(五)《孙子兵法》与公共教育 ……………………………… (329)

第二章　比较视野下英语世界的《孙子兵法》接受研究 ……… (334)
　第一节 《孙子兵法》与克劳塞维茨的《战争论》 ………………… (334)
　　　(一)孙子与克劳塞维茨之比较 …………………………… (334)
　　　(二)克劳塞维茨《战争论》与《孙子兵法》中的战略与时间
　　　　　之比较 …………………………………………………… (341)
　　　(三)克劳塞维茨与孙子的六条战略教训 ………………… (345)

第二节 《孙子兵法》与约米尼的《战略学原理》……………（353）
第三节 《孙子兵法》与马基雅弗利的《君主论》………………（363）
第四节 《孙子兵法》与朱利安·科贝特的《海上战略的
若干原则》…………………………………………（368）
第五节 《孙子兵法》与弗朗蒂努斯的《谋略》…………………（377）
第六节 《孙子兵法》与修昔底斯的《伯罗奔尼撒战争史》……（383）

第三章 英语世界对《孙子兵法》的两种接受态度………（388）

第一节 一位看不见的中国指挥官……………………………（388）
（一）一位看不见的中国指挥官——英国战略家利德尔·
哈特为格里菲思《孙子兵法》英译所作"序言"………（388）
（二）克拉维尔的《孙子兵法》英译本序言……………………（391）
（三）向孙子学习………………………………………………（395）
第二节 是为曲解与误用………………………………………（399）
（一）对孙子战略的误用………………………………………（399）
（二）从海湾战争到全球反恐战争：美军战略思想对
《孙子兵法》的曲解？……………………………………（400）
（三）挣钱，非战：对《孙子兵法》的简略批评…………………（405）
（四）孙子是个胆小鬼…………………………………………（407）
（五）孙子的坏主意：信息时代的城市战争……………………（410）
（六）对《孙子兵法》论可持续竞争优势的战略之批评………（413）

附 录

附录一、笔者对卡尔思罗普1905年版《孙子兵法》英译本
"序言"的汉译………………………………………（415）
附录二、英语世界学者对《孙子兵法》中基本军事术语和战术
法则的英译…………………………………………（419）
附录三、安乐哲《孙子兵法》英译本附录中的"孙武论将"与
"孙武论布兵"………………………………………（427）
（一）孙武论将(Sun Wu Discusses the Commander)………（428）
（二）孙武论布兵(Sun Wu Discusses Deploying the Army)……（429）

参考文献 ……………………………………………………（431）

后记：找寻孙子 ……………………………………………（448）

第一部分

《孙子兵法》在英语世界的传播研究

第一章
《孙子兵法》在英语世界的英译研究

作为中国军事文化经典的《孙子兵法》，从1772年开始在西方世界译介传播以来，受到了广泛的关注和高度的赞扬。英国著名战略学家利德尔·哈特(Liddell Hart)在为1963年出版的格里菲思《孙子兵法》英译本所做的"序"中对孙子及《孙子兵法》给予了高度的评价："就其对战争艺术论述的广泛性和对战争艺术理解的深度而言，到目前为止还无出其右者。在过去那些军事思想家中，只有克劳塞维茨可与之相媲美。尽管他的《战争论》比《孙子兵法》要晚两千多年，但却比《孙子兵法》要'过时'，其部分思想有些陈旧。与克劳塞维茨相比，孙子具有更明确的远见、更深邃的洞见和永恒的生命力。"①

詹姆斯·克拉维尔在其1983年根据翟林奈1910年出版的《孙子兵法》英译本改写的《孙子兵法》英译本"前言"中强调："我确实相信，假如我们现代时期的军队和政治领导人研究过《孙子兵法》这本天才之书的话，越南战争就不会发生；假如他们读过《孙子兵法》的话，我们就不会在朝鲜战场上失利(我们失利是因为我们没有取胜)，猪湾入侵事件和伊朗人质事件就不会发生，大英帝国就不会土崩瓦解。假如他们读过《孙子兵法》的话，第一次和第二次世界大战都完全可能避免——必定不会像所进行的那样进行，数百万年轻的、因为那些自称为将军的魔鬼而不必要地、愚蠢地丢掉了自己性命的士兵就会活下来。"②"前言"中克拉维尔引孙子的"故善用兵者，拔人之城而非攻也"对孙子的"非战"思想给予了足够的强调。

---

① "Foreword" In Samuel B. Griffith translated and with an introduction. *The Art of War*. London: Oxford University Press, 1963, p. v.

② James Clavell trans. and ed. *The Art of War*. New York: Delacorte Press, 1983, p. 2.

正是因为意识到《孙子兵法》日益增长的重要性,世界各国开始了对《孙子兵法》的译介。英语世界的《孙子兵法》英译研究相当积极、踊跃,国内关于英语世界的《孙子兵法》研究之研究的成果不少,但不系统、完整。从收集到的资料来看,相关研究专著中有于汝波主编的《孙子兵法研究史》和《孙子兵法文献提要》、古棣主编的《孙子兵法大辞典》、英国汉学家鲁惟一主编、李学勤等翻译的《中国古代典籍导读》、吴如嵩主编的《孙子兵法辞典》等论及英语世界的《孙子兵法》英译研究情况。

英语世界的《孙子兵法》英译研究之研究的情形则更不如人意。到目前为止,仅见英语世界孙子研究专家、学者对自己之前的《孙子兵法》英译本的引用、评述或以此前译本为基础的重译,如翟林奈译本对卡尔思罗普英译本的批判、塞缪尔·格里菲思对翟林奈译本的评价与借鉴、詹姆斯·克拉维尔对翟林奈译本的改写等。除此之外,总体的研究几乎没有,更没有专著出版。

此外,国内外这些研究成果涉及的基本上都是 20 世纪的,且多数为 90 年代以前英语世界《孙子兵法》英译本的研究成果,而对 90 年代以及新世纪《孙子兵法》英译本的情况基本上没有加以阐释和梳理,仅见王铭在其 2007 年硕士论文《二十世纪〈孙子兵法〉英译本研究》第六页的脚注中指出:"二十一世纪初出版的《孙子兵法》英译本至少有登马翻译集团译本和约翰·闵福德译本"①和道格拉斯·麦克里迪(Douglas M. McCready)在其发表于 2003 的文章《向孙子学习》中说"在大书店的书架上至少可找到六个《孙子兵法》英译本"②。但麦克里迪没有明确指出是哪六个英译本。该文文后注释中提及的《孙子兵法》英译本有 1971 年出版的格里菲思《孙子兵法》英译本和 1993 年出版的安乐哲《孙子兵法》英译本。实际上,格里菲思《孙子兵法》英译本初版本是于 1963 年出版面世的。

英语世界的《孙子兵法》英译本多达三十四种,其中新世纪出版的译

---

① "21 世纪初出版的《孙子兵法》英译本至少有:登马翻译集团的《孙子兵法》英译本 (Denma Translation Group. *The Art of War*: *The Denma Translation*. Boston: Shambhala Publications, 2001)、约翰·闵福德译本。(John Minford. *The Art of War*. New York: Viking Press, 2002.)"参见:王铭《二十世纪〈孙子兵法〉英译研究》,清华大学 2007 年硕士论文,第六页脚注。

② "Sun Tzu's *The Art of War* is, of course, a classic. At least six English translations can be found in most large bookstores on bookselves next to another much cited but little read military favorite, Carl von Clausewitz's *On War*." Douglas M. McCready. "Learning from Sun Tzu". *Military Review*, May-June, 2003, p. 85.

本就达十六种,差不多为总译本数的一半。关于《孙子兵法》英译本之间的比较研究的成果以及对《孙子兵法》英译本进行批评研究的论著也相继面世。但无论是国内还是英语世界,都还没有专著或固定的专题对英语世界的这些研究成果进行全面、系统的整理研究。尽管中国的孙子学研究不可能将西方学者的研究经验作为自身政治关怀与学术关照的基本模式,然而,英语世界的孙子学研究有其自身的特点,研究者独特的研究视角、异于中国学者的研究方法、不同的文化背景、价值理念以及审美立场必然带来与中国学者不一样的认知和诠释。从这个意义上讲,对异质文化语境中的《孙子兵法》研究成果进行系统的整理、深刻的分析、批判和借鉴,吸取对自身有益的营养,不仅能开阔国内孙子学研究学者的视野,听到一些来自异域"他者"不同的声音,而且还能促使我们从不同的视角对自己的政治、军事、文化与学术研究进行反思。

鉴于此,该章拟分"二十世纪前半期英语世界的《孙子兵法》英译研究""二十世纪后半期英语世界的《孙子兵法》英译研究"和"二十一世纪英语世界的《孙子兵法》英译研究"三节对英语世界《孙子兵法》的英译研究成果做详细的线性梳理,以期让读者对《孙子兵法》在英语世界的英译研究情况有完整、系统的了解。

第一节 二十世纪前半期英语世界的《孙子兵法》英译研究

20世纪前半期英语世界的《孙子兵法》英译本被提及的有五个。这五个译本为:1905年卡尔思罗普上尉(Capt. E. F. Calthrop)英译的《孙子兵法:中国军事经典》(*Sonshi*:*The Chinese Military Classic*);1908年卡尔思罗普上尉在其1905年译本基础上修改完善的《孙子兵法》英译本,题名为《兵书:远东的军事经典》(*The Book of War*:*The Military Classic of the Far East*);1910年由翟林奈编译的《孙子兵法:世界上最古老的军事经典》;1943年考克斯(E. Machell-Cox)英译的《孙子兵法》(*The Principles of War by Sun Tzu*)①和1944年阿瑟·萨德勒(Arthur Sadler)教授英译的《中国的

---

① E. Machell-Cox. *The Principles of War by Sun Tzu*, a new translation from a revised text. Ceylon:Royal Air Force Welfare Publication,1943.

三部军事经典》(*Three Military Classics of China*)①。其中,1943 年在斯里兰卡首都科伦坡出版的考克斯(E. Machell-Cox)英译的《孙子兵法》偶尔会在研究《孙子兵法》的参考文献中被提及,并无具体的研究或引用。而1944 年在澳大利亚医药出版有限公司出版的萨德勒的《中国的三部军事经典》,在相关参考文献中被提及的次数相对要比考克斯的《孙子兵法》英译本多些,但是仍然没有国内外学者做它的译本研究。该译本的扉页上注明萨德勒为悉尼大学的东方学研究教授。该书翻译了中国的三部古代军事经典:《孙子兵法》(*The Articles of Sun Tz'*)、《司马兵法》(*The Precepts of Ssu Ma Jang Chu*)和《吴子兵法》(*Wu Chi on the Art of War*)。正如格里菲思在其 1963 年英译出版的《孙子兵法》"附录三:孙子在西方语言中的译介"(Appendix III: Sun Tzu in Western Languages)中所言:"(包括1946 年上海世界图书有限公司出版的由郑麐英译的《孙子兵法》),所有这三个1910 年后出版的译本都流传不广,而且英译也不能令人满意。前面两个译本都是在困难的条件下完成的。萨德勒教授,原本是一名日本的古典文献研究学者,其时正在澳大利亚悉尼大学从事东方学研究,这个译本是其匆匆忙忙翻译出来的。考克斯则在翻译期间换了许多个底本,最后才根据自己的设计确定了下来。而郑麐的英语知识太糟糕了,他的译本价值不大。"②

(一)1905 年版卡尔思罗普《孙子兵法》英译本

1905 年在日本东京出版的卡尔思罗普上尉英译的《孙子兵法:中国军事经典》是英语世界最早的《孙子兵法》英译本③。该书的封面有中英文撰写的书名《孙子》(THE CHINESE MILITARY CLASSICS)以及译者的名字

---

① Arthur Lindsay Sadler trans. *Three Military Classics of China*. Sydney: Australasian Medical Publishing Company Limited, 1944.

② "Three translations of 'The Art of War' have appeared in English since 1910. These, all published during World War II, are by E. Machell-Cox, Professor A. L. Sadler of the University of Sydney, and Cheng Lin. None was widely circulated and none is entirely satisfactory. The first two were made under difficult conditions. Professor Sadler, a Japanese classical scholar then in Australia, made a hurried translation, while Machell-Cox transposed many verses to new context and others to a special section of his own designing. Cheng Lin's knowledge of English was so elementary that his version is of little value." Samuel B. Griffith translated and with an introduction. *The Art of War*, with a foreword by B. H. Liddell Hart. London: Oxford University Press, 1963, p. 182.

③ Captain E. F. Calthrop trans. *Sonshi: The Chinese Military Classic*. Tokyo: Sanseido, 1905.

"CAPT. E. F. CALTHROP, R. F. A."。尽管后来的《孙子兵法》研究者,特别是英译者对其批评多于借鉴和感谢,但其首开《孙子兵法》在西方被英译传播的先河之功不可没。唯有汤姆巴特勒-鲍登(Tom Butler-Bowdon)在其英译的《孙子兵法:古代经典》"导论"中中肯地指出:"卡尔思罗普翻译《孙子兵法》的目的绝不是为学界提供无尽的评论,而是为其英国军队的上司挖掘孙子的智慧,建议那个机构该怎样改革,并阐明日本是如何在日俄战争中击败俄国的。"①

该译本是对《孙子兵法》的英译和日译,共七十八页,其中英译部分四十八页。译文后附有中文的《孙子正文》。扉页上有中英文的"温古知新"(There is no new thing under the sun)字样。"目录"前有简短的"前言"(Preface),实为"致谢"。五页的"序言"(Introduction)中卡尔思罗普对孙子及其作品的特点和影响做了详细的阐释。

由于后面有专门的章节英译 1905 年版卡尔思罗普《孙子兵法》英译本"序言"和介绍卡尔思罗普 1905 年版和 1908 年版两个版本的《孙子兵法》英译本之比较以及翟林奈《孙子兵法》英译本对卡尔思罗普《孙子兵法》英译本之批判,在此仅对该译本中卡尔思罗普对译文的脚注作介绍:

"计篇第一"中卡尔思罗普分别对"道""令民与上同意也""阴阳"和"此兵家之胜,不可先传也"作了注释:

"道":仁、义、礼、智、信,此"五德"常被称为"道"。

"令民与上同意也":孟子论战争时言:"与民同意"对成功而言是最重要的因素。

"阴阳":中国人将自然现象看成要么是阳性的,要么是阴性的。在此关联中,雨、雾、风都被包括在其中。

"此兵家之胜,不可先传也":对此一句的意思,有不同的看法。每一种解释都不太令人满意。

"作篇第二"中分别对"驰车千驷""宾客之用"和"戟楯蔽橹"作了注释:

"驰车千驷":中国古代的战争很大程度上是车战,或者我们可以说,是"马拉的步兵车"。这些战车被两匹或者四匹马拉着,常常除驾车的士

---

① Tom Butler-Bowdon trans. *The Art of War: The Ancient Classic*, including the translated *The Sayings of Wu Tzu*. West Wessex: Capstone Publishing, 2010, p. xvi.

兵之外还有另外三士兵陪着。而且，每一辆战车配置七十五名步兵，每辆补给车配置二十五名士兵。

"宾客之用"：那个时期的中国到处都是恃强凌弱的无业游民，这些人在战争时期住在各个诸侯国。

"戟楯蔽橹"：日本的"盾"是很重的长方形木器。"盾"被放置在地面上，且在其背后由一个桩子撑着。使用日本"剑"时需要用双手，而且实际上这么做很可能就不能使用轻便的"盾"。"母衣"（Horo），一种特别的装置，是一种长形的宽松地挂在士兵肩上的布，以阻挡箭或剑刺入，用于保护士兵的后背，有些像西方士兵用的斗篷。后者的布是绷在用竹片扎成的架上的，而且能遮住士兵上身的大部分。

"谋攻篇第三"中分别对"军"和"距闉"作了注释：

"军"：在中国，一个"军"由一万两千五百人组成。一个"旅"五百人，一个"卒"五十人，而一个"伍"五人。

"距闉"："闉"是一个大的塔或者建筑工事，修建的目的是为了下达命令攻击敌人的堡垒内部。修建的时候也需要树高高的桩子，从其顶部开始，每一层都装入弓箭保险盒，并用一根绳子和滑轮将其撑起来，然后可在城堡内射击。

"作篇第四"中分别对"九地""九天"和"秋毫"作了注释：

"九地""九天"：字面意思是"九重天"和"九重地"。中国人把地与天都分为九层。

"秋毫"：动物的皮毛秋天的时候是最薄的。

"势篇第五"中分别对"斗众如斗寡,形名是也""正""奇""五味"和"势"作了注释：

"斗众如斗寡,形名是也"：过去，"鼓"是在集会时用的。在前进途中，"铃"是"停火"的信号。在日本，战争中是不使用"铃"的，用的是一种很大的海螺。有两种旗帜，一种是信号旗，一种是用以区分的旗。中国人对旗帜的喜好程度似乎有所增加，部分原因是从经常喜欢用来在旗上写中文字的布的质量看出来的，部分原因是有许多彩色的旗帜飘在空中的话会带给人一种安全感和活泼感。

"正""奇"："奇"在文中被译为"战略的"，暗指军队从侧翼进攻的部分兵力，以便转移敌人的注意力，或设置埋伏，而敌人的注意力会被显而易见的，或是羁留的那部分兵力所吸引。

"五味":"五味"指的是辣、苦、酸、甜、咸五种味道。

"势":英语中没有一个词能恰如其分地表达"势"的意思。可建议用来表示"因成功而变得兴奋的军队之冲击力"的词有"force""élan",以及拉丁词"vis"。

"虚实篇第六"中分别对"越人之兵虽多""五行无常胜"作了注释:

"越人之兵虽多":据说孙子是越国人。越国与吴国连年战事不断。

"五行无常胜":"五行"指的是木、火、土、金、水。

"军争篇第七"中对"其徐如林"作了注释:这一段是以日本最著名的将领之一,武田信玄的标准来写的。

"行军篇第九"中对"鸟起者,伏也"作了注释:源义家(Minamoto Yoshiie)由于记住此警告而获得了一场值得庆贺的胜利。这场胜利常常被看成是对此主题的一个例证。

"九地篇第十一"中对"诸侯自战其地,为散地"作了注释:此处及其后之所以这样称呼其为"散地",是因为士兵们经常会想家,并溜回自己的家去。

"用间篇第十三"中分别对"不得操事者,七十万家""先知也""死间"和"左右"作了注释:

"不得操事者,七十万家":人口根据军事的需要被划分为每八家一组。这样,在战时,如果有一万家被选中参战,就会有七万家受到影响。在日本,单位是五,现在仍然沿用这样的单位。

"先知也":这表明了间谍被赋予的重要性和受到的尊重。间谍们在多年为敌人辛苦服务的时候等待机会。常会有因成功获取高位和官职而没有被敌人发现而出名的事例。

"死间":之所以这么称呼是因为他们一旦被敌人发现在进行阴谋活动就会被处以死刑。

"左右":字面意思是"右"和"左"。即是说,他们是坐在两边的人。

(二)1908年版卡尔思罗普《孙子兵法》英译本

1908年卡尔思罗普上尉在其1905年译本基础上修改完善的《兵书:远东的军事经典》(*The Book of War*:*The Military Classic of the Far East*)在

伦敦出版①。其"序言"与1905年版译本完全不同,笔者已将其汉译出来放在了第一部分第二章"比较视野下英语世界的《孙子兵法》传播研究"第一节"卡尔思罗普《孙子兵法》英译本之比较研究"中。除"序言"外,全书对《孙子兵法》(The Articles of Sun Tzu)和《吴子兵法》(The Sayings of Wu Tzu)进行了全文英译。由于"卡尔思罗普《孙子兵法》英译本之比较研究"一节已经对卡尔思罗普的1905年版和1908年版两个《孙子兵法》英译本做了详细的比较研究,在此不再赘述。

其十三篇篇名具体如下:

1. Preliminary Reckoning 2. Operation of War 3. The Attack by Stratagem 4. The Order of Battle 5. The Spirit of the Troops 6. Emptiness and Strength 7. Battle Tactics 8. The Nine Changes 9. Movement of Troops 10. Ground 11. Nine Grounds 12. Assault by Fire 13. The Employment of Spies

(三)1910年版翟林奈《孙子兵法》英译本

1910年,翟林奈编译的《孙子兵法》以《孙子兵法:世界上最古老的军事经典》为书名在伦敦出版②。该书的出版对英语世界学者对《孙子兵法》的研究产生了极大的影响。全书由"序言""导论"(孙武及其《孙子兵法》《孙子兵法》《孙子兵法》的评论者、对孙子的赞赏、对战争的遗憾、参考书目)、十三篇译文、中文检索、索引组成。下面将翟林奈《孙子兵法》英译本的十三篇题名附录和"前言"汉译如下:

Chapters

1. Laying Plans 2. Waging War 3. Attack by Stratagem 4. Tactical Dispositions 5. Energy 6. Weak Points and Strong 7. Maneuvring 8. Variation of Tactics 9. The Army on the March 10. Terrain 11. The Nine Situations 12. The Attack by Fire 13. The Use of Spies

---

① Captain E. F. Calthrop trans. *The Book of War: The Military Classic of the Far East*. London: John Murray, 1908.

② Lionel Giles trans. and ed. *Sun Tzu on the Art of War: The Oldest Military Treatise in the World*, with introduction and critical notes. London: Luzac & Co., 1910.

"前言"

1782年在巴黎出版的《北京传教士关于中国历史、科学、艺术、风俗和习惯录》(*Mémoires concernant l'histoire，les sciences，les arts，les moeurs，les usages，&c.，des Chinois*)的第七卷是关于军事艺术的，其中也包括了由一名叫约瑟夫·阿米奥的耶稣会神父(Père Joseph Amiot)从中文翻译成法文的《孙子兵法》。阿米奥神父似乎是他那个年代相当有名的一个汉学家，他涉足的领域也很广。但是他翻译的所谓《孙子兵法》，如果将其与原文本进行仔细比较的话，立马就可以看出并不比冒牌货好到哪里去。译文中增加了相当多的并非孙子原文所有的内容，而孙子原文所有的内容却没有多少被其翻译出来。下面是他对"势篇第五"开篇几个句子的翻译：

De l'habileté dans le gouvernement des Troupes. Sun-tse dit：Ayez les noms de tous les Officiers tant généraux que subalternes；inscrivez-les dans un catalogue à part，avec la note des talents & de la capacité de chacun d'eux，afin de pouvoir les employer avec avantage lorsque l'occasion en sera venue. Faites en sorte que tous ceux que vous devez commander soient persuadés que votre principale attention est de les préserver de tout dommage.

整个19世纪，能见到对中国文学研究的长足发展，但是没有人敢冒险去翻译《孙子兵法》，尽管孙子的兵法是中国最古老也最经典的军事学著作，具有很高的价值。直到1905年，由卡尔思罗普上尉英译的《孙子兵法：中国军事经典》才以*Sonshi*(Sonshi是Sun Tzu的日文表达形式)为书名在日本东京出版面世。(翟林奈在脚注中说，整个译文弥漫着令人烦恼的日本味道。其中，吴王阖庐的名字"King Ho Lu"乔装为"Katsuryo"，而"吴"(*Wu*)和"越"(*Yüeh*)则变成了"Go"和"Etsu"。等等，等等。本书作者注。)不幸的是，译者的中文知识显然不够，不足以使他克服《孙子兵法》中的各种难题。他自己就曾坦言，要不是两位日本绅士的帮助，"要完成《孙子兵法》的翻译是不可能的"。这让我们只能这样去想，正是由于这两位日本绅士的帮助，才使得这个译本如此的糟糕。不仅仅是整个译本中通篇都是错误的问题，因为错误是人人都不能完全避免的。时常可见句子段落的省略，那些比较难的句子段落则被随意曲解或省略。这样的错误是不可原谅的。在希腊文或是拉丁文译本中这样的错误是不允许的，那么相似的、诚实的标准也应该在将中文译成英文时得到坚持。

至少，从这种本质的瑕疵来看，我认为现在的翻译是没有加以约束的。

对此我并没有夸大其词。但是我会情不自禁地感觉孙子值得拥有比落在他身上的命运要更好的命运。而且我也知道,无论如何,我不会比我的前辈们翻译得更差。到1908年底的时候,卡尔思罗普上尉的新的、经过修改完善的《孙子兵法》英译本在伦敦出版。这次,没有再暗示其日本合作者了。其时,我的这个《孙子兵法》译本的前三篇已经交到了出版商的手里,因此,我译本中对卡尔思罗普上尉的批评必须要以其1905年版的《孙子兵法》英译本做参考。当然,从第四篇开始,我用以进行批评的版本则是其1908年版译本了。从总体上来看,卡尔思罗普上尉的1908年版《孙子兵法》英译本比其1905年版译本有所改进和完善,尽管其中仍然存在许多不尽如人意的地方。原来译本中一些错的地方得到了矫正,漏译的地方进行了补译。但是从另一方面来看,其1908年版译本中又出现了一些新的错误。其"序言"的开篇第一句就令人惊异地不准确。其后,在提及孙子兵法的许多日本评论者时(顺便问问,他们是谁呢?)却没有一个字赐予中国的孙子评论者。我敢断言,中国的《孙子兵法》评论者人数可是更多而且是更为重要的"大军"。

现在我的这个译本有些特别之处需要加以注意。首先,文本的内容被划分为编了号的段落,这么做的目的既是为了使互相参照变得容易,也是为了一般学生的方便。文本段落的划分大致参考的是孙行言的版本,但我有时也根据需要将其两段或多段合并成了一段。在引用他人的著作时,中国作家除了标题外很少将全部的引文信息做标示,其结果便是,研究容易受到严重的阻碍。为了消除此困难,我也学可敬的理雅各,在译文后附录了《孙子兵法》全部的汉字检索,尽管他更喜欢采用的是按字母顺序进行排序。另一个特点是借用"中国经典"的方法,将文本的译文和注释放在同一页上。而中国式的注释,则更喜欢将其紧跟在文本之后。我仅摘选了众多中国评论者的评论中的精华部分,在似乎有必要呈现文学兴趣的地方增加了中文。尽管《孙子兵法》是中国文学重要的一部分,但迄今为止很少有在译本中加以这么直接的评论的。比奥(Biot)翻译的《周礼》(*Chou Li*)例外。

我或许可以得出结论,即便等到我这个译本全部完成后出版面世,译本也不可能就是最后的修订本。对我批评的内容不加修改的前提下,在整体的观点上,我或许可在某些地方对我的粗暴加以缓和。然而,如果要对其施以棍棒挞伐,如果反过来对我施加的不仅仅是敲击,那我不会大声抱怨。实际上,我已经因小心翼翼地对译文或是对每一段译文的参考文献的翻译而将把柄交到未来的对手的手中而感到些许的痛苦了。如果以严厉的眼光对我这个译本进行审视的话,我必须得承认,即便是在那个看不起"单纯的翻译"的上海批评家的笔下,也不会完全就不受欢迎。因为毕竟,我不得不担心其最坏的命运是,奥利弗·哥尔德史密斯(Oliver Goldsmith)的《维克菲牧师传》(*The Vicar of Wakefield*)中的主人公乔治的巧妙的悖论之命运会降临在它身上。

第二节 二十世纪后半期英语世界的《孙子兵法》英译研究

20世纪后半期英语世界的《孙子兵法》英译要比前半期更活跃,研究的深度也更广,对其后学者和新世纪学者的《孙子兵法》研究产生的影响也更显而易见。这个时期共有八个译者的十三个《孙子兵法》英译本出版。首先是1963年出版的塞缪尔·格里菲思(Samuel Griffith)《孙子兵法》英译本。然后是1981年和1983年分别在伦敦和纽约出版的詹姆斯·克拉维尔(James Clavell)对1910年出版的翟林奈《孙子兵法》英译本的改写。1988年,温(R. L. Immedia Wing)的《孙子兵法》新译本出版。托马斯·克利里(Thomas Cleary)在这个时期共出版了四个《孙子兵法》英译本,分别是:1988年在波士顿出版的《孙子兵法》英译本;1991年在波士顿和伦敦出版的《孙子兵法》英译本袖珍本;1998年由哈珀出版社出版的《失传的兵法:孙子(II)》;以及1998年在波士顿出版的插图本《孙子兵法》英译本。1993年,黄(J. H. Huang)英译的《孙子兵法》新译本在纽约出版。这个时期,拉尔夫·索耶尔(Ralph Sawyer)共有三个《孙子兵法》英译本出版,分别是:1993年出版的《武经七书》中的《孙子兵法》译本;1994年与李梅纯·索耶尔(Mei-chun Lee Sawyer)合作英译的《孙子兵法》以及1996年出版的《孙家兵法》中的《孙子兵法》英译文本。1994年,布莱恩·布雅(Brain Bruya)英译、蔡志忠插画的"中国传统文化系列丛书"美国版中的《孙子兵法》(*Sunzi Speaks: The Art of War*)出版。1993年,安乐哲(Roger T. Ames)以银雀山出土的《孙子兵法》竹简本为底本英译的《孙子兵法》出版。此部分将分别选取该时期影响力较大、后面章节未曾译介且颇具特色的几个译本中的相关内容进行译介。分别为:(一)1963年版格里菲思《孙子兵法》英译本的"致谢"与"附录三:《孙子兵法》在西方语言中的译介";(二)1988年版温《孙子兵法》英译本中的"关于译本";(三)1993年版索耶尔《武经七书》英译文本的"前言";(四)1993年版安乐哲《孙子兵法》英译本"导论"中的"对《孙子兵法》的分析:智慧与战争"与"作为情景化艺术之战争"。

(一) 1963年版格里菲思《孙子兵法》英译本"致谢"与"附录三:《孙子兵法》在西方语言中的译介"

1963年,塞缪尔·格里菲思的《孙子兵法》英译本在伦敦出版①。育委翻译的该书中译本于2002年以《孙子兵法:美国人的解读》为书名出版②。育委翻译了利德尔·哈特为该书撰写的"序"(Foreword)、格里菲思自己写的"前言"、《孙子传》《孙子兵法》十三篇,并将格里菲思"导论"中的六部分内容作为"背景"与原附录中的第一和第二项翻译出来放在了十三篇译文之后。原"导论"中的六部分为:作者孙子、关于《孙子兵法》、战国时期、孙子论战争和孙子与毛泽东。原文附录一为"吴起兵法"。附录二为"孙子对日本军事思想的影响"。附录三和附录四没有翻译。其中附录三为"《孙子兵法》在西方语言中的译介"。附录四为"中国的《孙子兵法》评论者略传",对曹操、杜佑、李筌、杜牧、梅尧臣、王晳和张预进行了介绍。格里菲思在最后一句交代说,除其名外,对早期评论者孟氏、陈皞、贾林和何延锡的事业一无所知。下面将原书中格里菲思放在"前言"之后的"致谢"做适当的介绍,并将原"附录三:《孙子兵法》在西方语言中的译介"翻译在后,以供研究者了解格里菲思该书成书之前《孙子兵法》在西方世界的传播情况。

致谢(Acknowledgements)
格里菲思在"致谢"开始便交代说他的这本《孙子兵法》英译本是以其1960年9月完成的牛津大学的博士论文为基础修改而成的。

---

① Samuel B. Griffith translated and with an introduction. *The Art of War*, with a foreword by B. H. Liddell Hart. London: Oxford University Press, 1963.

② [美]塞缪尔·格里菲思著,育委译《孙子兵法:美国人的解读》,北京:学苑出版社 2002年。

作者提及其在论文撰写和成书过程中受惠的学者及其相关著作,包括美国汉学家卜德(Derk Bodde)①英译的冯友兰的《中国哲学史》、海陶玮(James Robert Hightower)②英译的《汉史外传》、意大利汉学家利奥内洛·兰侨蒂(Lionello Lanciotti)的学术论文"铸剑与相关的中国传说"(Sword Casting and Related Legends of China)、菲兹杰拉德(C. P. Fitzgerald)教授的《中国文化简史》、美国汉学家德效骞(Homer Hasenpflug Dubs)英译的《荀子》《古代儒家思想的腐朽》和《荀子作品集》以及阿瑟·韦利(Arthur Waley)英译的《论语》。

格里菲思还对德效骞和1944年《孙子兵法》的英译者阿瑟·萨德勒(Arthur Sadler)教授对其提供的无数与中国古代军事和中世纪的日本相关的建议致以了感谢。

附录三:《孙子兵法》在西方语言中的译介(Sun Tzu in Western Languages)

1772年,在巴黎出版了第一本用西方语言翻译的《孙子兵法》。这本珍稀版本的扉页上写着:

中国的兵法(Art Militaire des Chinois)

由在北京的传教士阿米奥翻译成法语(Traduit en francais par le P. Amiot, missionaire a Pekin)

让约瑟夫·玛丽·阿米奥(1718—1793),是一个耶稣会信徒,法国土伦(Tulon)人,在北京待了多年,并于1794年在北京去世。读者有权质疑,为什么一个传教士会承担这么一项对其职业来说毫不相关的任务呢。对此阿米奥解释说,他先是奉一个名叫贝尔坦(M. Bertin)的人然后奉路易十五的一个国务大臣的命令开始翻译与兵法相关的中国典籍的③。接到指示之后,虔诚的教父开始收集那些能找到的资料,并在其译本的"前言"中告诉我们一个朋友(可能是一位改变信仰的中国人)在一次对几位被革职而蒙羞的鞑靼官员的私有财产进行拍卖的时候获得了一册《武经七书》,书是用鞑靼-满族语写的。显然,阿米奥并不认为理解满族语对他而言是

---

① 格里菲思将其误作 Dirk Bodde。本书作者注。
② 格里菲思将其名作 Robert Hightower。本书作者注。
③ 格里菲思注释说"这表明中国和日本方面对耶稣会信徒的怀疑并非像西方人被引导以致于相信的那样是毫无根据的"。

一个太大的挑战。而且,他还说,这本满族语《武经七书》使他将汉语的和满族语的版本进行比较,这对他自己的著作有显著的好处。对其翻译,他如是说:

"于是,我试图不对其进行逐字逐句的翻译,而是将中国最好的学者论述战争之道传达出来。在阐释他们的军事法则时,我试图在不损坏我们自己的语言的前提下最大限度地保留他们的风格,对他们那些蕴含在比喻的、模棱两可的、谜一般的、晦涩的迷雾中的观点进行解释。在此努力中,我不仅受到前面我提及过的鞑靼语手稿的帮助,同时也受惠于中国古代和现代的《孙子兵法》评论者。"①

阿米奥的《孙子兵法》译本立马就受到了关注,并在当代文学期刊上受到不少赞许的评论。一个匿名的、但是令人惊讶的评论者甚至走得更远,认为他在《孙子兵法》中"发现了古希腊历史学家色诺芬(Xenophon)、波力比阿斯(Polybius)和莫里斯萨克斯(Maurice de Saxe)将军的伟大艺术中全部的东西"。并认为,如果这本"出色的著作"能够达到那些渴望指挥我们的军队的人和那些官员手中的话,它将会对君主政治起到很大的帮助。尤其是,他希望"年轻的贵族们能用心地读这本真正的军事法则",他将这些贵族比作杜尔纳(Turenne)和路易二世·德·波旁(the great Condé)。1772年7月的《精神之报》(Espri de Journeaux)和《博学杂志》(Journal des Scavans)上的评论者只限于对《孙子兵法》的内容作文摘编辑,尽管《博学杂志》上有个评论者抱怨对《孙子兵法》文本的安排有重复和错误之处。

1782年,阿米奥的译本作为《北京传教士关于中国历史、科学、艺术、风俗和习惯录》(Mémoires concernant l'histoire, les sciences, les arts, les moeurs, les usages, etc., des Chinois)系列丛书的第七卷再版。

在我们对神父的杰出努力做出评价之前,或许比较适合提醒一下,在此之后,再没有其他的军事经典译成法文出版。其后翻译出版的有关中国古代的军事思想的著作全部都是以阿米奥的这个译本为基础的。这是不幸的,因为阿米奥经常会背离读者有权对一个译者所期待的标准。阿米奥如此密不可分地将《孙子兵法》评论者的观点与孙子的观点混为一谈,以至于要让读者将哪些是《孙子兵法》中的话哪些是评论者的观点区分开

---

① 可参见阿米奥译本的"译者前言"(Discours du Traducteur)。

来。更为混淆的是,这位虔诚的神父偶尔也会将他自己的话插进他的译本中。这么做的结果便是,这个译本既不能算是对《孙子兵法》的翻译,也不能看成是完全正确的解读,但也不能就此被认为是"并不比一部冒牌货好多少"的作品。

整个19世纪,中国的思想和事情在法国都不再像18世纪那样广受欢迎。我没有再发现法国大革命后期任何对《孙子兵法》的参考研究,一直到1900年。1900年8月,前法国驻北京武官科唐索恩(M. de Cotenson)先生,在《新评论》(*La Nouvelle Revue*)上强调了重新研究中国古代军事作家的必要性:"今天与以前一样,在对经典作家的研究中一个人必须试图去发现汉语普通话中所蕴含的战略。"科唐索恩先生多次谈到"中国兵法的典型特征"就是,"将领们奸诈狡猾,试图利用各种可能的手段去欺骗敌人"。他建议说,对法国指挥官来说,"最为重要的"就是不要"让自己被中国将领们的郑重其事的许诺所欺骗"。然而,科唐索恩并没有建议说对军事经典的新的译介对法国来说是有用的。

几十年过去了,对中国军事经典的新的译介尝试引起了法国指挥官们的注意。1922年,肖莱中校(Lieutenant-Colonel E. Cholet)以"古代中国的兵法:一册有着两千年历史的法则。1772年阿米奥译"为名编辑了阿米奥翻译的《孙子兵法》。肖莱为其作品写了一篇热情洋溢的"序言"。文中,他按主题对孙子、吴起以及司马穰苴的法则进行了归纳。这是一种不太受欢迎的处理办法。在诸如"论战争""论军队""论士兵人数""论道德""论将领"等标题之下,我们又一次读到了阿米奥神父翻译的《孙子兵法》。1948年,纳钦(L. Nachin)出版了一册关于阿米奥对《孙子兵法》的解读的缩略本,其价值在于纳钦那具有洞察力的"序言"和"卷首语"。

1956年,在罗杰·加卢瓦(Roger Gaillois)准将在其以"中国的战争法则"(*Lois de la guerre en Chine*)为标题的文章的"证据"(*Preuves*)一节中对阿米奥翻译的《孙子兵法》做了又一次挖掘和概括。这篇令人困惑的文章阐释了这么一个论点,那就是,古代的军事作家们主要关心的是战争的"道德"与"人道主义"的层面。这是完全错误的,正如我前面所说的,这样的错误源自阿米奥神父对《孙子兵法》的误读误释。阿米奥神父的译文常反映出他的情绪,远没能准确表达出孙子兵法中所蕴含的意思。

令人好奇的,现代法国汉学没有对中国的军事学产生兴趣。在《古代中国》(*La Chine antique*)(1927)一书中,马伯乐(Henri Maspero)轻蔑地称孙子的兵法为"一本关于战争艺术的小小作品"(un petit opuscule sur l'art de la guerre)。这种观点反映的要么是作者的偏见,要么是作者对与战争相关的中国文学的重要组成部分的一种肤浅认识。没有一位著名的法国汉学家对中国军事经典表现出兴趣。但是,如果他们把其对中国文化的其他方面的勤勉研究分一小部分来研究中国的军事经典的话,法国军队在过去二十年里所遭受的一些军事上的灾害就有可能避免了。

1905年,卡尔思罗普上尉(Captain E. F. Calthrop),其时是一名在日本的英国军队的语言学学生,将《孙子兵法》十三篇翻译成了英文。这个译本首先在东京以《孙子》(Sonshi)为书名出版。卡尔思罗普的这个《孙子兵法》英译本是以一个似乎很糟糕的日译本为底本英译的。1908年,卡尔思罗普根据其1905年版《孙子兵法》英译本修改的译本出版。卡尔思罗普的努力受到了翟林奈的攻击。其时,翟林奈是大英博物馆东方藏书手稿部的助理部长,是他那个时代著名的汉学家之一。

翟林奈的《孙子兵法》英译本于1910年在伦敦出版。该译本全篇都是对卡尔思罗普《孙子兵法》英译本的乏味的批评,他认为卡尔思罗普的英译"相当的糟糕"。翟林奈之所以重新英译《孙子兵法》是因为"孙子值得拥有一个比落在它身上的命运要更好的命运"。他用其典型的谦虚补充说:"我知道,无论如何,我不会比我的前辈们翻译得更差。"翟林奈的《孙子兵法》英译本显然比卡尔思罗普的译本有所改进。但是,正是因为这位杰出的东方学者将其自身的精力浪费在诋毁卡尔思罗普的译本上,或许有人会推测,要不他自己的《孙子兵法》英译本一定会比现在的这个要好得多。

1910年后,出现了三个《孙子兵法》英译本。这些译本全都是在第二次世界大战期间出版的。它们是,考克斯译本、悉尼大学萨德勒教授译本和郑麐译本。所有这三个1910年后出版的译本都流传不广,而且英译也不能令人满意。前面两个译本都是在困难的条件下完成的。萨德勒教授,原本是一名日本的古典文献研究学者,其时正在澳大利亚悉尼大学从事东方学研究,这个译本是其匆匆忙忙翻译出来的。考克斯则是翻译期间换个许多个底本,最后才根据自己的设计确定了下来。而郑麐的英语知识太糟糕了,他的译本价值不大。

1910年,布鲁诺·纳瓦拉(Bruno Navarra)将《孙子兵法》十三篇翻译成德文以《一本关于战争的书——中国军事经典》(*Das Buch vom*

Kriege——der Militärklassiker der Chinesen）为书名出版。我不能对这个译本的质量做出评价，但是德国在"凯撒的战争"中的战略和战术并非是在暗示帝国总参谋部的人员之前曾听说过孙子的兵法。1937年，一个名叫芦屋瑞代（Mizuyo Ashiya）的日本人，在《知识与军事》（Wissen und Wehr）期刊上发表了一篇论孙子的文章。幸运的是，无论是希特勒还是国防军最高统帅部或陆军总司令部似乎都没有看到这篇文章。如果他们看到了的话，那希特勒的作战模式或许会有所不同了。

早在1860年《孙子兵法》就被一位名叫斯列兹涅夫斯基（Sreznevskij）的汉学家译成俄语，书名为《中国的将领孙子对其手下将领的指示》（Instructions of the Chinese General Sun Tzu to his Subordinate Generals）。1889年，Putyata教授向《与亚洲相关的地理、地形学与统计资料》提交了文章"在对中国古代将领的评论中所发现的战争法则"（The Principles of the Art of War［as found］in the Commentaries of Chinese Generals of Antiquity）。

第二次世界大战之后不久，一位名叫康拉德（N. Konrad）的著名苏联汉学家致力于对《孙子兵法》的批判性的译介，其中他加进了自己的综合评论和丰富的注释。之后，由著名的苏联理论家拉辛（J. A. Rasin）作序的希多连科（J. I. Sidorenko）《孙子兵法》译本，由东德国防部译成德语，并规定其军事学院对该译本进行研究。

翟林奈的《孙子兵法》英译本在美国并非完全不被人知晓。1944年，翟林奈的《孙子兵法》英译本被收录进《战略之根源》（Roots of Strategy）中。这是一本由托马斯·菲利普编辑的关于军事思想的杂文集。权威的现代著作《现代战略的制定者》（Makers of Modern Strategy）没有提及《孙子兵法》，尽管其出版时，美军正雇佣着日本人，这些日本人几个世纪来成了孙子最忠诚的信徒。

（二）1988年版温《孙子兵法》英译本中的"关于译本"
（Notes on the Translations）

1988年，温（R. L. Immedia Wing）英译的《孙子兵法》出版[①]。书的封

[①] R. L. Wing. The Art of Strategy: A New Translation of Sun Tzu's Calssic The Art of War. New York: Broadway Books, 1988.

面上同时有英文和中文的书名,并在下端有评论性的文字:"世界上阅读最广的、富有技巧性的谈判手册,并具持久的影响力。"①该书由"关于译本""孙子"和"《孙子兵法》十三篇译文"构成。在对十三篇英译时,每篇的译文前译者均对该篇内容进行了详细的分析。目录中可见译者在十三篇题名之下另加副标题,并将每篇内容各分成了四个大的部分,共五十二个小部分,且每个部分都给出了英译的题名。只是,这两个特征在正文英译时均没有体现出来。其十三篇题名及副标题和均分的小节标题具体如下:

Chapter One　　The Calculations(Analyzing the Conflict)(分析冲突)(计篇第一)

 1. The Five Fundamentals of Strategy(战略的五种基本因素)

 2. Examing the Fundamentals(对这些基本因素进行审查)

 3. The Tao of Paradox(悖论之道)

 4. Foretelling Triumph(预告胜利)

Chapter Two　　The Challenge(Estimating the Costs)(对代价做出估计)(作篇第二)

 5. Knowing the Costs(了解代价)

 6. Swift Strategies(快速的战略)

 7. Using the Opponent's Resources(利用敌人的资源)

 8. Incorporating the Opponent's Strength(合并敌人的力量)

Chapter Three　　The Plan of Attack(Developing an Error-free Strategy)(发展一种无错的战略)(谋攻篇第三)

 9. Engaging the Entire System(考虑整个谋略体系)

 10. The Rule of Numbers(用兵人数的多寡法则)

 11. Three Errors of Leaders(将领的三个错误)

 12. The Essentials of Triumph(成功的要领)

Chapter Four　　Positioning(Positioning Yourself for Triumph)(为胜利而定位)(形篇第四)

 13. The Power of Defense(防御的力量)

---

① "The World's Most Widely Read Manual of Skillful Negotiations and Lasting Influence". On the front cover of the book. R. L. Wing. *The Art of Strategy*: *A New Translation of Sun Tzu's Classic The Art of War*. Op. cit.

14. The Triumph of No Effort(不战而胜)

15. The Position of No Error(处于无错的位置)

16. The Five Strategic Arts(五条战略艺术)

Chapter Five　Directing(Positioning Your Opponent for Defeat)(为使你的敌人失败而定位)(势篇第五)

17. The Positioned Strategy(定位策略)

18. The Power of Surprise(出其不意之威力)

19. Moving the Opponent About(让你的敌人动起来)

20. Using Others to Create Momentum(借用他者来造势)

Chapter Six　Illusion and Reality(Using Camouflage)(利用伪装)(虚实篇第六)

21. Creating Imbalance(制造不平衡)

22. Distorting the Opponent's Position(扰乱敌人的定位)

23. Adjusting the Opponent's Numbers(调整敌人的兵力多寡)

24. Reacting with Systematic Positioning(随系统的定位而做出反应)

Chapter Seven　Engaging the Force(Maneuvering for Advantage)(为取得战略优势而部署兵力)(军争篇第七)

25. Direct and Indirect Tactics(直接战术与间接战术)

26. Avoiding Competition(避免竞争)

27. Flexibility and Imitation(灵活与模仿)

28. Controlling the Variations(控制变化)

Chapter Eight　The Nine Variations(Spontaneity in the Field)(在战场上自如)(九变篇第八)

29. Situational Strategies(根据情景来决定战略)

30. Combining Advantages and Disadvantages(将优势和劣势结合)

31. Anticipating the Opponent(对敌人的预判)

32. Five Weakness in Leaders(将领的五个缺点)

Chapter Nine　Moving the Force(Confrontation in the Field)(在战场上的对抗)(行军篇第九)

33. Using the Situation(运用地形)

34. Determining the Opponent's Strategy(确定敌人的战略)

35. Determining the Opponent's Vulnerability(确定敌人的弱点)

36. The Cultivation of Allegiance（对忠诚的培养）

Chapter Ten　Situational Positioning（Positioning during Confrontation）（在对抗中定位）（地形篇第十）

37. The Six Positions（六种地形）

38. The Six Strategic Mistakes（六种战略性的失误）

39. Superior Leadership（卓越的领导力）

40. Knowing the Situation（了解态势）

Chapter Eleven　The Nine Situations（Mobilizing during Confrontation）（在对抗中调动）（九变篇第十一）

41. Situational Response（态势的反应）

42. The Spirit of the Corps（军队的士气）

43. The Way of the Adventurer（冒险者之道）

44. The Strategy of the Superior Leader（卓越将领的战略）

Chapter Twelve　The Fiery Attack（The Decisive Thrust）（果断的插入）（火攻篇第十二）

45. The Five Fiery Attacks（五种火攻形式）

46. The Five Fiery Variations（五种火攻形式的变化）

47. The Decisive Techniques（决定性的技巧）

48. The Ultimate Restraint（根本的约束）

Chapter Thirteen　The Use of Intelligence（The Information Advantage）（信息优势）（用间篇第十三）

49. Obtaining Foreknowledge（获取情报）

50. The Divine Web（神纪）

51. The Importance of Counterintelligence（反情报的重要性）

52. The Essence of Strategy（战略的真髓）

关于译本（Notes on the Translation）

中国的经典常常是用一般通用的样式写的，意在有节制地反映出生活的体验。温和而又节制可被任何人用在任何地方和任何情势之下。中国的文字将其自身很好地借与来表达这种现象。每个汉字，或每个符号，都是某个观点的多维度画面的呈现。我们可从许多不同的角度去看它，也可以通过许多不同的方式去体验它。书面语的这种不确定的特性在某种程度上引发了让人感觉有些个人的、适时的反应。由于这个原因,像《易经》《道德经》或《孙子兵法》这样的经典似乎因个体经历的不同而生发出许许多多的意思。几千年来它们保持着自身令人惊异的关联,对每种不同的人身体验而言都是有意义的。一句话,这些经典是不朽的。

  读用中文撰写的像《孙子兵法》这样的哲学著作是一种高雅的体验。每一个短语中都蕴含一种和谐与解决之道。这样的短语太多了,如一首乐曲中那么多和谐之音。中国的经典常常采用简单的、节奏的平衡,这样里面的字将会很容易被记住。毕竟,那时没有印刷术,也没有纸,书是刻在竹简上的。

  《孙子兵法》这种有节奏的、简单的风格也很好地体现在英译中。其文本的结构几乎呈现出了原文本中每一个字的韵律。译本中也附有个别汉字,而且直译可以让读者更容易理解,即便他们之前对汉字并没有多少了解。记住,中国古代典籍中的字是从上往下、从右往左读的。

  在英译时,我试图逐字逐句对原文本进行翻译,并在对那些"有用的"术语进行介绍时保持警惕。在英译这些汉字时,全书尽可能保持一致。而在英译时,则均选用那些常用的词,以便读者可以根据自己的需要对其意思的细微差别进行添加。在那些我不能或不愿意直译的地方,我在译文中对其加了脚注予以说明。

  我将《孙子兵法》的书名和文本中的汉字"兵"(*bing*)都英译为"strategy"。这是对"兵"一词比较常见的一个英译。但是读者应该注意,这个字也可以译为"战争"(war)、"军事"(military)、"战略"(tactic)、"战斗"(combat)、"作战"(battle)、"军争"(maneuver)、"武器"(weapon)、"冲突"(conflict)等等。我之所以选用"strategy"一词来英译"兵",是因为我相信其意思"战略"最接近孙子想要达到的目标,即通过战略部署,不诉诸战争便取得胜利。

  文中我唯一一个没有进行英译的汉字就是"道"(*Tao*)。在一两处地方,在其对理解整个句子的意思至关重要时,我则将其英译成"Way"。"道"一词源自道家学说,是《孙子兵法》成书那个时期普遍流行的一种哲学。令人好奇的是,除了一个英译本,所有的《孙子兵法》译本都以一种粗野的、功利的方式将"道"译为一个让人感觉到其在变动的名词或是动词,这对理解《孙子兵法》中所蕴含的重要的哲学语境产生了不好的影响。"道"是一个相当难翻译的词,但是可以将其解读为"在本质上万事万物倾向于运作的平坦之道"。当事件被人所操纵时,它们就不是"道",且结果往往是非常难以被控制。让"道"在某种情势或是战略中起作用被认为是最大的优势,因为这样的话你的运作会变得毫不费力而结果却可以预见,仿佛所有的自然之力都在朝其自身的那个目标产生作用。

《孙子兵法》被广泛地译介,这些译本普遍都反映出了译者的文化或宗教背景。从唐朝一直到现在,《孙子兵法》在日本被知晓,被研究。一直到1772年才由一个法国的耶稣会神父阿米奥从中文译成法语传到了西方。据说,这个译本曾是拿破仑的最爱。俄罗斯早在19世纪就开始了《孙子兵法》的译介,其中最有名的是1950年康拉德(N. Konrad)的《孙子兵法》译本。

1905年,英国的卡尔思罗普上尉将《孙子兵法》由一个日译本翻译成英文。之后不久,翟林奈就将其直接从中文译成了英文。其时,翟林奈是大英博物馆东方藏书手稿部的助理部长。翟林奈的《孙子兵法》英译本于1910年出版后一直在印刷。最近的是美国学者詹姆斯·克拉维尔(James Clavell)对其进行改写和评论的译本,于1983年出版。1910年,《孙子兵法》被一个名叫冯·布鲁诺·纳瓦拉(von Bruno Navarra)的人译成了德语。而在1956年,苏联军方则出版了由希多连科中尉(Lt. J. I. Sidorenko)从中文译成俄文的《孙子兵法》。1963年,一位退休的美国海军上尉塞缪尔·格里菲思英译的《孙子兵法》出版。这个译本一般情况下都能获得。此外,还有两个中国学者的《孙子兵法》英译本。一是郑麐(Zheng Lin)英译的《孙子兵法》,另一是唐子章(译音,Tang Zi-chang)英译的《冲突的法则》(*Principles of Conflict*)。

很多个世纪以来,出现了许多对《孙子兵法》的评论和注释,但是孙子自己只写了十三篇。实际上,有时《孙子兵法》也被叫作《孙子十三篇》(*Sun Tzu's Thirteen Chapters*)。我把十三篇的每一篇都在恰当的地方分开,每篇分为四个大的部分。这样,全书就被分成了独立的五十二个小部分。十三篇的标题是《孙子兵法》原有的,但是每个独立部分的标题是我自己添加的。我之所以添加这些标题,仅仅是想提示读者每部分所讨论的都是一个特别的主题。放在十三篇题名之后的括号中的副标题,有助于帮助我描绘蕴含在该篇中的主题,这个副标题也是我自己添加的。译文中所用的日期,是从李约瑟(Joseph Needham)的《中国科学技术史》(*Science and Civilization in China*)一书中引用的。文中汉字的英式拼音采用的是韦氏拼音法。

（三）1993 年版索耶尔《武经七书》英译文本"前言"
("Preface" in *The Seven Military Classics of Ancient China*)

1993 年，拉尔夫·索耶尔英译的《武经七书》出版①。在该书中，索耶尔共英译了古代中国的七部军事经典。按索耶尔在书中标示的中文原名，为：《太公六韬》《司马法》《孙子兵法》《吴子》《尉缭子》《黄石公三略》《唐太宗与李卫公问对》。该书由"前言""关于译本和发音""经典简介与历史背景""译文""附录"和"注释"组成。由于后文有小节对索耶尔的四个《孙子兵法》英译本进行详细的比较研究，在此仅将其"前言"译出，以供研究者了解索耶尔对包括《孙子兵法》在内的古代中国军事经典之用。

"前言"

近几十年可见美国和欧洲对远东兴趣的迅速增长。自 20 世纪 70 年代以来，关于中国的书和文章受到了普遍的欢迎。那些关于日本的，尤其是关于日本的管理实践的书和文章，则从 20 世纪 80 年代早期以来激增。那些关于"公司战争"之商业方面的以及战略理论的，包括亚洲的实践及其潜在的哲学，则一直在流传。著名的日本军人宫本武藏（Miyamoto Musashi）的作品，以及中国古代军事战略家孙子的兵法，被反复译介、研究和讨论。然而，有趣的是，这两人以及其他的军事著作被证明，而中国巨大而丰富的军事宝藏，尽管其有着历史的重要性和当代意义，在西方却不为人知。

中国的军事思想可能起源于四五千年前早先的村庄之间的冲突，甚至可能在传说的文化英雄和圣明天子的冲突中被神话了。结果，由于男人被迫让其独创性以战斗的方式来体现，于是发明了武器，战术得到了发展，引发了权力的分层。最后，主导人物——或许是部落，或许是能指挥更多好战的民族的家族首领，将其意愿强加在其他的群体之上，拓宽了他们的领地，一些团体成了重要的政治权力。在人类历史之初，正如在早期记载下

---

① Ralph D. Sawyer trans. *The Seven Military Classics of Ancient China*, including *The Art of War*. Boulder: Westview Press, 1993.

来的材料中所保存和手工艺品种中所反映出来的那样,两方争斗性的力量,在他们进化发展为国家时,以及当有实力的个人试图为王国建立唯一的法则以及建立帝都时,经常性的、紧张的冲突就已经出现。此后,战争的范围扩大了,武器的威力和效力提高了,军事组织、战术和技术全都得到了发展。最后,战场上的教训和指挥的经验成了彼此下意识研究的核心。人们努力保持自己的洞察力,并避免不再犯过去所犯的错误。有关军事战术和战略的科学应运而生。

到公元前2世纪,中国已经经过了一千年几乎不间断的冲突,被野蛮地统一成了一个巨大的、强有力的、被威严地管理的国家。在这个过程中,有技巧的指挥官出现了,有时会发生大的战争。战事不断,而且受损失的程度也很大,这些使得人将其思想记载了下来。然而,直到统一时,在那些幸存下来的数量不多的军事作品中,有六种重要的,其中包括《孙子兵法》。这些军事典籍继续被人研究,一个世纪一个世纪地流传了下来,直到1200年后在宋代的时候,剩余的那些军事作品被收集、编辑,与唐代的作品一起,汇集成了《武经七书》。这是一本由传统的军事思想组成的集子,是科举考试中考察军事这一块的基础。

20世纪70年代早期,考古学家在汉墓一个高级官员的墓中挖掘出了许多极具价值的、写在保存完好的竹简上的文本。其中的军事著作包括《武经七书》的大部分,以及大量的《孙膑兵法》的残片。尽管这本由孙子的后代撰写的著作出现在汉代编辑的书目中,但它显然在汉代的时候已经不见,并自此后消失了两千多年。这次重要的发现因而将现存的古代军事著作的数量提高到了八部,增补进了几百册各种各样的著作,但肯定从时间上来说它们要晚得多。

尽管在整个中国历史中都不断有关于战术研究的著作问世,但是这些数量巨大的军事著作中的大部分在无数个世纪的流传过程中因疏忽粗心、自然灾害、故意的毁坏和战争而丢失了。但是,古代的碑铭资料和像《左传》《史记》这些早期的历史记载也编年记录了将领和帝王们的功绩。《二十五史》中保存了相当丰富的人物和事件。而且,战国时期的哲学著作中也包含了对军事的讨论。因此,军事著作的来源丰富。但是,仅有一部分历史著述,包括全本的《左传》,以及《武经七书》中的两本被译介出版了。《孙子兵法》的三个主要的译本以及几个不那么重要的译本,还有《吴子兵法》,是作为"附录"出现在格里菲思《孙子兵法》英译本中的。

早在其消失被人们遗忘之前,这些古代的中国军事经典就已经广泛地影响了 20 世纪的思想,在亚洲焕发着新的活力。不仅在军事领域中——在整个 20 世纪中,它们在日本和中国被彻底地研究,也将继续被讨论——而且,在商业和个人生活中,这些军事经典的复活是特别明显的。20 世纪 80 年代,一本关于管理的书复活了孙子的思想,让几个古代军事英雄人物复活,以商业和市场为基础指导公司,这本书在中国严厉的共产主义的环境中成了一本畅销书,后来在资本主义的香港同样也有很好的销售。日本的公司有研究小组定期寻求那些可以成为公司战略的见解。朝鲜人,恰在其繁荣可得之时,忍受了巨大的国际压力对他们的货币进行重新估价,打开其市场,服从贸易的限制,在这些军事典籍中发现了为其国际贸易战可用的战略。

在台湾,当公司遭遇到与朝鲜相似的冲突时,那些将古典战略家们的思想运用到生活、经商、体育和股票市场中去的书突然变得流行起来,即便现代的战略家已经忽略、蔑视了它们几十年。或许更令人惊讶的是,日本作家们将这些源自《武经七书》中的法则和战术运用到所有现代社会的复杂的事情中。例如,他们将这些战术运用到构建成功的人际关系、浪漫的情人关系以及公司的暗战中。除了至少一本博学的译本外,几本新的、纸质的精简译本和摘选的军事法则的通俗化的普及本每年都会在日本出版。乘车上下班途中,无处不在的工薪阶层人士或许在读这些军事著作。甚至有漫画版的军事著作出版以满足那些有此爱好的人的需要。自然,那些源自军事经典的战术也常常出现在小说中,出现在电影和电视上。当代整个亚洲媒体也在引用这些军事典籍中的观点。

由于可从各种途径迅速获得相当广泛的资料,对古代中国的整个军事成果进行一个全面的介绍成了一个巨大的诱惑。对于理解战略、战术和军事思想之演进的许多至关重要的题目都值得我们去探索和分析。然而,我们会有意识地集中精力去描绘历史的语境和重新评价那些重要的物质的层面,而不愿无效地去概括那些综合的思想方面的问题。尽管我们并没有完全忽视后者,至少会粗略地在"导论"和注释中去探求诸如道家思想与军事思想之间的关系这样的问题,但是这些领域必须另外撰写一本专著来进行阐释。同样,尽管我们已经勾勒出了各种概念的基本要素,比如"奇/正",但是我们还没有对其进行深入的分析,我们也还没有对其技术的细节进行讨论。《武经七书》中所发现的那些具体战术的运用,或是战略的总体的实施都还没有讨论。更有甚者,除了偶尔的注释外,我们还没有探讨《武经七书》中的这些文本与《管子》《商君书》,或是其他战国时期那些显然是支持军事政治、管理措施和战略理念的哲学著作之间的关系。这些与包括那些对蕴含在每一部经典中的思想和方法进行系统分析和综合的其他主题,都要求对其本身进行广泛的研究。由于他们的结论可能不成熟,也可能使原本就已经厚重的书变得更加笨重,我们将会将它们集中在将来的一本融合军事技术和战略思想的交互发展的著作中进行研究。

由于这本书是为普通读者而写的,因而我们要采用一个可以涵括每一个人在内的题目,除少部分对古代中国有研究的专家,他们对那些之前被忽略的军事作品有专门了解。我们对许多普通的方面做了有些全面的注释,也许有时显得不必要。所有的注释是为几类不同的读者设计的。尽管许多英译是为更详细的阐释所需,但是为了尽量减少注释的数量,我们避免对每个思想、概念和战略进行深度探讨。许多注释仅仅提供了文本信息,或为那些不熟悉中国历史和文学的读者提供方便对部分人物和术语做了解释。其他的注释则是为那些亚洲学生——军事专业的或非军事专业的,他们或许可从更多历史的、技术的或是军事的信息,或是从对某些有创意的文章的引用中获益。许多注释对翻译中的那些纷繁难懂之处进行了评论。这些注释提供了不同的解读,对那些我们已经接受的注释的矫正以及紧随其后的评论。有时,这些注释会表明哪些地方我们依靠的是我们自己的而与传统的阅读相反的判断。最后,对那些介绍性的、我们需要避免对那些问题给予教条式的论断的资料进行了详述,如文本的真实性,这些问题只是得到了暂时的解决或是仍然存在着学术的争论。我们鼓励每一个读者对它们进行详细的考察,至少也要对其进行简略的考察,将注意力集中在那些对理解这些文本最相关的注释上。

我们为《武经七书》中的每一个文本在其在每一章中第一次出现时提供了全部的参考信息,后面则只简略地提供了其标题。最后,我们的参考文献没有采用普通的形式,而是为那些可能希望对某一个单独的题目进行文献考察的读者提供了以题目为对象的选择列表。许多著作与《武经七书》之间只有共切点连接,只有这方面的专家才会对其感兴趣。为获得那些没有被阐释的常识,读者可自己到"进一步阅读书目"(The Bibliography for Further Reading)中去查询用西方语言撰写的著作。

一本关于军事这个主题的著作(就我们这本书来说,我们充满热情地去做了包蕴其中的那些没有完全意识到的许多棘手的问题),是需要花费多年的时间去阅读、研究、思考、详查和努力的。我们从历代中国学者的评论和文章中,也从那些源自西方的和20世纪亚洲学者的著作中翔实的、知识的增加中获益匪浅。然而,二十年前离开了学术团体之后,我们喜爱的是一个对这些思想与哲学完全不同的、充满生气的观点。这是二十五年来,我们对日本、中国大陆、中国台湾、韩国、新加坡和南亚等在技术与商业方面的各个层次的人咨询的结果。对我们众多的亚洲同行来说,各种军事经典仍然保留着那些有效战术和战略的概略,提供了可为我们的生活和商业实践提供帮助的方法与措施。他们对许多具体教训的讨论和理解,尽管不是必定的传统或是以经典为基础的,促进了我们自己对许多问题的启悟。特别是,几十年来,在亚洲,我们与盖·贝尔(Guy Baer)、克里昂·布鲁尔(Cleon Brewer)、马尚仁(Ma Shang-jen)、Kong Jung-yul、W. K. Seong 教授和 Ts'ai Mao-t'ang 教授之间的对话,尤其是与 C. S. Shim 的对话,都是有促进作用和启示作用的。

某些早期的老师对我研究中国思想史的方法有持续的影响。特别是,作为骚乱的20世纪60年代的一名哈佛毕业生,我极大地受到了杨联升教授、余英时教授、本杰明·史华慈(Benjamin Schwartz)教授,特别是方志彤(Achilles Fang)博士的影响。在他们的影响之下,我享有特权可以对中国经典进行真正的研究。之后,我有幸陆陆续续地跟着金嘉锡(Chin Chia-hsi)教授读了十多年的书。金嘉锡是一位庄子研究专家,国立台湾大学的中国文学教授。然而,对我最有帮助的是南森·席文(Nathan Sivin)教授。他最初是麻省理工学院的一位哲人,后来成了我二十多年的老朋友,最终对我指明道路而且使得这条路切实可行。然而,对那些没有阅读过这本著述的学者来说,所有这些都是一般知识的获取,而非特别的知识,而那些哈佛大学的幸存者在得知我这么多年来拿着私人奖学金一直在研究、实践中国的传统将可能会感到非常的惊讶。

我负责《武经七书》文本的翻译、"导论"的撰写以及注释,多年来李梅莼·索耶尔不仅积极地参与到我们的讨论与研究中,而且也承担了大量的与诸如武器的演进这样的历史题目相关的详细研究的重任。她也通过自己对译本具洞察力的阅读、烦琐的调查和对各种现代评论的比较为《武经七书》的翻译出版做出了不可估量的贡献。她的协同努力极大地帮助我理解了许多问题,并在总体上大大地完善了译本,而与此同时她还得继续完成她在我们的咨询业务中的责任。

拉尔夫·索耶尔

(四)1993年版安乐哲《孙子兵法》英译本"导论"中的"对《孙子兵法》的分析:智慧与战争"与"作为情景化艺术之战争"

对《孙子兵法》的分析:智慧与战争

中国早期的哲学作品对军事的讨论非常的普遍。这种现象本身非常清楚地显示出了战争作为一个对中国的哲学反映、一种与西方哲学著作不同的关照的话题那种能被感知的重要性。这是一个很少被广而告之的事实,大部分的中国哲学经典中都包含了相当的军事思想,如《墨子》《荀子》《管子》《商君书》《吕氏春秋》《淮南子》等。此外,其他的重要的文献如《论语》《孟子》《老子》《韩非子》以及最近发现的《皇帝帛书》(*Silk Manuscripts of the Yellow Emperor*)都包含了对军事思想更多的阐释。事实上,在包括《汉书》(*History of the Han Dynasty*)在内的《钦定四库全书总目》中,军事作家们是被列在"哲学家"(即"子")(philosophers [*tzu*] calssification)类的。这或许是一个公平的猜测,在古典时代的哲学著作中,一个文本,如果其对话没有在某个点转向对军事战略甚至是战术的进一步讨论的话,那它将会被认为是不完全的。

这种对军事的持久兴趣对一个战争既非特别值得庆祝也非荣耀的文化是相当令人好奇的事情。而且在这种文化中,军事英雄主义是相当不被发展的一种理念。论及社会地位,中国的武士并没有从希腊和罗马前辈那里获得什么好处而获得与其相似的待遇。即便在那些非专门的中国军事著作中,我们通常会发现相同的对于那些我们从儒家经典中熟悉的人的幸福持一种家长式的关心,以及将战争作为一种不得已而为之的最后手段的清晰特征。从来都没有自我促进的、好战的军国主义思想。

于是问题出现了。由于中国传统中公民美德与武德大体上的不同,我们该如何解释被早期的中国思想家所假定的职业哲学家与武士之间这种亲密的、甚至是相互依赖的关系呢?

早期的和晚期的战争经历,都是文化的重要组成部分。一直到春秋战国晚期,军队仍然是由住在首都附近的贵族家庭组成的,普通人在实际的战争中相对来说起的作用要小些。商人也一样完全被排除在外。就个体而言，军队是由统治阶级家庭和皇室的高级大臣中的代表人物来领导的，这些人从小就受到民间艺术和军事艺术的教育。即便是在死于公元前481年（这个通常标志着春秋战国时期结束的时间）的孔子，从保存在其信徒编撰的《论语》中的简略记载可以看出，他是同时受到了文学和军事两方面的训练的。

在战国时期变得日益频繁和残酷的冲突中，一种民事与军事之间的真正分离出现了。那些来自社会底层的雇佣军将其才能卖给出价最高的人。战争从一种荣耀的职业变成了一种专门的职业，在战场上被杀死的以及随后因受到报复而死的人从数以千百计增加到了数以十万计。

对哲学与战争之间关系的一个简单解释就是，军事战略，与其他的"艺术"，如烹饪艺术、占卜的艺术、音乐的艺术、文化的艺术等一样，是可以被作为一种用来塑造哲学的特质与类型的比喻之来源的。而且，军事活动，特别是在中国历史的转折时期，当政权的生死存亡悬于一线的时候，是被众人所全神贯注的事情。在此，包括哲学的感情在内的所有的人力资源都被运用来对自己有所帮助。中国哲学经典的坚定的、实用的本质是抵制对理论与实际运用截然区分的。这样，结果便是，处于这种文化中的哲学思维不仅仅知识理论的，它也包含了实践，即"为"（doing）。因而战争，在一定程度上是哲学的，是必定要被运用的一门哲学。

这种猜测毫无疑问是答案的一部分。但是，认为战争能为哲学反应提供依据和素材，而哲学可以被作为某些为战争的组织手段不是太简单了吗？但确实如此，只是两者之间的关系要更深。我想建议，在个人智慧的培养与战场上的胜利的培养之间主题的显而易见的分歧处，还存在一种可辨认的相互关系，那就是，具有中国特色的"和"（harmony, *ho*），它对古典文化来说既是重要的也是无所不在的，是哲学家和军事指挥家这样的人所追求的东西。

有更多具体的方法来修正关于智慧与战争之间的亲密关系这个问题，此问题强调的是一种已经取得和谐的共同感。那我们该怎样来解释这个在这种中国古典文化中显而易见的假设，认为是性格的魅力使得一个领袖人物在社会的、政治的和文化的等各种角色中变得完美成为楷模，而且也是这些人格魅力让他在军事指挥的角色中同样做得那么好的呢？我们可以一起来回忆两个相关的儒家理念：

人师非器。（即《易经》"系辞上"中的"形而上者为之道，形而下者谓

之器。"本书作者注）

形而上者追求的是"和"，不是"同"。

那么，所谓"人师"或"典范"，就不是由某人所起的作用或某人所拥有的特别的技能决定的，而是由其性格来决定的了。假设是，拥有高尚人格的人将会在任何他们涉足的职业中成为"人师"或"典范"。这是一种至今都还很好地在活用的假设。我们需要重新呼吁这种在其中文化的和政治的领袖人物被描绘成中国传统的现代表达之"道"。毛泽东，作为一个最近的例子，就被公众描绘成一位伟大的政治家、诗人、军事战略家、哲学家、经济学家，甚至一位长江上的游泳健将。无论其以何种方式来定义，是领袖人物的能力达成了这种"和"。这种"和"是一个人格高尚的人所意指的信号，而不管这种"和"是否通过团体领导才能或是通过军事力量被展示出来。

要了解中国经典中的战争与哲学之间的这种亲密关系，我们必须转而注意"和"这个概念潜在的普遍动态。它对中国古典的世界观来说，为人类的经验打下了普遍的基础。

作为情景化艺术之战争

那么，回到我们争论的中心问题，我想要建议的是，已经取得的那种我们将其等同于古典儒家思想的个人的、社会的以及政治的修炼目标之"和"是不受这个思想流派或历史时期限制的，却是更加宽泛地予以分析阐释的一个中国传统的标志性特征。作为在中国古代世界观中实施的秩序之典范的向心的"和"是无处不在的。为了证明这一点，我想要将或许在我们看来似乎仅仅是最低限度与个人的修为和战争中的有效性相关的东西并置。这么做的目的在于试图理解为什么不能将哲学的和军事的核心概念截然分离，而且，实际上只能完全互相说明阐释以满足彼此的要求。那么，这个已经取得了向心之"和"的概念是如何包括进军事实践的呢？

从早期中国一开始对于战争的普遍的态度中，费正清得出了下面的观点：

"自从得体的举止之理想被建构在了中国人的宇宙概念中，这个理想的破裂就对整个宇宙的毁灭存在着威胁。因而，中国人的'反抗的权利'不能简单地以个人或团体反对统治阶级的暴政之自由的名义被维护。它不得不以体制的名义,提出统治者已经因不能恰当地、正确地维护社会秩序作为正当理由。……常常会以社会秩序的名义发起反叛。社会秩序是一个国家最大的合法化的神话,而且也是对战争的所有手段之潜在的道德制裁。"①

换一种说法即是,使得军事行为与"追逐私利"(self-seeking, li)相反而变得"恰当""适宜"(proper, yi)的,是它作为一个整体而非这个整体中任何特别的利益团体而服务于社会政治秩序的本质这种要求。那些鼓动交战的人必须将其论争的理由建立在这种行动可以复兴和重塑共享的世界秩序的基础上。

有一点需要加以解释的是要避免可能出现的模棱两可。在这里"社会政治秩序"这个概念不是被看成为一些广泛可用的标准服务的。这种标准自身是独立的,制裁是在其权限之内实施的,如献给第一真主的服务、恪守某些自然法则,或是尊重普遍的人权法案等。然而,它是一个社会政治的概念,在这个理念中所有的秩序都是互相依赖、互相包蕴的。因而,自我的实现、家庭的实现、团体的实现、国家的实现,都是互相决定、共同存在的。"合法化的神话"是共生的。在其中,为某个人的服务就是为某个团体的服务。没有"手段/目的"的区别,这种区别从属于社会的或政治的目的之个人的、私人的成就。反之亦然。因而,任何以部分的名义之主张总是一种以全体的名义之主张。同样,任何最终为自我指涉的抗议,一种对秩序的批评,人的自我在其中是一个基本的构成要素。

或许,这里可用存在于和声节目中任何特别的音符与作为整体的交响乐之间的关系来进行类比说明。有种观点认为,其中每个音符的价值与意义只有在这个交响乐语境中才能被理解。那么,在这些关系中,每个音符就将整个交响乐牵连其中。同时,交响乐只有通过某个时候的某一个音符作为其特定的视角才能成就。而且,整首交响乐被容纳其中的"目标"优势的唯一意义在于这种推测中,那就是,每一个音符都有恰当地实施其为作为一个整体的交响乐之利益服务的义务。

那么,这里需要被介绍的"秩序"的资格是,即便是正义的战争,在为作为一个整体的社会秩序服务时也是可以从整体内的某些特别的视角去

---

① 该引文选自费正清(John King Fairbank)为基尔曼(Frank A. Kierman)编辑的《中国的兵法》(*Chinese Ways in Warfare*)一书所做的"序言"。

追求的。有些要求能占有或是寻求占有中心的权威。同时，它也是公平的、"客观的"，要求某个观点代表所有的利益。因而，军事行为被普遍看成是一种从内部的、对既存秩序的调和。理想状态是，它总是能得到响应，总是能具有惩罚性，总是亲社会的。

在中国人的世界中，在对惩罚的实施与对战争的实施之间存在着一种深层次的、持久的联系。在这两种行为中，核心的权威都是为整体的利益以在其边界确定社会政治秩序而实施的。用来表示"惩罚"（刑）（punishment, *hsing*）的汉字与意为"形"（to shape）的字是同音的，而且经常可交换使用。这个字带着一种强烈"画一条线并使其成为一种固定的秩序"的感觉。因而，相当准确地，通过将那些常常采用删除某样东西或是损毁某样东西来反社会的人排除在外，重塑他们。与此相似，战争常常作为一种最后的努力以定义什么是其圈之内的何为其圈之外的而出现在临界状态。在"正"（to order, *cheng*）、"政"（to govern, *cheng*）与"争"（to dispatch a punitive expedition, *cheng*）三个汉字之间存在着一种显而易见的同源关系。战争是一种为重新定义社会政治秩序之尝试。

第三节　二十一世纪英语世界的《孙子兵法》英译研究

进入 21 世纪，短短的十六年时间里，关于《孙子兵法》的译介著作就有十六个。这些译本有的是仅对《孙子兵法》单独文本的译介与评论，有的是以孙子法则为基础进行的其他相关方面的应用研究的英译，有的则是与其他的相关文本一起进行的译介。具体情况如下：

2000 年，阿利斯泰尔·麦卡尔平（Alistair McAlpine）编译的《无情的领导：三本关于战略与权力的经典》在纽约出版①。除"导论"外，麦卡尔平英译了尼科洛·马基雅弗利（Nicolo Machiavelli）的《君主论》（*The Prince*）、麦卡尔平自己的著作《仆人》（*The Servant*）和孙子的《孙子兵法》。

2001 年，由 Leong Weng Kam 英译，蔡志忠插图的《孙子兵法》译本在

---

① Alistair McAlpine ed. *The Ruthless Leader: Three Classics of Strategy and Power*. New York: John Wiley & Sons, Inc., 2000.

新加坡出版①。

2001年,由 Sui Yun 英译,Wang Xuanming 进行阐释说明的《孙子兵法:世界上最著名的军事经典》在新加坡出版②。

2002年,由约翰·闵福德(John Minford)英译的《孙子论兵法:世界上最古老的军事典籍》在伦敦出版③。除译文外,该译本还有闵福德撰写的"导论"和批判性的注释。

2002年,闵福德的《孙子兵法》英译本在纽约出版④。除"导论""文本注释"外,译文分为两部分。第一部分是对《孙子兵法》的英译,第二部分是在译文后紧接着有评论。这些评论的内容涉及中国历代《孙子兵法》评论家的评论,如曹操、王晳、李筌、贾林、张预、梅尧臣、杜牧、杜佑、孟氏、何延锡、陈皞、郭化若等;国外《孙子兵法》译本作者的观点,如1772年《孙子兵法》法译本作者阿米奥神父、1910年《孙子兵法》英译本译者翟林奈的观点;也有相关的古代经典的相似观点评论,如《道德经》《孟子》《庄子》《史记》《淮南子》《三国演义》《孙膑兵法》《吴子兵法》《尉缭子》等;也有该书英译者闵福德自己的观点阐释。

2003年,南洋理工大学教授黄昭虎(Wee Chow-Hou)的英译本《孙子兵法:亚洲视角与洞察》在新加坡出版⑤。除"前言""序言"和"导论"外,作者对《孙子兵法》十三篇题名进行了阐释,并逐字逐句进行了分析解读,竭力展现了亚洲文化背景中的《孙子兵法》。

2003年,由肖汉(Chou-wing Chohan)和贝伦丁(Abe Bellenteen)英译,罗丝玛丽(Brant Rosemary)编辑的《孙子兵法:中国战略之柱石》在以色列出版⑥。

---

① Leong Weng Kam trans. Tsai, Chih Chung edited and illustrated. *The Art of War*. Singapore: Asiapac, 2001.

② Sui Yun trans. *Sunzi's Art of War: World's Most Famous Military Classic*, illustrated by Wang Xuanming. 6th edition. Singapore: Asiapac, 2001.

③ John Minford trans. *Sun Tzu on the Art of War: The Oldest Military Treatise in the World*, with introduction and critical notes. London: Kegan Paul, 2002.

④ John Minford trans. *The Art of War*, with an introduction and commentary. New York: Viking, 2002.

⑤ Wee Chow-Hou. *Sun Zi's Art of War: An Illustrated Translation with Asian Perspectives and Insights*. Singapore: Prentice Hall, 2003.

⑥ Chou-wing Chohan & Abe Bellenteen trans., Brant Rosemary ed. *The Art of War: The Cornerstone of Chinese Strategy*. Israel: Astrolog Publishing House, 2003.

2003 年,由格里·加戈里亚蒂(Gary Gagliardi)英译的《孙子兵法与市场营销艺术》在西雅图出版①。与他的其他"《孙子兵法》与……的艺术"系列著作一样,书页左手边是对《孙子兵法》原文本的英译,右手页为与对作者要阐释的艺术的英译。除译文外,另有译者"前言"和译者"导论"。

2005 年,由拉尔夫·索耶尔(Ralph D. Sawyer)编译的《战争的精髓:源自中国军事经典的领导艺术与战略》在科罗拉多出版②。

2005 年,由拉尔夫·索耶尔编译的《孙子兵法古今精解》在科罗拉多出版③。该译本是索耶尔的第四本《孙子兵法》英译本。除与其他三个不完全相同的《孙子兵法》译文外,该书还有"序言""导论"、翔实的"后记:法则及其运用"和"进一步的发展与阐释"。

2007 年,维克多·梅尔(梅维恒)(Victor H. Mair)英译的《孙子兵法》在纽约出版④。除译文外,有亚瑟·沃德伦撰写的"前言"、梅维恒自己撰写的"序言""翻译的法则""关键术语"和翔实的"导论"。

2009 年,由登马翻译集团英译的《孙子兵法:登马译本》在波士顿出版⑤。该译本除"导论:《孙子兵法》的运用"外,由三个部分组成。第一部分为《孙子兵法》译文。第二部分为"三篇论文":(一)以全争于天下(Taking Whole);(二)圣明的指挥官(The Sage Commander);(三)把传统加以考虑(Joining the Tradition)。第三部分为"对《孙子兵法》的评论"。

2009 年,印度新德里《孙子兵法》英译本出版⑥。该译本除《孙子兵法》十三篇文本英译外,仅有简短的"导论",文中分别以"对其法则的检验"和"最高智慧的权力"为小节标题对"孙子传"进行了英译。"导论"中另有"对《孙子兵法》的评价"和"欧洲对《孙子兵法》的认可"。

2010 年,汤姆·巴特勒-鲍登(Tom Butler-Bowdon)英译的《孙子兵法:

---

① Gary Gagliardi. *Sun Tzu's The Art of War Plus The Art of Marketing*. Seattle: Clearbridge Publishing, 2003.

② Ralph D. Sawyer trans. and ed. *The Essence of War: Leadership and Strategy from the Chinese Military Classics*. Boulder, Colorado: Westview Press, 2005.

③ Ralph D. Sawyer trans. *The Essential Art of War*, with historical introduction and commentaries, with collaboration of Mei-chun Lee Sawyer. New York: Basic Books, 2005.

④ Victor H. Mair trans. *The Art of War: Sun Zi's Military Methods*. New York: Columbia University Press, 2007.

⑤ The Denma Translation Group. *The Art of War: The Denma Translation*. Boston: Shambhala Publications, 2001.

⑥ *The Art of War*. 1st Indian edition. New Delhi: Pentagon Press, 2009.

古代经典》在美国韦塞克斯出版①。该书同时英译了《孙子兵法》和《吴子兵法》。除译文外,另有"前言"和翔实的"导论"。

2010年,有帕特里克·莫兰(Patrick Edwin Moran)英译的《孙子兵法:古代文本在现代军事中的运用"出版②。除《孙子兵法》十三篇译文外,另有"导论"和附录三:"《孙子兵法》的特别特征"(Special Characteristics of Master Sun's Art of War)。

2012年,戴维·琼斯(David G. Jones)的《孙子学派:不战而赢得战争》出版③。该书除"前言""导论"外,共有六个部分。第一部分:历经两千年的旅程。第二部分:帝国的建筑师。第三部分:兵法的方法论。第四部分:交战的法则与实践。第五部分:《孙子兵法》十三篇。第六部分:《孙子兵法》的过去、现在与未来。琼斯在第五部分中对"《孙子兵法》的结构与内容""作战管理:战略与实践模式"等进行阐释外,英译了《孙子兵法》十三篇的内容。

本节将从这十六个译本中选取阿利斯泰尔·麦卡尔平《孙子兵法》英译本中的"导论";闵福德《孙子兵法》英译本"导论"中的"狡猾与欺诈之道,权力与权宜之道"和评论部分涉及的其他军事经典;黄昭虎《孙子兵法》英译本的"前言:这个译本与其他译本有何不同"以及"导论";格里·加戈里亚蒂《孙子兵法》英译本的"导论:孙子的基本概念";拉尔夫·索耶尔《孙子兵法》英译本"后记:法则及其运用"中的"势与时机"和"奇与正";梅维恒《孙子兵法》英译本中的"关键术语""摘要"(Précis)和"导论:世界舞台上的《孙子兵法》";登马《孙子兵法》英译本的"导论:《孙子兵法》的运用";巴特勒-鲍登《孙子兵法》英译本"导论"中的"孙子及其影响""《孙子兵法》"和"最后的话"共八个部分为读者做详细的呈现。

(一)2000年版阿利斯泰尔·麦卡尔平《孙子兵法》英译本之"导论"

为了证实其军事才能与意图,孙子,这位生活在大约两千五百年前,撰

---

① Tom Butler-Bowdon trans. *The Art of War: The Ancient Classic*, including the translated *The Sayings of Wu Tzu*. West Wessex: Capstone Publishing, 2010.

② Patrick Edwin Moran trans. and commented. *Master Sun's Art of War: A Classic Text for the Modern Martial Artists*. Lulu. com., 2010.

③ David G. Jones. *The School of Sun Tzu: Winning Empires without War*. Bloomington: iUniverse, Inc., 2012.

写了《孙子兵法》的中国将领,开始训练吴王阖庐的一百八十名宫中嫔妃。……孙子让吴王亲眼见到自己的爱妃被当众斩首这不可想象的情景发生在自己眼前,于是下令孙子不可这么做。他不能冒失去爱妃的风险。结果,阖庐的话引来了孙子的蔑视。①

这个故事是否可信并无多大关系,它证明了《孙子兵法》、马基雅弗利(Nicolo Machiavelli)的《君主论》(*The Prince*)和我的《仆人》(*The Servant*)这三部著作都阐释的一个共同法则——纪律。严明有纪的方法对于手中的任务,不管是管理国家、服务君主,还是打一场战争,都是最为重要的,除此之外,要达到此目的,没有其他东西可与之抗衡。马基雅弗利在他的另一本与《孙子兵法》同名的书《战争之艺术》(*The Art of War*)中花了相当的篇幅来指出对纪律的需要。因害怕而生的纪律,只在一定程度上是有用的。对所有希望成功的人来说,不管是在商业领域、政治、艺术、管理还是在战争中,还需要一种动力。这种自我鼓励是一种比导致我们缺乏纪律或那些诱使我们对纪律非理性地着迷的动机更深的本能。《君主论》《仆人》和《孙子兵法》中描绘的纪律是一种自我服务感,因为自我鼓励的行动将毫无疑问会产生一种自我满足感,一种真正试图达到某种目的的满足感。

这三本著作都探讨了为权力和纪律的心理动机。《孙子兵法》表面上看是关于战术和日常的战争实践的,也蕴含了一种完全不同的阐释,即日常的商业战术。由于孙子是一个对人之本性的敏锐的洞察者,《孙子兵法》中充满了不仅对那些与战争相关的人而且也对人们的日常生活有用的建议。对孙子而言,战争就是战争,它是不会受君主的奇想的阻碍的。如果引导吴王阖庐注意到孙子的军事天才的代价是几个嫔妃的生命的话,那么孙子会毫不犹豫地选择付出这个代价的。在获取自己的目标方面孙子是残酷无情的。

同样,在马基雅弗利的《君主论》中,政治就是战争,任何谎言、欺诈,都是可能的。根据这个法则,要获得胜利就必须残酷无情。而结果,不管其多么不牢靠,则证明了获取它的手段是正当的,正如下面这个段落所证明的:"对一个君王来说说话算话、行正直之道而不与人勾结,是一件多么值得尊敬的事呀。我设想每个人对此都明白。然而,我们时代的经验表

---

① 此一段实为《孙子传》中的内容。因附录一"笔者对卡尔思罗普 1905 年版《孙子兵法》英译本'序言'的汉译"中已有完整译文,故省略。本书作者注。

明,那些并不守信并不严谨却做成了大事的君主,通过他们的狡猾和聪明,不但绕开,将飞镖投到了那些他们不得不与之周旋的人头上,而且克服了对那些精准到迷信地步的人来说太难的事。"然而,马基雅弗利力荐的手段,并不总是出于对国家利益的考虑。在其专著《罗马史论》(*Discourses*)中,为了抓住国家的管理权,市民们使用了许多最不道德的、最残忍的策略。

在《仆人》中,那个仆人必须得相信这样的思想,那就是,一种哲学,是由作为领导者的君主发展的。君主意欲通过这种哲学来统治他的国家,不允许有任何东西挡这种哲学的道。以君主的名义,仆人实施了一系列较小却极为重要的法则,人们需要遵守这些法则以打败所有的敌人。仆人,像君主与军事领导人一样,是自我激励的,并出于对那种哲学的忠诚而非对君主本人的忠诚而为君主服务,因为这种安排也会为仆人自己的自身利益服务的。

结合这三本著作可以得出一个关于人性的讽刺性的结论。总之,它们都包含了一种对君主的建议、对仆人的忠告、仆人给君主以达到仆人自身目的之建议,以及如何保持这种思想不被日复一日的、管理的政治必要性之压力所侵蚀的建议。对《君主论》而言,在统治的过程中,将会遇到各种各样的阻碍,每一种阻碍都在提供一种背离这种思想的诱惑。这些文本评论了人性是如何对理想做出回应的,详细地描绘了本质的一个方面,那就是,人性更喜欢假装不存在残酷无情这事。毫无疑问,这三本著作都是残酷无情的。今天,我们或许可以用"实用主义的"(pragmatic)这个词来试图缓解其残忍的本质,或者我们可以更喜欢假装这种残忍的方法不是为我们的。早在公元 16 世纪,弗朗西斯・培根(Francis Bacon)就证实了这种阐释,认为马基雅弗利的《君主论》是无情的。在培根撰写他的著作《学术的推进》(*Advancement of Learning*)时指出:"我们非常感谢马基雅弗利和其他的人,他们在作品中告诉人们该做什么,不该做什么。"然而,问题是,尽管这些作品存在着显而易见的残忍的本质,但在这三部著作中都存在一个强烈的微妙的观点。这个微妙或许在孙子的法则中得到了最好的表达:"百战百胜,非善之善者也。不战而屈人之兵,善之善者也。"(谋攻篇第三)

马基雅弗利的批评家们引导我们相信,他的《君主论》是没有法则的。麦考利(T. B. Macaulay)这样写道:"从他的姓中他们杜撰了一个无赖的绰号。而从他的名中，他们杜撰了一个魔鬼的同义词。"马基雅弗利的同时代人把他的《君主论》当成一个残忍的玩笑来对待，它受到了文艺复兴时期教堂的攻击，受到了伊丽莎白时期剧作家们的讽刺，也被黎塞留（Richelieu）和拿破仑研究。尽管有众多批评，但它仍然受到了高度的赞扬。几个世纪来人们在争论《君主论》作为生活之引导的价值。马基雅弗利宣称他研究了古人，并运用他们的行为和反应来证明他在该书中得出的结论。

然而，可以论争的是，马基雅弗利与孙子一样，研究他周围的人，发现了人性的特征，并在描绘其发现时告诉了事实的真相。或许，古人们的行为仅仅只是为他的假说提供了证明。多年来我思考《君主论》，认为马基雅弗利远不止是为君主提供建议，他向我们证明了值得引起大家注意的人性之真相。《君主论》仅仅是包在这个真相之骨架上的肉。整个《君主论》中，马基雅弗利无处不在地向读者预示一个国家、一个统治者，甚至一个当代将领的垮台。与法国的诺斯特拉德马斯（Nostradamus）和许多其他预测可怕事件甚至世界之终结的占星家不同，马基雅弗利将自己完全限定在对人类环境的理解这个范围中。他证实，人有各种不同的体型和大小，他们的智力也一样。马基雅弗利理解这个，他也理解人怎样在他们自己发现的无数不同的环境中举止行事。他，像我们一样，是一个被欺诈、傲慢以及人性的各个方面困扰的易犯错误的人。

人类制定了生活的法则来抗击这种易错性。这些法则同时也是《君主论》的特征，特别是其题为"将意大利从野蛮人手中解放出来的劝告"的最后一章。在其文本中，马基雅弗利加强了对野蛮人的攻击。他之前已经在"论教会公国"一章中写了一篇对罗马教皇的俗权进行精神攻击的文章。文中，马基雅弗利将野蛮人当成意大利的敌人，将他们包括在了教皇国中。马基雅弗利直截了当地表达了自己想要有一个新的君主，一个能将意大利从她的压迫者手中解放出来的君主的愿望。在这种语境中，残酷无情是最后不得已而用之的手段。"可怜的意大利已经奄奄一息了，希望有谁能做她的乐善好施者（Samaritan）将她的伤口包扎，结束在伦巴第的裁员与毁灭以及在那不勒斯王国和托斯卡纳区的捐税，治愈她长时间来溃烂脓肿的褥疮。"这个劝告是放在整个文本的理想主义的那一章，在其写作中是独树一帜的。但这是一种事后的想法呢？还是一种仔细计划的与文本的其他内容的对应物？这里，马基雅弗利赞成的是抛弃腐败，用一种干净的、理想主义的、有纪律的新秩序去取代旧秩序。他号召意大利人重新夺回他们的土地,并在这一章的中间部分写了一个至今都还能产生共鸣的句子:"你将正义掌握在你那一边。因为那场战争是需要正义的。在没有任何希望的地方去战斗是一种虔诚的行为。"一场借鉴了中世纪战争的、与文艺复兴时期的秩序和纪律相似的"公平"战争的本质,过去是,现在仍然是一个强有力的概念。然而,尽管这个概念是有力的,但它肯定是错误的。在马基雅弗利请求杰出的洛伦佐二世·德·梅第奇(Lorenzo Di Piero de Medici)拿起他的剑将意大利从她的压迫者和旧秩序的堕落中解放出来的时候,他祈求摩西的、塞勒斯的和提修斯的精神以及红海的断裂和其他的奇迹发生。在他写下面的文字时他一定与洛伦佐产生了共鸣:

"如果前面提到的那些意大利人中没有一个能做那件或许可以希望你那辉煌的家族来做的事情,也不是什么令人惊奇的。而且,如果在如此多的发生在意大利的革命,在如此长时间的连绵不绝的战争中,他们的军事方面的美德似乎都被耗尽了的话,那么原因是,他们的旧纪律不好,而且又没有人能够拿出更好的纪律来。没有什么能比一个新君主所能发明的新律法和新秩序能带来更多荣誉的了。这些新律法新秩序如果能很好地建立起来,并伴之以其他宏伟之事一起实施,将会以尊重和奇迹来回报他。意大利是非常容易受到任何新形式的影响的。"

尽管马基雅弗利《君主论》的最后一章是为精心杰作,但他并没有得到自己寻求的东西,直到他去世十五年后这本著作才得以出版。最后的这一章可能有很好的原则,但即便是马基雅弗利也将一个人通过他的方式而取得权力看成是不太可能在他达到自己的目的之时留下太多美德的。他宣称,人自身既是邪恶的也是善良的,这点对于我们思考人类获取某些好的甚至伟大的东西的能力是非常重要的。在《君主论》的最后一章中,马基雅弗利想象了一个自造的、将完成统一意大利的使命的君主。这似乎是一项不太可能由任何人完成的任务,除了那位自造的人朱利亚诺·德·梅第奇(Guiliano de Medici),马基雅弗利将此任务作为天命赋予了他。《君主论》的最后一章是关于机会之好处的,即,当抓住机会把事情摆正,使一个人、一个地方,或是一件事情变得更好。

当孙子强调积极的态度之重要性时他抓住了马基雅弗利最后一章的某些感觉:"夫未战而庙算胜者,得算多也。未战而庙算不胜者,得算少也。"如果一个人不相信机遇,那么当机遇本身呈现时他又怎么能认出机遇呢？在《孙子兵法》中，法则也可在赢取胜利的、问心无愧的行动中找到："凡用兵之法，将受命于君，合军聚众，交合而舍。"（虚实篇第六）将领为国家利益而战，他的军队，作为国家的一部分，与他同战。一旦君王下达了指令后，那君王的权利就结束了，正如传说中当他斩掉吴王阖庐的宠妃的时候孙子戏剧性地证明的那样。"故战道必胜，主曰无战，必战可也。战道不胜，主曰必战，无战可也。"（地形篇第十）将领随随便便地无视纪律似乎与孙子前面对这样不服从的结果的证明是不一致的。然而，在将领的头脑中有一个更高的法则，或者主意，这个主意是不顾君主的意见是同意战还是不战的。"故进不求名，退不避罪，唯民是保，而利合于主，国之宝也。"（地形篇第十）

这里，孙子触及了国家、君主、仆人、臣民和思想之间的关系的中心。一个国家，是为构成这个国家人民之利益而运转的。这个理念应该支配该国与其他国家的交往，以及其君主、将领、官员与该国臣民之间的交道。这个法则也被马基雅弗利接受。他在《君主论》中认为，没有什么比臣民为保护他们自己的国家更令人敬畏的军事力量了。这也是我的《仆人》一书在其处理所有的事务时对这个理念涉及的国家及其臣民予以保护的主导法则。这个法则也在《孙子兵法》中体现得相当的清楚："视卒如婴儿，故可与之赴深谿；视卒如爱子，故可与之俱死。"（地形篇第十）这是对一个理想之国的证明。在这样的国家中，这个理念与将领的动机、他们的"仆人"和整个社会是一致的。

然而，很少有侵略国的人民能够长期从其将领的抱负中受益。正如罗马帝国的衰败，其他的帝国也会随之垮掉。恰如马基雅弗利所指出的那样，战争或许是正确的，但仅限于为保卫你自己的领土。即便是在15世纪的时候，就已经认识到了统治被占领地的问题。这本书中的三部著作《君主论》《孙子兵法》和《仆人》都倡导一个为其人民服务的国家和为其国家服务的人民。在所有与战争相关的事情中，这三部著作都同意，与在一个国家内部兴起的武力相比，雇佣军是没有什么用的。同样，这三部著作也一致认为，对一个繁荣的国家来说，想要平平安安地存世是不可能的。因而，同样地，一个谨慎的人会为其财产的安全而安排，一个有洞察力的君主、仆人或将领会为了确保和平而准备好作战。掠夺自己的国家的君主和政府是不会有好的结局的。《仆人》认为，为了确保那个法则或理念能幸存下来，可采取必要的行动。实际上，君主与仆人都是这个法则或理念的临时监护人,因为它,与他们不一样,不知道什么是夭折。这个理念必须采取各种可能的手段来予以保存和保护。于是,战争在根本上与这个理念息息相关。君主、将领、军队和所有人民可为了保护这个理念而死。在孙子的指挥下进行军事训练的那些嫔妃学会了这个教训。她们,由于自己的愚蠢,成了那个被认为是更好的,即,被某个人自己单方所执行的死亡之威胁的牺牲者。然而,这不是一种有效地激发军队积极性的方法。

认为士兵会因任何的理由而根据指示奋勇抗战,这个想法是不正确的。自我鼓励至关重要。要让士兵们奋勇抗战,那就必须使他们相信他们的将领所坚信的那个理念。如果一个理念不能使一个家庭、朋友和他手下的士兵们从中受益,那是不大可能激发他的朋友和家庭在战场上获得最佳效果的。老兵们承认,他们并非为伟大的理想而战,而是为并肩站在他们身边的同志而战。一个将领想要从胜利中获得利益的理想,以及被打败后的普遍痛苦是这个法则的延伸。同志之爱或社会福祉是激励士兵们的法则或理念。《孙子兵法》和《君主论》都是基于这个前提的实用之作,认为自我鼓励将会推动人民采取原本他们不可能有勇气采取的行动。如果最重要的推动力是利己的,那么就不会产生将此理念作为一个国家之人民的推动力的冲突。总之,那些支持这个理念的人都是为了一己私利的。然而,他们对于这个理念的兴趣将他们以某种个人之私利绝对不会的方式统一起来。

马基雅弗利和孙子各自在其战略中都清楚地说服人们,有着严明纪律的国家的统一对于鼓励自己的人民抗击外国的军队是必要的。这个理念可以产生很多的效果,如将外国军队从他们自己的国土上赶走的愿望,或是阻止自己的国家在一个大陆边界的重新划分的时期被沦为邻国的联邦的愿望。在这样的情况下,这个理念是爱国主义和民族主义,但是可以是关于宗教或不同的统治风格的。没有了这个理念之推动力,国家、国家机构以及这个国家的人民,一切都失去了。在马基雅弗利《君主论》最后那感人的一章中,和平时期的意大利人是堕落的、容易成为任何将会掠夺其领土的国家的猎物的。在战争时期,他们被打败、被压迫,他们的土地为征服者的利益而被掠夺。马基雅弗利的理想是那个完美的君主:"显然,她每天是如何祈祷上帝派一些能将她从野蛮人的残忍和傲慢中拯救出来的人。显然,她是如何想并准备好了追随任何一个将会挺身而起的人的旗帜的。"

马基雅弗利是一位政治家。他对待一个统一的意大利的矛盾态度相当清楚地证明了这一点。一方面,他在《君主论》那充满了激情的最后一章中呼吁一个统一的意大利。另一方面,他又准备为法国当权的佛罗伦萨政府做事。马基雅弗利,一个出生在佛罗伦萨并具有其本性特征的人,怀疑威尼斯人是可以理解的。然而,他对威尼斯人主要的指控,断言他们试图统一意大利是违反常情的。在我们这个时代,马基雅弗利的不能始终如一的性格特点没什么关系,因为他懂政治。而且在《君主论》出版之后,政治以此后再也不会相同的方式发生了变化。第一次,人类,或者说至少是人类的一部分,阅读并思考,准备好承认那种普遍被当成邪恶来接受的行为的发展。显而易见,马基雅弗利是喜欢政治的。他将自己的知识写在纸上,让《君主论》的每一页都饱含热情和快乐。

马基雅弗利的思想具有创新性,但这不是因为这些思想在他之前没有被其他人倡导过。实际上,许多狡猾的成功的男人和女人在他们算计他们的敌人的垮台时必定已经思考过人类的失败。马基雅弗利的声誉来自这样一个事实,那就是,他胆敢出版一本指出人类与生俱来的性格缺陷的著作。要意识到一个人仅仅因为他会如何相信在相似的情景下该如何行事或许就不会道德地、慈悲地或是守信用地行事是很难的。同样,要理解有环境,即使是极端的环境,在其中一个人也有可能会不道德地、慈悲地或是守信用地行事也是很重要的。然而,大部分人,是不愿意承认这个真相的。当克林顿总统显而易见不道德地、慈悲地或是守信用地行事时,这个现实得到了证明。然而,尽管是个势不可当的证据,美国人仍然拒绝相信情况确实如此。总之,在克林顿做总统的五年时间里,新创造了 2500 万个工作岗位,繁荣成为正常之事。公众可不希望破坏良好的现状。

现在与马基雅弗利首次提出这个理念的时候一样,人类的邪恶可以被认识,并能为认识到它的人所用。然而,差不多五百年之后,我们仍然不愿意接受这个提议。即便是在今天,这么一个声明仍然会被当成是相当愤世嫉俗的,尽管在 20 世纪后期的记者们的时尚是把他们相信人会为的行为写下来,而不管那个人是否真的是那么做的。同时,整个领域都存在着相对而言没有被报道的社会行为,因为作为一个团体我们是害怕说出它们的名字。我们仍然是以我们相信是我们自己的性格标准去看人,去估价他们的性格。我们试图去估价的性格的阴暗面被隐藏。我们害怕通过承认别人性格中隐藏的一面,我们就可能会被迫接受我们自己那被隐藏的一面。是对人类行为中的阴暗面的否定导致了我们在与别人交流时的麻烦:

政治的、社会的、法律的，或者商业上的。当我们考虑人类的易错时一个人显示出来的全部正是关于人类社会的现实。在《君主论》中，马基雅弗利没有显示出对人性中的这种阴暗面的害怕。

该书中的三种著作都没有允诺解决的办法。然而，它们以其自己的方式为帮助那些决心在自我完善之途上成功的人提供了建议。当我们把《孙子兵法》与《仆人》相比较时，会发现前者是一本关于战争的书，而后者是一本关于服务的书，但是二者都是真正关于人类行为举止的书。当一个男人或女人进入政治、商业、公共事务、法律甚至是艺术世界时，他应该首先了解人。由于没有任何文本敢于宣称是对人之综合了解的著作，因而我这本综合的集子对人如何思考和行事提供了相当的洞察。

这三本著作都是为君主而写的。《孙子兵法》是为吴王阖庐，一个显然对让一个利害的将领参与其国家之防御感到满意的人。被孙子这位将领所拯救，阖庐，由于他认识到纪律的重要性方面的所有不足，从而意识到了使用一个好的将领的必要性。而且，在读了孙子的兵法之后，立即雇佣了他。马基雅弗利的《君主论》是作为他为洛伦佐·德·梅第奇（Lorenzo de Medici）的高级顾问和外交官的工作申请来写的。这个职位他在佛罗伦萨时就已经拥有。洛伦佐是否读过这本书还是个值得猜测的问题，而且马基雅弗利并没有得到这份工作。这本书是献给洛伦佐的，而且尽管他是这本书最后的接受者，但它更倾向于是为他的叔叔朱利亚诺（Guiliano）而写的。朱利亚诺去世了，于是手稿被重新确定受惠对象。

《仆人》是献给另一不同类的君主的。她是1979—1990年间的英国首相凯斯蒂文·撒切尔夫人（Baroness Thatcher of Kesteven）。她众多的仆人中的一位相信，她比其他的君主被仆人们服务得更好。作为一位民主的领导人或"君主"，撒切尔夫人需要不同于洛伦佐·德·梅第奇或吴王阖庐的服务。在《仆人》中，我追随马基雅弗利的传统，尽我最大的努力去展示她的生活的现状而非用简洁的短语去使之变得模糊。《仆人》的创作是我读《君主论》的结果，我得出结论说，一个至高的仆人，马基雅弗利（在某些方面不慷慨），被糟糕地放置在了一个给君主提建议的位置上。他更适合放在为君主的仆人们提建议的位置上，那些人在20世纪80年代的时候特别地需要建议。那些年英国的政治充斥着背叛与骚动。尽管撒切尔夫人常常成为被狡猾攻击的对象这个事实，但她总是能幸存下来。内阁成员做了一个天真的尝试试图推翻他们那其时在位仅一年时间的首相。就是在那一年我开始写《仆人》。经历过1980年的那些事情之后,反对马基雅弗利的传统的舞台搭建起来了,其后的十年是一个接一个的背叛。我那些年的愤怒是因外界对撒切尔夫人的初始攻击之完全的不公正所引起的,那是我第一次也是最后一次感受到在活跃的政治中的那种感情。愤怒在政治中或拳击中是没有位置的,它只能导致轻率的攻击和混乱的防御。不要将你所有的精力集中在愤怒上,将其集中在决心上。我的那本在愤怒的状态下写的《仆人》,在1991年的时候重新改写,而且愤怒有所缓和。那个时候,我已经同时作为财务大臣和副主席为撒切尔夫人工作了十五年。我运用马基雅弗利的写作风格和他的《君主论》作为我整个《仆人》的模型。然而,两部作品在对待政治和生活的方法上,同时是商业的也是私人的,有一个相当重要的区别。后者是一本试图指导仆人如何最有效地去帮助君主实施一个想法。它实际上是一次告别的谈话,目的在于帮助和鼓励后继者。《仆人》并非抱着完美的希望而写作的。我的君主被她的同事们恶意地解雇了。我不可能希望会从这样的人身上得到利益。我是在撒切尔夫人发现自己找不到可敬的替代者只能辞去她的政党和她的首相职位之前六个月就从政治中抽身而出的。在我第一次被任命为保守党的财务大臣十五年后,我脱离了政治,有时间去为那使撒切尔夫人倒台的背叛行为作证。我想,如果以一种客观的眼光来看待背叛行为是可能的话,那么,不再是她的保守党官员的我,应该以客观的眼光来看待这件事。在我看来,这次的背叛行为是不可原谅的,《仆人》的"引言"编年记录了撒切尔夫人的垮台以及对她的"想法"的一步步普遍实施。这个,用几句话讲,意在遏制对国家的控制和解放英国人民,为他们提供一个可为他们服务的国家。今天看来,她的政策的某些方面,如国有企业的私有化,在世界各国得到了广泛的传播。

　　《君主论》《仆人》和《孙子兵法》实际上都是寓言,一个关于战争的笑话、复仇和计划。每一个文本都可以从其作者意欲的角度以不同的方式来进行解读。每一个文本都是以可从有许多种解读的角度的风格来撰写的。而且,每一种文本都深刻地利用了作为一种人之灵感和动机的人性。《孙子兵法》受到了战争、军队的部署和纪律的灌输的鼓舞。《君主论》以古人的行动为基础,建议一个人,一个君主或是主席,应该如何统治。《仆人》则是受到了在英国最伟大的战后领导人统治期间英国政治中的戏剧性事件的启发。这是一本关于服务的辉煌的著作,但仅只对那些成功的君主而言。它显示出了一个仆人可以怎样对其下属产生影响并由此而获得这种以影响为形式的权力。当这些影响被恰当地运用时,它就成了真正的权力。

《君主论》《孙子兵法》和《仆人》都对一个人通过任何的组织来实施他的方法以及那些或许会成为君主的个人是大有益处的。每一本著作都有其独立的优势。当把他们合在一起,则是强大的。这三本著作都是关于获取某个既定的目标或是抱负的。我们,在这个荒唐的年代,想要呼吁成功地获取那个目标。实际上,真正起作用的是你是否仅仅只为你自己或是为他人的利益而使用权力和位置,并设定一个日后某一天你将会被别人判断的标准。

阿利斯泰尔·麦卡尔平

(二)2002年版闵福德《孙子兵法》英译本"导论"中的"狡猾与欺诈之道,权力与权宜之道"
(The Way of Cunning and Deceit, the Tao of Power and Expediency)

"将军之事,静以幽,正以治;能愚士之耳目,使之无知。"(《孙子兵法》九地篇第十一)

最大限度看,孙子的战略才能是鼓舞人心的。他的贤明的将领培养的是一种"对人之状态的全面反应",且《孙子兵法》传达了"一种个人与上帝(终极实体)相遇时的转换,这种转换能够而且也确实告知了生活的方方面面,从僧人的实践到军事艺术"。亚瑟·高顿(Arthur Golden)在其小说《艺妓回忆录》(Memoirs of a Geisha)中所描绘的那个日本艺妓也用简单的话阐明了这种相同的、常在的中国智慧:"我们人只是一个更大的东西的一部分……我们必须用某些我们能用的方法去理解我们周遭宇宙的运动,去安排我们的行动,以便我们不用跟潮流相对抗,而是随潮流而动。"终极勇士是在战场之外去打他的仗的。在这方面,有特别的天才孙子,他成功地阐释了"顽皮、机灵与常识在人类冲突中的重要性,这些东西恰是与强力相反的。"这是一种与战争的本质完全相反的,且被世界所广泛认知的信息。孙子一定会对"美国提高使用火力一笑置之,因为这样它轻而易举就成了让自己完蛋的手段……孙子明确指出,暴力只是战争的一部分,甚至不是令人喜欢的一部分。战争的目的最终在于,通过改变自己的态度引诱敌人顺从而使其屈服。最经济的手段就是最好的:通过欺诈、突袭和他自己制定的计划不周地追求那不可实行的目标,来使他认识到自己的劣势,以便让其投降或是至少让其不用你向他开火就自动撤退。……"亚瑟·高顿笔下的那个相扑运动员把这个法则说得更简单:"我从不试图去打败那个正在与我打斗的人。我试图打败的是他的自信。一个被质疑所困扰的人是不可能将自己的注意力集中到如何去赢取胜利的。"

但是我们应该注意中国圣人的刻板形象,那种我们即便在20世纪也能发现的形象,即,微笑的、神秘的、有些上了年纪的(而有的根本就是奇怪而不老的)、慈祥的(但不是慈爱的)中国政治领导人的形象,如毛泽东、周恩来、邓小平……早期中国的历史中,道家的圣人们提出的无须努力即可与自然之间达成的和谐,以及源自这种和谐之力量的观点被法家(中国的法西斯)所劫持。法家探索的是对将道家作为一种为"绝对权力",为"理想的法家之国家那无所不能的统治者"的意识形态之基础的"绝对理解"。对此,伯顿·沃森(Burton Waston)解释得非常形象:"道家的圣人们从世界退回到一种神秘的超验的王国。而法家的统治者则相反,故意地回避与其下属之间的联系,因为有联系就会让彼此间产生熟悉感。让自己深居宫廷中,隐藏自己的真实动机和欲望,将自己包围在一种神秘的、不可思议的氛围中。他像现代大公司的头那样正襟危坐在位于办公楼最深处的办公桌后,静悄悄地处理着各种事情,让自己远离他无数的雇员。"

道家对于"爱之艺术"(他们尽已所能提供了许多令人惊异的现代观点)也是扭曲的,被用在对性权利不断的追求中,是一种"性的黑色魔法"的形式。在精心的性炼金术的掩盖之下,那些法家的实践家们提出了一种性榨取的形式,使女性成为提供男性性功能和"长寿"的目标(即采补[*caibu*],用别人的精华来提高自己)。即便是对道家思想和中国的性学理念最崇拜的人,荷兰的学者-外交家高罗佩(Robert van Gulik),也对这种实践予以了谴责:"道家的教义与这个话题相关……有着堕落的特征。这些观点与爱毫不相关,甚至与满足人的肉欲或性快乐亦无关系。这些教义,……意在以性伴侣为大家获得超自然的力量。"

对于孙子的读者来说,这里让他们感兴趣的是为这个目的而撰写的性手册(大部分的对话都是在无处不在的皇帝与那位普通姑娘之间进行的)全都是用军事著作的语言来表达的,而且使用了古老的(即孙子的)关于赢得胜利的战略思想。实际上,在某种程度上讲,对于中国的读者来说要理解阅读性学手册与阅读《孙子兵法》之间究竟有什么不同或许有困难。高罗佩这样总结了一些共有的观点:"首先,你在利用对手的力量时也必须分出自己的力量。第二,你一开始必须对你的对手让步以便日后不知不觉地抓住他。('在爱与战争中一切都是公平的'在此有全新的意思。)明代晚期的著作《武备志》(The True Classic of the Complete Union)是这样开始的:"一个好的将领在与敌人交战时,会首先集中精力吸引敌人,就好像是在猛吸敌人的精气。他会采用一个完全超然的态度,就好像是一个人全然冷漠地闭上自己的眼睛。"评论者认为:"'好的将领'指的是道家哲人。'交战'指的是'性交'。'敌人'指的是'女性'。"或者如高佩罗解释的那样:"男人应该在性战中击败敌人,通过将自己保持在完全的控制之下以便不用射精,但同时他又能让女性快乐,直到她达到性高潮而散发出她的阴气之精华而被男人所吸收。"这就是性战中取胜的艺术。

孙子或者那位普通姑娘的战场上的胜利,除了相当的自我先知和沉思之外,还要求非常的狡猾。在读《孙子兵法》时,我们发现,它那对于解决冲突之微妙的、非暴力的语句恰与那些精于算计的、玩世不恭的人类同胞之推销是紧密相关的。毕竟,在《孙子兵法》开篇我们就与如下令人惊异的观点相遭遇:"兵者,诡道也。"在影片"华尔街"中,正是这一句,被戈登·盖柯(Gordon Gekko)的年轻助手巴德·福克斯(Bud Fox)在大亨面前引用。巴德曾读过《孙子兵法》,并且吸收了盖柯的企业战争之艺术。战士常常被教导要无情,要恶毒。(正如道家圣人们教导在内室的另一个战场上所应该做的那样。)孙子主张将欺诈作为战略之基础,他对价值观的遗弃而更喜欢权宜之计,他那令人不安的对于狡猾的、诡计多端的、高深莫测的狂热崇拜之暗示,都必须以其本来面目来看待。

18世纪,阿米奥(Amoit)神父毫不犹豫地对其进行了挑战:"不用在这里说,我是不赞成所有的作者在这种情况下都必须得谈到对诡计和策略的使用的。这部分中大部分的格言警句都是应该受到谴责的,因为它们与中国人自己所信奉尊崇的诚实与美德是相反的。"日本历史学家詹姆斯·默多克(James Murdoch)(《孙子兵法》至少从18世纪以来就在日本被广泛研究),抱怨孙子"用令人难以置信的谎言对治国才能的最肮脏的形式进行了阐释"。比如,他谴责说:"'用间篇'是对古代中国间谍知识的赤裸裸的、强烈的败坏。"在一篇更近时间的、对中国早期历史上的暴力之本质的深度挑衅的研究中,马克·刘易斯(Mark Lewis)认为:"战略与欺诈,这些军事哲学家们许诺要用来减少暴力的手段,对社会组织造成了甚至比对身体的暴力更大的损坏。"因为这种"对社会组织的损坏"在我们自己的时代,我们仅仅只看到了"文化大革命"的腐蚀作用,看到了其"扭曲与欺诈,其对好与坏、对与错、阴谋诡计与无止境的不公平的混淆"。

在很大程度上,中国人自己一直把而且仍然在把《孙子兵法》看成是"民族的遗产"。早期儒家(在我们看来荀子就是那样)几乎没有时间来考察自己思考的方式。宋代新儒家哲学家朱熹崇拜荀子写作的精练风格,但他抱怨荀子的著述怂恿了"统治者屈从于无情的战争和残酷的好战"。但是在另一方面,令人惊异地却几乎没有国人对孙子的权宜法则、生存哲学以及他倡导的对自己同胞的微妙的操纵(即便是成功的)这方面的批判。

....

但是到目前为止,20世纪孙子思考方式的最佳代言人是少有人知的作家李宗吾,他的犬儒主义的小册子《厚黑学》自20世纪20年代面世以来就被当成了生存的秘密圣经。李宗吾曾公开宣称自己与孙子是一类人("孙子与我,实为一人")①,而且,他的许多观点是以《三国演义》中人物的措辞来阐述的。例如,李宗吾的《厚黑学》之"厚黑三步功夫",其观点就直接源自孙子:"第三步是:'厚而无形,黑而无色'。至厚至黑,天上后世,皆以为不厚不黑,这个境界,很不容易达到,只好在古之大圣大贤中去寻求。"

评论部分涉及的其他军事经典

闵福德在英译评论《孙子兵法》中的观点时,共涉及《淮南子》"兵略训"中的相关观点一处,《尉缭子》中的相关观点一处,《吴子兵法》中的相关观点三处和《孙膑兵法》中的相关观点四处。具体情况如下:

在"计篇第一"中评论"死生之地,存亡之道,不可不察也"一句时,引了《孙膑兵法》"见威王第二"中的"战胜,则所以在亡国而继绝世也。战不胜,则所以削地而危社稷也。是故兵者不可不察。然夫乐兵者亡,而利胜者辱。兵非所乐也,而胜非所利也"一段。

---

① 闵福德搞错了。不是李宗吾把他自比孙子,而是把其《厚黑学》比《孙子兵法》。原文可参见李宗吾的"我对于圣人之怀疑":"厚黑学与《孙子》十三篇,二而一,一而二。不知兵而用兵,必至兵败国亡。不懂厚黑哲理,而就实行厚黑,必至家破身亡。"本书作者注。

在"计篇第一"中评论"道者,令民与上同意。可与之死,可与之生,而不畏危也"一句时,引了《孙膑兵法》"篡卒第五"中的"恒胜有五:……知道,胜。……"一句。同时,闵福德还引了《淮南子》(卷十五"兵略训")中的"兵失道而弱,得道而强;将失道而拙,得道而工;国得道而存,失道而亡"来加以阐释说明。

在"势篇第五"中评论:"凡战者,以正合,以奇胜"一句时,引了《孙膑兵法》"奇正第三十一"中的"天地之理,至则反,盈则败。代兴代废,四时是也……战者,以形相胜者也。……形胜之变,与天地相敝而不穷"来阐释。

在"军争篇第七"中评论"悬权而动。先知迂直之计者胜,此军争之法也"一句时,引了《吴子兵法》"论将第四"中的"故兵有四机:一曰气机,二曰地机,三曰事机,四曰力机"来阐释。

在"行军篇第九"中评论"勿迎之于水内,令半渡而击之,利"一句时,引了《吴子兵法》"料敌第二"中的"涉水半渡,可击"一句来加以阐释。

在"行军篇第九"中评论"必亟去之,勿近也。吾远之,敌近之;吾迎之,敌背之"一句时,引了《孙膑兵法》"地葆第八"中的"五地之杀曰:天井、天宛、天离、天隙、天招。五墓,杀地也,勿居也"一句来加以阐释。

在"地形篇第十"中评论"将弱不明,道教不明"一句时,引了《尉缭子》第四卷"战威"中的"故上无疑令则众不二听;动无疑事则众不二志"来加以阐释。并引了《吴子兵法》"治兵第三"中的"用兵之害,犹豫最大。三军之灾,生于狐疑"来加以说明佐证。

(三)2003年版黄昭虎《孙子兵法》英译本

"前言:这个译本与其他译本有何不同"

我的这本《孙子兵法:亚洲视角与洞察》在几个方面与现在面世的《孙子兵法》英译本有所不同。一是,给文本中的每一个汉字都注了汉语拼音,以帮助读者认识和拼读。汉语拼音是一种同时在中国和新加坡都采用的表音文字,其不仅可以帮助汉字的发音,也可以使语言的交际功能罗马化。在中国,它被广泛地运用在汉语的计算机软件如"中文之星"中。

请注意,汉语拼音与通用拼音是不同的。通用拼音是另一种中文的表音文字,是由台湾"中央"研究院发展起来的。随着中国进入世界贸易组织,并且,由于中国在全球重要性的增强,汉语拼音正在成为中文表音文字的选择。正是由于这个原因,该书采用了汉语拼音这种形式。有趣的是,即便是台北的市长马英九,也在2001年决定采用汉语拼音而非通用拼音来对台北的街道命名,因而直接承认了汉语拼音而非通用拼音的重要性。

二是,用了大量的注释来解释那些比较难的、容易混淆的汉语及其可能的用法。汉语是一种复杂的语言,学起来比较困难。而且,汉字包蕴了许多的文化历史和背景知识。与英文单词不同,它是在发展进化的。而且随着时间的流逝其意思也在变化。文言文的意思在很大程度上要依赖它使用的语境。比如,一个词的意思可能会取决于它如何与放在它之前或之后的词一起使用而发生相当大的变化。这种混乱因汉语很少或没有名词、动词或形容词的单复数之分而加剧了。在我这本书中,我自由地添加了例子以证明汉字可以以怎样迷人的方式被组合和使用。读者将不仅可以欣赏汉字的意思,还可以了解其各种不同的用法。目的在于使读者认识到,理解汉字的意思是有趣的、令人激动的。

一个好的例子是,《孙子兵法》中使用了多次的"道"这个字。令许多读者懊恼的是,"道",正如在古代中国中所使用的一样,可根据其使用的语境有几个不同的意思。不那么吃惊的是,一些西方学者,由于受其在特殊语境中的相关意思的困扰,转而求助于使用拼音文字。这对那些不那么有辨识能力的读者来说产生了问题。

三是,除了解释上下文语境的用法和意思,还对一些其他的重要目的进行了解释性的注释。中国人喜欢在他们的作品中使用比喻和其他的修辞表达。如第四篇的第九行和第十行,第四篇的注释第二十条和第二十二条为如何表达诸如"九地"和"九天"提供了非常好的例子。许多学者被它们搞得困惑,采取了一种更加自由的方法来翻译它们。解释性的注释因而用来阐明这些容易让人混淆的概念和隐藏在《孙子兵法》之后的其他法则。

四是,对《孙子兵法》十三篇中的其他一些关键点进行了相互的参照。这样可以让读者对《孙子兵法》的文本和思想有更清晰和更深的理解。对《孙子兵法》各篇的核心要点进行了交叉参考,以使读者更清晰更深入地理解《孙子兵法》的语言及所蕴含的哲学思想。交叉参考包括了对完全相同却有着不同意思和阐释的汉字的评论。这么做将有助于对汉字的微妙之处的理解与鉴赏。交叉参考同时也用来使那些重复使用的或是容易混淆的术语变得更加明晰。

最后,在《孙子兵法》的每篇后均有评论。这既是对每篇精华的概括,同时也对一些概念与思想提供了有趣的洞察,将有助于鼓励我们对《孙子兵法》进行更多的研究。

"导论"

正如在英语世界众所周知的,《孙子兵法》是中国文学中最古老的著名军事经典,它也是国外最受尊崇的著名的中国军事著作。例如,在公元716—735年间《孙子兵法》被介绍到日本。1772年出版的《孙子兵法》法译本是在西方的第一个译本。紧随其后的是第一个英译本,即1905年出版的英国上尉卡尔思罗普的《孙子兵法》英译本。今天,《孙子兵法》已经被翻译成了许多种语言,并成为或许是被最广泛阅读的军事文本之一。

对于《孙子兵法》的确切起源和作者一直以来都颇有争议。军事历史学家们一致同意《孙子兵法》的存在,而且认为其很可能写于公元前400—320年间,即孔子和老子两位著名的中国哲学家去世大约一百年之后。因而,《孙子兵法》迄今已有两千四百多年的历史了。令人惊异的是它仍然能激起现代学者和作家们的兴趣。

《孙子兵法》在对军事思想和政治思想的影响方面的意义和重要性很少被质疑。世界上所有顶级的军事院校的图书馆里肯定都有《孙子兵法》的馆藏。许多军事院校也把《孙子兵法》作为他们训练高级军事指挥官的一门教程。毛泽东这位20世纪最伟大的中国共产党的统治者,就是一位众所周知的虔诚的《孙子兵法》追随者。在1991年的波斯湾战争中,《孙子兵法》曾多次在文件中被有规律地加以引用以支持诺曼·施瓦茨科普夫将军(General Norman Schwarzkopf)所采用的战略。甚至联军的美国指挥官汤米·弗兰克斯(Tommy Franks),在2003年反对伊拉克的军事行动中也引用了孙子兵法中著名的"适应性法则"和"灵活性法则"。实际上,没有哪位受到良好训练的军事将领会否认自己对《孙子兵法》中所蕴含的思想的了解。

一本相对简短的军事文本

或许会让读者感到惊讶的是《孙子兵法》实际上是一本很简短的著作。它总共只有大约六千二百个用文言文写的字。全书十三篇,每篇仅有一页篇幅。实际上,最长的"九地篇第十一"也不足一千一百字,而最短的"九变篇第八"仅有不到二百五十字。平均每篇不足五百字。值得注意的是,如此丰富的思想和智慧竟然能够包蕴在如此简短的篇幅中。更为有趣的是,自从其面世以来,这本书就没有停止过给政治家、军事将领,而且近来,给商业战略家和学者们以启示。

作为一本用文言文写的原文本,要完全理解《孙子兵法》的意思与含义会存在许多问题。这主要是因为汉语、中文作品和中国文化的复杂性。要理解作品的确切意思和含义,就必须熟悉那个时代的语境。即便是今天,中国以及日本仍然在对公元前4世纪左右的历史背景进行研究。这种持续研究无疑会为为什么孙子要倡导某些战略提供更好的理解。然而,对《孙子兵法》中的每一个汉字、术语和短语的确切意思仍然存在争议。尽管如此,对《孙子兵法》的基本观点和命题却是一致的。实际上,对《孙子兵法》的许多当代阐释显示出趋同性的增加。更大的问题在于将其翻译成英文,这个问题我在前面的"序言"中已经提及。

一本关于军事思想的书

据我所知,有两个原因造成《孙子兵法》译本可能会既受不到关注也受不到讨论。这两个原因在这本书的"序言"中已经暗示过,它们从属于两个词,即,组成该书书名的"孙子"和"兵法"。我先来解释"孙子"这个词。不认识中文的读者可能会认为孙子是《孙子兵法》的作者。实际上,在我在世界各国做的调查中,几乎所有的参与者都认为孙子实际上是《孙子兵法》的作者。这并不完全正确。"孙"有可能是他的姓。然而,他的名却肯定不可能是"子"。且听我解释。

在古代中国的传统和习俗中,一个德高望重的人会非常典型地在他去世后给他一个"谥号"或"称号"。这种荣誉会给予一个帝王、军阀、高级官员、将领、学者等等。比如,诸葛亮(220—280年),三国时期蜀国著名的军事顾问,就被给予"忠武"的称号。岳飞,宋代(960—1279年)著名将领,则被给予"武穆"的称号。

在中国文学学者中,有两个常用的称号,"子"和"公"。"子"是给予一个博学者的最高荣誉称号和头衔。这个称号常被用来称思想家。如著名的中国思想家孔子。"孔子"字面的意思是"姓孔的思想家"。他姓"孔",但是名字并不叫"子"。我们知道他还有其他几个名字,如"孔夫子""孔丘"和"孔仲尼"。孔子最著名的弟子是孟子,即"姓孟的思想家"。即便是今天,中国学者们仍然在争论他真实的名字应该是什么。

另一个值得强调的是老子,他为道家思想奠定了哲学基础。许多人认为,他姓"老"。但是根据古代中国的记载,不是这样的。我们知道,他还有包括"李耳""李聃""老聃"在内的其他几个名字。其他被给予"子"称号的著名思想家有"庄子",实际名叫"庄周";"韩非子",实际名叫"韩非";"管子",实际名叫"管仲";"墨子",实际名叫"墨翟";"列子",实际名叫"列御寇"。

从上面对给予思想家的称号"子"的解释中,我希望读者现在可以明白《孙子兵法》是一本关于军事思想而非论军事科学的书。因而,它不是一本教我们怎样实施战争的书。这是《孙子兵法》与那些西方的军事作家们的作品大相径庭的地方。如,卡尔·冯·克劳塞维茨(Karl von Clausewitz,1780—1831)的《君主论》(*The Prince*)就倾向于阐释军事科学。他的许多论点是关于东方的科学和逻辑的。他喜欢在探索其他的途径之前果断地使用武力征服敌人。

相反,《孙子兵法》更集中在阐释战争的艺术上。孙子建议将目标更多集中在如何赢得敌人之"心"的法则、概念和方法上。他更喜欢采取"全"的方法去处理军事冲突。比如,他喜欢不受损伤地而非损伤双方以赢得整个战争(即,以全争于天下),并倡导不战而胜。除此之外,《孙子兵法》还同意战争是政治影响的延伸同时政治应该驱动战争的观点。"肯定不能将战争本身视作目的。"

集中论述策略与方法

正如我在"序言"中所提及的,"兵法"这个词语,在古代中国常被用来指"用兵作战的策略与方法"。其集中论述的是"策略与方法",不是"作战",尽管《孙子兵法》用了一篇来论述作战。近期对《孙子兵法》的一个研究和考察表明,孙子从来不是一位战争的倡导者。在他的"计篇第一"中,以及在其他篇的许多部分中,孙子认识到了作战要付出的高昂代价。这些代价不仅仅是指增加了国家的财政负担,它还包括人民身上沉重的捐税、对国家资源的耗损以及人民的痛苦等。因而,战争是不得已为用之的最后手段。换句话说即是,战争应该尽力避免所有的损失。这个观点在"谋攻篇第三"中倡导的四个层次的战略中得到了清晰的证明:"故上兵伐谋,其次伐交,其次伐兵,其下攻城。攻城之法,为不得已。"

不幸的是,各种《孙子兵法》英译本对"兵"一词的使用导致了许多误解和一些学者对《孙子兵法》一书在影响现代战略管理和思想包括其在商业领域的应用价值的错误谴责。这种不恰当的翻译由于对"子"这个字的意思的错误理解而进一步加剧。如我在前面所指出的,这是一本论述思想的书。用"兵法"这个词语来表达《孙子兵法》的真正意思是不完全的。实际上,它会导致对《孙子兵法》一书价值和贡献的更多的混淆与误解。为恰当理解《孙子兵法》题名的意思,我建议将其英译为《孙子的军事思想》(The Military Philosophy of Sun Zi)。

(四)2003年版格里·加戈里亚蒂《孙子兵法》英译本"孙子兵法与市场营销艺术"之"导论:孙子的基本概念"

"导论":孙子的基本概念

孙子发展了所有时代最完整最强有力的竞争体系。你应该了解的是,孙子这本书不是为教育那些没有经验的士兵的训练工具而写的。在孙子那个时代,人们会直接从一个在世的大师那里学习某个思想学派的一些基本概念。书籍只是一种补充,旨在理解那些基本概念、比喻和类比之后做进一步研究。由于这个原因,《孙子兵法》的文本对一般读者来说想要轻易地理解它是很困难的。我这个"导论"的目的就在于把这些特别的问题阐释清楚。

几乎《孙子兵法》中的所有概念都回溯了其在"计篇第一"中介绍的"五事"(five element system)。这五事是"道""天""地""将"和"法",它们为《孙子兵法》提供了其竞争法则的支柱。所有这个体系中的其他成分,如欺诈、联盟、先知等,都与这"五事"有着特别的逻辑关系。如果你在阅读《孙子兵法》之前花一些时间来探索这"五事"之间的相互关系的话,那么这个体系的深度和复杂性就可得到最佳的理解。

以"五事"作为"计篇第一"的开始,孙子教导我们说每一个竞争的情势都依赖其在一个更大的竞争环境之内的独一无二的竞争位置。这种竞争单位由孙子所谓的思想联系在了一起。于是,这"五事"映射到了三个层面,其中更大的竞争环境在外层,特别的竞争单位在其里面,竞争思想为竞争单位提供了核心。

至少在达尔文之前,集中阐释竞争环境是《孙子兵法》的一个独一无二的特征。由于《孙子兵法》中有太多的基本概念,他将环境描绘成"天"与"地"这两个相对但仍然相互补充的部分。天与地一起标志着竞争发生在其中的时间与空间。

"天"(Heaven)代表的"竞争的时机",但是它更加准确地描绘了"变"(change)。这个词经常在原文本中被翻译成"天气"(weather)。最好将"天"理解为时机发生变化的趋势。天与四季的循环是实际的战场上变化着的天之最明显的几个方面。在商业环境中,经济的趋势与商业的循环恰好起着完全相同的作用。

"地"(Ground)即是指我们在哪里打仗也是我们为什么而打仗。竞争战发生其中的是地形。在商业术语中,我们可以将"地"看成是市场。与"天"这个我们不可控制的因素不一样的是,"地"最重要的一方面是我们要在"地"上选择我们的位置。选择位置、移动位置,并利用位置是孙子竞争法则之主要的基础。

其次,在更大的竞争环境之内的,是竞争者或竞争单位。这个竞争单位的特征由其在竞争环境中所处的位置和其反对与其在同一领域相竞争的其他竞争单位的竞争力而决定。与环境一样,竞争单位被其两个部分所定义,即"将"和"法"。《孙子兵法》的根本目的在于为将领们提供方法。

"将"(General)是领导竞争单位的、最重要的、做决定的那个人。领导才能包括个人行为和性格。一个将领要掌握竞争的战略以便他或她能迅速做出正确的而决定。

"法"(Methods)指的是管理的技巧。尽管孙子的法则可以为一个单位的某个人所用,但法则是,根据其定义,则用于一群人的行事。将领像个人一样做出决定,但是这些决定的效果要依赖使这个组织生效的群体。

将竞争单位的这两部分结合并以其为基础是这三个层面的内层,也是其思想。思想是一种独一无二的想法,竞争单位围绕它而进行组织。在商业中,我们将其称作公司的使命或目的。一个核心的思想为个体竞争者或更大的竞争单位提供联盟和中心。它将竞争组织聚集在一起,规定其与外部世界的关系。这是一个共同的目标。作为一种统一的力量,思想没有被分为两部分,但它必须在竞争单位和环境之内自然地做出决定。

这"五事"是理解其他孙子的竞争概念和法则的基础。

例如,应对四种不同环境类型的技巧一次又一次地在《孙子兵法》文本中进行了引用。这些技巧是：了解（knowing）、先知（foreseeing）、移动（moving）和定位（positioning）。这些技巧可最好地理解为竞争环境的两部分与竞争单位的两部分之间的关系。

作为将领的个体需要了解与先知的技巧。了解源自对竞争地形的清楚。在许多方面，这是所有其他技巧的起始点。它广泛地覆盖了《孙子兵法》第一篇和最后一篇。了解会导致先知。先知意味着将对地形的了解和对天的观察结合起来，也即是，有随着时间而变化的趋势。先知是一种在别人之前发现机会的特别的能力。

组织的方法技巧是移动和定位。移动特别地意指一种改变位置以获得新机会的能力。它是以时机的形式利用天的方法。它是由先知而引起的。定位是移动的自然结果。它是利用地势的方法。定位是所有成功的基础。

在孙子的体系中，这四种技巧可以创造无尽的循环。了解导致先知。先知使移动成为必然。移动带给我们定位。定位使了解得到加强。领导才能、了解与先知，都是重要的技巧。这种循环也是很经济的一种。先知和移动代表了循环的成本部分，而定位和了解则是循环中的奖赏部分。

一个有趣的事实是，在文本中，孙子广泛地讨论了这些技巧，但却从不把它们一起列出来。一个可能的理由是，在中国文化中，"四"这个字被认为是不吉利的，因为它与"死"是同音异义词。因此这些外在的技巧要么是单独处理的，要么是三种技巧一起参照的。在后一种参照中，两种技巧合在一起形成了第三种技巧。了解通常与先知一起成为一种计划。移动通常与定位一起成为一种行动。

这四种外在的技巧也经常通过比喻来进行参照。"了解"涉及"声音"。雷声、音乐和鼓都是"了解"的喻体。"先知"被描绘为一种"景象"。颜色、闪电等全都是"先知"的喻体。"移动"是"行军"。行军到一个新的位置是一种典型的行动。"定位"被不同地描绘成采集食物、建筑、饮食、挖沟等。其共性是，在中文里这些行动全都是要用人手的象形图，因而通俗一点讲就是，是手工活。

孙子也描绘了两种内在的技能：联合和集中。尽管这两个概念在英语中是独立的，但是在汉语里他们却是紧密相连的。在孙子的法则体系中，两者都直接源自思想的成分，而且都与"将"及其"法"有关。"联合"可将组织团结起来。"集中"则可集合某个区域的力量。两者决定着军队的竞争力。"兵力"是特别地由力量的联合而非是规模决定的。

一旦你了解了这些内在的和外在的技能,孙子关于进攻的五个基本标准就可被逐渐理解了。这五个基本标准中的每一个——出其不意、欺诈、较量、围攻和分离——都特别地针对一个相对的技能。"出其不意"是针对"先知"的。"欺诈"可破坏敌人的深谋远虑。"较量"可瓦解敌人的联盟和中心。从许多方面看,这些关系比我们用的那些术语,那些只与《孙子兵法》中提出的概念相近的术语更好地定义着这些进攻的本质。这可在"欺诈"这种情形中最佳看出。"欺诈"不是撒谎,也非不诚实,而是一种对人们为了将来的期望的侵略性的攻击,与当别人正在制订计划时的进攻是紧密相连的。

这些因素也是攻击的一种特别的类型,即环境的攻击,在《孙子兵法》"火攻篇第十二"中有讨论。"环境的攻击"指的是利用环境来反对竞争,这种方法是继孙子兵法的五种基本的攻击形式之外的一种特别的方式。然而,这种方法的要点在于它是超出正规竞争之外的,因为它在技巧上并非"正规的"攻击。

我们可用一张图表来描绘在"导论"中阐述的孙子兵法体系中的这些因素、技巧和攻击。这张图表以传统的图示法概括了孙子的方法。古代中国所有的学科中常使用此类的图表。孙子兵法中的概念可在此语境中得到最好的理解。

(五)2005年版拉尔夫·索耶尔《〈孙子兵法〉古今精解》之"后记:法则及其运用"中的"势与时机"和"奇与正"

  2005年出版的拉尔夫·索耶尔《孙子兵法古今精解》与其之前的三个《孙子兵法》英译本的内容安排和《孙子兵法》十三篇的译文都不尽相同。该译本由"序言""导论""十三篇译文""后记:法则及其运用""随后的发展与进一步探索"和"战略概念与战术法则索引"组成。其中,"后记:法则及其运用"中包含了以下几个方面的内容:"基本法则""将与权威""气""诡道""无形""地形""势与时机""奇与正""最后的思考与有害的影响"。此节拟将"势与时机"和"奇与正"一部分汉译如下:

  "势与时机"(Strategic Power and Timing)
  孙子将"势"比作如转圆石于千仞之山或至于漂石之激水。这是整个中国漫长的军事史中运用的一种技巧,正如我们广泛讨论的"火"与"水"。它为我们提供了关于潜在力量及其效果的相当戏剧性的、简明易懂的意象。后来的评论家们,深受台风和季节性洪水所导致的水之影响,特别强调了收集起来的水被突然释放后所产生的巨大冲击力。因而,当被恰当地加以配置和实施时,战略力量将不仅会摧毁敌人,而且甚至可能阻止敌人发动攻击或是威慑敌人使其逃跑或是屈服投降。此外,发现其处于这样一种力量之中的军队也将会自然地充满热情,并成为不畏死的勇士而自信地投入战斗,轻而易举地歼灭顽敌。

  战势的暂时性的本质常常被忽视。不管如何强大,军队有可能会被不恰当地作为一个不仅浪费资源而且背离计划和意图之错误的时机所导致的结果来加以运用。因而《孙子兵法》"势篇第五"中指出:"其势险,其节短。势如彍弩,节如发机。"正如这个类比所要求的,其运用是即时的,而非逐渐的或普及的。

  即便是在民用领域,无论是在商业活动中还是在解决分层次的结构问题或私人问题中,不成熟的或不尽心的努力常常会导致失败,导致能力和冲击力的浪费。尽管是最近几十年来无数书和文章的主题,关于推出新产品的"恰当的时机"的观点、公司的战略、军事行动或是个体的发挥等仍然是讨论起来容易但要决定却几乎是不太可能的。尽管有大量的计划、细致的形势分析以及实施的热情,但许多是让人痛苦地失败了却仍然证明在某个不同的时机它可能会是高效的。这种出人意料的成功可能源自环境(天)或地形(地)的变化,但是通常是因与时机的变迁或紧急状态的一致而造成的。

细读《孙子兵法》会发现,与其被动地或是凭运气偶然地,不如通过警觉地操纵敌人和构建战斗空间而创造恰当的时机。做好诸如放圆石于千仞之山或积水于临时的水库中等周密的准备,然后确保灵活地控制其释放的时刻。其后,在临时发展的漩涡中,需要坚持和利用那难得的优势。

"奇"与"正"(The Unorthodox and Orthodox)

"奇"这一非常关键的概念仅在"势篇第五"一简洁的段落中出现。文中,它是和与其相对的"正"一起成对出现的。而且,是以"奇正"而非"正奇"的优先形式出现的。在那个时代,正如在《道德经》第五十七章中所反映的那样,"以正治国,以奇用兵",已经有了将"以奇用兵"看成是与常规的、正直的、有道德的、传统的政务管理措施等相对的、明显是非正规的趋势。在孙子的概念中,"奇"不仅对获胜是至关重要的,而且它也是军事的关键,是解决僵局、将自己从不利的形势中解救出来以及战胜强敌的关键。

受"奇"表面朦胧的本质所困扰,许多个世纪以来,评论家们冒险进行了无望的、难得的、神秘的思考。然而,评论家们也过分地将其简单化了,将其介绍为一种出其不意的因素,或是将其特指"非正规的兵力",主要是骑兵。在将孙子的方法用在作战时,"奇"这个概念,尽管不完全是不确定的,几乎有各种不受限制的应用。与此相似,也可将其应用到普通的生活情形中。"奇"的措施可在从政治的、大的战略到通过运动、运作等各个层面,直至最后到战术的层面上来进行规划。然而,是在战术的层面上,大部分将领从历史中通过表现出意想不到和以一种与正常的步骤相反的行事行为探索了出其不意的各种因素。通过"奇"这种方法,他们能够迅速战胜敌人,令其吃惊。

正如已经注意到的那样,尽管历代以来在战争中采用"奇"法的理论与实践本身就可写成一本书,正如我们的那本《非正规的战争:中国经验》(*Unorthodox Warfare*:*The Chinese Experience*),"正"的战术遵守的是以正规的、传统的、可以预料的方式来管理通常的形势和部署军队的基本法则。

这种战术同时也强调秩序和有意的移动。相反,"奇"的战术则主要是通过以想象的、非传统的、意想不到的方式来部署灵活的兵力,以与正规的期待相反的方式故意(但非简单地或天真地)地行动并由此将那些出其不意的主要因素合并在一起来实现的。因此,取而代之直接登上战车的进攻,"奇"的战术依赖的是间接的或者侧面的进攻。取而代之大兵力的正面进攻,他们采用的是间接的路线以发动突然的、对后方的突袭。

或许被定义为"奇"需要两个因素,一是众所周知的、经受了时间考验的实践。二是敌人的预测。其定义因而不可避免地要依赖在一个特别的战场语境之内的当前的预期,以及指挥官的风格、想象力、全部的战术技能以及对风险的承受力。因而,一个经常探索非正常的技巧的、独出心裁的指挥官将会很自然地被期待采用"奇"的战术。正如韩信所为,他把全部瓦罐砸烂,以便在对敌人发动出其不意的攻击之前能让自己的军队全部渡过恰在敌人上游的河流(即破釜沉舟)。相反地,在形势明显地对采取"奇"的措施有利时,简单的正面攻击可以轻而易举地渗入敌人,因为敌人的兵力已经扩散到去防卫侧面的攻击和出其不意的佯攻,从而可像孙子倡导的那样去制造差距。

是这个概念自身引起了极度的复杂性。而且,尽管常常因太过简单化而被误解或误用,它仍然是一个用于描述战术概念化、归纳和操纵在敌人期望的矩阵内的力量之工具。在人与武器的具体现实中,它比某些转换模式更多被实施。关于"奇"与"正"以及二者间相生的关系,没什么秘密也没什么好神秘的。但是后来的评论家和战略家们,当其不鄙视"奇"之技巧的实践时,常常会变得非常的困惑,从而将一个有用的概念化的战术转换成了一个对于理清战术思想之不必要的障碍。

"奇"之战略在更广阔的生活语境中的应用,尽管在一定程度上受到合法性和习俗的制约,但几乎是无限制的。"奇"之用于解决问题和战略制定的方法强调的是想象,是"跳出框框去思考",是一种意想不到的艺术,也是一种从非传统的视角去分析形势的能力。尽管"奇"在市场营销和公司运作方面更为成功,但"奇"之行动,至少在香港当代语言家们看来,仍然为摆脱或解决个人危机、街头的冲突、甚至婚姻中的困境提供了可能性。对"奇"的定位也为多样化提供了可能性,正像它可帮助指挥官避免使用先前用过的、不管其有多成功的战术,并因而变得可以预测。

尤为重要的是,"奇"长期以来被看成是为不利的条件——或者是敌众我寡、虚弱、缺乏联系,或者缺乏经验——提供了预想的替代办法和将起初无望的形势转化为有利形势的手段。于意图和实施而言,欺诈是一个不可分割的元素。诡计与表里不一、口是心非、伪装的战场、佯装撤退,甚至虚假的投降,都促进了欺诈手段的使用。因此,欺诈与各种硬武器和其他理念,如暗杀者的狼牙棒,一种最后不得已而使用的武器,继续成为当代中国军事法则中的核心概念。

(六)2007年版梅维恒《孙子兵法》英译本中的"关键术语""摘要"和"导论:世界舞台上的《孙子兵法》"

"关键术语"

梅维恒的《孙子兵法》英译本在"关键术语"一节只概括了《孙子兵法》中那些更为重要的词和微妙的概念,而其他的技术术语和专有名词在其"注释"或"导论"中做了定义。"关键术语"中涉及的词语和术语共有二十个:

(一)变;(二)兵;(三)法;(四)兵法;(五)诡;(六)机;(七)计;(八)里;(九)利;(十)谋;(十一)气;(十二)奇;(十三)权;(十四)势;(十五)天下;(十六)文;(十七)武;(十八)形;(十九)战;(二十)正。其中,梅维恒对"兵""兵法""机""计""里""利""气""权""势""文""武""形"和"正"做了较为详细的解释。

"摘要"(Précis)

《孙子兵法》是最早的、最重要的专门论述战略与战术的中国经典。尽管传统认为《孙子兵法》是一位名叫孙子的、在大约公元前6世纪末5世纪初很有名的人所写,但是现代学者已经确凿证实《孙子兵法》应该是在公元前4世纪后期至公元前3世纪初期这段时间内完成的。此外,显而易见的是,《孙子兵法》吸收了战国时期广为流传的核心军事思想,不可能是某个人独有的作品。

《孙子兵法》阐述的既不是训练士兵的细节,也不是关于如何使用各种武器的。相反,它更多关注的是战争的总体计划,而且尤其是各种不同类别的地形的重要性。此外,《孙子兵法》给予了间谍特别的位置,用了一篇来阐述它。就这一点而论,《孙子兵法》与西方的军事思想家如古希腊和古罗马的战略家们或克劳塞维茨的著作相比不那么具体。另一方面，《孙子兵法》的一般性使得它高度适合运用在商业甚至个人决策中。

我的这个译本强调了《孙子兵法》非同寻常的风格和它的构成、它所蕴含的道家思想、它的历史语境、其技巧上的臆测及其在全球发展中的位置。欢迎那些对文本的这些方面感兴趣的读者阅读我很长的"导论"和大量的"注释"。那些只对文本本身感兴趣的读者可以直接翻到第七十六页阅读，并查阅他们需要的附加资料。

"导论：世界舞台上的《孙子兵法》"

《孙子兵法》在国外受到了广泛的认知，被译成日语、法语、俄语、德语、英语以及其他许多种语言。然而，我们所知的第一个《孙子兵法》译本是唐古特语（Tangut），一种已经绝迹的藏缅语（Tibeto-Burman）。更确切地说是羌藏语（Qiangic-Tibentan）。唐古特人统治了一个很强大的从蒙古一直延伸至亚洲中东部的国家。这个国家指的就是西夏（1038—1227），最后被成吉思汗灭掉。

《孙子兵法》的唐古特语译本是以12世纪独特的木板印刷本保存的。唐古特译本的文本包括曹操、李筌和杜牧的评论。现在保留下来的残片木板文本有《孙子兵法》第七、第十一和第十三篇，以及《孙子传》。现存的《孙子兵法》中文原本与唐古特语译本之间并无太多的矛盾之处，这就意味着从宋代以来《孙子兵法》的文本已经变得相当稳定。主要的不同之处体现在评论者的用词上，用以译成唐古特语的确切的《孙子兵法》中文原文本没有保存下来。尽管如此，仍然可能使唐古特语译本的部分与现存的《孙子兵法》中文文本中的相应段落产生相互关系。如中文原文本的"屡赏者，窘也"（If the enemy is profligate in handing out rewards, it means that he is in extremity），唐古特语译本为："[If the general] often gives rewards, [that is be]cause [his] troops find themselves in a position from which they cannot escape."唐古特语译本总共有大约一千二百个不同的字，差不多是中文文本的两倍（中文文本大约有七百个不同的字），这反映出其书写文本的相当复杂性。

《孙子兵法》的第二个译成亚洲语言的译本是日译本，书名为《孙子国字解》（Soshi kokujikai），大约于1750年由荻生徂徕（Butsu Mokei）（Ogyū Sorai，1666—1728）完成，由出云寺松柏堂（Izumoji）在京都出版。此后，有无数的《孙子兵法》其他译本在日本出版,其中最早的基本上包含了带有指示读者如何重新排列和拼读汉字之标记的中文原文。只是到了 20 世纪,《孙子兵法》才被译成现代日语开始在日本面世。在许多可获得的译本中,有些有丰富的注释,我查询过天野镇雄(Amano Shizuo,1972)、浅野裕一(Asano Yuichi,1986)、村山吉广(Murayama Yoshihiro,1973)和山井涌(Yamanoi Yū,1975)等译本。

一点也不吃惊的是,清代的统治者确保要有一个满族语的《孙子兵法》译本。满族人自己就是高超的军事统治者,他们非常仔细地研究《孙子兵法》以了解他们的汉族同胞的军事思想。这可能是所有译本中最具权威的译本,因为它是由完美的懂双语的、彻底熟悉汉语文学的人来翻译的。

译成欧洲语言的第一个《孙子兵法》译本是法译本,是由耶稣会信徒让·约瑟夫·玛丽·阿米奥(Jean Joseph Marie Amiot,1718—1793)翻译的。阿米奥于 1750 年到北京,并成为了乾隆皇帝的知己。他在中国待了四十三年,一直到 1793 年去世。阿米奥翻译的《孙子兵法》法译本于 1772 年出版,并于 1782 年再版。这个版本开了《孙子兵法》在欧洲译介的先河,却有许多待改进之处。译本中,他将原文本与评论家的观点和他自己的观点混在了一起。

下一个被译成欧洲语言的《孙子兵法》译本是卡尔思罗普《孙子兵法》英译本,于 1905 年出版。其时,卡尔思罗普(Everard Ferguson Calthrop,1876—1915)是一名学习军事语言的学生。该译本首先是在日本发行的,书名用的是 *Sunzi* 日语的拼读形式 *Sonshi*。尽管卡尔思罗普的翻译与原文本相比缺乏准确性(总之,其中充满了很难的意识形态的问题)。这个译本与阿米奥的《孙子兵法》法译本一起,标志着东亚军事思想在欧洲传播的开始。在 20 世纪,几十个《孙子兵法》译本以西方语言和其他语言出版,使得它仅次于《道德经》,成为在国外流传最广的中国经典。

在 20 世纪的某一时刻,有流言流传说拿破仑曾读过阿米奥翻译的《孙子兵法》法译本。随着时间的流逝,流言变成了一个传说。说拿破仑曾认真研究过《孙子兵法》,并将其法则在战场加以实施,并极大地受到了《孙子兵法》的影响。这是一个浪漫的故事,目的是抓住读者的想象力,但是整个传说是纯粹的无稽之谈,而且很容易就被拆穿。首先,没有任何人指出有一场拿破仑战争显示出了《孙子兵法》对它的影响。更多受到人诅咒的是这么个事实,当阿米奥的《孙子兵法》法译本出版时,拿破仑只有三岁。

而且,尽管其在1772年首次出版时,有些人在法语文学期刊上注意到了阿米奥的翻译,这个译本也在其被普遍关注之前很快就淡出了人们的视线,主要成为一些汉学家感兴趣的材料。更重要的是,拿破仑明确无误地表示过谁是他的军事导师:

"一次又一次地仔细考察亚历山大、汉尼拔、凯撒、古斯塔夫·阿道夫(Gudtavus Adolphus)、蒂雷纳(Turenne)、尤金和弗雷德里克的战役。以他们为你的榜样。这是你成为一个伟大的将军,获得战争之艺术的唯一手段。通过这种学习研究,你的才能将会得到启发和提高,你将会学会拒绝所有那些与这些伟大的指挥官的法则不同的法则。"

拿破仑,这位强烈坚持向过去那些伟大将领的具体战争经验学习这一原则的人,会把那么多精力放在《孙子兵法》这一概括性的文本上是不太可能的。

最近,《孙子兵法》的虔诚信徒们猜测,纳粹的最高将领可能也咨询过孙子这位古老的东方圣人,但他们用以支撑这个推测的证据甚至比传说拿破仑对《孙子兵法》着迷还要没有说服力。打击这些无事实根据的猜测,我并非是想要降低《孙子兵法》在历史上的地位,而只是想尽可能准确地对其进行阐释。拿破仑时代的法国和纳粹德国受到克劳塞维茨《君主论》的影响都要比受到像《孙子兵法》这种印象派的、格言似的文本的影响多得多。说到著作中所阐释的法则,《孙子兵法》要比克劳塞维茨那高度系统化的《战争论》(On War)更接近马基雅弗利的《战争的艺术》(Art of War)。

那么,《孙子兵法》的主要贡献是什么呢? 首先,孙子在"谋攻篇第三"和"地形篇第十"指出了军事作战的一般法则"知彼知己,百战不殆"。中国共产党和中华人民共和国的主席毛泽东,就对《孙子兵法》中著名的法则给予了高度的评价,并将其看成是"科学的真理"(scientific truth)。

孙子战略的另一个主要特征是他对"灵活性"(flexibility)的强调。一个人应该做好根据实际情况改变自己计划的准备。比如,如果敌人显示出自己在某个地方的薄弱,那就攻击它的那个地方而非根据之前制定的蓝图行事。同时,他还应该避免暴露自己的任何弱点以便受到敌人的攻击。

《孙子兵法》的一个关键的概念是"兵者,诡道也"。欺骗敌人就好比在橄榄球赛、篮球赛或足球赛中制造假象。你会引导你的敌人去思考他正准备往某一个地方移动,或是向某个方向前进,然后自己调转方向去做某件完全不同的事。

一般来说,孙子的战争法则是受获得战争的实际效果之愿望所驱使(简单说就是,战胜自己的敌人),而非受抽象的法则或是出于历史的考虑,或是精神上的不安所激发。同样,《孙子兵法》也为那些与不妥协的敌人发生冲突的人提供了建议。另一方面,《孙子兵法》中所倡导的法则具有很多的局限性。如,要取得快速的成功往往是不太可能的。因而,孙子不喜欢持久战的思想有可能导致一个没有耐心的将领陷入麻烦之中,而这些麻烦如果采用一个更加从容的办法的话是有可能避免的。孙子最大的愿望"不战而屈人之兵"有时也可能弄巧成拙,特别是当我们面对一个具有高度侵略性和强大竞争力的对手的时候。最后,孙子过度强调了将领的独特的决定作用。我们从他对一组能干的军官或是对可靠的指挥链的详细阐释中可获得的发展意识是非常少的,而这两样东西在管理大部队的时候都是必要的。

《孙子兵法》的核心是"渐进主义者的军争战略"。《孙子兵法》的作者们宣称他们是反对持久战的,但是他们真正反对的其实是消耗战。只要不消耗人力物力,他们是并不在意一场战争的长短的。这与现代提出的"迅速控制"(Rapid Dominance)的主张有很大的不同。该主张提出的法则是"绝对优势兵力"(overwhelming decisive force)和"引人注目的力量展示"(spectacular displays of power)(也被称作震慑和敬畏[shock and awe]),而这会导致巨大的花费。在战争中,有时是需要满足于耐心与增量受益的。或许,制定一个战略的时候,需要将孙子和克莱塞维茨所持的两种不同的方法结合起来。

总之,《孙子兵法》给我们的基本教训是"用兵之法,为不得已"。而且,如果不得已卷入了战争,也要尽快地结束战争,并将生命和财产损失控制在最小的范围内。正如《孙子兵法》"谋攻篇第三"中所建议的,我们应该通过求助于政治的和外交的手段尽可能地避免战争。因而,古希腊和古罗马文明中那些勇敢的战士和著名的英雄人物在中国的文化中是不会受到赞扬的。在中国文化中,战争被看成是"不得已而为之"的事,而非获取荣誉的机会。荣誉也不是孙子及其追随者所描绘的图画中的一部分。而是获胜,不是没有任何可能的损失的获胜,而是尽可能少的消耗的获胜。

《孙子兵法》展示了一个战争泛滥、人们厌战时期的军事智慧之精华。尽管我们不清楚《孙子兵法》的真实作者,但这本小册子仍然值得我们不仅在战争中,而且在我们的日常生活中去仔细地思考。《孙子兵法》的大受欢迎有很多的原因,包括中国在全球经济和世界事务中的总体繁荣。然而,更为本质的是,它为经商的人也为那些对个体发展感兴趣的人提供了有价值的教训。每个人都有自己的敌人,《孙子兵法》为我们提供了与敌人打交道的有效手段。

(七) 2009 年版登马《孙子兵法》英译本之"导论:《孙子兵法》的运用"

大约两千三百年前,在中国的北方,一个军事将领家族第一次将其集体智慧书写记载下来。他们的文本将体现所有的东亚战略思想。它为冲突提供了一种全新的视角,运用它,人们有可能不战而胜。尽管《孙子兵法》在西方被称为《战争的艺术》(*The Art of War*),但在中国,它仍然是以《孙子兵法》而为人所知的。"孙"指的是"孙氏"家族的族姓。

20 世纪下半叶之前,《孙子兵法》成了全世界那些试图寻求解决或是在战争,或是在商业或日常生活中的冲突的人们的手册。当一个少校将其目标定位,或是一个交换场所陷入包围时;当我们的邻居参加一场区域战以保护当地的公用场地,我们会发现现代的战士们会转向《孙子兵法》去寻求帮助。显然,他们是相信《孙子兵法》的古老智慧在今天仍然是有相当价值的。但是,我们该以怎样真实的方式将这个中国的军事经典运用到我们的生活中去呢?它能如何教导我们在冲突中更加有效地工作呢?这些正是我们这本书要阐释的核心问题。

问题的答案就在《孙子兵法》这本典籍中。文本表明了不管我们的冲突大小,是个人的还是国家的,如何"不战而屈人之兵"。孙子兵法最著名的法则之一是这样说的:

"百战百胜,非善之善者也。不战而屈人之兵,善之善者也。"(谋攻篇第三)

《孙子兵法》的智慧是一种意义深远的人文知识,一种我们每个人都可使用的东西。它不为中国或西方的任何一个团体所独有。它指明了一种与冲突理智地、友善地、有效地共处的方法。尽管《孙子兵法》为我们提供了行事的模式,但它并没有建议我们抄袭它。相反,它邀请我们全然进入其教训之中。当我们这样做的时候,我们发现我们很自然地会得到与蕴含在文本之中的观点相同的洞察。

《孙子兵法》是从将冲突理解为是人类生活的整体部分开始的。它存在于我们之内,存在在我们的周围。有时我们可以很巧妙地回避它,但有时我们却必须直面它。我们很多人都能看清不管是在个人的层面还是在武装冲突的灾难中侵略的破坏力。我们同样也知道对这种侵略所做出的大部分政治的和个人的回应的局限性。我们如何才能以一种更加深刻有效的方式与其共处呢?

《孙子兵法》告诫我们,我们对冲突的回应始于我们对自己和对对方的了解。正如《孙子兵法》"谋攻篇第三"所言:

"知彼知己,百战不殆;不知彼而知己,一胜一负;不知彼不知己,每战必殆。"

《孙子兵法》的"知己"包括了对我们自己的力量之全部条件的认知,但它却是从某个更加私人的东西开始的,那就是对我们自己的思想的了解。人们可通过很多方式获得这种知识。沉思冥想的实践为我们提供了一种洞察的方式。尽管它比其他任何特别的实践更加基本,但它会为其所导致的思想开放。这种开放可呈现在我们所有的活动中。当我们突然经历美的一瞬间时我们可以感觉到那种开放。它是表演艺术和造型艺术的一种未充分发展的创造性源泉。运动员称其为"缓冲区"(the zone),而情侣们却几乎没有给它命名。它是人们最熟悉的且最有效的行动。

那么,为什么每个谨防侵略之毁坏力的人却要研究这么一本关于冲突的小册子呢?正如孙子所言,了解我们自己,了解我们自己的想法是至关重要的。但是,我们也生活在一个侵略无法避免的世界里。我们必须了解"他者"以便能有巧妙地与其周旋。因而,有必要学会在我们的环境中直接面对冲突,而非忽视它、掩饰它、放弃它或是试图否定其存在。不管我们的个人智慧多么深刻,除非我们将其与某种力量相联系,否则它不会在世上幸存下来。在现阶段,当人类行为的后果可以具有如此毁灭性的时候,认识到这一点似乎特别重要。那么,我的这个文本指明了我们该如何应对我们内在的和外在的冲突。

将《孙子兵法》带进世界的"军事典籍系列"追溯了一个名叫孙子的战略家。据说,他大约生活在孔子的时期,即公元前6世纪,因出色地指挥战役而出名。这本关于军事战略的著作,先是通过记忆和费劲地写在竹简上一代代传到家族后人的手里的。渐渐地,其智慧为外人所知,并日益在古代中国流传。我们知道,《孙子兵法》被早期的帝王所寻求,因为公元前1世纪皇家图书馆的编目在一本集子中列出了一册《孙子兵法》。《孙子兵法》文本的声誉从中国传到东亚,孙子这个人物形象成为战略思想的最高典范。

然而,我们该通过怎样的过程,将这本如此古老的军事著作做真实的联结,从其传统的核心中学会去实践而非简单地崇拜它模仿它呢？这里,我们可从《孙子兵法》为之所写的那位贤明的将领的事例中得到帮助。他体现了文本的世界观,他的事例让我们看清了所有活动的方方面面。尽管将其所有的成就汇总起来似乎有些离奇,但其实他的品质已经存在于我们每一个人身上。这样的能力自然而然地源自我们看待世界、聆听世界并在其中思考和互相影响的与生俱来的能力。

英语仍然要求我们在阴性代词和阳性代词之间进行选择。由于中国的将领历来都是男性,因而我们整个文本都采用传统用"他"（He）来指代贤将。然而,这对我们理解知识和行动对于贤将来说既非阴性的也非阳性的是极为重要的。《孙子兵法》的智慧不仅可以运用在军事背景中的男性身上,也可以运用在任何试图不用武力即可解决冲突的人身上。

我们认识到了贤将在某些非同寻常的男性和女性身上才具有的品质。他们有的可能相当平静,有的显得相当渊博。同时,这些人有可能从未听说过《孙子兵法》。他们的事例证明,可在《孙子兵法》中找到的那种智慧的行事方式并非是从国外引进的,而是人类常识的一种自然结果。

如果我们去寻求贤将的能力之根源的话,我们会发现他其实就是一个简单而真实的人,总是能与自己愉快相处。他越是从容,赋予他的能力就越强大。在某些人身上,这种开放可以相当自然地出现。或者他们能通过一种强大的训练,或是通过识破那种令人心感到害怕的东西那种强烈而突然的体验来发展它。

从这种无畏中贤将发展了一种对其周围世界的欣赏。他不再将事情看成是赞成或是反对他的,而是用一种公正的判断来看待它们。他抱持某种固定不变的立场或身份。因而,他的智慧可适时适地显现出来。

《孙子兵法》反复强调,这种"智"是巧妙的行动之根源,是"计篇第一"中所阐释的将之四个品质中的第一个。它决定着胜利与失败之间的不同。因而在"地形篇第十"中孙子如是说：

"知吾卒之可以击,而不知敌之不可击,胜之半也；知敌之可击,而不知吾卒之不可以击,胜之半也;知敌之可击,知吾卒之可以击,而不知地形之不可以战,胜之半也。"

这种"知"开始于对军队力量的可见的细节,并通过他们完成了具有道家思想之复杂性的事情而得到补充和发展。这些事情贤将也是知道的。它将洞察包括进对战争之非同寻常的、传统的表现中,并带给它一种在喧嚣中感觉在家中般轻松自在的能力。

那我们该如何运用这种"知"呢?有许多可运用它的机会,甚至在我们最常规的日常生活中都可运用它。比如,一位母亲叫她的孩子去睡觉,而那个孩子,自然有他自己的好的理由,拒绝不从。如果这位母亲能克制住自己不采取行动,那她的儿子将不会得到他所需的睡眠,并且我们甚至可以猜想他可能会在以后拒绝听从母亲的所有命令。然而,如果这位母亲直接继续对孩子施加压力,那她就只能引发孩子的反抗。什么是行动的正确进程呢?她该如何得到其预期的效果而不用制造更大的战争和不那么可行的家庭生活呢?

首先,除了泛泛地,我们不能期待抽象地去给父母提建议。巧妙的行动只能从对构成形势的所有细节的了解中得出。换句话说即是,当每一种新的生活的状况出现时,我们只能依靠我们自己。没有哪个人,没有哪本书,没有哪种外部的智慧能告诉我们该如何去做。即便是相当成功的事例也不能简单地将其放在我们现在所处的状况的独特现实中。正如孙子在"计篇第一"中所言:"此兵家之胜,不可先传也。"因此,我们必须在现在、在此时、在此地决定获取胜利的手段,因为取胜的条件只在那个时刻才存在。

此外,我们全都认识到了一位母亲对于她的孩子的那种感受。而且,我们每一个人都能明白我们的敌人和我们一样,是人。这种智慧并非来自什么外在的源泉。不如说,它是我们全都拥有的洞见。这种洞见并不需要什么非同寻常的才能,不需要什么还不属于我们的东西。我们需要的只是我们作为人的理解力,对那个时刻的关注以及对世界的开放。同时,我们也能发展所有这些能力。

以这样的方式来接近《孙子兵法》,我们可以明白其法则并非仅仅局限于某个单一的活动领域。其语言同样可以运用到母亲让其儿子上床睡觉和一个排长抵制他的上级指挥官给他下达的打击错误敌人的灾难性命令这样的事情上。《孙子兵法》在自我之战以及国家之间和每件事情之间的战争这样的层面上是见效的。然而,它的特别运用只能来自特别案例的独特之处。

这种独特性对于一个人如何研究《孙子兵法》的文本及其在现实语境中的实践有着深远的意蕴。这意味着现在对《孙子兵法》的翻译仅仅只是这个复杂过程的一部分。文本包含了词语,而词语陈述冲突的本质,为我们提供了一大堆范例。但是,只有当我们超出了其特别的词语、概念和例子时,我们才能自由、准确地对那些之前出现在我们周围的以及我们自身的生活状况做出公开的回应。

如果我们能够辨别《孙子兵法》的观点,看清这个世界运行的方式,倒是会对这个过程有所帮助。尤其是,这是一个"以全争于天下"观。以某方式采取全部的手段来战胜敌人可以使我们自己的和敌人的资源尽可能的不受损失。这样的胜利对于我们和对于我们之前的敌人来说都会留下某些在其基础上可加以建造的东西。这并非仅仅是一种哲学的姿态或利他的方法。摧毁,不仅对那些被打败的人、他们的居所以及他们的土地,而且对那些在战争结束很久之后试图加强他们的"和平"的战胜者来说,带来的都只能是灾难。真正的获胜是超出侵略之外的胜利,是一种尊重敌人的基本人权并因而使得冲突变得不再有必要的胜利。

"以全争于天下"观是从我们生活的普通细节开始的。它包含了所有的因素。那位试图让她的儿子上床睡觉的母亲必须了解儿子的习惯、性格、性情以及她自己的这些方面。这些因素白天发生了怎样的变化,又有什么特别的因素在那个特别的夜晚在起作用。合理地对这些因素进行思考,那她的行为将会随着这些变化着的情形而发生转变和做出回应。自始至终,她在寻求一个更宽泛的视角。

那个更宽泛的视角是如此的有力以至于它很微妙地带给其周围的人一开始的时候他们,即她的儿子、我们的敌人以及我们那不心甘情愿的盟友并不明白的观念。这个观念既是强有力的也是具有吸引力的,因为它将他们以一种他们认知的方式包蕴其中。这个观念是具有包容性的,超出了琐碎的小事之外,而且关乎他们自身的努力与观点。这并非仅仅是将他者吸引到你那一边,而是将其带到比任何一边要更大的某件事上。这种观念一直是存在的。它会伴随着相当的义务而生。

"以全争于天下"观同时也是一种存在的方式和一种洞见的方式。由于我们的行为会自然地从其而生,因而它也是一种行动的方式。它并不排除使用武力，但是在使用武力的过程中，它力图保护所有可能性——让选择权公开，并将别人的幸福包蕴在其中。这种观念最终会导致胜利。

"以全争于天下"观的一个表现就是不战而胜。但是不战而胜并非一种简单的达到我们的目的的、不用消耗任何有价值的资源替代方式。它是对冲突之根本的完全不同的理解。它与"双赢"有些相似，介入其中的每一方都能获得其所需要的东西。但获胜远超过了在更大的视野中任何一方的特别要求。因而，它适用于平等双方的友好谈判中，也适用于处于激烈冲突状态下的不平等双方中。这种胜利会带来相当大的威力，因为其并不需要忠于较小的参照点。

胜利会拥抱世界的各个方面。拒绝其部分即意味着我们放弃了形势的和易性，使得武力成了唯一的选择。那会使得我们自身的和我们周围的战争不断。它会使得将他者看成我们的敌人，将冲突看成是要么赢要么败的观点变得更加顽固。它会让我们容易受到失败的影响，因为它会俘虏我们的思想，隔绝我们对世界的感知，并妨碍我们对重新崛起的全面认识。

然而，不管胜利的这种愿景有多吸引人，真相仍然是，《孙子兵法》是由很久很久以前那些与我们自己的世界完全不同的人写的。如果我们想研究他们的文本，那我们如何才能获得其核心的法则而同时仍然能认识到这些法则是在一个特别的时代和地方产生的呢？我们不能简单地忽略这些差异，并得出他们的思想就是我们想要的结论。

这是一个关于在我们不熟悉的与我们熟悉的东西之间时空之衔接的问题。《孙子兵法》这本书曾经属于某些人。现在，我们可以宣称，它可以属于我们。对于《孙子兵法》的文本是如何产生和它在其首批使用者的世界里意味着什么之本质的更好理解将有助于我们搞明白其文本是如何属于我们当今这个世界的。

学者们相信，《孙子兵法》是从公元前4世纪的某个时期的口头传统中产生的。那时中国的管理模式、战争、道德以及社会组织都在经历着极端的混乱。地方战争摧毁了人们对旧有方式的自信。于是各种各样的、从对传统形式的复兴到锋芒毕露的、有助于更大的军队和客观官僚主义的形成之组织效能等解决办法出现了。

对《孙子兵法》的回应旨在强调"知"是从现在的时刻出现的。任何形式都是有用的，但其运用却要依赖对某个人现时处境的以及对形势之现时的洞察。《孙子兵法》认为，这种"知""不可先传也。"

因而，《孙子兵法》没有将其思想组织成我们可遵循的系统的步骤。现在，当我们阅读一本书的时候，我们常常发现寻求出其基本的法则、摘录其精华然后概括其大意并将其巧妙地运用到现实情况中是有用的。这是一种相当有利且有效地获取并组织新知的途径。但是，尽管《孙子兵法》包含了诸如"不可先传"的一些法则，但它提供给我们的绝大部分是其直接看待世界的观点的那些例子。它是一本对于观点和典范的连接松散的小册子，其间只有最简洁的论据，它没有通过论据将这些观点和典范相连。《孙子兵法》没有通过逻辑论证来发展其法则，而是通过类比和比喻来教导我们。我们不能简单地将其观点抽离出来运用到我们那些已经存在的框架中。我们必须发展新的方式来使用我们的思想。

因而，我们这本书为《孙子兵法》提供了各种方法。不需要将其从头读到尾。有的读者可能需要从中间那三篇介绍其思想与实践的论文开始。这三篇文章中的第一篇"以全争于天下"（Taking Whole）呈现了《孙子兵法》的世界观，展示了其在现时的运用。它发展了"道"作为一种存在、理解与行动之方式的观点。第二篇文章"圣明的将领"（The Sage Commander）对《孙子兵法》的核心人物进行了更加全面的描绘。对此，我们前面已经做过简略的勾勒。文章提出了一个得到全面发展的人的观点，目的在于鼓励我们自身也能认识到这些品质。第三篇文章"把传统加以考虑"（Joining the Tradition）探索了一个古老的文本如何以及为什么能有满足我们现时世界的可能性。其中部分原因在于《孙子兵法》本身，部分原因在于过去一百年间所发生的西方世界观的重塑。

中国语言的特性也建议我们应该采用一种特别的翻译策略。当我们在 20 世纪 70 年代第一次读《孙子兵法》的英译本时，我们与许多其他人一样相信，其中一定蕴含了巨大的力量。然而我们很困惑，因为其智慧常常是隐藏在其意译之中的。直接翻看其中文原文本，我们为其简洁、明晰和直接感到惊讶。它会中途打断你的思维。我们确信，在英译本中重塑这些品质应该是有可能的。同样显而易见的是，为什么其他的译本中却有那么多的词语和对文本的解释。这是因为，《孙子兵法》的文本相当难，有时即便是中国的评论家们也会感到困惑。

因而，我们的这个译本，旨在保留原文本的外观品质，以便重塑其中文文本的语音和感觉，并由此捕捉住《孙子兵法》首次从口头传统记载为书面文本的瞬间。这样做，我们就铸造了一个介于散文与诗之间的结实而朴素的英文译本。《孙子兵法》的简洁鼓励读者去接近它,不要过分依赖其概念,并允许其声音、模式和意思深入我们的脑海中。当我们把《孙子兵法》的古老文本与现代读者之间的过滤网移开之后,《孙子兵法》就会开始将其自身直接呈现在我们面前。

因而,这个译本强烈要求其读者对文本进行思考,对其品质进行反复的咀嚼,而不要去寻求其抽象的法则,也不要去解决其不一致。像某些其他的中国经典一样,如《道德经》和《易经》,它常常是精练的、警句式的,蕴含着各种暗指,读一遍两遍有时会比较模糊。这对中国读者和对我们来说都是真实的。因而,所有使用这些文本的读者都要求在理解它们的时候需要借助一些帮助。这种帮助可以通过口头传统提供,由一个活生生的老师来呈现。或者也可以是书面形式,以评论甚至是注疏的形式出现。

《孙子兵法》就是这种传统的一个例子。有几十种关于它的评论,其中从公元3—11世纪产生的最著名的十种常常与《孙子兵法》原文本一起印刷。以《十家注孙子》为底本的最好的《孙子兵法》英译本是1963年出版的塞缪尔·格里菲思译本,它依赖这些注疏来阐明了许多段落的含义。

相反,我们提供的是我们自己的评论。为保持与中国传统的一致,我们为英语世界的读者提供了信息,这些读者需要理解《孙子兵法》。提供的信息包括语言中所蕴含的背景材料、历史,并在关键术语第一次出现时对其进行了讨论。我们的目标在于移除读者和文本之间的障碍。

但是,在传统的评论继续在此建立某个词、句的确切意思的地方,我们的评论则指出的是整体的观点,以便读者的理解可以得到自然地加深。《孙子兵法》的文本太简洁了,因而可能有多种不同的阐释。我们尽量不对其做特别的阐释,因为这样会限制文本可以传达的语义范围。这不仅仅是一个理论取向的问题,而是源自我们过去十多年与人共事的自身经验的确信。那些相对而言没有经验的读者的洞察给我们留下了深刻的印象,仅仅带着对文本的基本取向,他们在《孙子兵法》中发现了重要意义。

在阅读和思考《孙子兵法》之外,我们还有许多种方式邀请你来探索它。有些人可能希望将自己的私人研究与更多关于《孙子兵法》文本的意思和运用的公共讨论相融合。我们的网站(www.victoryoverwar.com),为读者提供了这样的机会。在网站中,我们为阅读群配置了一个研究向导,它将有助于对文本进行更深的挖掘。同时,它也包含了各种关于《孙子兵法》的论文,这些论文源自我们对这本书的撰写,但是是间接呈现的。

网站同时还开设了一个大的板块供我们讨论个别词语的语义范围,展示我们对每个句子的阐释的论争,注释与其他古老经典之间的类似,并思考其在中国更广阔的历史语境中的意思。此外,我们还解释了我们在做此翻译时的选择。同时,包括《孙子兵法》的全部中文文本及其逐字逐句的英译。由于中文与英文字的顺序非常相似,甚至有的缺乏中文知识的读者也能根据这两种语言的文本进行学习。这些材料构成了我们这本书全部的学术资源。

我们相信,《孙子兵法》中蕴含了深刻的普通的智慧,这些智慧教导我们要持"以全争于天下"的观点。在此书中,我们表明了该如何与《孙子兵法》进行真正的关联,学习一种更为巧妙的应对不可避免地出现在我们的日常生活中的冲突的方法。我们可以学会,因为这种存在的方法并不仅仅只属于孙子。它是基本的人类知识,是一种不带侵略性的智慧。

因而,每一个《孙子兵法》文本的现代读者都可以与其形成一种与两千多年前的中国读者与其之间的相似关系。没有人可以事先说出一个文本将会对我们意味着什么。尽管其为我们提供了我们可以效仿的行事典范,但是只有当我们理解了潜藏在其文本之内的观点,并将我们自己的思想与其智慧相融时,我们才能成功地做到。

于是,当我们身处冲突状况的时候,其法则的精髓开始塑造我们思考和行动的方式。那些似乎是异质的真理变得如同我们自己的那样可以接受。我们的行动变成了一种对世界原本如此及其如何运作的自然的表达。这是实践战争之艺术的依据。

(八)2010 年版巴特勒-鲍登《孙子兵法》英译本之"导论"

"孙子及其影响"

封建诸侯国之间的以及历代的连续战争,再加上对外来入侵者防御的需要,都带给了中国关于战争的战略与方法的古老经验。在丰富的军事和著作历史中,就有《孙子兵法》。

《孙子兵法》与《吴子兵法》,都被包括在《武经七书》(*The Seven Military Classics*)这本首次校勘于公元 11 世纪的中国军事经典手册中。

《孙子兵法》是在孙子被吴王阖庐请求他将其关于战争的智慧用一本书加以概述的时候形成的。孙子,也叫孙武,是一个真实的人。生于公元前大约 544 年的齐国,是与"春秋时期"与孔子同时代的人。那个时候的中国北方基本上都是战争国。孙子的父亲是位将领,孙子的祖父是一个省官员。早在其三十多岁的时候他就已经成了一名众所周知的军事战略家,领导吴国的军队(吴国是那个时期十三个诸侯国中最小的一个)多次取得重大的胜利。卡尔思罗普指出,这样的"战争大师","绝非爱国者,而是职业的战略家,不断变换着他们的雇主"。然而,这种自主性与客观性正是他们的智慧和才能的来源。

《孙子兵法》对中国战争的影响可与马基雅弗利的《君主论》对欧洲和西方政治的影响相提并论。例如,中国的秦始皇,就采用了孙子兵法来统一中国。很多个世纪之后,毛主席曾运用它来达到相似的目的。

《孙子兵法》的影响超越了其最初的时间和空间。《孙子兵法》(日本人将《孙子兵法》[*Sun Tzu*]称作 *Sonshi*)早在公元 8 世纪就传到日本,并在日本之后的统一中起到了重要的作用。据说,它也是拿破仑在其征服欧洲时的核心读物。在更近的时期,美国的道格拉斯·麦克阿瑟(Dougalas MacArthur)将军、诺曼·施瓦茨科普夫(Norman Schwarzkopf)将军以及越南将军武元甲(Võ Nguyên Giáp),全都受惠于《孙子兵法》。它仍然保留在全世界军事院校的课程表中。

即便现在的情形如此,但在不到一百年前,《孙子兵法》在西方还不太为人所知。

"《孙子兵法》"

开始只是口口相传,随着时间的推移,孙子的那些法则被记载成书,并得到了包括李筌、杜牧、梅圣俞(梅尧臣)和曹操等在内的其他军事思想家的评论和注释的补充。有一段时期,人们曾质疑孙子是否是《孙子兵法》的真实作者。一些学者认为,它是众多军事将领思想的结晶,或是孙子后人孙膑的著作。然而,1972 年在山东的一个汉墓中同时发现了《孙子兵法》和《孙膑兵法》竹简本,并证实它们分别是不同的著作,而且孙子正是《孙子兵法》所公认的作者。

《孙子兵法》的第一个欧洲译本是于 1782 年居住在北京的一个法国传教士约瑟夫·阿米奥翻译完成的①。但是,要等到一百二十年后第一个《孙子兵法》英译本才会出现。卡尔思罗普上尉在被派驻日本外事务处之

---

① 应为 1772 年。1782 年是再版。本书作者注。

前是一位在布尔战争（Boer War）中服务的英国军官。那么作为其实是日本联盟的一部分，英国认为对五六十名军官来说，学习日语和学习他们主人日本的军事体系是有用的。卡尔思罗普接触《孙子兵法》，并了解了其对日本军事战略历史的影响。

卡尔思罗普的第一个《孙子兵法》英译本于1905年在东京出版。其第二个《孙子兵法》英译本在经过全面的修订后于1908年以《兵书：远东的军事经典》为书名在英国出版。这个译本更好地继承了孙子军事法则的基本力量，与其同时英译的《吴子兵法》一起，卡尔思罗普的翻译形成了其《孙子兵法》终版（Capstone edition）的基础。

继卡尔思罗普之后，翟林奈（Lionel Giles），一个汉学家和大英博物馆东方藏书手稿部的助理部长，出版了他自己英译的《孙子兵法》译本。书中，或许是由于他厌恶一个军队的军官竟然敢侵犯他学者之领域的缘故，他对卡尔思罗普《孙子兵法》英译本中的各种省略和错误，以及学识的缺乏给予了尖锐的批判。然而，作为历史学家和军事学者的哈米什·约恩（Hamish Ion）指出，翟林奈对卡尔思罗普的批判中伤是不公平的，因为其《孙子兵法》英译本是以《孙子兵法》日译本为基础的，而日译本《孙子兵法》总会与其中文原本有不同之处。而且，卡尔思罗普英译《孙子兵法》的目的绝不是为学界提供无尽的评论，而是为其英国军队的上司挖掘孙子的智慧，建议那个机构该怎样改革，并阐明日本是如何在日俄战争中击败俄国的。

卡尔思罗普-翟林奈时期之后，紧跟着有许多《孙子兵法》译本面世，包括1963年出版的塞缪尔·格里菲思的著名的《孙子兵法》英译本。最近的版本倾向于强调《孙子兵法》作为一种管理冲突的引导，将孙子放在了一个道家的启蒙大师的位置上。

下面是我们对可将其运用到我们今日之工作和生活中的《孙子兵法》的那些主要概念的一个简单探索。

一些译本是以中国历史学家司马迁所记载的孙子在阖庐宫廷中那有名的行动开始的。尽管该译本没有将其包括在主要文本中，但还是在下面对这个可疑的事情进行了讨论。

从基本结构看，《孙子兵法》由十三篇组成。开篇为"计篇"，阐述的是对战争的准备。结尾一篇为"用间"。然而，现代的读者不应该对可从中获得一系列熟练的教训有所期待。因为，《孙子兵法》毕竟是一本古老的著作。而且，有时其谜一般的文本在我们读了几遍并让其渗入我们的意识中我们才能得到最佳的理解。

贤将之道——五个因素

孙子将"将莫不闻"之"五事"(five indispensable matters)定义为"道""天""地""将"和"法"。那么,这"五事"实际上究竟意指什么?我们又该怎样将其运用到我们自己的实际语境中呢?

在孙子的军队中,"道"指的是目的之奇异的程度,"将"和"士"与共同的目标紧紧绑在了一起。处于这样团结的状态,没有什么是不可完成的,因为其行动时力量和目的是一致的。对于任何空间或时间的组织,教训是显而易见的,那就是,别把精力浪费在内部分歧上,要一致行动。

"道"与个人相关,它包含了"仁""义""礼""智"和"信"五种美德。这五种美德彰显的是个人的成熟,是多年来对自己的发展完善,"浑然一体"并受显而易见的目标所刺激。

如孙子所言,"天"和"地"是将领在其之内发动战争的条件。在现代语境中,"天"与"地"可阐释为对社会、政治和经济环境的高度的、当下的认识。这种认识会让一个人利用大部分的机会、避免危险并发展对将会发生的事情的感知能力。

"将"意指显示永恒价值的个人或组织。是"硬"与"软"两种品质的结合。孙子将"智""信""仁""勇""严"特定为一个伟大将领的品质,这些品质的融合深刻地勾画出了作为一个人的"人道"。但也有人会认为其指的是管理。与其相似,一个组织也必须被看成是密切关注其使命,但也必须总是在行动上符合伦理的。

"法"在孙子那里指的是"曲制与官道"。对我们自己而言,可将其理解为"把自己的事情安排妥当并理出事情的优先顺序"。在一个组织中,"法"可以意指对恰当的人的任命。这个人确切知道他们应该对什么事情负责以及谁有资源来完成他们的使命。

孙子认为在这五种行为因素中,"知之者胜,不知者不胜。"(计篇第一)

"以全争于天下"

孙子提及战争的巨大耗费及其带来的灾难,特别是持久战,并因而对那些能首先避免战争,能"不战而屈人之兵"的将领给予了褒扬。

然而,要阻止冲突的发生是不可能的,因而,其次最伟大的技巧就是"以全争于天下",或是说损失最少的生命、财产以获得战争的胜利。这样的将领"屈人之兵而非战也;拔人之城而非攻也,毁人之国而非久也"(谋攻篇第三)。其关键就在于要建构谋略,然后使劲攻击,并要么战取要么迅速逃走。一位贤明的将领会不断地将其士兵的联合力量传输到一个强有力的力量中以便获得战争的胜利。正如孙子所言,"鸷鸟之疾,至于毁折者,节也"(势篇第五)。

一场干净利落的胜利也需要为敌人提供一个体面撤离的战略。孙子建议道,当你的部队开始包围敌人的时候,"围师必阙"(军争篇第七),让其有可能逃走。如果你将其逼到一个死角而不给其一个撤退的机会的话,那将会对你有所损失,因为无可再失的敌人将会进行绝望的反击。

计划与准备

与通过武力粉碎敌对国相反,"以全争于天下"是可以取得的。但它要求出色的战略与时机的选择,要求相当出色的先知、计划与了解。

一个明智的将领是绝不会感情用事而参战的。相反,他会竭尽全力地计划以确保他所处的位置是敌人无法攻取的,并同时搞清楚敌人的弱点在哪里。

在孙子的"知胜有五"中,其中第四种为:"以虞待不虞者胜。"(谋攻篇第三)

依赖对敌人位置和计划的假定总会犯错。来自对你自己位置的了解的真正的自信才是不容置疑的,而且也只有这样才能决定你是否参战。

孙子告诫我们绝不要与你兵力相当的敌人发生冲突。在你发动首次攻击之前你必须有一定的优势。你不仅必须拥有更多的兵力和更好的装备,而且战术上也必须有优势,要更加敏捷,拥有更多的信息,并且目的要更加一致。孙子指出:"故善战者,立于不败之地。"(形篇第四)

在后知后觉的人看来,胜利总是属于那个对冲突有最多算计的人。根据事情可能会发生的方式来采取实际的行动。在战争最激烈的时候,我们更不用说要通过对事件的改变来推迟战事的进程。

对于与筹备和准备相关的情形,孙子是这样说的:"故校之以计,而索其情。吾以此知胜负矣。"(计篇第一)

知己与领域知识

说到对今天的教训,孙子悲观地警告了持久战对国家资源的耗费和对人民元气的伤害。这些通常是两件事造成的结果:对自己力量的过度信任(知己的问题)和对他者信息的了解(缺乏对地形的了解)。

对此,孙子如是说:"知彼知己,百战不殆。"(谋攻篇第三)

我们都认识一些似乎对自己的目标、职业或生意了解入微的人,然而因为个人的缺点,甚至更糟的是,因为缺乏对自身的认识而并没什么发展。在孙子所列举的将领的"五危"中,"必死,可杀也;必生,可虏也;忿速,可侮也;廉洁,可辱也。爱民,可烦也。"(九变篇第八)所有这些毛病都可能导致一场关键战役或战争的胜利。如果将领在进入战争的威胁之前控制不了他那毁灭性的毛病或是甚至意识不到自己有这些毛病及其危害的话,那他就是对自己所处位置的一种亵渎歪曲。

我们可从中得到的教训是,在我们自己的生活中,自查和自制对于获得真正的胜利是至关重要的。在生活中,就如同在战争中,我们同时需要知己和领域知识才能获得成功。

关于领域知识,要想在该领域真正做好,我们还需要继续了解它,并意识到其每日的变化和发展,需要"了解地形"。孙子反复强调战争的各种不同条件和地形的重要性。对我们而言,这意味着要继续分析我们所工作的领域中那变化着的环境和条件,在实际作战之前尽可能多地了解相关的信息。

掌握信息

在我们试图尽可能使我们所掌握的知识完美的时候,我们必须给予我们的对手关于我们的虚假画面。用孙子著名的话说就是"兵者,诡道也"。

绝不能让你的对手知道你真实的力量和能力。在任何谈判中,与在战争中一样,当另一方认为我们有比我们实际上显示出的更多资源,或是认为我们实际更弱的时候,我们的实力总是要更强些。这将会使得他傲慢自大,并因而对出其不意的攻击变得非常脆弱。

相似的是,假装处于混乱无序的状态,我们在恰当时刻的攻击力将会令敌人吃惊。当我们远离战场的时候,我们必须以某种方式让敌人认为我们离得近;相反,当我们离得近的时候,要想办法让敌人认为我们离得远。通常,另一方对我们的假设是错误的话,那我们更强。因此孙子在"用间篇第十三"中对在获取正确信息中间谍的重要性予以了强调。

更大的视野和时机

孙子的"知胜有五"第一条是:"知可以与战,不可以与战者胜。"

一个明智的将领能够看清整个形势,读懂事情正在运动的方式。这提供了时机的天赋能力。与此相反的是,将注意力放在特别的行动步骤中而不管实际的条件。这是空想家的特点,但在实际的战场上却是一种可怕的方法。《孙子兵法》警告我们决不能根据什么信仰或是教条而采取行动,而是要根据某个特定时刻的信息。此外,我们还必须总是对传统的智慧给予挑战,以便得到某种形势的真实情况。

因而,当我们知道诺曼·施瓦茨科普夫(Norman Schwarzkopf)将军,一位公认的现代时期最好的将领,一位成功击败萨达姆入侵科威特的战争之关键人物是孙子迷时一点也不吃惊。正如孙子这位中国战略家对一位伟大的将领所预期的那样,施瓦茨科普夫不是一位死板的空想家,而是一位能根据机会和条件应变的战略家。相反,美国与伊拉克的第二次战争的失败则在很大程度上是因盲目的理想主义与对叛乱状态的缺乏了解而导致灾难性的产物。战争一开始的时候美国的军事力量在一定程度上采取的是"震慑和敬畏行动"(shock and awe),他们追随的是孙子的法则。但正如孙子指出,"兵非益多也"(行军篇第九)。狡猾、出其不意和欺诈,却能以一种超然的、不咄咄逼人的方式来行动,这些对于获得成功都是关键的品质。

论及超然,孙子如是说:"主不可以怒而兴师,将不可以愠而致战。"(火攻篇第十二)

孙子指出,情感可以变化,但是"亡国不可以复存,死者不可以复生。"(火攻篇第十二)

对人的管理

关于这个话题,有必要将关于孙子为吴王阖庐服务的那个可怕的故事叙述一下。这个故事在一些《孙子兵法》译本的"序言"中有所呈现。

....

孙子"对人的管理"的办法或许有些野蛮,但是其挑战我们去弄明白,一个清楚有力的指挥系统是能够制造出一个忠诚的、有积极性的、无所不能的队伍的。孙子"知胜有五"的第三条是:"上下同欲者胜。"

要取得这个目标,你需要权威。

正如前面提到过的,孙子告诫我们,"善用兵者,携手若使一人。"(九地篇第十一)当所有部分统一行动,朝着一个目标努力时,则可节约时间,保存能量。相似的团队精神是当今组织领导们的圣杯。但不求助于斩首,我们怎能取得孙子的统一和忠诚的水平呢?杰克·韦尔奇(Jack Welch),将通用电气公司经营得非常成功,笃信你可以通过一种"打击并拥抱"(kicks and hugs)体系而做到。这听起来比《孙子兵法》中所倡导的要温和多了。而且孙子自己仍然指出了在管理人时奖赏和威胁并重的必要性:

"故车战,得车十乘以上,赏其先得者。"(作篇第二)

孙子指出,必须总是仁慈地对待士兵。这样,士兵才会服从。"是谓必取。"(行军篇第九)孙子管理人的方法,实际上是他对明智的将领该如何管理好自己的建议。可用"九地篇第十一"中的一句话加以概括:"将军之事,静以幽,正以治。"

孙子将"爱民"等看成是将领的一个缺点。阿尔弗雷德·斯隆(Alfred Sloan),通用汽车公司的传奇领导人,会同意此观点。斯隆觉得有必要在一定程度上与自己的管理者们保持冷漠的关系,这能让他在做决策时更加客观。而且,在某种程度上,那可能吓到今天的一些管理者,他们错误地觉得他们不得不与其下属保持"良好的"的关系。斯隆以孙子的方式发现,你不必非要喜欢你的员工,重要的是他们的表现。

孙子进一步建议道:"运兵计谋,为不可测。"(九地篇第十一)

换句话说即是,下达命令但不要给其做解释,而且只告诉他们好消息。对今天的管理者来说,他们习惯于在组织内部尽可能自由地让这些信息可被获取,因为这个建议在他们看起来似乎会有些偏激的反应。但在战争中,这是当作的理智之举,因为你的军队了解的信息越多,你的信息暴露给敌人的机会就越大。而且,与通过无数的会议和讨论来进行民主的举手表决,"保持神秘感"这项措施更适合让现代员工忠诚、统一地行动。同时,它还能阻止将其泄露给竞争者或新闻界可能会付出的高昂代价。

总之,孙子指出,将领之目标是"携手若使一人"(九地篇第十一)。偶尔,这个法则也可意指将其放在一个具有挑战性的、甚至有害的位置。但是,将领这么做往往是为了他们自身的利益和自己团体的利益,因为绝望会使人们最佳地展示自己。

"找到机会"

孙子警告说,在军事战略中,"其下攻城"(谋攻篇第三)。攻击大的要塞会给自己的军队带来巨大的生命和财产损失。而躲在高墙后深不可测的敌人则人力、物力都未受什么损失,因而对敌人发动这样的攻击几乎不会削弱敌人什么。

孙子的警告对今天的我们而言再相关不过。在商业中,我们应该在着手某一个被大公司大集团所统治的市场之前三思而行。对事业而言,相信我们在一个损失很大而成效缓慢的领域会取得成功是一种有勇无谋的蛮干行为。除非这样的事情真会发生。

在战场上,在生活中,孙子的方法,是要找到机会,找到利用你的资源的机会,这样你将会获得最大的影响。只是有时会碰上与对手迎面相撞。它常常要求我们深思熟虑以确保你能辨别出在其中你会变得最强的地形。对此孙子明白地指出:"攻而必取者,攻其所不守也。"(虚实篇第六)

"攻其无备"(计篇第一)与通过攻其高垒深沟是完全相反的获得其领地的战略,而且获得胜利的可能性也会大大增加。孙子说,如果你确实不得不与敌人发生战争,那就攻击其没有很好防御的地方,或者对其从未想到的地方发动侧面攻击。

2004年,一本书名为《蓝海战略》(*Blue Ocean Strategy*)的书成为畅销书。该书是以商业的成功不是源自大市场中主要竞争者的竞争头脑,而是源自相当新颖的、具有高度效益的、合适的职业这个表面上看起来很新鲜的观点为基础进行创作的。这首先涉及对哪里有未开发的市场进行广泛的调查,然后生产出产品或是提供服务以迎合其需要。在几乎每个方面,这本书都追随了孙子的"攻其不备"这个法则。或者,甚至很好的是,开拓还没有竞争对手的领域。

"最后的话"

由于我们大部分人不会发现我们会处于真正的战争形势中,我们需要的是可有效地用在工作、爱和生活中处理冲突的战略。而且,我们不得不技巧地处理与他人之间的关系。《孙子兵法》是经受了时间考验的这些领域的"成功"之源泉。

孙子战略法则的基础是,它必须不断地发展,并考虑新的信息。这种能力涉及现在时刻,与充分的准备和目的的统一一起,给我们描绘出一种即将会发生什么的画面。在这个整体的视景中,当可被抓住的机会到来时,就会带来决定性的胜利。

正如孙子强烈建议的,解决冲突的最佳办法是客观地将一种形势中方方面面的目标都给予考虑。尽管这会与你可能习惯的"为生活而战"的心态是相悖的,但结果可能更好,因为全部的损失都是最小的。而且,孙子建议,将冲突的技巧发展到"不战而胜"这样一种程度是可能的。孙子最伟大的战略是激励和管理人。与"九地篇第十一"和将领可自由采用的一系列军事战术一道,他将对"人心"或人性之法则的研究看成是一个将领成功的基础。

尽管不是每个人都会读《孙子兵法》,但是当今最成功的个人和公司都倾向于自然地表达《孙子兵法》中所蕴含的真理。沃伦·巴菲特(Warren Buffett),被认为是现在商业界处理冲突和管理人的一个现代的"将领"之不错的例子。在其为这位亿万富翁写的传记《巴菲特:一个美国资本家的成长》(*Buffett*: *The Making of an American Capitalist*)中,理查德·洛温斯坦(Richard Lowenstein)记述了一个插曲。这个插曲讲的是巴菲特选择与财政部的调查者们全力合作。当时财政部的调查者们决定调查所罗门兄弟公司,一家巴菲特在其中占很大股份的公司。洛温斯坦是这样描写巴菲特的方法的:

"本能地,他避免与其对手发生冲突。但是他在不战而赢得他们方面做得相当棒。他没有试图去说服他们。他解除了武装。他选择与他们团结合作。"

正如孙子所预测的,这个办法导致的是双方的皆大欢喜。

在谈判、冲突的解决、法庭战略、商业战略、市场上产品的"定位"、政治运动,以及军事战略本身等领域中,《孙子兵法》继续产生着影响。2007年,布什和奥巴马两位总统当权时期的美国国防部部长罗伯特·盖茨(Robert Gates),在国会的证词中两次引用孙子的法则。2009年,中国的高层政治顾问贾庆林,力劝大家将《孙子兵法》作为一种解决全球冲突的手段来加以研究。在商业领域,百万富翁拉里·埃里森(Larry Ellison),美国甲骨文电脑公司(Oracle)的创立者,也喜欢引用《孙子兵法》。他的门徒马克·贝尼奥夫(Marc Benioff),塞尔福斯网络公司(Salesforce.com)的创立者也一样。在体育界,成功的教练和管理者们,从英式足球教练菲利·斯科拉里(Felipe Scolari),到美国足球教练比尔·贝利奇克(Bill Belichick)和史蒂夫·斯普瑞尔(Steve Spurrier),再到澳大利亚板球教练约翰·布坎南(John Buchanan)和英式橄榄球教练埃迪·奥沙利文(Eddie O'Sullivan),都受惠于孙子的法则。

如果采用我们总结出的这个法则的概要,你也能让自己变成一个明智的、以创造出色的成果而著称的将领。试试看,这位古代战略家的思想和战略法则能否对你的生活产生积极的影响。

汤姆·巴特勒-鲍登,2010年

第二章
比较视野下英语世界的《孙子兵法》传播研究

第一节 卡尔思罗普《孙子兵法》英译本之比较研究

卡尔思罗普的《孙子兵法》英译本有 1905 年和 1908 年两个不同版本。两个版本无论在扉页、目录、题名的英译、文中内容的翻译、关键术语的解读等方面都有差异。1905 年,日本东京出版了英国卡尔思罗普上尉英译的《孙子兵法:中国军事经典》①。此为英语世界第一个《孙子兵法》英译本,是以日文版的《孙子兵法》为底本英译的。除译文前的"前言"(Preface)和"序言"(Introduction)外,全书共有《孙子兵法》英译文本和《孙子兵法》日译文本两部分,共七十八页,其中英译文本为四十八页。扉页上有"温古知新"及其英译"There is no new thing under the sun"。"前言"中卡尔思罗普对四个人对他在英译《孙子兵法》过程中所给予的帮助表示了谢意,其中有东京高等师范学校的金泽先生(Mr. H. Kanazawa)和田山(Mr. M. Tayama)。这两位大概就是汉学家翟林奈在其 1910 年出版的《孙子兵法》英译本"序言"中予以抨击的日本人,认为"正是由于在日本人帮助下完成的翻译,才使得这个译本如此糟糕"。② 译文前的"序言"中,卡尔思罗普对《孙子兵法》在战争中的应用价值给予了肯定,强调了《孙子兵法》对

---

① E. F. Calthrop trans. *Sonshi*: *The Chinese Military Classic*. Tokyo: Sanseido, 1905. 卡尔思罗普 1905 年的译本国内无馆藏。在其出版地日本也仅有九州大学图书馆和东洋文库两处馆藏。该书几经周折,最终烦请日本郭沫若学会会长岩佐昌暲先生托朋友柴田笃教授从九州大学图书馆获得扫描件。

② "We can only wonder, then, that with their help it should have been so excessively bad." Lionel Giles. *Sun Tzu on the Art of War*: *The Oldest Military Treatise in the World*. Op. cit., p. viii.

防御的偏爱,并认为《孙子兵法》具有很高的文学价值,其中蕴含的很多格言警句已经发展成了今天人们的日常用语。"序言"的第二部分卡尔思罗普部分介绍了《史记》中记载的《孙子传》,以及孙子的后人孙膑及其对兵法的研究。

1908 年,卡尔思罗普上尉以《兵书:远东的军事经典》为书名重新翻译出版了《孙子兵法》①。这一译本由伦敦约翰·默莱公司出版,书名后注明"根据中文翻译"(translated from the Chinese)。1908 年的英译本包括《孙子兵法》(*The Articles of Sun Tzu*)和《吴子兵法》(*The Sayings of Wu Tzu*)两部分。除两本兵书的英译外,卡尔思罗普在"序言"第一部分中对《孙子兵法》和《吴子兵法》中相同的军事思想和战略原则给予了分析阐释,如"气",如军队的防御与进攻,如对地势的研究考察,如对战争危害的强调以及对敌情和用间的重视等。"序言"第二部分中卡尔思罗普对两本兵书在日本的影响予以了说明。第三部分则简略提及世人对两位兵学大师的了解太少。卡尔思罗普在"序言"后的注释中"对 J. C. 萨默维尔少校善意的帮助和指正,表示谢意"。② 有学者认为,由于译者与审阅者均为军人,修改本在翻译兵学概念和军事用语方面,颇多可取之处,没有明显的受日文或日本文化影响的痕迹。这样说是不准确,也不公正的。因为在卡尔思罗普 1905 年的《孙子兵法:中国军事经典》的"前言"中,他给予谢意的另外两个人,也都是军人,并且其中之一正是 J. C. 萨默维尔少校③。

"前言"的改动

1908 年版《孙子兵法》英译本去掉了 1905 年版中的简短"前言"。1905 年版的"前言"④内容实为"致谢",1908 年版的"致谢"则是以"Note"

---

① E. F. Calthrop trans. *The Book of War*: *The Military Classic of the Far East*. London: John Murray,1908.

② "Note: The translator is indebted to Major J. C. Somerville for his kind help and criticism." Ibid., p. 16.

③ "He must also thank Major J. C. Somerville and Mr. G. B. Sansom for their invaluable help." In the "Preface"of E. F. Calthrop trans. *Sonshi*: *The Chinese Military Classic*. Op. cit.

④ "Preface: The writer begs to thank Mr. H. Kanazawa of the Tokyo Higher Normal School, and Mr. M. Tayama for their kind assistance, without which the accompanying translation would have been impossible. He must also thank Major J. C. Somerville, and Mr. G. B. Sansom for their invaluable help. Tokyo: June 1905." Ibid.

形式在"序言"后呈现。

十三篇题名的改动

1908年版《孙子兵法》英译本对十三篇题名的英译有六处改动,具体情况如下:(一)"计篇第一"题名由"First Principles"改为"Preliminary Reckoning"。(二)"势篇第五"题名由"The Shock of War"改为"The Spirit of the Troops"。(三)"九变篇第八"题名由"The Nine Situations"改为"The Nine Changes"。(四)"地形篇第十"题名由"Topography"改为"Ground"。(五)"九地篇第十一"题名由"The Nine Terrains"改为"Nine Grounds"。(六)"火攻篇第十二"题名由"The Assault by Fire"改为"Assault by Fire",只去掉了其中的定冠词"The"。

"序言"(Introduction)

两个英译本的"序言"内容不同,其中,1905年版译本的"序言"内容已经汉译出来作为"附录一"放在书中。1908年译本的"序言"将翻译出来放在此节中。

译文比较

两个译本每一篇的改动都比较大,可见译者求真求善之心。下面就《孙子兵法》十三篇中每一篇的改动情况做大致说明并选取其中改动较为典型的一二处作译文文本的比较。

"计篇第一"中改动共十处,其中对"夫未战而庙算胜者,得算多也。未战而庙算不胜者,得算少也。多算胜,少算不胜,而况于无算乎"一句的英译。1908年译本比1905年译本更简洁。1908年版译文为:"At the reckoning in the Santuary before fighting, victory is to the side that excels in the foregoing matters. They that have many of these will conquer; they that have few will not conquer; hopeless, indeed, are they that have none." 1905年版译文为:"When, before battle, in council assembled before the shrine of the ancestors, consider well the plan of campaign. For thereby victory may be gained. They who haplessly fight without plan are courting disaster. The resourceful in stratagem win; the poor in stratagem do not conquer; hopeless indeed are they without it."

"作篇第二"中共有十五处改动。1905年版和1908年版的卡尔思罗普《孙子兵法》英译本对"杀敌者,怒也。取敌之利者,货也"一句的解读都是错误的。1905年版译本为:"Wantonly to kill and destroy the enemy must be forbidden. They who take the enemy at a disadvantage should be rewarded." 1908年版译本为:"Incitement must be given to vanquish the enemy. They who take advantage of the enemy should be rewarded."

"谋攻篇第三"中共有二十处改动,其中1908年版译本对"十则围之,五则攻之,倍则分之,敌则能战,少则能守之"一句的处理较1905年版译本更简洁。1908年版译文为:"…, if ten times as strong as the enemy, surround him; with five times his strength, attack; with double his numbers, divide. If equal in strength, exert to the utmost, and fight; if inferior in number, manoeuvre and await the opportunity."1905年版译文为:"…, if ten times as strong as the enemy, we can crush him; with five times his strength we may attck him on all sides; with double his numbers, attack from two sides. If equal in strength we must exert ourselves to the utmost, and fight; if inferior in numbers, skillfully edvade him."

"作篇第四"中共有十一处改动,其中对"故善用兵者,修道而保法,故能为胜败之政"一句的处理两个译本差别较大。1905年版译本为:"The state whose general is careful in his treatment of the people, and upright in his dealing, cannot be shaken."1908年版译本为:"The skillful leader is steadfast in the 'Way'; upholds the Law, and thereby controls the issue."

"势篇第五"中共有十二处改动,其中对"战势不过奇正。奇正之变,不可胜穷也。奇正相生,如循环之无端,孰能穷之"一句的改动较大。1905年版译本为:"Similarly, there is the detaining, or evident force, and the strategic force; but how many plan of battle can we not get from their combination! It is like unto a revolving wheel, perpetually changing, and without finality."1908年版译本为:"In war there are but two forces, the normal and the abnormal; but they are capable of infinite variation. Their mutual interchange is like a wheel, having neither beginning or end. They are a mystery that none can penetrate."

"虚实篇第六"中共有十三处改动,其中对"故策之而知得失之计,作之而知动静之理,形之而知死生之地,角之而知有余不足之处"一句的处理,两个译本都省略了其中的"作之而知动静之理"一句,而对"角之而知有余不足之处"的英译都一样(Flap the wings, and unmask his sufficiency or insufficiency),是为误读误译。1905 年版译本对此一句的英译为:"Challenge the enemy and discover the weak and strong points of his position. Flap the wings, and unmask his sufficiency or insufficiency." 1908 年版译本对此一句的英译为:"Provoke the enemy and discover the state of his troops; feint and discover the strength of his position. Flap the wings, and unmask his sufficiency or insufficiency."

"军争篇第七"中共有十八处改动,其中对"以近待远,以佚待劳,以饱待饥,此治力者也"一句的处理,1908 年版译本较 1905 年版译本更简洁、准确。1908 年版译文为:"Do not attack where lines of banners wave, nor the serried ranks of battle spread, but patiently await your time." 1905 年版译文为:"Those who have long distances to march as opposed to those situated in a convenient neighbourhood are tired, while the latter are at ease. Satiety is opposed to hunger. In this case we have strength at our command. Do not attack where serried rows of banners shew, nor a regular battle array; but patiently await your time." 1905 年版译文省略了"穷寇勿迫"一句。1908 年版译本对此句的英译为:"Do not press a desperate enemy."

"九变篇第八"中共有六处改动,其中 1908 年版译本对"是故智者之虑,必杂于利害。杂于利而务可信也,杂于害而患可解也"较 1905 年版译本改动较大。1905 年版译文为:"The wise man perceives clearly wherein lies advantage and disadvantage. While recognizing an opportunity, he does not overlook the risks, and saves future anxiety." 1908 年版译文为:"The wise man considers well both advantage and disadvantage. He sees a way out of adversity, and on the day of victory to danger is not blind." 1905 年版译本省略了该篇最后一大段"凡此五种,将之过也,用兵之灾也。覆军杀将,必以五危。不可不察也"中的前面两句,只英译了最后一句。其译文为:"With a view to their avoidance, these five dangers must be borne in mind."

"行军篇第九"中共有八处改动,其中对"军无悬甀"一句的解读两个译本差别较大。1905 年版译文为:"When they cast away their cooking-pot, as if with no intention of returning, the soldiers are desperate." 1908 年版译文为:"When the cooking-pots are hung up on the wall and the soldiers turn not in again, the enemy is at an end of his resources."

"地形篇第十"中共有十处改动,其中两个译本对"夫地形者,兵之助也。料敌制胜"一句的英译处理差别较大。1905年版译文为:"Topography has an important bearing on war. Knowledge of the enemy; proper calculation of chances of victory." 1908年版译文为:"Ground is the handmaid of victory. Ability to estimate the enemy, and plan the victory."

"九地篇第十一"中共有三十三处改动,其中对"先夺其所爱,则听矣"一句的英译,1908年版译文对1905年版译文改动较大。1905年版译文为:"Lay hands on such of the enemy's possession as will confound his plans." 1908年版译文为:"Lay hands on what the enemy cherishes and he will conform to our desires." 1905年版译文省略了该篇中的"兵合而不齐"和"兵之情主速"两句没译。而1908年版译文则省略了"焚船破釜"一句没译,却在"无余命,非恶寿也"一句后增译了"Hardships and danger are the proper lot of the soldier"(对士兵而言,苦难和危险是其宿命)一句。

"火攻篇第十二"中共有十二处改动,其中两个译本对"火发于内,则早应之于外;火发而其兵静者,待而勿攻"的解读差别较大。1905年版译文为:"When fire break out in enemy's lines, thrust upon him with all speed. If fire break in the enemy's camp, but his soldiers are quiet, wait, and do not attack." 1908年版译文为:"When fire breaks out inside the enemy's camp, thrust upon him with all speed from without; but if his soldiers be quiet, wait, and do not attack." 此外,1908年版译本则省略了"水可以绝,不可以夺"一句中的"不可以夺",却在此句后增译了"fire may consume his camp"(火可烧毁其营地)一句。

"用间篇第十三"中共有七处改动,其中对"周之兴也,吕牙在殷"一句的英译两个译本有差别。1905年版译文为:"Likewise Ryoga of the province of In, was of the greatest help to the country of Shu." 1908年版译文为:"Likewise during the foundation of the state of Chu, Luya lived among the people of Shang." 此外,1905年版译文没译该篇中"微哉微哉!"一句。

附：笔者对卡尔思罗普1908年版《孙子兵法》英译本"序言"的汉译

序　言

（一）

尽管创作于公元前5世纪，孙子和吴子的兵法仍然是中国军事典籍中最著名的作品。当战车已不再，武器也发生了变化的时候，这些古代的军事战略大师仍保持不变，因为他们主要阐述的是战争的基本法则，以及政治和人性对军事作战的影响。《孙子兵法》和《吴子兵法》还以最令人惊讶的方式显示出这些法则是如何保持不变的。

《孙子兵法》和《吴子兵法》被创作时，中国正处于战乱不断的诸侯国时期。个人的抱负与野心和人民的愿望，是这些战争发生的主要因素。爱国，或者是某个寻常的理由，因而不能使人们保持应征入伍打仗之热情。有人指出，可取而代替这些因素的，是某种称之为绝望的力量（the force of despair），它是给予军队凝聚力和士气方面最为有利的药剂。将领急迫地需要某种进攻的热情，从而在离其驻军一定的距离之外采取行动。在战场上，被敌人打败就意味着灾难。在战场上，开小差当逃兵被减少到最小的极限，因为战场离家远。事实上，他应该在行动之前烧毁其船只。或者，用中国话讲就是，"帅与之期，如登高而去其梯。"[①]

另一方面，必须得时时注意不能让敌人处于绝望之地。对此，孙子认为，敌人不能完全处于被围困的境地。一个逃跑的可乘之机会削弱将领抵御的决心和军队的力量[②]。

因而，注意到士气（moral, or the spirit of the troops）被认为是战争中的一个决定性的因素是非常有趣的。中国人或许非同寻常地被气候条件所影响。众所周知，雨伞是士兵必带的装备之一。同样，向阳的高地也被孙

[①]　此为《孙子兵法》（九地篇第十一）中的观点。卡尔思罗普将其英译为："He should, in fact, burn his boats before an action, or, in Chinese phrase, act as one who removes the ladder from under those mounted upon the roof." E. F. Calthrop trans. *The Book of War: The Military Classic of the Far East*. Op. cit., p. 8.

[②]　孙子的观点体现在"军争篇第七"中："围师必阙，穷寇勿迫。"卡尔思罗普将其英译为："A loop-hole of escape weakens the resolution of the general and the energy of his troops." E. F. Calthrop trans. *The Book of War: The Military Classic of the Far East*. Op. cit., p. 8.

子认为是最适合防御的地方,应该对其进行战术的考虑①。

中国军队中有大量的旌旗者,远超过士兵的配比比例,目的就在于给军队提供号召力,保持士兵们的士气。如林的旗手,直直地扛着大旗,如军乐一样,给人一种士兵们都很活泼、安全的感觉。孙子说,行军时应该静如林,这个比喻不太恰当②。

可能是由于军人这个职业在中国从古至今都不被高看这样一个事实,我们发现,一个诸侯国的统治者并不常常上阵,而是雇佣一个职业的军人来指挥军队。那时,有军事大师从一个诸侯国游历到另一个诸侯国,随身带着赢得战争胜利的秘诀,想要传授给出价最高者。在这样的情形之下,战场上的将领受到政治干预的问题就出现了。孙子和吴子这两位圣人指出,将国家在坚定、公正的管理下统一起来是统治者的事情,也是赢得战争所必需的。但是将领是对出现在遥远的战场上的问题之最佳判断者,所有那些对他的干扰都会导致战事的延误并引起灾难③。

战争意味着破坏,因而让战事在敌人的地界上实施是至关重要的。然而,一旦战事在敌界上发生,那么,强有力的进攻就无须质疑了。"始如处女"是孙子的建议。必须诱导敌人采取主动,当其被行军搞得筋疲力尽时,或者是往错误的方向移动时,如孙子所言,再"后如脱兔"④。

与日本的战术家不同,日本的战术家强调的是猛烈的进攻,而孙子和吴子本质上是赞成进攻-防守法则的(the offensive-defensive order)。他们强调在作战之前的部署,直到敌人出手之后方才明朗地显示自己的计划。

---

① "...and for the same reason, the sunny side of high ground is recommended as most suitable for defense, tactical considerations permitting." E. F. Calthrptrans. *The Book of War: The Military Classic of the Far East*. Op. cit., p. 9.原文可参见《孙子兵法》"行军篇第九"中:"平陆处阳,而右背高,前生后死,此处平陆之军也"和"凡军喜高而恶下,贵阳而贱阴,养生而处实,军无百疾,是谓必胜"两句。本书作者注。

② "...and when Sun remarks that the march of an army should be calm like the forest, he is using a simile that is not inappropriate." E. F. Calthrop trans. *The Book of War: The Military Classic of the Far East*. Op. cit., p. 9.孙子的观点可在"军争篇第七"中找到:"故其疾如风,其徐如林,侵掠如火,不动如山。"本书作者注。

③ "...but the general is the best judge of the questions that arise on a distant field, and that all interference with him causes delay and disaster." E. F. Calthrop trans. *The Book of War: The Military Classic of the Far East*. Op. cit., p. 10.

④ "'At first behave with the discretion of a maiden' is the counsel of Sun. The enemy must be induced to take the initiative, and when he is worn out by marching, or makes a false move, 'then', says the master, 'dart in like a rabbit.'" Ibid. p. 10.孙子的观点原文可参加《孙子兵法》"九地篇第十一"中:"是故始如处女,敌人开户;后如脱兔,敌不及拒。"本书作者注。

将领的任务是避免在作战的时候,在敌人不再有能力成功地抵抗之前与敌人对抗。

然而,将领不能犯提倡被动防御这样的错误。孙子主张将战略涉及的兵力分化,让每一处都弱,这样就能使得原本集中、专一的敌人的兵力容易分化成若干部分①。这正是通过移动和部署来避免战事,通过战略分化敌人的力量来诱导敌人,或是让他们按我们的愿望行动,然后对其发动进攻这种防御。

至于战场上的战术,激战,或者换句话说,正面进攻,对善战的将领来说是无价的。广义上,进攻的计划应该在于将军队的兵力分为两部分。当敌人的注意力被一部分力量所吸引而忙于应对时,则用另一部分力量去击败它。这样,我们就有预备的一次攻击,或者说第二次攻击,而主要的或者说预备的兵力在今天决定着战事的胜败。这是关于军事法则的连续性最惊人的例证②。

孙子用了相当的篇幅来强调地形对战争的影响。关于山谷和河流的片段中所提出的建议到现在人们仍然在听从。中国数量众多的河流自然会影响军事作战。而且,在孙子的其他格言警句中,关于河流的那些段落是无可争议的。不要因为敌人有可能放弃去尝试,就把这个段落的警告置之脑后,因为其有可能在军队过河到一半的途中受到敌人的袭击。孙子再一次提醒说,军队不应该在位于敌人所处河流下游的地方安营扎寨,因为有被敌人放水淹或者被投毒的危险,或者敌人有可能趁着水流而下对我方军队发动突然袭击③。

孙子和吴子都是职业的军人,他俩的著作都通过反复指出即便是获胜

---

① "The masters do not make, however, the mistake of advocating a passive defensive. Suntzu lays down that the division of the forces which this strategy involves, is to be everywhere weak, rendering the army liable to be taken in detail by the concentrated forces of the enemy." E. F. Calthrop trans. *The Book of War: The Military Classic of the Far East*. Op. cit., p.11.此为孙子"虚实篇第六"中的观点:"我专为一,敌分为十,是以十攻其一,则我众而敌寡。吾所与战之地不可知,不可知,则敌所备者多,敌所备者多,则吾所与战者寡矣。"本书作者注。

② "…here we have the containing or secondary attack, and the main or reserve force which decides the battle of to-day——a most striking instance of the continuity of military principles." E. F. Calthrop trans. *The Book of War: The Military Classic of the Far East*. Op. cit., p.12.

③ Ibid., p.12.孙子的观点可在《孙子兵法》"行军篇第九"中找到:"绝山依谷,视生处高。战隆无登,此处山之军也。绝水必远水。客迎水而来,勿迎之于水内,令半渡而击之,利。欲战者,无附于水而迎客,视生处高,无迎水流,此处水上之军也。"本书作者注。

的战争也会给军队带来灾难性的后果而显示出对战争相当的漠然。吴子认为"是以数胜得天下者稀"。他深信，"不和于战，不可以决胜"。① 正如孙子所言："是故胜兵先胜而后求战，败兵先战而后求胜。"②

因而，军事战略家们都强调了获取敌人情报和用间的重要性，而且两位圣人都阐述了在同一战事中双方之间的间谍所起的巨大的促进作用。间谍受到国人的荣誉礼待，而且中国很多的民族英雄都是间谍这个事实表明，间谍所起的作用是不会被忘记的。他们通常会承受多年的辛苦，然后在敌人的阵营中取得高位。之后，通过给敌人提供错误的信息和在同事间挑拨引起彼此间的不信任，这些间谍成为了将领们手中的双刃剑。正如孙子所赞叹的："微哉微哉，无所不用间也。"但他同样也提醒我们，对间谍的管理是最难的，也是将领的职责："非圣智不能用间，非仁义不能使间，非微妙不能得间之实。"③

（二）

或许，孙子和吴子在日本比在中国受到的尊敬更甚。中国是一个将战争视作国民生活中的令人讨厌的阶段，而胜利也不被看成是对一个国家来说最为重大的成就的国家。在日本则大不一样，而且武者的后代都是用孙子和吴子的兵法培育成长起来的。与其他艺术一样，战争的艺术以前也被神秘所笼罩，成为战略家们鼓励的一种信仰。在相当长的一段时期，有几本《孙子兵法》被人从中国带到日本，令人嫉妒地被其拥有者所护卫着。之后，《孙子兵法》被人所知，在日本出现了一批《孙子兵法》的评论者，因

---

① "Wu remarks that 'few are those who have gained power on earth by many victories,' and he is insistent that war should not be undertaken until a careful comparison of the two sides knows that victory is certain." E. F. Calthrop trans. *The Book of War: The Military Classic of the Far East*. Op. cit., p.13. 中文可参见《吴子兵法》"图国第一"。本书作者注。

② "The army which conquers makes certain of victory and then attacks, while the army that is defeated fights in the hope of success." E. F. Calthrop trans. *The Book of War: The Military Classic of the Far East*. Op. cit., p.13. 中文可参见《孙子兵法》"形篇第四"。本书作者注。

③ "…but he also reminds us that their management is the most difficult and delicate duty of the general." E. F. Calthrop trans. *The Book of War: The Military Classic of the Far East*. Op. cit., p.13. 中文可参见《孙子兵法》"用间篇第十三"中的相关内容。

为中国文学被认为是压缩了的文字,通过评论者们的阐释才能让读者明白懂得①。

今天,尽管《孙子兵法》和《吴子兵法》让位给了欧洲军事战略家们的科学著作,但是孙子和吴子的思想已经成了军事格言,而它们的影响毫无疑问帮助日本在晚期的战争中取得了胜利。对敌人情况、资源、准备和训练等情况的了解之重要性的坚信,是这些古代军事大师们长期研究的结果。而且,由于其对日本来说是个相当重要的问题,它终究激发了日本人的决心,始终贯彻孙子和吴子的军事法则,证明了孙子、吴子两位圣人的思想,是滋生于绝望之时的士气,使其赢得最终的胜利②。

(三)

对孙子和吴子两位大师的生平都知之不多。他们绝非爱国者,而是职业的战略家,不停地变化着雇主③。中国历史上讲述了一个非常有名的关于孙子的故事。吴王让孙子在宫殿附近给他一些兵法的实际应用证明,并给了他宫中的嫔妃供他调动训练。在训练的过程中,其中一个队的队长没有遵从孙子的要求,于是孙子下令将她斩首。这个队长恰好是吴王最喜爱的嫔妃。但是孙子指出,吴王恳求对他的宠妃手下留情就是对战场上的将领的政治干预。于是这个嫔妃被斩首。

吴子据传是位品格不太好的人。齐国进攻鲁国时,鲁国国君欲用吴子为将。但是因为吴子的妻子是齐国人,由于害怕吴王对他有所不信任,于是毅然杀掉了自己的妻子以表明自己不会倾向齐国。更为严重的是,中国

---

① "Later, as they became known, an army of Japanese commentators arose——for Chinese literature is thought compressed, to be unfolded in the mind of the reader." E. F. Calthrop trans. *The Book of War*: *The Military Classic of the Far East*. Op. cit., p. 14.

② "Belief in the importance of a knowledge of the enemy and his reources, of preparation and training, had grown out of a long study of the ancient masters; and since it was the vital importance of a successful issue to the Japanese which, after all, fired their resolution and carried them through, they proved the sage's words that it is the enemy, born of despair, that wins the victory." Ibid., p. 15.孙子的原文可参见《孙子兵法》"九地篇第十一"中的:"投之亡地然后存,陷之死地然后生。夫众陷于害,然后能为胜败。"本书作者注。

③ "Little is known of the life of either master. They were in no sense patriots but professional strategists, continually changing their employer." E. F. Calthrop trans. *The Book of War*: *The Military Classic of the Far East*. Op. cit., p. 15.

历史学家指责吴子,当他母亲去世的时候,他竟然没有回家。

E. F. 卡尔思罗普

注释:

该书译者对 J. C. 萨默维尔少校善意的帮助和指正,表示谢意。

第二节　拉尔夫·索耶尔《孙子兵法》英译本之比较研究

1993 年,拉尔夫·索耶尔英译的《武经七书》由美国西视出版公司出版①,译文共包括《太公六韬》《司马法》《孙子兵法》《吴子》《尉缭子》《黄石公三略》和《唐太宗与李卫公问对》②共七本中国古代的军事经典。《孙子兵法》为该书选译的第三本兵书。在《孙子兵法》英译前的"译者简介"中,索耶尔开篇第一句便指出:"在西方世界,《孙子兵法》比《武经七书》中的其他几本兵书受到了更多的关注。"③1994 年,美国西视出版公司出版了索耶尔英译的《孙子兵法》④。1996 年,该公司再次出版了索耶尔英译的《孙家兵法》⑤。除《孙子兵法》外,索耶尔书中还英译了《孙膑兵法》。原书用中文竖排形式标明书名,英文书名为横排形式。2005 年,索耶尔英译的《〈孙子兵法〉古今精解》由美国基础图书出版社出版⑥。原书名有中文名和英文名。索耶尔的这四个《孙子兵法》英译本,内容有同有异,风格各有侧重。

---

① Ralph D. Sawyer trans. *The Seven Military Classics of Ancient China*, with a commentary. Boulder: Westview Press, 1993.

② 这些书名均为《武经七书》中原用中文注明的书名,与国内对这些书的名字称谓有出入。本书作者注。

③ "Of *The Seven Military Classics* only Sun Tzu's *Military Strategy*, traditionally known as *the Art of War*, has received much exposure in the West." Ralph D. Sawyer trans. *The Seven Military Classics of Ancient China*. Op. cit., p. 149.

④ Ralph D. Sawyer trans. *The Art of War*. Boulder: Westview Press, Inc., 1994.

⑤ Ralph D. Sawyer trans. *The Complete Art of War*(*The Art of War* by Sun Tzu and *The Art of War* by Sun Bin), with historical introduction and commentary. Boulder: Westview Press, 1996.

⑥ Ralph D. Sawyer trans. *The Essential Art of War*, with historical introduction and commentaries, with collaboration of Mei-chun Lee Sawyer. New York: Basic Books, 2005.

对《孙子兵法》正文十三篇的英译

索耶尔的四个《孙子兵法》英译本，都对《孙子兵法》原文进行了全译。其中，《武经七书》中的《孙子兵法》英译文本、1994 年版的《孙子兵法》译本和《孙家兵法》中的《孙子兵法》英译文本，译文内容完全相同。《武经七书》中的《孙子兵法》译文与 1994 年版的《孙子兵法》译文，唯一不同只在两书对《孙子兵法》的注释和十三章题名的处理上。《武经七书》中的《孙子兵法》译文中共有注释一百九十一处，而 1994 年版的《孙子兵法》译文共有注释二百二十一处，增多三十处。在十三章题名的处理上，1994 年版的《孙子兵法》译文既有英文名，也有中文题名，如"始计第一"字样，而《武经七书》中的《孙子兵法》译文只有英文题名。《孙家兵法》中的《孙子兵法》译文，则将 1994 年版的《孙子兵法》译文和《武经七书》中的《孙子兵法》译文中用方括号标注的部分全部直接作为正式译文处理，并且省略了用中文拼音形式放在其后，用以解释军事概念如"势""形""权""道"等单词的部分①。此外，还要说明的是，《孙家兵法》中的《孙子兵法》译本和《〈孙子兵法〉古今精解》译本也有中文和英文标题，但这两个译本的中文标题与 1994 年版的《孙子兵法》译本有所不同，仅有如"火攻"，而省略了"第十二"字样。再就是，该译本没有使用注释来解释《孙子兵法》中那些繁复的术语、史实，与《孙家兵法》中的《孙子兵法》译本一样，其在每篇译文后均有评论，对该章内容、背景以及核心的概念作解读，以帮助读者更好地了解原文本内容、自己的译文以及中华文化与军事等特有传统。

关于各个译本的组成部分

索耶尔的四个《孙子兵法》英译本中，1993 年版的《武经七书》中的《孙子兵法》译本最简单，仅由"译者导论"、译文和带有中文的书中所用术语索引三部分构成。

1994 年出版的索耶尔《孙子兵法》英译本，其组成内容是四个译本中最多最详细的，包括"前言""简介和历史背景""导论""译文""竹简佚文"

---

① （After estimating the advantages in accord with what you have heard, put it into effect with strategic power(shih) by field tactics that respond to external factors. As for strategic power,［it is］controlling the tactical imbalance of power(ch'uan) in accord with the gains to be realized." Ralph D. Sawyer trans. *The Complete Art of War*. Op. cit., 1996. p.4.圆括号中的内容为省略的部分，方括号中的内容为该译本直接英译的部分。

"注释""参考书目""术语表"和"索引"共九个部分。仅"导论"部分就长达八十五页,对西方世界读者详细、准确了解《孙子兵法》的成书背景、重要的军事文化概念、战略战术原则等相关信息都有重要的作用。在"导论"一节,索耶尔首先介绍了孙子其人,内容与《武经七书》中《孙子兵法》译文前的内容有部分相同,也选译了"孙子传"。此外,"导论"部分还包括"楚、吴、越历史背景介绍""《孙子兵法》中的主要概念"(其中也有两段与《武经七书》中的《孙子兵法》译文前的内容相同)"主要的战术原则"以及"孙子和《孙子兵法》"。译文后的"竹简佚文"有保存在《通典》中的《九地》(Nine Configurations)和《两问》(Two Questions)①以及汉墓佚文中的《四变》和《吴问》,共四篇。

《孙家兵法》中的《孙子兵法》英译本共有"前言""导论""译文"和"战略方针与战术原则索引"四个部分。"导论"长达三十六页,共有"孙子和他所处的时代""孙膑和他所处的时代""《孙家兵法》中的概念和原则"三节。同《〈孙子兵法〉古今精解》英译本和《武经七书》中的《孙子兵法》英译本一样,索耶尔在"孙子和他所处的时代"一节,在介绍"孙子的生平和成就"时英译了"孙子传"。此外,《孙家兵法》中的《孙子兵法》英译文本,在十三篇译文后多了一章,即第十四章,是"竹简佚文"中保存于《通典》中的《九地》和《两问》(Nine Configurations and Two Questions [Passages from the T'ung Tien])②。

《〈孙子兵法〉古今精解》英译本由"前言""导论"译文"后记""其后的发展与进一步探索"和"战略概念和战术原则索引"六个部分构成。索耶尔在"前言"中交代了该译本增加了一些重要的、新的材料,与包含在《武经七书》和《孙子兵法》1994年译本、《孙家兵法》中的《孙子兵法》英译本有四处不同:删除了那些主要是学者们会感兴趣的材料;大幅度地压缩了历史背景;删除了对关键性战役的冗长的战术分析以及有选择性地讨论核

---

① 索耶尔译本以《九地》和《两问》为题标明这两部分佚文内容,共十一则,但在安乐哲1993年《孙子兵法》译本中则以《吴王孙武问对》为题,也共十一则,但没有将其分开英译。两个版本内容一样,应为同一对象。

② 索耶尔在《孙家兵法》中的《孙子兵法》英译文本中除英文外,仅将其用中文写作"佚文",无"竹简"二字。可参见 Ralph D. Sawyer trans. *The Complete Art of War*. Op. cit., p. 123.

心概念①。

下面将分别选取《武经七书》中《孙子兵法》英译部分"导论"中的"《孙子兵法》中的主要概念"、1994年版《孙子兵法》英译本"导论"中的"主要法则"与"战略和战术"、1996年版《孙家兵法》中的"前言"和"导论"中的"《孙家兵法》中的概念与法则"和"重要的战略与作战法则"以及"战术法则"、2005年版《〈孙子兵法〉古今精解》中的"成语"和"最后的思索与《孙子兵法》之有害的暗示"进行分析阐释。

"《孙子兵法》中的主要概念"(《武经七书》,1993年版)

在"译者导论"中,索耶尔简略梳理了《孙子兵法》在西方世界的接受情况,从最早的1772年版的《孙子兵法》法译本,到拿破仑对《孙子兵法》的有效利用;从日本、韩国军事家对《孙子兵法》的研究,到翟林奈和格里菲思译本的广泛使用,再到新译本的不断出现。在"孙子及其兵法"一节,索耶尔向读者简要介绍了《孙子兵法》成书的情况以及《吴越春秋》中记载的《孙子传》。

下面译介"译者导论"中的"《孙子兵法》中的主要概念"(Main Concepts in *The Art of War*)部分。

《孙子兵法》传播了一代又一代,由长短不一的十三篇组成,表面上看每一篇分别集中阐述一个特别的主题。中国的军事学研究者继续将整个《孙子兵法》定性为一个有机的整体,以其从第一篇到最后一篇的逻辑发展和主题发展和可能有关联的段落之间显而易见的关系为标志,而这些段落常常难以决定或者根本就不存在。然而,《孙子兵法》中的那些主要的概念却至始至终常常在逻辑上受到连续的关照,使得有人认为《孙子兵法》是一个独立作者或是一个协调良好的学派之思想的观点得到支撑②。

山东临沂汉墓出土的军事典籍中包括一册《孙子兵法》,基本上是以

---

① "Encompassing significant new materials, it differs from our well-known, single-volume *Art of War* and the translation embodied in our *Seven Military Classics* by excising material of interest primarily to scholars; drastically condensing the historical background; deleting the lengthy tactical analysis of the era's pivotal battles; and selectively discussing the core concepts." Ralph D. Sawyer trans. *The Essential Art of War*. Op. cit., p. vii.

② "However, the major concepts generally receive frequent, logically consistent treatment throughout, which supports the attribution of the book to a single figure of a well-integrated school of thought." Ralph D. Sawyer trans. *The Seven Military Classics of Ancient China*. Op. cit., p. 153.

传统的形式撰写的,还包括了重要的附加材料如"吴王问对"（King of Wu's Questions）。该《孙子兵法》的英译文本是以对《孙子兵法》有大量翔实注释的经典文本为基础的,因为这个版本更能反映出过去一千多年里评论家们对它的理解和看法,以及政府和军事官员们以他们在现实中的实际运用为基础所形成的看法。传统的文本只有在汉墓出土的资料解决了那些原本模糊的段落时才对其予以了修正,尽管这些变动对整个文本的内容产生的影响是微不足道的。凡是对字词、句子的重要变动译者都在译文后附录的注释中加以了说明。

由于《孙子兵法》相当简洁,如果被压缩而且有时显得神秘莫测的话,就会显得特别难以理解。这里仅对其主题做了一个简要的介绍。1963年由牛津大学出版社出版的格里菲斯将军的《孙子兵法》英译本,现在还能在各处买到。那些想要更广泛、更系统地了解《孙子兵法》的读者,可以参考他对孙子思想的详细介绍。用中文和日文分析《孙子兵法》的著作不计其数。此书的参考文献放在了注释中,这样评论者可以对不同的概念或段落了解得更清楚。

在《孙子兵法》可能成文的那个时期,战争逐渐使每一个国家都处于危险之中。因而孙子认为,只有当一个国家到了最严重的时刻才能使其卷入战争,使其军队走上战场①。孙子部署军队的整套办法是,在卷入战争之前,进行透彻的分析、仔细的计划并形成一套总体的战略。而总体战略的核心必须是一个繁荣的、有竞争力的、其意愿无可置疑是忠于其统治者的民众的发展。在这个基础上的外交活动才能产生效果,但是军事的准备绝不应该被忽略。主要的目标应该是不用发生实际的武装冲突即让对方投降,从而实现理想的全胜。当这个目标有可能的时候,应该通过外交胁迫、挫败敌人的计划和联盟以及阻挠敌人的战略来使其实现。只有当敌人用军事行动威胁到国家的安危时,或者不经过战争就不能迫使对方屈服和同意时政府才应该求诸武力战争。即便是到了选择卷入战争的时候,每一次军事行动也应该将其目标集中在以最小的风险和伤亡以赢取最大的结果,尽可能将遭受的损失降低到最小。

---

① "Therefore Sun-tzu felt that mobilizing a nation for war and committing its army to battle could only be undertaken with the greatest gravity." Ralph D. Sawyer trans. *The Seven Military Classics of Ancient China*. Op. cit., p.154.孙子的观点可参考《孙子兵法》"火攻篇第十二"中的:"非利不动,非得不用,非危不战。"本书作者注。

在《孙子兵法》中,孙子始终都在强调理性的自我克制,强调要避免在对形势、战事的选择以及个人的能力等经过广泛、深刻的分析之前就全力卷入战争。绝不允许忿速、害怕被指责为懦夫以及诸如怒、愠等个人情绪对国家和军队的决策产生不利的影响①。军队绝不能轻率地、急迫地卷入战争,或者不必要地参战。相反,尽管应该采取措施以确保军队不会被打败,但也必须对其加以限制。因此,某些战术形势和地形应该加以避免。反之,当有机会的时候,要转向自己的优势。在此之后,重点可以转向之前已经决定的战略,实施恰当的战术以打败敌人。

孙子的基本战略集中在控制敌人,创造易胜的机会。为着这个目的,孙子将地形及对其利用进行了分类,提出了各种探测、控制和削弱敌人的战术,将战术形势用相互定义的元素之系列术语加以概念化,并倡导采用"奇正"之法则以取得战争的胜利。将敌人引诱到难以防守的位置,通过在对其发动进攻之前让其疲累使之衰弱,并通过集中对敌人的薄弱点发动武力袭击而深入敌人内部。为了创造并抓住暂时的战术优势(权 ch'üan)以确保胜利,军队应该总是处于主动的状态,即便是在采取防守态势的时候。避免与强兵交战(实而避之)并不是胆小的表现而是一种智慧,因为作战条件对自己不利时去对敌无异于自我战败②。

孙子的基本原则是"出其不意,攻其不备"。这个法则只有通过在军队内部秘密进行所有的行动,通过完全的自我克制和严格的纪律和高深莫测才能实现。"兵者,诡道也。"就是要不断制造各种假象,散布各种错误的信息,以及采取各种伎俩和骗术。当这些诡计在被想象被制造出来并被有效实施的时候,敌人将搞不清楚该进攻哪里,不知道该采取什么形式,因而将会犯致命的错误。

高深莫测不可知的必然结果是要通过各种可能的途径去寻求并获得有关敌人的详细信息,包括严密的"用间"。"用间"最重要的原则绝不是去依赖别人的良好愿望或者偶然的情况,而是要通过知识、主动的研究以

---

① "Haste, fear of being labeled as a coward, and personal emotions such as anger and hatred should never be permitted to adversely influence state and command decisionmaking." Ralph D. Sawyer trans. *The Seven Military Classics of Ancient China*. Op. cit., p. 154. 孙子的这个观点可在"火攻篇第十二"中找到;"主不可以怒而兴师,将不可以愠而致战。合于利而动,不合于利而止。"本书作者注。

② "Avoiding a strong force is not cowardice but indicates wisdom because it is self-defeating to fight when and where it is not advantageous." Ralph D. Sawyer trans. *The Seven Military Classics of Ancient China*. Op. cit., p. 155.

及防范措施,予以敌人意想不到的攻击或通过简单的威压而制胜①。

《孙子兵法》一书始终都在讨论指挥军队这个关键问题,那就是如何形成一个有明确分工的组织,这样才能完全控制一支秩序良好、纪律严明的军队。其关键就在于"气",它是生命中最基本、最重要的能量,与人的意志和意图有关。当士兵们训练有素、给养适当、衣能蔽体保暖、装备良好时,一旦他们的士气被激发起来,他们将会不遗余力地战斗。然而,如果身体或物质的条件顿挫了他们的士气,如果将领与他的手下士兵之间的关系存在不和谐,如果因某个原因使得士兵们失去了积极性,那他们将会被对方打败。反之,指挥的将领必须掌握时机,以避免在敌人士气高涨的时候(比如说一天中的上午)对其发起攻击,而是要寻敌人士气低迷不想打仗的时候(比如说当他们急于回营休息的时候),抓住机会对其发动攻击②。长久的战争只能导致军队力量的削弱。因而,仔细的计划对保证战略的迅速实施是最重要的。某种情况下,如处于一场决战势不可免的至关重要的地形时,则有助于最大限度地发挥军队士兵的力量。其他的情况则会削弱军队的力量,是危险的,甚至是致命的,必须小心地加以避免。对士兵的奖惩为将领控制他们提供了基础,但是每次奖惩的行为都必须有助于培养和保持士兵们对于欲望和他们应承当的义务的正确态度。因而,必须禁止诸如流言、预兆等不利的、有害的东西③。

最后,孙子试图将军队管理成这样一种状态,它享有一种极大的战术优势,其进攻的影响,其"兵势"(strategic configuration of power[shih])之推动力,将像是从山顶决堤而下的激流④。按某种恰当的形来布兵,能创生成一种受人欢迎的"权变"(imbalance of power),将兵力集中在那些核心的目标上。探寻各种地形的有利之处。激发士气。所有这些,都将为最后的

---

① "The fundamental principle is never to rely on the good-will of others or on fortuitous circumstances but to guarantee through knowledge, active study, and defensive preparation that the enemy cannot mount a surprise attack or gain a victory through simple coercion." Ralph D. Sawyer trans. *The Seven Military Classics of Ancient China*. Op. cit., p. 155.

② 孙子的观点可在《孙子兵法》"军争篇第七"中找到:"避其锐气,击其惰归。"本书作者注。

③ "Rewards and punishments provide the basis for control, but every effort must be made to foster and maintain the proper attitude of desire and commitment on the part of the men. Accordingly, all detrimental stimuli, such as omens and rumors, must be prohibited." Ralph D. Sawyer trans. *The Seven Military Classics of Ancient China*. Op. cit., p. 155.

④ 孙子的观点可在"势篇第五"中找到:"激水之疾,至于漂石者,势也。"本书作者注。

决胜时刻,为既定的目标提供帮助①。

《孙子兵法》的"主要法则"与"战略和战术"(《孙子兵法》英译本,1994年版)

《孙子兵法》中的主要法则

《孙子兵法》"计篇第一"的首句即强调了战争的重要性:"兵者,国之大事,死生之地,存亡之道,不可不察也。"孙子通篇都在分析用兵的法则,要求在卷入战争之前要仔细地计划和形成总体的战略。而总体战略的核心必须是一个繁荣的、有竞争力的、其意愿无可置疑是忠于其统治者的民众的发展。在这个基础上的外交活动才能产生效果,但是军事的准备绝不应该被忽略。主要的目标应该是不需要动用实际的武装力量就可征服别的国家,从而实现理想的全胜(complete victory):"故上兵伐谋,其次伐交,其次伐兵,其下攻城。……故善用兵者,屈人之兵而非战也,拔人之城而非攻也,毁人之国而非久也。必以全争于天下,故兵不顿而利可全。此谋攻之法也。"(谋攻篇第三)

当可能的"胜利"要通过外交胁迫获得时,那就阻碍敌人的计划和同盟,扰乱他的战略。只有当敌人采取军事行动威胁到国家的安全或是不通过野蛮的武力就拒绝同意时政府才应当对其诉诸武力。而且,即便是做了这样的用兵选择,每次军事行动也应该集中在以最小的危险和损失来获得最大的利益,尽可能限制造成的伤害,抱着保全的目的而战。因而孙子如是说:"全国为上,破国次之;全军为上,破军次之;全旅为上,破旅次之;全卒为上,破卒次之;全伍为上,破伍次之。是故百战百胜,非善之善者也。不战而屈人之兵,善者善者也。"(谋攻篇第三)

在传世的《孙子兵法》中,孙子反复强调了理性和自我克制,以及避免所有不对形势、战斗的选择以及个人的能力等进行详细周全的分析就盲目参战。应当尽可能系统地分析敌我双方的情况。孙子在"计篇第一"中指出:"故校之以计而索其情,曰:主孰有道?将孰有能?……吾以此知胜负

---

① "Deploying the troops into a suitable configuration [*hsing*]; creating a favorable 'imbalance of power' [*ch'üan*]; concentrating forces on focused targets; exploiting advantages of terrain; and stimulating the men's spirits would all be directed toward this moment, toward this decisive objective." Ralph D. Sawyer trans. *The Seven Military Classics of Ancient China*. Op. cit., p.156.

矣。"他进一步在"形篇第四"中描绘了衡量军队势力对获胜来说是根本的保证:"地胜度,度胜量,……,称生胜。"孙子强调,不能盲目地出动军队或参战,相反,在采取措施以确保军队不会被打败时必须训练他们学会克制:"非利不动,非得不用,非危不战……亡国不可以复存,死者不可以复生。""昔之善战者,先为不可胜,以待敌之可胜。故善战者,能为不可胜,不能使敌必可胜。故曰:胜可知,而不可为。"

孙子对防御与进攻措施同样给予了强调,认为为了保证军队的力量能够足以分布到各种战事形势中,包括欺诈这样的其他技巧应该有效地加以运用。他的观点在"形篇第四"中加以了归纳:"不可胜者,守也;可胜者,攻也。守则不足,攻则有余。善守者藏于九地之下,善攻者,动于九天之上,故能自保而全胜也。"①

孙子总结道:"是故胜兵先胜而后求战,败兵先战而后求胜。"孙子的这个警告显然是直接针对那些不考虑战争的后果就冲动、盲目参战的将领的。这样的将领一遇到敌人就参战,以至于不但使他们自己的军队,而且也使国家处于危险之中②。

战略和战术

孙子的基本战略集中在如何控制敌人,创造易胜的机会,并在关键时刻使用最大的力量。为这个目的,孙子将地形及其利用进行了划分,提出了许多探测、控制、削弱敌人兵力的战术,倡导同时采用"正"和"奇"两种力量获取战事的胜利,并对速度和出其不意给予了强调。让敌人怀着获胜的期望被引诱至难以防守的位置,使其在进攻之前因过度疲劳和精疲力尽而衰弱,在防守较弱的地点渗入,集中兵力对敌人发动突然袭击。正如孙子言:"知可以与战,不可以与战者胜。"(谋攻篇第三)

孙子关于进攻最重要的战术原则就是"出其不意,攻其不备"。这个法则只能通过在所有行动中的保密而实现,通过完全的自我克制和军队内

---

① "In Sun Tzu's view employing defensive measures is equally aggresive, ensuring that the army's strength will be sufficient to prevail in situations where other techniques, including deception, can not be effectively implemented." Ralph D. Sawyer trans. *Sun Tzu*:*The Art of War*. Op. cit., p. 132.

② "Obviously this dictum was directed against those generals who, having assumed the mantle of command, rushed headlong into battle irrespective of the consequences, who fought whenever confronted by an enemy and thereby endangered not only their own troops, but also the state." Ibid.

部严格的纪律而实现,通过让自己高深莫测而实现。不变的法则就是,绝不能依赖别人的好意,也不能依靠偶然的环境,而是要通过知识、持续的分析和防御准备确保敌人既不能发动突然袭击,也不会通过简单的胁迫就获得胜利。对此孙子如是说:"知己知彼,百战不殆;不知彼而知己,一胜一负;不知彼不知己,每战必败。"(谋攻篇第三)

除倡导使用间谍以获取重要的军事情报外,孙子也强调要获得这些非常态的情报所需付出的高昂的代价:

"知吾卒之可以击,而不知敌之不可以击,胜之半也。知敌之可击,知吾卒之可以击,而不知地形之不可以战,胜之半也。故知兵者,动而不迷,举而不坚。故曰:知彼知己,胜乃不殆;知地知天,胜乃可全。"(地形篇第十)

由于孙子主张利用间谍以达到军事的目的,因而他的军事思想常常被人错误地简单化为"欺诈与诡道"(deceit and deception)。他也因而常被学者嘲笑、蔑视,却理所当然被后代许多的军事家们,包括《武经七书》的作者紧紧追随。如果我们带着洞察性的眼光去阅读《孙子兵法》,将会发现在孙子所倡导的许多依靠欺诈以获得其基础及其实施的措施中,仅有两处明确的观点实际出现在该书中①。其中最著名的一条出现在"计篇第一"中:

"兵者,诡道也。故能而示之不能,用而示之不用,近而示之远,远而示之近。"

孙子第二次提及是在"军争篇第七"中:"故兵以诈立,以利动,以分合为变者也。"

当然,欺诈本身是不会被当作与有时在现代世界较流行的趋势相反的一种艺术或者目的来加以实践的。而是,错误的措施、伪装、搪塞、军队的部署、拖延、混乱的假象,以及其他诸如此类的手段全都设计来欺诈敌人,使敌人迷惑或是被迫对已设定好的方式做出回应,从而为己方军队提供可资利用的优势。

除军队内部所采取的措施外,还应该使用"死间或可牺牲的间谍"(expendable spies)(这些间谍在国外散布错误的信息)。因而孙子建议道:

---

① "Although an insightful reading of the *Art of War* will reveal that many of his proposed measures rely on deception for their foundation and implementation, only two explicit statements actually appear in the book." Ralph D. Sawyer trans. *Sun Tzu*: *The Art of War*. Op. cit., p. 136.

"死间者,为诳事于外,令吾闻之而传于敌间也。"(用间篇第十三)自然,死间的生命是有限的,因为当他们的诡计一旦被发现敌人通常都会要他们的命。这也可以解释为什么他们也会被称作"死间"(dead or doomed spies)了。

然而,不管如何巧妙地被实施,诡计将会永远不变地被证明是无效的,除非军队能够秘密地保持它自己的计划。尽管后代的军事著作更明确地指出了对秘密之需要,孙子强调,指挥的将领应该隐匿而高深莫测,甚至不能对他自己的部队暴露他的计划或意图①:

"将军之事,静以幽。以正治,能愚士卒之耳目,使之无知;易其事,革其谋,使人无识;易其居,迂其途,使民不得虑。"(九地篇第十一)

孙子在该篇中进一步补充说:"犯三军之众,若使一人。犯之以事,勿告以言。"

"诡道"和"制权"这两个战术原则实际上是"形"与"无形"这两个更重要概念的部分内容。当军队在战场上部署的时候,其军形是显而易见的,将会在敌人中引起反应②。不管敌人是否会调整其原来的预期和战术,或者将此看成是依据他对展开的形势所制订的先入为主的作战计划。

对于显示"形"以控制敌人,孙子如是说:

"故善动敌者,形之,敌必从之;予之,敌必取之。以利动之,以卒待之。"(势篇第五)

在"虚实篇第六"中,"形"被进一步进行了讨论。孙子阐释了有效作战的两个基本法则:攻击敌人的虚弱之处和在选择好了的点上部署兵力③。然而,孙子得出的结论,"我无形",值得注意:

"故形人,而我无形,则我专而敌分。我专为一,敌分为十,是以十攻其一也,则我众敌寡。能以众击寡者,则吾之所与战者约矣。"

为了分散敌人的兵力,军队必须不可违背其意图。秘密必须保守。秘

---

① "Although the later military writings more explicitly address the need for secrecy, Sun-tzu stressed that the commanding general should be obscure and unfathomable, never revealing his plans or intentions even to his own troops." Ralph D. Sawyer trans. *Sun Tzu*: *The Art of War*. Op. cit., p.137.

② "Deception and manipulation are actually aspects of the greater questions of form (*hsing*) and the formless. Whenever the army deploys onto the battlefield, its configuration, being immediately apparent, will evoke a reaction in the enemy." Ibid.

③ "Sun-tzu elucidates two basic principles for effectively waging warfare: Attack voids in the enemy and employs substantial force at chosen points." Ibid., p.138.

密地进行作战,则敌人就必然不可避免地要分散其兵力以准备防御来自各个方向的进攻。孙子对此是这样阐释的:

"吾所与战之地不可知,不可知则敌所备者多。敌所备者多,则吾所与战者寡矣。"(虚实篇第六)

在"虚实篇第六"的最后几段中孙子概括了敌我双方兵形之间的关系。一些法则蕴含在这几段中:变化是回应的根本。只有将领才清楚可见的兵形之后的真实兵形①。孙子如是说:

"因形而措胜于众,众不能知。人皆知我所以胜之形,而莫之吾所以制胜之形,故战胜不复,而应形于无穷。"

"虚实篇第六"的最后一段阐释了"势"与"形"之间的关系。评论者有时误解了这组概念及其回应的实质,他们相信,一旦敌人行动并做出承诺,就必须按一些既定的或事先已经决定的方法采取行动。但是,孙子"虚实篇第六"一整篇都表明以敌人的实际兵势和某些不变的法则和战斗的实际情况为基础的"兵形",必须在基本参数中自由地选择。明显地,受到限定的并非某些正在被倡导的形式②。因而孙子如是说:

"夫兵形象水,水之形,避高而趋下;兵之形,避实而击虚。水因地而制流,兵因敌而制胜。故兵无常势,水无常形,能因敌变化而取胜者,谓之神。"

"主要的战术原则"一节中索耶尔还对"地形""气与命令""势:战略力量的变化"和"奇正"进行了阐释,观点与其在《孙家兵法》中《孙子兵法》英译本中的阐释相似,在此不再赘述。

---

① "Certain important principles are buried within these paragraphs: Variation is the essence of response; only the commander knows the true configuration behind the visible disposition of force." Ralph D. Sawyer trans. *Sun Tzu: The Art of War*. Op. cit., p. 139.

② "Commentators have sometimes mistakenly understood the concept and nature of this response, believing that once the enemy moves and commits himself, action must then be automatically taken in some fixed or predetermined way. However, Sun-tzu's entire chapter shows that the forms of response, while based upon the enemy's actual disposition and certain unchangeable principles and combat realities, should be freely chosen within essential parameters. As an illustration, an attack on a fixed emplacement might proceed in several ways, depending upon where the enemy is weakest and where he might be anticipating an attack." Ibid.

"《孙家兵法》中概念与法则、重要的战略与作战法则以及战术法则"（《孙家兵法》，1996年版）

《孙家兵法》中的概念与原则

"《孙家兵法》中的概念与原则"一节为该译本"导论"部分的重点，详细介绍了"基本原理"（Fundamentals）"指挥与控制"（Command and Control）"重要的战略与作战法则"（Important Strategies and Methods of Warfare）和"战术原则"（Tactical Principles）四个方面。

索耶尔指出，由于《孙子兵法》相当简洁，有时被压缩，有时又像谜一样深不可测，只有简单的介绍，因而需要对其主要的概念、法则和战术进行大量的附录索引。相反，《孙膑兵法》处于严重的支离断裂状态，恢复的段落试图集中论述一些具体的问题而非主要的法则，对其主要概念和基本战术给予简要的概述，再加上对各篇进行较广泛的评论，或许是有利的。

基本原理

"基本原理"部分对"兵者，国之大事也""准确的情报、分析和计谋"和"战略目标和方法"进行了详细阐释。索耶尔认为，对战争的存在进行强调的必然结果即是避免会损害国家以及或许会给第三方创造容易利用的机会的冲突。"作篇第二"的大部分篇幅都是在反对久战，因为久战会使经济的后果迅速极端化。而且，即便是人民与其统治者齐心，久战也会使国家衰弱，削弱其战斗的意志（如美国发动的越南战争）。战国时期的其他学者回应孙子关于战争的主题，都反映出了他对速度和果断的强调，这是孙子所有战术的核心。尽管有包括孙膑在内的几位将孙子的命令从"久战"转换成了"经常的冲突"，指出许多的战事，即便是获胜了，其最终都会耗尽战争双方的军队和国家，不可避免地导致灾难①。

以孙子的伟大战略为基础，其后包括孙膑在内的所有军事家们都深信不疑，如果民众愿意效忠他们的统治者，那么国家将会繁荣。这个理念事

---

① "Other writers of the Warring States era echoed Sun-tzu's theme, all mirroring his emphasis upon swiftness and decisiveness——although several, including Sun Pin, shifted his enjoinder from protracted campaigns to frequent conflicts, pointing out that numerous battles, even victorious, ultimately exhaust both the army and state, inevitably culminating in disaster." Ralph D. Sawyer trans. *The Complete Art of War*. Op. cit., p. 16.

实上是《孙子兵法》佚文"吴王孙武问对"(King of Wu's Questions)的核心。在"吴问"中孙子做如是总结:"无税焉。公家贫其置土,少主金敛臣收,以御富民。故曰:固国,晋国归焉。"后来,孙膑中肯地建议威王其基本的政策必须是富国,并在富国之后强兵。

《孙子兵法》通篇都在阐释在参战之前要透彻地分析、仔细地计划并形成总体的战略。与孙子强调对理性和自我克制相一致,他还特别强调了避免不以广泛、具体的分析包括战情和个人能力在内的总体形势为基础的所有活动的必要性。在其最著名的法则之一中孙子如是说:"知彼知己,百战不殆。"

参与战争前,显然应该到祖庙去进行认真的占卜。与此相似,在上战场对敌之前将领应该进行更多特别的估量。尽管已经在祖庙里进行了占卜,但这些程序并非是一种形式上的预测,而很可能是以系统地对敌我双方的兵力进行的客观考察为根据的合理的估价,正如"计篇第一"中所强调的那样。《孙子兵法》十三篇中用了四十来对相互定义、互相关联的术语来分析对方的力量与准备,如天-地、实-虚、亲-离、强-弱、能-不能、乱-序,以及其他显示经济和军事力量的术语。

孙子也相信,搜集军事情报必须是一项坚定的、不间断的利用每一种可能的渠道以获得敌人信息的活动。因而,在历史上第一篇阐述间谍的文章中,孙子强烈呼吁明智地使用间谍,并根据其作用进行了分类,指出了对其进行理解与控制的根本。在其中最著名的一段中孙子指出:"故明君贤将,所以动而胜人,成功出于众者,先知也。"实际上,这个句子概括了孙子对于战争的方法,并将其与历史上众多无知地将其国家推向战争的政治和军事领导人区别开来①。正如其在"军争篇第七"中所断言的:"故不知诸侯之盟者,不能预交。不知山林险阻沮泽之形者,不能行军。不用乡导者,不能得地利。"

对于战争的预测,孙子比其后的许多军事作家更高人一筹,认为战争的主要目标应该是不用发动实际的战事便能击败敌人,实现理想的全胜:"故上兵伐谋,其次伐交,其次伐兵,其下攻城。故善用兵者,屈人之兵而非战也,拔人之城而非攻也,毁人之国而非久也。必以全争于天下。故兵不顿,而利可全。此谋攻之法也。"(谋攻篇第三)

---

① "This sentence in fact summarizes Sun-tzu's approach to warfare and distinguishes him from many historical political and military leaders who ignorantly committed their states to battle." Ralph D. Sawyer trans. *The Complete Art of War*. Op. cit., p. 18.

在孙子看来，防御措施同样具有侵略性，因为它能确保军队的力量足以能在包括欺诈在内的其他技巧不能有效地起辅助作用的情势下发挥作用："不可胜者，守也；可胜者，攻也。守则不足，攻则有余。善守者藏于九地之下；善攻者动于九天之上，故能自保而全胜也。"（形篇第四）与这些信念相一致，孙子认为："故胜兵先胜而后求战，败兵先战而后求胜。"显然，孙子的警句是直接针对将领的。

指挥与控制

在"指挥与控制"一节，索耶尔对"指挥官""选择、训练和对军队的控制"和"气"三个方面进行了阐述。由于将领控制着一个国家的命运，因而孙子和孙膑都对将领的品质进行了广泛的讨论，列举了将领所应具备的关键才能、特征与可靠性。"计篇第一"将"智、信、仁、勇、严"定义为是任何一位将领必备的素质。评论家们通常强调"智"先于"勇"，尽管孙子从来不曾这样指出过。然而，《孙子兵法》通篇都将"智"视为与算、先知和战术技能同样重要的因素。相反，孙子从来不曾评论过"勇"之作用，除了在他谴责将领"必死，可杀也"时。

将领还必须培养"道"和"正义"以及其他方面的领导和指挥才能从而获得"德"。"德"是一种威慑其臣民的具有包容性的个人能力。关于"道"与"德"以及正义的其他方面，仅在《孙子兵法》中被简略提及，而包括《孙膑兵法》在内的其他许多军事作品却从未对其予以关注或发展①。

情报、通过学习和经历获得的知识以及智慧也是做出恰当估价所需的必然要求。

孙子和孙膑都反复指出，指挥军队的将领，一旦受命于君，就应该不仅享有君主完全的信任，同时君主也应该给予将领绝对的权威去根据他自己的判断来处理军中事务。君主不应该进行干预，也不应该允许位居高位的政府官员挑战将领的指示。自然，那些敢于质疑将领的判断和命令的下属，必然会付出死亡的代价。

---

① "Finally, commanders and rulers must cultivate Virtue, righteousness, and the other aspects of rulership and command prowess and thereby attain *Te*, the encompassing personal power necessary to overawe the realm and their subordinates. These and other issues of righteous qualification are only briefly mentioned in the *Art of War*, never focused upon or developed as in many other writings, including *Military Methods*." Ralph D. Sawyer trans. *The Complete Art of War*. Op. cit., p. 20.

在"选择、训练与对部队的控制"一节,索耶尔指出,孙子在兵法中讨论了奖赏对于积力士兵在战场奋战和间谍在他人之地中所发挥的作用及其重要性,但是仅用了三四个自然段作了简单的介绍。孙子对惩罚的处理就更草率了,但他在一广为人知的段落中强调,只有在建立了深厚的感情基础之后才可使用间谍:"卒未亲附而罚之,则不服,不服则难用也。卒已亲附,而罚不行,则不可用也。"(行军篇第九)

在"气"一节,索耶尔指出,孙子在兵法中常讨论指挥这个根本问题,如构建一个分明的组织以控制一支纪律严明、秩序良好的军队。其最关键的因素是"气"。"气"乃生命之重要的能量。正如孙子在兵法中所指出的,当士卒得到了很好的训练、休息、给养、衣能蔽体保暖和装备,一旦他们的士气受到激发,那么他们就会不遗余力地英勇抗战。可是,一旦他们的身体或物质条件使他们的士气受到顿挫,或是将领与其士兵之间的关系不和谐,或是由于任何其他的原因使得他们失去了动力,那么他们就必定会被打败①。反之,指挥官必须控制局势以避免在敌人士气高涨的时候遭遇(比如一天的上午时分),并在敌人士气消减时寻找机会,在其不想战斗的时候(比如准备回营的时候)对其发起进攻②。

重要的战略与作战法则

在"重要的战略与作战法则"一节,索耶尔阐释了"诡道与无形""地形""兵势"和"奇正"几个战略与法则。

诡道与无形

索耶尔认为,在中国和西方,孙子的军事思想"诡道"与"欺诈"经常被曲解,因为孙子极力倡导的是运用它来达到军事目的。孙子在兵法中仅有两次直接提及"诡道"和"欺诈"。一是在"计篇第一"中:"兵者,诡道也。故能而示之不能,用而示之不用,近而示之远,远而示之近。"二是在"军争篇第七"中:"故兵以诈立,以利动,以分合为变者也。"

尽管孙子对"诡道""欺诈"给予了强调,但其本身并没有作为一种艺

---

① 孙子的原文可在"九地篇第十一"中找到:"三军足食,谨养而勿劳,併气积力,运兵计谋,为不可测。"本书作者注。
② 孙子的原文可在"军争篇第七"中找到:"故三军可夺气,将军可夺心。是故朝气锐,昼气惰,暮气归。善用兵者,避其锐气,击其惰归,此治气者也。"本书作者注。

术或目标来加以实践。错误的措施、伪装、支吾搪塞、陈兵、混乱的假象以及其他手段全都用以达到欺骗敌人这个目的,以使其困惑或是被迫以预定的方法应战,因而可为军队提供可资利用的优势。战争也因而被看成是一种欺诈,看成是一种不断制造假象,散播虚假信息和使用伎俩与欺诈手段的东西。当我方充满想象地制造假象并有效地对其加以实施时,敌人将会既不知道该进攻哪里,也不清楚该采用什么信息,如此以至于敌人会犯致命的错误。

然而,不管是如何巧妙地实施,也将会不可改变地证明是无效的,除非部队能够隐藏自己的计划。尽管孙子之后的军事作家更明确地指出了对隐秘的需要,但是在"九地篇第十一"中孙子强调了将领应该隐秘而深不可测,甚至对自己的军队也不能暴露其计划或意图。而且,"犯三军之众,若使一人。犯之以事,勿告以言"。

由于认识到任何行动都将引起反应而自己却能保持不被发现是不可能的,因此孙子提出了一种或许可被概括为"诡道与无形"(deceptive and formless)的理论。尽管这个法则在《孙子兵法》中并没有明确说明,但显而易见,使将领保持深不可测之状态的最佳办法就是让自己"无形",即是将假象呈现给敌人。将此两法则结合,一个机敏的指挥官就能控制敌人而让自己不被敌人发现①。

在"虚实篇第六"中孙子阐述了两个有效发动战争的基本法则:击虚和将兵力集中在某一点上。迫使敌人分散其兵力的手段也是"无形":"故形人而我无形,则我专而敌分。我专为一,敌分为十,是以十攻其一也,则我众而敌寡。能以众击寡者,则我之所与战者约矣。"自然,面对被迫分散的敌人,部队不能暴露自己的意图,而且必须保持隐秘。

地形

因为"地生度"(terrain gives birth to measurement),所以万事都要依靠

---

① "Realizing that any action at all will elicit a response while remaining invisible is impossible, Sun-tzu advanced a theory of what might be summarized as the 'deceptive and formless.' Though the principle is unstated in the *Art of War*, obviously the best way to be unfathomable——that is, to be formless——is to display false appearances to the enemy. By integrating these two principles, an astute commander can manipulate the foe and preserve vital secrecy." Ralph D. Sawyer trans. *The Complete Art of War*. Op. cit., p. 25.

地形,提供方法以决定适合形势和地形所需之恰当的兵力。因此,孙子在"地形篇第十"中说:"夫地形者,兵之助也。料敌制胜,计险阨远近,上将之道也。知此而用战者,必胜;不知此而用战者,必败。"

索耶尔指出,仔细研究《孙子兵法》可以发现,地形的类别达二十多种,同时还有几种特别的非常规的地形,如"天井"。孙子在"九变篇第八""地形篇第十"和"九地篇第十一"以及"术语索引"中对地形有所讨论和归类。尽管这些术语在一定程度上有交叉,但是其定义和对其采取的相关战术却不相悖。而且,这些术语即便是在20世纪末仍然显得相当清晰明白,不需要对其进行进一步的分析①。

兵势

索耶尔指出,在20世纪被用来翻译"兵势"(strategic power)这一术语的词相当多,包括"circumstances, energy, latent energy, combined energy, shape, strength, momentum, tactical power, force, authority, influence, power, condition of power, force of circumstances, positional advantage, and purchase"。本质上,"兵势"这个概念包含了因优越的地理位置产生的优势之意。或许,对地理位置的优势这一方面的强调有些过头,因而,对大众(或军队的力量)在产生影响方面所起的重要作用有所忽略。

孙子用山顶上的木石来作比,尽管山顶上的木石暂时是安静不动的,却蓄积着巨大的潜能。一旦动起来,就会爆发出能量,产生效果:"任势者,其战人也,如转木石:木石之性,安则静,危则动,方则止,圆则行。故善战人之势,如转圆石于千仞之山者,势也。"②

因此,兵势这个概念综合了两个同样重要的因素。一是,战略优势是优越的地理位置造就的。二是,兵势的造就与兵力息息相关。("势"指的是部队在所有方面的总体能力,包括忍耐力、士气、纪律、装备、指挥和身体素质,而非仅仅是士兵人数的多少)显然,战略优势也有一个显著的、暂时的特征。

---

① "While the terms overlap to some extent, the definitions and associated tactics are never contradictory. Furthermore, the texts remain remarkably clear and explicit even at the end of the twentieth century, precluding any need for further analysis." Ralph D. Sawyer trans. *The Complete Art of War*. Op. cit., p. 26.

② 原文可参见《孙子兵法》"势篇第五"。本书作者注。

因此,不应该像大家经常认为的那样将其限制在利用地形的优势上①。

奇正

在孙子之后的军事作家的著作中有很多关于"奇正"这个概念及其应用的讨论。"奇正"这个概念可能源自孙子。尽管在《孙子兵法》所提出的法则与战术中"奇正"这个概念清晰可见,但是,孙子是在简洁而具批判性的"势篇第五"中对其进行了特别命名。在早期的中国,军事通常被认为是"奇"的,与老子在《道德经》第五十七章中所宣扬的观点"以正治国,以奇用兵"是一致的。

"奇正"的定义取决于一个特别的战场语境中人们的合理期待以及敌方的期望,因而奇正在本质上是可以相互定义、相互转换和循环的。"正"可以"奇"的方式来使用,"正面"的进攻在敌方没有料到的时候就成了"奇",而侧面的或间接的攻击会因而被认为是正常的因而成了"正"。强大兵力的正面伪装被用来分散或诱惑敌人,也是"奇"的体现。

"奇正"这一概念变得相当复杂,而且在中国历史上经常被误解,甚至错误地认为它很简单,而实际的情形却完全相反。"奇正"及其相生的关系没什么神秘的,但是后来的评论家和战略家们有时却变得非常困惑。这样,一个有用的战术的构想就变成了使战术思想变得清晰之不必要的障碍。

战术原则

在"战术原则"一节,索耶尔阐释了"根本措施""相对强势与恰当的战术"以及"军形"四个方面的战术。

根本措施

孙子的众多法则或许可以很好地简化为一条控制敌人的基本法则,因

---

① "Thus two equally important factors are integrated by the concept of strategic power: First, the strategic advantage conveyed by superior position, and second, the power of the forces involved. ('power' refers to the army's overall capability in all aspects——including endurance, spirit, discipline, equipment, command, and physical condition——rather than simply strength of numbers. Obviously, strategic advantage also has a pronounced temporal character, therefore, it should not be confined to exploiting advantages of terrain, as frequently thought." Ralph D. Sawyer trans. *The Complete Art of War*. Op. cit., p. 29.

而创造易胜的机会,然后在恰当的时刻使用最大的兵力。为了达到这个目的,孙子将地形及其应对策略进行了分类,提出了探测、控制和削弱敌人的许多战术,倡导同时采用"奇"与"正"的战术以取得战事的胜利,并强调了速度与出其不意①。应该以好处来诱惑敌人到达其难以防守的位置;在对敌人发动攻击前使其疲劳;在敌人薄弱的地方集中兵力对其发动出其不意的进攻。军队应该总是处于活跃的状态,甚至是处于防御的态势时,以创造和抓住暂时的战术力量不平衡的机会以确保战事的胜利。因此,某些形势和地形应该避免或在恰当的时候转向有利的时机。正如孙子所指出的:"知可以与战,不可以与战者胜。"(谋攻篇第三)

"出其所不趋,趋其所不意"这句著名的警句概括了进攻最重要的战术法则。该法则只有在通过在各种活动中都保守秘密、通过建立完全的自我克制和在军队内部执行严格的军纪才可能实现。不变的法则是,决不能依赖他人的良好愿望或偶然的形势,而是要通过信息、持续的分析和防御准备来确保敌人既不会发动突然袭击,也不会通过简单的威逼就赢得胜利。如孙子所言:"知彼知己,百战不殆;不知彼而知己,一胜一负;不知彼不知己,每战必殆。"孙子同时也强调了对敌我双方了解不完全所需付出的高昂代价:"知吾卒之可以击,而不知敌之不可击,胜之半也。知敌之可击,而不知吾卒之不可以击,胜之半也。知敌之可击,知吾卒之可以击,而不知地形之不可以战,胜之半也。故知兵者,动而不迷,举而不穷。故曰:知彼知己,胜乃不殆;知地知天,胜乃可全。"(地形篇第十)

相对强势与恰当的战术

《孙子兵法》通篇都在建议只有在确保可胜时才参战,而且在不能取胜的时候应该采取防御的态势,或者是避免与敌人冲突。通过实施恰当的防守措施,善战之将会将其部队安置在一个不可征服的位置。在这个位置上,一旦发起进攻,他将会取胜,甚至也可阻止强大的敌人发起攻击的企图。然而,孙子不曾建议过任何具体的措施以实现不可战胜这个目标,他

---

① 原文可参见《孙子兵法》"九地篇第十一"中的:"兵之情主速,乘人之不及,由不虞之道,攻其所不戒也。"本书作者注。

也没有提及过任何在不利的态势下被迫迎战时可实施的积极措施①。而且,在他明确倡导采取防御性的战略时,《孙子兵法》的精神显而易见倾向于采取各种措施以控制敌人,赢得地形的优势,这样就可以发动胜利的进攻。后来的军事作家们完全认识到了采取顺应形势的措施的必要性,而且很多将领也通过实施这些措施而取得了战事的胜利。

《孙子兵法》中仅有一段建议了在己方相对强势的不同情况下作战的基本法则:"十则围之,五则攻之,倍则分之,敌则能战之,少则能守之,不若则能避之。故小敌之坚,大敌之擒也。"(谋攻篇第三)即便是在此处,孙子也没有真正倡导不与敌人对峙,除非是在双方兵力明显"不若"的情况下。孙子喜欢的是采取措施以分散敌人的兵力,然后集中自己的兵力对敌人发起进攻,正如毛泽东在革命战争中所做的那样。②

最后,孙子指出了当敌人被围时,应该给其留一个逃生的出口以防其突然下定决心决一死战。反之,如果自己被围,原本是精明的队伍可以假装自己不太正常,这样可以瓦解敌人,为自己创造一个突围的机会。

军形

索耶尔指出,与孙膑不同,孙子在阐述在战场上对兵力的部署和控制时的一些重要法则时,他从未讨论他那个时代所采用的各种兵形,除了仅有一次提及"如循环之无端"③。

"战略方针与战术原则索引"(Index of Strategic Concepts and Tactical Principles)部分的前两个与《〈孙子兵法〉古今精解》英译本的索引一样,梳理了"基本的军事概念、理论与实践"(Essential Military Concepts, Theries and Practices)和"基本的战术原则"(Essential Tactical Principles)在各篇中的情况,最后一个为"常见的遭遇战中选用的战术"(Commonly Encountered Situations with Selected Tactics),其实与《〈孙子兵法〉古今精解》英译本一

---

① "Sun-tzu never suggested any concrete measures for realizing this invincibility, however; nor did he mention aggressive measures that might be implemented when forced to fight in disadvantageous circumstances." Ralph D. Sawyer trans. *The Complete Art of War*. Op. cit., p. 33.

② "Even Sun-tzu does not really advocates avoiding the enemy unless clearly outmatched, no doubt preferring to concoct measures to divide the opposing forces and then launch concentrated attacks, much as Mao did in China's revolutionary war." Ibid., p. 34.

③ 此为孙子在"势篇第五"中提及"奇正"时的观点:"奇正相生,如循环之无端,孰能穷之?"本书作者注。

样,只不过前者将其分开成两部分,而《孙家兵法》英译本则将其放在同一部分,然后在里面分成"进攻措施"(Offensive Measures)和"防御措施"(Defensive Measures)罢了。

"成语"与"最后的思索与《孙子兵法》之有害的暗示"(《〈孙子兵法〉古今精解》,2005 年版)

"成语"

在"导论"中,索耶尔阐述了《孙子兵法》的影响。他认为,或许是对中国对于战略与计划、欺诈与控制、允许弱寡势力引人注目地战胜强敌之能力的持久自信的一种反映,下面这些成语(索耶尔称其为成语"ch'eng-yu [chengyu]")蕴含了《孙子兵法》中的战术原则。在那些人们耳熟能详的成语中,下面这二十二个尤其突出①:

"兵者,国之大事也"(计篇第一)

"兵者,诡道也"(计篇第一)

"故能而示之不能"(计篇第一)

"利而诱之"(计篇第一)

"攻其不备"(计篇第一)

"怒而挠之"(计篇第一)

"夫兵久而国利者,未之有也"(作篇第二)

"上兵伐谋"(谋攻篇第三)

"其下攻城"(谋攻篇第三)

"是故百战百胜,非善之善也;不战而屈人之兵,善之善者也"(谋攻篇第三)

"知彼知己,百战不殆"(谋攻篇第三)

"先为不可胜"(形篇第四)

"胜易胜者也"(形篇第四)

"胜兵若以镒称铢"(形篇第四)

---

① "Perhaps a reflection of China's abiding confidence in the ability of strategy and planning, deceit and manipulation, to allow inferior forces to overcome significantly stronger foes, these *ch'eng-yü* (*chengyu*) embody tactical fundamentals. Among the dozens commonly heard, the following are particularly prominent." Ralph D. Sawyer trans. *The Essential Art of War*. Op. cit., p. xviii.

"奇正相生"（势篇第五）

"趋其所不意"（虚实篇第六）

"三军可夺气"（军争篇第七）

"知彼知己，胜乃不殆"（地形篇第十）

"投之亡地然后存"（九地篇第十一）

"将军之事，静以幽"（九地篇第十一）

"先其所爱"（九地篇第十一）

"非利勿动"（火攻篇第十二）

"《孙子兵法》的实质"一节简要梳理了该书在当时的作用,交代了各篇译文后的注释与"后记"中对部分核心概念的更宽泛的解读与当今世界之间存在的可能的相关性。在篇幅长达三十三页的"后记"中,索耶尔论述了"法则及其应用""基本原理""将军及其权威""气""诡道""无形""地形""兵势与时机的选择""奇正"和"最后的思考与有害的影响"等与战略和战术相关的问题。

最后的思考与有害的影响

由于孙子思想的影响在持续扩展,通过对《孙子兵法》所引起的一些复杂的、本质上有害的问题进行思考来结束这本著作似乎是恰当的。毫无疑问,除军事领域外,《孙子兵法》最常运用在商业领域中。为此,西方的《孙子兵法》阐释家们不仅发表了几十年的演讲,写了无数的文章,而且出版了无数的专著,包括三百多页的、高度系统化的充满了现代个案研究和证明的著作。

人们总是很困惑地发现,一些富有经验的、世故的人事经理全神贯注地端坐者,俨然是孙子兵法之自成风格的实践专家,自大地认为他们是如此的重要,以至于没了他们就没有公司可以生存一样。或许除了那些自我激励的企业（尤其是在中国）,这些企业只是介入经济活动。《孙子兵法》的重要意义和运用在于促进各种重要问题的意识,提供新的思考视角或模式,并建议运用奇的法则和不同的见解而非意在提供基本的商业教育①。

---

① "…the book's significance and utility lie in stimulating the consciousness of various critical issues, providing a new perspective or mode of thinking, and suggesting unorthodox approaches and varied insights rather than providing basic business education." Ralph D. Sawyer trans. *The Essential Art of War*. Op. cit., p. 118.

不管是否是为生活或为商业运用而思考,某些重要的方面都不应该被忽略。一是,在寻求征服或实实在在地摧毁敌人时,战争之目的绝对与非战斗性的不同。尽管有时某些国家会发生人事经理被谋杀的现象,许多执行总裁很乐意看到其竞争者被赶出商业圈,但是在文明的文化中,是公司实体而非其成员成为被灭的目标,尽管有时他们会遭受严重的经济灾难。

二是,《孙子兵法》意在为独立的、半封建社会的君王服务,因而前提是那些相对强大的地缘政治诸侯国,他们能有效地调动自己的民众和各种物质资源。尽管大公司和跨国企业似乎常常有些相似地不受限制,但是小公司和个人,则在(人力和资源)两方面都受到高度的制约,但却有着完全不同的能量冲击。

三是,商业和生活中的"战争",除了某些特殊的环境,如第二次世界大战后延伸存在的冲突或越南战争,是有必要地、不间断且无止境地存在的。国家很少被卷入既耗费人力又耗费物力的武装冲突中,即便彼此间在政治上有着持续不断的敌意。相反,倒是个人和商业难免卷入以不断的、低成本的争斗为特征的生存寻求中。这些争斗偶尔会被情感的、财政的或其他冲突的紧张时刻所不断地打断。

《孙子兵法》强调了为制定一项有效的计划而获取和分析所有可获得的信息,并特别肯定了果断地调动敌人。尽管现在的企业文化完全了解对情报的需要,但是竞争者甚至市场常常被作为焦点问题进行研究仍然是令人惊讶的。相反,出现了各种各样以市场决策为基础的假定和极具信心的市场调查。有着自身内在不足的各种专题组,常常被允许口头宣讲他们产品的特点。在美国,充满竞争力的产品很少会被大部分外国公司进行详细地分析,结果是,公司丧失了为其计划或行动提供基础的真正的信息。

对于敌人之计划的侵略性的情报收集和阻止(或颠覆)当然是充满了复杂的法律的和伦理的色彩。尽管西方的商业作家们常常掩盖或是简单地忽略《孙子兵法》中那些有害的建议和暗示。孙子是明明白白地呼吁在战争的语境中使用秘密情报的收集和采取每一种可能的手段去控制、迫使和推翻敌人的①。多年来,东亚关于运用《孙子兵法》的书和文章强调了通

---

① "Although Western business writers usually gloss over or simply ignore the *Art of War*'s darker mandates and implications, within the context of war Sun-tzu clearly called for covert intelligence gathering and the employment of every means to manipulate, compel, and subvert the enemy." Ralph D. Sawyer trans. *The Essential Art of War*. Op. cit., p.120.

过秘密的手段获取信息的重要性。在允许以极小的成本进行技术的简短勘查以及创新者投资巨大的资源以使自己更加完美而不必获利这样的实践情况下,他们可以越来越期待在军事和商业领域的增值。

是否是偶然的还是有害的,情报的获取在我们这个公开的、以信息为基础的时代既不能仅仅将其简单化也不能因为微型化、中心信息的储存以及其他快速的技术进步而极度地加以促进。如果美乐时牌相机(Minox camera)和施乐牌静电复印机(Xerox machine)在刚刚过去的几十年里引发了实质性的问题(如在华盛顿的苏联大使馆气愤地发现的那样),那么现在,电脑、无线网络、互联网,甚至置有摄像头的手机引起的则是安全噩梦。大众媒体报道和讨论引起了关于觉悟的批判性问题,专门的杂志和行业出版物以精确的细节暴露了大量的信息,包括美国的军事预算和在战场实践方面的脆弱。

《孙子兵法》在"用间篇第十三"中所描述的五种秘密间谍经过一个世纪的变化已经有所扩展,包括了一些新的间谍类型。这些类型的间谍大多要依赖妇女,而且有许多细微的变化。常常可在商业领域的实践中找到包括如下的证据:(一)通过临时的协商合同购买信息;(二)贿赂官员;(三)培养那些位置较低又常常有不满情绪的雇员,如秘书;(四)支持那些反常的有较多机会接触敏感资料的人;(五)甚至安装窃听设备。在无关痛痒的地方(如餐厅和飞机上的头等舱)进行的没有防备的讨论常被要么是竞争者,要么是那些转身就将信息转卖的投机取巧者记录。

在亚洲旅行的经商者一旦有机会进入旅馆房间,通常会被那些在无伤大雅的谈话中用甜言蜜语、图片和文献进行哄骗的有吸引力的公司所引诱。外国,不管是战略敌对国还是关系比较亲近的战略同盟国,都因相似地将大量的资源不仅花费在政治与军事信息上,而且花费在获取工业和商业情报上,以便日后将其转卖给私人部门而被大家所熟知。

是否出于道德的愧疚,或是怕被发现,或是缺乏能力与想象,大部分的公司都不那么积极试图使自己的对手衰弱,他们甚至避免采取多少有些灵活而且合情合理属于法律限度之内的措施。《孙子兵法》中最常被引用来迫使对方屈服的警句是"夺其所爱",显而易见为强制和敲诈提供了一种动力和基础。这方面的行动可能包括将具有专门技术和能力的某些关键人物合法挖走,从而获得知识方面的优势,同时动摇竞争者并削弱其优势;秘密地优先获得原材料的重要来源、主要的部件,以及设在海外的税制较少的生产场地,或是由此通过错误的订单和垄断联盟的组织阻碍对方接近他们;敏捷地通过似是而非的谈判中的第三方让自己卷入其中,这样的谈判同时将会暴露公司的战略和其他重要的信息,包括生产过程和产品的规格,并邪恶地利用妇女、药品和物质的诱惑去诽谤和使公司高级职员丢脸或是使他们皈依到秘密的间谍团队中。

作为这些方法运用的一个典范,竞争者即将面世的产品之影响可以通过泄露其新闻或是承诺相似的进展而被削弱;或是由假的专家对产品的优势或可靠性提出质疑,认为其还不完美,需要进行一定的改进,否则就会很危险,有可能对顾客或环境造成负面的影响;或是对其独特性和特色进行质疑。甚至采取更加否定的、不正当的措施以挫败对手新产品的市场冲击力和以公司及其产品为目标的虚假的情报战(正如他们这些措施常被用来反对个人及其意见一样)这样的做法将会受到广泛的蔑视。通过匿名嵌入,他们将会散播流言、含沙射影、网上攻击,甚至有许多公开地、虚假地威胁,由于新产品所造成的伤害或者死亡要对其在设计上的粗心大意、生产,或是检测提起诉讼。

当像在中国这样的国家需要许可或注册审批时,发行机构常常会被诱导拖延不办甚至是对其全盘否定。虚假地指控其逃税漏税以及其他形式的犯罪活动常匿名实施,导致整个事情牵连到对个人的审查、时间的浪费、开支的剧增,最后,使公司受到质疑,声誉受到玷污。在许多国家,常会使用暴力战略和同盟战略,妨碍、阻止外国船只以及将物资转移也成为常常使用的手段。不幸的是,尽管有希望避免诸如欺诈和破坏等有害的实践行为,但这些行为不但在继续繁殖增加,而且,由于受到《孙子兵法》的影响,这些行为被当成是当代商业活动的有机组成部得以倡导,必须尽力加以提防①。

对这些邪恶行为的猛烈抨击使得国家、公司,尤其是个人遵从孙子的"先为不可胜"②之教导变得更加困难,甚至分歧、脆弱性以及裂缝将总会存在。比喻性地说就是,竖着高垒深沟。由于几乎不可能事先预计新的秘

---

① "Unfortunately, although it might be hoped that these and other inimical practices such as deception and sabotage would be eschewed, not only do they continue to multiply but, because they are based upon the *Art of War*, they are advocated as integral elements of contemporary business practices and must be assiduously guarded against." Ralph D. Sawyer trans. *The Essential Art of War*. Op. cit., p. 124.

② 可参见《孙子兵法》(形篇第四)中的"昔之善战者,先为不可胜,以待敌之可胜。"本书作者注。

密攻击的发生,干扰敌人的活动一样要求具有想象力的措施和非常规的技巧。比如,市场份额或许可通过威慑加以防卫,而市场份额是与卓越的产品质量、市场渗透力、辅助支持、实际的价格、专利设计或是版权保护等相关的。

尽管这样强大的聚合可以阻止许多潜在的竞争者,尤其是那些缺乏"财源"(deep pockets)的公司进入那令人紧张的、有利可图的市场或是那些游击营销人员(还有那些仿冒者和伪造者)将总会造成威胁。公司或是国家越大,在面对包括空壳公司和不讲道理的进口商等叛乱和非常规时他们就更容易变得脆弱。对那些有害的地形进行选择和勘查或是特意将其关注放在那些比较困难的市场上可能足以形成公正客观的局面,但是也可能要求对其客观性和据以判断成功与否的标准进行重新估价。在这里,山中隐士的形象隐约可见。大概以他自己的标准去衡量他是成功的,但在普遍的意义上讲他仍然被这个世界给抛弃了①。

第三节　托马斯·克利里《孙子兵法》英译本之比较研究

继1991年克利里的《孙子兵法》英译本袖珍本由香巴拉出版社出版后,该出版社又于2004年出版了克利里的插图版《孙子兵法》英译本,并于2005年出版了克利里的平装本《孙子兵法》英译本。后面出的这两个译本,无论是译文和文中所用历代军事战略家的评论,还是译文之前的"译者序言"(Translator's Preface)和长达三十多页的"译者导论"(Translator's Introduction)的内容,都是完全一样的。而1991年最先出版的《孙子兵法》英译本袖珍本,由于篇幅的缘故,无论是译文、引用的评论,还是译文前的"译者序言"和"译者导论"的内容,都有程度不同的删减、省略。克利里《孙子兵法》英译本,最出彩的地方即是体现在其"译者序言"和"译者导论"中的丰富而深刻道家思想,以及此部分中克利里将《孙子兵法》中所蕴含的道家思想与其他的道家典籍中相关思想的比较阐释。因而,袖珍本

---

① "Here the image of the recluse in the mountains looms large. Presumably successful on his own terms, he remains widely deprecated by the world." Ralph D. Sawyer trans. *The Essential Art of War*. Op. cit., p. 125.

《孙子兵法》英译本为了携带方便所做的删减、省略处理,极大地削弱了克利里对《孙子兵法》的深刻解读,同时也增加英语世界读者对《孙子兵法》的结构、时代背景、历代著名的《孙子兵法》评论者以及《孙子兵法》中所蕴含的军事法则和道家思想理解的难度。

为了让读者全面了解克利里英译《孙子兵法》的特点,此一节将英译介绍 2004 年插图版《孙子兵法》中的"译者序言"和"译者导论"中的"道家思想与《孙子兵法》"(Taoism and *The Art of War*)。

译者序言

《孙子兵法》,一本两千多年前由一位神秘的中国军人-哲学家所编辑的小册子,或许仍然是当今世界最受人尊崇的、最具影响力的战略著述。在亚洲,它也被现代的政治家和管理者们急切地研究着,同时也被军事领导人和战略家们研究了至少两千多年。

在日本,当代的《孙子兵法》研究者同样急迫地将这本古代的经典运用到现代政治与商业中。实际上,有些人就将日本"二战"后的成功看成是《孙子兵法》这本经典中"不战而屈人之兵,善之善者也"这个告诫的证明①。

作为对冲突中的组织之剖析的一种研究,《孙子兵法》可运用到普遍的竞争与冲突之中,可运用到从人际间到国际间冲突的每个层面上。《孙子兵法》的目标是无敌,是不可战胜,是不战而胜,是通过对体能、政治和冲突的心理加以了解之后的一种不容置疑的力量②。

该英译本从以下三个方面呈现了《孙子兵法》这本军事经典:一是其置身于道家之伟大精神传统的背景;二是东亚的心理学、科学与技术之起源;三是对人性之洞察的来源。正是人性,使得这本论述成功的小册子成

---

① "Indeed, some see in the successes of postwar Japan an illustration of Sun Tzu's dictum of the classic, 'To win without fighting is best.'" Thomas Cleary trans. *The Art of War: An Illustrated Edition*. Op. cit., p. 7.

② "Its aim is invincibility, victory without battle, and unassailable strength through understanding of the physics, politics, and psychology of conflict." Ibid.

为了最受人崇敬的经典①。

我认为,对《孙子兵法》中所蕴含的道家思想的理解之重要性怎么强调都不为过。这本战略经典中不仅渗透了诸如《易经》《道德经》等道家经典中的思想,它还表明了所有的中国传统武学的最终源泉都是道家的基本原理。而且,《孙子兵法》无与伦比地展现出了其军事法则,对这些战略法则予以深层次实践运用的关键则取决于道家所特别强调的心理发展。

个人力量的加强在传统上是与道家的心理技能相一致的,这点其本身是与对《孙子兵法》所教导的大众心理学的理解之运用相关的集体力量的一部分。或许,《孙子兵法》中所蕴含的道家思想最典型地呈现给现代的方式就是,通过一种深邃的人道主义的潜流将其力量不断地加以调和②。

纵观中国历史,道家思想在人类思想和行动的波动浪潮中起着一种调和的作用。它教导人们,生活是一种互相作用之力量的复合体,道家思想使精神和物质的进步都得到了巩固。技术的发展和对这种发展所存在的潜在危险的认识,总是极力鼓励着人类在物质和精神两方面的平衡。相似的是,在政治上,道家思想同时站在统治者与被统治者的立场上,根据时代的需要,建立帝国同时又将其推倒。作为道家思想之经典,《孙子兵法》因而不仅仅只是一本论述战争的书,同时它也是一本倡导和平的书,更是一种理解冲突之根源及其解决办法的工具③。

道家思想与《孙子兵法》

据一个故事讲,中国古代有位君主曾问一位家中几个兄弟都在行医的人,他们中谁的医术最高。

这位与中国医学齐名的医生回答说:"我的长兄能看到疾病之征兆,并能在其发作之前将其根除,他的名只有家里人知道。"

---

① "This translation of *The Art of War* presents the classic from the point of view of its background in the great spirit tradition of Taoism, the origin not only of psychology but also of science and technology in East Asia, and the source of the insights into human nature that underlies this most revered of handbooks for success." Thomas Cleary trans. *The Art of War: An Illustrated Edition*. Op. cit., p. 7.

② "What is perhaps most characteristically Taoist about *The Art of War* in such a way as to recommend itself to the modern day is the manner in which power is continually tempered by a profound undercurrent of humanism." Ibid., p. 8.

③ "As a classic of Taoist thought, *The Art of War* is thus a book not only of war but also of peace, above all a tool for understanding the very roots of conflict and resolution." Ibid.

"我的二哥可以在疾病相当轻微的时候就治愈它,他的名只有邻里间知道。"

"至于我呢,我给动脉针灸、开药方、作按摩,因而有时候我的名字会外传,被一些君王们知道。"

在古代中国的故事中,没有哪一个获得过比《孙子兵法》这本阐述冲突中的战略科学之经典更多的青睐。明朝一位评论家这样写那位医生的故事:"对于经营国家和管理军队的领导、将领和大臣而言,莫过于此。"①

在日常使用中,医生治病的艺术与武学的艺术或许是完全不同的领域,但是两者在以下几个方面有相似之处:一是在人们的认知上,正如上面那个故事中所讲的,不那么被人需要的反而是更好的。二是两者在处理不协调的状况时都需要战略。三是于两者而言,解决问题的关键均在于对问题的了解②。

与故事中的中国古代医生一样,孙子的哲学中,知识和战略的最高效能是制造完全不必要的冲突:"不战而屈人之兵,善之善者也。"与上面那个医生的故事一样,孙子解释说有不同级别的用兵艺术:"上兵伐谋,其次伐交,其次伐兵,其下攻城。"(《孙子兵法》"谋攻篇第三")

正如上面故事中的那位长兄,他的不出名是因为其聪明,而老二难出名是因为他的敏捷一样,孙子也认为:"古之所谓善战者,胜易胜者也。故善战者之胜也,无智名,无勇功。"(《孙子兵法》"形篇第四")

因而这个不战而胜,以最小的努力获得最大成功的理想战略,具有道家思想的显著特征。道家思想乃同时培育了中国医学艺术和军事艺术之知识的古代传统③。《道德经》将同样的战略运用到孙子为士兵们撰写兵法的那个古代社会中:

"图难于其易,为大于其细。天下难事,必作于易。天下大事,必作于

---

① "A Ming Dynasty critic writes of this little tale of the physician:'What is essential for leaders, generals, and ministers in running countries and governing armies is no more than this.'" Thomas Cleary trans. *The Art of War: An Illustrated Edition*. Op. cit., p. 9.

② "…but they are parallel in several senses: in recognizing, as the story says, that the less needed the better; in the sense that both involve strategy in dealing with disharmony; and in the sense that in both knowledge of the problem is key to the solution." Ibid., p. 9.

③ "This ideal strategy whereby one could win without fighting, accomplish the most by doing the least, bears the characteristic stamp of Taosim, the ancient tradition of knowledge that fostered both the healing arts and the martial arts in China." Ibid., p. 10.

细。是以圣人终不为大,故能成其大。"(此为《道德经》第六十三章中的内容)

写于两千多年前内战持续不断的时期,《孙子兵法》产生于与其他一些包括《道德经》在内的最伟大的中国人道主义的经典相同的社会条件下。孙子采取了一种与感性相比更加理性的方法来应对冲突的问题,表明怎样理解冲突才能不仅仅只是解决冲突,而且更能完全避免冲突①。

几个世纪以来,评论家们已经注意到了《孙子兵法》中显著的道家思想,而且也认识到了蕴含在道家哲学与政治学典籍中的战略经典。《孙子兵法》的较高层面所代表的知识水平,即不可战胜的层面以及没有冲突的层面,是道家学说称之为"深知与力行"(deep knowledge and strong action)的一种表达②。

元朝李道纯的《中和集》(*The Book of Balance and Harmony*),这本中世纪的道家著作说:"不窥牖,见天道,深知也。自强不息,无往不适,力行也。"③

对《孙子兵法》而言,这个智者就是那个深谙心理学和冲突之技术性细节的那个人,他能瞬间看透敌人的每一个动作。他是那个能根据形势,依靠他们的天然本性用最小的努力做出正确反应的那个人④。《中和集》进一步以士兵们熟悉的术语描绘了道家的学问与实践:

"知乱于未乱,知危于未危,知亡于未亡,知祸于未祸,深知也。存于身而不为身累,行于心而不为心役,行于世而不为世移,行于事而不为事碍,

---

① "Taking a rational rather than an emotional approach to the problem of conflict, Sun Tzu showed how understanding conflict can lead not only to its solution, but even to its avoidance altogether." Thomas Cleary trans. *The Art of War*: *An Illustrated Edition*. Op. cit., p. 10.

② "The level of knowledge represented by the upper reaches of *The Art of War*, the level of invincibility and the level of no conflict, is one expression of what Taoist lore calls 'deep knowledge and strong action.'" Ibid., p. 11.

③ "*The Book of Balance and Harmony*, a medieval Taoist work, says, 'Deep knowledge of principle knows without seeing, strong practice of the Way accomplishes whithout striving. Deep knowledge is to 'know without going out the door, see the way of heaven without looking out the window. 'Strong action is to grow ever stronger, adpating to all situations.'" Ibid.《中和集》为元朝李道纯著。引文选自《中和集》(智行第八)。本书作者注。

④ "In terms of *The Art of War*, the master warrior is likewise the one who knows the psychology and mechanics of conflict so intimately that every move of an opponent is seen through at once, and who is able to act in precise accord with situations, riding on their natural patterns with a minimum of effort." Thomas Cleary trans. *The Art of War*: *An Illustrated Edition*. Op. cit., p. 11.

力行也。"

"深知其理者,可以变乱为治,变危为安,变亡为存,变祸为福。力行其道者,可以致身于寿域,致心于玄境,致世于太平,致事于大成。"(智行第八)

正如这些段落所表明的,那些运用《孙子兵法》或禅宗艺术以获得深刻的、冷静的亚洲士兵们并不仅仅为了做好心理准备以忍受对迫近的死亡之认识而这样做,而且也是为了获得不假思索就能对形势做出反应所需要的感性[1]。《中和集》如是说:

"寂然而通,无为而成,不见而知,易道之感应也。寂然而通,无所不通。无为而成,无所不成。不见而知,无所不知。"(感应第十二)

与《孙子兵法》一样,认知的范围与道家所擅长的效能是不被他人注意,不被他人感知的。因为他们的关键时刻往往发生在普通人对某种情形做出描绘之前。对此,《中和集》如是说:

"动而感通,不足谓之通;为而后成,不足谓之成;见而后知,不足谓之知。此三者,其于感应之道也,远矣。"

"诚能为之于未有,感之于未动,见之于未萌,三者相须而进,无所感而不通也,无所事而不应也,无所往而非利也。"(感应第十二)

道家著述的一个目的就在于帮助发展这种特别的感知和反应以把握自己的生存状态。《中和集》在阐述《易经》(*I Ching*)关于分析与沉思的教义时提及"易道"(Transformative Tao),那是关于感知与反应的准则中最具权威的章节。与《易经》和其他道家经典一样,《孙子兵法》中蕴含了无数抽象的、比喻性的术语概念。而且,像其他道家经典一样,它也为了迁就读者的智力与人们实践它的方式而放弃了它的精妙之处[2]。

除《易经》和《阴符经》(*Yin Convergence*)之外,伟大的道家经典当属《道德经》。这部经典展示了反映在《孙子兵法》中的对于战争的普遍态度。即是,即便对获胜的一方来说,战争也是毁灭性的,而且常常无法达到

---

[1] "As these passages suggest, warriors of Asia who used Taoist or Zen arts to achieve profound calmness did not do so just to prepare their minds to sustain the awareness of imminent death, but also to achieve the sensitivity needed to respond to situations without stopping to ponder." Thomas Cleary trans. *The Art of War: An Illustrated Edition.* Op. cit., p. 11.

[2] "One of the purposes of Taoist literature is to help to develop this special sensitivity and responsiveness to master living situations …And like other classical Taoist literature, it yields its subtleties in accord with the mentality of the reader and the manner in which it is put into practice." Ibid, p. 13.

预期的目标,是不得已而用之的行为①：

"以道佐人者,不以兵强天下。其事好还。师之所处,荆棘生焉。大军之后,必有凶年。"

"兵者,不祥之器,非君子之器。不得已而用之,恬惔为上。胜而不美,而美之者,是乐杀人。夫乐杀人者,则不可得志于天下矣。"(《道德经》第三十一章)

《孙子兵法》以相似的方式准确描述了愤怒与贪婪是造成失败的根本原因。在孙子看来,只有那些不轻易动感情的、冷漠的、冷静的、超然的士兵才能赢得战事,而非那些性急的复仇者和野心勃勃的利益追寻者。《道德经》对此如是说：

"善为志者,不武；善战者,不怒；善胜敌者,不与。"(《道德经》第六十八章)

在感情的影响之外的作战战略是关于藏而不露、深不可测之普遍战略的一部分。对此,《孙子兵法》以道家的风格给予了强调②："善守者藏于九地之下,善攻者动于九天之上,故能自保而全胜也。"(《孙子兵法》"形篇第四")

同时对政治管理中的民事和军事两方面的强调可在道家经典中找到。道家经典之一的《淮南子》(*The Book of the Huainan Masters*)用了整整一章来阐释道家的军事学,而这,正是《孙子兵法》的实践主题③：

"善形者弗法也,所贵道者,贵其无形也。无形则不可制迫也。"

"唯无形者,无可奈也。是故圣人藏于无原,故其情不可得而观。运于无形,故其陈不可得而经。"(《淮南子·兵略训》[卷十五])

孙子在"虚实篇第六"中写道："微乎微乎,至于无形；神乎神乎,至于无声。故能为敌之司命。"

---

① "This great classic represents the prevailing attitude toward war that characterizes Sun Tzu's manual: that it is destructive even for the victors, often counterproductive, a reasonable course of action only when there is no choice." Thomas Cleary trans. *The Art of War: An Illustrated Edition*. Op. cit., p. 14.

② "The strategy of operating outside the sphere of emotional influence is part of the general strategy of unfathomability that *The Art of War* emphasizes in chracteristic Taoist style." Ibid., p. 16.

③ "*The Book of Huainan Masters*, one of the great Taoist classics of the early Han Dynasty, which followed the dramatic end of the Warring States period, include an entire chapter on Taoist military science that takes up the central theme of the practice of *The Art of War*." Ibid.

孙子和淮南子，都认识到了一种智慧的标准。在这种标准下，没有冲突发生，胜利也不是普通人的肉眼能见的。但是，《孙子兵法》和《淮南子》这两本经典，都是在认识到了这种微妙的技能之难和之珍贵后创作的。与《孙子兵法》一样，淮南子的战略是为实际的冲突所提供的。这些战略不仅是不得已而用之的手段，也是需在严格的条件之下才能实施的办法，而且还需要有恰当的将领①：

"夫将者，必独见独知。独见者，见人所不见也；独知者，知人所不知也。见人所不见，谓之明；知人所不知，谓之神。神明者，先胜者也。先胜者，守不可攻，战不可胜，攻不可守。"（《淮南子·兵略训》[卷十五]）

《孙子兵法》用了一整篇来阐述对"虚实"的把握是获胜的根本。在解释对"虚实"的理解是获取某种胜利之"道"时《淮南子》如是说：

"虚实是也。上下有隙，将吏不相得，所持不直，卒心积不服，所谓虚也。主明将良，上下同心，气意俱起，所谓实也。"

"善者能实其民气，以待人之虚也；不能者虚其民气，以待人之实也。故虚实之气，兵之贵者也。"（《淮南子·兵略训》[卷十五]）

在孙子看来，在恰当的条件下，寡也能胜众，在这些条件中，促成这胜利的是公正、秩序、人和与士气。这是中国思想的另一个中心点，它也在《淮南子》关于军事战略的语境中得到了强调②：

"地广人众，不足以为强；坚甲利兵，不足以为胜；高城深池，不足以为固；严令繁训，不足以为威。为存政者，虽小必存；为亡政者，虽大必亡。"（《淮南子·兵略训》[卷十五]）

古代中国另一位伟大的军事家诸葛亮同样也强调了这个主题：

"夫用兵之道，要在人和，人和则不劝而自战矣。若将吏相猜，士卒不

---

① "…recognize a level of wisdom where conflict does not emerge and victory is not visible to the ordinary eye, but both books are, after all, written in recognition of the difficulty and rarity of this refined attainment. Like Sun Tzu's art of war, the strategy of the masters of Huainan provides for actual conflict, not only as a last resort, but also as an operation to be carried out under the strictest conditions, with appropriate leadership." Thomas Cleary trans. *The Art of War: An Illustrated Edition*. Op. cit., pp. 16-17.

② "Under the right conditions, according to Sun Tzu, a small group could prevail over a large group; and among the conditions that could make this possible were justice, order, cohesion, and morale. This is another pivot of Chinese thought that is also highlighted by the masters of Huainan in the context of military strategy." Ibid., p. 18. 孙子在"军争篇第七"中明确提出了"治众、治气、治心、治力和治变的法则"。本书作者注。

服,忠谋不用,群下谤议,馋慝互生,虽有汤武之智,而不能取胜于匹夫,况众人乎。"(《诸葛亮集》)

诸葛亮作为一位实践天才,他的著述、规划,以及那些关于他自己的名篇实际上全都被纳入了道家的经典中。与《孙子兵法》和其他道家经典一样,诸葛亮的战争哲学也是通过被动而接近主动,用道家的时髦话讲即是"无为"(nondoing)[1]:

"古之善理者不师,善师者不陈,善陈者不战,善战者不败,善败者不亡。"(可参见《诸葛亮集·不陈》,本书作者注)

这与继《道德经》之后《孙子兵法》中的"为不得已""不战而屈人之兵"的观点是一致的。诸葛亮也引用了道家思想中的经典来告诫大家:"故兵者凶器,不得已而用之。"(便宜十六策·治军)但他同时也分享了道家的历史意识,认为最原初的人道主义的世道已经一去不复返了。诸葛亮那些被归为道家经典的著述因而同时具有为政治安全和军事安全的理性观点和实际教义[2]。这些观点与古代孙子的观点非常接近:

"治军之政,谓治边境之事,匡救大乱之道。"

"以威武为政,诛暴讨逆,所以存国家、安社稷之计。是以有文事,必有武备。"

"故含血之蠹,必有爪牙之用。喜则共戏,怒则相害。人无爪牙,故没兵革之器,以自辅卫。"

"故国以军为辅,君以臣为佐。辅强则国安,辅弱则国危。"(便宜十六策·治军)

在强调将领的作用及其普遍的基础时,诸葛亮直接承袭了孙子的观点。在孙子的思想中,民之君与军之将都应该首先进行仔细的考察。诸葛亮继承孙子和淮南子的思想,看到了将之个人品质和大众支持的力量。在道家的思想中,力量既是道德的,也是物质的,而且道家也认为道德的力量

---

[1] "Zhuge's status as a practical genius is so great that his writings, his designs, and writings about him are actually included in the Taoist canon. Like *The Art of War* and the Taoist classics, Zhuge's philosophy of warfare approaches the positive by way of the negative, in the Taoist fashion of 'nondoing'." Thomas Cleary trans. *The Art of war: An Illustrated Edition. Op. cit.*, p.19.

[2] "In ancient times, those who governed well did not arm, those who were armed well did not set up battle lines, those who set up battle lines well did not fight, those who fought well did not lose, those who lost well did not perish." Ibid.

本身也表明了它同时具有自制和对他人施与影响的特征①。为了阐释国之防御力量,诸葛亮如是道:

"在于所任之将也。非民之将,非国之辅,非军之主。"(便宜十六策·治军)

在强调避免缺乏战略的行动和不必要的行动这点上,诸葛亮也紧紧追随了《孙子兵法》中的观点②:

"夫用兵之道,先定其谋,然后乃施其事。审天地之道,察众人之心,习兵革之器,明赏罚之理,观敌众之谋,视道路之险,别安危之处,占主客之情,知进退之宜,顺机会之时,设守御之备,强征伐之势,扬士卒之能,图成败之计,虑生死之事,然后乃可出军任将,张擒敌之势,此为军之大略也。"(便宜十六策·治军)

在《孙子兵法》看来,速度和齐心协力是赢得战争的核心,它们也是不仅仅源自战略的准备,而且也源自将领所依赖的心理上的凝心聚力③。诸葛亮如是说:

"夫将者,人之司命,国之利器,先定其计,然后乃行。其令若漂水暴流,其获若鹰隼之击物,静若弓弩之张,动如机关之发,所向者破,而勍敌自破。将无思虑,士无气势,不齐其心,而专其谋,虽有百万之众,而敌不惧矣。"(便宜十六策·治军)

提到孙子作为成功战略的终极手册之经典,诸葛亮将这些战略与他自己的实践相结合,用《孙子兵法》的主要观点来结束了他阐述军事管理(治军)的一策,主要集中在对士兵的训练和士气上,这些观点源自道家传统:

"非雠不怨,非敌不战。工非鲁班之目,无以见其工巧;战非孙武之谋,无以出其计运。"(便宜十六策·治军)

---

① "In Sun Tzu's scheme, both civil and military leadership are among the first condition to be scrutinized. Zhuge follows Sun Tzu and the masters of Huainan in seeing the strength of leadership based at once on personal qualities and on popular support. In Taoist thought, power was moral as well as material, and it was believed that moral power manifested itself both as self-mastery and as influence over others." Thomas Cleary trans. *The Art of War: An Illustrated Edition*. Op. cit., p. 21.

② "Zhuge also follows *The Art of War* closely in his emphasis on avoiding action without strategy as well as action without need." Ibid.

③ "Speed and coordination, central to success in battle according to Sun Tzu's art of war, also derive not only from strategic preparedness, but from the psychological cohesion on which leadership depends." Ibid., p. 22.

与孙子一样,诸葛亮随即强调了出其不意和速度,这些能使那些难以对付的东西发生倒转①:

"夫计谋欲密,攻敌欲疾,获若鹰击,战如河决,则兵未劳而敌自散,此用兵之势也。"(便宜十六策·治军)

如前面所提及的,客观性是《孙子兵法》所强调的主要观点中的一个,而且《孙子兵法》也教导我们如何不带感情色彩地对形势进行评估。在这点上诸葛亮也同样继承了孙子,强调了仔细权衡行动会带来的好处:

"故善战者不怒,善胜者不惧。是以智者先胜而后求战,闇者先战而后求胜。"(便宜十六策·治军)

这里,诸葛亮直接引了孙子的观点,并加上了孙子对糟糕的计划会导致人力物力的浪费的警告:

"故国困于贵买,贫于远输。攻不可再,战不可三。量力而用,多用则费。罢去无益,则国可宁也;罢去无能,则国可利也。"(便宜十六策·治军)

最后,诸葛亮继承了《道德经》《孙子兵法》和《淮南子》的传统,将胜利归功于深不可测:

"夫善攻者,敌不知其所守;善守者,敌不知其所攻。故善攻者不以兵革,善守者不以城廓。"

"是以高城深池,不足以为固;坚甲锐兵,不足以为强。敌欲固守,攻其无备;敌欲兴阵,出其不意。"(便宜十六策·治军)

"知却佯装不知"的观点作为成功之关键一次又一次被重复,它是道家的沉思冥想与《孙子兵法》之间强有力的联结,因为这种"不见"(invisibility)的艺术之秘密恰是道家所培育的获取对客观现实的非个人观点的内在的超然。早期道家的某些哲学思想被实践派作为个人修身之练习的信条所普遍地运用②。

---

① "Following Sun Tzu, Zhuge emphasizes the advantages of unexpectedness and speed, capable of reversing otherwise insurmountable odds." Thomas Cleary trans. *The Art of War: An Illustrated Edition*. Op. cit., p. 22.

② "This idea of knowing while being unknown, repeated again and again as a key to success, is one of the strongest links between Taoist meditation and *The Art of War*, for the secret to this art of 'invisibility' is precisely the interior detachment cultivated by Taoists for attaining impersonal views of objective reality. Certain of the philosophical teachings of early Taoism are commonly used in practical schools as codes for exercises used in personal cultivation." Ibid., pp. 23-24.

了解道家哲学思想的实践的方面有助于去除可能因表面上看来自相矛盾的态度所引起的似是而非的感觉。孙子一面冷静地教导我们战争的残酷一面又在谴责战争。如果我们从对被道家教义所培育的人之智力的完全了解这个背景之外去看的话,这个事实似乎又是自相矛盾的。

同时对这些不同的观点进行鉴赏也是一种强有力的道家技巧,其理解可以解决存于其中的矛盾与悖论。《孙子兵法》中的这种矛盾的模式在《易经》中也可以发现。其中,残忍和仁慈同时是圣人之道的一部分①。

《道德经》第五章如是说:"天地不仁,以万物为刍狗;圣人不仁,以百姓为刍狗。"

正如《孙子兵法》所表明的,得出此观点的目的不是要培养人一种无情的或麻木的态度,而是为了理解群体心理的力量。比如,对人可如何被情感所操纵的了解,对那些试图避免这种状况和希望利用这种状况的人来说都是有好处的。

从这点来看,《孙子兵法》并非是在呼吁战争。通过对冲突中政治的、心理的和物质的因素的透彻分析,孙子所断言的目标不是鼓励战争,而是要尽量减少减小战争②。

与此相平衡的观点也体现在《道德经》中:

"我有三宝,持而保之:一曰慈,二曰俭,三曰不敢为天下先。慈故能勇,俭故能广,不敢为天下先,故能成器长。今舍慈且勇,舍俭且广,舍后且先,死矣!夫慈,以战则胜,以守则固。天将救之,以慈卫之。"(《道德经》第六十七章)

在《孙子兵法》中孙子将军事行动比作"行火必有因,烟火必有日"之"火"。如果说他的不起冲突之成功战略不能总是奏效的话,那他的超高效的战略至少可以将愚蠢的暴力和毁灭减少到最低限度。在道家的理念中,成功常常是"无为"的,《孙子兵法》的战略是尽可能多地了解什么不可

---

① "The simultaneous appreciation of very different points of view is a powerful Taoist technique, whose understanding can resolve contradiction and paradox. The model of the paradox of *The Art of War* can be seen in the *Tao-te Ching*, where both ruthlessness and kindness are part of the Way of the sage." Thomas Cleary trans. *The Art of War*: *An Illustrated Edition*. Op. cit., p. 24.

② "Seen in the light, *The Art of War* is no more a call to arms than a study on conditioning is a recommendation for slavery. By thoroughly analyzing the political, psychological, and material factors involved in conflict, Sun Tzu's professed aim was not to encourage warfare but to minimize and curtail it." Ibid., pp. 25-26.

为和什么时候不可为之以及知道什么可为和什么时候可为之①。

"无为"之艺术,包括秘传难懂的亚洲武学核心中的不引人注目、不可知、不可理解,是属于以本质之科学而著名的道家学说的一个分支。"有为"之艺术,包括文化的和武学的外在技巧,是属于以生命之科学而著名的道家学说的一个分支。本质之科学必须与人的精神状态相关,而生命之科学则必须与对能量的使用相关,像其他道家经典文本一样,正是在二者的真正平衡中《孙子兵法》得到了最完美的解读②。

到了更现代的时期,道家在"无为"这个主题上的明确观点在《西游记》中得到了永生。

《孙子兵法》被一代又一代的人称之为最重要的战略经典。但或许,它最伟大的法力正在于孙子绕在每一个试图运用他的这本兵书的士兵头上的同情之环中。历史表明,当士兵忘掉套在他头上的这个环时,魔咒的紧箍之力才会被反复吟唱③。

在"《孙子兵法》的结构与内容"一节。克利里十三次提及《易经》中的相关思想,三次提及《道德经》中的相关思想:一是在阐释"计篇第一"中的"兵者,诡道也"一句时引了《道德经》第四十一章中的"大方无隅,大器晚成,大音希声,大象无形"一句。二是在阐释"虚实篇第六"中的"无形"与"易变"这个思想时提及《道德经》第七十八篇中的"天下莫柔弱于水,而攻坚强者莫之能胜,以其无以易之"一句。三是在阐述"火攻篇第十二"中的"主不可以怒而兴师,将不可以愠而致战。合于利而动,不合于利而止"这个观点时引了《道德经》第三十一章中的"兵者,不祥之器,非君子之器,不得已而用之。恬惔为上"一句。

---

① "…and if his strategy of success without conflict was not always attainable, his strategy of hyperefficiency could at least minimize senseless violence and destruction. In Taoist terms, success is often gained by not doing, and the strategy of *The Art of War* is as much in knowing what not to do and when not to do it as it is in knowing what to do and when to do it." Thomas Cleary trans. *The Art of War*: *An Illustrated Edition*. Op. cit., p.26.

② "The science of essence has to do with state of mind, the science of life has to do with use of energy. Like a classic Taoit text, it is in true balance of these two that *The Art of War* is most completely understood." Ibid.

③ "…but perhaps its greatest wizardry lies in the ring of compassion that Master Sun slips over the head of every warrior who tries to use this book. And as history shows, the magic spell that tightens its grip whenever a warrior forgets the ring." Ibid., p.30.

第四节　翟林奈《孙子兵法》英译本对卡尔思罗普《孙子兵法》英译本之批判

　　1905年,日本东京出版了英国上尉卡尔思罗普英译的《孙子兵法:中国军事经典》①。此为英语世界第一个《孙子兵法》英译本,是以日文版的《孙子兵法》为底本英译的。"序言"中卡尔思罗普对四个人对其在英译《孙子兵法》过程中所给予的帮助表示了谢意,其中有东京高等师范学校的金泽先生(Mr. H. Kanazawa)和田山(Mr. M. Tayama)。这两位大概就是汉学家翟林奈在其1910年出版的《孙子兵法》英译本"前言"中予以抨击的日本人,认为"正是由于在日本人帮助下完成的翻译,才使得这个译本如此糟糕。这个译本不仅仅是有严重的错误问题,因为错误是谁都无法完全避免的。其问题在于随处可见的省略,疑难句子的任意曲解或一带而过,而这类过错是难以宽恕的。在任何一种希腊文或拉丁文经典版本中都不能容忍这类错误,相似的、诚实的标准也应该在将中文译成英文时得到坚持。"②而卡尔思罗普之所以要让日本人帮助,翟林奈强调,"显然是由于译者的中文水平远远不能使其解决《孙子兵法》中所有的那些困难。他自己也坦率承认没有两位日本人的帮助,要完成这项翻译任务是不可能的"。③

　　翟林奈译本在"序言"和译文中通篇提及卡尔思罗普译文,译文中对卡尔思罗普的英译处理毫不客气的尖酸讽刺与批评共达一百二十五次,而对其英译处理的肯定只有两次。翟译在"导论"中说明其译本批评所针对的是卡尔思罗普1905年版《孙子兵法》英译本的前三章,而其余部分则是以卡尔思罗普1908年版英译本为对象的。不少学者继承翟林奈译本对卡

---

　　① E. F. Calthrop trans. *Sonshi*, *the Chinese Military Classic*. Op. cit.

　　② "We can only wonder, then, that with their help it should have been so excessively bad. It is not merely a question of downright blunders, from which none can hope to be wholly exempt. Omissions were frequent; hard passages were willfully distorted or slurred over. Such offences are less pardonable. They would not be tolerated in any edition of a Greek or Latin classic, and a similar standard of honesty ought to be insisted upon in translations from Chinese." Lionel Giles. *Sun Tzu on the Art of War*: *The Oldest Military Treatise in the World*. New York: Kegan Paul, 2002, p. viii.

　　③ "Unfortunately, it was evident that the translator's knowledge of Chinese was far too scanty to fit him to grapple with the manifold difficulties of Sun Tzu. He himself plainly acknowledges that without the aid of two Japanese gentlemen 'the accompanying translation would have been impossible'." Ibid.

尔思罗普译本的批评,同时也声称其1908年版的译本较其1905年译本有很大改进。此节本书作者将详细梳理翟林奈《孙子兵法》英译本对卡尔思罗普《孙子兵法》英译本的批判。

"计篇第一"中翟林奈英译本对卡尔思罗普《孙子兵法》英译本的批判共有九处,具体情况如下:

(一)对于"计篇第一"这个标题,翟林奈认为阿米奥的法译本和卡尔思罗普的英译本(First Principle)都将其理解翻译错了①。翟林奈译本将其译为"Laying Plans"。

(二)在翻译"一曰道,二曰天,……地者,远、近、险、易、广、狭、死、生也"一句之前的解释中,翟林奈批评说:"所有这几句,尽管有些难,但并非难到以致于可以证明卡尔思罗普认为悄悄地将其完全省去不译是合理之举。"②(要说明的是,卡尔思罗普译本对此句进行了英译,并没有省去不译。而且下文的批评中,翟林奈也举了其译文。本书作者注)

(三)对于"道者,令民与上同意也"一句,翟林奈认为卡尔思罗普将其英译为"If the ruling authority be upright, the people are united" "太过情绪化但却与孙子的意指完全相悖。"③

(四)卡尔思罗普译本省略了"地者,远、近、险、易、广、狭、死、生也"中"死生"一词的英译④。

(五)卡尔思罗普译本将"法者,曲制、官道、主用也"一句英译为"Partition and ordering of troops"只译出了其中的"曲制"一词⑤。

(六)卡尔思罗普在被迫对其省略的那些词进行翻译后,模糊地做出了下面的阐释:"故校之以计,而索其情"(Further, with regard to these and the following seven matters, the condition of the enemy must be compared with

---

① Laying Plans is the only possible meaning of 计, which M. Amiot and Capt. Calthrop wrongly translates 'Fonderements de l'art militaire' and 'First principles' respectively." Lionel Giles. *Sun Tzu on the Art of War*: *The Oldest Military Treatise in the World*. Op. cit., p. 1.
② "Altogether, difficult though it is, the passage is not so hopelessly corrupt as to justify Capt. Calthrop in burking it entirely." Ibid., p. 2.
③ "Capt. Calthrop translates: 'If the ruling authority be upright, the people are united'——a very pretty sentiment, but wholly out of place in what purports to be a translation of Sun Tzu." Ibid.
④ "死生(omitted by Capt. Calthrop)" Ibid.
⑤ "Capt. Calthrop translates: 'Partition and ordering of troops', which only covers 曲制." Ibid., p. 3.

our own）。卡尔思罗普似乎没明白紧随其后的其中七个询问或者需要思考的方面是直接源自前面的五个基本元素"道、天、地、将和法"的，而非是对这五者的补充①。

（七）卡尔思罗普令人惊异地将"计利以德，乃为之势，以佐其外"错误地英译为"Therefore, with regard to the foregoing, considering that with us lies the advantage, and the general agreeing, we create a situation which promises victory"。最有依靠逻辑才能使他不致译出如此浅薄的胡言乱语②。

（八）卡尔思罗普相当牵强附会地将"实而备之，强而避之"翻译为"If there are defects, give an appearance of perfection, and awe the enemy. Pretend to be strong, and so cause the enemy to avoid you."③

（九）卡尔思罗普将"夫未战而庙算胜者，得算多也"一句中的"庙算"（calculations in his temple）误解为"祭祖的神殿"（the shrine of the ancestors），从而将整句翻译得松散而不准确："When, before battle, in council assembled before the shrine of the ancestors, consider well the plan of campaign."

"作篇第二"中翟林奈译本对卡尔思罗普《孙子兵法》英译本的批判共有八处，具体情况如下：

（一）卡尔思罗普将"作篇第二"首句中的"驰车"和"革车"分别英译为"chariots"和"supply wagons"，但这并没有得到其他评论家的赞同。注意到中国古代战争和希腊荷马时期战争之间的相似是非常有趣的。"④

（二）"千里馈粮，则内外之费，宾客之用，……"翟林奈指出，"则"字紧随"粮"字之后，指示出条件句中的结论句，是非常重要的一个字。但是卡尔思罗普却在译本中将其省略不译，这样他就被引导至将这个无意义的译

---

① "Capt. Calthrop, forced to give some rendering of the words which he had omitted, shows himself decidedly hazy: '…' He does not appear to see that the seven queries or considerations which follow arise directly out of the Five heads, instead of being supplementary to them." Lionel Giles. *Sun Tzu on the Art of War: The Oldest Military Treatise in the World*. Op. cit., p. 3.

② "Capt. Calthrop blunders amazingly over this sentence…Mere logic should have kept him from penning such frothy balderdash." Ibid., p. 5.

③ "Capt. Calthrop evolves an extraordinarily far-fetched translation:……" Ibid., p. 6.

④ "Capt. Calthrop translates 'chariots' and 'supply wagons' respectively, but it is not supported by any commentator. It is interesting to note the analogies between early Chinese warfare and that of Homeric Greeks." Lionel Giles. *Sun Tzu on the Art of War: The Oldest Military Treatise in the World*. Op. cit., p. 9.（翟林奈英译本将"驰车"和"革车"都英译为"chariots"。本书作者注。）

文做了其"作篇"一篇的首句:"Now the requirements of War are such that we need 1,000 chariots,…"①

(三)卡尔思罗普译本在首句"久暴师则国用不足"后增译了一句:"You have the instrument of victory."他似乎是从后一句的开头五个字"其用战也,胜"中得到的思路来源②。

(四)卡尔思罗普在英译"故兵闻拙速,未睹巧之久也"一句时随意发挥自己的想象:"Therefore it is acknowledged that war cannot be too short in duration. But though conduced with the utmost art, if long continuing, misfortunes do always appear."③

(五)卡尔思罗普在英译"近于师者贵卖,贵卖则百姓财竭"一句时将"近于师者"中的"于"字省略掉了,变成了"近师者"。但即便如此,也不能够证明他将此句译为"Repeated wars cause high prices"是合理正确的④。

(六)卡尔思罗普在英译"公家之费,破车罢马,甲胄矢弩,戟楯蔽橹,丘牛大车,十去其六"一句时将"丘牛大车"漏掉没译⑤。

(七)翟林奈毫不客气地说,我们可以不用克制地拒绝卡尔思罗普对"故杀敌者,怒也。取敌之利者,货也"中前一句相当奇特的英译:"Wantonly to kill and destroy the enemy must be forbidden."⑥

(八)卡尔思罗普将"故车战得车十乘以上,赏其先得者"一句英译为"They who are the first to lay their hands on more than ten of the enemy's chariots should be encouraged."翟林奈认为其理解和英译是错误的,不是奖励"先得车十乘以上的士兵",而应该是"在车战中战获敌方十乘以上的战车时",奖励"最先战获敌人战车的人。"翟林奈译本的译文为:"Therefore in chariot fighting, when ten or more chariots have been taken, those should be

---

① "则, which follows 粮 in the *textus receptus*, is important as indicating the apodosis. In the text adopted by Capt. Clathrop it is omitted, so that he is led to give this meaningless translation of the opening sentence: 'Now the requirements of War are such that we need 1,000 chriots'." Lionel Giles. *Sun Tzu on the Art of War*: *The Oldest Military Treatise in the World*. Op. cit., p. 10.

② "Capt. Calthrop adds: 'You have the instruments of victory', which he seems to get from the first five characters of the next sentence." Ibid.

③ "Capt. Calthrop indulges his imagination with the following:…" Ibid., p. 11.

④ "Capt. Calthrop drops the 于, reading 近师者, but even so it is impossible to justify his translation 'Repeated wars cause high prices." Ibid., p. 13.

⑤ "Capt. Calthrop omits to translate 丘牛大车." Ibid., p. 15.

⑥ "We may incontinently reject Capt. Calthrop's extraordinary translation of the first:…" Ibid.

rewarded who took the first."①

"谋攻篇第三"中翟林奈译本对卡尔思罗普《孙子兵法》译本的批判共有四处,具体情况如下:

(一)卡尔思罗普将"轒辒"理解英译为"battering-rams"是错误的。翟林奈译本将其英译为"movable shelters"②。

(二)翟林奈指责卡尔思罗普不负责任地将"将不胜其忿而蚁附之"一句中"蚁附"这个形象生动的比喻省略没译③。

(三)翟林奈指出,对于"将不胜其忿而蚁附之,杀士三分之一,而城不拔者,此攻之灾"一句,卡尔思罗普省略了"而城不拔者"没译,而且还将"此攻之灾"一句翻译错了④。

(四)翟林奈认为,卡尔思罗普对"不知三军之权而同三军之任"一句的英译非常不准确⑤。

"形篇第四"中翟林奈译本对卡尔思罗普《孙子兵法》译本的批判共有九处,具体情况如下:

(一)卡尔思罗普误读误译了标题"形篇第四"。"形"应意为"军形"。翟林奈的英译为"Tactical Disposition"⑥。

(二)卡尔思罗普误译了"不可胜在己,可胜在敌"一句。翟林奈认为这句译文较其1905年《孙子兵法》有所改进,但仍然不正确⑦。

---

① Lionel Giles. *Sun Tzu on the Art of War*: *The Oldest Military Treatise in the World*. Op. cit., p. 16.
② "Of 轒辒 we get a fairly clear description from several commentators. They were wooden missile-proof structures on four wheels, propelled from within, covered over with raw hides, and used in sieges to convey parties of men to and from the walls, for the purpose of filling up the encircling moat with earth …Capt. Calthrop wrongly translates the term 'battering-rams'." Ibid., p. 19.
③ "Capt. Calthrop unaccountably omits this vivid simile, which, as Ts'ao Kung says, is taken from the spectacle of an army of ants climbing a wall. The meaning is that the general, losing patience at the long delay, may make a premature attempt to storm the place before his engines of war are ready." Ibid.
④ "Capt. Calthrop does not translate 而城不拔者, and mistranslates 此攻之灾." Ibid.
⑤ "Capt. Calthrop gives a very inaccurate rendering: 'Ignorant of the situation of the enmy, to interfere in its dispositions.'" Ibid., p. 23.
⑥ "In the modern text, the title of the chapter appears as 军形, which Capt. Calthrop incorrectly translates 'the order of battle.'" Ibid., p. 26.
⑦ "That is, of course, by a mistake on his part. Capt. Calthrop has: 'The causes of defeat come from within; victory is born in the enemy's camp,' which, though certainly an improvement on his previous attempt, is still incorrect." Ibid.

（三）卡尔思罗普对"不能使敌不可胜"一句的解读是错误的①。

（四）卡尔思罗普对"故曰胜可知而不可为"一句的英译为误读误译："The conditions necessary for victory may be present, but they cannot always be obtained."（胜利所需要的那些条件可能呈现出来，但不能总抓得住），并认为这样解读多少有些愚蠢②。

（五）卡尔思罗普的英译"The skillful in attack push to the topmost heaven"完全没有将"善攻者动于九天之上"的意思表达出来③。

（六）批评卡尔思罗普在英译"故能自保而全胜也"一句时想象力太过丰富了④。

（七）不客气地批评卡尔思罗普又一次犯了大错，将"见胜不过众人之所知，非善之善者也"译为了"A victory, even if popularly proclaimed as such by the common folk, may not be a true success."⑤

（八）批评卡尔思罗普完全忽略了"故其战胜不忒。不忒者，其所措必胜，胜已败者也"一句中重要的字"忒"⑥。卡尔思罗普完全省略了"故其战胜不忒。不忒者"没译。翟林奈对此句的英译为："To fight is to win, for he attacks only when the enemy has sown the seeds of defeat."

（九）认为卡尔思罗普对"地生度，度胜量，量生数，数胜称，称生胜"一句的英译不够准确："Touching the laws of war, it is said: first, the rule; second, the measure; third, the tables; fourth, the scales; fifth, the fortelling of victory."⑦

"势篇第五"中翟林奈译本对卡尔思罗普《孙子兵法》译本的批判共有四处，具体情况如下：

（一）对卡尔思罗普对"奇正相生，如循环之无端，孰能穷之"一句中

---

① "Capt. Calthrop makes out the impossible meaning, 'and further render the enemy incapable of victory.'" Lionel Giles. Sun Tzu on the Art of War: The Oldest Military Treatise in the World. Op. cit., p. 27.
② "Capt. Calthrop translates: '…', which is more or less unintelligence." Ibid.
③ "Capt. Calthrop's 'The skillful in attack push to the topmost heaven." Ibid., p. 28.
④ "Capt. Calthrop draws a fertile imagination for the following: 'If these precepts be observed, victory is certain." Ibid p. 28.
⑤ "Capt. Calthrop again blunders badly with:…" Ibid.
⑥ "Capt. Calthrop altogether ignores the important word 忒." Ibid., p. 30.
⑦ "Of Capt. Calthrop's version the less said the better." Ibid., p. 31.

"孰能穷之"英译的指正①。卡尔思罗普1908年版译文较1905年版译文有较大改动,包括句式和对"奇正"这组重要军事概念的英译,其1905年版译文为"Similarly, there is the detaining, or evident force, and the strategic force; but how many plans of battle can we not get from their combination! It is like unto a revolving wheel, perpetually changing, and without finality."②1908年版译文为"In war there are but two forces, the normal and the abnormal; but they are capable of infinite variation. Their mutual interchange is like a wheel, having neither beginning or end. They are a mystery that none can penetrate."(它是不可深究探索之秘密。)③可以看出,其1905年版译本对"孰能穷之"的解读是正确的,而翟林奈认为其1908年版译本对此句的改译不当。但卡尔思罗普1908年版译本对"奇正"的英译要比其1905年版译本恰当,尽管其1905年版译本对"奇"的解释与其1908年版译本相似:"'奇',我在这里将其英译为'strategic',指的是军队用以进行侧面攻击的那一部分,目的在于转移敌人的注意力,或者设下埋伏,而敌人的注意力却被那显而易见的、正面的兵力吸引住了。"④

(二)翟林奈在注释中告诉读者,他对卡尔思罗普对"是故善战者,其执险,其节短"一句的英译不满意⑤。

(三)对卡尔思罗普"故善战者,求之于势,不责于人,故能择人而任势"一句之英译的嘲讽:"如果卡尔思罗普能够告诉我们在哪里能找到他英译的这句话的中文的话,那将会是非常有趣的。"⑥

(四)批评卡尔思罗普对"任势者,其战人也,如转木石。木石之性,安则静,危则动,方则止,圆则行"一句后半部分的完全忽略,而代之以毫无理

---

① "Capt. Calthrop is wrong with: 'They are a mystery that none can penetrate'." Lionel Giles. *Sun Tzu on the Art of War: The Oldest Military Treatise in the World.* Op. cit., p.37.
② E. F. Calthrop trans. *Sonshi, the Chinese Military Classic.* Op. cit., p.15.
③ E. F. Calthrop trans. *The Book of War: The Military Classic of the Far East.* London: John Murray, 1908, p.32.
④ E. F. Calthrop trans. *Sonshi, the Chinese Military Classic.* Op. cit., p.14.
⑤ "I do not care for Capt. Calthrop's rendering: 'The spirit of the good fighter is terrifying, his occasions sudden.'" E. F. Calthrop trans. *The Book of War: The Military Classic of the Far East.* Op. cit., p.38.
⑥ "It would be interesting if Capt. Calthrop could tell us where the following occurs in the Chinese: 'yet, when an opening or advantage shows, he pushes it to its limits.'" Ibid., p.41.

由的篡改①。

"虚实篇第六"中翟林奈译本对卡尔思罗普《孙子兵法》译本的批判共有十处,具体情况如下:

(一)为翟林奈译本对卡尔思罗普对"出其所必趋,趋其所不意"一句英译的批评。从卡尔思罗普1908年版的译文看,其对该句中的两个"趋"字的解读都有问题。卡尔思罗普将第一个"趋"解读为"appearing"(出现),第二个"趋"解读为"assaulting"(攻击)②。

(二)认为卡尔思罗普对"微乎微乎,至于无形;神乎神乎,至于无声。故能为敌之司命"的解读和英译是错误的③。

(三)卡尔思罗普对"乖其所之也"一句的翻译没有完全抓住"乖"字的意思④。

(四)批评卡尔思罗普对"故形人而我无形"中"无形"一词的解读是完全错误的⑤。

(五)讽刺卡尔思罗普对"能以众击寡者,吾之所与战者约矣"的英译大概只有他自己才明白自己在说什么⑥。

(六)指出"故知战之地,知战之日,则可千里而会战"一句并无"击败"

---

① "Capt. Calthrop ignores the last part of the sentence entirely. In its stead he has: 'So await the opportunity, and so act when the opportunity arrives——another absolutely gratuitous interpolation.'" E. F. Calthrop trans. *The Book of War*: *The Military Classic of the Far East*. Op. cit., p. 14.

② "This may be done by appearing where the enemy is not, and assaulting unexpected points." Ibid., p. 35.翟译的批评是正确的,而其译文为 "Appear at points the enemy must hasten to defend; march swiftly to places where you are not expected." Lionel Giles. *Sun Tzu on the Art of War*: *The Oldest Military Treatise in the World*. Op. cit., p. 43.翟译将第一个"趋"理解为"敌人急着去防卫";第二个"趋"则为"到敌人想不到的地方",是恰当准确的。

③ "Capt. Calthrop's version of this paragraph is so remarkable that I cannot refrain from quoting it in full: 'Now the secrets of the art of offence are not to be easily apprehended, as a certain shape or noise can be understood, of the senses; but when these secrets are once learnt, the enemy is mastered.'" Lionel Giles. *Sun Tzu on the Art of War*: *The Oldest Military Treatise in the World*. Op. cit., p. 45.

④ "Capt. Calthrop translates: 'and prevent the enemy from attacking by keeping him in suspense,' which shows that he has not fully grasped the meaning of 乖." Ibid., p. 46.

⑤ "形 is here used as an active verb: 'to make appear'. See IV, not on heading. Capt. Calthrop's 'making feints' is quite wrong." Ibid.

⑥ "As for Capt. Calthrop's translation: 'In superiority of numbers there is economy of strength,' its meaning is probably known to himself alone." Ibid., p. 47.

之意,而卡尔思罗普的英译却显示出了此意①。

（七）指出卡尔思罗普省略了对"以吾度之"一句的翻译②。

（八）批评卡尔思罗普对"以吾度之"一句之后的内容"越人之兵虽多,亦奚益于胜败哉？故曰：胜可为也"的翻译不利索、不准确③。

（九）批评卡尔思罗普对"敌虽众,可使无斗"一句的解读是错误的④。

（十）讽刺卡尔思罗普将"角之"解读为"拍打着翅膀"（Flap the wings）,是相当令人惊讶的,难道他将拉丁词"cornu"的意思忘之脑后了吗？⑤

"军争篇第七"中翟林奈译本对卡尔思罗普《孙子兵法》译本的批判共有六处,具体情况如下：

（一）认为卡尔思罗普将篇名"军争"解读英译为"作战的战术"（Battle Tactics）,将"争"理解为"战"是不恰当的。翟林奈认为"军争"的真正意思应如李筌的注释"快速行军以抓住有利战势"（marching rapidly to seize an advantage）所指。翟林奈的英译为"Manoeuvring"⑥。

（二）批评卡尔思罗普将"众军为危"翻译为"the wrangles of a

---

① "There is nothing about 'defeating' anybody in this sentence, as Capt. Calthrop translates." Lionel Giles. *Sun Tzu on the Art of War*: *The Oldest Military Treatise in the World*. Op. cit., p. 48.卡尔思罗普对此句的英译为："Having decides on the place and day of attack, though the enemy be a hundred leagues away, we can defeat him." E. F. Calthrop trans. *The Book of War*: *The Military Classic of the Far East*. Op. cit., p. 37.

② "Capt. Calthrop omits 以吾度之." Lionel Giles. *Sun Tzu on the Art of War*: *The Oldest Military Treatise in the World*. Op. cit., p. 49.

③ "Capt. Calthrop omits 以吾度之, and his translation of the remainder is flabby and inaccurate." Lionel Giles. *Sun Tzu on the Art of War*: *The Oldest Military Treatise in the World*. Op. cit., p. 49.卡尔思罗普对此句的英译为："The soldiers of Wu are less than the soldiers of Yueh; but as superiority in numbers does not of necessity bring victory, I say, then, that we may obtain the victory." E. F. Calthrop trans. *The Book of War*: *The Military Classic of the Far East*. Op. cit., p. 38.

④ "Capt. Calthrop quite unwarrantably translates：'If the enemy be many in number, prevent him.'" Lionel Giles. *Sun Tzu on the Art of War*: *The Oldest Military Treatise in the World*. Op. cit., p. 50.

⑤ "Capt. Calthrop surpasses himself with the staggering translation 'Flap the wings'! Can the Latin *cornu*(in its figurative sense) have been at the back of his mind?" Ibid., p. 51.

⑥ "In any case, we must beware of translating 争 by the word 'fighting' or 'battle', as if it were equivalent to 战. Capt. Calthrop falls into this mistake." Lionel Giles. *Sun Tzu on the Art of War*: *The Oldest Military Treatise in the World*. Op. cit., p. 55.

multitude"是错误的。翟林奈的英译为"with an undisciplined multitude, most dangerous"①。

（三）指出卡尔思罗普对"是故卷甲而趋,日夜不处"一句中"卷甲"一词的解读是错误的。"卷甲"不是"卸甲",相反,是"将铠甲穿在身上"之意②。

（四）卡尔思罗普省略了"悬权而动"一句没译③。

（五）讽刺卡尔思罗普将"将军可夺心"一句英译为"defeat his general's ambition"错得太离谱了。翟林奈的英译为"a commander-in-chief may be robbed of his presence of mind"④。

（六）认为卡尔思罗普在理解"治心、治力、治变"时,对"治心"一词的解读(to have the heart under control)是不恰当的⑤。

"九变篇第八"中翟林奈译本对卡尔思罗普《孙子兵法》译本的批判共有七处,具体情况如下：

（一）卡尔思罗普漏译了"衢地合交"一句⑥。

（二）卡尔思罗普对"围地则谋"中"围地"一词的英译"mountainous and wooded country"相当不准确⑦。

（三）批评卡尔思罗普将"城有所不攻"一句中的"城"字解读为"castles"是对其添加了地方色彩,是一次错误的尝试⑧。

（四）对卡尔思罗普英译"治兵不知九变之术,虽知五利,不能得人之

---

① "The commentators take it to mean that maneuvres may be profitable, or they may be dangerous, it all depends on the ability of the general. Capt. Calthrop translates 众争 'the wrangles of a multitude'." Lionel Giles. *Sun Tzu on the Art of War: The Oldest Military Treatise in the World*. Op. cit., p. 58.

② "卷甲 does not mean 'to discard one's armour,' as Capt. Calthrop translates, but implies on the contrary that it is to be carried with you." Ibid.

③ "Ponder and deliberate before you make a move. Capt. Calthrop omits this sentence." Ibid., p. 63.

④ "Capt. Calthrop goes woefully astray with 'defeat his general's ambition'." Ibid., p. 66.

⑤ "To speak of 'controlling presence of mind' is absurd, and Capt. Calthrop's 'to have the heart under control' is hardly less so." Ibid., p. 68.

⑥ "Capt. Calthrop omits 衢地." Ibid., p. 71.

⑦ "Capt. Calthrop has 'mountainous and wooded country', which is a quite inadequate translation of 围." Ibid., p. 72.

⑧ "Capt. Calthrop says 'castles'——an unfortunate attempt to introduce local color." Ibid., p. 73.

用矣"一句的批评。翟林奈认为卡尔思罗普的英译太马虎①。

（五）批评卡尔思罗普1905年版和1908年版两个译本对"杂于害而患可解也"一句的英译均不恰当②。

（六）指责卡尔思罗普荒谬地将孙子的观点"是故屈诸侯者以害"曲解为残忍的命令③。

（七）批评卡尔思罗普对"忿速，可侮也"一句的解读不当④。

"行军篇第九"中翟林奈译本共提及卡尔思罗普《孙子兵法》译本十五次，其中批判十四次，赞扬一次，具体情况如下：

（一）批评卡尔思罗普在英译"凡处军相敌，绝山依谷"中的"依谷"（camp in valleys）一词时，没有考虑紧随其后的句子，导致其解读错误。"依"在这里是"近"的意思⑤。

（二）翟林奈指出卡尔思罗普对"欲战者无附于水而迎客"一句的英译因省略了"欲战者"而使得孙子其后的警告"无附于水而迎客"显得很可笑⑥。

（三）认为卡尔思罗普对"无迎水流"一句的英译，其1908年版译本比

---

① "Capt. Calthrop offers this slovenly tranlation: In the management of armies, if the art of the Nine Changes be understood, a knowledge of the Five Advantages is of no avail …" Lionel Giles. *Sun Tzu on the Art of War: The Oldest Military Treatise in the World*. Op. cit., p. 75. 翟林奈对此句的英译为："So, the student of war who is unversed in the art of varying his plans, even though he be acquainted with the Five Advantages, will fail to make the best use of his men." Ibid., p. 74.

② "In his first edition, Capt. Calthrop translates it as: 'The wise man perceives clearly wherein lies advantage and disadvantage. While recognizing an opportunity, he does not overlook the risks, and saves future anxiety.' This has now been altered into: 'The wise man considers well both advantage and disadvantage. He sees a way out of adversity, *and on the day of victory to danger is not blind*.'" Ibid. p. 76.

③ "Capt. Calthrop twists Sun Tzu's words into an absurdly barbarous precept: 'In reducing an enemy to submission, inflict all possible damage uopn him.'" Ibid.

④ "I fail to see the meaning of Capt. Calthrop's 'which brings insult'." Ibid., p. 78.

⑤ "Tu Mu says that 依 here = 近. The idea is, not to linger among barren uplands, but to keep close to supplies of water and grass. Capt. Calthrop translates 'camp in valleys', heedless of the very next sentence." Ibid., p. 80.

⑥ "Capt. Calthrop makes the injunction ridiculous by omitting 欲战者." Ibid., p. 82.

其1905年版译本有改观。言下之意,其最初的译本对此句的解读不太准确①。

(四)讥讽卡尔思罗普真是有才,竟然将"交军于斥择之中"误译为"in the neighborhood of a marsh"②。

(五)刻薄地嘲笑卡尔思罗普对"众树动者,来也。众草多障者,疑也"一句的英译,讥讽其每当遇到难懂的句子时就胡乱想当然,并认为自己的想象是合乎情理的③。

(六)认为卡尔思罗普将"无约而请和者,谋也"中的"无约"一词英译为"without consultation"不准确④。

(七)指出卡尔思罗普对"半进半退者,诱也"一句中"半进半退"一词的解读是错误的⑤。

(八)认为卡尔思罗普对"见利而不进者,劳也"一句的英译中"booty"一词是多余的⑥。

(九)是对卡尔思罗普两次赞同中的一次,实为难得。认为卡尔思罗普将"吏怒者,倦也"解读为"因而士兵怠于遵命"(slow to obey)是正

---

① "Capt. Calthrop's first version was:'Do not cross river in the face of the stream'——a sapient piece of advice, which made one curious to know what the correct way of crossing rivers might be. He has now improved this into:'Do not fight when the enemy is between the army and the source of the river.'" Lionel Giles. *Sun Tzu on the Art of War: The Oldest Military Treatise in the World*. Op. cit., p. 83.

② "Capt. Calthrop, with a perfect genius for going wrong, says'in the neighborhood of a marsh'." Ibid., p. 83.

③ "Whenever the meaning of a passage happens to be somewhat elusive, Capt. Calthrop seems to consider himself justified in giving free rein to the imagination." Ibid., p. 88. 卡尔思罗普的英译为:"Movement among the trees shows that the enemy is advancing. Broken branches and trodden grass, as of the passing of a large host, must be regarded with suspicion." E. F. Calthrop trans. *The Book of War: The Military Classic of the Far East*. Op. cit., pp. 49-50.

④ "Capt. Calthrop has'without consultation', which is too loose." Lionel Giles. *Sun Tzu on the Art of War: The Oldest Military Treatise in the World*. Op. cit., p. 92.

⑤ "Capt. Calthrop is hardly right in translating:'An advance, followed by sudden retirement.'" Ibid.

⑥ "Not necessarily'booty', as Capt. Calthrop translates it." Ibid., p. 93. 卡尔思罗普的英译为:"Disregard of booty that lies ready at hand is a sign of exhaustion." E. F. Calthrop trans. *The Book of War: The Military Classic of the Far East*. Op. cit., p. 51.

确的①。

（十）指出卡尔思罗普的两个译本对"军无悬瓴"的处理都不恰当②。而翟林奈自己 1910 年版译本的译文为："And when the men do not hang their cooking-pots over the camp-fires, showing that they will not return to their tents, you may know that they are determined to fight to the death."③从译文可以看出，卡尔思罗普 1905 年版译本对此句中"穷寇也"的解读（处于绝望境地）是正确的，而其 1908 年版译本的解读（敌人已经弹尽粮绝了）则不准确，翟译（由此可见他们将会誓死相拼）则是在自由发挥。

（十一）认为卡尔思罗普对"兵怒而相迎"一句的解读误入了"相"一字的圈套④。

（十二）批评卡尔思罗普对"兵非益多也"一句的英译太不准确了⑤。

（十三）指出卡尔思罗普对"卒已亲附而罚不行，则不可用也"一句的英译是错误的⑥。

（十四）认为卡尔思罗普把"故令之以文，齐之以武，是谓必取"一句也英译错了⑦。

（十五）指出卡尔思罗普对该篇最后一句"令素信著者，与众相得也"

---

① "And therefore, as Capt. Calthrop says, slow to obey." Lionel Giles. *Sun Tzu on the Art of War: The Oldest Military Treatise in the World*. Op. cit., p. 93. 卡尔思罗普的英译为："If the officers be angry, it is because the soldiers are tired, and slow to obey." E. F. Calthrop trans. *The Book of War: The Military Classic of the Far East*. Op. cit., p. 51.

② 卡尔思罗普 1905 年版译本译文为："When they cast away their cooking-pots, as if with no intention of returning, the soldiers are desperate." E. F. Calthrop trans. *Sonshi, the Chinese Military Classic*. Op. cit., p. 30. 卡尔思罗普 1908 年版译本译文为"When the cooking-pots are hung up on the wall and the soldiers turn not in again, the enemy is at an end of his resources." E. F. Calthrop trans. *The Book of War: The Military Classic of the Far East*. Op. cit., pp. 51-52.

③ Lionel Giles. *Sun Tzu on the Art of War: The Oldest Military Treatise in the World*. Op. cit., p. 94.

④ "Capt. Calthrop falls into a trap which often lurks in the word 相." Ibid., p. 96.

⑤ "... which Capt. Calthrop renders, much too loosely: 'Numbers are no certain mark of strength.'" Ibid.

⑥ "This is wrongly translated by Capt. Calthrop: 'If the troops know the general, but are not affected by his punishments, they are useless.'" Lionel Giles. *Sun Tzu on the Art of War: The Oldest Military Treatise in the World*. Op. cit., p. 98.

⑦ "Again I must find fault with Capt. Calthrop's translation: 'By humane treatment we obtain obedience; authority brings uniformity.'" Lionel Giles. *Sun Tzu on the Art of War: The Oldest Military Treatise in the World*. Op. cit., p. 98.

也解读错了①。

"地形篇第十"中翟林奈译本对卡尔思罗普《孙子兵法》译本的批判共有十处，具体情况如下：

（一）批评卡尔思罗普把"支地"和"挂地"混为一谈了②。

（二）卡尔思罗普漏译了"以战则利"一句③。

（三）卡尔思罗普误译了"可以往，难以返，曰挂"一句中的"返"一字④。

（四）卡尔思罗普对"我先居之,必盈之以待敌"的解读"Defiles, make haste to occupy"是错误的。"我先居之"是个条件句,即"若我先居之",是回应后一句中的"若敌先居之"的⑤。

（五）卡尔思罗普省略了"凡此六种,地之道也,将之至任,不可不察也"一句中的"至任"一词没译⑥。

（六）认为卡尔思罗普将"故兵有走者,有弛者,有陷者,有崩者"一句中的"险"和"崩"分别英译为"distrees","disorganisation"是错误的⑦。

（七）批评卡尔思罗普将"卒强吏弱,曰弛"一句中的"弛"英译为"relaxation"不太好,语义模糊⑧。

（八）指出卡尔思罗普对"计险阨远近,上将之道也"一句的英译让人感到困惑⑨。

（九）认为卡尔思罗普对"厚而不能使,爱而不能令,乱而不能治,譬如

---

① "Capt. Calthrop winds up the chapter with a final mistranslation of a more than usually heinous description:'Orders are always obeyed, if general and soldiers are in sympathy.'" Lionel Giles. *Sun Tzu on the Art of War: The Oldest Military Treatise in the World*. Op. cit., p. 99.

② "I do not know why Capt. Calthrop calls 支地 'suspended ground', unless he is confusing it with 挂地." Ibid., p. 101.

③ "Omitted by Capt. Calthrop." Ibid., p101.

④ "Capt. Calthrop is wrong in translating 返 'retreat from it'." Ibid., p. 102.

⑤ Capt. Calthrop says:"Defiles, make haste to occupy.' But this is a conditional clause, answering to 若敌先居之." Ibid., p. 103.

⑥ "Capt. Calthrop omits 至任." Ibid., p. 104.

⑦ "I take exception to Capt. Calthrop's rendering of 陷 and 崩 as 'distress' and 'disorganisation', respectively." Ibid., p. 105.

⑧ "弛 'laxity'——the metaphor being taken from an unstrung bow. Capt. Calthrop's 'relaxation' is not good, on account of its ambiguity." Ibid.

⑨ "I am decidedly puzzled by Capt. Calthrop's translation:'an eye for steepness, *command* and distance.' Where did he find the word which I have put italics?" Ibid., p. 108.

骄子,不可用也"一句中的三个从句的处理是相当错误的①。

(十)是对卡尔思罗普英译"知彼知己,胜乃不殆"的指正。卡尔思罗普两个译本都将此句英译为"Know thyself; know the enemy; fear not for victory"②,用分号将此句分成了具有并列关系的三个句子,而非像翟译(If you know the enemy and know yourself, your victory will not stand in doubt)③以及后来其他英译本将"知彼知己"理解为后一句"胜乃不殆"的条件。

"九地篇第十一"中翟林奈译本共提及卡尔思罗普《孙子兵法》译本二十八次,其中批判二十七次,赞扬一次,具体情况如下:

(一)认为卡尔思罗普将"入人之地而不深者,为轻地"一句中的"轻地"解读为"disturbing ground"是不合理的。翟林奈指出,如果对习语的翻译不好把握时,至少应该去尝试对其进行字面翻译④。

(二)批评卡尔思罗普将"诸侯之地三属,先至而得天下之众者,为衢地"一句中"衢地"英译为"path-ridden ground"不当,倒是可以用其来翻译"交地"⑤。

(三)认为卡尔思罗普对"交地则无绝,衢地则合交"一句中"交合"一词的解读太模糊⑥。

(四)批评卡尔思罗普对"贵贱不相救,上下不相持"中"贵贱"一词的英译不当,但是用来英译"上下"一词更合适⑦。

(五)认为卡尔思罗普对"卒离而不集,兵合而不齐"一句中"卒离"一

---

① "Capt. Calthrop has got these three clauses quite wrong. The last he translates: 'overindulgence may produce disorder.'" Lionel Giles. *Sun Tzu on the Art of War*: *The Oldest Military Treatise in the World*. Op. cit., p. 111.

② E. F. Calthrop trans. *Sonshi*, *the Chinese Military Classic*. Op. cit., p. 35. & E. F. Calthrop trans. *The Book of War*: *The Military Classic of the Far East*. Op. cit., p. 57.

③ Lionel Giles. *Sun Tzu on the Art of War*: *The Oldest Military Treatise in the World*. Op. cit., p. 112.

④ "Capt. Calthrop's rendering of 轻地, has anything to justify it. If an idiomatic translation is out of the question, one should at least attempt to be literal." Ibid., p. 115.

⑤ "Capt. Calthrop's 'path-ridden ground' might stand well enough for 交地 above, but it does not bring out the force of 衢地, which clearly denotes the central position where important highways meet." Ibid., p. 116.

⑥ "Capt. Calthrop' 'cultivate intercourse' is much too timid and vague." Ibid., p. 119.

⑦ "I doubt if 贵贱 can mean 'officers and men', as Capt. Calthrop translates. This is wanted for 上下." Ibid., p. 121.

词的英译是错误的①。

（六）认为"兵之情"意为"战况"，卡尔思罗普将"兵之情主速"一句中的"兵之情"解读为"士气"（the spirit of troops）是错的②。

（七）指出卡尔思罗普漏译了"运兵计谋,併气积力,为不可测"一句中的"併气积力"③。

（八）批评卡尔思罗普英译"投之无所往,死且不北。死焉不得士人尽力"一句时断句不正确。"死"本身构成的是条件状语从句,而"焉"="安",是语气词。卡尔思罗普英译时将"得"字断成了条件状语从句的末一个字,成了"死焉不得"④。

（九）认为卡尔思罗普对"兵士甚陷则不惧,无所往则固,深入则拘,不得已则斗"一句中"则拘"一词的解读是没有说服力的⑤。

（十）批评卡尔思罗普误译了"是故其兵不修而戒,不求而得"一句中的"不修"一词⑥。

（十一）批评卡尔思罗普误将"吾士无余财,非恶货也；无余命,非恶寿也"一句中的两个"恶"字当作形容词来解读⑦。

（十二）批评卡尔思罗普在英译"将军之事静以幽,正以治"一句时没有将"静"与"正"的意思准确译出。其译文中的最后一个形容词"prudent"并无"治"的意思⑧。

---

① "Capt. Calyhrop translates 卒离 'they scattered the enemy', which cannot be right." Lionel Giles. *Sun Tzu on the Art of War*: *The Oldest Military Treatise in the World*. Op. cit., p. 21.

② "兵之情 means 'the conditions of war', not, as Capt. Calthrop says, 'the spirit of troops'." Ibid., p. 122.

③ "It has struck me, however, that the true reading might be, not 运兵, but 连兵 'link your army together', which would be more in keeping with 併气积力. Capt. Calthrop cuts the Gordian knot by omitting the words altogether." Ibid., p. 124.

④ "死 by itself constitutes the protasis, and 焉 is the interrogative = 安. Capt. Calthrop makes the protasis end with 得：'If there be no alternative but death'." Ibid., p. 125.

⑤ "Capt. Calthrop weakly says：'there is unity', as though the text were 则专. But 拘 introduces quite a new idea——that of *tenacity*——which Ts'ao Kung tries to explain by the word 缚 'to bind fast'." Ibid.

⑥ "Tu Mu says：不待修整而自戒惧. Capt. Calthrop wrongly translates 不修 'without warnings'." Lionel Giles. *Sun Tzu on the Art of War*: *The Oldest Military Treatise in the World*. Op. cit., p. 126.

⑦ "Capt. Calthrop, mistaking 恶 for the adjective, has：'not because money is a bad thing…not because long life is evil'." Ibid., p. 127.

⑧ "幽 and 治 are causally connected with 静 and 正 respectively. This is not brought out at all in Capt. Calthrop's rendering：'The general should be calm, inscrutable, just and prudent.' The last adjective, moreover, can in no sense be said to represent 治." Ibid., p. 131.

（十三）指出卡尔思罗普没有明白"易其事,革其谋,使人无识。易其居,迂其途,使人不得虑"一句中的"人"指的是"敌人"(enemy),与上一句中的"士卒"是相对的。英译时卡尔思罗普将此句与前一句合在了一起翻译①。

（十四）认为卡尔思罗普对"九地之变,屈伸之利,人情之理,不可不察也"一句中"屈伸之利"的解读是错误的②。

（十五）认为卡尔思罗普对"去国越境而师者,绝地也。四达者,衢地也"一句的解读很糟糕③。

（十六）指出卡尔思罗普英译时把"四达者,衢地也"一句都省略了④。

（十七）批评卡尔思罗普把"吾将固其结"中的"固其结"与前面"交地则无绝,衢地则交合"中的"交合"一词用了同一个短语来表达⑤。

（十八）认为卡尔思罗普没有把"重地吾将继其食"一句中的"继"字的意思翻译出来⑥。

（十九）批评卡尔思罗普将"圮地吾将进其途"一句中的"进其途"英译为"do not linger"是不正确的。这样英译不过是对"疾过去也"一句阐释的阐释而已⑦。

（二十）认为卡尔思罗普对"故兵之情,围则御,不得已则斗,过则从"

---

① "Note that 人 denotes the enemy, as opposed to the of 士卒. Capt. Calthrop, not perceiving this, joins the two paragraphs into one." Lionel Giles. *Sun Tzu on the Art of War*:*The Oldest Military Treatise in the World*. Op. cit., p. 132.卡尔思罗普的英译为:"He should keep his officers and men in ignorance of his plans, and inform no one of any changes or fresh departures. By changing his camps, and taking devious and unexpected routes, his plans cannot be guessed." E. F. Calthrop trans. *The Book of War*:*The Military Classic of the Far East*. Op. cit., p. 63.

② "The use of 屈伸 'contraction and expansion' may be illustrated by the saying 屈以求伸, which almost exactly corresponds to the French 'il faut reculer pour mieux sauter.' Capt. Calthrop, *more suo*, avoids a real translation and has:'the suiting of the means to the occasion.'" Lionel Giles. *Sun Tzu on the Art of War*:*The Oldest Military Treatise in the World*. Op. cit., p. 134.

③ "Capt. Calthrop gives but a poor rendering of this sentence:'To leave home and cross the borders is to be free from interference.'" Ibid., p. 135.

④ "Capt. Calthrop omits these altogether." Ibid.

⑤ "Capt. Calthrop translates 固其结 by the same words as 交合 in 'cultivate intercourse'" Ibid., p. 137.

⑥ "Capt. Calthrop's 'be careful of supplies' fails to render the force of 继." Ibid.

⑦ "Capt. Calthrop's 'do not linger' cannot be called a translation, but only a paraphrase of the paraphrase offered by Ts'ao Kung:疾过去也 'Pass away from it in all haste.'" Ibid.

一句中"过"字的英译是错误的①。

（二十一）指出卡尔思罗普在英译"是故不争天下之交，不养天下之权，信己之私，威加于敌"一句时省略了"信己之私"中的"之私"二字②。

（二十二）赞扬卡尔思罗普对"犯之以事，勿告以言"一句的英译很棒，很简洁③。

（二十三）指出卡尔思罗普省略了"此谓巧能成事者也"一句没有英译④。

（二十四）批评卡尔思罗普对"是故政举之日，夷关拆符，无通其使"一句中"政举"一词的英译是错误的⑤。

（二十五）讽刺卡尔思罗普对"敌人开阖，必亟入之"一句中难理解英译的地方跳过没有英译⑥。

（二十六）嘲讽卡尔思罗普对难句"先其所爱，微与之期"试图不译，而以自己的想象代之⑦。（11-13这三个上标在正文和脚注中不能自动生成带圈的数字）

（二十七）指出卡尔思罗普省略了"践墨随敌，以决战事"一句中的"以决战事"没有英译⑧。

（二十八）批评卡尔思罗普将"是故始如处女，敌人开户。后如脱兔，敌不及拒"中"兔"英译为"rabbit"是错误的。翟林奈将"兔"英译为

---

① "过则从 is rendered by Capt. Calthrop: 'to pursue the enemy if he retreat.' But 过 cannot mean 'to retreat'." Lionel Giles. *Sun Tzu on the Art of War: The Oldest Military Treatise in the World*. Op. cit., p. 139.

② "The commentators are unanimous on this point, and we must therefore beware of translating 信己之私 by 'secretly self-confident' or the like. Capt. Calthrop (omitting 之私) has: 'he has confidence in himself.'" Lionel Giles. *Sun Tzu on the Art of War: The Oldest Military Treatise in the World*. Op. cit., p. 142.

③ "Capt. Calthrop translates this sentence with beautiful simplicity: 'Orders should direct the soldiers.'" Ibid., p. 143.

④ "Capt. Calthrop omits this sentence, after having thus translated the two preceding:…" Ibid., p. 146.

⑤ "政举 does not mean 'when war is declared', as Capt. Calthrop says,…" Ibid.

⑥ "Capt. Calthrop glides rather too smoothly over the rough place. His translation is: 'conduct the business of the government with vigilance.'" Ibid., p147.

⑦ "Capt. Calthrop hardly attempts to translate this difficult paragraph, but invents the following instead: 'Discover what he most values, and plan to seize it.'" Ibid.

⑧ "The last four words of the Chinese are omitted by Capt. Calthrop." Ibid., p. 148.

"hare"①。

"火攻篇第十二"中翟林奈译本对卡尔思罗普《孙子兵法》译本的批判共有五处,具体情况如下:

(一)批评卡尔思罗普对"孙子曰:凡火攻有五,……五曰火队"一句中"火队"的解读太过简单②。

(二)讥讽卡尔思罗普对"故以火佐攻者明,以水佐攻者强"一句的翻译独出心裁③。

(三)批评卡尔思罗普对"夫战胜攻取而不修其功者,凶,命曰费留"的英译与原中文文本几乎没有什么关系④。

(四)指出卡尔思罗普在"合于利而动,不合于利而止"一句前增译了一句"不打无利可图之仗"(Do not make war unless victory may be gained thereby)⑤。

(五)认为卡尔思罗普对"此安国全军之道也"的英译没有抓住原文的要点⑥。

"用间篇第十三"中翟林奈译本对卡尔思罗普《孙子兵法》译本的批判共有十二处,具体情况如下:

(一)认为卡尔思罗普将"神纪"英译为"the Mysterious Thread"是不正

---

① "Capt. Calthrop is wrong in translating 兔 'rabbit'. Rabbits are not indigenous to China, and were certainly not known there in the 6th century B. C." Lionel Giles. *Sun Tzu on the Art of War: The Oldest Military Treatise in the World*. Op. cit., p. 149.

② "It is obvious, at any rate, that the ordinary meaning of 队('regiment' or 'company') is here inadmissible. In spite of Tu Mu's note,焚其行伍因乱而举之, I must regard 'company burning'(Capt. Calthrop's rendering) as nonsense pure and simple." Ibid., p. 151.

③ "Capt. Calthrop gives an extraordinary rendering of the paragraph: '…if the attack is to be assisted, the fire must be unquenchable. If water is to asist the attack, the flood must be overwhelming." Ibid., p. 156.

④ "Capt. Calthrop gives a rendering which bears but little relation to the Chinese text: 'unless victory or possession be obtained, the enemy quickly recovers, and misfortunes arise. The war drags on, and money is spent.'" Ibid., p. 157.

⑤ "Capt. Calthrop invents a sentence, which he inserts before this one: 'Do not make war unless victory be gained thereby.' While he was about it, he might have credited Sun Tzu with something slightly less inane." Ibid., p. 159.卡尔思罗普此一句的英译为:"Do not make war unless victory may be gained thereby; if there be prospect of victory, move; if there be no prospect, do not move." E. F. Calthrop trans. *The Book of War: The Military Classic of the Far East*. Op. cit., p. 69.

⑥ "Capt. Calthrop misses the point by translating: 'then is the state secure, and the army victorious in battle'." Lionel Giles. *Sun Tzu on the Art of War: The Oldest Military Treatise in the World*. Op. cit., p. 159.

确的,因为根据梅尧臣的阐释"神秘之纲纪","神纪"应该意为"对诸多线的控制"①。

(二)批评卡尔思罗普将"死间者,为诳事于外,令吾间知之而传于敌"一句混乱地译在一起②。

(三)指出卡尔思罗普对"故三军之亲莫亲于间,赏莫厚于间,事莫密于间"的英译不准确③。

(四)认为卡尔思罗普对"非圣智不能用间"一句的英译明显是不正确的④。

(五)为翟林奈对卡尔思罗普英译"微哉微哉"一句的批评。卡尔思罗普1905年版译文将此句漏译,而1908年版译文则将此句理解为"间谍的威力真是神奇!"(Wonderful indeed is the power of spies!)是为误读误译⑤。

(六)指责卡尔思罗普对"间与所告者"的英译或许会取悦评论者的权威,但他这样显然忽略了孙子警告的要点⑥。

(七)嘲讽卡尔思罗普将"守将、左右、谒者、门者、舍人之姓名"中的"左右"英译为"right-hand men"⑦。

---

① "Capt. Calthrop translates 神纪 'the Mysterious Thread', but Mei Yao-ch'en's paraphrase 神秘之纲纪 shows that what is meant is the control of a number of threads." Lionel Giles. *Sun Tzu on the Art of War*: *The Oldest Military Treatise in the World*. Op. cit., p. 164.

② "Capt. Calthrop makes a hopeless muddle of the sentence." Ibid. 卡尔思罗普的英译为:"Death spies are sent to misform the enemy, and to spread false reports through our spies already in the enemy's lines." E. F. Calthrop trans. *The Book of War*: *The Military Classic of the Far East*. Op. cit., p. 72.

③ "Capt. Calthrop has an inaccurate translation: 'In connection with the armies, spies should be treated with greatest kindness.'" Lionel Giles. *Sun Tzu on the Art of War*: *The Oldest Military Treatise in the World*. Op. cit., p. 168.

④ "Capt. Calthrop has: 'All matters relating to spies are secret', which is distinctly feeble." Ibid., p. 169.

⑤ "Wonderful indeed is the power of spies!" E. F. Calthrop trans. *The Book of War*: *The Military Classic of the Far East*. Op. cit., p. 72. 翟译的批评和英译"Be subtle! Be subtle"都是正确的。See Lionel Giles. *Sun Tzu on the Art of War*: *The Oldest Military Treatise in the World*. Op. cit., p. 170.

⑥ "Capt. Calthrop, in translating 间与所告者 'the spy who told the matter, and the man who reported the same,' may appeal to the authority of the commentators, but he surely misses the main point of Sun Tzu's injunction." Lionel Giles. *Sun Tzu on the Art of War*: *The Oldest Military Treatise in the World*. Op. cit., p. 170.

⑦ "左右 is a comprehensive term for those who wait on others, servants and retainers generally. Capt. Calthrop is hardly happy in rendering it 'right-hand men'." Ibid., p. 171.

(八)认为卡尔思罗普将"守将"直接译为"将之名字"是错误的①。

(九)批评卡尔思罗普对"令吾间必索知之"的糟糕翻译②。

(十)卡尔思罗普省略了"因是而知之,故生间有使如期"一句没翻译③。

(十一)指出卡尔思罗普完全省略了"五间之事,主必知之。知之必在于反间。故反间不可不厚也"这一对他而言具有难度的句子④。

(十二)认为卡尔思罗普对"昔殷之兴也,伊挚在夏;周之兴也,吕牙在殷"一句中"在夏""在殷"的翻译相当奇怪⑤。

第五节 克拉维尔《孙子兵法》英译本对翟林奈《孙子兵法》英译本之改写

1983年,美国学者詹姆斯·克拉维尔以1910年出版的翟林奈《孙子兵法》英译本为基础编辑、改写的《孙子兵法》英译本由纽约道布尔戴出版社出版⑥。在"序言"中,克拉维尔对《孙子兵法》的重要性给予了足够的强调和高度的赞扬:"我很惊异,孙子两千五百多年前所写的那么多真理到了今天仍然适用——尤其是他论述'用间'的那一篇,我觉得非常特别。在我看来,《孙子兵法》这本小书清楚地向我们表明了哪些错误我们现在仍然还在继续犯,以及为什么我们现在的敌人在某些地区能那么成功。《孙子兵法》是苏联政治-军事部门人员的必读书目,已经在苏联被使用了好几个世纪。同时,毛泽东论述战略和战术法则的每一个字几乎都源自《孙子兵法》。""在我看来,更为重要的是,《孙子兵法》相当清楚地告诉了我们

---

① "守将, according to Zhang Yu, is simply 守官任职之将 'a general on active service'. Capt. Calthrop is wrong, in making directly depends on 姓名(…'the names of the general in charge', etc.)" Lionel Giles. *Sun Tzu on the Art of War: The Oldest Military Treatise in the World*. Op. cit., p. 171.

② "Capt. Calthrop blunders badly with 'Then set the spies to watch them'." Ibid.

③ "Capt. Calthrop omits this sentence." Ibid., p. 172.

④ "Capt. Calthrop, it is hardly necessary to remark, slurs over the whole difficulty." Ibid., p. 173.

⑤ "Capt. Calthrop speaks, rather strangely, of 'the province of Yin …the country of Hsia …the State of Chu …the people of Shang.'" Ibid., p. 174.

⑥ James Clavell ed. *The Art of War by Sun Tzu*. New York: Doubleday, 1983.

如何采取主动,打击敌人,打击任何敌人。"①

"序言"中克拉维尔对《孙子传》进行了英译,并简略提及1782年《孙子兵法》第一次被法国传教士阿米奥(Amiot)(其中文名钱德明)译成法文出版②。谈及这本法译本时,克拉维尔对《孙子兵法》的重要性给予了再次强调:"传说《孙子兵法》这本小书是拿破仑获胜的关键和秘密武器。因为拿破仑的战争依赖的是移动战术,而这恰好是《孙子兵法》强调的要点之一。当然,拿破仑根据自己的优势运用了《孙子兵法》的全部策略来占领大部分欧洲。他不依孙子法则之时就是他被打败之日。"③

在"序言"的最后,克拉维尔对《孙子兵法》进行了热情的推荐,对其对于军事的重要性给予了高度的推崇:"我真诚地希望你们都能爱上《孙子兵法》这本书。它确实值得一读。我希望《孙子兵法》成为自由世界里所有的现役官兵、所有的政治家和政府工作人员以及所有的高中生和大学生的必读材料。假如我是总司令官,或总统,或首相的话,我会走得更远:我要写进法律,让所有的军官,尤其是将军,每年都对《孙子兵法》十三篇的内容来一次口头考试和笔头考试,成绩达到九十五分才算过关。任何一位不能通过考试的将军都将立刻自动地、毫无异义地被开除,而其他所有的军官则自动被降职。""《孙子兵法》对我们的生存至关重要,它能为看护我们的孩子和平地、茁壮地成长提供所需要的保护。永远记在心里,从古时

---

① "I find it astounding that Sun Tzu wrote so many truths twenty-five centuries ago that are still applicable today——especially in his chapter on the use of spies, which I find extraordinary. I think this little book shows clearly what is still being done wrong, and why our present opponents are so successful in some areas(*Sun Tzu* is obligatory reading in the Soviet political-military hierarchy and has been available in Russian for centuries; it is also, almost word for word, the source of all Mao Tse-tung's Little Red Book of strategic and tactical doctrine." "Even more importantly, I believe *The Art of War* shows quite clearly how to take the initiative and combat the enemy——any enemy." James Clavell ed. *The Art of War by Sun Tzu*. Op. cit., p. 2.

② Ibid., p. 6. 此说法有误。1782年是该译本被重新收录。《孙子兵法》被译成法文出版的最早时间是1772年,该译本是《孙子兵法》在西方世界的第一个译本。

③ "There is legend that this little book was Napoleon's key to success and his secret weapon. Certainly his battles depended upon mobility, and mobility is one of the things that *Sun Tzu* stresses. Certainly Napoleon used all of *Sun Tzu* to his own advantage to conquer most of Europe. It was only when he failed to follow *Sun Tzu*'s rules that he was defeated." James Clavell ed. *The Art of War by Sun Tzu*. Op. cit., p. 6.

起,人们就知道'战争的真正目的是为和平。'"①

除对《孙子兵法》对于军事的重要性给予反复的强调外,"序言"中克拉维尔还对其在人们生活的其他方面的指导作用给予了褒扬:"像马基雅弗利(Machiavelli)的《君主论》(The Prince)和宫本武藏(Miyamoto Musashi)的《五轮书》(The Book of Five Rings)一样,蕴含在《孙子兵法》中的真理也同样给人们指出了在平常的各种交易冲突中,在董事会的争斗中,以及在我们日复一日为生存而进行的奋斗中的获胜之道。"②

克拉维尔在"序言"中提及最早的英译本为1905年出版的卡尔思罗普译本,并明确交代了自己的译本所依据的版本为1910年同时在上海和英国伦敦出版的翟林奈《孙子兵法》英译本,同时对自己译本的体例作了相应的交代:一是为了让译文更容易被理解,自己在译文正文中添加了原本是翟林奈译本作为注释的内容。二是为了简洁,故意删除了翟林奈译本中所有中文人名和地名的注音。同样,为了简洁的缘故,作者采用的是古旧的拼音方式③。

克拉维尔特别引用了"和平的时候要为战争作准备,战争时期则要为和平作准备"以及《孙子兵法》的开篇之句"兵者,国之大事,死生之地,存亡之道,不可不察也"④来放在译文之后,其对军事之于国家安危的重要性的强调由此可见。

---

① "I would like to make *The Art of War* obligatory study for all our serving officers and men, as well as for all politicians and all people in government and all high schools and universities in the free world. If I were a commander in chief or president or prime minister I would go further: I would have written into law that all officers, particularly all generals, take a yearly oral and written examination on these thirteen chapters, the passing mark being 95 percent——any general failing to achieve a pass to be automatically and summarily dismissed without appeal, and all other officers to have automatic demotion." "It can give us the protection we need to watch our children grow in peace and thrive ...'the true object of war is peace.'" James Clavell ed. *The Art of War by Sun Tzu*. Op. cit., p. 7.

② "Like Machiavelli's *The Prince* and Miyamoto Musashi's *The Book of Five Rings*, Sun Tzu's truths, contained herein, can equally shows the way to victory in all kinds of ordinary business conflicts, boardroom battles, and in the day to day fight for survival we all endure." Ibid., p. 3.

③ "I have taken a few liberties with this tranlation to make it a little more accessible——and have inserted some of Giles's notes ... I have also, for simplicity, deliberately eliminated all accents over Chinese names and places ...Again, for simplicity, I've used the old-fashioned method of spelling." Ibid., pp. 6-7.

④ "In peace prepare for war, in war prepare for peace. The art of war is of vital importance to the state. It is a matter of life and death, a road either to safety or to ruin. Hence under no circumstances can it be neglected." Ibid., p. 83.

克拉维尔的整个译本，除其在"序言"中交代的那样，为了简洁的缘故，删除了译本中的中文人名和地名的注音外，最显而易见的特点就是他对翟林奈译本中数量众多、信息量丰富的注释的处理。有的注释，克拉维尔整条全部删除不用。有的注释，克拉维尔则删除了部分，保留了他认为有必要对原文进行解释说明，以帮助读者准确理解原文本的部分。有的注释，克拉维尔将其作为译文正文进行了处理，以达到直接对原文进行及时解释的目的。

克拉维尔译本对翟林奈译本的每一篇都有改动。其中有对翟林奈译本十三篇篇名的改译，也有对原句式的改动。改动后的句式，较之翟林奈译本，更简洁。有的是用词的改变，也有的地方进行了增译，使得译文看似复杂，但更清楚，使《孙子兵法》更易被西方读者所接受。克拉维尔《孙子兵法》英译本对翟林奈译本十三篇的具体改动情况如下："计篇第一"中共有七处改动；"作篇第二"中共有八处改动；"谋攻篇第三"中共有十一处改动；"形篇第四"中共有八处改动；"势篇第五"中共有五处改动；"虚实篇第六"中共有十三处改动；"军争篇第七"中共有十三处改动；"九变篇第八"中共有五处改动；"行军篇第九"中共有二十处改动；"地形篇第十"中共有八处改动；"九地篇第十一"中共有二十处改动；"火攻篇第十二"中共有四处改动；"用间篇第十三"中共有十一处改动。整个译本改动之处，不包括对译文中个别无关紧要的词之改用，共达一百三十三处。下面对克拉维尔译本对翟林奈译本的继承与变动的情况做系统的梳理。

对翟林奈英译《孙子兵法》十三篇篇名的改动

克拉维尔《孙子兵法》英译本一共对翟林奈《孙子兵法》英译本十三篇中五篇的篇名有所改动。"作篇第二"的英译在翟林奈译文前加上了介词"on"，变为"On Waging War"。"On"有"论"之意，即"论作战"，基本上没有改变原标题的意思。"谋攻篇第三"翟译为"Attack by Stratagem"，克拉维尔将其作了完全的改动，为"The Sheathed Sword"（入鞘之剑）。从字面上理解这个篇名与原文本及该篇文本内容完全风马牛不相及，不知译者是何意指。"形篇第四"翟译为"Tactical Dispositions"，克拉维尔译本去掉了翟译中的"Dispositions"（军队的部署），只用了"Tactical"一词的名词形式"Tactics"（策略），不及翟译准确。对于"军争篇第七"的篇名，两个译本用的是同一个词的两种不同的拼写形式，翟林奈译本采用的是

"Manoeuvring",克拉维尔译本用的是"Maneuvering"。"火攻篇第十二"的篇名英译,克拉维尔译本只将翟林奈译本英译(The Attack by Fire)前的定冠词"The"去掉了,为"Attack by Fire"。

对翟林奈英译文本的句式变动

克拉维尔《孙子兵法》英译本对翟林奈译本的句式改动之处很多。从总体上看,改动后的句式,较原文本更简单、易懂。如"计篇第一"中克拉维尔译本将翟译的第十六句"计利以听,乃为之势,以佐其外"和第十七句"势者,因利而制权也"两句合译,省掉了第十七句中的状语(According as circumstances are favorable),译为:"While heeding the profit of my counsel, avail yourself also of any helpful circumstances over and beyond the ordinary rules and modify your plans accordingly."①改后的译文更加紧凑、易懂。

再如克拉维尔译本对"九变篇第八"中"故将有五危:必死,可杀也;必生,可俘也;忿速,可侮也;廉洁,可辱也;爱民,可烦也"一句句式的改动。此句翟译为:"There are five dangerous faults which may affect a general:1. Recklessness, which leads to destruction; 2. cowardice, which leads to capture; 3.a hasty temper, which can be provoked by insults; 4.a delicacy of honor which is sensitive to shame; 5.over-solicitude for his men, which exposes him to worry and trouble."②克拉维尔译文为:"There are five dangerous faults may affect a general, of which the first two are: recklessness, which leads to destruction; and cowardice, which leads to capture. Next there is a delicacy of honor, which is sensitive to shame; and a hasty temper, which can be provoked by insults. The last of such faults is oversolicitude for his men, which exposes him to worry and trouble, for in the long run the troops will suffer more from the defeat, or at best, the prolongation of the war, which will be the consequence."③可以看出,翟林奈译本的译文简洁、句式对称,而改后的克拉维尔译文,不仅通过句式的改动将原文本的意思全部表达出来了,而且还增译了几句,对第五"危"之所以会成为将军致命的毛病作了详细的解释。译

---

① James Clavell ed. *The Art of War by Sun Tzu*. Op. cit., p. 11.
② Lionel Giles. *Sun Tzu on the Art of War: The Oldest Military Treatise in the World*. Op. cit., pp. 77–79.
③ James Clavell ed. *The Art of War by Sun Tzu*. Op. cit., pp. 39–40.

文显得太复杂,但却比翟译更清楚,益于读者的理解。两相比较,各有所长。

而克拉维尔译本对"九地篇第十一"中第四句"我得则利,彼得亦利者,为争地"的英译改写,则显得比翟译更简洁、清楚。克拉维尔译文为:"Ground that is of great advantage to either side is contentious ground"①。翟译为:"Ground the possession of which imports great advantage to either side, is contentious ground."②

克拉维尔译本对"用间篇第十三"中"故三军之亲莫亲于间,赏莫厚于间,事莫密于间"一句翟译句式的改动,比翟译(Hence it is that with none in the whole army are more intimate relations to be maintained than with spies)③显得更明白晓畅,改动后的译文(There must be no more intimate relations in the whole army than those maintained with spies)④比翟译更达意。

对翟林奈英译文本的省略

克拉维尔译本中很多章节都有对《孙子兵法》原文本省略不译,或只译部分的情况。如"计篇第一"中"故经之以五,校之以计而索其情"一句就省略了该句的后半部分,只摘取了"经之以五"的英译(The art of war is governed by five constant factors, all of which need to be taken into account)⑤。这样省略处理,让读者对其意思无法准确理解,不妥。而克拉维尔对"谋攻篇第三"中"攻城之法,为不得已"(The rule is, not to besiege walled cities if it can possibly be avoided)⑥一句的省略,不但忽视了孙子对"其下攻城"观点的强调,更减弱了孙子的"非战"思想。而这样省略,其实也与克拉维尔本身的"非战"观念是相悖的。

又如克拉维尔译本对"势篇第五"中"兵之所加,如以碬投卵者,虚实是也"(That the impact of your army may be like a grindstone dashed against an egg——this is effected by the science of weak points and strong)⑦一句的处理。克拉维尔译本将此句在该篇省略不译,让译文不完整,不能形象地

---

① James Clavell ed. *The Art of War by Sun Tzu*. Op. cit., p.56.
② Lionel Giles. *Sun Tzu on the Art of War: The Oldest Military Treatise in the World*. Op. cit., p.115.
③ Ibid., p.168.
④ James Clavell ed. *The Art of War by Sun Tzu*. Op. cit., p.81.
⑤ Ibid., p.9.
⑥ Lionel Giles. *Sun Tzu on the Art of War: The Oldest Military Treatise in the World*. Op. cit., p.18.
⑦ Ibid., p.35.

体现《孙子兵法》对"虚实"这一重要军事概念的解释,不但会造成英语世界读者理解的困难,而且削弱了兵法对"虚实"这一战略重要性的强调。但他其后又将此句增放在"虚实篇第六"的篇首,不知其是否又意在强调"虚实"这一军事策略的重要性。

再如克拉维尔对"九变篇第八"首句"孙子曰:凡用兵之法,将受命于君,合军聚众"(Sun Tzu said: in war, the general receives his commands from the sovereign, collects his army and concentrates his forces)①的省略,让其英译文本开篇显得突兀,缺乏导入。而他对该篇第六句"治兵不知九变之术,虽知五利,不能得人之用矣"(So, the student of war who is unversed in the art of varying his plans, even though he be acquainted with the Five Advantages, will fail to make the best use of his men)②的省略,则在一定程度上减弱了《孙子兵法》对"九变"这一战术之重要性的强调。

对翟林奈英译文本的补充英译

克拉维尔译本对"谋攻篇第三"中第七句后半句"此谋攻之法也"的补充英译(This is the method of attacking by stratagem of using the sheathed sword)③,通过重复(of using the sheathed sword),起到了对篇名"谋攻"进行强调的作用。译本对该篇第十五句"不知三军之权,而同三军之任,则军士疑矣"英译后以注释的形式,通过例举司马迁的观点加以了补充说明,让西方读者对中国的军事和历史有更清楚和直接的了解④。

克拉维尔译本在"军争篇第七"篇首增译了一段,共有两句:"如果国家内部不和谐,军队的出征就不可能;如果军队内部不和谐,战斗队列的形成就不可能"(Without harmony in the state, no military expedition can be undertaken; without harmony in the army, no battle array can be formed)⑤。

---

① Lionel Giles. *Sun Tzu on the Art of War: The Oldest Military Treatise in the World*. Op. cit., p. 71.
② Ibid., p. 74.
③ James Clavell ed. *The Art of War by Sun Tzu*. Op. cit., p. 16.
④ "Su-ma Ch'ien about 100 B. C. added to this section: If a general is ignorant of the principle of adaptability, he must not be entrusted with a position of authority. The skillful employer of men will employ the wise man, the brave man, the covetous man, and the stupid man. For the wise man delights in establishing his merit, the brave man likes to show his courage in action, the covetous man is quick at seizing advantages, and the stupid man has no fear of death." Ibid., p. 17.
⑤ Ibid., p. 30.

"行军篇第九"的篇首也同样增译了一句："没有深谋远虑却把自己的对手不当回事的人注定要被人家俘虏。"（He who exercises no forethought but makes light of his opponents is sure to be captured by them.）①这两处增译的内容,既强调了内部和谐对军事力量的增强所起的作用,也强调了部署军队过程中自己的远见卓识以及对彼方重视的重要性,达到了总而概之的目的。克拉维尔译本还对该篇"视生处高"一句作了补充说明,译文紧随其后,"Not on high hills, but on knolls or hillocks elevated about the surrounding country."（不要在高山上扎营,而是要在附近的那些突出来的小山或小山丘上扎营。）②这样补充说明,让西方读者很容易就能明白究竟"高处"应该是何处。

克拉维尔译本对"九地篇第十一"中"并敌一向,千里杀敌"一句后的补充英译,是将翟林奈译本中的注释"Always a great point with the Chinese"（对中国人来说此一观点一向是至关重要的）③用自己的话加以了解读："By persistently hanging on the enemy's flank, we shall succeed in the long run in killing the commander in chief ——a vital act in war."（通过坚持与敌人的侧面进行周旋,从长远来看,我们将成功地杀掉敌人的将领——这点在战争中是至关重要的）④,强调了《孙子兵法》对此中华传统观点的重视。

将翟林奈英译文本中的注释作为译文正文进行英译

克拉维尔译本将翟林奈英译本中数量众多的注释中的四十九处作为自己译本的译文正文来处理,使得在删除了原译文的大量注释后,又能保留甚至补充说明《孙子兵法》原文本的意旨。关于这一点,克拉维尔在译本"前言"中已作了明确交代。克拉维尔译本将翟译注释转换为正式译文的具体情况如下："计篇第一"中一处；"作篇第二"中三处；"谋攻篇第三"中二处；"形篇第四"中二处；"势篇第五"中二处；"虚实篇第六"中五处；"军争篇第七"中二处；"九变篇第八"中没有；"行军篇第九"中九处；"地形篇第十"中二处；"九地篇第十一"中十处；"火攻篇第十二"中二处；"用

---

① James Clavell ed. *The Art of War by Sun Tzu*. Op. cit., p. 41.
② Ibid.
③ Lionel Giles. *Sun Tzu on the Art of War: The Oldest Military Treatise in the World*. Op. cit., p. 145.
④ James Clavell ed. *The Art of War by Sun Tzu*. Op. cit., p. 72.

间篇第十三"中九处。现从克拉维尔译本将翟译注释转换为正式译文的章节中各选取一例作分析。

翟译"计篇第一"第十三句"曰：主孰有道，将孰有能，天地孰得，法令孰行，兵众孰强，士卒孰练，赏罚孰明"中"赏罚孰明"（In which army is there the greater constancy both in reward and punishment?）后有注释对"明"进行说明（明，literally "clear"，that is，on which side is there the most absolute certainty that merit will be properly rewarded and misdeeds summarily punished?）①克拉维尔译本将注释和原译文合译为正文（...in which army is there the most absolute certainty that merit will be properly rewarded and misdeeds summarily punished）②，比翟译更简洁、更清楚。

"作篇第二"中有"故不尽知用兵之害者，则不能尽知用兵之利也"一句。克拉维尔译文将翟译（It is only one who is thoroughly acquainted with the evils of war that can thoroughly understand the profitable way of carrying it on）对此句后的注释（Only one who knows the disastrous effects of a long war can realize the supreme importance of rapidity in bringing it to a close③）作为正文放在了该句之前④。这样处理，较翟译更强调了战争的危害，同时也更突出了《孙子兵法》"全国为上""攻城之法，为不得已"的"非战"思想。

克拉维尔译本将"谋攻篇第三"中翟译对"不知三军之事而同三军之政者，则军士惑矣"（By attempting to govern an army in the same way as he administers a kingdom, being ignorant of the conditions which obtain in an army. This causes restlessness in the soldier's minds）⑤后的注释作为了正文英译。该注释原是张预的观点："Humanity and justice are the principles on which to govern a state, but not an army; opportunism and flexibility, on the other hand, are military rather than civic virtues."（仁慈和正义是治国所需的法则，而非治军；相反，权宜和机变则是治军所需的，而非公民必备的美德）⑥。将注释变作正文，让西方读者对中国的传统美德，如仁慈、仁义等

---

① Lionel Giles. *Sun Tzu on the Art of War*: *The Oldest Military Treatise in the World*. Op. cit., p. 4.
② James Clavell ed. *The Art of War by Sun Tzu*. Op. cit., p. 10.
③ Lionel Giles. *Sun Tzu on the Art of War*: *The Oldest Military Treatise in the World*. Op. cit., p. 12.
④ James Clavell ed. *The Art of War by Sun Tzu*. Op. cit., p. 13.
⑤ Lionel Giles. *Sun Tzu on the Art of War*: *The Oldest Military Treatise in the World*. Op. cit., p. 22.
⑥ James Clavell ed. *The Art of War by Sun Tzu*. Op. cit., p. 17.

有了更多的了解,对治军与治国的不同有了更明确的认识。

翟林奈译本对"形篇第四"中"故善战者之胜也,无智名,无勇功"一句引张预的观点作了注释。克拉维尔译本则直接将此注释作为其正式译文,只是对其中的两处作了更加合理的改动或补充:"(For) in as much as his victories(原为they) are gained over circumstances that have not come to light, the world at large knows nothing of them, and he(therefore) wins no reputation for wisdom; and in as much as the hostile state submits before there has been bloodshed, he receives no credit for courage."①解释原因的句子以正式译文的形式出现在译本中,能给西方读者提供更加直观的语义背景知识,使异质文本的被解读与被接受变得更加容易。

克拉维尔译本对"势篇第五"中翟译"故善战者,求之于势,不责于人,故能择人而任势"的注释也作了同样的处理,将注释作为了正式译文放在该句后对其进行了直接的说明(He takes individual talent into account, and uses each man according to his capabilities. He does not demand perfection from the untalented)②。这样处理,较翟译显得更加简洁、直观,方便读者阅读理解而不用去看注释。

"虚实篇第六"中有"故我欲战敌,虽高垒深沟不得与我战者,攻其所必救也"。翟译引杜牧的观点对其进行了解释:"If the enemy is the invading party, we can cut his line of communications and occupy the roads by which he will have to return; if we are the invaders, we may direct our attack against the sovereign himself."(如果敌人是进攻的一方,我方可切断他的交通,占据他返回的必经之路;如果我方是进攻方,则可直接攻击他的首领)③。克拉维尔译本将此作为了正文英译,但省略了翟译注释的最后对孙子观点的看法:"It is clear that Sun Tzu, unlike certain generals in the late Boer war, was no believer in frontal attacks."(显然,与波尔战争中有些将军不同,孙子是不相信正面攻击的。)④这样处理不及翟译好,翟译更能凸显孙子的战术原则,也能让西方读者直接了解孙子的作战原则与波尔战争战术的某些区别。

---

① James Clavell ed. *The Art of War by Sun Tzu*. Op. cit., p. 20.
② Ibid., p. 24.
③ Lionel Giles. *Sun Tzu on the Art of War: The Oldest Military Treatise in the World*. Op. cit., p. 45.
④ James Clavell ed. *The Art of War by Sun Tzu*. Op. cit., p. 26.

克拉维尔译本将"军争篇第七"中翟译对"围师必阙"（When you surround an army, leave an outlet free）①的解释作为正式译文处理。解释的观点源自杜牧。英译为正文，能让读者一看便明为什么"围师"时"必阙"（This does not mean that the enemy is to be allowed to escape. The object to make him believe that there is a road to safety, and thus prevent his fighting with the courage of despair.）（这么做不是让敌人逃走，目的在于让敌人相信有安全之路，这样就可以阻止他因为绝望而奋勇抗击了。）②

"行军篇第九"中翟译对"视生处高。无迎水流。此处水上之军也"中"无迎水流"一句作了解释，克拉维尔译本将注释部分内容作为了正文英译在其后（Do not move upstream to meet the enemy. Our fleet must not be anchored below that of the enemy, for then they would be able to take advantage of the current and make short work of you），让读者一目了然为什么处水上时要"无迎水流"了（因为敌人会趁机利用水流的优势而迅速将我们干掉）③。

"地形篇第十"中有"凡此六者，败之道也。将之至任，不可不察也"一句。翟译只按字面将"六者"（These are six ways of courting defeat）④英译了出来，而将陈皞对"六者"的定义放在了注释中。克拉维尔译本则用破折号，将其作为正文英译（These are the six ways of courting defeat——neglect to estimate the enemy's strength; want of authority; defective training; unjustifiable anger; non-observance of discipline; failure to use picked men）⑤。这样处理，既对将不得不察的"六者"进行了强调，更让读者一目了然这六者究竟是哪六者，比翟译将其放在注释中好。

克拉维尔译本将"九地篇第十一"中"是故方马埋轮，未足恃也"一句中翟译对"方"（方 is said here to be equivalent to 缚）⑥字的解释省略了，而

---

① Lionel Giles. *Sun Tzu on the Art of War: The Oldest Military Treatise in the World*. Op. cit., p. 69.
② James Clavell ed. *The Art of War by Sun Tzu*. Op. cit., p. 35.
③ James Clavell ed. *The Art of War by Sun Tzu*. Op. cit., p. 42.
④ Lionel Giles. *Sun Tzu on the Art of War: The Oldest Military Treatise in the World*. Op. cit., p. 108.
⑤ James Clavell ed. *The Art of War by Sun Tzu*. Op. cit., p. 53.
⑥ Lionel Giles. *Sun Tzu on the Art of War: The Oldest Military Treatise in the World*. Op. cit., p. 129.

将另一注释中孙子的观点以正文的形式英译出来:"It is not enough to render flight impossible by such mechanical means. You will not succeed unless your men have tenacity and unity of purpose, and above all, a spirit of sympathetic cooperation. This is the lesson which can be learned from the shuai-jan."(孙子认为,仅靠这些机械装置要逃跑是不可能的。除非你有不屈不挠的精神和一致的目标,更重要的是,有和谐的协作精神。这个教训可以从"率然"那里学到①。)克拉维尔译本省略的两处,即对"方"的注释和第二处注释的前半部分,恰是读者正确理解此句的关键。翟译在此句的第二处注释中说,"'方马'和'埋轮'这些用来阻止军队逃跑的办法,让人不禁想到公元前479年的普拉提亚战役中雅典英雄索菲斯利用锚,将自己牢牢捆在锚上到达一个地方的故事情节。"(These quaint devices to prevent one's army from running away recall the Athenian hero Sophanes, who carried an anchor with him at the battle of Plataea, by means of which he fastened himself firmly to one spot.)②

克拉维尔译本对"火攻篇第十二"中翟译对"故曰:明主虑之,良将修之"这一注释采取了将前半部分解释"虑"和"修之"的译文(修之 stand for 修其功 or something analogous. The meaning seems to be that the ruler lays plans which the general must show resourcefulness in carrying out)③省略,而将杜牧引自《三略》中的话"霸者,制士以权,结士以信,使士以赏。信衰则士疏,赏亏则士不用命"用来作为正文英译而未作任何解释(He[原注释为 The warlike prince]controls his soldiers by his authority, knits them together by good faith, and by rewards makes them serviceable. If faith decays, there will be disruption; if rewards are deficient, commands will not be respected)④。这样处理,让读者对原文进行准确理解有相当难度,不及翟译加汉语的注释能带给西方世界读者更准确、丰富的信息。

克拉维尔译本对"用间篇第十三"中"因是而知之,故乡间、内间可得而使也"的英译处理也不及翟译恰当、清楚。翟译在英译此句后,在注释中引了杜佑将"因是而知之"(it is through the information brought by the

---

① James Clavell ed. *The Art of War by Sun Tzu*. Op. cit., p. 63.
② Lionel Giles. *Sun Tzu on the Art of War: The Oldest Military Treatise in the World*. Op. cit., p. 129.
③ Ibid., p. 158.
④ James Clavell ed. *The Art of War by Sun Tzu*. Op. cit., p. 76.

converted spy)扩及"因反敌间而知敌情"(through conversion of the enemy's spies we learn the enemy's condition)①和张预的观点"因是反间,知彼乡人之贪利者,官人之有隙者,诱而使之"(We must tempt the converted spy into our service, because it is he that knows which of the local inhabitants are greedy of gain, and which of the officials are open to corruption.)②克拉维尔译本则直接将张预的观点作为正文英译而未作任何说明,这样处理不仅会让读者对上下文之间的关系搞不清楚,而且会让他们误以为此是《孙子兵法》中的观点,不妥。

克拉维尔译本的注释

克拉维尔译本中共有注释三十七处,其中有三十六处是对翟译中数量众多的注释加以精选之后的保留。只有"谋攻篇第三"中的一处是克拉维尔译本的增注。在此,克拉维尔译本没有用翟译原有的注释,而是用了司马迁的观点来对此篇中"不知三军之权而同三军之任,则军士疑矣"加以补充说明:"Su-ma Ch'ien about 100 B. C. added to this section: If a general is ignorant of the principle of adaptability, he must not be entrusted with a position of authority. The skillful employer of men will employ the wise man, the brave man, the covetous man, and the stupid man....and the stupid man has no fear of death."(如果一个将军忽视适应性的原则,那就一定不能让他当权。经验丰富的用人者常会选用那些聪明的人、勇敢的人、贪婪的人和愚蠢的人。因为……而愚蠢的人则不畏死。)③

精选并保留的三十六处注释中,部分注释在翟译注释的基础上作了必要的删改,使之简明扼要,与正文的搭配更加得当。选用这些注释时,克拉维尔译本特别注重选择那些既有意义又有情节的史事作注释。如为了让西方读者更好地了解《孙子兵法》中的军事思想与策略原则,了解相关的中国历史文化,译者在英译"九变篇第八"中的第四句"故将通于九变之利者,知用兵矣"和第五句"将不通于九变之利者,虽知地形,不能得地之利矣"后,通过讲述公元 404 年,刘裕率北府兵征讨桓玄,将桓玄兵马击溃,于

---

① Lionel Giles. *Sun Tzu on the Art of War: The Oldest Military Treatise in the World*. Op. cit., p. 172.

② Ibid.

③ James Clavell ed. *The Art of War by Sun Tzu*. Op. cit., p. 17.

江陵峥嵘洲与桓玄作战的故事的注释来对其进行阐释。(In A. D. 404, Li Yu pursued the rebel Huan Hsuan up the Yangtze and fought a naval battle with him at the island of Ch'eng-hung,…Huan Hsuan's forces were routed, had to burn all their baggage, and fled for two days and nights without stopping.)①有的是对《孙子兵法》原文本中提及的军事事件的历史背景作出必要的说明,让西方读者形象地了解《孙子兵法》之战略、战术原则的真实体现,如"虚实篇第六"中对"我不欲战,画地而守之,敌不得与我战者,乖其所之也"的注释,克拉维尔译本选取的就只是翟译该注的后半部分,即杜牧讲述的关于诸葛亮在阳平驻防,只留下一万兵力防守,而制造假象,致使司马懿怀疑有埋伏而让自己的军队迅速向北山撤退的故事。(Tu Mu relates stratagem of Chu-ko Liang, who in 149 B. C., when occupying Yang-p'ing and about to be attacked by Ssu-ma I, suddenly struck his colors,…for Ssu-ma I, suspecting an ambush, actually drew off his army and retreated.")②

　　克拉维尔译本选用、保留注释时,特别注意选用那些西方读者熟知的中国将帅或战争史事来注释《孙子兵法》中的概念,如对"势篇第五"中"故善动敌者,形之,敌必从之,予之,敌必取之"一句中"形"的注释,克拉维尔就选用了公元前341年,齐国与魏国交战时,派田忌和孙膑攻打庞涓,互相斗智的史事。(In 341 B. C., the Ch'i State being at war with Wei, sent T'ien Chi and Sun Pin against the general P'ang Chuan, who happened to be a deadly personal enemy of the latter…and his whole army thrown into confusion.")③

第六节　英语世界《孙子兵法》英译本对"奇正"和"非得不用"法则之解读

　　《孙子兵法》"势篇第五"对"奇正"之法的重要性、多变性、再生功能及其使用原则等有充分的阐释:"三军之众,可使必受敌而无败者,奇正是也。""凡战者,以正治,以奇胜。""战事不过奇正,奇正之变,不可胜穷也。""奇正相生,如循环之无端,孰能穷之?"而在"火攻篇第十二"中,孙子特别

---

① James Clavell ed. *The Art of War by Sun Tzu*. Op. cit., p. 38.
② Ibid., p. 27.
③ Ibid., p. 24.

强调了其不到迫不得已不得用兵的"慎战""非战"思想和用兵法则:"非利不动,非得不用,非危不战。"

"奇正"之法是《孙子兵法》中一组重要的军事概念,历代学者对它的解读不尽相同。在中国古代汉语中,"奇"有"奇异的""罕见的""不寻常的""出人意料的"等意思。而"正",则有"不偏""不斜""恰当""正好"等意。英语世界的各个《孙子兵法》英译本,对"奇正"的理解和英译也各有侧重。该节对英语世界《孙子兵法》英译本就"奇正"和"非得不用"法则的英译与阐释进行了梳理,试图让读者从分析阐释中清晰领略"他者"对异质文化(中国文化)的理解与接受。

卡尔思罗普1905年版《孙子兵法》英译本对"奇"与"正"的解读与其后的所有英译本均不一样,"正"被理解为"羁留的、显而易见的力量"(detaining, or evident force),而"奇"被英译为"the strategic force"(战略性的力量)。但卡尔思罗普在注释中对"奇"的解释却与此意不一样,而与后来诸多译本的理解相似:"'奇'用来暗指军队的一部分,这一部分用侧面的攻击,以分散敌人的注意力,或者埋伏起来,而敌人的注意力却被那些显而易见的力量占据了。"①这两句被分别英译为"Moreover, the collision with the enemy having occurred, victory is obtained with the 'strategic force'…";"Similarly, there is the detaining, or evident force, and the strategic force;…"②第一句中,卡尔思罗普没有将"以正和"之"正"体现出来,只是英译为"当与敌人遭遇的时候"(the collision with the enemy having occurred),不正确。而第二句中,他又将"奇正相生"省略不译。

卡尔思罗普1908年版译本不仅对"奇"与"正"的英译有所改变,而且这两句译文也有较大变动。但需指出的是,尽管卡尔思罗普两个译本对"奇"与"正"的注释不完全相同,但意思却很接近:"The normal and the abnormal refer to what in modern phrase are termed the frontal or holding force and the flanking or surprise force"("正"与"奇"在现代常用来指"正面的或

---

① "The character(奇), which is here translated 'strategic', alludes to that portion of an army which executes a flank attack, creates a diversion, or lies in ambush, while the enemy's attention is occupied by the evident, or detaining force." Captain E. F. Calthrop trans. *Sonshi*: *The Chinese Military Classici*. Op. cit., p. 14.

② Ibid., p. 15.

决定性的力量"与"侧面的或出其不意的力量"。)①卡尔思罗普1908年版译本将该句英译为："Moreover, in battle the enemy is engaged with the normal and defeated by the abnormal force ...."; "In war there are but two forces, the normal and the abnormal; but they are capable of infinite variation ...."可以看出，卡尔思罗普将"奇"英译为"the abnormal force"，而将"正"英译为"the normal force"，两句的英译也比其1905年版译本更简洁、准确。后来的《孙子兵法》英译本中，与卡尔思罗普1908年版译本对"奇""正"的英译一样的还有巴特勒-鲍登译本。

翟林奈译本则将"奇"英译为"the indirect"（间接的），将"正"英译为"the direct"（直接的），其译文为："In all fighting, the direct method may be used for joining battle, but indirect methods will be needed in order to secure victory...."; "In battle, there are not more than two methods of attack——the direct and the indirect;.... The direct and the indirect lead on to each other in turn ..."②

索耶尔的四个英译本中，其1994年版的《孙子兵法》译本、1996年版的《孙家兵法》中的《孙子兵法》英译本和2005年版的《〈孙子兵法〉古今精解》三个译本都用相当的篇幅对"奇正之法"进行了阐释，阐释的内容不尽相同。而在四个英译本中，索耶尔对"奇正之法"的理解和英译是一致的，其对"势篇第五"中此一句的译文为："In general, in battle one engages with the orthodox and gains victory through the unorthodox"; "In warfare the strategic configurations of power (*shih*) do not exceed the unorthodox and orthodox,.... The unorthodox and orthodox mutually produce each other, ...?"索耶尔译本将"奇"英译为"the unorthodox"（非传统的），将"正"解读为"the orthodox"（传统的）③。

在索耶尔2005年版的《〈孙子兵法〉古今精解》"后记"中有"奇正"（The Unorthodox and Orthodox）一节专门阐释《孙子兵法》中这一组重要的军事概念。索耶尔认为，孙子的"奇正"之法与《道德经》第五十七章中的观点"以正治国，以奇用兵"一样，反映出了"奇"与正规的、正直的、美好

---

① E. F. Calthrop trans. *The Book of War: The Military Classic of the Far East*. Op. cit., p. 34.
② Lionel Giles. *Sun Tzu on the Art of War: The Oldest Military Treatise in the World*. Op. cit., pp. 35-36 & p. 37.
③ Ralph D. Sawyer trans. *The Art of War*. Op. cit., p. 187.

的、传统的等相对的趋势,反映出了将"正"用于国家管理的趋势。在孙子的这一组概念中,"奇"不仅对于在战事中获胜是至关重要的,而且也是解决僵局、将自己从不利形势下解救出来以及克服强敌的关键①。索耶尔强调,"奇"的使用通常依赖两个因素:一是卓著的、久经考验的实践。二是敌人的计划。因而对"奇"的定义不可避免地会与特别的战场环境,以及指挥官的风格、想象力、战略技能的全面以及对风险的承受能力等相关②。"奇"几乎可以无限地运用在生活的更多领域中,尽管会受到法规与传统的某些限制。"奇"运用在解决问题和制定战略时强调的是想象,是"跳出条条框框去思考"。这是一门出乎意料的艺术,也是一种从非传统的视角去分析形势的能力③。

安乐哲以银雀山出土的《孙子兵法》竹简本为蓝本的《孙子兵法》英译本将"奇"英译为"surprise operations"(出其不意的出兵),将"正"英译为"straightforward operations"(直接的、常规的出兵),两句分别英译为:"Generally in battle use the 'straightforward' to engage the enemy and the 'surprise' to win the victory....";"For gaining strategic advantage (*shih*) in battle, there are no more than 'surprise' and 'straightforward' operations, yet in combination, they produce inexhaustible possibilities...."④。这与他在《领导的艺术》(*The Art of Rulership*)一书中的英译不同,如索耶尔指出。在该

---

① "At about this time, as reflected in the *Tao Te Ching*'s assertion 'With the orthodox govern the state, with the unorthodox employ the army', there was already a tendency to conceive of military efforts as distinctly unorthodox in contrast to the regular, upright, virtuous, and orthodox administrative measures of civil government. In Sun Tzu's conception, the unorthodox not only is crucial for achieving victory but is the very crux of the military, the key to resolving stalemates, extricating oneself from disadvantageous situations, and overcoming superior enemies." Ralph D. Sawyer trans. *Sun Tzu: The Essential Art of War*. Op. cit., pp. 113-114.

② "What might be termed 'unorthodox' always depends upon two factors: well-known, time-honored practice and the enemy's projections. The definition thus inescapably depends upon current anticipation within a particular battlefield context, as well as the commander's style, repertoire of tactical techniques, and tolerance for risk." Ibid., p. 115.

③ "The unorthodox's applicability in broader life contexts, although somewhat constrained by legality and convention, is nearly unlimited. Unorthodox approaches to problem resolution and strategy formulation stress imagination, 'thinking outside the box', the art of being unexpected, and the ability to analyze situations from unconventional perspectives." Ralph D. Sawyer trans. *Sun Tzu: The Essential Art of War*. Op. cit., p. 117.

④ Roger T. Ames trans. *Sun-tzu: The Art of Warfare*. Op. cit., p. 119 & pp. 119-120.

书中,安乐哲将"奇"解读为"非正规的部署军队"(irregular deployments),将"正"解读为"正规的部署军队"(regular deployments)①。

梅维恒译本将"奇"解读为"非传统的"(the unconventional),将"正"解读为"the conventional"(传统的),这两句被他英译为:"It is common to join battle with conventional tactics and to achieve victory through unconventional tactics …""The basic battle configurations are only the conventional and the unconventional, yet the transformations of these two types of tactics afford infinite possibilities. The conventional and the unconventional give rise to each other, …"②梅维恒还在译文前的"关键术语"(key Terms)部分对"奇"与"正"进行了进一步的解读:"正与奇是一对相对的军事概念,常被英译为 'direct/indirect' 'regular/irregular' 'conventional/unconventional' 'orthodox/unorthodox' 'ordinary/extraordinary' 等。相比较,'奇'比'正'更难理解。'奇'常被理解为'odd' 'strange' 'singular' 'unique' 'crafty'或'不正'(not zheng)。'正'则通常被用来表示'straight' 'upright' 'correct' 'right' 'orthodox' 'normative'等。当其单纯在军事上被使用时,'奇'则很可能会被理解成'特别的用兵'(special operations)或'非传统的战争'(unconventional warfare),而'正'则用来指主要力量的部署和调遣。'奇'与'正'的相对使用并非仅仅限制于军事上,也常常被用在政治和道德方面。"③梅维恒例举了《道德经》第五十七章和第五十八章的内容

---

① "In an incisive book(*The Art of Rulership*)Roger T. Ames conceptually translates the terms as 'irregular deployments' and 'regular deployments.'"Ralph D. Sawyer trans. *The Art of War*. Op. cit., p. 150. See Roger T. Ames. *The Art of Rulership: A Study of Ancient Chinese Political Thought*. Albany: State University of New York Press,1994.

② Victor H. Mair trans. *The Art of War: Sun Zi's Military Methods*. Op. cit., p. 92.

③ "Used in combination with *qi* to signify contrasting types of warfare; variously translated as 'direct/indirect' 'regular/irregular' 'conventional/unconventional' 'orthodox/unorthodox' 'ordinary/extraordinary', and so forth. Of these two terms, the more difficult to grasp is *qi*, which may be thought of as signifying 'odd, strange, singular, unique, crafty' or whatever is not *zheng* (straight, upright, correct, right, orthodox, normative, etc). In purely military applications, *qi* may be thought of as 'special operations' or 'unconventional warfare', whereas *zheng* are main force deployments and maneuvers. The counterposing of *qi* and *zheng* was not restricted merely to military operations but was applied to politics and morality as well." Victor H. Mair trans. *The Art of War: Sun Zi's Military Methods*. Op. cit., pp. xlvi-xlvii.

为例予以佐证:"以正治国,以奇用兵,以无事取天下"①和"其无正也,正复为奇,善复为妖。"②

闵福德译本对"奇"与"正"的英译与翟林奈译本一样,他将"奇"解读为"indirect"(间接的),将"正"解读为"direct"(直接的),但其对这两句的解读和英译均与翟林奈译本不尽相同,分别为:"In warfare, engage directly; secure victory indirectly …";"In the dynamics of war, there are but these two——indirect and direct——and yet their permutations are inexhaustible. They give rise to each other in a never-ending, inexhaustible circle."③闵福德译本还在译文后的评论中对"奇""正"这一组集中体现了孙子战略思想的概念进行了进一步阐释。他指出,除了用"direct"(直接的)与"indirect"(间接的)来英译外,还可以将"奇""正"分别英译为"orthodox"(传统的)与"unorthodox"(非传统的)"regular"(规则的)与"irregular"(不规则的)"straightforward"(直截了当的)与"surprise"(出人意料的)和"overt"(明显的、公然的)与"covert"(隐秘的)。孙子军事思想中的"奇"与"正"指的是"固定不变的策略"与"多变的策略"的互相补充④。闵福德举韩信的例子阐述了"奇正"译者军事战略在实际运用过程中的转化(相生),他在最后总结道:"如果一个人在算计对方,但是根本就没能算计到对方时,那么,他很可能成为自己聪明的最后牺牲品,却没能正确地认识到他自己是在算计自己。正所谓精明与愚蠢会变成同一样的东西,没有分别。可以理解为什么有些将领在绝望的时候要求助于《易经》

---

① 摘自《道德经》第五十七章。梅维恒的英译为"Rule the state with uprightness, deploy your troops with craft, gain all under heaven with noninterference." Victor H. Mair trans. *The Art of War: Sun Zi's Military Methods*. Op. cit., p. xlvi.

② 摘自《道德经》第五十八章。梅维恒的英译为"When there is no uprightness, correct reverts to crafty, good reverts to gruesome." Victor H. Mair trans. *The Art of War: Sun Zi's Military Methods*. Op. cit., p. xlvii.

③ John Minford trans. *The Art of War*. Op. cit., p. 27.

④ "This is the first appearance in *The Art of War* of the pair of terms *zheng* and *qi*, 'direct' and 'indirect', which are so central to master Sun's strategic ideas. They could also be translated as 'orthodox' and 'unorthodox' 'regular' and 'irregular' 'straightforward' and 'surprise' 'overt' and 'covert'. What Master Sun has in mind is the complementarity of the fixed assult and the flexible maneuver." Ibid., p. 164.

来作他们的决定了。"①

巴特勒-鲍登译本对"奇"与"正"的理解与格里菲思译本相近,只不过巴特勒-鲍登译本的"奇"用的是与"正"(正常的、正规的、标准的)(the normal)相对的词"不正规的、不规则的、反常的"(the abnormal)。相比之下,较格里菲思译本处理得要好,但整句的英译不及格里菲思的英译。巴特勒-鲍登的英译分别为:"Moreover, in battle the enemy is engaged with the normal and defeated by the abnormal force …";"In war there are but two forces, the normal and the abnormal; but they are capable of infinite variation. Their mutual interchange is like a wheel,…"②巴特勒-鲍登译本在注释中对"奇"与"正"进行了更详细的解释,对读者准确理解这一军事术语提供了帮助。他认为,"奇"和"正"在现代分别指"正面的或决定性的力量"和"侧面的或出其不意的力量"。一个明智的将领会用其军事力量的一部分对敌人迎头痛击;同时,他又会用自己军事力量的另一部分来对敌人发动出其不意的攻击并打败敌人③。

格里菲思译本则将"奇"解读为"特别的、离奇的、非同寻常的(军事)力量"(the extraordinary force),将"正"解读为"正规的(军事)力量"(the normal force),其译文分别为:"generally, in battle, use the normal force to engage; use the extraordinary to win….";"In battle there are only the normal and extraordinary forces, but their combinations are limitless; none can comprehend them all. For these two forces are mutually reproductive;…"④

麦卡尔平译本对"奇"与"正"的解读与翟林奈译本一样,译文也与翟译完全一样⑤。

同麦卡尔平译本一样,印度新德里译本对"奇"与"正"的解读和英译

---

① "If one is scheming against an enemy who is not scheming at all, one may end up the victim of one's own cleverness, having incorrectly assumed that he was scheming. Thus subtlety and stupidity become one. One can understand why certain generals in despair resorted to consulting *The Book of Changes* for their decisions." John Minford trans. *The Art of War*. Op. cit., p. 165.

② Tom Butler-Bowdon trans. *The Art of War: The Ancient Classic*. Op. cit., pp. 33-34.

③ "The normal and the abnormal refer to what in modern phrase are termed the frontal or holding force and the flanking or surprise forces. That is, a wise general engages one part of his army head on with the enemy, while the other part moves around to surprise and defeat the enemy." Ibid., p. 33.

④ Samuel B. Griffith tran. *The Art of War*. Op. cit., p. 91 & p. 92.

⑤ Alistair McAlpine. *The Ruthless Leader: Three Classics of Strategy and Power*. Op. cit., p. 229.

也与翟译完全一样①。但需强调的是,麦卡尔平译本和印度新德里译本这两个译本与翟译有诸多相似之处,但都未有任何文字说明其译本参照了翟译,或是以翟译为蓝本进行英译或改译的。克拉维尔译本以翟林奈译本为基础对其有所改动,但他对"奇"与"正"的解读和英译却与翟译保持一致,除在"in battle"后插入"however"一词外,未作改动②。

克利里译本对"奇"与"正"的英译与索耶尔译本相近,都用了"the orthodox"和"the unorthodox",但克利里译本其后还有一个修饰词和名词,分别为"the orthodox direct attack"(传统的、直接的攻击)和"the unorthodox surprise attack"(非传统的、出其不意的攻击),比索耶尔译本的处理更清楚,更恰当。克利里将两句分别英译为:"In battle, confrontation is done directly, victory is gained by surprise....";"There are only two kinds of charge in battle, the unorthodox surprise attack and the orthodox direct attack, but variations of the unorthodox and the orthodox are endless. The unorthodox and the orthodox give rise to each other,..."③

黄昭虎译本对"奇"与"正"的理解与翟译相似,但不尽相同。他也用了"the indirect"和"the direct"来修饰限定,但在其后还增加了"approaches and forces"(方法和兵力),以使自己的处理让读者更加明白。黄昭虎译本对这两句的英译分别为:"In battle, use the direct force to engage the enemy, and the indirect force to win ...";"In any battle situation and condition, there are only the direct and indirect approaches and forces ... The direct and indirect (approaches and forces) mutually support and reinforce each other ..."④从其译文比任何其他英译本都长得多的长度可以看出黄昭虎对原句解读的用力。在第一句后的注释中,黄昭虎将"奇"英译为"the indirect force",但用汉语将其翻译为"奇兵";将"正"英译为"the direct force",但用汉语翻译

---

① *The Art of War*. New Delhi: Pentagon Press, 2009, p. 23 & p. 24.
② James Clavell ed. *The Art of War by Sun Tzu*. Op. cit., p. 21 & p. 22.
③ Thomas Cleary trans. *The Illustrated Art of War*. Op. cit., p. 126.
④ Chow-Hou Wee. *Sun Zi Art of War: An Illustrated Translation with Asian Perspectives and Insights*. Op. cit., pp. 115-116.

为"正规军"①。在第二句后的注释中,黄昭虎解释了将"奇正"解读为"the direct and indirect approaches and forces"的理由。他指出,如有的英译者那样,仅把"奇正"限定为是在修饰"forces"(力量,兵力),是不准确的。因为在战争中,不同的战略、战术、兵力、策略等等,都与正规兵和奇兵的部署有密切的联系②。

加戈里亚蒂译本对"奇"与"正"的解读很直接,"奇"为"出其不意的进攻"(surprises),"正"为"直接的行动"(direct actions)。他将两个句子分别英译为"It is the same in all battles. You use a direct approach to engage the enemy. You use surprise to win …";"There are only a few types of surprises and direct actions. Yet you can always vary the ones you use. There is no limit to the way you can win. Surprise and direct action give birth to each other …"③

登马译本将"奇"理解为"特别的、离奇的、非同寻常的"(the extraordinary),与格里菲思译本相似;将"正"理解为"传统的"(the orthodox)。他将这两句分别英译为"In sum, when in battle, use the orthodox to engage. Use the extraordinary to attain victory …";"The *shih* of battle do not exceed the ordinary and the orthodox. Yet all their variations cannot be exhausted. The extraordinary and the orthodox circle and give birth to each other,…"④译者在评论中指出,孙子之前至少一千年的时候,"正"最初的意思是"直"(straight),因而有"正确的"意思。然后从这些意思演化为"管理"(govern)。"正"于是成了根据公共法则去行事的正确之道。在社会生活中,"正"可表示"传统的、好的形式"。而"奇",其字面意思是

---

① "正 refers to 正规军 which means the normal or direct force or troops. 奇, as used here, has been translated more narrowly as the indirect force 奇兵 to contrast against the direct force as the whole sentence makes reference to battling with the enemy." Chow-Hou Wee. *Sun Zi Art of War: An Illustrated Translation with Asian Perspectives and Insights*. Op. cit., p. 111.

② "Some writers have restricted the translation to forces which, I think, is inadequate. This is because in war, different strategies, tactics, manoeuvres, etc. are closely linked to the deployment of the direct(正兵) and indirect forces(奇兵)." Ibid., p. 115.

③ Gary Gagliardi. *Sun Tzu's The Art of War plus its Amazing Secrets*. Op. cit., p. 62 & p. 64.

④ The Denma Translation Group. *The Art of War: The Denma Translation*. Op. cit., pp. 19–20 & p. 20.

"奇怪的",与传统没有任何政治上的关联①。"正"为实施"奇"的可能性做准备。只有通过对你所从事的行业的常规进行完全的训练,你才能认识到你的对手在实践它的时候所发生的微妙的变化并对其即刻做出反应②。"奇"与"正"互相依赖。此时为"奇"的因素可能很快就会转变为"正"。一个明显是"正"的行为可能是你那内行的对手所最没能从你身上料到的。因而"奇""正"完全取决于我们对于它的定义③。

迈克逊译本对"奇"与"正"的解读与格里菲思译本一样,均为"the extraordinary force"(特别的、离奇的、非同寻常的军事力量)与"正规的军事力量"(the normal force),但他对这两个句子的英译与格里菲思译本不同,分别为"Generally, in battle, use the normal force to engage and use the extraordinary to win …";"In battle, there are not more than two kinds of postures —— operation of the extraordinary force and operation of the normal force, but their combinations give rise to an endless series of maneuvers …"④

温译本对"奇"与"正"的解读与安乐哲译本相似,分别为"the Surprising"(出其不意的、令人惊讶的、突然的)与"the Straightforward"(直接的、明确的、常规的),但其译文与安乐哲译文差别很大,分别为"Generally, in a conflict, the Straightforward will lead to engagement and the Surprising will lead to triumph …";"In directing a conflict, there are no more than the Surprising and the Straightforward, yet the Surprising and the

---

① "Its original meaning, at least a thousand year before the Sun Tzu, was 'straight', and thus 'correct'. From these senses evolved the term to *govern*. 'The orthodox', then, is the right way to do things according to public measures. In social life it would indicate conventional good form. 'The extraordinary' is literally 'the strange'. It has none of the political associations of the orthodox." The Denma Translation Group. *The Art of War: The Denma Translation*. Op. cit., p. 183.

② "The orthodox prepares the ground for the posibility of the extraordinary. Only through complete training in the conventions of your craft are you able to recognize subtle variations in your enemy's practice of it and respond immediately to them." Ibid., p. 184.

③ "The extraordinary and orthodox give birth to each other. They are interdependent. What is extraordinary now may soon become orthodox. An apparently orthodox action may be what your adept opponent least expects from you. Thus the extraordinary and orthodox depend entirely on our conception of them." Chow-Hou Wee. *Sun Zi's Art of War: An Illustrated Translation with Asian Perspectives and Insights*. Op. cit., p. 186.

④ Steven W. Michaelson. *Sun Tzu for Execution: How to Use the Art of War to Get Results*. Op. cit., p. 16 & pp. 16-17.

Straightforward excel in Variations …"①

帕特里克·莫兰《孙子兵法》英译本将"奇""正"分别英译为"deception"(欺骗、诡诈)"uprightness"或"straightforwardness"(正直、诚实),他对这两个句子的英译分别为"It is a matter of deception complementing uprightness. In all warfare, engagement occur on the up and up, but it is by deception or misdirection that one wins."; "The power configurations of warfare do not exceed the deceptive and the straightforward, yet the changes that can be rung on the two are inexhaustible. Deception and straightforwardness produce each other …"②

"火攻篇第十二"中的"非利不动,非得不用,非危不战"一句,再次强调了孙子的"慎战""非战"思想。对于其中的"非得不用""得"什么?"不用"什么?英语世界各个英译本的解读也是不尽相同。

卡尔思罗普1905年版《孙子兵法》英译本将"非利不动,非得不用,非危不战"英译为"Do not make war unless victory may be gained thereby; if there be prospect of victory, move; if there is no prospect, do not move."③其1908年版《孙子兵法》英译本对此一句的处理与1905年版译本基本一样。可以看出,卡尔思罗普将"得"解读为"获胜的希望、获胜的把握",将"用"模糊地用了"动"(move)一词来英译。

翟林奈译本将"非利不动,非得不用,非危不战"英译为"Move not unless you see an advantage; use not your troops unless there is something to be gained; fight not unless the position is critical."④他将"得"一字解读为"可从中获得某种利益","用"被解读为"用兵"。翟林奈在其后的评论中说:"孙子有时可能显得过于谨慎,但他还从不至于谨慎到像《道德经》第

---

① R. L. Wing trans. *The Art of Strategy: A New Translation of Sun Tzu's Classic The Art of War*. Op. cit., p. 71.

② Patrick Edwin Moran. *Master Sun's Art of War: A Classic Text for the Modern Martial Artist*. Lulu. com, 2010, p. 50 & p. 52.

③ Captain E. F. Calthrop trans. *Sonshi: The Chinese Military Classici*. Op. cit., p. 44 and E. F. Calthrop trans. *The Book of War: The Military Classic of the Far East*. Op. cit., p. 69.

④ Lionel Giles. *Sun Tzu on the Art of War: The Oldest Military Treatise in the World*. Op. cit., p. 158.

六十九章中所言的这种程度：'吾不敢为主，而为可；不敢进寸，而退尺。'"①

索耶尔1994年版版的《孙子兵法》英译本、1996年版的《孙家兵法》中的《孙子兵法》英译本和2005年版的《〈孙子兵法〉古今精解》三个译本都将"非利不动，非得不用，非危不战"英译为"If it is not advantageous, do not move. If objectives cannot be attained, do not employ the army. Unless endangered, do not engage in warfare."②"得"被索耶尔解读为"获得既定的目标"，而"用"被解读为"用兵"。

安乐哲译本将"非利不动，非得不用，非危不战"英译为"If there is no advantage, do not move into action; If there is no gain, do not deploy the troops; If it is not critical, do not send them into battle."③"得"被理解为"收获、利益、好处"，"用"被理解为"用兵"。

梅维恒译本将"非利不动，非得不用，非危不战"英译为"If there is no advantage, do not mobilize; If you cannot achieve your aims, do not to to war; If you are not endangered, do not engage in battle."④梅维恒非常清楚地将"得"解读为"获得你的目标"，而将"用"解读为"参战"。

闵福德译本将"非利不动，非得不用，非危不战"英译为"Never move except for gain; Never deploy except for victory; Never fight except in a crisis."闵福德将"得"理解为"获胜"，"用"理解为"用兵"。他引李筌的观点"除非能预见绝对的胜利，否则，明君贤将不会用兵"和曹操的观点"用兵之法为不得已"对此给予了评论⑤。

巴特勒-鲍登译本将"非利不动，非得不用，非危不战"英译为"Do not make war unless victory may be gained thereby; If there be prospect of victory,

---

① "Sun Tzu may at times appear to be over-cautious, but he never goes so far in that direction as the remarkable passage in the *Tao Te Ching*, ch. 69：吾不敢为主，而为可；不敢进寸，而退尺 'I dare not take the initiative, but prefer to act on the defensive; I dare not advance an inch, but prefer to retreat a foot." Lionel Giles. *Sun Tzu on the Art of War：The Oldest Military Treatise in the World*. Op. cit., p. 158.

② Ralph D. Sawyer trans. *The Art of War*. Op. cit., p. 228.

③ Roger T. Ames trans. *Sun-tzu：The Art of Warfare*. Op. cit., p. 166.

④ Victor H. Mair trans. *The Art of War：Sun Zi's Military Methods*. Op. cit., p. 126.

⑤ "Li Quan：The enlightened ruler and the effective general will not send troops into battle unless they can see a definite gain." "Cao Cao：Fight only as a last resort." John Minford trans. *The Art of War*. Op. cit., pp. 311-312.

move; If there be no prospective, do not move."①该译文与卡尔思罗普1905年版和1908年版的《孙子兵法》英译本是完全一样的。

格里菲思译本将"非利不动,非得不用,非危不战"英译为"If not in the interests of the state, do not act. If you can not succeed, do not use troops. If you are not in danger, do not fight."②格里菲思将"得"理解为"成功、获胜",将"用"理解为"用兵",并在注释中补充说:"评论家们说得很清楚:用兵之法为不得已。"此为曹操的观点,格里菲思没有明确说明。

麦卡尔平译本③和印度新德里译本④对"非利不动,非得不用,非危不战"的英译与翟林奈《孙子兵法》英译本对此一句的解读完全一样。

克利里译本将"非利不动,非得不用,非危不战"英译为"They do not mobilize when there is no advantage, do not act when there is nothing to gain, do not fight when there is no danger."⑤克利里将"得"阐释为"有利可图",将"用"模糊地用了"行动"(act)一词来表示。

黄昭虎译本将"非利不动,非得不用,非危不战"英译为"Move only when there are advantages to be gained. Strike only when there are definite chance of success. Fight only when there are definite dangers."黄昭虎将"得"理解为"获胜的绝对把握",将"用"理解为"攻击、打击、进攻"。他在对"非得不用"一句的评论中说:"这意味者需要制订详细的计划、知道双方兵力的相对优势、做出详细的评估,并选择正确的目标。"⑥

加戈里亚蒂译本将"非利不动,非得不用,非危不战"英译为"If there is little to be gained, don't act. If there is little to win, do not use your men. If there is no danger, don't fight."⑦加戈里亚蒂将"得"理解为"赢得、获胜",没有指明"赢得"什么。将"用"理解为"用兵、用人"。

登马译本将"非利不动,非得不用,非危不战"英译为"If it is not advantageous, do not act. If it is not attainable, do not employ troops. If it is

---

① Tom Butler-Bowdon trans. *The Art of War: The Ancient Classic*. Op. cit., p. 92.
② Samuel B. Griffith trans. *The Art of War*. Op. cit., p. 142.
③ Alistair McAlpine. *The Ruthless Leader: Three Classics of Strategy and Power*. Op. cit., p. 257.
④ *The Art of War*. New Delhi: Pentagon Press, 2009, p. 55.
⑤ Thomas Cleary trans. *The Illustrated Art of War*. Op. cit., p. 215.
⑥ Chow-Hou Wee. *Sun Zi Art of War: An Illustrated Translation with Asian Perspectives and Insights*. Op. cit., pp. 358-359.
⑦ Gary Gagliardi. *Sun Tzu's The Art of War plus its Amazing Secrets*. Op. cit., p. 168.

not in danger, do not do battle."可以看出,登马译本将"得"解读为"可得到的、可达到的",其主语用了一个非常模糊的"it"。"用"为"用兵"之意。译者在评论中指出,"获得胜利是将领想要达到的目标。如果不能从战事中获利,那就不要陷入战争。"①

迈克逊译本将"非利不动,非得不用,非危不战"解读为"If not in the interests of the state, do not act. If you are not sure of succes, do not use troops. If you are not in danger, do not fight a battle."②迈克逊将"得"解读为"取得成功的把握","用"解读为"用兵"。

温译本将"非利不动,非得不用,非危不战"解读为"Do not move unless it is advantageous. Do not execute unless it is effective."③温将"得"理解为"有效的",将"用"理解为"实施、执行",比较模糊,也不准确,不能让读者明白"得"什么,"用"什么。

帕特里克·莫兰的《孙子兵法》英译本将"非利不动,非得不用,非危不战"解读为"If it will not be beneficial, one does not go into action. If one will not gain a goal, one will not use military means. If it is not a crisis situation, one does not make war."④莫兰用了一个小标题"When not to go to war"(什么时候不能参战)来对"慎战"之观念加以强调。"得"被莫兰解读为"获得既定的目标",而"用"则被理解为"使用军事手段"。

第七节　英语世界《孙子兵法》英译本对蕴含其中的道家思想之解读

英语世界的诸多英译本和研究专著在译介、评析《孙子兵法》时常会提及书中所蕴含的儒家思想或道家思想。此节拟对英语世界《孙子兵法》英译本对道家思想的解读进行分析整理。涉及的文本包括约翰·闵福德

---

① "Victory is the general's goal. Do not engage in military activity if no benefit will accrue from it." The Denma Translation Group. *The Art of War: The Denma Translation*. Op. cit., p. 263.
② Steven W. Michaelson. *Sun Tzu for Execution: How to Use the Art of War to Get Results*. Op. cit., p. 43.
③ R. L. Wing trans. *The Art of Strategy: A New Translation of Sun Tzu's Classic The Art of War*. Op. cit., p. 159.
④ Patrick Edwin Moran. *Master Sun's Art of War: A Classic Text for the Modern Martial Artist*. Op. cit., p. 162.

译本、托马斯·克利里译本、维克多·梅尔(梅维恒)译本、拉尔夫·索耶尔1994年版的《孙子兵法》英译本、黄昭虎译本、登马译本以及戴维·琼斯的专著《孙子学派：不战而赢得帝国》。

约翰·闵福德《孙子兵法》英译本在"序言"的"从谚语到大众文化"(From Proverbial to Popular Culture)一节中将《道德经》第六十八章中的"善为士者，不武；善战者，不怒；善胜敌者，不与"；《孙子兵法》(谋攻篇第三)中的"故善用兵者，屈人之兵而非战也"；《三国演义》第八十七回中的"夫用兵之道，攻心为上。心战为上，兵战为下"和《毛泽东选集》第一卷中的"中国古代大军事家孙武子书上的'知彼知己，百战不殆'这句话，是包括学习和使用两个阶段而谈的，包括从认识客观实际中的发展规律，并按照这些规律去决定自己行动克服当前敌人而说的。我们不要看轻这句话"做了对比①。

闵福德译本在"《孙子兵法》英译评论"(The Art of War with Commentary)部分共有二十三处分析论述《孙子兵法》中所蕴含的道家思想，涉及的道家经典有庄子内篇中的《养生主》和《大宗师》以及外篇中的《天地》，《淮南子》中的《兵略训》，《易经》的《系辞》，道家的性学手册《既济真经》以及老子《道德经》中的第八、十七、二十、二十二、二十五、二十八、三十、三十一、三十二、三十三、三十七、五十七、六十三、六十五、六十八、七十和第七十三章中的内容，是英语世界所有《孙子兵法》英译本中对《孙子兵法》中所蕴含的道家思想解读最深入、最透彻的文本。具体解读情况如下：

(一)闵福德指出，《孙子兵法》"计篇第一"的开篇之句"兵者，国之大事，死生之地，存亡之道，不可不察也"中蕴含有《道德经》第三十一章中的观点："夫兵者，不祥之器。……故有道者不处。……非君子之器，不得已而用之，恬惔为上。胜而不美，而美之者，是乐杀人。"②

(二)"计篇第一"中的"道者，令民于上同意也。可与之死，可与之生，而不危也"则与《道德经》第三十二章中的"譬道之在天下，犹川谷之于江海"、庄子外篇《天地》中的"古之畜天下者，无欲而天下足，无为而万物化，

---

① "'Know the enemy, know yourself, and victory is never in doubt, not in a hundred battles.' We must not underestimate the wisdom of this saying of Master Sun, the great military thinker of ancient China." John Minford trans. *The Art of War*. Op. cit., p. xv.

② Ibid., p. 100.

渊静而百姓定"和《淮南子》第十五卷《兵略训》中的"兵失道而弱,得道而强;将失道而拙,得道而工;国得道而存,失道而亡"有着相似的观点①。

（三）《孙子兵法》"谋攻篇第三"中的"不战而屈人之兵"的思想与《道德经》第六十八章中的"善为士者,不武;善战者,不怒;善胜敌者,不与"以及第七十三章中的"天之道,不争而善胜"有着异曲同工之妙②。而该章中的"知己知彼,百战不殆"一句,则蕴含着《道德经》第三十三章中的"知人者智,自知者明。胜人者有力,自胜者强"的思想。

（四）闵福德译本在"形篇第四"中分析题名"军形"中的"形"字时指出,"有时,在《孙子兵法》中有着显而易见的道家味道,让人想起道家思想中最基本的'无为'观,让人感觉到道家最小的干扰和最大限度的自然观,让人联想到'大治不割'（《道德经》第二十八章）,令人回味起'道常无为而无不为'（《道德经》第三十七章）,也让人把它与'我无为,而民自化'（《道德经》第五十七章）相联。有时,身怀技艺的武士就像是那些不可见的道家圣人,比如'虚实篇第六'中的'故形兵之极,至于无形。无形则深间不能窥,智者不能谋'就能让人产生这样的联想"。③

（五）闵福德译本将"形篇第四"中的多处观点与《道德经》中老子的思想进行了比较。第一处是"战胜而天下曰善,非善之善者也"与《道德经》第二十二章中的"是以圣人抱一为天下式。不自见,故明;不自是,故彰;不自伐,故有功;不自矜,故长。夫唯不争,故天下莫能与之争。"④

（六）第二处是"古之所谓善战者,胜易胜者也"与《道德经》第六十三章中的"为无为,事无事,味无味。大小多少,……图难于其易,为大于其细;天下难事,必作于易;天下大事,必作于细。是以圣人终不为大,故能成其大"。⑤

（七）第三处是"故善战者之胜也,无智名,无勇功"与《道德经》第十七章中的"犹兮其贵言。功成事遂,百姓皆谓:'我自然'"和第二十章中的"众人察察,我独闷闷"。

（八）第四处为"地生度,度生量,量生数,数生称,称生胜"与《道德经》

---

① John Minford trans. The Art of War. Op. cit., p. 102.
② Ibid., pp. 132–133.
③ Ibid., pp. 148–149.
④ Ibid., p. 153.
⑤ Ibid., p. 154.

第二十五章中的"人法地,地法天,天法道,道法自然"。

(九)"势篇第五"中,闵福德译本首先将孙子之"凡战者,以正合,以奇胜"的战略思想与《道德经》第五十七章中的"以正治国,以奇胜兵,以无事取天下"作了比较。他认为孙子的"势如扩弩,节如发机"的观点与《易经》"系辞上"中的"言行,君子之枢机。枢机之发,荣辱之主也"相近。闵福德指出,孙子在《孙子兵法》的"九地篇第十一"中又一次使用了"发机"这个术语来描绘军队潜能的突然释放①。

(十)"虚实篇第六"中,闵福德译本将"进而不可御也,冲其虚也"与《庄子》内篇《养生主》中"庖丁解牛"的故事所蕴含的思想作了比较:"臣之所好者,道也。进乎技矣。始臣之解牛之时,所见无非牛者。三年之后,未尝见全牛也。方今之时,臣以神遇而不以目视,官知止而神欲行。依乎天理,批大郤,导大窾,因其固然,技经肯綮之未尝,而况大軱乎!……"②

(十一)闵福德译本还将"虚实篇第六"中的"故形兵之极,至于无形。无形则深间不能窥,智者不能谋"与《庄子》内篇《大宗师》中的观点"夫道,有情有信,无为无形,可传而不可受,可得而不可见"进行了比较③。

(十二)对于"兵形"这一军事术语,闵福德还将"夫兵形象水,水之形避高而趋下"分别与《道德经》第八章和第七十八章中老子阐释"水"之特征的观点进行了比较:"上善若水。水善利万物而不争。""天下莫柔弱于水,而攻坚强者莫之能胜,以其无以易之。"④闵福德认为,孙子的观点与《道德经》中的这些观点相呼应,显示出战争不是靠武力和英雄主义,而是需要策略和谦卑。

(十三)"军争篇第七"中,闵福德译本将"军争之难者,以迂为直"的思想与《道德经》第二十二章中的"曲则全,枉则直"进行了比较。闵福德指出,正如翟林奈所言,"此观点是孙子如此喜欢的那些受到高度谴责而且让人有些捉摸不透的表达之一。"他认为,问题的部分原因在于汉语中"迂"与"直"的模糊性。这组概念同时有"弯曲的/直的"(crooked/straight)和

---

① John Minford trans. *The Art of War*. Op. cit., p. 170. 闵福德译本未说明该观点出自"系辞上",只说出自《易经》。"九地篇第十一"中,与"发机"相关的原文为"帅与之深入诸侯之地,而发其机。若驱群羊,驱而往,驱而来,莫知所之也"。本书作者注。

② John Minford trans. *The Art of War*. Op. cit., p. 183.

③ Ibid., p. 191.

④ Ibid., p. 192.

"间接的、绕行的/直接的"(circuitous/direct)的意思①。

(十四)闵福德译本将"九地篇第十一"中的"将军之事,静以幽,正以治。能愚士卒之耳目,使之无知"与《道德经》第六十五章中的"古之善为道者,非以明民,将以愚之"相比较②。

(十五)随后,闵福德译本将"九地篇第十一"中的"凡为客之道,深则专,浅则散"一句中的观点"深则专"与道家的性学手册《既济真经》(*The True Classic of the Complete Union*)中关于性交过程的相似性作了比较分析。作者认为,如果说对"深入"的多次引用开始听起来像道家或者伪道家的性学手册的话,我们不应该感到奇怪。《孙子兵法》与《性爱的艺术》(*Art of Love*)这两种著作中有着许多相同的词汇和观点③。

(十六)闵福德译本最后将"用间篇第十三"的首句,即描绘战争带给百姓灾难的观点与《道德经》第三十章中的"师之所处,荆棘生焉"作了比较④。

克利里译本在"译者前言"和"译者序言"中多次分析阐释了《孙子兵法》与道家思想之间的联系。这里,仅将其在"译者前言"和"译者序言"中的"《孙子兵法》的结构和内容"以及"历史背景"中提及《孙子兵法》与道家思想的关系作介绍。由于克利里在"译者序言"中的"道家思想与《孙子兵法》"一节中的思想相当丰沛,本书将另作章节介绍。

克利里译本在"译者前言"中指出,"这本《孙子兵法》英译本是以道家之伟大精神传统的背景视角、从东亚的心理学以及科学与技术之起源和对人性的洞察之源来呈现的。这种人性正是这本最令人崇敬的著作之所以成功的基础。""在我看来,对《孙子兵法》中蕴含的道家思想成分的重要性予以强调一点也不为过。这本战略经典中不仅渗透着伟大的道家著作如《易经》和《道德经》中的思想,而且它还表明所有的中国传统武学的最终源泉都是道家的基本原理。而且,《孙子兵法》对法则的陈述是无与伦比的,对这些战略法则予以深层次实践运用的关键则取决于道家所特别强调的心理发展。个人力量的加强在传统上与道家的心理技术是相一致的,这点其本身是与对《孙子兵法》所教导的大众心理学的理解之运用相关的集

---

① John Minford trans. *The Art of War*. Op. cit., p. 197.
② Ibid., p. 288.
③ Ibid., pp. 290-291.
④ Ibid., p. 315.

体力量的一部分。""或许,《孙子兵法》中所蕴含的道家思想最典型地呈现给现代的方式就是,通过一种深邃的人道主义的潜流将其力量不断地加以调和。""极为相似的是,在政治上,道家思想同时站在统治者与被统治者的立场上,根据时代的需要,建立帝国同时又将其推倒。作为道家思想之经典,《孙子兵法》因而不仅仅只是一本论述战争的书,同时它也是一本倡导和平的书,更是一种理解冲突之根源及其解决办法的工具。"①

在"译者序言"的"《孙子兵法》的结构与内容"一节,克利里指出,《孙子兵法》中弥漫着《道德经》中所蕴含的哲学与政治思想,它与《道德经》一样,其中也包蕴着作者相当丰富的格言警句。有道家认为《道德经》是由其"作者"编辑阐释的有关古代学问的而非完全原创的一本著作,《孙子兵法》同样也很可能是这样的。无论怎样,《孙子兵法》和《道德经》在不同的语境文本中都显示出了相似的主题结构。

该部分除对《道德经》进行比较分析外,还提及《易经》中的观点,多达十处。下面将其与《道德经》相关的部分整理如下:

(一)在阐释"计篇第一"中的"兵者,诡道也。故能而示之不能,用而示之不用"时作者将其与《道德经》第四十一章中的"大方无隅,大器晚成,大音希声,大象无形"做了比较。

(二)在阐释"虚实篇第六"中的"故兵无常势,水无常形,能因敌变化而取胜者,谓之神"时与《道德经》第七十八章中的"天下莫柔弱于水,而攻坚强者莫之能胜,以其无以易之"做了比较。

(三)克利里指出,在"火攻篇第十二"中作者倾注了深厚的人道主义情怀,与《道德经》第三十一篇中的"兵者,不祥之器,非君子之器,不得已而用之。恬惔为上"相呼应,孙子突然以如下观点"主不可以怒而兴师,将不可以愠而致战。合于利而动,不合于利而止。怒可以复喜,愠可以复悦,

---

① "In my opinion, the importance of understanding the Taoist element of *The Art of War* can hardly be exaggerated. Not only is this classic of strategy permeated with the ideas of great Taoist works such as the *I Ching* (*The Book of Changes*) and the *Tao-te Ching* (*The Way and Its Power*) , but it reveals the fundamentals of Taoism as the ultimate source of all the traditional Chinese martial arts. Furthermore, while *The Art of War* is unmatched in its presentation of principle, the keys to the deepest levels of practice of its strategy depend on the psychological development in which Taoism specializes .... As a classic of Taoist thought, *The Art of War* is thus a book not only of war but also of peace, above all a tool for understanding the very roots of conflict and resolution." In Thomas Cleary trans. *The Art of War*: *An Illustrated Edition*. Boston: Shambhala Publications, Inc. , 1988, pp. 7-8.

亡国不可以复存,死者不可以复生"结束了他对"火攻"的简短阐释。

在"译者序言"的"历史背景"一节,当克利里阐释古代的道家大师们在呈现什么是真正的残忍,是完全主观的冷漠无情时,列举了《道德经》第五章中的"天地不仁,以万物为刍狗;圣人不仁,以百姓为刍狗"的观点,并认为由此可见,认为《孙子兵法》中所蕴含的道家思想不是一种随意的、偶然的因素而是理解其整个文本的关键是非常自然的。

梅维恒译本对《孙子兵法》中蕴含的道家思想的阐述不比克利里译本逊色。在译本目录之后,梅维恒引了《道德经》三章中的内容来对《孙子兵法》中所蕴含的相关思想进行比较。一是《道德经》第六十八章中的"善为士者,不武;善战者,不怒"。二是《道德经》第七十三章中的"天之道,不争而善胜"和《道德经》第三十一章全文:"夫佳兵,不祥之器,物或恶之,故有道者不处。君子居则贵左,用兵则贵右。兵者,不祥之器,非君子之器,不得已而用之,恬淡为上。胜而不美,而美之者,是乐杀人。夫乐杀人者,则不可得志于天下矣。吉事尚左,凶事尚右。偏将军居左,上将军居右。言以丧礼处之。杀人之众,以悲哀泣之。战胜,以丧礼处之。"

在"关键术语解释"(Key Terms)一节,作者在阐释"奇正"时两次引用了《道德经》中的相关思想外,一是第五十七章中的"以正治国,以奇用兵,以无事取天下"。另一是第五十八章中的"其无正也,正复为奇,善复为妖。"梅维恒在"摘要"(Précis)里也提及他这个英译本强调的是《孙子兵法》不同寻常的风格、《孙子兵法》的成文、它蕴含的道家思想、它的历史语境、它战术性的预测以及它在全球语境发展中的位置①。

在"序言"的"道家思想的方面"(Taoistic Aspects)一节中,梅维恒对《孙子兵法》中所蕴含的道家思想作了详细的阐释。他首先提到《孙子兵法》两次被学者将其归属在道家经典中,一次是《孙子注解》,另一次是《孙子遗说》。梅维恒进一步指出,既然有学者将其归于道家之经典,那它与道家之间的密切关系究竟是否真正存在呢。梅维恒从以下几个方面做了自己的阐释:一是《孙子兵法》代表了道家式的对待战争的态度。这些学者显然都意识到,一个国家有时为了自己的利益,甚至为了捍卫自己的生存

---

① "The present volume emphasizes the unusual style and composition of the *Sun Zi*, its Taoistic aspects, its historical context, its technological presuppositions, and its place in global developments." Victor H. Mair trans. *The Art of War*: *Sun Zi's Military Methods*. Op. cit., pp. LII.

不得不卷入战争。但在他们眼里,战争是最后的手段,并且应该投入最少的努力、最少的花费、最小的风险和最少的人员伤亡。用孙子的战争观来说就是,作个最低限的要求者①。二是《孙子兵法》倡导坚持以"道"作为衡量在战争中获胜与否的主要标准。但战争中的"道"究竟是什么呢?《孙子兵法》在"计篇第一"中就告诉了人们"道者,令民与上同意"的观点。令人惊异的是,一部军事理论著作居然开篇谈论的是政治观点。但这正是老子的态度:依靠"道"来统治世界②。

梅维恒指出了《道德经》书名所示的"道"与"德"中,"德"在《孙子兵法》中的完全"缺位"。而"德",却是道家和儒家都着重强调的东西,尽管二者强调的重点不同。道家认为,"德"是个体的固有内在之"道",是一种具有超凡魅力的力量。而儒家则认为"德"是与"善"相似的伦理概念。同样,对儒家予以强调的"礼",在《孙子兵法》中一次也没有被提及。而它对"礼"的忽略,却同早期那些认为依赖"礼"而养成的虚伪的行为举止和造成在人际交往中的虚假的道家思想家们的观点却是相当一致的③。

在梅维恒看来,《道德经》与《孙子兵法》主要的不同在于他们对"无为"的强调之不同上。《道德经》强调的是如何使用"无为"(nonaction)来治国,而《孙子兵法》则集中阐释了如何采取与"无为"相似的态度来经营战争,善战之将能"屈人之兵而非战也"。因而可以说,《道德经》是为"无为"而治的统治者们所写的一本手册,而《孙子兵法》是为"无为"而治的将领们所写的一本手册④。梅维恒最后提示说,在汉朝,至少就有一个传记史家将孙子归为道家之列。

---

① "The *Sun Zi* constitutes what may be thought of as a Taoistic approach to war....In short, the Sun Zi's approach to war is minimalist." Victor H. Mair trans. *The Art of War*: *Sun Zi's Military Methods*. Op. cit., p.47.

② "It is striking that a work of military theory would begin with such a blatantly political statement, but this is very much in the manner of Lao Zi: rely on the Way to rule the world." Ibid.

③ "The other key term of the title *Tao te ching/Dao de jing*, is completely missing from the *Sun Zi*.... In the *Sun Zi*, though, *de* drew a blank. The *Sun Zi* does not mention *li* even once. In thus ignoring the prime Confucian virtue of *li*, Master Sun is very much in agreement with the early Taoist thinkers who considered reliance on it to be a hypocritical form of behavior and a cause of dishonesty in human interactions." Ibid., p. 48.

④ "The chief difference between the *Dao te ching* and the *Sun Zi* is that the former focuses on how to use a *wuwei*(nonaction) approach to rule a state, whereas the latter concentrates on applying a similar attitude toward the prosecution of war. The supremely adept general is the one who could subdue the enemy without fighting. Thus the *Dao de jing* is a manual for the *wuwei*-minded ruler, and the *Sun Zi* is a handbook for the *wuwei*-minded general." Ibid., p. 49.

索耶1994年版《孙子兵法》英译本的"序言"中两次讨论《孙子兵法》中存在的道家思想。索耶认为,《孙子兵法》用来对敌人、战场形势等进行分析的标准有四十来组,这些范畴之间相互定义、相互关联。这些成对的范畴可能反映出了道家关于命名以及它们之间相互的、互相关联的定义,如天-地、攻-防、进-退、奇-正等。下面这些范畴可用来反映准备就绪的比较状态,如饥饿-饱足、精疲力竭的-精力充沛的、有序的-无序的、恐惧-自信、冷-热、湿-干、放松-警惕等。当这些度量表明敌人占据了决定性的优势时,做将领的就必须要么避开敌人,采取防守的姿势,要么考虑和实施能够将敌人的优势转化为弱势的战术,如不停地袭击处于休息状态的敌人直到他们精疲力竭,就如吴国对楚国所做的那样①。

索耶译本在对"势"这个《孙子兵法》中重要的军事概念进行解读时指出,"我们还应该注意,'势'和'形'这两个《孙子兵法》中的核心概念,在重要的经典《道德经》第五十一章中也有讨论,其观点为'道生之,德畜之,物形之,势成之。'"②

在阐释"奇-正"这一组军事概念时,索耶又一次指出,军事常被看成是"奇",这与老子在《道德经》第五十七章中的思想"以正治国,以奇用兵"是一致的③。尽管推测倾向于证明它像道家思想的形成那样是各种思

---

① "Sun-tzu's criteria for tactically analyzing the enemy and battlefield situations may be seen as consisting of some forty paired, mutually defined, interrelated categories that can be abstracted from the text.(This may reflect Taoist thinking about names and their mutual, interrelated definitions, as sometimes claimed, or simply be the product of his own analytical reflection.) Among these are Heaven-Earth; offense-defense; advance-retreat; unorthodox-orthodox. The comparative state of readiness can be decided by reflecting upon such pair as hunger-satiety; exhausted-rested; ordered-disordered; fearful-confident; cold-warm; wet-dry; and lax-alert." Ralph D. Sawyer trans. *The Art of War*. Op. cit., pp. 130-131.

② "It should also be noted that *shih* and *hsing*(form), central concepts in the *Art of War*, are also found in an important verse of the *Tao Te Ching*, which may be translated as follows:'The Tao gives them birth, *Te*(Virtue)nurtures them, things give them form(*hsing*), power(*shih*)completes them.'" Ibid., p. 147.索耶译本没有指明该观点在《道德经》中的具体出处,应为《道德经》第五十一章中的内容。本书作者注。

③ 作者在其2005年出版的《〈孙子兵法〉古今精解》中也有引用:"这也反映在老子的《道德经》中的思想'以正治国,以奇用兵'中。已经有倾向认为军争中的'奇'显而易见是与常规的、正直的、善良的相对的,而'正'则是公民政府的管理措施。""At about this time, as reflected in the *Tao Te Ching*'s assertion 'With the orthodox govern the state, with the unorthodox employ the army,' there was already a tendency to conceive of military efforts as distinctly unorthodox in contrast to the regular, upright, virtuous, and orthodox administrative measures of civil government." Ralph D. Sawyer translated and interpreted. *The Essential Art of War*. Cambridge: Basic Books, 2005, pp. 113-114.

想的合成,或者源自占卜的实践,但"奇-正"这组概念的来源还不清楚。"奇-正"之间的相互关系反映出阴-阳间的关系,并且至少有一个传记史家曾指出这组概念源于可在《易经》中寻见其本源的阴阳规则。"正"被定义为"坚定的""坚硬的",而"奇"则与"柔软的""屈服的""让步的"等相关。正如老子的《道德经》所描绘的那样,"正"向着"奇"转变,当它到达极点时,事情以互补的、呈动态张力的态势向着它的相反方向变化,就如阴-阳之间的变化一样①:"故有无相生,难易相成,长短相形,高下相倾,音声相和,前后相随。"(《道德经》第二章)

黄昭虎译本在解释"势篇第五"中的"斗众如斗寡,形名是也"一句时指出,"阵形、具名号之旌旗等指的是军队的体系与规程。这些都是治理军队之"软的方面"或者说"阴的方面"。《孙子兵法》特别强调了管理中"硬的"和"软的"两个维度②。可以看出,译者是从阴-阳规则来看待《孙子兵法》的思想和概念的。

黄昭虎译本还在"用间篇第十三"中提及一有趣的现象,即《孙子兵法》一书以"计篇第一"开始,而以"用间篇第十三"结束。他提醒读者注意,"计"是一个"光明磊落的""公开的"行为,而"用间"却是一个"偷偷摸摸的""秘密的"把戏。但二者在战争中却互为补充,是阴-阳之力在发挥作用。其中"计"更多表现为阳的作用,而"间"更多表现为阴的作用③。

登马译本仅在"序言"中简略提及"地形篇第十"中"知吾卒之可以击,

---

① "The military was generally regarded as ch'i (unorthodox), in accord with Lao-tzu's dictum: 'With the orthodox govern the state; with the unorthodox employ the army'"; "The concept's origins remain unclear, although speculation tends to identify it with the conflation of thought that crystallized as Taoism, or as deriving from divinatory practices. The interrelationship of *ch'i* and *cheng* mirrors that of yin and yang, and at least one writer attributes the concept's roots to the yin-yang principles found in the *I Ching*. The orthodox is identified with firm or hard, while the unorthodox correlates with the soft or yielding." Ralph D. Sawyer trans. *The Art of War*. Op. cit., 1994. p. 147 & p. 149.

② Chow-Hou Wee. *Sun Zi Art of War: An Illustrated Translation with Asian Perspectives and Insights*. Op. cit., p. 109. 作者补充说明,可从"计篇第一"中的"法者,曲制、官道,主用也"一句以及作者对其解释者获得更多的观点。

③ "Note that while Sun Zi devoted his last chapter to intelligence and espionage, he had already mentioned the use of spies and agents much earlier in his writings, although not in such great detail.... Another interesting point to note is that Sun Zi began his book with a chapter on Detailed Planning and ends it with a chapter on Intelligence and Espionage....It is the yin-yang forces at play where detailed planning is more of the yang action while intelligence and espionage are more of the yin operation." Chow-Hou Wee. *Sun Zi Art of War: An Illustrated Translation with Asian Perspectives and Insights*. Op. cit., p. 403.

而不知敌之不可击,胜之半也;之敌之可击,而不知吾卒之不可以击,胜之半也;知敌之可击,之吾卒之可以击,而不知地形之不可以战,胜之半也"一句中这种始于可见的、与军队力量和供给相关之细节的"知",却通过这些"知"进一步发展成蕴含着道家思想的复杂的事情,这些伟大的将领也知道的事情。它包含着对战争中那些奇的、非同寻常的、与传统的表现相悖的洞察,带给人一种在喧嚣中体味到宁静自在的能力①。登马译本随后指出,获得这种"知"的途径很多,即便是在我们最琐碎的日常生活中。但巧妙的行动必须以对处于当时当境的各种细节的了解即"知"为基础,如孙子所言:"此兵家之胜,不可先传也。"②除此之外,登马译本没有对《孙子兵法》中的道家思想做进一步的分析阐述。

翟林奈 1910 年版的《孙子兵法》英译本在评论"用间篇第十三"中的"相守数年,以争一日之胜,而爱爵禄百金,不知敌之情者,不仁之至也"时提议可参考《道德经》第三十章中的"师之所处,荆棘生焉"一句③。

戴维·琼斯在其 2012 年出版的学术专著《孙子学派:不战而赢得帝国》中详细阐述和定义了《孙子兵法》与《道德经》之间的关系、文本创作的时期和语境,以及想要达到的目的。琼斯认为,《孙子兵法》与《道德经》之间内在的和谐是显而易见的,两者的形式和语言是相似的,两者的法则和价值观也是一样的。二者唯一的不同在于,《孙子兵法》是为现实服务的,而《道德经》则是哲学的、思想的文本。读懂了《道德经》后再去看《孙子兵法》,则《孙子兵法》会变得易懂且寓意深远。书中作者不时将《孙子兵法》与《道德经》中的相似观点进行比较,对《道德经》文本的引用共达二十七次,具体情况如下:

"使我介然有知,行于大道,唯迤是畏。"(第五十三章)

"取天下常以无事。及其有事,不足以取天下。"(第四十八章)

---

① "This knowing begins with the visible details of troop strength and supply but develops through these to encompass the Tao-like complexity of events, which the great general also knows. It includes insight into the extraordinary and orthodox manifestations of battle and brings with it the ability to feel at home in chaos." The Denma Translation Group. *The Art of War: The Denma Translation*. Op. cit., pp. xii-xiii.

② "How do we apply this knowledge? There are many opportunities for it, even in our most routine domestic life. Skillful action emerges only from knowledge of all the details that go to make up the situation. As chapter 1 of the *Sun Tzu* says, 'These are the victories of the military lineage. They cannot be transmitted in advance.'" Ibid., pp. xiii-xiv.

③ Lionel Giles trans. *Sun Tzu on the Art of War: The Oldest Military Treatise in the World*. New York: Kegan Paul, 2002, p. 161.

"知我者希,则我者贵。是以圣人被褐而怀玉。"(第七十章)

"是以圣人为而不恃,功成而不处。"(第七十七章)

"故大制不割。"(第二十八章)

"治人、事天,莫若啬。"(第五十九章)

"知止所以不殆。"(第三十二章)

"是以圣人去甚,去奢,去泰。"(第二十九章)

"我无为,而民自化;我好静,而民自正;我无事,而民自富;我无欲,而民自朴。"(第五十七章)

"以正治国,以奇用兵,以无事取天下。"(第五十七章)

"善胜敌者,不与。"(第六十八章)

"太上,下知有之;其次,亲而誉之;其次,畏之;其次,侮之。"(第十七章)

"其安易持,其未兆易谋。"(第六十四章)

"以道佐人主者,不以兵强天下。善果者而已,不敢以取强。果而勿矜,果而勿伐,果而勿骄,果而不得已,果而勿强。"(第三十章)

"天下之至柔,驰骋天下之至坚。无有人无间,吾是以知无为之有益。不言之教,无为之益,天下希及之。"(第四十三章)

"以无事取天下。"(第五十七章)

"是以圣人治,虚其心,实其腹,弱其志,强其骨。"(第三章)

"物壮则老,是谓不道,不道早已。"(第三十章)

"使有什佰之器不用;虽有甲兵,无所陈之。至治之极,甘其食,美其服,安其居,乐其俗。"(第八十章)

"水善利万物而不争。"(第八章)

"天下莫柔于水,而攻坚强者莫之能胜。"(第七十八章)

"大邦不过欲兼畜人,小邦不过欲不事人。"(第六十一章)

"是以圣人为腹不为目,故去彼取此。"(第十二章)

"不以兵强天下。师之所处,荆棘生焉。善者果而已。"(第三十章)

"曲则全,枉则直,洼则盈,敝则新,多则惑。"(第二十二章)

"图难于其易,为大于其细。"(第六十三章)

"以道莅天下,其鬼不神。圣人亦不伤人。夫两不相伤,故德交归焉。"(第六十章)

除《道德经》外,该书偶尔还对《易经》(*The Book of Changes*)和《庄子》(*Zhuang Tzu*)中的思想进行了引用、分析与阐释。

第二部分

《孙子兵法》在英语世界的接受研究

第一章
《孙子兵法》在英语世界的应用研究

第一节 《孙子兵法》与现代战争

（一）孙子学派：不战而赢得帝国

戴维·琼斯的《孙子学派：不战而赢得帝国》于2012年出版①。全书内容丰富，除"前言""序言""军事家孙子""体例说明""关于作者""致谢"五个附录和"索引"外，共有六个部分：（一）跨越两千年的旅行；（二）帝国的缔造者；（三）《孙子兵法》的方法；（四）战争的法则与实施；（五）《孙子兵法》十三篇；（六）《孙子兵法》的过去、现在与将来。其中第三和第四两部分是作者思想精华之所在。

琼斯在"序言"中指出，他第一次读《孙子兵法》，被其迷住是因为《孙子兵法》和谐的音韵、语言的诗意多彩，而对其意思却完全不了解。"序言"中作者特别强调，认为《孙子兵法》和《道德经》这两本著名的古代经典是由没有专业素养或丰富的文学成就的个人用几天的时间就撰写出来的观点显而易见是非常荒谬的。作者在书中详细阐述和定义了《孙子兵法》与《道德经》之间的关系、文本创作的时期和语境，以及想要达到的目的。两者间内在的和谐是显而易见的，两者的形式和语言是相似的，两者的法则和价值也是一样的。二者间唯一的不同在于，《孙子兵法》是为现实服务的，而《道德经》则是哲学的、思想的文本。读懂了《道德经》后再去看《孙子兵法》，则《孙子兵

---

① David G. Jones. *The School of Sun Tzu: Winning Empires without War*. Bloomington: iUniverse Inc., 2012.

法》会变得易懂且寓意深远。而将《孙子兵法》中那些有关军事的比喻译解并用简单易懂的语言进行重述后,它则变成了一本简洁、全面的战略管理手册。书中作者不时将《孙子兵法》与《道德经》中的相似观点进行比较。

在"体例说明"中,作者再一次强调"孙子"是一个学术机构,或是一个学派,而非某个人。同样,有证据证明《道德经》也并非是由一个名叫"老子"的人,而是一个名叫"老子"的学派完成的①。

在"关于作者"中,作者希望,《孙子学派:不战而赢得帝国》一书能够让读者明白,冲突是一种相当令人讨厌的选择。这种选择带来的损失远比其带来的好处要多。

第三部分"《孙子兵法》的方法"从四个方面来对《孙子兵法》中所使用的方法进行了详细的分析、阐释:"简介"、《孙子兵法》的语言和比喻、《孙子兵法》之道和《孙子兵法》之艺术。作者指出,由于《孙子兵法》所使用的语言含有丰富的意象和比喻,因而对其进行阐释研究的文本也相当多,也让读者绞尽脑汁去对这些细微的迂回曲直进行思索与分辨。作者特别举了四个关键概念来进行说明:一是"地形篇第十"中的"地形"(terrain);二是"无为"(wu-wei);三是"气"(strength);四是"力"(force)。

琼斯指出,在大部分评论家那里,"地形"意指"地"(land),于是"地形篇"就变成了一篇以对各种地理形态进行分论的体系阐释。只有当我们用"ground"一词去替换"terrain"时我们才会得到一点模糊的暗示,明白"地形篇"讨论的是"位置、方位"(position),而非"地方、地点"(place)。"九地篇"中讨论的全是关于如何赢得、保持和保护"地形",作者开篇就将"地形"划分为了九种形态,并随后对每一种地形进行了恰当的行动安排。问题是,在"地形篇"中孙子却将"地形"分成了六种类型,并对在其中的五种地形中该采取恰当的行动进行了建议,却对"远地"没做解释。我们知道,"地形"不是关于"地理"的,因而这个"远地"指的并非是"空间距离"②。

在对"无为"进行理解时,我们必须得清楚,"远、距离"意指的是双方

---

① "And while convention has it that *Art of War* was written by a general named 'Sun Tzu', the School of Sun Tzu holds that Sun Tzu was an institution of learning, not a person. Similarly, evidence suggests that the *Tao Te Ching* was written, not by a person named Lao Tzu, but by a school of that name." David G. Jones. *The School of Sun Tzu: Winning Empires without War*. Op. cit., p. xvii.

② "Only when replace 'terrain' with 'ground' do you get an inkling that what is being discussed is position, not place …We see appropriate action for five of them, but none for 'positions at a great distance from the enemy.' We know that terrain is not about geography, so this is not physical distance." Ibid., pp. 94-95.

被极化。问题是显而易见的,而且其解决之道又是不太可能的。我们没有什么解决之道,因为解决这些问题是不恰当的①。为了确保战斗成功,交战双方会大老远地从一个地方移到另一个地方去。

而"气"(strength)是《孙子兵法》的方法中一个非常重要的因素。《孙子兵法》中一共提及此概念三十八次。这个概念尤其具有挑战性。军事评论家们常将"气"理解为"战斗力"(combat force)或"兵力"(numerical strength),而索耶尔认为"气"是"武器与人力"(weapons and masses)。琼斯认为,从主张或支配来看,《孙子兵法》中的"火"与"水"其实是"气"之象征体。它是驻留在个体内部的不可见的力。尽管其不可见,但其"水平"和效果对行家来说却是显而易见的②。

另一个令人苦恼的术语是"力"(force)。温(R. L. Wing)认为"force"意为是"部队""军队",但《孙子兵法》却告诉我们,"force"(力量、兵力、武力)"strength"(力量、兵力)"order"(命令、规则)这三个词的意思是相近的,而且这三者都不需要行动。为了弄清楚,我们需要查询其他的资料而非仅仅只参考"传统"的评论③。

琼斯强调,《孙子兵法》与《道德经》一样,都是复杂而综合性的文本。两者都具理论性、实践性、艺术性与科学性。相互间在其目的、基本的价值观、方法以及关键的思想方面都是相互关联的。两者都对"气""无为"以及对通过有灵性的将领而获得仁慈的解决之道的绝对需要予以了强调。不了解这些,那么,《道德经》就有可能显得像是模糊难懂的诗篇,而对很多人而言《孙子兵法》则成了一本论述如何过河和穿越树林的著作④。

---

① "Here we must go to *wu-wei* for understanding. 'A great distance' means the parties are polarized. The issues are visible, and resolution is unlikely. Here we have no engagement instructions, because engagement is not appropriate." David G. Jones. *The School of Sun Tzu*: *Winning Empires without War*. Op. cit., p. 95.

② "'Strength' is a particular challenge, viewed from a great geographical or historical distance, or from a radically different conceptual framework. Military commentators always read 'strength' as 'numerical strength' or 'combat force'. Sawyer says strength is 'weapons and masses'." Ibid.

③ "Wing considers 'force' a synonym for 'troops'. But *Ping-fa* teaches us that 'force', 'strength' and 'order' are near equivalent. And none of them necessitate action. We need to look to other sources than the 'traditional' commentary for insight and understanding." Ibid.

④ "Both are theoretical and practical, artistic and scientific. They are solidly related in their purpose, basic values, methods, and key messages. They both rest on *qi*, on *wu-wei*, and on the absolute need for achieving benevolent solutions by inspired leaders. Without understanding these meanings and relationships, the *Tao Te Ching* appears to be obscure poetry. For many *Ping-fa* remains a book on how to cross rivers and move through forests." Ibid., p. 107.

第四部分"战争的法则与实施"从三个方面来对《孙子兵法》中所蕴含的法则及其运用进行了详细的分析、阐释：一是告诫，包括尊道、不发生冲突而赢取目标以及管理好自己的军队。二是指示，包括准备、使用间谍、分配委派与授权、实施"无为"、对"气"的管理、实施诡诈以及适应。三是《孙子兵法》关于组织角色及其责任的观点，包括君、将、军和间。作者特别指出，"用间"是组织和军事管理中最重要的一项要求。《孙子兵法》有言："微哉微哉，无所不用间也。"不用间，就不能管理气（水）。正如《孙子兵法》所言："三军之所恃而动也。此兵之要。"但是，将"用间篇"的最后一句作为《孙子兵法》的结尾是不合理也不符合逻辑的。"用间"是项十分艰巨的任务，而且其战略重要性引起了《孙子兵法》中唯一一处告诫我们需运用武力解决的情形："间事未发而先闻者，间与所告者皆死。"①

在该部分的"分配、委派、授权"（Assign, Delegate, and Empower）一节，琼斯指出，这些尖锐、有利的阐述在评论中既看不到也让人无法理解。翟林奈说他在其中没有看出"授权"（empowerment），看出的仅仅是将领的"期望"（expectations）。卡尔思罗普则没有将二者进行有效的比较。如果他将二者进行了有效比较的话，他将会发现在"监军"与战场上的权威之间是有重大差异的②。

在"将"一节，琼斯认为，当《孙子兵法》告诉将领他可以自己做主，告诉君放手把权利交与将士，并不是说将是"独立的"（independent）或是"可以随心所欲的"（adrift）。但是很多评论家都是这样认为的，认为被君授权的将可以随心所欲做自己想做的事。索耶尔认为，"将"应该"被授予绝对的权威"并自己引导自己，"君命有所不受"，应该"仅仅根据他们自己的判

---

① "Intelligence is a fundamental requirement in organizational and engagement management. In *Ping-fa* nothing happens without knowledge, and one can't manage strength (water) without it. *Ping-fa* says, 'Spies are a most important element in water, because on them depends an army's ability to move.' It is not inconsequential that this is the last line in *Ping-fa*. Intelligence is mission critical, and its strategic importance causes it to receive the one and secret piece of news is divulged by a spy before the time is ripe, he must be put to death together with the man to whom the secret was told." David G. Jones. *The School of Sun Tzu: Winning Empires without War.* Op. cit., p. 149.

② "These strident and powerful instructions are neither seen, nor understood in the commentary. When Giles studies *Ping-fa* he did not see 'empowerment', but only leader 'expectations'. Calthrop, who wrote about *Ping-fa* and (the militarist) Watzu, did not carry out an effective comparison between the two. Had he done so, he would have found significant differences in delegation and field authority." Ibid., p. 155.

断来处理军事上的事务"①。

该书的第五部分在对《孙子兵法》的结构和内容、战事管理以及战略与实施范例进行阐述后,对《孙子兵法》十三篇进行了全文英译。琼斯对十三篇题名的英译有些别出心裁,与英语世界所有学者的英译处理都不一样。值得商榷。他英译的十三篇题名如下:1. The Organization and Engagement; 2.Maintain Control; 3.Positioning for Engagement; 4.The Use of Strength; 5.Building Strength; 6. Strategies and Field Changes; 7.Engagement Management; 8.Leadership Competence; 9.Situation Assessment; 10.Parties in Engagement; 11.Dynamics; 12.Reducing Strength; 13.Intelligence.

全书都浸润着《孙子兵法》和《道德经》中的思想与观点,作者对两者原文的引用也涉及各个篇章。书中对《孙子兵法》原文观点引用的共有五十二处,具体情况如下:

"知彼知己,百战不殆。"(谋攻篇第三)

"间事未发而先闻者,间与所告者皆死。"(用间篇第十三)

"是谓神纪,人君之宝也。"(用间篇第十三)

"人皆之我所以胜之形,而莫知我所以制胜之形。"(虚实篇第六)

"将不知其能,曰崩。"(地形篇第十)

"将受命于君。"(军争篇第七与九变篇第八)

"君命有所不受。"(九变篇第八)

"必死,可杀也。"(九变篇第八)

"大吏怒而不服,遇敌怼而自战,将不知其能,曰崩。"(地形篇第十)

"主不可以怒而兴师,将不可以愠而致战。"(火攻篇第十二)

"故进不求名,退不避罪,唯民是保,而利合于主,国之宝也。"(地形篇第十)

"难知如阴,动如雷霆。"(军争篇第七)

"斗众如斗寡,形名是也。"(势篇第五)

"故知战之地,知战之日,则可千里而会战。"(虚实篇第六)

---

① "When *Ping-fa* tells the leader he is on his own and tells the chief to leave him alone, this does not mean the leader is 'independent' or 'adrift'. But that is how much of the commentary reads it, thinking empowered leaders can do whatever they want. Sawyer says 'generals' guide themselves, 'irrespective of the ruler's directives'. They should, he says, 'conduct military affairs solely as his judgment might dictate.'" David G. Jones. *The School of Sun Tzu: Winning Empires without War*. Op. cit., p. 193.

"明主虑之,良将修之。"(火攻篇第十二)

"兵法:一曰度,二曰量,三曰数,四曰称,五曰胜。"(九地篇第十一)

"併气积力,运兵计谋,为不可测。"(九地篇第十一)

"犯之以事,勿告以言。"(九地篇第十一)

"能愚士之耳目,使人无知。"(九地篇第十一)

"故胜兵先胜而后求战,败兵先战而后求胜。"(形篇第四)

"道者,令民与上同意也,故可与之死,可与之生,而不畏危也。"(计篇第一)

"故善用兵者,修道而保法,故能为胜败之政。"(形篇第四)

"将听吾计,用之必胜,留之。"(计篇第一)

"将者,智、信、仁、勇、严也。"(计篇第一)

"故为兵之势,在于顺佯敌之意。"(九地篇第十一)

"不战而屈人之兵。"(谋攻篇第三)

"故上兵伐谋,其次伐交,其次伐兵,其下攻城。"(谋攻篇第三)

"故不尽知用兵之害者,则不能尽知用兵之利。"(作篇第二)

"将听吾计,用之必胜,留之。将不听吾计,用之必败,去之。"(计篇第一)

"守则不足,攻则有余。善守者,藏于九地之下;善攻者,动于九天之上,故能自保而全胜也。"(形篇第四)

"微哉微哉,无所不用间也。"(用间篇第十三)

"三军之所恃而动也。此兵之要。"(用间篇第十三)

"军行有险阻、潢井、葭苇、山林、翳荟者,必谨覆索之,此伏奸之所藏也。"(行军篇第九)

"不战而屈人之兵,善之善者也。"(谋攻篇第三)

"实而备之,强而避之,怒而挠之,卑而骄之,佚而劳之,亲而离之。"(计篇第一)

"夫兵形象水。水无常形。"(虚实篇第六)

"汲而先饮者,渴也。"(行军篇第九)

"故杀敌者,怒也。"(作篇第二)

"故其战胜不忒。不忒者,其所措必胜,胜已败者也。"(形篇第四)

"养生而处实,军无百疾,是谓必胜。"(行军篇第九)

"奔走而陈兵者,期也。"(行军篇第九)

第一章 《孙子兵法》在英语世界的应用研究

"绝水必远水。勿迎之于水内。无迎水流。"(行军篇第九)

"兵者,诡道也。"(计篇第一)

"亡国不可以复存,死者不可以复生。"(火攻篇第十二)

"率然者,常山之蛇也。击其首,则尾至;击其尾,则首至;击其中,则首尾俱至。敢问:兵可使如率然乎?"(九地篇第十一)

"势者,因利而制权也。"(计篇第一)

"故其疾如风,其徐如林。"(军争篇第七)

"后如脱兔,敌不及拒。"(九地篇第十一)

"故君之所以患于军者三。"(谋攻篇第三)

"故惟明君贤将,能以上智为间者,必成大功。三军之所以恃而动。"(用间篇第十三)

"夫地形者,兵之助也。"(地形篇第十)

"古之所谓善战者,胜易胜者也。"(形篇第四)

书中对《道德经》原文观点引用共有二十七处,具体情况如下:

"使我介然有知,行于大道,唯迆是畏。"(第五十三章)

"取天下常以无事。及其有事,不足以取天下。"(第四十八章)

"知我者希,则我者贵。是以圣人被褐而怀玉。"(第七十章)

"是以圣人为而不恃,功成而不处。"(第七十七章)

"故大制不割。"(第二十八章)

"治人、事天,莫若啬。"(第五十九章)

"知止所以不殆。"(第三十二章)

"是以圣人去甚,去奢,去泰。"(第二十九章)

"我无为,而民自化;我好静,而民自正;我无事,而民自富;我无欲,而民自朴。"(第五十七章)

"以正治国,以奇用兵,以无事取天下。"(第五十七章)

"善胜敌者,不与。"(第六十八章)

"太上,下知有之;其次,亲而誉之;其次,畏之;其次,侮之。"(第十七章)

"其安易持,其未兆易谋。"(第六十四章)

"以道佐人主者,不以兵强天下。善果者而已,不敢以取强。果而勿矜,果而勿伐,果而勿骄,果而不得已,果而勿强。"(第三十章)

"天下之至柔,驰骋天下之至坚。无有入无间,吾是以知无为之有益。

不言之教,无为之益,天下希及之。"(第四十三章)

"以无事取天下。"(第五十七章)

"是以圣人治,虚其心,实其腹,弱其志,强其骨。"(第三章)

"物壮则老,是谓不道,不道早已。"(第三十章)

"使有什佰之器不用;虽有甲兵,无所陈之。至治之极,甘其食,美其服,安其居,乐其俗。"(第八十章)

"水善利万物而不争。"(第八章)

"天下莫柔于水,而攻坚强者莫之能胜。"(第七十八章)

"大邦不过欲兼畜人,小邦不过欲不事人。"(第六十一章)

"是以圣人为腹不为目,故去彼取此。"(第十二章)

"不以兵强天下。师之所处,荆棘生焉。善者果而已。"(第三十章)

"曲则全,枉则直,洼则盈,敝则新,多则惑。"(第二十二章)

"图难于其易,为大于其细。"(第六十三章)

"以道莅天下,其鬼不神。圣人亦不伤人。夫两不相伤,故德交归焉。"(第六十章)

(二)《孙子兵法》与现代战争艺术

马克·麦克内利的《〈孙子兵法〉与现代战争艺术》于2001年出版①。作者在书的扉页上引用了孙子最经典的兵法:"百战百胜,非善之善者也;不战而屈人之兵,善之善者也。"在"前言"(Preface)中作者交代说撰写此书的目的是"让《孙子兵法》能更加容易被士兵、政治家、历史学家以及那些对战略和战争感兴趣的人理解与运用"。② 而他撰写该书的兴趣则源自以下五个方面:(一)自己对军事史的浓厚兴趣;(二)《孙子兵法》中所蕴含的思想与法则对其产生的吸引力;(三)自己有曾做过步兵军官的经历;(四)曾做过一家大型跨国公司的战略顾问;(五)希望能使战略专业的学生深入接触和了解孙子的整体战略思想。

---

① Mark McNeilly. *Sun Tzu and the Art of Modern Warfare*. New York: Oxford University Press, 2001.

② "Therefore, the purpose of this book is to make *The Art of War* more easily understood and applicable by soldiers, statemen, historians, and those interested in strategy and warfare." Mark McNeilly. *Sun Tzu and the Art of Modern Warfare*. Op. cit., In the "Preface".

全书共有八个部分,包括:"序言":《孙子兵法》与现代战争的相关性;第一章:不战而屈人之兵:不用毁灭即可获得目标;第二章:避实、击虚:袭击敌人最弱之处;第三章:诡诈与先知:赢取信息战;第四章:速度与准备:快速移动以克服抵抗;第五章:形人:准备好战场;第六章:有性格的将领:以身作则;第七章:结语:古代法则为未来战争所用。麦克内利在文后附录了1963年版的塞缪尔·格里菲思《孙子兵法》译本,在参考文献中提及1782年再版的法国阿米奥(J. J. L. Amiot)神父的《孙子兵法》法译本以及1908年版的卡尔思罗普《孙子兵法》英译本、1910年版的翟林奈《孙子兵法》英译本和1944年在澳大利亚出版的萨德勒(A. L. Sadler)的《中国的三大军事经典》①。正如作者在"'序言':《孙子兵法》与现代战争的相关性"中所交代的,为了使《孙子兵法》更好地被理解,更准确有效地运用到现代战争中,并最终对今天和将来的读者更有助力,他将自己认为是《孙子兵法》中最重要最相关的六条战略原则分别按六章来谋篇布局进行阐述。该书满篇都是对《孙子兵法》及后代军事家对其法则之评论阐释的引用。下面分章节具体归纳如下。

"'序言':《孙子兵法》与现代战争的相关性"对《孙子兵法》的引用只有一条,是在"对法则的使用"一小节中:"将听吾计,用之必胜,留之。将不听吾计,用之必败,去之。"(计篇第一)

第一章"不战而屈人之兵:不用毁灭即可获得目标"对《孙子兵法》及其阐释的引用有三十二条,情况如下:

"兵者,国之大事,死生之地,存亡之道,不可不察也。"(计篇第一)

"必以全争于天下。故兵不顿,而利可全。"(谋攻篇第三)

"对目的感到困惑的人不能对敌人做出正确的反应。"(此为孟氏对"三军既惑且疑,则诸侯之难至矣。是谓乱军引胜"一句的阐释。(谋攻篇第三)

"凡用兵之法,全国为上,破国次之;全军为上,破军次之;全旅为上,破旅次之;全卒为上,破卒次之;全伍为上,破伍次之。"(谋攻篇第三)

"战争是重大的事情,孙子担心人们未经深思熟虑而开战。"(此为李筌对"兵者,国之大事,死生之地,存亡之道,不可不察也"一句的阐释。)

---

① A. L. Sadler. *Three Military Classics of China*. Sydney: Australasian Medical Publishing Co., Ltd., 1944.

（计篇第一）

"战胜而天下曰善，非善之善者也。故举秋毫不为多力，见日月不为明目，闻雷霆不为聪耳。"（形篇第四）

"是故百战百胜，非善之善者也。不战而屈人之兵，善之善者也。"（谋攻篇第三）

"战斗是很危险的事情。"（此为王皙对"其次伐兵"一句的阐释。）（谋攻篇第三）

"故善用兵者，屈人之兵而非战也，拔人之城而非攻也，毁人之国而非久也。"以及李筌对"以计取之"一句的阐释。（谋攻篇第三）

"不贵杀也。"（此为李筌对"故善用兵者，屈人之兵，而非战也。拔人之城，而非攻也。毁人之国，而非久也"一句的阐释。）（谋攻篇第三）

"争胜于白刃之前者，非良将也。"（此为贾林对"其次伐兵"一句的阐释。）（谋攻篇第三）

"其用兵也，胜。久则钝兵挫锐。"（作篇第二）

"夫兵久而国利者，未之有也。"（作篇第二）

"久暴师则国用不足。"（作篇第二）

"夫钝兵挫锐，屈力殚货，则诸侯乘其弊而起，虽有智者，不能善其后矣。"（作篇第二）

"更其旌旗。车，杂而乘之。卒，善而养之。是谓胜敌而益强。"（作篇第二）

"微乎微乎，至于无形；神乎神乎，至于无声，故能为敌之司命。"（虚实篇第六）

"亲而离之。""有时要在君主和其群臣之间打入楔子；有时要离间其与盟友的关系，使其相互猜疑而疏远。然后你就可以密谋反对他们。"（此为张预对该句的阐释。）（计篇第一）

"攻其无备，出其不意。"（作篇第二）

"非利不动，非得不用，非危不战。"（火攻篇第十二）

"守则不足，攻则有余。"（形篇第四）

"故明君慎之，良将警之。此安国全军之道也。"（火攻篇第十二）

"夫兵形象水，水之形，避高而趋下；兵之形，避实而击虚。"（虚实篇第六）

"故曰：知彼知己，百战不殆。"（谋攻篇第三）

"兵者,诡道也。"(计篇第一)

"兵之情主速,乘人之不及,由不虞之道,攻其所不戒也。"(九地篇第十一)

"恃陋而不备,罪之大者也。备豫不虞,善之大者也。"(此为何延锡对"以虞待不虞者胜"一句的阐释。)(谋攻篇第三)

"故善战者,致人,而不致于人。"(虚实篇第六)

"当且间其交,使之解散。彼交则事巨敌坚,彼不交则事小敌脆也。"(此为王晳对"其次伐交"一句的阐释。)(谋攻篇第三)

"先知迂直之计者胜。此军争之法也。"(军争篇第七)

"古之所谓善战者,胜易胜者也。"(形篇第四)

"故其战胜不忒。不忒者,其所措必胜,胜已败者也。故善战者,立于不败之地,而不失敌之败也。是故胜兵先胜而后求战,败兵先战而后求胜。"(虚实篇第六)

第二章"避实、击虚:袭击敌人最弱之处"对《孙子兵法》以及阐释的引用有二十九条,情况如下:

"夫兵形象水,水之形,避高而趋下;兵之形,避实而击虚。"(虚实篇第六)

"将不胜其忿,而蚁附之,杀士三分之一,而城不拔者,此攻之灾也。"(谋攻篇第三)

"故其战胜不忒。不忒者,其所措必胜,胜已败者也。"(虚实篇第六)

"兵非益多也,惟无武进。"(行军篇第九)

"越人之兵虽多,亦奚益于胜败哉?"(虚实篇第六)

"路,即使最短的路,如果知道其危险或者很可能有埋伏,也不能从此路通过。敌军,即使可以向其进攻,但如果其已经穷途末路并有战斗到死的可能时,则不应对其发起攻击。城池,即使已经被我军孤立并可以攻取,但如果敌人可能粮草储备充足,由有智慧的将领的精锐部队防守,臣下忠诚并且计谋深远时,则不应攻取。土地,即使可以争夺,但如果得到之后也难于防守,或者得到也没有什么有利之处而反被敌人反攻并招致己方受害,则不应夺取。"(此为贾林对"治兵不知九变之术,虽知五利,不能得人之用矣"一句的阐释。)(九变篇第八)

"凡兴师十万,出兵千里,百姓之费,公家之奉,日费千金。内外骚动,怠于道路,不得操事者,七十万家。"(用间篇第十三)

"善用兵者,役不再籍,粮不三载。"(作篇第二)

"后魏太武帝率十万众寇宋贼质于盱眙。太武帝始就质求酒,质封溲便与之,太武帝大怒,遂攻城。乃命肉薄登城分番相伐,坠而复升,莫有退者,尸与城平,复杀其高梁王,如此三旬,死者过半。"(此为杜牧对"将不胜其忿,而蚁附之,杀士三分之一,而城不拔者,此攻之灾也"一句的阐释。)(谋攻篇第三)

"故善用兵者,屈人之兵而非战也,拔人之城而非攻也,毁人之国而非久也。"(谋攻篇第三)

"水的特征是自高处急速冲下低处。当堤坝溃决,水会以不可阻碍的力量像瀑布一样冲下。军形就像水一样,乘敌人没有防备,在他没有想到时攻击他。避其强处并攻击其空虚指出,因而就会像水一样,无人可以阻挡。"(此为张预对"胜者之战人也,若决积水于千仞之谿者,形也"一句的阐释。)(势篇第五)

"创造一支无敌的军队,并等待时机战胜敌人。"(此为陈皞对"以虞待不虞者胜"一句的阐释。)(谋攻篇第三)

"行军在无敌之境,袭敌之空虚之处,避开敌军布放之处,在其意想不到的地方向其发起进攻。"(此为曹操对"行千里而不劳者,行于无人之地也"一句的阐释。)(虚实篇第六)

"攻而必取者,攻其所不守也。守而必固者,守其所不攻也。"(虚实篇第六)

"兵之所加,如以碬投卵者。""以最坚固的打击最空虚的。"(此为曹操对该句的阐释。)(势篇第五)

"善用兵者,避其锐气,击其惰归,此治气者也。以治待乱,以静待哗,此治心者也。以近待远,以饱待饥。"(军争篇第七)

"故善战人之势,如转圆石于千仞之山者。""因而只需少许力量就能取得胜利。"(此为杜牧对该句的阐释)(势篇第五)

"怒而挠之,卑而骄之,佚而劳之。"(计篇第一)

"因此,用兵之时,必须像将球放置在陡峭的山坡上一样来利用态势。使用的兵力极少,但取得的成果极大。"(此为张预对"故善战人之势,如转圆石于千仞之山者"一句的阐释。)(势篇第五)

"故胜兵若以镒称铢,败兵若以铢称镒。"(形篇第四)

"守则不足,攻则有余。"(形篇第四)

"投之无所往,死且不北。死焉不得士人尽力? 兵士甚陷则不惧,无所往则固。"(九地篇第十一)

"不可胜者,守也;可胜者,攻也。"(形篇第四)

"昔之善战者,先为不可胜,以待敌之可胜。"(形篇第四)

"愚笨而勇敢的将领是一个大灾难。吴起说:'当人们谈论将领的时候,往往关注他的勇敢。对于将领来说,勇敢是必备素质,但只是必备素质之一。勇敢的将领必然会轻率地交战,如果他这么做了,他就不会明察什么是有利的。'"(此为杜牧对"必死,可杀也"一句的阐释。)(九变篇第八)

"无邀正正之旗,无击堂堂之阵,此治变者也。故用兵之法,高陵勿向,背丘勿逆。"(军争篇第七)

"如果兵力不及敌人,暂时避开敌人发起的攻击。也许稍后会有机会利用敌人的弱点。那么就要以坚定的精神鼓起勇气夺取胜利。"(此为杜牧对"不若则能避之"一句的阐释。)(谋攻篇第三)

"故善用兵者,屈人之兵,而非战也;拔人之城,而非攻也;毁人之国,而非久也。"(谋攻篇第三)

"实而备之,强而避之。"(计篇第一)

第三章"诡诈与先知:赢取信息战"对《孙子兵法》及其阐释的引用有三十六条,情况如下:

"故明君贤将,所以动而胜人,成功出于众者,先知也。"(用间篇第十三)

"先知者,不可取于鬼神,不可象于事,不可验于度。必取于人,知敌之情者也。"(用间篇第十三)

"无恃其不来,恃吾有以待也。无恃其不攻,恃吾有所不可攻也。"(九变篇第八)

"是故不知诸侯之谋者,不能预交;不知山林险阻沮泽之形者,不能行军;不用乡导者,不能得地利。四五者,不知一,非霸王之兵也。"(九地篇第十一)

"凡军之所欲击,城之所欲攻,人之所欲杀,必先知其守将、左右、谒者、门者、舍人之姓名,令吾间必索知之。"(用间篇第十三)

"众树动者,来也。众草多障者,疑也。鸟起者,伏也。兽骇者,覆也。尘高而锐者,车来也。卑而广者,徒来也。"(行军篇第九)

"如果想向敌人进攻,必须知道是谁在指挥敌人的军队。敌人的将领是聪明还是愚笨？知道了其特征，就可以预先采取适当的措施。"（此为杜牧对"军之所欲击，城之所欲攻，人之所欲杀，必先知其守将、左右、谒者、门者、舍人之姓名，令吾间必索知之"一句阐释的前半部分。）（用间篇第十三）

"当汉王派韩信、曹参以及灌婴进攻魏国时，他问：'谁是魏国的大将？'回答是：'柏直。'汉王说：'他乳臭未干，比不上韩信。'谁是骑兵的将领？'回答是：'冯敬。'汉王说：'他是秦将冯无择的儿子，尽管值得敬佩，但比不上灌婴。谁是步兵的将领？'回答是：'项它。'汉王说：'他比不上曹参。我有没什么可担心的了。"（此为杜牧对"军之所欲击，城之所欲攻，人之所欲杀，必先知其守将、左右、谒者、门者、舍人之姓名，令吾间必索知之"一句阐释的后半部分。）（用间篇第十三）

"故能而示之不能；用而示之不用；近而示之远；远而示之近。利而诱之，乱而取之。"（计篇第一）

"挑选那些聪明、有才干、有智慧的人，他要能够接近敌国那些与君王和贵族阶层成员有亲密关系的人。因此，他们能够观察出敌人的动向和计划。知道这些真实情况后，返回告诉我们。"（此为李筌对"生间，反报也"一句的阐释。）（用间篇第十三）

"故三军之亲，莫亲于间，赏莫厚于间，事莫密于间。"（用间篇第十三）

"在敌人的官员中有被剥夺了职位的受人敬仰的人；有犯了过失而被惩罚的人；有贪财的诌媚者和密仆；有长期屈居低位而没有得到晋升者。……所有这些官员都可以秘密地问候，慷慨地赠给他们金钱与丝绸，以此可以与他们结交。然后就可以依靠他们得到他们国家的实际情况，并探知该国针对我方的计划。"（此为杜牧对"内间者，因其官人而用之"一句的阐释。）（用间篇第十三）

"因此，在敌境内，高山、河流、低洼以及小山都是敌人可以作为战略要地的地方；森林、芦苇、茂密的草丛都是敌人可以藏身之处。道路之间的距离、城镇的大小、村庄的大小、土地的肥沃与贫瘠、灌溉工程的深浅、物资储备的数量、敌方军队的数量以及武器装备，所有这些都是必须完全了解的。这样才能使敌人在我视野之内并能容易地战胜他。"（此为何延锡对"不用乡导者，不能得地利"一句的阐释。）（军争篇第七）

"作之而知动静之理，形之而知死生之地，角之而知有余不足之处。"（虚实篇第六）

"策之而知得失之计。"(虚实篇第六)

"预先了解地利状况是用兵的前提,了解了征战路途的远近,可以决定是使用迂回进军还是直接进军的计谋。知道了行军路途的难易,就可以对使用步兵还是骑兵的优缺点进行估计。知道了作战区域何处宽阔、何处狭窄,就可以计算投入兵力的数量。知道了在何处发起战斗,就可以知道兵力应该何时分散,何时集中。"(此为梅尧臣对"地者,远、近、险、易、广、狭、死、生也"一句的阐释。)(计篇第一)

"夫地形者,兵之助也。料敌制胜,计险陀远近,上将之道也。知此而用战者,必胜。不知此而用战者,必败。"(地形篇第十)

"将领必须预先彻底熟悉地图,只有这样他才能知道何处对战车而言是危险之地;哪里的水太深辎重车辆无法通过;知道各山中的小路、重要的河流以及高原和小山的位置;知道何处的草、森林以及芦苇茂盛;知道路途的远近、城镇的大小、各城及废墟的位置,以及哪里有长势良好的果园。所有这些都必须清楚。进出的道路、边界,所有这些都是将领应该牢记在心的。只有这样才不会丧失地利的优势。"(此为杜牧对"不用乡导者,不能得地利"一句的阐释。)(军争篇第七)

"天者,阴、阳、寒、暑、时制也。"(计篇第一)

"故曰:知彼知己,百战不殆;不知彼而知己,一胜一负;不知彼不知己,每战必殆。"(谋攻篇第三)

"知敌之可击,而不知吾卒之不可以击,胜之半也。"(地形篇第十)

"夫未战而庙算胜者,得算多也。未战而庙算不胜者,得算少也。多算胜,少算不胜,更况于无算乎!吾以此观之,胜负见矣。"(计篇第一)

"兵者,诡道也。"(计篇第一)

"故形兵之极至于无形。无形则深间不能窥,智者不能谋。"(虚实篇第六)

"吾所与战之地不可知。不可知,则所备者多。敌所备者多,则吾所与战者寡矣。"(虚实篇第六)

"故备前则后寡,备后则前寡。备左则右寡,备右则左寡。无所不备,则无所不寡。"(虚实篇第六)

"设置许多诡诈的活动,让敌人看到我在西边,但我却从东边出兵;在北边引诱他,但却在南边向其进攻。使敌人疯狂并晕头转向,所以他就会在混乱中分散兵力。"(此为孟氏对"卒离而不聚,兵合而不齐"一句的阐

释。)(九地篇第十一)

"易其事,革其谋,使人无识;易其居,迂其途,使人不得虑。"(九地篇第十一)

"使敌人将我之实认为是虚,将我之虚认为是实。同时将敌人的实变为虚并找出敌人何处虚弱。掩藏自己的踪迹使人无法分辨;使自己保持寂静,使敌人无法听到。"(此为何延锡对"微乎微乎,至于无形;神乎神乎,至于无声。故能为敌之司命"一句的阐释。)(虚实篇第六)

"故善攻者,敌不知其所守;善守者,敌不知其所攻。"(虚实篇第六)

"他们使敌人不可能知道应在何处加强防备。他们发起进攻,就像来自九重天之上的闪电。"(此为杜佑对"善守者藏于九地之下,善攻者动于九天之上,故能自保而全胜也"一句的阐释。)(形篇第四)

"治乱,数也;勇怯,势也;强弱,形也。"(势篇第五)

"士卒可以分享成功的喜悦,但他们不应参与计划的制定。"(此为曹操对"能愚士卒之耳目"一句的阐释。)(九地篇第十一)

"当用兵数量很多时,当然其分布的范围会很广,单凭耳朵和眼睛自然不能听确切、看清楚。因此,军官和士兵们的前进和后退由旗帜来指挥,动静由锣鼓的信号来指挥。"(此为张预对"斗众如斗寡,形名是也"一句的阐释。)(势篇第五)

"不知彼而知己,一胜一负;不知彼不知己,每战必殆。"(谋攻篇第三)

"知可以与战与不可以与战者胜。"(谋攻篇第三)

第四章"速度与准备:快速移动以克服抵抗"对《孙子兵法》的引用有三十三条,情况如下:

"兵之情主速。乘人之不及,由不虞之道,攻其所不戒也。"(九地篇第十一)

"故形人则我无形,则我专而敌分。我专为一,敌分为十,是以十攻其一,则我众而敌寡。能以众击寡者,则我之所与战者约矣。"(虚实篇第六)

"在进攻大国时,如果能够使敌人的兵力分散,则自己的力量就足够了。"(九地篇第十一)

"来如风,去如电。"(此为张预对"进而不可御者,冲其虚也;退而不可追者,速而不可及也"一句阐释的前半部分。)(虚实篇第六)

"将领必须以自己的能力控制局势,使之朝有利于自己的方向发展。不能被预先设置的程式束缚住。根据环境适时而变对将领来说是最重要的。"(此为贾林对"故将通于九变之利者,知用兵矣。将不通于九变之利者,虽知地形,不能得地之利矣"一句的阐释。)(九变篇第八)

"善于用兵的人特别依赖于机会和权变。他们不只是把获胜的重担加在其士兵身上。"(此为陈皞对"故善战者,求之于势,不责于人"一句的阐释。)(势篇第五)

"进而不可御者,冲其虚也;退而不可追者,速而不可及也。"(虚实篇第六)

"对敌人的攻击要像猎鹰对其目标的袭击一样迅捷。由于猎鹰是等待正确的时刻才发起攻击,所以它肯定能摧毁其猎物。猎鹰的行动是有节律的。"(此为杜佑对"鸷鸟之疾,至于毁折者,节也"一句的阐释。)"是故善战者,其势险,其节短。"(势篇第五)

"故其疾如风,其徐如林,侵掠如火,不动如山,难知如阴,动如雷霆。"(军争篇第七)

"正像迅雷不及掩耳所说的。"(此为何延锡对"攻其无备,出其不意"一句的阐释。)(计篇第一)

"夫战胜攻取,而不修其功者凶,命曰费留。"(火攻篇第十二)

"激水之疾,至于漂石者,势也。"(势篇第五)

"将不胜其怒,而蚁附之,杀士三分之一,而城不拔者,此攻之灾也。"(谋攻篇第三)

"依靠乡野村夫且不作准备,是最大的罪过;预先对任何意外事件做好准备是最大的善行。"(此为何延锡对"以虞待不虞者胜"一句的阐释。)(谋攻篇第三)

"在战争的筹划阶段不采取任何无用的措施;在制定战略时,不采取任何无用的步骤。"(此为陈皞对"故其战胜不忒。不忒者,其所措必胜,胜已败者也"一句的阐释。)(形篇第四)

"凡先处战地而待敌者佚,后处战地而趋战者劳。"(虚实篇第六)

"是故始如处女,敌人开户;后如脱兔,敌不及拒。"(九地篇第十一)

"战争中最重要的是非凡的速度。人么不能失去机会。"(此为何延锡对"攻其不备,出其不意"一句的阐释,引用的是李靖将军的话。)(计篇第一)

"如果要取得对敌的优势,不但要了解这样做的优点,而且应该首先考虑如果这样做敌人会对我们造成的伤害。"(此为杜牧对"杂于利而务可信

也,杂于害而患可解也"一句的阐释。)(九变篇第八)

"善于化解困难的人是在困难出现之前就解决它。"(此为杜牧对"故上兵伐谋"一句的阐释。)(谋攻篇第三)

"杂于利而务可信也,杂于害而患可解也。"(九变篇第八)

"因为一个不能评价其能力的人或者面临与敌交战的机会却不能理解权宜机变之法的人,在进军时将会踌躇迟疑,焦急地左顾右盼,不能制定出作战计划。由于轻信,他会对不可靠的情报充满信心,一会儿相信这个,一会儿相信那个。在前进和后退时都会像狐狸一样提心吊胆,他的部队就会四处逃散。这与把无辜的人推入沸水和大火之中有什么分别呢?这不正像驱赶牛羊入虎狼之口吗?"(此为杜牧对"是故胜兵先胜而后求战,败兵先战而后求胜"一句的阐释。)(势篇第四)

"如果军官未经严格的训练,他们在战斗中就会惊慌、犹豫;如果将领未经彻底训练,当他们面对敌人时就会心中恐惧。"(此为杜佑对"士卒孰练"一句的阐释。)(计篇第一)

"以治待乱,以静待哗,此治心者也。"(军争篇第七)

"上下同欲者胜。"(谋攻篇第三)

"管理许多人,首先应向将领及其助手分派责任。"(此为张预对"凡治众如治寡,分数是也"一句的阐释。)(势篇第五)

"如果不知道军队事务的人被指派去参与军队的治理,那么每一项军事行动中都会产生意见分歧和相互阻碍,整个军队都会面临失败。"(此为王皙对"不知三军之权,而同三军之任,则军士疑矣"一句的阐释。)(谋攻篇第三)

"如果我军没有计划而鲁莽进军,冒着危险进入险境,我军就会面临被俘和被歼灭的灾难。像喝醉一样地行军,就可能碰上意想不到的战斗。在晚上宿营时就会被错误的警报困扰。如果沿着不熟悉的路前进,就很可能中敌人的埋伏。这就是将熊虎一样勇敢的军队投入死地。我们如何能攻占敌人的堡垒或将其从巢穴中赶出来呢?"(此为何延锡对"不用乡导者,不能得地利"一句的阐释。)(军争篇第七)

"故善用兵者,役不再籍,粮不三载。"(作篇第二)

"其用战也,胜。久则钝兵挫锐,攻城则力屈,久暴师则国用不足。夫兵久而国利者,未之有也。"(作篇第二)

"故兵贵胜,不贵久。"(作篇第二)

"在局势明朗之前就取得胜利的情形,不是一般人能够理解的。因此,这种战事的指挥者未能赢得睿智的美名。他们兵不血刃就能使敌国降服。"(此为杜牧对"故善战者之胜也,无智名,无勇功"一句的阐释。)(形篇第四)

"故其战胜不忒。不忒者,其所措必胜,胜以败者也。"(形篇第四)

第五章"形人:准备好战场"对《孙子兵法》的引用有三十六条,情况如下:

"故善战者,致人,而不致于人。"(虚实篇第六)

"水因地而制流,兵因敌而致胜。"(虚实篇第六)

"微乎微乎,至于无形;神乎神乎,至于无声,故能为敌之司命。)(虚实篇第六)

"出其所不趋,趋其所不意。"(虚实篇第六)

"故敌佚能劳之,饱能饥之,安能动之。"(虚实篇第六)

"能使敌人自至者,利之也。""因而,王子说:'一只猫守在鼠洞口,一万只老鼠也不敢出洞口;一只老虎守着河滩,一万只鹿也不敢过河。"(此为杜牧对该句的阐释之后半部分。)(虚实篇第六)

"当防守一条像羊肠或狗窝门一样窄的山间小道时,可以以一当千。"(此为张预对"故善战人之势,如转圆石于千仞之山者,势也"一句阐释的第二自然段第一句。)(势篇第五)

"故上兵伐谋。"(谋攻篇第三)

"夫霸王之兵,伐大国,则其众不得聚,威加于敌,则其交不得合。"(九地篇第十一)

"(霸王)他粉碎天下的联盟,夺取权威的位置,他用威望和美德来达到自己的目标。"(此为曹操对"是故不争天下之交,不养天下之权。信己之私,威加于敌,故其城可拔,其国可堕"一句的阐释。)(九地篇第十一)

"是故不争天下之交,不养天下之权。"(九地篇第十一)

"故上兵伐谋。"(谋攻篇第三)

"其次伐交。""不允许敌人联合起来。"(此为杜佑对该句的阐释。)"审视敌人同盟的状况并使其分裂和瓦解。如果敌人有同盟,问题就会变得严重并且敌人的势力就会强大;如果敌人没有同盟,问题就会较小并且敌人的势力就会弱小。"(此为王皙对该句的阐释。)(谋攻篇第三)

"有时要在君主和其群臣之间打入楔子;有时要离间其与盟友的关系,

使其相互猜疑而疏远。然后,你就可以密谋反对他们。"(此为张预对"亲而离之"一句的阐释。)(计篇第一)

"如果既不与邻国结盟来获得邻国的帮助,又不制定建立在机权之上的计谋,而只将目标的实现依赖于自己的军事实力对敌国的威慑,则其自己的城市就会被占领,自己的国家就会被颠覆。"(此为杜牧对"是故不争天下之交,不养天下之权"一句的阐释。)(九地篇第十一)

"以珍宝和丝绸来报答可能的盟友,以庄重的盟约来加强联盟。严格遵守盟约,盟约必有助于我方。"(此为张预对"衢地则合交"一句的阐释。)(九地篇第十一)

"在敌人正面所布置的兵力就是'正',在敌人侧翼的兵力就是'奇'。不使用'奇'兵,没有哪个将领可以取得对敌的优势。"(此为李筌对"三军之众,可使必受敌而无败者,奇正是也"一句的阐释。)(势篇第五)

"凡战者,以正合,以奇胜。"(势篇第五)

"想占据优势,应该选择迂回和距离远的路线并将其转变为近路,将不利转变为有利。欺骗并愚弄敌人使其拖延时间,意志松懈,而自己却加速前进。"(此为杜牧对"故迂其途,而诱之以利,后人发,先人至。此知迂直之计者也"一句的阐释。)(军争篇第七)

"先知迂直之计者胜。此军争之法也。"(军争篇第七)

"战势不过奇正。奇正之变,不可胜穷也。"(势篇第五)

"使敌人将我之正兵当成奇兵,将我之奇兵当成正兵,甚至我之正兵可以变成奇兵,我之奇兵可以变成正兵。"(此为何延锡对"三军之众,可使必受敌而无败者,奇正是也"一句的阐释。)(谋攻篇第三)

"奇正相生,如循环之无端,孰能穷之?"(势篇第五)

"故善出奇者,无穷如天地,不竭若江河。"(势篇第五)

"怒而挠之""如果敌人的将领性格固执并易怒,侮辱他并使他愤怒,这样他就会恼怒并被困扰,会不经谋划而鲁莽地向你进攻。"(此为张预对该句的阐释。)(计篇第一)

"主不可以怒而兴师,将不可以愠而致战。怒可以复喜,愠可以复悦,亡国不可以复存。故明君慎之,良将警之,此安国全军之道也。"(火攻篇第十二)

"信心是将帅的主心骨,是有秩序还是混乱,是勇敢还是怯懦,都是由信心所决定的。因此,善于控制敌人的人,要使敌人产生挫折之感,然后攻击他。激怒他,困扰他,烦扰他,使其感到恐惧,因之使敌人丧失信心和制定计划的能力。"(虚实篇第六)(此为张预对"故三军可夺气,将军可夺心"一句的阐释。)(军争篇第七)

"故善动敌者,形之,敌必从之;予之,敌必取之。以利动之,以卒待之。"(势篇第五)

"能使敌人自至者,利之也。"(虚实篇第六)

"故迂其途,而诱之以利,后人发,先人至。此知迂直之计者也。"(军争篇第七)

"我不欲战,画地而守之,敌不得与我战者,乖其所之也。"(虚实篇第六)

"当野兽逼入绝境时便会殊死搏斗。人也是如此!如果他们知道别无选择,那只有战斗到死了。"(此为杜佑对"穷寇勿迫"一句的阐释。)(军争篇第七)

"围师必阙""当曹操围壶关时,下令道:'攻下该城之后,守军全部活埋。'数月尚未攻下该城。曹仁说:'包围一座城的时候,非常重要的是要给被围之军留一条出路。现在像主公命令的那样,他们必须战死才能逃脱。该城坚固而且粮草充足。如果我们进攻,伤亡必然惨重。如果我们围而不攻,必然消耗许多时日。陈兵于坚固的城墙下并向下定死战决心的敌人进攻不是好计策。'曹操听从了这个计策,结果守城之敌投降。"(此为何延锡对该句的阐释。)(军争篇第七)

"故形兵之极至于无形,无形则深间不能窥,智者不能谋。"(虚实篇第六)

"故其战胜不复,而应形于无穷。"(虚实篇第六)

"味不过五。五味之变,不可胜尝也。"(势篇第五)

第六章"有性格的将领:以身作则"对《孙子兵法》的引用有五十一条,具体情况如下:

"夫将者,国之辅也。辅周则国必强,辅隙则国必弱。"(谋攻篇第三)

"故进不求名,退不避罪,唯民是保,而利合于主,国之宝也。""这样的将领没有个人利益。"(此为李筌对此句的阐释。)"这样的将领很稀少。"(此为杜牧对该句的阐释。)(地形篇第十)

"将者,智、信、仁、勇、严也。""拥有智慧,将领就可以认识到环境的变化并据此作出相应的行动。拥有诚信,其部下就不会怀疑其赏罚的确定性。拥有仁慈,他就会热爱人类,同情别人并感激他们工作的努力和辛劳。拥有勇气,他就能毫不犹豫地抓住时机获得胜利。治军严明,军队就会因为对他心存畏惧并害怕被惩罚而军纪严明。"(此为杜牧对该句的阐释。)(计篇第一)

"申包胥说:'如果将领没有勇气,他就不能克服一律或者制定伟大的计划。'"(此为杜牧对前一句的阐释。)(计篇第一)

"平静则不会受到困扰;神秘则高深莫测;公正就不会不恰当;自制就不会混乱。"(此为王晳对"将军之事,静以幽,正以治"一句的阐释。)(九地篇第十一)

"故将有五危。必死。可杀也。""愚笨而勇敢的将领是一个大灾难。"(此为杜牧对该句的阐释。)"必生,可虏也。""将生命视为高于一切的人,就会迟疑。迟疑是将领的灾难。"(此为何延锡对该句的阐释。)"忿速,可侮也。""冲动的人容易被激怒而致死。易怒的人脾气急躁、固执并且轻率,做事不考虑困难。"(此为杜佑对该句的阐释。)"廉洁,可辱也。""过于担心自己名声的人,不会关心任何其他事情。"(此为梅尧臣对该句的阐释。)"爱民,可烦也。""具有仁爱怜悯之心的人,所担心的唯有造成士兵的伤亡,因而不能为长期获益而放弃当前利益,也不能舍此取彼。"(此为杜牧对该句的阐释。)(九变篇第八)

"凡此五者,将之过也,用兵之灾也。覆军杀将,必以五危,不可不察也。"(九变篇第八)

"是故其民不修而戒,不求而得,不约而亲,不令而信。"(九地篇第十一)

"视卒如婴儿,故可与之赴深谿;视卒如爱子,故可与之俱死。""将领必须首先勤劳。在炎热的夏天,将领不能撑伞。在寒冷的冬天,将领不穿厚衣。在危险之地,将领必须下马而行。部队的汲水井挖好之后将领才能饮水。部队在做好饭之后自己才吃。部队的工事修好之后才建造自己的住处。"(此为张预对该句的阐释。)(地形篇第十)

"战国时期,吴起为将军时,他与其军队中最底层的士兵吃一样的食物,穿一样的衣服。他的床上无席,行军中不骑马。亲自背着自己的粮草装备。他与士兵一起分担劳役。"(此为杜牧对上一句的阐释。)(地形篇第十)

"谨养而勿劳,併气积力。"(九地篇第十一)

"厚而不能使,爱而不能令,乱而不能治,譬如骄子,不可用也。"(地形篇第十)

"百万大军的责任系于一人,他是全军的精神支柱。"(此为何延锡对"故三军可夺气,将军可夺心"一句的阐释。)(军争篇第七)

"当将军蔑视敌人而军官乐战时,他们的雄心就像蓝天上的白云一样高,其精神就会像飓风一样勇猛,这种态势与士气有关。"(此为张预对"故善战人之势,如转圆石于千仞之山者,势也。"(势篇第五)

"当军队获得了有利于自己的位置,懦弱者也会变成勇敢者;如果失去了有利的位置,勇敢者也会变成懦弱者。"(此为李筌对"治乱,数也;勇怯,势也;强弱,形也"一句的阐释。)(势篇第五)

"相守数年,以争一日之胜。而爱爵禄百金,不知敌之情者,不仁之至也,非人之将也,非主之佐也,非胜之主也。"(用间篇第十三)

"明君必须有能力选人,应该明确其责任,然后就是期望结果。"(此为王皙对"将能而君不御者胜"一句的阐释。)(谋攻篇第三)

"用兵的每一步都可能遇到一百种变化。当认为能够前进时就前进;当看到有困难时就后撤。在这样的情况下,如果将领每做一件事都必须等待君主的命令,这就像通知君主你准备扑灭一场大火一样,在君主的命令到达之前灰烬都冷了。居然有人说在这些事情上将领应该先征求监军的意见!这就像在路边建一座房子要征求所有在这条路上路过的人的意见一样,当然事情永远不能办成。"(此为何延锡对"将能而君不御者胜"一句的阐释。)(谋攻篇第三)

"以为是正确的就去做,不用等待命令。"(此为张预对"君命有所不受"一句的阐释。)(九变篇第八)

"给有能力的将领套上绳索,同时要求他战胜敌人,这就像把韩庐捆起来,然后要他去捉野兔一样有什么区别呢?"(此为何延锡对"将能而君不御者胜"一句阐释的最后一个自然段。)(谋攻篇第三)

"好的将帅是恩威并用的。"(此为张预对"厚而不能使,爱而不能令,乱而不能治,譬如骄子,不可用也"一句的阐释。)(地形篇第十)

"卒未亲附而罚之,则不服,不服则难用也。卒已亲附,而罚不行,则不可用也。"(行军篇第九)

"故令之以文,齐之以武,是谓必取。"(行军篇第九)

"谆谆翕翕,徐言入入者,失众也。"(行军篇第九)

"厚赏者,窘也;数罚者,困也。"(行军篇第九)

"赏罚都不可过度。"(此为杜牧对"赏罚孰明"一句的阐释。)(计篇第一)

"投之无所往,死且不北。死焉不得士人尽力?兵士甚陷则不惧,无所往则固。"(九地篇第十一)

"死地吾将示之以不活。故兵之情,围则御,不得已则斗,过则从。"(九地篇第十一)

"上下同欲者胜。"(谋攻篇第三)

"三军既惑且疑,则诸侯之难至矣。是谓乱军引胜。"(谋攻篇第三)

"令素信著者,与众相得也。"(行军篇第九)

"凡治众如治寡,分数是也。""管理许多人,首先应向将领及其助手分派责任,并建立起各级的权利及兵力人数。"(此为张预对该句的阐释。)(势篇第五)

"任命将领的困难程度,在今天与古代是同样的。"(此为何延锡对"故兵贵胜,不贵久。故知兵之将,民之司命,国家安危之主也"一句的阐释。)(作篇第二)

"因此,王子说:'指派和任命将领是国君的职责。战场上的决策是将领的职责。"(此为杜佑对"将能而君不御者胜"一句的阐释。)(势篇第五)

"择人而任势。"(势篇第五)

"现在,勇者可战,谨慎者可守,智者可商讨。这样,每个人的才能都没有被浪费。"(此为李筌对"将能而君不御者胜"一句的阐释。)(势篇第五)

"太公说:'获得适当的人才的君主就会强盛。不能获得适当人才的君主就会衰落。"(此为张预对"夫将者,国之辅也。辅周则国必强,辅隙则国必弱"一句的阐释。)(谋攻篇第三)

"因形而挫胜于众,众不能知。人皆知我所以胜之形而莫知我所以制胜之行。"(虚实篇第六)

"能因敌变化而取胜者,谓之神。"(虚实篇第六)

"声不过五,五声之变,不可胜听也。色不过五,五色之变,不可胜观也。"(势篇第五)

"故君之所以患于军者三:不知军之不可以进而谓之进,不知军之不可以退而谓之退,是谓縻军。不知三军之事,而同三军之政,则军士惑矣。不知三军之权,而同三军之任,则军士疑矣。"(谋攻篇第三)

"最近,朝堂中的官员被任命为监军,这是绝对错误的。"(此为张预对"不知三军之权,而同三军之任,则军士疑矣"一句的阐释。)(谋攻篇第三)

"当将领以仁慈、公正和正义对待人民的时候,人民就会信赖将领,军队就会在精神上团结一致,所有的士兵就会愿意为将领所用。"(此为张预对"道者,令民与上同意也,故可与之死,可与之生,而不畏危也"一句的阐释。)(计篇第一)

"通过这些措施他们使自己的政府不可战败。"(此为杜牧对"善用兵者,修道而保法,故能为胜败之政"一句的阐释。)(形篇第四)

"故兵有走者,有驰者,有陷者,有崩者,有乱者,有北者。凡此六种,非天之灾,将之过也。"(地形篇第十)

"将弱不严,道教不明,吏卒无常,陈兵纵横,曰乱。"(地形篇第十)

"现在主上所需要的将领是具有清晰的理解力,与君主保持一致,有深刻的战略和有远见的计划,对天时的理解以及审察人心的能力的人。"(此为杜牧对"是故胜兵先胜而后求战,败兵先战而后求胜"一句的阐释。)(形篇第四)

"将能而君不御者胜。"(谋攻篇第三)

"道者,令民与上同意,故可与之死,可与之生,而不畏危也。"(计篇第一)

第七章"结语:古代法则为未来战争所用"对《孙子兵法》的引用有九条,情况如下:

"凡用兵之法,将受命于君,合军聚众,交合而舍。"(军争篇第七)

"战争是重大的事情。孙子担心人们未经深思熟虑而开战。"(此为李筌对"兵者,国之大事,死生之地,存亡之道,不可不察也"一句的阐释。)(计篇第一)

"故曰:'知彼知己,百战不殆。不知彼而知己,一胜一负。不知彼不知己,每战必殆。"(谋攻篇第三)

"是故不知诸侯之谋者,不能预交;不知山林险阻沮泽之形者,不能行军;不用乡导者,不能得地利。四五者,不知一,非霸王之兵也。"(九地篇第十一)

"当防守一条像羊肠或狗窝门一样窄的山间小道时,可以以一当千。"(此为张预对"故善战人之势,如转圆石于千仞之山者,势也"一句阐释的第二自然段第一句。)(势篇第五)

"故用兵之法,无恃其不来,恃吾有以待也。无恃其不攻,恃吾有所不可攻也。)(九变篇第八)

"将听吾计,用之必胜,留之。将不听吾计,用之必败,去之。"(计篇第一)

"故知兵者,动而不迷,举而不穷。"(地形篇第十)

"故知兵之将,民之司命,国家安危之主也。"(作篇第二)

(三)孙子在葛底斯堡:古老军事智慧在现代世界的运用

贝文·亚历山大的《孙子在葛底斯堡:古老军事智慧在现代世界的运用》于2011年出版①。2014年,孙建中的中译本《孙子兵法与世界近现代战争》出版②。该书正文共有十一章,另有《导论:作战的原则:避实就虚》。全书浸润着孙子的作战理念。具体引用情况如下。

《导论:作战的原则:避实就虚》中提及孙子的法则共有六处,具体情况如下:

"水因地而制流,兵因敌而制胜。"(虚实篇第六)

"军争之难者,以迂为直,以患为利。"(虚实篇第六)

"攻其所不守也。"(虚实篇第六)

"攻其所必救也。"(虚实篇第六)

"兵者,国之大事,死生之地,存亡之道,不可不察也。"(计篇第一)

"兵久而国利者,未之有也。"(作篇第二)

第一章《萨拉托加战役:改变世界的战争》中提及孙子的相关法则共有九处,具体情况如下:

"兵者,国之大事,死生之地,存亡之道,不可不察也。"(计篇第一)

"出其所不趋,趋其所不意。"(虚实篇第六)

"行千里而不劳者,行于无人之地也。攻而必取者,攻其所不守也。"(虚实篇第六)

"悬权而动。"(军争篇第七)

---

① Bevin Alexander. *Sun Tzu at Gettysburg: Ancient Military in the Modern World*. New York: W. W. Norton & Company, 2011.

② [美]贝文·亚历山大著,孙建中译《孙子兵法与世界近现代战争》,北京:新华出版社2014年。

"知彼知己,百战不殆;不知彼而知己,一胜一负。"(谋攻篇第三)

"战隆无登。"(行军篇第九)

"少则能守之,不若则能避之。"(谋攻篇第三)

"故小敌之坚,大敌之擒也。"(谋攻篇第三)

"兵者,诡道也。"(计篇第一)

第二章《南北卡罗莱纳、约克镇和美国独立》中提及孙子的相关法则共有三处,具体情况如下:

"上兵伐谋。"(谋攻篇第三)

"故形人而我无形,则我专而敌分。我专为一,敌分为十,是以十攻其一也。"(虚实篇第六)

"兵者,国之大事,死生之地,存亡之道。"(计篇第一)

第三章《拿破仑兵败滑铁卢》中提及孙子的相关法则共有十一处,具体情况如下:

"并敌一向。"(九地篇第十一)

"小敌之坚,大敌之擒也。"(谋攻篇第三)

"不可胜在己,可胜在敌。"(形篇第四)

"料敌制胜,计险阨远近。"(地形篇第十)

"故上兵伐谋,其次伐交,其次伐兵,其下攻城。"(谋攻篇第三)

"凡先处战地而待敌者佚,后处战地而趋战者劳。"(虚实篇第六)

"凡战者,以正合,以奇胜。"(势篇第五)

"无邀正正之旗,无击堂堂之阵。"(军争篇第七)

"避实而击虚。"(虚实篇第六)

"攻城则力屈。"(作篇第二)

"故知兵之将,民之司命,国家安危之主也。"(作篇第二)

第四章《美国内战初期的几场战役》中提及孙子的相关法则共有十五处,具体情况如下:

"故三军可夺气,将军可夺心。"(军争篇第七)

"敢问:敌众整而将来,待之若何?曰:先夺其所爱,则听矣。"(九地篇第十一)

"敌人开阖,必亟入之。"(九地篇第十一)

"先其所爱。"(九地篇第十一)

"料敌制胜,计险阨远近,上将之道也。"(地形篇第十)

"上兵伐谋。"(谋攻篇第三)

"是故不知诸侯之谋者,不能预交;不知山林、险阻、沮泽之形者,不能行军;不用乡导者,不能得地利。"(九地篇第十一)

"夫地形者,兵之助也。料敌制胜,计险阨远近,上将之道也。"(地形篇第十)

"知此而用战者,必胜。不知此而用战者,必败。"(地形篇第十)

"以正合,以奇胜。"(势篇第五)

"上兵伐谋。"(谋攻篇第三)

"不战而屈人之兵,善之善者也。"(谋攻篇第三)

"避实而击虚。"(虚实篇第六)

"故用兵之法,无恃其不来,恃吾有以待也。"(九变篇第八)

"兵者,诡道也。故能而示之不能,用而示之不用。"(计篇第一)

第五章《葛底斯堡战役》中提及孙子的相关法则共有二十处,具体情况如下:

"不可胜者,守也。……守则不足,攻则有余。"(形篇第四)

"避实而击虚。"(虚实篇第六)

"水因地而制流,兵因敌而制胜。"(虚实篇第六)

"诱之以利。"(军争篇第七)

"悬权而动。"(军争篇第七)

"举军而争利,则不及。"(军争篇第七)

"故不知山林、险阻、沮泽之形者,不能行军。"(军争篇第七)

"动而不迷。"(地形篇第十)

"是故胜兵先胜而后求战,败兵先战而后求胜。"(形篇第四)

"凡先处战地而待敌者佚,后处战地而趋战者劳。"(虚实篇第六)

"昔之善战者,先为不可胜。"(形篇第四)

"无击堂堂之阵。"(军争篇第七)

"以治待乱,以静待哗,此治心者也。以近待远,以饱待饥,此治力者也。无邀正正之旗,无击堂堂之阵。"(军争篇第七)

"兵之形,避实而击虚。"(虚实篇第六)

"故策之而之得失之计,作之而知动静之理,形之而知死生之地,角之而知有余不足之处。"(虚实篇第六)

"故不知山林、险阻、沮泽之形者,不能行军;不用乡导者,不能得地

利。"(军争篇第七)

"知可以与战,不可以与战者胜。"(谋攻篇第三)

"地有所不争。"(九变篇第八)

"吴王问曰:'争地,敌先至,据要保利,简兵练卒,或出或守,以备我奇,则如之何?'孙子答曰:'争地之法,让之者得,求之者失。敌得其处,慎勿攻之,引而佯走,建旗鸣鼓,趣其所爱,曳柴扬尘,惑其耳目,分吾良卒,密有所伏,敌必出救,人欲我与,人弃吾取,此争先之道。若我先至,而敌用此术,则选吾锐卒,固守其所,轻兵追之,分伏险阻,敌人还斗,伏兵旁起,此全胜之道也。'"(《孙子答吴王》)(《孙子兵法》竹简佚文)

"故善用兵者,屈人之兵,而非战也;拔人之城,而非攻也。"(谋攻篇第三)

第六章《马恩河战役》中提及孙子的相关法则共有二处,具体情况如下:

"战势不过奇正,奇正之变,不可胜穷也。奇正相生,如循环之无端,孰能穷之?"(势篇第五)

"以正合,以奇胜。"(势篇第五)

第七章《纳粹德国在西线的胜利》中提及孙子的相关法则共有三处,具体情况如下:

"奇正相生。"(势篇第五)

"攻其无备,出其不意。"(计篇第一)

"夫兵形象水,水之形,避高而趋下;兵之形,避实而击虚。"(虚实篇第一)

第八章《斯大林格勒战役》中提及孙子的相关法则共有四处,具体情况如下:

"故上兵伐谋,其次伐交,其次伐兵,其下攻城。"(谋攻篇第三)

"将军之事,静以幽,正以治;能愚士卒之耳目,使之无知。易其事,革其谋,使人无识。"(行军篇第十一)

"能以众击寡者,则吾之所与战者约矣。吾与所战之地不可知,不可知,则敌所备者多;敌所备者多,则吾与所战者寡矣。故备前则后寡,备后则前寡,备左则右寡,备右则左寡,无所不备,则无所不寡。寡者,备人者也;众者,使人备己者也。"(虚实篇第六)

"悬权而动。……途有所不由,军有所不击,城有所不攻,地有所不争,

君命有所不受。……敌人开阖,必亟入之。"(军争篇第八;九变篇第八;九地篇第十一)

第九章《解放法国的战役》中提及孙子的相关法则共有五处,具体情况如下:

"知彼知己,百战不殆。"(谋攻篇第三)

"故不知诸侯之谋者,不能预交;不知山林、险阻、沮泽之形者,不能行军;不用乡导者,不能得地利。"(军争篇第七)

"途有所不由,军有所不击,城有所不攻,地有所不争。"(九变篇第八)

"能因敌变化而取胜者,谓之神。"(虚实篇第六)

"不知山林、险阻、沮泽之形者,不能行军。"(军争篇第七)

第十章《仁川登陆与朝鲜战争》中提及孙子的相关法则共有十三处,具体情况如下:

"是故百战百胜,非善之善者也;不战而屈人之兵,善之善者也。"(谋攻篇第三)

"兵者,国之大事,死生之地,存亡之道,不可不察也。"(计篇第一)

"以正合,以奇胜。"(势篇第五)

"非危不战。"(火攻篇第十二)

"悬权而动。"(军争篇第七)

"以正合。"(势篇第五)

"以奇胜。"(势篇第五)

"是故胜兵先胜而后求战。"(形篇第四)

"主不可以怒而兴师,将不可以愠而致战。"(火攻篇第十二)

"故用兵之法,无恃其不来,恃吾有以待也;无恃其不攻,恃吾有所不可攻也。"(九变篇第八)

"是故智者之虑,必杂于利害。杂于利而务可信也;杂于害而患可解也。"(九变篇第八)

"非危不战。"(火攻篇第十二)

"故兵贵胜,不贵久。"(作篇第二)

第十一章《历史的总结:孙子智慧永放光芒》中总结了部分书中所论述战争中与孙子法则相关的法则,共有七处,具体情况如下:

"无击堂堂之阵。"(军争篇第七)

"兵者,国之大事,死生之地,存亡之道。"(计篇第一)

"上兵伐谋。"(谋攻篇第三)
"水之形,避高而趋下。"(虚实篇第六)
"兵之形,避实而击虚。"(虚实篇第三)
"将者,智、信、仁、勇、严也。"(作篇第一)
"将能而君不御者胜。"(谋攻篇第三)

(四)中国的载人航空计划:是孙子还是阿波罗归来?

2003 年,美国海军战事学院国家安全决策系主任琼·约翰逊-弗里泽的文章《中国的载人航空计划:孙子还是阿波罗归来?》发表在《海军战事学院评论》上①。文章题首引用了《孙子兵法》"军争篇第七"中的格言:"莫难于军争。军争之难者,以迂为直,以患为利。"作者一开始即指出,中国正快速进入太空。中国官方声明,在 2003 年的下半年将发射载人宇宙飞船。自从 1999 年"神州号"宇宙飞船发射以来,中国进行的四次试图将宇航员送入太空的尝试表明中国所取得的本质上的成就和这个项目的严肃性。中国所取得的那些成就,再加上所宣布的发射载人宇宙飞船的时间表、太空实验室、航天飞机、空间站、月球基地,还有现在的火星任务,自然使得人们会猜测中国究竟想要做什么。会是在酝酿一场新的、21 世纪的太空赛吗?如果是,那么是谁在竞赛?其目的又是什么呢?

对中国太空活动的政策和学术性的分析受到限制,陷入了政策的"烟道"。有些观察家将中国向太空的竞争看作是与自己的群魔之战。声誉,在此背景下成了促使其获得成功的关键因素。占领太空代表的是一种机会,在此机会中是中国所谓的重新获得其所失去的对科技的掌握和革新之遗产的人类的"第四个前沿"。当然,中国追求声望是无可否认的。中国的科学家和政策制定者急切地指出,如果他们把宇航员送入太空,那他们就将是世界上第三个有此能力的国家。如果不是这个原因,那中国人追求载人的宇宙飞船计划可能是为了引起别人对他们的军事太空活动的注意,这个从技术发展的双重作用本质来看显而易见是有利可图的。2002 年 7 月美国国防部发布的"2000 年度中国军事力量报告"指出:"……中国领导

---

① Joan Johnson-Freese. "China's Manned Space Program: Sun Tzu or Apollo Redux?" *Naval War College Review*, No.56, 2003, pp.51-71.

人可能见到了将'神舟号'宇宙飞船作为侦察平台所蕴含的潜在的军事价值。"

但是历史的和逻辑政策的分析都拒绝中国式的推理必须被看成一种非此即彼的形势这种观点。更可能的是，中国这种急迫地，甚至是带着攻击性的对太空活动的包括载人的宇宙飞船计划的追求，是多层面的。除非中国遭遇技术上的遭难，并放弃在多个政策领域的投资的高回报。

知彼知己，……

历史普遍认为，"阿波罗号"载人登月飞行计划恰好证明了人类的乐观进取的精神，但是却极大地粉饰了人们的视界。太空一方面成了冷战的战场，科学家和工程师成了冲锋陷阵的战士，为声誉和全球影响而战。这种影响将会从超凡的技术流出，而这种超凡的技术也将给军事带来好处。另一方面，因太空计划所创造的知识和硬件将会给除具象征意义的和军事领域之外的国内其他领域带来益处。

在20世纪60年代美国决定支持"阿波罗"计划和今天将在中国实施的载人宇宙飞船计划之间有好几个相似处。国内的、区域的以及国际的声誉是中国决定实施该计划显而易见的因素。就国内而言，积极的"公共号召力"因素补充了民族的骄傲。神舟的意象从根本上让中国人为自己和国家感到自豪，从电话卡到热水器上都能见到"神舟"的字样。同样，国内的自豪感和国际的声誉也提升了政府的合法性。国际方面，尤其是，声誉就意味着影响（这个曾经一度带给美国）。区域政治，在竞争"领先地位"中开始发挥作用。然而，世界上仍然只有两个国家有载人的航空计划。因而，为了声誉，接受几何级数的高昂代价来挑战载人宇宙飞船计划变得义不容辞。经济上，美国的航空竞赛尤其是"阿波罗"计划，直接和间接带给美国的普遍的经济效益是相当可观的。为"阿波罗"计划所接受教育和在职体验的科学家和工程师创造了一代经过高度训练的技术人才。为了满足新的专门的航天航空技术需要，不少大学都特设工程计划专业。其另一个经济方面的报偿可从电影"阿波罗十三号"看出来。政府花费钱在这个计划上，不仅是要把一个宇航员送上月球，还在于在此过程中要雇佣一大批人。在今天的中国，支持技术教育和创造技术职位的计划利润是相当可观的。中国领导人并没有忘记"阿波罗"的经验教训。

相反，中国也意识到了空间计划可以被看作是令人满意的、可消费的，对实用的、近期的需要有利的,正如"阿波罗"计划一样。当初美国的科学家反对"阿波罗"计划,因为它耗光了其他许多计划的资金。而政治家们有其他有限考虑的事情。在中国一些组织则是静悄悄却坚定地让别人知道他们认为航空计划是在浪费钱。这种新现象(即中国公众的意见实际上对政府来说是很重要的)要求得到投资的回报迄今为止是不可能的。中国敏锐地意识到了太空、技术、国家的经济状况与国内政治之间这些已经建立起来的关系。

最后,还有军事方面的考虑。斯德哥尔摩国际和平研究所认为:"目前没有哪个国家可与美国在空间的控制相竞争或对抗。或者说,这种控制为其陆地上的军事行动提供了优势。"外层空间是全球警察巡逻。美国人的眼睛、耳朵和神经整天都在那巡逻。航空飞船根本就是不对称的投资。中国人很好地意识到了美国对太空的控制。他们读过2001年美国太空委员会的报告,报告认为由于空中、陆地和海洋全都成了战场,太空也将会不可避免。如果不提前做好准备的话,美国不可避免地将重新失去它。中国人完全能够读懂报告字里行间的信息,并且明白发展空间武器的重要性。

尽管肯定没有全面的冷战爆发,但在国内利益、对区域的影响以及全球的政治和军事态度方面中国的载人航空飞船计划与美国的阿波罗计划都有相似之处。实际上,中国自身很清楚,它对太空活动的追求不仅仅是一种目的而且也是其扩张战略的一部分。

不可战胜取决于你自己

2000年11月,国务院新闻办公室发布了《中国的航天》白皮书。一样重要的是,白皮书宣布了取得这些目标所坚持的发展原则:

"坚持长期、稳定、持续的发展方针,使航天事业的发展服从和服务于国家整体发展战略。中国政府高度重视航天事业在实施科技兴国战略和可持续战略,以及在经济建设、国家安全、科技发展和社会进步中的重要作用,将航天事业的发展作为国家整体发展战略中的重要组成部分,予以鼓励和支持。"

在这样的语境下,白皮书鼓励国际空间合作,尤其是亚太区域的合作,支持中国参与国际卫星发射服务。

中国意识到了其现在所处的"追赶"位置至少部分是由于其自身的原因。很多空间科学家和工程师都未能逃过"文化大革命"的狂怒。然而,中国人总是将他们向别人学习的这种能力最大化。西昌卫星发射中心位于大约北纬28度与肯尼迪太空中心位于北纬28.5度不会只是巧合。即便到了今天，尽管"神舟号"宇宙飞船与俄罗斯的"联盟号"太空船的设计有着相似之处，两者技术上的相似似乎被证实，但中国人还是竭力捍卫其是他们自己的产品。

目前这样被称为"921计划"的载人宇宙飞船的努力，是中国的第二次。（实际上是第三次，如果算上16世纪的发明家万虎的尝试的话。）中国人确实没有必要着急着往前冲，尤其是因为小的递增的步骤也会引起西方记者相当的积极关注。然而，中国人非常坚定他们将会建立持久的计划，不仅仅是在月球上插上国旗或者捡块月球石就返回来。在一项确实是理性的、思考周密的、有良好资金支持的计划中，许多分析家觉得，建立月球基地应该最终会导致对月球资源的开发。到2040年在火星上建立一个中国的基地成了他们宣称的目标。无论如何，现在做出的这个宣称比他们2000年的白皮书已经走得有些远了。

在所有的公平要求中，国际空间站的成员国要么贡献其技术，要么提供资金的支持，或者两者。但到目前为止，中国两者都没有提供。然而，比中国少很多太空经验的巴西加入了国际空间站，成了成员国，这就让中国更难否定其对国际空间战源自政治方面的强烈排斥。同时，我们很有趣地注意到，9·11之后，许多国际关系被重新定义，美国宇航局突然有了与北京之间更多公开的联系。传统上是首要服务于空间合作安全的空间科学，从军事的角度看相对而言不那么具有威胁。加入国际空间站的计划，甚至是增值的计划，对北京将会是一个国内的和区域性的胜利。

中国与包括加拿大、德国、意大利、法国、英国、俄罗斯、巴基斯坦、印度和巴西在内的许多国家签订了空间合作协议。合作的范围从"东风三号"通信卫星与德国的发展到大范围的俄-中之间的合作协议和小范围的科技方面的合资。另一项有趣的合作协议是中国与英国萨里郡航天中心签订的。对微型卫星技术的关注作为一种干预别的国家使用空间的手段是有其可能性的。中国警告有可能考虑用微型卫星来对抗美国在危机时刻或冲突中使用空间。

守则不足，攻则有余

航空武器，包括放置在太空的和地面上那些用于抗击太空基地资产的武器，直到最近才被明令禁止所有从事太空工作的国家使用。许多年来一直对1967年的《外层空间条约》中太空武器被禁止使用存有争论。其中第四条明确指出：

"不在绕地球轨道及天体外放置或部署核武器或任何其他大规模毁灭性武器。禁止在天体建立军事基地、设施和工事。禁止在天体试验任何类型的武器及进行军事演习。"

中国人，就空间武器而言，明显是将1998年看作了一个转折点。美国空间委员会的报告认为空间成为战场将是不可避免的，而美国将不会因为没做好准备而再次错过这个机会。2001年1月，美国发布了其首次空间战争游戏，这让中国人感到极度的惊愕。

中国的太空努力将会包括军事化。实际上已经包括了。中国使用卫星来进行军队的通信或是侦查就相当于是军事化。但是更大的问题在于是否中国也试图发展太空武器。2002年5月，中国和俄罗斯再次呼吁制定一个条约禁止太空武器的使用。

佚而劳之

早在2002年，美国宇航局就发现了火星上临近火星表层的潜在的丰富的地下水资源。其结果是，有不少猜测，认为美国宇航局很快就会宣布以估计五百亿美元的代价将人送到火星去的计划。其他的国家，如日本、欧洲和中国正在向太空接近，于是问题出现了：会出现新一轮的太空竞争吗？似乎有可能，但不是因为火星上有水的缘故。

中国不用担心有选民会反对太空计划，尽管这并不意味着可以忽略公共的意见。如果中国成功实施载人宇宙飞船计划，也会推动日本的自动载人航空计划。这是一个日本多年来试图避免的风险。另一方面，日本的风险预防将会因哥伦比亚事件之后的各种规则而得到加强。当然，区域间的互动反应的考虑将会发生作用，相关的问题成了他们该如何迅速地扩展并超过美国和中国。

孙子关于对敌人施加压力的格言"故敌佚能劳之，饱能饥之，安能动之"（虚实篇第六）似乎可以用来概述现在美国和中国均使用的方法。当然，中国不是美国的敌人，但如果美国在亚洲的竞争基准超过了现状的话，中国显而易见注定会是其竞争者。如果美国继续探索太空有着显而易见的军事优势而中国也觉得理所当然应该做出回应的话，某些形式的太空竞争似乎将不可避免。由于美中双方都意识到相对于其他而言,太空能够提供优势,或者至少可以避免劣势,这样,太空竞争就将会是不可避免的。中国不可避免地将会成为第四战场的第三人。中国的载人宇宙飞船计划将会决定其重新获得中国在全球该处的位置。

第二节 《孙子兵法》与反恐和国家安全

(一)《孙子兵法》与反恐战略:古代智慧在现代战争中的运用

格里·加戈里亚蒂的"《孙子兵法》与其他"系列丛书之一的《〈孙子兵法〉与反恐战略:古代智慧在现代战争中的运用》最初于1999年在美国出版①。全书共有五个部分:现代伊斯兰恐怖袭击的主要日期、导论、《孙子兵法》译文及相关的反恐战略、概述:获胜的十个关键以及《孙子兵法》中的题目索引。译文部分,加戈里亚蒂按十三篇顺序分篇英译《孙子兵法》在左手页,然后在其右手页提出了相关的反恐战略。译文仍然采用的是他的"《孙子兵法》与其他"系列丛书中的《孙子兵法》译文。标示在十三篇题名后相应的反恐战略为:计篇第一(自由与恐怖主义);作篇第二(恐怖主义的经济学);谋攻篇第三(联合反恐);作篇第四(处于对恐怖主义发起攻击的位置);势篇第五(创新反恐);虚实篇第六(找准恐怖分子的弱点);军争篇第七(将破坏降低到最小程度);九变篇第八(转变我们的重点);行军篇第九(反恐活动);地形篇第十(估价我们的选择);九地篇第十一(回应恐怖主义);火攻篇第十二(打信息战);用间篇第十三(获取信息)。现代伊斯兰恐怖袭击的主要日期部分,作者主要呈现了到2004年该书成书之时如下恐怖袭击事件发生的时间、地点与死亡的人数,共有三十六起:

1979年11月4日:霍梅尼攻占美国驻伊拉克大使馆。
1983年4月8日:美国驻黎巴嫩贝鲁特大使馆遭轰炸,死十七人。
1983年10月23日:贝鲁特海军陆战队总部遭轰炸,死二百三十九人。
1983年12月12日:美国驻科威特大使馆遭轰炸,死六人。

---

① Gary Gagliardi. *Sun Tzu's The Art of War and Strategy against Terror: Ancient Wisdom for Today's War.* Seattle: Clearing Publishing, 2004.

1984年9月20日:美国驻贝鲁特大使馆遭轰炸,死十四人。

1984年12月4日:科威特空中客机遭劫持,死二名美国人。

1985年6月14日:美国环球航空公司飞往罗马的客机被劫持,死一名美国人。

1985年10月7日:阿基莱·劳伦号轮船遭劫持,死一名美国人。

1985年11月23日:埃及波音737客机遭劫持,死五十七人。

1985年12月27日:罗马和维也纳机场遭袭击,死十八人。

1986年4月2日:美国环球航空公司飞往雅典的客机遭轰炸,死四人。

1986年4月5日:西柏林一家迪斯科舞厅被炸,死一人。

1986年9月5日:泛美航空公司波音747客机在巴基斯坦港市卡拉奇被劫持,死二十一人。

1986年9月6日:伊斯坦布尔犹太教堂遭袭击,死二十一人。

1988年4月5日:科威特航空公司波音747客机被劫持至阿尔及尔,死二人。

1988年12月21日:泛美航空公司波音747客机在洛克比被炸,死二百五十九人。

1990年4月2日——1991年2月27日:伊拉克入侵科威特,美国做出回应。

1993年2月26日:纽约世贸中心遭袭,死六人。

1993年10月4日:索马里摩加迪沙十七名海军陆战队队员被杀。

1994年12月24日:法国航空公司飞往巴黎的空中客机被劫持,死三人。

1995年7月25日:巴黎市郊往返列车被炸,死四人。

1996年4月4日:开罗一家旅馆被炸,十八名西方游客被炸死。

1996年6月25日:美军驻沙特阿拉伯的霍巴塔营地遭受轰炸,十九名美国人被炸死。

1996年11月13日:阿拉伯半岛中部城市利雅得发生爆炸,六名美国人被杀。

1997年2月23日:帝国大厦遭枪击,死一人。

1997年9月18日:开罗旅游大巴被炸,十名游客被炸死。

1997年11月17日:埃及卢克索游客遭袭击,死七十人。

1998年8月7日:科尼亚和坦桑尼亚大使馆遭袭,死二百七十人。

1998 年 12 月 28 日：游客在也门遭绑架，死四人。

1999 年 10 月 31 日：埃及航空公司飞行员在从纽约飞往开罗的班机上坠机自杀，死二百一十七人。

2000 年 10 月 12 日：美国"科尔号"驱逐舰爆炸，死十七人。

2000 年 12 月 31 日：五颗炸弹在马尼拉爆炸，死十四人。

2001 年 9 月 11 日：美国世贸中心遭袭炸，死两千七百人。

2001 年 10 月 5 日：使用炭疽攻击华盛顿，死五人。

2001 年 10 月 7 日至现在：美国反击阿富汗和伊朗。

马德里火车遭袭炸，死一百九十人。

"导论"部分，作者以"战略与恐怖主义"为题对如何使用孙子的兵法来反击恐怖主义做了详细的阐释，现将其译介如下：

孙子发展了有史以来最有利的战略体系。在该书中，我们将直接运用他的军事法则以赢得反恐战争的胜利。在此"导论"中，我们将呈现孙子的关键概念，以及该如何运用这些战略战术来打击恐怖行为。

《孙子兵法》很简洁，孙子以相当紧密的形式来表达他的军事思想。正如欧几里得（Euclid）的几何学一样，《孙子兵法》提供了一系列彼此依赖的基本军事概念，并对其有相当广泛的特别应用。在该书中，我们将在左边的书页上呈现《孙子兵法》的译文，而在右边的书页上阐释如何将孙子的这些法则特别应用于击败恐怖主义的挑战。

面对威胁，我们本能的反应是"战或者逃"（"flight or fight"reflex）。孙子告诫我们，这些自然的本能反应——逃离挑战或陷入无意义的冲突——最终都会导致灾难。相反，孙子告诉了我们如何利用我们的敌人所创造的机会来改进我们的位置的战略。强有力的位置会使得我们不难对敌人发起进攻。随着时间的推移，我们还可以说服他人加入我们的队伍。

由于孙子的兵法是关于位置的确定的，因而他围绕着这五个定义竞争位置的概念来组织他的这本《孙子兵法》。道（philosophy）、天（the climate）、地（the ground）、将和法（methods）这五个因素为孙子的兵法体系提供了框架。在此"导论"中，我们将运用这五个因素来概述如何使用孙子的战略来进行反恐。

此分析始于将战争看成是一场不同的"道"（philosophies）之间的争斗。反恐战争是一场反对道德极权主义理想的自由理想之战。与我们在媒体上听到的相反,恐怖主义分子并非是受到了反美国之道的驱使。恐怖主义分子之"道"要远比美国之"道"的存在悠久得多。孙子告诫我们应该从战争史中去学习①。

伊斯兰世界内部的原教旨主义者之间的争斗与其宗教本身一样古老。公元657年,哈里哲派(Kharijites)成为伊斯兰的第一个武断的、狂热的宗派,他们通过独断为权利而战。伊斯兰教的历史上原教旨主义的分裂模式一次又一次被重复。瓦哈比(Wahhabis)教派的领袖瓦哈比一开始是一个清教主义的改革家,后在1806年攻占了麦加,随后被穆斯林土耳其人打败。伊赫瓦尼(Ikhwan),伊本·沙特(Ibn Saud)的瓦哈比追随者,于1924年重新占领了麦加。由伊本·沙特建立的沙特阿拉伯王国,成了今天瓦哈比运动的主源。

这些狂热的运动都遭到了抵抗,最后被穆斯林主流社会本身给阻止了。从哈里哲派到伊赫瓦尼派,原教旨主义的伊斯兰教派都把其他的穆斯林看成是异教。第四任伊斯兰教主阿里,于西元658年在那拉万(Nahrawan)打败了哈里哲派。同样地,伊本·沙特于1929年在西比拉(Sibilla)战役中转而反对伊赫瓦尼。

像这些早期的教派一样,今天的穆斯林狂热分子试图在重组他们那些不那么教条的穆斯林的基础上强行获得权利,其次才是想改变那些非穆斯林的信仰、攻占或杀死他们。幸运的是,这些穆斯林狂热分子的数量太少,不足以完成他们的这些目标。想要成功,他们就必须得宣扬传播他们的"道",发展壮大他们的组织。

美国代表了一种与这种宗教极权主义完全相反的"道"。我们代表的是自由,而这种自由被恐怖分子看成是罪恶的自由。我们代表的是民主,这种民主呈现的是大部分非原教旨主义者的法则。我们代表的也是过去六百年间西方和基督教远超过伊斯兰教的兴盛。与以色列一样,美国成了恐怖分子的打击目标。然而,他们的历史使命只能在穆斯林王国得到认可和接受。通过将美国等同于他们的敌人,恐怖分子希望团结和统一他们的伊斯兰国家。

"道"之后,我们必须要理解的第二个因素是"地"。在孙子的兵法体

---

① "The War on Terror is a battle of the ideal of freedom against the ideal of moral totalitarianism. Contrary to what we hear in the media, terrorists are not driven by anti-American philosophy. Their philosophy is much older than the existence of the United States." Gary Gagliardi. *Sun Tzu's The Art of War and Strategy against Terror: Ancient Wisdom for Today's War.* Op. cit., p. 10.

系中,"地"是"兵之助也",能为军队提供资源。孙子教导我们,战争需依靠经济。除非"地"能够支撑军队所需,否则军队不能打仗。"地"是我们打赢战争以控制重要资源的所在。以这个标准去衡量的话,恐怖分子的战地是什么呢?通过战事控制了这块"地"之后他们又该如何被加以奖赏呢?

在这一点上,恐怖分子并非为物质的"地"而战。世界上众多的穆斯林大部分都生活在极权国家。恐怖分子们的目标不是要毁灭那些极权主义社会,而是要控制它们。尽管要控制这些国家是一个长期的目标,但是这些实体上存在的国家却不是当下的战场。首先,恐怖分子们必须加强他们的组织和资金。

要加强组织,恐怖分子们就需要招募人员和获得捐款。可是杀死无辜的民众怎么能获得捐款并招募到战士为他们效劳死战呢?绑架和勒索可以直接筹集到资金,但是恐怖分子们发现轰炸或攻击公共建筑以及交通设施更能起到立竿见影的效果。

这些表面上看起来愚蠢的死亡是如何让其招募到战士、筹集到资金的呢?通过恐怖分子们大范围地散播消息。这种免费的宣传会带来经费的支持和战士的招募。无辜者的死亡是一种宣传运动,能使恐怖分子们显得力量强大,并传播他们的"道"。恐怖分子们打的是媒体信息战。他们选择的战场是电视屏幕和报纸的头版。

这个战场是与孙子所谓的"天"(the climate)相关联的。这是我们要进行战略分析的下一个关键性因素。"天"属于我们无法控制的变化的范畴,不仅包括天气,而且还包括社会的、文化的和商业的变化。战场上"天"的变化会将相反的"道"带进实际的冲突之中。那么,媒体中的"天"是如何改变并将恐怖主义推到一个显著位置的呢?难到媒体不是仅报道消息的吗?

越南战争之前,像恐怖分子这样的暴徒通常都是被道德方面比较激愤而非中立的媒体所粗暴对待的。具有宗教优越感的基地组织之"道"几乎等同于德国纳粹党和美国三K党(Ku Klux Klan)的种族优越感。三四十年代的时候,美国媒体普遍都谴责纳粹。到了五六十年代,媒体仅仅只是始终如一地在谴责三K党。记者们为那些为阻止保证和压迫的英勇牺牲而喝彩。人们为取得的胜利而祝贺。法西斯分子被描绘成了不会被任何理智之人支持的疯子。媒体成了道德的指南针。不幸的是,这种"天"起了变化。

越南战争以来,道德方面的中立与日俱增,在政治立场上中立的媒体宣称自己不偏袒任何一方,却在新闻报道的时候有其标准的脚本。那种脚本就是大卫与他杀死的巨人哥利亚(Goliath)的故事的脚本。媒体让美国扮演了哥利亚的角色,而让任何反对美国的那一方都成了大卫。今天的媒体因而不会再像曾经批评纳粹和三K党的媒体那样谴责恐怖分子了。我们再也不能看到黄金时段的特别节目揭露恐怖组织的残忍和邪恶。路透社甚至不使用"恐怖分子"这样的字眼,因为它对那些对无辜民众实施杀戮行为的人有自己的道德判断。这就是使得恐怖分子有可能宣扬自己的计划之"天"。

媒体也运用大卫—哥利亚的故事脚本来将这些组织的特征概括为邪恶。来设想一下,如果不是恐怖分子,而是某个公司公开地谋杀大众以宣传自己的产品呢?媒体成员还会用对待恐怖主义的同样的方式来进行合作吗?在每一次谋杀之后,他们还会等着有组织站出来宣称是自己所为,该自己对此谋杀负责吗?还会有媒体不顾那个公司的手段站出来呼吁大家谈判、容忍和理解那个公司的需要吗?当然不会!

在媒体战中,恐怖分子正在精炼他们的信息。基地组织的创立者阿萨姆(Abdullah Azzam),将其使命简单地描绘为"只需圣战和步枪:无须谈判、无须讨论、无须对话"(Jihad and the rifle alone: no negotiations, no conferences and no dialogues)。其目标是颠覆中东的"无神的政权",并没有提到美国或巴基斯坦人。到1998年,本·拉登(Osama bin Laden)增添了媒体的大卫—哥利亚脚本,将其增补为"美国正在占领伊斯兰领土中最神圣的土地——阿拉伯半岛,抢夺其财富,推翻其统治者,践踏其人民……"2004年,本·拉登进一步强调了该信息,增添了媒体喜欢的邪恶的公司之名:"这场战争让大公司赚了无数的美元,或是武器制造商,或是那些为伊拉克的重建而干活的公司,如哈里伯顿(Halliburton)及其姊妹公司……"然后,就在美国总统大选前发布他的录像。本·拉登回应了迈克尔·摩尔(Michael Moore)的宣传片中对他的每一项指控,因为它正是媒体想要听到的①。

---

① "Then, in his video released right before the U. S. presidential election, bin Laden echoed every charge in Michael Moore's propaganda film because it as typifying what the media wanted to hear." Gary Gagliardi. *Sun Tzu's The Art of War and Strategy against Terror: Ancient Wisdom for Today's War*. Op. cit., p. 13.

通过洞察媒体的成见，恐怖分子们发现，这样可以几乎无限制地、自由地、不被评判地进行宣传，只要它能持续制造杀戮案和绑架案。不幸的是，孙子告诉我们，我们不能控制一个战场上的"天"，尤其是媒体之"天"。随着时间的推移，"天"自然会变。然而，我们可以改变战场。这就是"将"和"法"的作用，是孙子战略的最后两个关键性因素。

孙子告诫说，"法"必须符合组织的核心之"道"。这些"法"决定了组织的形式。恐怖分子受到他们的"法"之限定。他们故意地威胁无辜的民众去讹诈其他人参与他们的组织。恐怖分子们利用自己的敌人的同情之心来反对他们。在美国设法追踪恐怖分子的时候有可能不可避免地会伤及平民，我们的行动不是恐怖行动，因为伤及无辜并非我们的目的。

另一方面，像萨达姆·侯赛因（Saddam Hussein）、金正日（Kim Jong Il）或已故的亚西尔·阿拉法特（Yassar Arafat）等将领，确实对恐怖主义的这个定义很满意，因为他们在潜意识里把他们自己的国家当成了人质①。《孙子兵法》的框架可被用来分析恐怖分子们所使用的方法和他们组织的强与弱，虚与实。

像本·拉登这样的恐怖分子将领在发现通过直接的对非穆斯林，如犹太人、美国人和欧洲人的威胁和讹诈，他们可以从伊斯兰世界为原教旨主义者赢得更广泛的支持时他们会改变自己的规则。孙子教导我们，我们必须在我们的敌人的地界上而不是在我们自己的地盘上打仗。恐怖分子遵从孙子的这个告诫，去对那些无辜的犹太人和西方人发动袭击。

最近在英国的曼彻斯特发现的一本基地组织的训练手册具体地解释了恐怖分子的组织及其方法。其核心主要在于如何扩展组织、招募新战士、考验战士、训练战士以及如何组织他们等。手册在建议实施恐怖行动时，更赞成优先考虑公共场所而非政治或经济机构所在地。这是为什么呢？因为公共场所更不安全，而且更利于消息的扩散。

从手册中我们可以看出，作为一种秘密的、手足情谊的基地组织，它为其组织成员提供了一种归属感。其手段大部分都是秘密的信号、举行聚会、筹集处理善款等。这些手段对共济会、狮子会和扶轮社来说都是熟悉的。

---

① "On the other hand, leaders like Saddam Hussein, Kim Jong Il, or the late Yassar Arafat do satisfy this definition of terrorism because they intentionally their own nations as hostage." Gary Gagliardi. *Sun Tzu's The Art of War and Strategy against Terror: Ancient Wisdom for Today's War*. Op. cit., p. 14.

为什么一个秘密的手足情谊的组织会对年轻的穆斯林们产生如此的吸引力呢？因为大部分穆斯林生活在极权国家。当世界上的绝大部分人将他们的努力投入到经济竞争时，他们这些国家却常常被描绘成是"强盗统治"（Okleptocracies），阻碍了经济活动。美国传统基金会发布的"全球经济自由度指数"年度报告中将每一个伊斯兰国家都放进了"最不自由国家"或"受抑制的国家"行列中。基地组织因对那些失意的年轻人的愿望没有富有成效的要求而对其产生了吸引力。

基地组织的训练手册教导如何通过高压手段、贪欲、提供冒险与享受以及恐吓等手段吸引组织新成员。基地组织不招募绝大部分社会宗教成员。他们认为走私犯才是最有潜力的招募对象。

穆斯林数量众多。如果一万个穆斯林中有一个加入基地组织的话，那就会产生十万个组织成员。这是一个坚固的金字塔的塔基（"基地"的意思就是"基础"）。在这十万人中，只有区区数百人能够成为收集钱财、组织会议、招募组织新成员等等的"指挥官"。正如其他的金字塔骗局一样，本地的组织渠道为母体总组织汇集资金。

在金字塔的低层，本地的基地组织成员能力有限，但是人数众多。通常，不管他们的本性有多残忍，相对来说他们是无害的。他们只有少数的机会接触到爆炸品，或是拥有计划引发当地爆炸事件的本领。一名真正珍稀的组织成员好手能计划像马德里爆炸案那样的袭击。是他们的人数使得这些好手变得危险。在这个巨大的网中，少数有才能的个体能够胜出，得到造成严重破坏所需的资源。

那我们如何才能创造一种行之有效的办法来抗击这个由个体好手组成的巨大之网呢？孙子的战略没有建议哪怕是一种反击众多敌人的方法。当我们将孙子的战略概念运用到反恐战争时，我们涉及了《孙子兵法》中阐述的众多方法。

为了摧毁基地组织和类似的恐怖组织，我们必须破坏这个金字塔的塔基。当然，我们决不能通过勒索和绑架人质这样的办法，因为这些正是恐怖主义分子们常用的伎俩。

由于基地组织通过媒体获得支持，那么我们就必须通过媒体来获得那些潜在的有可能被基地组织招募的人员和经费的信息。通过谋杀恐怖分子，我们可以在媒体上通报基地组织人员被击败的消息。正如本·拉登自己所说："当人们看见一匹强壮的马和一匹瘦弱的马的时候，他们是会喜欢那匹强壮的马的。"当恐怖分子的战略除了为伊斯兰世界带来失败之外什么也不能带来变得异常明显的时候,穆斯林将会重新思考要不要将他们的儿子和美元投入到这项所谓的努力中①。

将实质性的战场移到中东,迫使主流伊斯兰国家面对恐怖主义所带来的后果。在袭击阿富汗和伊拉克之后,恐怖分子转回来袭击他们的穆斯林同胞如土耳其、沙特阿拉伯、巴基斯坦,甚至乌兹别克斯坦。这些国家正在增加反击恐怖主义的活动。这就暴露了基地组织的隐蔽结构的大部分。正如战争对手所预测的,我们通过将军队移到伊拉克而发起了蚁丘保卫战,但是遭受痛苦的是蚂蚁和它们那隐秘在后的组织。在空旷的地方它们反而不比藏在建筑物和地下岩体中那么危险。甚至当恐怖分子们转移到伊拉克去攻击美国的时候,它们实际上是在帮我们的忙。与媒体战不同,在空旷的地势上打击我们美国的军队是要付出相当惨重的代价的。战争给他们有限的财力带来了压力,并消灭了他们最有价值的组织成员。

正如孙子所说,当我们介入战争时,我们并不能知道使用武器会导致的所有危险,但是我们同样也不能完全了解战争会带给我们的所有好处。

尽管媒体继续重新强调我们是如何没能找到萨达姆的生化武器,但是伊拉克战争带来的最大利益是,它揭露了通过巴基斯坦将核武器从朝鲜运送到该地区的一个密谋。这个在该地区扩散核武器的密谋对地球上的生命来说是最危险的。尽管他们在媒体上受到的关注不多,但是我们在利比亚和伊朗发现的核武器对于我们的安全来说与那些失踪了的大规模杀伤性武器可能带来的危险是一样的②。

从更长远来看,我们必须为伊斯兰人民提供积极的方案。当民众的、政治的和经济的选择受到限制时,他们就可能会受到恐怖主义所谓的"事业道路"的诱惑。只要伊斯兰世界还生活在暴政之下,有害的秘密组织就会继续存在,并指挥一群有共鸣的追随者。

在阿富汗和伊拉克,我们有潜能在伊斯兰世界内部开拓一些自由的空

---

① "When it is clear that the terrorists' strategy has brought nothing but more defeat to the Islamic world, Muslims will rethink investing sons and dollars in the effort." Gary Gagliardi. *Sun Tzu's The Art of War and Strategy against Terror: Ancient Wisdom for Today's War*. Op. cit., p. 16.

② "This plot to spread nuclear weapons throughout the region was the single greatest danger to human life on earth. Though they get scant attention in the press, the nuclear weapons that we have uncovered in Libya and Iran are as dangerous to our safety as the weapons of mass destruction (WMDs) that have gone missing." Ibid.

间。这些地区能够为穆斯林提供自由的灯塔。要实现这个梦想也许需要很多年,但是伊拉克和阿富汗的榜样已经对利比亚、伊朗和其他的伊斯兰国家产生了影响。

由于美国注定要与专制的君主政体、法西斯主义和共产党政体作抗争,我们必须承担媒体战、信息战和反对伊斯兰暴政的义务。这是一场宗教之战——不是基督教反对伊斯兰教的战争,而是那些支持上帝之自由礼物的人反抗那些想要压迫宗教信仰以证明自己的权力欲是合法之人的战争①。

伊斯兰世界总是处于分裂的状态,不仅是被不同的宗教信仰所分裂,而且也是被古老宗族、集团和种族间的冲突所分裂。这些集团长期以来一直为争夺统治权而互相争斗。我们必须为宪政民主这个理念而战。在这个理念中,少数人的权利也是受到保护的。这种宪政民主是上帝赋予的,是伊斯兰穆斯林的统一所需要的最终的政治解决办法。

穆斯林必须明白,自由、机遇、民主和伊斯兰都是上帝赋予的礼物。在欧洲的黑暗时期(中世纪),穆斯林是世界上最能容忍的、最有教养的、最文明的民族。犹太人移到伊斯兰世界以躲避迫害。推广伊斯兰黄金时期的价值观将会是基地组织、真主党(Hezbollah)、哈马斯(Hamas)、伊斯兰圣战组织(Islamic Jihad)和其他恐怖主义的分裂势力等失败政策的强有力的替代选择。

孙子言,随着时间的推移,"天"会发生变化。最终,伊斯兰恐怖主义将会像法西斯或"恶魔崇拜"(devil worship)一样变得毫无意义。在那之前,我们必须使用所有的战术手法极力阻止恐怖之潮的蔓延。该书的目的正在于传播对这些战术手段的理解。

(二)恐怖主义的法则:对于国际恐怖主义,孙子能教会我们什么?

英国里丁大学教授卡莱布·巴特利的文章《恐怖主义的法则:对于国际恐怖主义,孙子能教会我们什么?》发表在2005年的《比较战略》上②。

---

① "This is a religious war——not of Christianity against Islam, but of those who support God's gift of freedom against those who want to compel religious belief to justify their own rise to power." Gary Gagliardi. *Sun Tzu's The Art of War and Strategy against Terror*: *Ancient Wisdom for Today's War*. Op. cit. p. 17.

② Caleb M. Bartley. "The Art of Terrorism: What Sun Tzu Can Teach Us about International Terrorism". *Comparative Strategy*, No.24, 2005, pp. 237-252.

作者在文章摘要中指出,美国被卷入全球意识形态冲突,这种冲突的结局将戏剧性地改变国际政治体系,如果美国想要取得胜利,其领导人必须了解那种驱动和塑造敌人的力量。文章比较了《孙子兵法》和全球伊斯兰教网络基地组织的训练和方法。通过研究《孙子兵法》,我们不仅可以获得对伊斯兰神秘世界更清晰的洞察,同时也获得对美国来说想要赢得全球反恐战争所必要的重要认识。

恐怖分子运用孙子的基本战略战术来困扰和使比他们更大更难对付的敌人美国疲惫。一直到美国集中全部的军事力量来反击恐怖分子在阿富汗的活动基地,基地组织的战略似乎从未停止过。美国的政治和军事领导人仍然持冷战时期的心态,认为核武器可以造成"致命的威胁"。而基地组织则证明,情况已经不是这样了,真正的能力是使用非传统的战略、武器和训练来对美国在海外和国内的利益造成事先无法估计的破坏。现在,领导人和战略家已经到了必须对恐怖主义的威胁引起注意的时候了。对《孙子兵法》的研究是开始了解表面上看来是乌合之众的穆斯林极端分子是如何能够在一个世纪里在美国的地盘上策划并对其进行袭击的简单有效的方式①。道格拉斯·麦克里迪(Douglas M. McCready)则在其评论文章《向孙子学习》(Learning from Sun Tzu)中认为"孙子的许多法则都可归为美军所谓的非传统战争法则"。由于这个原因,叛乱者、游击队员和恐怖分子都会在反对比其更强大的对手的战争中运用孙子的法则。为了达到自己的目标,本·拉登用不着自己去精心独创一种理论,而是仅需要利用他自己的一些优势来对抗敌人的弱项就成。尽管在对抗苏联和美国时他们各自的弱项在变,而本·拉登的对抗战术也是随着变化的。在他作为圣战分子的年月里他一直在运用"骚扰-躲避"(harassment and evasion)的基本法则。

《孙子兵法》是这样开始的:"兵者国之大事,死生之地,存亡之道,不可不察也。"(计篇第一)这些预言性的话提醒读者《孙子兵法》中所包含的法则可能是直接的,但并非简单明了。孙子认为任何国家都可能发动战争,但是,"百战百胜,非善之善者也。不战而屈人之兵,善之善者也"(谋

---

① "Studying The Art of War is an easy and efficient way to begin understanding how a seemingly ragtag group of Muslin extremist could plan and execute the greatest single attack on American soil in a century." Caleb M. Bartley. "The Art of Terrorism: What Sun Tzu Can Teach Us about International Terrorism". Op. cit., p. 237.

攻篇第三)。无论何时,一个国家都要准备着迎接战争的风险,这样才能果断地、努力地去打好战争。

作为将领的奥萨马·本·拉登

《孙子兵法》在论及将领或"将军"在战术和战略中所起的作用时观点非常特别:"夫将者,国之辅也。辅周则国必强,辅隙则国必弱。"(谋攻篇第三)如果一个人能接受孙子前面论述军队之于国家的重要性,那他必然也能理解指挥战争的人对国之生死存亡而言的重要性。

孙子从几个方面归纳出了一个好的将领所应必备的品质:"善用兵者,修道而保法,故能为胜败之政。"(形篇第四)他认为:"道者,令民与上同意也。故可与之死,可与之生,而不畏危也。"(计篇第一)为了让将领取信于他的士兵,孙子认为:"将者,智,信,仁,勇,严也。"(计篇第一)

本·拉登最大限度地修炼这种"道"(moral Law),并产生了令人惊异的效果。他得到了大家的一致认可,那些与他一起战斗的人认为他是一个伟大的领袖。在他从沙特亿万富翁的第十七个儿子成长为全世界的首号通缉犯的历程中,奥萨马·本·拉登的一生追随了许多孙子所传下的法则。1989年,在加基(Jaji)进行的那场决定性的战斗进一步巩固了本·拉登在许多圣战者心中的声誉,同时通过这场反对苏联军队的战争也证明了非常规的战术能打败长期强大的军事力量。

孙子认为:"识众寡之用者胜;上下同欲者胜。"(谋攻篇第三)在他看来,在军队中培养将士这些品质最有效的途径之一就是"令素信著者,与众相得也"(行军篇第九)。值得引起注意的是,"奥萨马·本·拉登的财富、影响力和无畏使得他在八十年代末自然而然成了圣战份子们的领袖。这些人大部分是沙特阿拉伯人、也门人、阿尔及利亚人或埃及人"。[1] 正如孙子所言:"故善用兵者,携手若使一人,不得已也。"(九地篇第十一)这样,本·拉登成了在国际圣战这把大伞下将不同国家的穆斯林粘在一起的胶水。

孙子指出,一个伟大的将领,应该"视卒如婴儿,故可与之赴深谿;视卒如爱子,故可与之俱死。"(地形篇第十)通过在沙特社会中牺牲自己的财

---

[1] "Notably,'Osama's wealth, influence and fearlessness made him a natural leader of the Arab mujahidin——most of whom were Saudi, Yemenis, Algerian or Egyptians——in the late 1980s.'" Caleb M. Bartley. "The Art of Terrorism: What Sun Tzu Can Teach Us about International Terrorism". Op. cit., p.239. See Rohan Gunaratna. *Inside Al Qaeda: Global Network of Terror*. Berkley: Berkley Trade, 2003, p.28.

富和权力地位以及在战场上与圣战者一道冒着生命危险,本·拉登使自己成了一个可让无数人为其牺牲效命的领袖。孙子还对将领们说:"投之亡地然后存,陷之死地然后生。"(九地篇第十一)这所以这样会起作用是因为:"夫众陷于害,然后能为胜败。"(九地篇第十一)通过这些,本·拉登不仅被看成是富于牺牲精神的、大方的、如此多的人愿意像父亲一样保护他的人物,而且也成了不断发动攻击的、其追随者总是处于危险之中的一个组织的领袖。对本·拉登的崇拜以及总是发现自己处于亡地使得基地人员在与敌人遭遇时非常危险,因而他们极可能会拼死战斗。

规划

虽然本·拉登和基地组织不赞成没有流血牺牲而获胜的观点,但他们极力强调秘密规划和移动以便绕开敌人的强项。孙子指出:"夫未战而庙算胜者,得算多也。"(计篇第一)如果不注意这点的话,战争就必然会失败,或者如孙子认为的那样:"知彼知己,百战不殆;不知彼而知己,一胜一负;不知彼不知己,每战必殆。"(谋攻篇第三)

显而易见的是,在一场攻击发动之前本·拉登和基地组织成员会将孙子关于规划和战略制定的教训牢记在心。基地组织发动攻击的一个特征就是他们会充分利用敌人防御的不足。孙子认为:"不可胜在己,可胜在敌。"(形篇第四)因而,利用敌人的不足应该成为任何军事规划阶段的基础。孙子同时也认为,对敌人的弱处进行快速攻击是最有效的:"善攻者动于九天之上。"(形篇第四)

但是这样的快速攻击是很难的,实际上也是不太可能的,正如孙子所指出的那样:"无所不备,则无所不寡。"(虚实篇第六)一个能确保敌人"无所不寡"的办法就是"悬权而动。先知迂直之计者胜。"(军争篇第七)然而,要"悬权",要深思,你应该"难知如阴,动如雷霆"(军争篇第七)。如果攻击的力量不如防御的力量的话,那规划和隐蔽将会使进攻者的运气发生逆转。"寡者,备人者也;众者,使人备己者也。故知战之地,知战之日,则可千里而会战。"(虚实篇第六)

孙子提出:"故善战者,敌不知其所守。故形人而我无形,则我专而敌分。"(虚实篇第六)这样,将领就不能仅仅努力做好进攻而让其敌人试图去防御,而且也必须为进攻的战场选择恰当的位置。因而,根据孙子的法则,一个将领"不知山林、险阻、沮泽之形者,不能行军"(军争篇第七和九地篇第十一)。因而,孙子强调:"料敌制胜,计险阨远近,上将之道也。知此而用战者,必胜;不知此而用战者,必败。"(地形篇第十)如此,地形在孙子的战略和战术规划中是占据了显著位置的。

训练与战术

孙子指出:"故杀敌者,怒也;取敌之利者,货也。"(作篇第二)基地组织的训练试图将这条法则运用到极致,以便使一般的穆斯林都变成残忍无情的,如果需要的话,甚至是可自杀的战士。基地组织在引导游击队和恐怖分子的袭击的良好运转方面在很大的程度上是由于对训练和再训练的严格强调。与训练一道的,便是发展、演练和冲突形式下的战术运用。对于战术对将领和对战事的胜利之重要性孙子的法则中有很多,他指出:"故将通于九变之利者,知用兵矣。"(九变篇第八)"能因敌变化而取胜者,谓之神。"(虚实篇第六)这种在冲突的过程中能够根据敌人情况的变化而改变战术的能力是十分重要的,因为"兵无常势,水无常形。"(虚实篇第六)且"水因地而制流,兵因敌而制胜。"(虚实篇第六)每一场战事,敌人在变化,为了能打败敌人,就要求战略有所改变。

在一定程度上,发动攻击的一方可以让被攻击的一方去猜测,使他们的战略失衡,这样,相较于在数量上更多的敌人他将会赢得更多的优势。孙子认为:"兵者,诡道也。故能而示之不能,用而示之不用,近而示之远,远而示之近。利而诱之,乱而取之。……强而避之。……攻其不备,出其不意。"(计篇第一)某种程度上,对发动攻击的一方来说是可以做到的,敌人将会因为忙着防御而失败。为了不让将会发动的那些袭击留下踪迹,基地组织努力了十多年来训练运用诡道和间接的办法。

孙子指出:"故形兵之极至于无形,无形则深间不能窥,智者不能谋。"(虚实篇第六)即便是最狡猾的间谍和最聪明的人也不能解开和暴露基地组织的方方面面,因为它们与正当合法的生意、其他的恐怖组织、外国政府和无数家庭纵横交错在一起。

基地组织也采用了孙子关于移动和闪电式袭击敌人心脏的战略思想。孙子认为:"是故军无辎重则亡,无粮食则亡,无委积则亡。"(军争篇第七)本·拉登和基地组织也都对此深信不疑,因而他们费了大量的力气来储备资源以使基地安全而有保障。

军队不仅需要基地和供给车队,他们选择来作战的方式也常常在战事的胜败中起着主要的作用。孙子详细地论述了直接与间接的战术:"三军之众,可使必受敌而无败者,奇正是也。凡战者,以正合,以奇胜。"(势篇第五)显然,孙子将间接的战术(奇)放在了一个很高的位置,因为它可以为一个能干的指挥官在战前和战中提供无穷的好处。正如孙子所写的:"故善出奇者,无穷如天地,不竭若江河。终而复始,日月是也;死而复生,四时是也。"(势篇第五)基地组织所用的战术有很多是与孙子的法则,尤其是孙子关于间接的战术(出奇)是一致的。基地组织,无论是其构成、财产、成员,还是武器装备,都倾向于保持一种恐怖组织,它对"打了就跑"(hit-and-run)的战术比对通过正规的军事力量对抗非平民立场的正规袭击更感兴趣①。

孙子对战场上力量较弱的一方的建议是非常有逻辑性的。孙子这样写道:"敌则能战之,少则能守之,不弱则能避之。故小敌之坚,大敌之擒也。"(谋攻篇第三)基地组织在与美军的公开战斗中什么也得不到,因为孙子认为:"敌虽众,可使无斗。故策之而知得失之计,作之而知动静之理,形之而知死生之地,角之而知有余不足之处。"(虚实篇第六)这样,通过周密的规划、训练和合理的战术,就能使弱的一方变强。基地组织的战略家们可不是傻瓜,他们毕生都在打这种非对称的战争。

间谍

迈克尔·汉德尔(Michael Handel)指出:"孙子的将领们高度依赖他关于用间的法则。该法则补充了他常抱持的观点,应该利用每一分努力,花最小的代价以确保战事的胜利。该法则同时也可以解释他为什么坚持在战争爆发前就要为战争的胜利打好各种基础。"②战争之胜败是由于情报的得与否,如果一方知道了另一方的秘密,那它就在双方的对抗中占据了有利的位置。正如孙子所言:"先知者,不可取于鬼神,不可象于事,不可验

---

① "Al Qaeda uses tactics very much in line with Sun Tzu's recommendations, especially regarding indirect methods …Al Qaeda, no matter its composition, wealth, membership and weaponry, is likely to remain a terrorist organization more interested in hit-and-run operations than in conventional strikes by regular military units against noncivilian positions." Caleb M. Bartley. "The Art of Terrorism: What Sun Tzu Can Teach Us about International Terrorism". Op. cit., p. 244.

② Caleb M. Bartley. "The Art of Terrorism: What Sun Tzu Can Teach Us about International Terrorism". Op. cit., p. 244. See Michael Handel. *Masters of War: Classical Strategic Thought*. 3rd revised and expanded edition. London: Frank Cass, 2001, p. 233.

于度。必取于人,知敌人之情者也。"(间谍篇第十三)对间谍的使用是自远古以来战争的恒定的特征。汉德尔认为胜利本身"只能通过好的情报而取得"。① 孙子也介绍说:"故三军之亲,莫亲于间,赏莫厚于间,事莫密于间。"(用间篇第十三)因为"此兵之要,三军之所恃而动也"(用间篇第十三)。对间谍的普遍使用使得基地组织的网络,以及世界上的其他恐怖组织,可以提前得到即将发生的袭击的警告,军队移动的信息,以及敌人的能力和所处的位置。这种情报如果被一个有能力的将领所使用的话将会成为一个决定性的因素。

结语

尽管《孙子兵法》出版至今已有两千多年的时间了,它继续为现代战略家们以最有效的途径赢得战争的胜利和获取敌人的战略倾向提供真知灼见。道格拉斯·麦克里迪(Douglas M. McCready)认为:"在未来的几十年里,美军将继续保持世界军事力量的统治地位,运用孙子的战略原则将会比以往更加重要。美军不可能将孙子的所有兵法都融入其防御战略中,但它将会面对那些使用孙子兵法来反抗美军的对手们。对手们认识到如果与美军直接交锋的话唯一的后果将会是被打败。"②正是由于这种认识自从冷战结束以来得到了美军的再三强调,它很可能日渐成为美国未来的敌人将会铭记在心的孙子法则。

基地组织是对孙子兵法关于间接战术(奇)运用的典范。它那试图最大可能地利用敌人的弱势打了就跑的袭击战术证明了孙子关于面对强敌时兵力较弱的一方的战术法则。基地组织的战术同时也达到了其在目标社会传播恐惧、不确定和自我怀疑的目的。通过这样的方式,本·拉登取得了其既定的目标而不用与敌人在战场上遭遇③。

---

① Michael Handel. *Masters of War*: *Classical Strategic Thought*. Op. cit., p. 233.
② Douglas M. McCready. "Learning from Sun Tzu". *Military Review*, May-June, 2003, p. 88.
③ "Al Qaeda is a model of Sun Tzu's principles on indirect warfare. Their tactics of hit-and-run attacks that seek to take greatest possible advantage of their enemies weaknesses' exemplify Sun Tzu's tactical advice for weaker powers facing stronger ones. Al Qaeda's tactics also achieve the greater objective of spreading fear, uncertainty and self-doubt throughout the targets' societies, which undermines the overall support for the war effort. In this way al Qaeda achieves its objectives without meeting its foes on the battlefield." Caleb M. Bartley. "The Art of Terrorism: What Sun Tzu Can Teach Us about International Terrorism". Op. cit., p. 246.

通过学习孙子兵法,西方的领导人可以获得急需的关于美国最近的敌人之战争规划和战术的洞察。道格拉斯·麦克里迪指出:"孙子为势力较弱的一方战胜势力较强的一方提供了方法。由于目前还没有哪个国家的军事力量比美国更强,因而孙子所介绍的方法也就成了未来几十年里那些美国政治和军事领导人所将面临的问题。"①孙子认为,在可能的情况下,将领都必须了解与之遭遇的敌人的部署。而且,根据孙子兵法,唯一有效的了解敌人部署的办法就是通过间谍。

通过对《孙子兵法》的简要考查,可以得出如下清晰的结论:第一,对力图了解战争之编排意图的军事战略家来说,《孙子兵法》仍然是一种十分相关的文本。它的观点为今天的反恐战争提供了很多的借鉴。第二,《孙子兵法》关于非传统的战争的威胁不应该被低估。9·11袭击事件不是因一些意外的因素引发的不幸事件。诸如此类的袭击事件是由居住在美国人中间的隐蔽的恐怖分子已经预谋多年的。它没有采用传统的军队而是利用一小部分个人来进行大破坏。第三,《孙子兵法》提供了一些美军在与全球范围的恐怖分子,如基地组织遭遇时可运用的战术②。

(三)关于反恐,孙子会说些什么?

克里斯托弗·科克尔(Dr. Christopher Coker)的评论文章《关于反恐,孙子会说些什么?》于2003年2月发表在《国际武装力量杂志》上③。

---

① Caleb M. Bartley. "The Art of Terrorism: What Sun Tzu Can Teach Us about International Terrorism". Op. cit., p. 86.

② "From this brief examination of Sun Tzu's *The Art of War*, certain conclusions have become clear. First, it is still a profoundly relevant text for military strategies seeking to understand the dramatic choreography of war. Its insights apply as much as to today's war on terror as they did to the era of warring states when it was written. Second, *The Art of War* teaches that unconventional military threats should not be underestimated. It was no lucky happenstance that caused the September 11 attacks. These attacks were planned year in advance with covert terrorist operatives living amongst the American population for much of that time. It does not take a conventional army to wreck havoc, only a handful of dedicated individuals. Finally, *The Art of War* prescribes certain tactics that the United States can use in its confrontation with worldwide terrorist networks such as al Qaeda." Ibid., p. 246.

③ Christopher Coker. "What Would Sun Tzu Say about The War on Terrorism?". *RUSI Journal*, February 2003, pp. 16 – 17. 科克尔的专著《发动一场没有士兵的战争?》(*Waging War Without Warriors?*)荣获2003年度威斯敏斯特奖章(Westminster Medal)。

（2002年的）圣诞节前，发给参加伊拉克战争的美军士兵的十万册书中，就有《孙子兵法》。在敌人的眼里，如果不是在西方人眼里的话，或许克劳塞维茨那更具智力挑战的《战争论》与正在出现的矛盾更相关。毕竟，去年（即2002年），当美军进入托拉博拉的综合建筑群搜寻到奥萨马·本·拉登时，士兵们发现了一册《战争论》。

但是，读《孙子兵法》与首次收录在宋朝的其他七本军事经典一样是有意义的。虽然对《孙子兵法》常常更多是引用而非认真的阅读。21世纪初年，那些选择战争为职业的人对《孙子兵法》进行了细读。去年的世界杯期间，《孙子兵法》从未曾离开过巴西国家足球队教练路易斯·菲利普·斯科拉里（Luiz Felipe Scolari）的手边。在反恐战争中，《孙子兵法》或许会成为所有军事著作中最重要的文本之一。正如一本中国经典所宣称的那样："那些擅长防御的，将自己埋在地下。而那些擅长进攻的，则升到天空。"这种说法很好地描绘出了去年阿富汗战争中双方作战手法的不同，美军主要是空中作战，而恐怖分子则采取了地面作战的方式。

如果西方有着卓著的现代战争写作传统的话，那么中国则有着最古老的写作传统，他们比其他文明更多将战争哲学化，其结果便是发展了一种对战争的特征与本质完全不同的理解。正如马丁·范·克瑞福德（Martin van Creveld）指出的那样，其主要的不同是，以亚里士多德开始的西方哲学家在写作时把战争当成了一种现象，在目标与手段之间有着显而易见的工具的差别。战争被看成是获得某种特别目标，尤其是政治目标的工具。而对中国人来说，战争是必然性的产物。它是一种邪恶的必然性，因为战争需要人参与并为之牺牲。它是邪恶的，因为它破坏了和谐。战争一旦爆发，就必须对其进行认真管理。西方人强调用最大限度的力量或决定性的战场，而中国人则强调用最小限度的力量。使用任何兵力都被认为是有潜在的危险的。

相反，在西方，作家们不如英国哲学家托马斯·霍布思（Thomas Hobbes）那样悲观，试图高估人控制战争热情的能力。当这些热情涌进那种两败俱伤的战争，那种不同于伯罗奔尼撒战争的最后岁月和20世纪的两次世界大战时，他们试图把所发生的一切归咎于"否定的辩证法"（negative dialect）而非战争的"真实本质"（true nature）。正是在这点上，其他社会不同于西方，他们拒绝夸张人能够理性行动的程度。每个人都能完全地或者部分地对自己的所作所为负责吗？很多时候我们并不清楚我们在做什么,直到做了之后。如果是这样,我们做事的时候,并不常常清楚我们行事的目的。因而,那些只做自己需要做的事而不管他事的人,是负有义不容辞的责任的。设定有限的目标是重要的。

去年圣诞节,选择阅读《孙子兵法》的许多美国士兵是否从这本书中获得了启发是值得质疑的。在现代反恐战争中,尽管有孙子的建议,但节制的需要还不是美军头脑中最主要的东西。相反,美军与从"全球恐怖分子"(terrorist of global reach)到"恐怖分子"(terrorists),再到现在的"全球恐怖主义"(global terrorism)进行交战。而且,在军事领域,布什政府将自己置于确保美军将其影响力投射到"不仅仅是遍布世界,而且要跨越时间的经久考验"中。在世贸中心被袭击几个月前在马里兰州州府阿纳波利斯的一次讲话中布什总统强调:"维护和平的最好办法是依我们的方式重新定义战争。"①9·11事件之后,没有任何东西导致美国野心的减小。

孙子与伊拉克战争

大部分读者都将《孙子兵法》看成是一本战争手册而非一部哲学著作。实际上,很可能从中摘取一份提纯过的法则清单,这些法则疑似军事专家们关于战争的经典法则:进攻、防御、兵力的节省与突然袭击。但是《孙子兵法》同时更像是一本哲学文本和军事手册。它是哲学沉思的产物。

尽管我们常常会忘记,《孙子兵法》是道家经典的一部分。道家思想属中国主要的三种哲学伦理-宗教体系之一。其余两种,儒家思想和佛家思想,用"道"字来指正确的生活方式。而道教,"道"即是"道"(Way),它是万物的普遍法则。任何试图将其翻译出来的企图都将失败。"道"是一种作为总体的本质之道,而非自然秩序之内的一种特别的生活之道。与"道"之结合不能通过努力达到某些特别的目标而得到确保,而是要通过放弃欲望,减少需求,以及抑制人的占有欲才能实现。真正使得结果产生的是对知道"如何"而非对知道"什么"的灵活理解。

因而,在战争中,道家思想要求每一位士兵了解对于人类的野心应该有严格的限制。在道家经典文本《道德经》(*The Way and its Power*)中,可

---

① "…the best way to keep the peace is to redefine war in our terms." Christopher Coker. "What Would Sun Tzu Say about The War on Terrorism?" Op. cit., p. 17.

以发现老子对士兵的如下建议,即只有在必需时才使用武器:"不得已而用之。……善为士者,不武。善战者,不怒。……是谓不争之德。"①

这或可当成神秘的东西来加以解读,但我们应该记住,《道德经》意在为中国的君主提供一本实用的手册。它拒绝一种对人的合理行为不加限制的信仰。从其文本的一开始它就对战争与非理性的力量相接触有着一种非常成熟的理解。与西方的哲学家不同的是,中国的哲学家们通常将关注的重点放在结果而非目的上。他们很少会联系到拿破仑的口号:"首先让我们赢得这场战争,然后再看看会发生什么。"②然而,中国的哲学家们关注的并非是非典型的西方战争模式,痴迷于成功的战役和交锋。他们中的很多人很空洞,或是常常以毁坏战略为代价而确保惊人的战术的成功。

如果一个人不能将孙子当作是一位卓越的道家哲学家来欣赏的话,那他从《孙子兵法》这本书中获得的东西将会很少。然而,由于它是一本哲学著作,因而使得对它的阅读变得很困难这点却是没错。像许多东西方的哲学著作一样,其重要的教训蕴含在其文本表面之下。

让我们记住孙子这句经典名言吧:"故善用兵者,屈人之兵,而非战也。"③

(四)《孙子兵法》与情报战

迈克尔·沃纳的文章《神纪:孙子论情报》于 2006 年发表在《情报与国家安全》上④。题首,作者引了英国著名战略家利德尔·哈特(Liddell Hart)为 1963 年出版的格里菲思《孙子兵法》英译本所写"序言"的第一句:"《孙子兵法》是关于战争艺术的最早的论述,就其对战争艺术论述的广度

---

① "Use only arms where there is no other course of action. A skillful leader of troops is not aggressive with his military strength. A skillful fighter does not become angry. This is called the virtue of non-competing." Christopher Coker. "What Would Sun Tzu Say about The War on Terrorism?" Op. cit., p. 17.

② "Let's first win the battle and see what happens." Ibid.

③ "Let us take one of its classic axioms:'Subjugating the enemy's army without fighting is the true acme of excellence '." Ibid.

④ Michael Warner. "The Divine Skein:Sun Tzu on Intelligence". *Intelligence and National Security*,Vol.21,No.4,2006,pp.483-492.

和对战争艺术理解的深度而言,到目前为止尚未被超越。"①

　　读《孙子兵法》的人很多,原因各不相同。孙子被认为是伟大的战略家,因而他的经典之作也被国际关系学和军事学的学者们阅读。同时,《孙子兵法》还被制定为世界上很多军事学院的教材。孙子关于战争和治国才能的格言似乎可被广泛地运用到各种充满竞争的情形中。而且,越来越多的书和文集选取孙子的法则来佐证他们对更和平的追求,比如商业管理中。一家重要的国防企业集团最近就在报纸上登载了一整版的广告解释其计算机网络服务是如何与孙子兵法中强调的信息的优势是一致的。甚至立法者也引用孙子的法则。参议院约瑟夫·利伯曼(Joseph Lieberman)在关于法案的会场辩论中引用孙子的观点。这个法案不久将成为2004年信息改革和恐怖主义防御法的里程碑。

　　孙子在其简明的兵法中认为情报及其相关的事情非常重要,值得我们好好深思。情报专业的学生也因而会偶尔思考孙子的兵法。但令人意外的是,孙子论述间谍的那一篇却没有从情报史和历史的立场激发太多的评论。《孙子兵法》值得我们细读,因为它不仅仅是一本从古代流传至今的战略著作。孙子对情报令人惊异的简洁处理为我们提供了一扇更大程度地了解情报之本质的窗口。孙子不是现代人,不是西方人,他离我们是那么久远。那些对他和对我们来说理解情报的共同的东西也因而可被假定为相当接近事物之"本质"。它们或许可在从今以后的2300年间得到实践和认识,正如其在距今2300年前被实践和认识一样。

孙子何人?

　　作者指出,《孙子兵法》的作者很可能不是由与孔子同时代的军事指挥官孙子撰写的,而且显然其写作时间要比公元前5世纪还要晚两个世纪。《孙子兵法》被传播到西方是通过1772年的法译本,其英译文本的出现仅在不到一个世纪之前。但仅在塞缪尔·格里菲思1963年那本感觉敏锐而且对其进行了较好的阐述的英译文本出版后《孙子兵法》才开始受到军事思想家的持久关注,且被当成是英语世界军事著作的经典。实际上,

---

① "Sun Tzu's essays on 'The Art of War' form the earliest of known treatises on the subject, but have never been surpassed in comprehensiveness and depth of understanding." B. H. Liddell Hart. Op. cit., p. 483.

读过《孙子兵法》"用间"篇的情报专家们尤其从格里菲斯译本结尾时对过去几个世纪里那些中国的军事评论家评论的引用中获益匪浅。这些评论在很多情况下为证明孙子的军事观点提供了简洁有力的证明。

《孙子兵法》中所提出的观点在西方从事古代中国和军事战略研究的学生中产生了很多分歧。《孙子兵法》长久以来作为中国古老的《武经七书》被引用。但它不同于其他的著作，儒家的倾向很少而且几乎不关注（至少表面上如此）管理这个话题。《孙子兵法》表面看是关于战争，关于如何发动战争，以及如何赢得战争的。《孙子兵法》十三篇从很多角度来讨论战争，对如何估量敌人、计量战争损失、判断地形、兵力的调遣、行军，甚至告诉将领如何实施火攻。《孙子兵法》十三篇的最后一篇是关于间谍的使用的。实际上，"用间篇"是《孙子兵法》逻辑的高潮，其教训显而易见已经被其作者孙子很好地延伸到了适合军事情报之外的其他领域。

与《孙子兵法》同时代的作品及比较

《孙子兵法》不是唯一一本或者是第一本古老的论述间谍的著作。实际上，关于间谍的描述出现在大部分甚至是全部的古代文学作品中，但那些古代的作者在很大程度上都是在想当然，似乎将间谍看成了自然的一种本能力量。几乎在这些作品找不到关于间谍是如何发挥其作用的解释。比如，间谍在《旧约》中的几起事件中起到了重要的作用。但《圣经》关注的不在于此，而且也很少试图在这些段落中去解释摩西或约书亚是如何偷看到侦探们的行动的。古希腊也有对间谍的描写，但他们更多是被当成了内部的告密者或是准外交官或是在外部有影响的注册代理人，而且也没有被希腊思想家们加以系统的讨论。《孙子兵法》是古代众多关于将间谍作为一种法则来进行使用的著述中的一种。

《政事论》(*Arthasastra*)，是印度的一本相对来说比较古老的著作，在论及用间时或许可与《孙子兵法》有得一比。这本著名的著作传统上被认为是一个名叫考底利耶(Kautilya or Chanakya)的哲学家写的。他是印度第一个帝国的国王旃陀罗笈多的顾问。《政事论》与马基雅弗利的《君主论》齐名，是一本论统治艺术的著作，一本教导君主要正直、充满活力和残忍无情的适用手册。作者参考了新的统治科学，而且不再从星星或是传统的神谕中去获取预兆。作为民族精神的一部分，《政事论》倡导在几乎每个领域中使用间谍。《政事论》中充满了几乎每一种可想象得到的伪装。

考底利耶甚至在书中提到了一种用以管理间谍事务的"间谍机构"。这个机构可以通过各种自己的秘密调查以核实和查证那些"分布在各处的间谍们"发回的报告。

对"用间"篇的解读

与《政事论》相比较，孙子在"用间"篇中的论述就似乎显得太过简单，而且修辞的使用也无节制。部分原因是"用间"篇本身太简洁和模糊的缘故。全篇仅有大约五百字，而且是用文言文以用典的风格写成的。该篇宣称了使用间谍的功效，而这些功效似乎几乎没有被得到过证实。另一个问题是，甚至是手里拿着"用间"篇的学者也很难确切地搞清楚或是大致弄明白离我们这么遥远的作者孙子在实际上和文化上究竟想要表达什么。但是，《孙子兵法》关于间谍的讨论值得我们去仔细研究。尽管它很简洁，但以古代的标准去衡量，它对于间谍秘笈的某些方面是最具洞察力的，而这，《政事论》却只能让读者在很大程度上自己去加以想象。中文的表达很难翻译成英文，因而《孙子兵法》的英译者对其中的一些汉字有各种各样的英译处理。仅举塞缪尔·格里菲思（Samuel Griffith）对"用间"篇中对五种间谍的十七个汉字的翻译为例："五间俱起，莫知其道，是谓神纪，人君之宝也。"文中的"神纪"（Devine Skein），孙子究竟指的是什么呢？从字面看，"纪"意为松散地绕在某种卷轴上的"纱线"或"丝线"。有的英译者对这个短语感到绝望，不再努力去寻找一个《孙子兵法》试图传递的意思的表达，而是选择某种他们认为《孙子兵法》可能传达的意思的表达形式。翟林奈（Lionel Giles）1910年版《孙子兵法》英译本给了其读者一个可靠的英译，将其解读为"对线的神圣的操作"（divine manipulation of the threads）。安乐哲（Roger T. Ames）将其称为"极细微的网"（imperceptible web）。拉尔夫·索耶尔（Ralph D. Sawyer）称它为"精神的方法"（spiritual methodology）。唐子章（Tang Zi-Chang）则将其解读为"神秘的服务"（secret service）。孙子网站提供的译文是"神圣的组织"（divine organization）。与格里菲斯英译最接近的是安德鲁·迈耶（Andrew Meyer）和安德鲁·威尔森（Andrew Wilson）的英译"精神之网"（spirit web）。无论如何，《孙子兵法》文本中的"神纪"指的似乎应该是某种神圣的或贵重的网或线，用以网住或是拉动一个物体，或是与某个东西（假定是信息）一起旋转。《孙子兵法》中常见的类似这样模棱两可的表达以及译本中对其各不相同的英译处理,使得"用间"篇和整个文本即便是对孙子学研究的专家来说也成了难事。

在这样的情况下,我们只能去考虑《孙子兵法》的动机。但显然,孙子试图主张军事专家的权利同时又反对传统的作战模式和决定战争结果的命运或精神世界的设想。与马基雅弗利的《君主论》不同,《孙子兵法》的对象是那些能够读懂其修辞表达的精英分子。孙子将自己看成是与那些在古代中国总是控制着战争的贵族和那些据说能决定他们自己命运的杰出人物相对立的。

一个关于冲突的错误概念的影响呈现在《孙子兵法》"用间"篇中。一个将领,如果由于太吝啬而舍不得花钱获取情报致使自己输掉战争的话,是会让自己的士兵送命,让他们的家庭不幸的①。孙子认为,这样的将领,"非人之将也,非主之佐也,非胜之主也。""故明君贤将,所以动而胜人,成功出于众者,先知也。"将领要了解敌人的能力和他自己的兵力与盟友,正如孙子在论谋略的那一篇末尾所指出的:"知彼知己,百战不殆。"(谋攻篇第三)

《孙子兵法》强调了统治者和指挥官获取敌人信息的价值。在"行军篇第九"中,孙子阐释了几条或许我们称为有用的信号或迹象的格言。"依仗而立者,饥也。""来委谢者,欲休息也。"从迹象中获得的先知,"不可取于鬼神,不可象于事,不可验于度。"先知也可部分"必取于人,知敌之情者也"。具讽刺意味的是,要获得这些先知,由于它比占卜或巫术更可靠,可以暗中使成功的将领显得料事如神。

对于那些提供情报的人必须巧妙地加以管理。"微哉!微哉!"是用间之将领所需的技巧。那该怎样才能做到呢?"非圣者不能用间,非仁义不能使间,非微妙不能得间之实。"《孙子兵法》的最后几句把问题讲得很清楚:"故惟明君贤将,能以上智为间者,必成大功。"

《孙子兵法》中有五类间谍,他们以其自己的方式在很多方面发挥作用:"乡间者,因其乡人而用之。内间者,因其官人而用之。友间者,因其敌间而用之。死间者,为诳事于外,令吾间知之,而传于敌。生间者,友报也。"这些间谍可从敌人那获得信息,实际上是军队的耳目。可将他们用于实际行动中,也可让他们收集信息。他们能有意或是无意地暴露自己的形

---

① 中文原文可参见《孙子兵法》"用间篇第十三":"而爱爵禄百金,不知敌之情者,不仁之至也。"本书作者注。

势或意图以欺骗敌人,引发敌人内部决策层的分化。他们自己也能使其他的间谍为己所用,及孙子所谓的"故因间内间,可得而使也"。"因是而知之,故死间为诳事,可使告敌。"所有这些类别的间谍以微妙的方式互相补充各自的工作。

这五类间谍必须和谐共事,而且必须秘密工作,甚至彼此之间互相保密。为能同时确保和谐与保密,"五间之事,主必知之"。即是说,指挥官必须了解他们工作的法则,调整他们的活动。五间一起组成了一个大于部分之和的整体,形成一种"人君之宝"的"神纪"。在我们这个现代社会,这样的"神纪"显然就是情报了。因为必须有一个经由最高权力来加以调整、保证和探索间谍们的报告的系统①。

在强调保密必须围绕这些间谍们的工作时《孙子兵法》几乎是残忍的。"故三军之亲,莫亲于间。""事莫密于间。""神纪"只有在"莫知其道"时才能发挥作用。一旦违背了安全就会受到终极处罚:"间事未发而先闻者,间与所告者皆死。"

最后,《孙子兵法》为有辨识能力的读者提供了更深层次的教义。孙子暗示,经营间谍的技巧和秘密不仅对于进攻战和防御战,而且对于保护指挥官和政权来说都是非常重要的。孙子建议将领们在部署他们的兵力时要"兵无常势"(虚实篇第六),这样才能"无形则深间不能窥"(虚实篇第六)。最重要的是,"必索敌之间来间我者,因而利之"(用间篇第十三)。这样,统治者就能防御那些运用秘密艺术来反对他和他的统治的敌人。

第三节 《孙子兵法》与网络信息安全

(一)孙子与汉尼拔带给我们的安全教训

马克·威洛比的《孙子与汉尼拔带给我们的安全教训》发表在 2006 年

---

① "Together these agents comprise a thing greater than the sum of its parts, a 'spirit web' or 'devine skein' that is a 'treasure for the ruler'. In our modern terms such an entity or 'spirit web' is intelligence writ large, for there must be a system by which the sovereign power coordinates, secure, and exploits the findings of its agents." Michael Warner. "The Divine Skein: Sun Tzu on Intelligence". Op. cit., p. 488.

的《电脑世界》上①。作者指出,历史书中充满了与今天的信息安全战相关的各种教训。黑客们了解历史的这些教训,并在克服对方防御的高度可能性的前提下设计攻击之前通过仔细研究某个潜在的目标来降低他们的风险。这种对风险的估价是两千五百年前《孙子兵法》在隐隐约约的冲突状态下用来评价获胜机会的一个标准。

尽管现在我们并没有输掉反黑客的战争,但我们面临着一个问题,那就是,是那些难以捉摸的、未知的敌人在选取与我们交战的时间和空间,而这给予了他们相当的有利条件。这种"天时地利"(when and where advantage)再加上其他的创新或出其不意,不管是在偷汽车还是窃取信息方面,极大地提高了那些坏蛋将会领先警察一步的几率②。但是没有什么可以一直这么持续下去,而且对于坏蛋们来说,情形很快就会发生变化。或许是他们一直使用同样的伎俩太久了,命运逆转,他们犯了一个简单的错误。或许是他们进攻的目标变聪明了。

历史的书页也为我们确保网络财产安全的斗争提供了一些积极的例证。当优秀的迦太基(Carthagirian)将军汉尼拔(Barca Hannibal)赢得了所有战役却输掉了这场战争时,罗马人在罗马与迦太基的三次战争(the Punic Wars)中学到了管理风险的所有知识。罗马人在汉尼拔的手中饱尝羞辱惨败,且最终意识到要赢得这场战争的可能性只能是放低自己的位置。因而在汉尼拔在亚平宁半岛上横冲直撞地发飙时他们设置障碍将自己围在城中。

汉尼拔的特长是有着流动部署的快速移动战,因而他把攻击将自己围困在城中的罗马人的围攻战看成是无法接受的风险。罗马人在城中慢慢疗伤,并安置下来准备打消耗战。他们修改了自己的战术,最终使用新一代的将领占领了迦太基。

成功地管理风险是对可能性及其影响的微妙平衡。如果我们选择更多的安全,那我们就必须加强使成功攻击的可能性变得没有吸引力的对

---

① Mark Willoughby. "Security Lessons from Sun Tzu and Hannibal". *Computer World*, October 9, 2006, p. 46.

② "…one problem we face is that an elusive and unknown enemy picks the time and place of the engagement, which gives him an extremely powerful advantage. This 'when and where' advantage, combined with other innovations or surprises, greatly increases the odds that the bad guys will stay one step ahead of the cops, whether they're stealing cars or information." Ibid.

策。坏蛋们将会到别处去寻找那些挂得更低的果实,而有技巧的、坚决的敌人将会总是能找到那些挂在更低处的果实的。

风险管理越来越多地被用在信息安全的计划和管理中,因为风险是关乎生意而不是技术的。正如罗马人正确地推断他们在一场文明的冲突中将会赢得消耗战一样,风险管理为评估和管理一个组织的威胁提供了框架和手段。

通过风险管理的棱镜可以看出,一些威胁因为其出现的几率比较低或者其影响会比较轻微的缘故将会被认为是可被接受的。然而,可接受的极限是动态的。在重新评估一种常变的危险领域时风险管理员必须谨慎。大部分值得注意的安全失误都能够被追溯到一场对变化了风险条件的认识的失误。其中,攻击的可能性或者其影响力增加了。

相反,一些威胁有着非常高的可能性或是危险四伏将会产生迅猛的影响。必须在加利福尼亚的经商中加进防震的对策和措施。管理了大量现金的公司必须采取特别的措施来保护和对这种流动最快的资产负责。

一些组织试图通过更多的技术来加强安全。那些反应更敏捷的公司正在通过采取风险管理办法改变管理法则,正如两千五百年前罗马人所做的那样。他们估价那些已知的和未知的威胁对公司产生的可能性及其影响。

在过去几年里大部分安全技术上的新发展都通过对信息资产的更好理解得到了推动。M＆M公司所采用的周边安全方法,即采用防火墙作为保护的硬壳的安全系统,已经被新的模式所取代。这种新模式,有时也被叫作"瑞士奶酪模型"(Swiss Cheese Model),在整个公司危险存在的地方都铺设了防御设施。

身份管理的增长被人,尤其是公司内部的雇佣者和合约上的意识所驱动,是信息资产的主要风险之所在。确定是谁在发起对话,或是谁在请求服务,对成功管理风险和扩展接近用户和合作者的机会来说是非常重要的。

如果我们仅仅将M＆M的安全作为一个目标,那我们将被技术分散我们的注意力,并在时间、地点和技术革新方面的优势上向黑客屈服投降。当风险管理引导投资时,我们应该将更多关注的目光放在经商上,同时将技术放在次要的地位上。

(二)身份窃取与轻信的电脑使用者:《孙子兵法》给予我们的教训

英国利物浦大学的 Joseph Savirimuthu 的文章《身份窃取与轻信的电脑使用者:〈孙子兵法〉给予我们的教训》于2008年发表在《国际商业法与技术》杂志上①。作者在摘要中指出,现在,安全信任应是优先考虑之事。在犯罪法中,关于身份窃取、网络诈骗、网域嫁接的不足逐渐暴露出来。网上环境现在被看成是罪犯们的球场。显而易见地,"2006欺诈法案"(The Fraud Act, 2006)将会成为现在抵销网络欺诈者和身份窃取者所带来的威胁的手段。文章试图规划一种有用的关于请求与反诉的办法。这样的问题涉及个人网络安全时往往会有抬头之势。因此,文章旨在讨论以下两个问题:我们该如何开始思考信息安全的问题以及反对由身份盗窃者和网络欺诈造成的正在增长的威胁之法的作用。文章以《孙子兵法》之观点作为理解管理和降低复杂性的办法,且论争的焦点常放在责任法则和合法的改革上。如果首先将问题的所有特征恰当地描述出来的话,文中讨论的僵局是能够被克服的。一场平衡的政策辩论要求对两个关键问题予以理解:一是分歧,二是轻信的电脑使用者。解决问题的前提是,在能思考抑制诸如网络欺诈与身份窃取者的犯罪实践的控制工具之前,我们需要更好地理解信息、装置与网络之间的相互作用。

文章勾勒出了信息战中因网络欺诈和身份窃取所引起的治理挑战,并提出了一种可帮助我们将我们的努力集中在发展创造性的、可持续性的解决办法的框架上。这个过程只能这样开始:首先我们需搞清楚其中所蕴含的管理的复杂性,这是一个因反复强调对包括网络欺诈和身份窃取在内的网上犯罪行为的司法化而被模糊了的问题。文章运用《孙子兵法》中的观点来分析网络欺诈的情节,旨在证明作为一种管理和降低复杂性之工具的法则的局限性,并提出了实际的解决办法,这些办法可以帮助我们克服现今个人网络安全的僵局。这些分析对如今解决个人网络安全的问题有三层含义:一是,法律不应该被看成是管理风险的唯一的或关键性的工具;二是,普遍的不安全是我们为增长的联通性所付出的代价;三是,当我们思考

---

① Joseph Savirimuthu. "Identity Theft and the Gullible Computer Users: What Sun Tzu in *The Art of War* Might Teach". *Journal of International Law and Technology*, Vol.3, Issue 2, 2008, pp. 120-128.

信息安全的时候,我们需要能够反映正在出现的问题之创造性的解决办法。《孙子兵法》中蕴含了一些对于分歧与轻信的电脑使用者的适时的暗示①。

2006 欺诈法案是卸载点吗?

认为犯罪法是被用来保障秩序和安全的观点已经不再新鲜了。而且,也不应该将其说成是被用来促使个体将可接受的社会标准和价值观主观化的强制性的法律武器。以下是对"2006 欺诈法案"在控制诸如身份窃取和网络欺诈等行为所起作用的描述。在"关键性的条款"(Key Provisions)一节,作者指出,在欺诈法案的第一部分创造了一种对于"欺诈"之新的、通常的攻击,这种攻击可以三种方式来实施:通过错误的呈现、通过不能成功披露信息以及通过滥用方位。

总之,网络欺诈犯罪行为中的各种成分在要求邮件接收者进入一个指定的网站的初始邮件被收到时将会被呈现出来。这封邮件包含着有意图的呈现,而这种呈现是来自一个合法的渠道而其却是不真实的。

不安全因素的普遍存在

内政部部长盖里·苏克里夫(Gerry Sutcliffe)认为,"2006 欺诈法案"对打击欺诈起到了重要作用。他的这个观点与民众对"2006 欺诈法案"的普遍信任是相关的。该法案去除了之前的政体对于欺诈监督与惩治力度的不足,并合并了法则使其与技术中立的概念达成了一致。这无疑是往正确的方向跨出了一步。如果犯罪法能够被有效地利用,那么步骤性的或者技术性的障碍就不会成为对网上欺诈分子进行起诉的阻碍。总之,我们不能仅仅只关注欺诈法案,在电脑使用者与信息、装置和网络相互作用时还需要思考管理的复杂性。身份窃取或者网络欺诈不是一个"技术"或"法律"就能解决的问题,这是一个需要找到一种策略来对其复杂的网络系统(而在此系统中,信任常常被违背)加以更好的管理的问题。更为关键的是,要考虑到许多的电脑使用者都不是电脑专家,政策的制定者们该如何

---

① "Sun Tzu's *The Art of War* contains some timely reminders about managing 'trivergence' and the gullible computer user." Joseph Savirimuthu. "Identity Theft and the Gullible Computer Users: What Sun Tzu in *The Art of War* Might Teach". Op. cit., p. 121.

编制能期望这些容易轻信的电脑使用者的法则呢?

孙子与《孙子兵法》

军事将领们早就意识到了如果敌人能够将其行动的代价转化为其敌人的代价的话随之而来的可怕结果。地形、气候条件和信息的自由流动常常能引发意想不到的问题和挑战。在《孙子兵法》中,孙子将信息、技术和控制放进了复杂的作战空间中去予以考虑。

《孙子兵法》:初级读本

战争中有一思想流派认为,敌人是能够通过绝对的力量和火力的优势取胜的。克莱塞维茨关于快速控制的战略有时候就被看成是这种方法的支持者。当冲突发生时,运用具有绝对优势的兵力的战略或许是有用的。比如,在空旷的战地。但在地形或其他条件多变的地方却不那么有效。孙子认为,对战争的经营应该通过对三个主要方面的充分深入的了解而得到支撑:一是地势的威胁;二是敌人的动机;三是对敌我双方优势和弱势的估量。决策必须通过"五个基本要素"(five fundamental factors)而做出,这些可以概括为是要求一种道义的、连贯的、基于一般的地理和气候条件的计划框架。战略计划,在孙子看来,不是一门科学。因而,一个将领必须将"七种因素"(seven elements)融进计划制订的过程中,其中包含了对时间、空间和距离的估价和对成功或失败的风险的恰当评估。孙子对战争艺术特征的描绘是对战场上条件的持续评估值的必要性以及因之采取的战略的提醒。《孙子兵法》是不能与其创作时的历史背景截然分开的①。公元前500年左右,封建冲突会卷入大量的人力,而且被消灭的敌人的总数被看成是关键因素。孙子擅长于认识到有效的、可持续的战略部署的必要性,这可从其如下观点中看出:"能够有能力与详细的计划相一致的协调运动的新的军队是对系统信号的回应。于是战术应运而生。凡战者,以正

---

① "Strategic planning, according to Sun Tzu is not a science. Accordingly, a General must integrate the 'seven elements' into the decision making process. These involve an evaluation of time, space and distance and a proper assessment of the risks of success or failure. Sun Tzu's characterization of war is a reminder of the need for continuous assessment of the conditions in the theatre of warfare and to adapt the strategies accordingly." Joseph Savirimuthu. "Identity Theft and the Gullible Computer Users: What Sun Tzu in *The Art of War* Might Teach". Op. cit., p. 124.

合,以奇胜。通常的模式是通过'正'产生的一种支撑的或固定的进攻,而'奇'则是用来对敌人的深层的侧面或后方发动攻击。"①

论及对后勤的管理时孙子认为,将领需掌握欺诈和探寻敌人之弱点的艺术。他也认为通过创造坚实的防守来去除进攻的机会是最好的。这是一种认为如果防守似乎有可能是违反直觉的甚至是反对的话那么就不能对敌人发动进攻的观点。这里孙子的观点是深层的,即通过创造有效的防御以去除进攻的动机。

从《孙子兵法》到编码的复杂性

在探寻孙子所宣称的动机的去除能够导致进攻的减少之前我们先来概括一下网上威胁的背景与线下环境之间的相似。战争的主题也是适应对控制的不断变化的动态,这种控制之前被定义为国家与个体之间的关系。信息的自由流动可以同时对自己的军队和敌人产生帮助。对于网上和线下语境中的人来说都是一样的,都需要管理信息、网络基础设施和装备。实际上,像网络欺诈这样的社交工程技巧与《孙子兵法》中的法则是非常吻合的。正如防网络欺诈工作小组所指出的那样:"社交工程计划利用骗人的电子邮件引导顾客进入伪造的网站,这些网站意在骗取收信的顾客泄露诸如信箱登入账号和密码等财务信息。网络欺诈者常常说服邮件接收者做出回应。技术性的诡计是在个人电脑上植入犯罪软件以便直接窃取证书,而他们惯常使用的手法是按键记录系统,通过该系统拦截网上客户的账号和密码,并且通过被网络欺诈者控制的代理人来破坏当地的和遥远的航运基础设施以误导顾客进入伪造的网站和真实的网站。这些被控制的代理人可被用来监控和拦截顾客的击键次数。"②

孙子的观点能帮助我们超越对可能会出现的社会问题之判定的约束。实际上,孙子所探讨的那些问题在当代也有相似的存在:错位的动机、信息的不对称和市场的失败。或者是网络法中的四种形态:法律、技术、市场与

---

① Joseph Savirimuthu. "Identity Theft and the Gullible Computer Users: What Sun Tzu in *The Art of War* Might Teach". Op. cit., p.124.作者在文中注释说此观点引自格里菲思《孙子兵法》英译本第三十四至三十五页。但育委译格里菲思《孙子兵法》英译本《孙子兵法:美国人的解读》一书中并没有此内容。本书作者注。

② Joseph Savirimuthu. "Identity Theft and the Gullible Computer Users: What Sun Tzu in *The Art of War* Might Teach". Op. cit., p.125.

标准。是孙子对战争、目标的确定和对双方军队的强弱进行新的思考之需求之间微妙差别的理解为我们提供了一种辛辣的例证,提醒我们该如何开始严肃思考个体网络安全。简言之,管理是一种深植于管理复杂性中的问题。

为安全编码

安德鲁·齐默尔曼(Andrew Zimmerman)在其日志中所呈现出的观点与孙子的非常吻合,都认为战争的计划和部署不能与建筑物的地形截然分开。孙子的观点是颇具教育性的,因为这些观点将我们的注意力引到了可概括"信息大爆炸"时代管理之复杂性的三个特征上。那就是,

(一)我们需要更好地了解牺牲者之所以成为社交工程技巧之猎物的原因。

(二)分散的通信基础设施将为交易和需要将管理的复杂性牢记在心的各项选择提供方案。

(三)技术的、经济的和社交的过程必须被看成包括更宽泛的信息收集、标准设定和行为矫正在内的管理战略的一部分。

这三个特征提醒我们法律是一种关键的工具,通过它"首尾相连"(end-to-end)的信任关系是能够持续的。编制相应的安全协议或许可为我们提供一种创造抑制网络欺诈者和身份窃取者的工具。采用这种措施将会产生的益处是不容低估的。

结语

政府对特别委员会提出的这份报告的回应低估了这份文件的前提——"信息的汇集"隐藏了一种矛盾,那就是,法律和政客之间的矛盾或许是不可调和的。实际上,威胁的背景远比政府回应中所表明的要复杂得多。文章提出了一种思考管理之复杂性和在这些有形的术语中所蕴含的是什么的方法。由于空间的有限性,对在社交网站或从日益增长的信息汇集中所出现的一些信息安全问题不能加以详细探讨。或许,作为安全问题所涉及的网络使用者,我们可以像孙子那样做出不同的选择。这里,选择的难题在于,这也是《孙子兵法》中持久的观点,那就是:继续享受网络提供的便利而同时又留心那些坏蛋总是试图毁坏其价值并制造混乱我们将会付出什么样的代价?信息安全不仅仅是一门科学,因而其涉及的解决办法不应该被低估。同样,我们也不要忘了管理的复杂性是一门艺术。

第四节 《孙子兵法》与经营管理

(一)《孙子兵法》:给管理者的 50 条策略

杰拉尔德·麦克尔森的专著《〈孙子兵法〉:给管理者的五十条策略》于 1998 年出版①。该书是对 1993 年军事科学出版社出版的潘家玢和刘瑞祥汉英对照本《孙子兵法》的英译和评价②。潘家玢和刘瑞祥汉英对照本《孙子兵法》在英译时将原《孙子兵法》文本根据其内容分成了九十四段,而麦克尔森的《〈孙子兵法〉:给管理者的五十条策略》并没有全文翻译《孙子兵法》,在其参照潘家玢和刘瑞祥汉英对照本《孙子兵法》时,作者按自己的著作需要将每篇分成了三至六部分,即作者给管理者的五十条策略。作者对十三篇题名的英译、"吴宫教战"的英译甚至都没有完全采用潘家玢和刘瑞祥的英译,如将"计篇第一"译为"Laying War"而非"Strategic Assessments";将"用间篇第十三"译为"Employment of Secret Agents"而非"Use of Spies"。确切地说,该著作只能算是对潘家玢和刘瑞祥汉英对照本《孙子兵法》的参考和阐发。

十三篇每篇正文英译前,有麦克尔森对该篇内容的分析。每部分英译后有作者对此部分内容详细的阐释,以及在商业管理中管理者应该针对这样的法则该如何去。这样处理,让管理者既对《孙子兵法》本身有正确深入的了解,同时又能根据商业管理的实际状况对这些法则予以恰当有效的应用。这五十条策略分别为:

"计篇第一"中三条:(一)透彻地评价各种条件;(二)比较各种特性;(三)寻求战略转变。

"作篇第二"中四条:(四)整理充足的资源;(五)让时间成为你的助手;(六)让每个人都从胜利中获得利益;(七)了解你的手艺。

"谋攻篇第三"中四条:(八)不战而胜;(九)强总能胜弱;(十)当心成

---

① Gerald Michaelson. *Sun Tzu*: *The Art of War for Managers*: *New Translation with Commentary*: *50 Rules for Strategic Thinking*. Adams Media Corporation,1998.

② 潘嘉玢、刘瑞祥译《汉英对照〈孙子兵法〉》,北京:军事科学出版社 1993 年。

为"高级哑巴";(十一)遵守根本的法则。

"形篇第四"中三条:(十二)战无不胜;(十三)获得战略优势;(十四)运用信息对资源予以关注。

"势篇第五"中三条:(十五)建构一个坚固的组织结构;(十六)运用特别的力量(奇);(十七)调整势头和时机。

"虚实篇第六"中五条:(十八)采取主动;(十九)策划惊喜;(二十)赢得相对优势;(二十一)寻求信息;(二十二)灵活多变。

"军争篇第七"中五条:(二十三)采取办法赢得优势;(二十四)赢得关键的大部分;(二十五)欺骗你的对手;(二十六)发展有效的内部交流;(二十七)赢取心理优势。

"九变篇第八"中三条:(二十八)考虑作战选择;(二十九)做好充足的防御准备;(三十)避免错误的领导。

"行军篇第九"中四条:(三十一)占据有力的自然位置;(三十二)总是寻求高地;(三十三)对形势做出估计;(三十四)纪律能使人效忠吗?

"地形篇第十"中四条:(三十五)了解你的战地;(三十六)遵从领导法则;(三十七)只打能赢之仗;(三十八)知己、知彼。

"九地篇第十一"中六条:(三十九)选择一处有利的战地;(四十)让你对手的战略显形;(四十一)让成功成为唯一的选择;(四十二)制定协同努力;(四十三)强攻;(四十四)学习获胜之道。

"火攻篇第十二"中三条:(四十五)具破坏性和侵入性;(四十六)巩固你的胜利果实;(四十七)锻炼你的克制力。

"用间篇第十三"中三条:(四十八)寄希望于情报资源;(四十九)建立一个活跃的情报系统;(五十)实施反间谍活动。

下面仅以麦克尔森对"计篇第一"的英译处理为例来分析探讨作者该书的特点和《孙子兵法》在商业管理中的运用。

在标题"计篇第一"之后,麦克尔森首先以"战略法则"为题解释了为什么要对形势进行估价和分析。作者指出:"一个组织想要成为什么样的组织以及想要取得什么的愿望必须根据现实的情况来决定。这就是为什么要在'计篇第一'中讨论对形势进行估价和分析的原因。""计划的过程变得越复杂,形势中所被允许产生变化之灵活性的引进就变得越困难。""一个常犯的毛病就是仅仅把计划看成是一种智力的过程,一种我们头脑中简单地看待过去并调整将来的计划的理念。如果你不把计划写出来,那你就根本不算有计划。相反,那你有的仅仅只是一个梦想,一个愿望,甚至一个梦魇而已。简单写下来的计划能很好地发挥作用。"①然后麦克尔森分别介绍了《孙子兵法》"计篇第一"可给管理者的三条策略:1.透彻地评价各种条件;2.比较各种特性;3.寻求战略转变。

1.透彻地评价各种条件(Thoroughly Assess Conditions)

在用了潘家玢和刘瑞祥汉英对照本《孙子兵法》对"兵者,国之大事,死生之地,存亡之道,不可不察也。故经之以五事,校之以计,而索其情:一曰道,二曰天,三曰地,四曰将,五曰法。道者,令民与上同意也。故可与之死,可与之生,而不畏危也。天者,阴、阳、寒、暑、时制也。地者,远、近、险、易、广、狭、死、生也。将者,智、信、仁、勇、严也。法者,曲制、官道、主用也。凡此五种,将莫不闻,知之者胜,不知者不胜"的英译后,麦克尔森紧接着列出了"商业中与这五种常见因素相似的因素"(Business Parallels to Five Constant Factors):

(1)"道"之影响意指"精神的使命"。信仰的力量确实深刻,它能使人恢复斗志并产生承诺的风暴。

(2)"天"好比"外界的力量"。正扫荡各个行业的团结之汹涌波涛是一种外在的力量,正如世界竞争的出现和环境保护论的影响。

(3)"地"即"市场"。正如一个将领必须了解地形一样,因而市场管理战略必须考虑行动的场景、人、地方、产品、动机和价格等。

(4)"将"所起的作用与"领导才能"相同。对将的称谓在变,但是对领导才能的要求法则却是一样的。

(5)"法"相当于"指导法则"。理解并运用那些决定我们成功与否的根本法则。

麦克尔森强调,好的估价是成功运作的根本。(Good assessment is the foundation of a successful operation.)

麦克尔森继而以奥美(Ogilvy & Mather)和摩托罗拉(Motorola)为例分

---

① "The more sophisticated the planning process becomes, the harder it is to introduce the flexibility that allows for changes in the situation." "A common mistake is to consider planning as only a mental process, an idea in our head that simply looks at the past and adjusts for the future. If your plan is not in writing, you do not have a plan at all. Instead, you have only a dream, a vision, or perhaps even a nightmare. The simple written plan works best." Gerald Michaelson. *Sun Tzu: The Art of War for Managers: New Translation with Commentary: 50 Rules for Strategic Thinking*. Op. cit., p.5.

析阐释了商业管理中进行正确估价的重要性。

2.比较各种特性(Compare Attributes)

在用了潘家玢和刘瑞祥汉英对照本《孙子兵法》对"故校之以计,而索其情。曰:主孰有道？将孰有能？天地孰得？法令孰行？兵众孰强？士卒孰练？赏罚孰明？吾以此知胜负矣。将听吾计,用之必胜,留之。将不听吾计,用之必败,去之"的英译后,麦克尔森以"战略道德"(A Strategic Moral)为题,以"普法战争"中的普鲁士军队(Prussian Army in the Franco-Prussian War)、"可口可乐"和"百事可乐"(Coke and Pepsi)、宝洁(P&G)和美国国际商用机器公司(IBM)为例对"竞争的优势和劣势"进行比较并予以了详细的分析(Compare Competitive Strengths and Weaknesses)。

3.寻求战略转变(Look for Strategic Turns)

在用了潘家玢和刘瑞祥汉英对照本《孙子兵法》对"计利以听,乃为之势,以佐其外。势者,因利而制权也。兵者,诡道也。故能而示之不能,用而示之不用,近而示之远,远而示之近。利而诱之,乱而取之。实而备之,强而避之,怒而挠之,卑而骄之,佚而劳之,亲而离之。攻其无备,出其不意。此兵家之胜,不可先传也。夫未战而庙算胜者,得算多也。未战而庙算不胜者,得算少也。多算胜,少算不胜,而况于无算乎！吾以此观之,胜负见矣"的英译后,麦克尔森对"计"的其他英译做了归纳:strategic factors, conditions, strengths and weaknesses。

接着,麦克尔森以"预期那些可以改变成功之法则的事件"(Anticipate events that change the rules for success)为题从"外部的战略转变"(External Strategic Turns)和"内部的战略转变"(Internal Strategic Turns)两个方面对战略转变进行了分析阐释。在阐述"外部的战略转变"时作者列举了沃尔玛百货(Wal-Mart)和娱乐体育节目电视网(ESPN)为例。在论述"内部的战略转变"时作者列举了美国战术空军司令部(Tactical Air Command)为例。

(二)《孙子兵法》与人力资源管理

《〈孙子兵法〉与人力资源管理》一书是马来西亚孙子研究学者邱庆河

的系列专著之一,于 2002 年出版①。作者在该书的"序言"中指出:在书中你会发现那些将有助于你吸引最好的手下,使他们保持且促使他们为你公司未来的成功做出重大业绩的建议。总之,这本具有两千五百年历史的军事著作中充满了许多实用的建议,告诉你古代的将领们是如何最好地率领自己的军队赢得战争的,甚至用它来对抗所有其他不大可能取得成功的事情。今天,管理者同那些古代的将领们一样,不得不将人吸引到自己的事业中,并很好地发展他们以便发挥他们的潜能。这本书中的建议将有助于你通过管理你的手下以确保你公司未来的成功。

在"《孙子兵法》是一本关于什么的书"一节,邱庆河指出,有些人根据书的封面做出了错误的判断,从而剥夺了自己向其学习的机会。他们没有意识到孙子所生活的那个时代,中国被分割成了众多诸侯国,而且这些诸侯国之间经常战事不断。因而,《孙子兵法》并非一本消极的书。相反,它非常的积极。要积极地运用它,使用者需有一个开放的头脑,而且要足够聪明到可以替换原文本中那些看似消极的词语。如原文本中的"敌人"(enemy)一词。当你碰到这个词的时候,你不应该将"敌人"认为是你需要当心以免其会带给你伤害的某个人。相反,应该将"敌人"这个词用"与你打交道的人"一词来替换。这样,这个与你打交道的人就有可能成为你的老板、同事、雇员、顾客、配偶、孩子等。对于智者而言,源自《孙子兵法》中的这句引文"知彼知己,百战不畏(殆)"或许可以改写为:"知彼(那个与你打交道的人)知己,百战(交道)不畏(殆)。"②

全书共四个部分,具体情况如下:

第一部分:被置于绝对核心地位。该部分只有一节:人力资源管理是每位经理的责任。

第二部分:创造一个有益的工作环境。该部分共有四节:

1. 人力资源管理的精髓是仁慈;

---

① Khoo Kheng-Hor. *Applying Sun Tzu's Art of War in Human Resource Management*. Selangor Darul Ehsan, Malaysia: Pelanduk Publications, 2002.

② "An example is the word 'enemy'. Should you come across this word, don't think of an 'enemy' as someone to watch out lest he brings harm to you. Instead, substitute the word with 'the person you deal with'. In this way, he could be your boss, your colleagues, employees, customers, spouse, children, etc. To wit, this quotation from Sun Tzu: If you know yourself and your enemy, in a hundred battles, you will never fear the result …May be written as: If you know yourself and the person you are dealing with, in a hundred interactions, you will never fear the result." Ibid., pp. 8-9.

2.决定你的立场；

3.试图创造工厂之"天"；

4."天"源自诚挚。

第三部分:运用人力资源的功能构建一种文化。该部分共有二十一节,分别为:

1.人力资源的计划:责任在不过度雇佣之中；

2.招募:不停地寻找天才并详细考察环境；

3.选择:打开你的思维；

4.选择:不要预判一个人；

5.选择:不要试图去欺骗别人；

6.选择:在雇佣中快速运动；

7.业绩评价:试试从细节到总体的赞扬；

8.报酬:如果付出的是花生,你雇佣到的就只能是猴子(Pay peanuts and you'll get monkeys)(有"一分钱一分货"或"种瓜得瓜,种豆得豆"的意思);

9.报酬:当心超时；

10.报酬:非物质性的奖励一样具有鼓励作用；

11.报酬:高质量的生活在今天是很重要的；

12.训练与发展:一项重要的训练——不是一种有利的削减经费的特征；

13.训练与发展:你不必自己承受所有的费用；

14.劳资关系:不要浪费时间、精力和钱来跟工会斗；

15.劳资关系:能听到抱怨；

16.劳资关系:引导而不是填鸭式地灌输；

17.劳资关系:培养不拘礼节的领导；

18.劳资关系:不满现状的人显露出来的征兆；

19.劳资关系:人员流动是另一种对现状不满的表现；

20.劳资关系:不要总是墨守成规；

21 劳资关系:寻求积极的而非消极的方式。

第四部分:让其他人都动起来。这部分共有二节:

1.由榜样来加以引导；

2.寻求教育要诚挚,不能只为了得分。

全书每个章节均以引《孙子兵法》中的法则开头,具体引用情况如下:

"凡治众如治寡……斗众如斗寡。"(势篇第五)

"视卒如婴儿,故可与之赴深谿;视卒如爱子,故可与之俱死。"(地形篇第十)

"道者,令民与上同意也,故可与之死,可与之生,而不畏危也。"(计篇第一)

"天者,阴,阳,寒,暑,时制也。"(计篇第一)

"故进不求名,退不避罪,唯民是保,而利合于主,国之宝也。"(地形篇第十)

"兵非益多也。"(行军篇第九)

"知彼知己,胜乃不殆;知天知地,胜乃可全。"(地形篇第十)

"故善战者,求之于势,不责于人,故能择人而任势。"(势篇第五)

"是故智者之虑,必杂于利害。杂于利而务可信也,杂于害而患可解也。"(九变篇第八)

"相守数年,以争一日之胜。而爱爵禄百金,不知敌之情者,不仁之至也。"(用间篇第十三)

"兵之情主速(九地篇第十一)。鸷鸟之疾,至于毁折者,节也。"(势篇第五)

"故校之以计,而索其情。曰:主孰有道?将孰有情?……兵众孰强?士卒孰练?"(计篇第一)

"故车战,得车十乘以上者,赏其先得者。……掠乡分众,廓地分利。……以饱待饥。"(作篇第二)

"是故朝气锐,昼气惰,暮气归。"(军争篇第七)

"卒,善而养之。"(作篇第二)

"三军足食,谨养而勿劳,併气积力。"(九地篇第十一)

"谨养而勿劳,併气积力。"(九地篇第十一)

"取用于国,因粮于敌。……故智将务食于敌。"(作篇第二)

"攻城则力屈,久暴师则国用不足。"(作篇第二)

"夫将者,国之辅也。辅周则国必强,辅隙则国必弱。"(谋攻篇第三)

"投之无所往,死且不北。"(九地篇第十一)

"不用乡导者,不能得地利。"(军争篇第七)

"谆谆翕翕,徐言入入者,失众也。"(行军篇第九)

"故兵有走者,有弛者,有陷者,有崩者,有乱者,有北者。凡此六种,非天之灾,将之过也。"(地形篇第十)

"故其战胜不复,而应形于无穷。……水因地而制流,兵因敌而制胜。"(虚实篇第六)

"围师必阙,穷寇勿迫。"(军争篇第七)

"善用兵者,修道而保法,故能为胜败之政。"(形篇第四)

"是故百战百胜,非善之善者也。不战而屈人之兵,善之善者也。"(谋攻篇第三)

(三)《孙子兵法》"地形篇"与"九地篇"在市场营销策略研究中的应用

杰森·麦克唐纳和肯特·纽伯特的文章《〈孙子兵法〉"地形篇"和"九地篇"在市场营销策略研究中的应用》发表在 2005 年的《市场营销战略》杂志上①。文章引了阿尔伯特·埃内里(Albert Emery)的观点作为开卷语:"市场营销仅仅是战争的一种文明形式,其中大部分的战事是通过话语、观点和严谨的思维而赢取的。"②

序言

正如科特勒(P. Kotler)和辛格(R. Singh)在其文"20 世纪 80 年代的市场营销战"(Marketing Warefare in the 1980s)中指出的那样:"理想的状态是,市场营销者喜欢避免与竞争者之间发生战争,因为通过吸引新的客户要比从别的公司将客户抢过来以增加客户群通常要更容易而且花费更少的代价。"然而,由于市场增长减慢,公司不得不通过市场份额而非通过市场增长所得来追求它们的收益。当这样的情况发生时,"成功的市场营销将会要求想出以竞争为中心的战略,而非仅仅是以客户为中心或是以分布为中心的战略"。

尽管已经有无数关于商业战略的类型学存在,但是关于市场营销的文

---

① Jason B. Macnonald and Kent E. Neupert. "Applying Sun Tzu's Terrain and Ground to the Study of Marketing Strategy". *Journal of Strategic Marketing*, No.13, 2005, pp. 293-304.

② "Marketing is merely a civilized form of warfare in which most battles are won with words, ideas, and disciplined thinking." Jason B. Macnonald and Kent E. Neupert. "Applying Sun Tzu's Terrain and Ground to the Study of Marketing Strategy". Op. cit., p. 293.

献中还没有专门论及以对手为中心的市场营销战略的类型学。该文将探讨《孙子兵法》的"地形篇"和"九地篇"可如何作为发展这样一种市场营销战略类型学之起点。将孙子关于地形和地势的讨论之观点应用到市场营销中的结果是一种简略的将充满竞争的市场形势进行分类的类型学,它将对市场营销理论和实践的研究起到促进作用。

《孙子兵法》

孙子兵法的主要特点之一即是孙子在规划一种对付敌人的战略时对环境因素的认识。在《孙子兵法》中,孙子建议赢得成功战事的关键之一在于不仅要了解你自己和你的敌人,而且还要了解你将在其中进行战争的环境。孙子认为正是对环境的这种额外的了解几乎确保了战事的胜利:"知彼知己,胜乃不殆;知天知地,胜乃可全。"(地形篇第十)孙子将环境分成半可控制(semi-controllable)的和不可控制(the uncontrollable)的两种。地形、地势是描绘战场的地理环境的半可控制的环境易变因素。而天气,则是不可控制的环境因素,通常在战略文献用来指诸如经济、政治等因素。

尽管孙子关于地形和地势的讨论也曾在过去应用于商业管理中,但这些应用却忽略了两个最重要的环境因素,如在陈(M. Chen)的文章"孙子的战略思想与当代商业"(Sun Tzu's Strategic Thinking and Contemporary Business)中,用户和雇员指的是地形,而公司的经营地点指的是其基础设施。相似的是,王(Y. Y. Wong)的文章"古代战士的战略:给国际管理人员的启示"(The Strategy of an Ancient Warrior: An Inspiration for International Managers)认为,地形"构成了机构的外在环境中的半可控制的环境易变因素,换句话说即是作战环境,因为它与相关产业内的竞争是相关联的"。

战略类型与《孙子兵法》

对类型学的应用主要源自分类学,它是与分类理论一起的一种不同组织形式间的差异理论的发展。一种类型的巨大能量之一在于它提供了一种检索系统或是尽管简单却仍然足够宽泛到可以描述各种不同既存现象的启发式方法。通过将各种组群进行分类,研究者可以研究那些组群并发展处理它们的方法。在特别的种类中所创造出的知识将会很容易地被那些想要了解更多关于此类行为的研究者所使用。

多年来战略类型在商业研究和实践中有着影响。尽管这些类型学很普遍,但我们仍然还没有一种试图划分战略形势的商业类型学。

在《孙子兵法》中,"地形与地势"(ground and terrain)指的是战事进行的地理环境。在市场营销中,战事进行的地理环境包括在客户市场内相互作用的可变因素,如公司、竞争和客户。在孙子对地形与地势的讨论中,他将其重点集中在了各种战略形势的基本结构上,并对如何应对每种地形与地势提供了方法。正如拉尔夫·索耶尔对孙子的评价:"孙子很可能是第一批思考地形的特征并系统地发展了应对各种困难和形势之法则的军事理论家之一。"[①]这六种地形和九种地势为划分充满了竞争的市场营销形势提供了一种有用的类型学。

地形篇

在讨论这六种地形时,孙子将每种战事形势的特征做了概括并对其相关的困难提供了应对的办法。

通地

"我可以往,彼可以来,曰通。"(地形篇第十)

论及市场时,通地指的是你和你的对手都有一样的机会可以进入的地方。因而,没有任何一个制造商在市场上能拥有足够大的份额以阻止别的制造商进入其中。比如在20世纪90年代中晚期互联网的繁荣时期,Priceline、eToys、Pets.com都几乎毫无阻碍地进入了市场,而且客户的心理相对地也是很开放的。众所周知,特别是Priceline快速进入网上航空订票市场而且很快就见到了大幅度增长的利润。孙子建议,在这样的市场中,发动进攻的军队需要将兵力集中在确保最大收益的地方。

不幸的是,很多最早进入互联网市场的公司都没能留意《孙子兵法》的建议。比如Priceline将其早期资金的大部分放到了扩大自己的产品以供给其他市场,如旧货销售甚至是汽油销售。这样就使得第二批公司如Travelcity、Expedia进入,并且拿走了其中最大的市场份额。一旦竞争者站稳了脚跟,Priceline的最先进入市场的优势就很快消失了。根据孙子应对

[①] "Sun Tzu was most likely one of the first military theorists to contemplate the characteristics of terrain and systematically develop principles for coping with difficulties and situations." Jason B. Macnonald and Kent E. Neupert. "Applying Sun Tzu's Terrain and Ground to the Study of Marketing Strategy". Op. cit., p.295.

通地的办法,Priceline 最好是通过将公司的中心放在其可盈利的部分建立自己的优势,这样,当竞争增大时才能具有更好的防御能力。

挂地

"可以往,难以返,曰挂。"(地形篇第十)

在这种战略形势下,由于没有强大的市场领军人物一个市场可能看起来是令人满意的,是可以得到的。如果你的对手确实没有为进攻做好准备,那么进攻的公司应该能够成功地获得进入市场的机会。相反,如果你的对手已经做好了准备,而且客户更愿意为现任而不是最先想到的对象做奉献,那么挑衅者就可能由于其不能成功地重新定位而被困在新旧市场之间。

当公司试图将自己在质优价高的市场上重新定位时通常会出现挂地的情形。比如,20 世纪 80 年代 Kmart 插手价位更高的大型超市即是公司试图离开贴现市场以寻求更高利润的例子。然而,凯马特低估了 JC Penny 和 Sears 这些品牌在这个市场中的能量,而且也高估了自己说服客户相信自己公司是个更高质量的零售商的能力。等到凯马特意识到自己的错误时,它试图再返回到原来的低价位大型零售的市场,发现 Wal-Mart 已经通过采取对顾客忠诚和物流的强大优势占据了这部分的份额。

支地

"我出而不利,彼出而不利,曰支。"(地形篇第十)

处于支地的竞争双方可能都会犹豫着显示自己的身手。在这样的情形下,如果不先熟悉环境就贸然前进可能会有危险。因此,最好是把自己拉回去等着竞争对手先进入其中。这种战略形势在通信行业是很普遍的。如 AT&T 公司,就曾犹豫该如何进入宽带互联网市场。其最大的决策之一是是否要将重点放在电缆或数字用户网络上?这种困惑因没有明显的、喜爱的客户群而变得非常复杂,而且竞争对手也犹豫着是该将重点放在哪一个上面。

根据《孙子兵法》,在这种情况下把自己退回去观望对手在市场上的竞争实验是很重要的。一旦你更好地了解了客户的喜好和竞争对手的意图,你可以集中更多的力量发起进攻。因为先进入者已经在各种可供选择的事情上进行了投资,那么后进入市场的公司应该能实施更集中的战略,发展自己的优势。

隘地

"隘形者,我先居之,必盈之以待敌;若敌先居之,盈而勿从,不盈而从之。"(地形篇第十)

在隘地,率先进入者比其后进入市场的其他竞争者的行动有着很多的优势,但必须得在他们对战略形势有认识的前提之下。在商业营销这个语境下,隘地近似于市场,可手动屏障的保护而进入。这些屏障或许与分布、广告、客户的看法、供给和专利权都有关系。

Nike 试图确保其在运动鞋市场上的份额就是处于隘地的一个例子。尽管 1987 年的时候 Reebok 已经在运动鞋行业赢得了先于 Nike 的地位,但 1990 年的时候 Nike 重新赢得其领先地位,并在随后的十年中不断加剧两个公司之间的差距。Nike 重新占据市场领先地位的成功关键在于他们认识到它们是在隘地与对手竞争。在它们第二次高居领先地位时,Nike 认识到可以阻断对手的前进,通过与诸如 Foot Locker 这样的经销商建构更好的关系来减轻竞争者的敏感性。这样做的结果是,Nike 因与经销商建立良好的关系而出名,发现自己在 Foot Locker 的销售额从 1993 年的三亿美元上升到了 1995 年的七亿五千万美元。在此期间,Reebok 却对经销商表现出冷淡甚至是傲慢的态度,结果其在 Foot Locker 的销售额从两亿两千八百万美元降到了一亿两千两百万美元。

险地

"险形者,我先居之,必居高阳以待敌。"(地形篇第十)

如果你身处险地,那你应该意料到会受到对手的攻击,这是市场的本质使然。如果你不是率先进入其中的人,那你应该让对手想到市场并非是那么令人满意的,并试图让他们在不那么令人满意的位置去攻击你。

Boeing 和 Airbus 之间的竞争证明了险地的重要性。到 1996 年,Boeing 以高于 60% 的市场份额一直占据着商业航空市场的统治地位。Airbus 则是一家创立于 1970 年的欧洲航空企业,位居第二的位置。由于其市场位置的优势,Boeing 公司有机会占据该市场最令人满意的、最盈利的份额,并做好了来自对手的可能的挑战。不幸的是,Boeing 公司停留在自己的成功上,没有准备好 Airbus 公司在行业的发展。Boeing 公司的生产过程相当来说效率比较低,而且因为生产的飞机让顾客觉得不舒服而受到批评。结果,Airbus 公司很棒地将 Boeing 公司从盈利的市场上拉了下来。到 1999 年的早些时候,Airbus 公司赢得了超过 60% 的订单。

远地

"远形者,势均难以挑战,战而不利。"(地形篇第十)

商业语境中的远地,指的是离你较远,于对手却很近的市场。或者相反。在这种情况下,很难让你的对手到你自己的家门口或是你的强势之处来攻击你,对你而言,到他们的地盘上去对人家发动进攻也是不明智的。例如,NTT DOCOMO 公司,在日本的手机浏览器市场就有着绝对的优势。尽管美国的市场看起来很吸引人,但它完全不同于日本的市场,而且也被许多强大的竞争对手如 AT&T、MCI 和 Sprint 占据着。对于美国的竞争者来说,日本市场的情形也是相似的。在这两种情况下,对公司而言占据远地意义都不大,因为成功的机会太小了。

九地篇

偶尔翻阅《孙子兵法》的读者可能会发现"九地篇"似乎显得有些多余,因为前面已经有"地形篇"。但是一经细读我们便会发现,在"九地篇"中,孙子认识到了心理因素对于战略和战略的实施所产生的影响。由于人要实施战略,因而他们的心理状态显而易见成了成功的重要因素。如果他们在面对真正的威胁时是懒洋洋的,那么设计得再好的计划也会失败,甚至一个资源丰富的公司也能被一个新创的公司给击败。因而,孙子在对地形的讨论之外,对发动进攻的一方的心理讨论增添了孙子兵法的真正的价值以及对战略形势更深的理解。

散地

"诸侯自战其地,为散地。"(九地篇第十一)

散地即是你自己的地盘。尽管在你自己的地盘上作战常常被认为是一种优势,但是孙子指出,它也会是一种劣势,因为雇员们可能会因为家庭的干扰,换句话说即是,他们可能会因为感觉太舒服了而精神不能集中。结果,进攻的一方有可能会比他们认为的要脆弱得多。日本的制造商在美国与美国的汽车制造商竞争时就利用了散地。因为 Chrysler, Ford, GM 这些公司都是在自己的家门口作战，它们过于自信没有发现日本汽车公司会成为它们的威胁。

轻地

"人人之地，而不深者，为轻地。"（九地篇第十一）

对公司而言，轻地指的是涉足一个新的市场，但是还没有做出真正的要往前行动的承诺。这种情况下对于公司是很危险的，因为它会给自己的雇员一个混杂的信息，使得他们不能确信该不该坚定他们的决心去参与竞争。他们会认识到如果前进的话会比较困难而退回去却会比较容易。

Volkswagen近期将其品牌核心转向优质高价市场的尝试就是公司处于轻地的一个例子。在2004年的早些时候，公司推出了一款价位在八万美元的超级奢侈轿车Phaeton，并且将其在欧洲汽车市场最重要的一款汽车Golf的价位推高。不幸的是，Phaeton成了失败之作，而Golf也丢掉了其与低价竞争者相竞争的市场份额。到2004年的年中，由于其延迟质优价高的Phaeton轿车的上升，并且大幅度降低Golf的价格，公司开始放出困扰客户和其雇员的战略信息，似乎公司是要退回到低价位的市场。

对于轻地，孙子给出的处方是不要停下来。这并不是说管理人员应该坚持有瑕疵的或者错误的战略。在Volkswagen的这种情形下，如果管理人员相信转向质优价高的努力是注定会失败的，那么他们就应该制定出转回旧市场或者其他市场的新战略，并将这个战略与公司内部人员沟通，然后开始实施。然而，当Volkswagen进军质优价高市场的进程停止时，管理人员发出的关于公司未来的信息却是混杂的。对外，他们继续推动将向质优价高市场转移的战略，而对内，公司却暗示将会回到之前的市场，放弃质优价高的市场战略。这种混杂不清的结果导致其市场份额的继续丢失，并且招来经销商不满的抱怨，因为他们不愿意卖高价位的新款车。

争地

"我得则利，彼得亦利者，为争地。"（九地篇第十一）

争地本质上指的是对竞争双方而言都证明是有利的市场。是管理者和雇员都认为很重要的市场。争地位于你之存在的中心，因而你应该誓死捍卫它。美国轮胎市场对Goodyear而言就是争地，正如欧洲市场对Michelin而言一样。在这两种情形下，对哪一方来说去对另一方的市场发动进攻都意义不大,因为对方都会下极大的决心保卫自己的争地。根据孙子的观点,最好是放弃竞争对手的核心市场,然后试图诱使他们到于你自己是强项的其他区域与你竞争作战。

交地

"我可以往,彼可以来者,为交地。"(九地篇第十一)

就市场而言,交地指的是竞争双方都有相同机会进入的市场。没有进入市场的天然障碍,也不难引起客户的关注,因为客户并不关注其他的产品。因而,公司的领导们在这样的战略形势下必须指导其下属具备非常的防御之心,并且为对的进攻做好准备。不让你的力量孤立是非常重要的,因为那样的话会与市场缺乏交流。

早期进入互联网搜索引擎市场的公司即是交地之例。由于没有进入的障碍而且也相当容易吸引客户,这是因为有相对来说大量的有积极性的互联网用户和相对来说较少的网络提供者。不幸的是,许多早期的进入者依赖他们首批进入的优势,没有为后来进入者的进攻做确保市场安全的工作。结果,像 Google 这样的公司尽管进入较晚却仍然成了市场的领军人物。

衢地

"诸侯之地三属,先至可得天下之众者,为衢地。"(九地篇第十一)

如果公司意识到了其所处的形势的话,衢地将会为首批进入其中的公司提供进入临近市场的机会,比如 Amazon. com 在其在网上图书市场立稳脚跟之后非常容易在 CD 和服装市场发展强大。

孙子建议,当公司处于衢地时,如果想要利用自身在临近市场的地位的话那它就需要加强与合作者的联盟。Amazon. com 就是这么利用自己的位置通过与 Toys-R-Us 达成独家经销协议进入了玩具市场的。eToys,一家在 1999 年迅速赢得了金融市场的青睐的网上玩具零售商,其回应的方式却完全不同。尽管 eToys,在网上玩具市场有首批进入的大量优势,但它拒绝与伙伴在临近市场联盟的观念,并试图通过他们自己来确保这些市场。其结果便是,资源的过度铺开和在核心市场质量低下的服务以及最后的破产。

重地

"入人之地深,背城邑多者,为重地。"(九地篇第十一)

微软公司进入电子游戏市场即是公司处于重地的例子。尽管微软在游戏市场的经验不足,但当其在 2000 年发布 X-box 时它与 Sony 和 Nintendo 行业的领导们不相上下。不仅 Sony 和 Nintendo 占据了这个市场硬件部分的统治地位,它们也占据了软件市场并与销售商和程序设计员建立了牢固的关系。在孙子对重地特征的概括中,游戏市场中的经销商、程序设计员和渠道合作伙伴是由对手的城镇所代表的。

孙子对在重地作战开出的应对处方是抢夺对方的储备。当自己还没有准备好供给的时候,进攻的军队要抢夺敌人的物资储备为己所用。论及经商,所谓的物资储备指的是供应商、渠道合作者、使用母公司资源的机会等。尽管微软公司 Xbox 的部分有机会使用母公司的诸如现金和 R&D 设备这样的资源,2000 年的时候他们仍然只有可怜的机会得到核心内容的设计者,因为许多的游戏设计者都与 Sony 和 Nintendo 公司保持着密切的关系。为了取得成功,微软不得不将其公司资源转移到游戏设计,并为那些能将游戏设计者挖到微软公司的人予以奖励。

圮地、围地、死地

最后这三种地形在战略形势中是连续的,处于这样形势下,公司更容易受到竞争中的影响。在从圮地到死地的连续形势下,公司的决策也变得更加受到局限,而且失败的可能性也有所增加。

"行山林、险阻、沮泽,凡难行之道者,为圮地。"

"所由入者隘,所以归者迂,彼寡可以击吾之众者,为围地。"

"疾战则存,不疾战则亡者,为死地。"(九地篇第十一)

处于圮地的时候,公司被从更多的目标转移开,并且造成的缺乏使得他们在遭遇竞争对手的严重威胁时显得非常脆弱。尽管处于圮地的公司处于不确定的位置,但他们不如那些处于围地的公司那么脆弱,他们仍然有许多从危险境地撤离的选择。例如 Kodak 公司在这个时代初期的时候就处于圮地的情形。数码摄像出现,公司试图在胶卷市场和数码市场同时作为。结果,公司开始失去其在客户和雇员中的地位。这使得它在数码市场落后,而在胶卷市场又将大部分的位置让给 Fuji 公司。

日产汽车公司在 20 世纪 90 年代晚期的情形甚至比 Kodak 公司更糟。

在这十年中,公司只有一年是盈利的,并且其债务差不多高达一百八十亿美元。情况糟糕到日产公司不得不卖掉其总部所在的大楼。公司内部也是一片混乱不安,因为雇员看不到绩效和升迁的机会。

与圮地或围地相反,公司处于死地时面临的战略形势是可怕的,唯一可制胜的选择就是全盘失败。客户对公司失去了信心,而且竞争者处于绝对的优势。

孙子为处于圮地、围地和死地的公司开出的处方就是筛选出那些干扰因素,让公司回到原来的轨道。这可能通常会涉及重组和人员的裁减。

结语

有人批评将《孙子兵法》应用到市场营销中,认为市场不是打仗。尽管《孙子兵法》首先集中论述的是战争,但孙子指出将领的目标是引导自己的手下如何不战而赢得战争,因为一旦发动战争,是没有真正的赢家的。尽管前提如此,但现实是,在充满竞争的市场,公司需要从竞争者手中赢得市场份额,因为商场非常像孙子所描绘的战场,因此应该对《孙子兵法》进行彻底的研究。

(四)《孙子兵法》与今日之商业世界

《〈孙子兵法〉与今日之商业世界》一书是马来西亚孙子研究学者邱庆河的系列专著之一,于1990年出版①。书的封面有一个中文的"忍"字。作者在书的"前言"中指出,大部分的从业人员都会告诉你工场常如战场,常会由于我们的商业对手追赶而急切需要我们保持更新,如派出我们的人赶在对手之前把问题处理好,将"转移注意力的话题"抛给对方,或是打要么是攻击性的要么是防御性的合法的官司。当然,不可避免地日常办公室的政治也需要引起注意,尽管有的我们可能不屑承认。因而我恰当地将这本可意味着每个人在每日的职场中不得不面临的战争的书,或者孙子兵法之运用性的书题为《〈孙子兵法〉在发挥作用》(*War at Work*)。

正文前作者引了司马懿的"小不忍则乱大谋"(If the slight cannot be

---

① Khoo Kheng-hor. Sun Tzu's *Art of War* at Work: *Applying Sun Tzu's Art of War in Today's Business World*. Selangor Darul Ehsan: Pelanduk Publications, 1990.

tolerated, the big scheme will be upset)作为其该书的核心观点。该书是以每日备忘录的形式来呈现作者观点的,共有五十篇简短的备忘录。其中涉及《孙子兵法》的论点有:

"兵者国之大事,死生之地,存亡之道,不可不察也。故经之以五事,校之以计,而索其情:一曰道,二曰天,三曰地,四曰将,五曰法。道者,令民与上同意也,故可与之死,可与之生,而不畏危也。"(计篇第一)

"天者,阴,阳,寒,暑,时制也。地者,远,近,险,易,广,狭,死,生也。"(计篇第一)

"将者,智,信,仁,勇,严也。"(计篇第一)

"法者,曲制,官道,主用也。"(计篇第一)

"凡此五种者,将莫不闻,知之者胜,不知者不胜。故校之以计,而索其情。曰:主孰有道?将孰有能?天地孰得?法令孰行?兵众孰强?士卒孰练?赏罚孰明?吾以此知胜负矣。"(计篇第一)

"兵者,诡道也。故能而示之不能,用而示之不用,近而示之远,远而示之近,利而诱之,乱而取之。实而备之,强而避之,怒而挠之,卑而骄之,佚而劳之,亲而离之。攻其不备,出其不意。"(计篇第一)

"其用战也,胜。久则钝兵挫锐,攻城则力屈,久暴师则国用不足。夫钝兵挫锐,屈力殚货,则诸侯乘其弊而起,虽有智者,不能善其后矣!故兵闻拙速,未睹巧之久也。夫兵久而国利者,未之有也。"(作篇第二)

"善用兵者,役不再籍,粮不三载。取用于国,因粮于敌,故军食可足也。国之贫于师者远输,远输则百姓贫。……故智将务食于敌,食敌一钟,当吾二十钟;萁秆一石,当吾二十石。"(作篇第二)

"卒,善而养之。是谓胜敌而益强。故兵贵胜,不贵久。故知兵之将,民之司命,国家安危之主也。"(作篇第二)

"百战百胜,非善之善者也。不战而屈人之兵,善之善者也。凡用兵之法,全国为上,破国次之;全军为上,破军次之;全旅为上,破旅次之;全卒为上,破卒次之;全伍为上,破伍次之。"(谋攻篇第三)

"故上兵伐谋,其次伐交。"(谋攻篇第三)

"其下攻城。"(谋攻篇第三)

"故善用兵者,屈人之兵而非战也,拔人之城而非攻也,毁人之国而非久也。必以全争于天下,故兵不钝,而利可全。此谋攻之法也。"(谋攻篇第三)

"故君之所以患于军者三：不知三军之不可以进，而谓之进；不知三军之不可以退，而谓之退，是谓縻军。不知三军之事，而同三军之政，则军士惑矣。不知三军之权，而同三军之任，则军士疑矣。三军既惑且疑，则诸侯之难至矣。"（谋攻篇第三）

"故知胜有五：知可以与战，不可以与战者胜；识众寡之用者胜；上下同欲者胜；以虞待不虞者胜；将能而君不御者胜。此五者知胜之道也。故曰：知彼知己，百战不殆；不知彼而知己，一胜一负；不知彼不知己，每战必殆。"（谋攻篇第三）

"昔之善战者，先为不可胜，以待敌之可胜。不可胜在己，可胜在敌。故善战者，能为不可胜，不能使敌必可胜。故曰：胜可知而不可为。不可胜者，守也；可胜者，攻也。守则不足，攻则有余。"（形篇第四）

"见胜不过众人之所知，非善之善者也。战胜而天下曰善，非善之善者也。故举秋毫不为多力。见日月不为明目。闻雷霆不为聪耳。古之所谓善战者，胜易胜者也。故善战者之胜也，无智名，无勇功。故其战胜不忒。不忒者，其所措必胜，胜已败者也。故善战者，立于不败之地，而不失敌之败也。是故胜兵先胜而后求战，败兵先战而后求胜。"（形篇第四）

"凡治众如治寡，分数是也。斗众如斗寡，形名是也。三军之众，可使必受敌而无败者，奇正是也。凡战者，以正合，以奇胜。"（势篇第五）

"战势不过奇正，奇正之变，不可胜穷也。奇正相生，如循环之无端，孰能穷之？激水之疾，至于漂石者，势也。鸷鸟之疾，至于毁折者，节也。是故善战者，其势险，其节短。势如彍弩，节如发机。"（势篇第五）

"纷纷纭纭，斗乱而不可乱也；浑浑沌沌，形圆而不可败也。乱生于治，怯生于勇，弱生于强。治乱，数也；勇怯，势也；强弱，形也。故善动敌者，形之，敌必从之；予之，敌必取之。以利动之，以卒待之。故善战者，求之于势，不责于人，故能择人而任势。"（势篇第五）

"凡先处战斗而待敌者佚，后处战地而趋战者劳。故善战者，致人，而不致于人。能使敌人自至者，利之也；能使敌人不得至者，害之也。故敌佚能劳之，饱能饥之，安能动之。出其所不趋，趋其所不意。"（虚实篇第六）

"行千里而不劳者，行于无人之地也。攻而必取者，攻其所不守也。守而必固者，守其所不攻也。故善攻者，敌不知其所守；善守者，敌不知其所攻。微乎微乎，至于无形；神乎神乎，至于无声，故能为敌之司命。进而不可御者，冲其虚也；退而不可追者，速而不可及也。"（虚实篇第六）

"我不欲战,敌虽高垒深沟,不得不与我战者,攻其所必救也。我不欲战,画地而守之,敌不得与我战者,乖其所之也。"(虚实篇第六)

"故形人而我无形,则我专而敌分。我专为一,敌分为十,是以十攻其一也,则我众而敌寡。能以众击寡者,则我之所与战者约矣。吾所与战之地不可知,不可知,则敌所备者多,敌所备者多,则吾所与战者寡矣。"(虚实篇第六)

"寡者,备人者也;众者,使人备己者也。……敌虽众,可使无斗。故策之而知得失之计,作之而知动静之理,形之而知死生之地。"(虚实篇第六)

"故形兵之极至于无形,无形则深间不能窥,智者不能谋。因形而措胜于众,众不能知。人皆知我所以胜之形,而莫知我所以制胜之形。故其战胜不复,而应形于无穷。夫兵形象水,水之形,避高而趋下;兵之形,避实而击虚。水因地而制流,兵因敌而制胜。故兵无常势,水无常形,能因敌变化而取胜者,谓之神。"(虚实篇第六)

"凡用兵之法,将受命于君。合军聚众,交合而舍。"(军争篇第七)

"莫难于军争。军争之难者,以迂为直,以患为利。故迂其途,而诱之以利,后人发,先人至。"(军争篇第七)

"举军而争利,则不及。"(军争篇第七)

"故兵以诈立,以利动,以分合为变者也。故其疾如风,其徐如林,侵掠如火,不动如山,难知如阴,动如雷霆。"(军争篇第七)

"掠乡分众,廓地分利。……故三军可夺气,将军可夺心。是故朝气锐,昼气惰,暮气归。善用兵者,避其锐气,击其惰归。"(军争篇第七)

"佯北勿从,锐卒勿攻,饵兵勿食,归师勿遏,围师必阙,穷寇勿迫。"(军争篇第七)

"是故智者之虑,必杂于利害。杂于利而务可信也,杂于害而患可解也。"(九变篇第八)

"故用兵之法,无恃其不来,恃吾有以待也。无恃其不攻,恃吾有所不可攻也。"(九变篇第八)

"故将有五危:必死,可杀也;必生,可虏也;忿速,可侮也;廉洁,可辱也;爱民,可烦也。凡此五种,将之过也,用兵之灾也。"(九变篇第八)

"谆谆翕翕,徐言入人者,失众也;屡赏者,窘也;数罚者,困也。先暴而后畏其众者,不精之至也。"(行军篇第九)

"卒未亲附而罚之,则不服,不服则难用也。……故令之以文,齐之以

武,是谓必服。令素行以教其民,则民服。令不素行,以教其民,则民不服。令素信著者,与众相得也。"(行军篇第九)

"故兵有走者,有弛者,有陷者,有崩者,有乱者,有北者。凡此六种,非天之灾,将之过也。"(地形篇第十)

"卒强吏弱,曰弛。吏强卒弱,曰陷。大吏怒而不服,遇敌懟而自战,将不知其能,曰崩。弱不严,教道不明,吏卒无常,陈兵纵横,曰乱。"(地形篇第十)

"将不能料敌,以少合众,以弱击强,兵无选锋,曰北。"(地形篇第十)

"夫地形者,兵之助也。料敌制胜,计险阨远近,上将之道也。……故战道必胜,主曰无战,必战可也。战道不胜,主曰必战,无战可也。故进不求名,退不避罪,唯民是保,而利合于主,国之宝也。"(地形篇第十)

"知吾卒之可以击,而不知敌之不可击,胜之半也。知敌之可击,而不知吾卒之不可击,胜之半也。知敌之可击,知吾卒之可以击,而不知地形之不可以击,胜之半也。故知兵者,动而不迷,举而不穷。故曰:知彼知己,胜乃不殆;知天知地,胜乃可全。"(地形篇第十)

"兵之情主速,乘人之不及,由不虞之道,攻其所不戒也。"(九地篇第十一)

"三军足食,谨养而勿劳,併气积力,运兵计谋,为不可测。投之无所往,死且不北。死焉不得士人尽力?兵士甚陷则不懼,无所往则固,深入则拘,不得已则斗。是故其兵不修而戒,不求而得,……,不令而信。……吾士无余财,非恶货也;无余命,非恶寿也。"(九地篇第十一)

"将军之事,静以幽,正以治。能愚士卒之耳目,使之无知。易其事,革其谋,使人无识。易其居,迂其途,使人不得虑。……具三军之众,投之于险,此谓将军之事也。"(九地篇第十一)

"施无法之赏,悬无政之令,犯三军之众,若使一人。"(九地篇第十一)

"明主虑之,良将修之。非利不动,非得不用,非危不战。主不可以怒而兴师,将不可以愠而致战。合于利而动,不合于利而止。怒可以复喜,愠可以复悦,亡国不可以复存,死者不可以复生。故明君慎之,良将警之。此安国全军之道也。"(火攻篇第十二)

"相守数年,以争一日之胜。而爱爵禄百金,不知敌之情者,不仁之至也,非人之将也,非主之佐也,非胜之主也。故明君贤将,所以动而胜人,成功出于众者,先知也。先知者,不可取于鬼神,不可象于事,不可验于度。

必取于人,知敌之情者也。"(用间篇第十三)

"故三军之亲,莫亲于间,赏莫厚于间,事莫密于间。非圣智者不能用间,非仁义不能使间,非微妙不能得间之实。微哉微哉,无所不用间也。"(用间篇第十三)

"必索敌人之间来间我者,因而利之,导而舍之,故乡间可得而用也。……故惟明君贤将,能以上智为间者,必成大功。三军之所以恃而动也。此兵之要。"(用间篇第十三)

(五)《孙子兵法》与商业政治

马来西亚孙子研究学者邱庆河的系列专著之一《〈孙子兵法〉与商业政治》于 1995 年出版①。中文书名为该书封面所有。全书分三个部分共十一章对《孙子兵法》对近代商业政治的启发进行了分析阐释。

第一部分为"透视中的商业政治",共有三节:

1.商业政治的本质;

2.组织的力量;

3.企业文化。

第二部分为"积极的政治",共有七节:

1.让你自己变得强大;

2.与老板共事;

3.与下属共事;

4.与同事共事;

5.信息的力量;

6.网络体系的奇观;

7.男性世界中的女性。

第三部分为"消极的政治活动",共有二节:

1.当心肮脏政治;

2.老板与肮脏政治。

最后一部分为"结语"。

---

① Khoo Kheng-hor. *Applying Sun Tzu's Art of War in Corporate Politics*. Selangor Darul Ehsan: Pelanduk Publications, 1995.

邱庆河在《前言》中介绍了自己的《孙子兵法》研究和自己对《孙子兵法》的解读：

"我的其他几本关于将《孙子兵法》应用到现代管理方面的专著的成功，体现在邀请我为公众和内部人员做讲座的越来越多。在这些交谈中，常会碰到这样的情况，介绍我是'《孙子兵法》研究专家'，或者'是一个对〈孙子兵法〉进行现代阐释的学者'。为此我感到吃惊。

然而，我既非专家，亦非学者。自从有人告诉了我"专家"的定义以来，我总是极力避免这个称谓：'所谓专家就是在被人查明真相之前出现、辨明、告发然后被踢出局的那个人。'说到学者，我可是比学者实际多了，正如一位记者曾经写的那样：'东南亚第一本将孙子的兵法与商业相关联的书是1989年出版的《〈孙子兵法〉在发挥作用》（*War at Work*）。马来西亚出生的邱庆河先生以将更实际的方法增加到孙子的法则中而出名。他将这些法则再加上自己在十五年管理工作中所遇到的那些实例应用到商业中。'与此相似的是，我的另一本书《〈孙子兵法〉与管理》出版后发表在1992年的《马来西亚商业》上第一篇评论。那个评论家写道：'这么做（即把《孙子兵法》放到现代管理中进行阐释）有可能会打消很多人读《〈孙子兵法〉与管理》这本书的念头，认为它不过是一本卖弄学问的迂腐之作。邱庆河试图通过加入他在自己从事管理工作时碰到的实际管理实例将孙子的发展全都应用到现实中最受欢迎的层面上……'

这些评论确实总结了实际的情况，那就是，我只是一个管理员，远非专家或是学者。而宁可说是，当我们谈论的所有东西是真正关于商业和商业'战场'的时候才触及了关键之处。这或许解释了为什么发现我写的东西和我的讲座，有如此多的读者和听众是经商的人和从事管理的人。这些人在孙子的那个时代，将会是统治者和将领。

在我的时代，我自己个人也同样深受消极政治运动之害。幸运的是，我总是能在《孙子兵法》中找到应对之策。遇到问题时，一些管理人员总是喜欢转向他们为之工作的企业的导师去寻求解决之道。但是对那些没有导师可咨询，或是对那些不能对在《孙子兵法》中发现的那些法则创造性地进行解读、阐释和应用以引导他们在商业生活中的言行的人来说，我希望这本书能对他们有所帮助。"

第一章 《孙子兵法》在英语世界的应用研究

邱庆河在"孙子与《孙子兵法》简介"一节指出:"一个两千五百年前的中国军事战略家能对商业政治起什么作用呢？答案是:可以发挥很多作用。《孙子兵法》中的很多战争法则与现代人获取权力并在工作中影响他人以便将工作更有效地做得更好之目的具有很多的相似之处。"

在"商业政治的本质"一章邱庆河用中文引了《孙子兵法》"作篇第二"的最后一句:"故知兵之将,[生]民之司命,国家安危之主也"作为其该章观点的展示。邱庆河交代他写此书的目的意在其读者不要使用自我寻求的、这个同时会让自己的位置和友谊处于危险境地的"高压攻势",正如伟大的军事战略家孙子所警告的那样:"故不尽知用兵之害者,则不能尽知用兵之利也。"(作篇第二)邱庆河指出:"从《孙子兵法》中我意识到,权力、影响以及外在和内在的政治都能成为人们寻求成功的合法手段,通过在恰当的时间做恰当的事以提高个人在其组织中的价值,并因此加速他们在公司的阶梯上晋升的速度。"用孙子的话说即是:"故兵贵胜,不贵久。故知兵之将,民之司命,国家安危之主也。"(作篇第二)相反,邱庆河希望令读者感兴趣的是怎样建设性地应用孙子的作战法则去把握商业政治,并且成为一个在工作上强有力却不"杀掉"他人的人。《孙子兵法》中蕴含此智慧的是下面这个观点:"故百战百胜,非善之善者也。不战而屈人之兵,善之善者也。……故善用兵者,屈人之兵而非战也,拔人之城而非攻也,……此谋攻之法也。"(谋攻篇第三)

在"组织的力量"一章,邱庆河用中文引了《孙子兵法》"行篇第四"中的"故善战者,能为不可胜,不能使敌必可胜。不可胜在己,可胜在敌"作为其该章观点的展示。邱庆河指出,孙子是这样论及军事力量的:"十则围之,五则攻之,倍则分之,敌则能战之。少则能守之,不若则能避之。故小敌之坚,大敌之擒也。"(谋攻篇第三)即便如此,力量仍然伴着某种责任感,因为孙子认为:"夫战胜攻取,而不修其功者凶,命曰'费留'。……非利不动,非得不用,非危不战。"(火攻篇第十二)因此,如果你有权影响某件事和做决定,那你需要确保在做所有的事情时考虑到对别人有好处,而不能只顾及你自己的所得。难怪孙子会将军队一方的失败归咎于不好的指挥:"故兵有走者,有弛者,有陷者,有崩者,有乱者,有北者。凡此六种,非天之灾,将之过也。"(地形篇第十)正确的办法是遵从孙子的建议:"不可胜在己,可胜在敌。故善战者,能为不可胜,不能使敌必可胜。"(形篇第四)传统的权力基础是与一个人在组织层级中的正常位置相联的,正如孙子言:"凡用兵之法,将受命于君。合军聚众,交合而舍。"(军争篇第七)因而,一个由于某些原因,失去了手下对他的尊重,或者还没有赢得手下对其尊重的新管理者可能还在寻求他为什么不能影响自己的手下改变他们的态度或行为,正如孙子的提醒:"卒未亲附而罚之,则不服。"(行军篇第九)孙子论及对力量的奖赏时指出:"故车战,得车十乘以上,赏其先得者。"(作篇第二)"掠乡分众,廓地分利。"(军争篇第七)"以饱待饥。"(军争篇第二)然而,在对下属进行惩罚时应该注意孙子的警告:"数罚者,困也。先暴而后畏其众者,不精之至也。"(行军篇第九)"卒强吏弱,曰弛。吏强卒弱,曰陷。"(地形篇第十)在论及"威望权力"时邱庆河引孙子的观点强调:"视卒如婴儿,故可与之赴深豀;视卒如爱子,故可与之俱死。"(地形篇第十)我们不应该滥用权力,而是应该在别人做决定且可能这个决定不正确时才显示它、使用它,正如孙子言:"故进不求名,退不避罪,唯民是保,而利合于主,国之宝也。"(地形篇第十)

在"企业文化"一章,作者用中文引了《孙子兵法》"地形篇第十"中的"知彼知己,胜乃不殆;知天知地,胜乃不穷(可全)"来作为其该章观点的展示,其中对《孙子兵法》相关法则的引用共有五处,具体如下:

"途有所不由,军有所不击,城有所不攻,地有所不争,君命有所不受。"(九变篇第八)

"天者,阴、阳、寒、暑,时制也。"(计篇第一)

"夫地形者,兵之助也。"(地形篇第十)

"聚三军之众,投之于险,此谓将军之事也。"(九地篇第十一)

"知彼知己,百战不殆。知天知地,胜乃可全。"(地形篇第十)

在"让你自己变得强大"一章,作者用中文引了《孙子兵法》"计篇第一"中的"将者,智、信、仁、勇、严也"来作为其该章观点的展示,其中对《孙子兵法》相关法则的引用共有二十八处,具体如下:

"不可胜在己,可胜在敌。故善战者,能为不可胜,不能使敌必可胜。"(形篇第四)

"故善用兵者,修道而保法,故能为胜败之政。"(形篇第四)

"将者,智、信、仁、勇、严也。"(计篇第一)

"故明君贤将,所以动而胜人,成功出于众者,先知也。"(用间篇第十三)

"知彼知己,百战不殆;不知彼而知己,一胜一负;不知彼不知己,每战必殆。"(谋攻篇第三)

"谆谆翕翕,徐言入人者,失众者。"(行军篇第九)

"凡战者,以正合,以奇胜。"(势篇第五)

"不知山林、险阻、沮泽之形者,不能行军。"(军争篇第七)

"行千里而不劳者,行于无人之地也。"(虚实篇第六)

"非圣智不能用间,非仁义不能使间,非微妙不能得间之实。"(用间篇第十三)

"吾所与战之地不可知。"(虚实篇第六)

"故其战胜不复,而应形于无穷。"(虚实篇第六)

"卒,善而养之。"(作篇第二)

"视卒如婴儿,故可与之赴深豁;视卒如爱子,故可与之俱死。"(地形篇第十)

"故战道必胜,主曰无战,必战可也。战道不胜,主曰必战,无战可也。"(地形篇第十)

"故善用兵者,修道而保法,故能为胜败之政。"(形篇第四)

"夫未战而庙算胜者,得算多也。未战而庙算不胜者,得算少也。"(计篇第一)

"不忒者,其所措必胜,胜已败者也。"(形篇第四)

"故将有五危:必死,可杀也;必生,可虏也;忿速,可侮也;廉洁,可辱也;爱民,可烦也。凡此五者,将之过也,用兵之灾也。"(九变篇第八)

"举军而争利,则不及。"(军争篇第七)

"故明君慎之,良将警之。此安国全军之道也。"(火攻篇第十二)

"数罚者,困也。先暴而后畏其众者,不精之至也。"(行军篇第九)

"怒而挠之。……忿速,可侮也;廉洁,可辱也。"(九变篇第八)

"将军之事,静以幽,正以治。"(九地篇第十一)

"将不胜其忿,而蚁附之,杀士三分之一,而城不拔者,此攻之灾也。"(谋攻篇第三)

"主不可以怒而兴师,将不可以愠而致战。合于利而动,不合于利而止。怒可以复喜,愠可以复悦,亡国不可以复存,死者不可以复生。"(火攻篇第十二)

"卒,善而养之。"(作篇第二)

"故善用兵者,屈人之兵而非战也,拔人之城而非攻也,毁人之国而非久也。"(谋攻篇第三)

在"与老板共事"一章，作者用中文引了《孙子兵法》"地形篇第十"中的"故战道必胜，主曰无战，必战可也。战道不胜，主曰必战，无战可也"来作为其该章观点的展示，其中对《孙子兵法》相关法则的引用共有二十五处，具体如下：

"夫惟无虑而易敌者，必擒于人。"（行军篇第九）

"水因地而制流；兵因敌而制胜。"（虚实篇第六）

"多算胜，少算不胜，而况于无算乎！吾以此观之，胜负见矣。"（计篇第一）

"故战道必胜，主曰无战，必战可也。战道不胜，主曰必战，无战可也。"（地形篇第十）

"故进不求名，退不避罪，唯民是保，而利合于主，国之宝也。"（地形篇第十）

"聚三军之众，投之于险，此谓将军之事也。……帅与之深入诸侯之地，而发其机。焚舟破釜，……深入则专，投之无所往者，诸刿之勇也。"（九地篇第十一）

"衢地则合交。"（九地篇第十一）

"水因地而制流；兵因敌而制胜。故兵无常势，水无常形。"（虚实篇第六）

"是故智者之虑，必杂于利害。杂于利而务可信也，杂于害而患可解也。"（九变篇第八）

"不用乡导者，不能得地利。"（军争篇第七；九地篇第十一）

"夫战胜攻取，而不修其功者凶，命曰'费留'。"（火攻篇第十二）

"无恃其不来，恃吾有以待也。无恃其不攻，恃吾有所不可攻也。"（九变篇第八）

"是故始如处女，敌人开户；后如脱兔，敌不及拒。"（九地篇第十一）

"是故智者之虑，必杂于利害。杂于利而务可信也，杂于害而患可解也。"（九变篇第八）

"不知军之不可以进，而谓之进；不知军之不可以退，而谓之退，是谓縻军。"（谋攻篇第三）

"微乎微乎，至于无形；神乎神乎，至于无声，故能为敌之司命。"（虚实篇第六）

"我不欲战，画地而守之，敌不得与我战者，乖其所之也。"（虚实篇第六）

"不知三军之事,而同三军之政,则军士惑矣。"(谋攻篇第三)

"策之而知得失之计。"(虚实篇第六)

"不知三军之权,而同三军之任,则军士疑矣。"(谋攻篇第三)

"水因地而制流;兵因敌而制胜。故兵无常势,水无常形。"(虚实篇第六)

"故形兵之极至于无形,无形则深间不能窥,智者不能谋。因形而措胜于众,众不能知。人皆知我所以胜之形,而莫知我所以胜之形。"(虚实篇第六)

"将军之事,静以幽,正以治;能愚士卒之耳目,使之无知。"(九地篇第十一)

"犯之以事,勿告以言。"(九地篇第十一)

"厚而不能使,爱而不能令,乱而不能治,譬如骄子,不可用也。"(地形篇第十)

在"与下属共事"一章,作者用中文引了《孙子兵法》"计篇"中的"道者,令民与上同意(也)。故[也]可与之死,可与之生,而不畏危(也)。"来作为其该章观点的展示,其中对《孙子兵法》相关法则的引用共有十七处,具体如下:

"投之无所往,死且不北。……是故其兵不修而戒,不求而得,不令而信。"(九地篇第十一)

"卒未亲附而罚之,则不服。"(行军篇第九)

"帅与之期,如登高而去其梯;……投之于险。"(九地篇第十一)

"夫吴人与越人相恶也,当其同舟而济遇风,其相救也,如左右手。"(九地篇第十一)

"道者,令民与上同意也,故可与之死,可与之生,而不畏危也。"(计篇第一)

"凡用兵之法,将受命于君。合军聚众,交合而舍。"(军争篇第七)

"故车战,得车十乘以上,赏其先得者。"(作篇第二)

"掠乡分众,廓地分利。"(军争篇第七)

"施无法之赏,悬无政之令。"(九地篇第十一)

"令素行以教其民,则民服。令不素行,以教其民,则民不服。令素信著者,与众相待也。"(行军篇第九)

"三军足食,谨养而勿劳,併气积力,运兵计谋,为不可测。"(九地篇第

十一）

"其用战也,胜。久则钝兵挫锐。"（作篇第二）

"故兵闻拙速,未睹巧之久也。夫兵久而国利者,未之有也。"（作篇第二）

"故善战者,求之于势,不责于人,故能则人而任势。"（势篇第五）

"古之所谓善战者,胜易胜者也。故善战者之胜也,无智名,无勇功。其战胜不忒。"（形篇第四）

"故进不求名,退不避罪,唯民是保,而利合于主,国之宝也。"（地形篇第十）

"卒强吏弱,曰驰。吏强卒弱,曰陷。"（地形篇第十）

在"与同事共事"一章,作者用中文引了《孙子兵法》"军争篇"中的"凡用兵之法,将受命于军,合军聚众,交合而舍"来作为其该章观点的展示,其中对《孙子兵法》相关法则的引用共有十四处,具体如下：

"凡用兵之法,将受命于军,合军聚众,交合而舍。"（军争篇第七）

"所谓古之善用兵者,能使敌人前后不相及,众寡不相恃,贵贱不相救,上下不相扶。"（九地篇第十一）

"故不尽知用兵之害者,则不能尽知用兵之利者。"（作篇第二）

"百战百胜,非善之善者也。不战而屈人之兵,善之善者也。"（谋攻篇第三）

"故上兵伐谋。"（谋攻篇第三）

"去国越境而师者,绝地也。四达者,衢地也。……衢地吾将固其结,交地吾将谨其守。"（九地篇第十一）

"其次伐交。"（谋攻篇第三）

"衢地则交合。"（九地篇第十一）

"其下攻城。攻城之法,为不得已。"（谋攻篇第三）

"围师必阙,穷寇勿迫。此用兵之法也。"（军争篇第七）

"将不胜其怒,而蚁附之,杀士三分之一,而城不拔者,此攻之灾也。"（谋攻篇第三）

"兵者,诡道也。故能而示之不能,用而示之不用,近而示之远。……怒而挠之。"（计篇第一）

"辞卑而益备者,进也;辞强而进驱者,退也。"（行军篇第九）

"是故不知诸侯之谋者,不能预交。"（军争篇第七）

第一章 《孙子兵法》在英语世界的应用研究

在"信息的力量"一章,作者用中文引了《孙子兵法》"用间篇"中的"故明君贤将,所以动而胜人,成功出于众者,先知也"来作为其该章观点的展示,其中对《孙子兵法》相关法则的引用共有六处,具体如下:

"知彼知己,百战不殆;不知彼而知己,一胜一负;不知彼不知己,每战必殆。"(谋攻篇第三)

"故明君贤将,所以动而胜人,成功出于众者,先知也。"(用间篇第十三)

"先知者,不可取于鬼神,不可象于事,不可验于度。必取于人,知敌之情者也。"(用间篇第十三)

"乘人之不及,由不虞之道,攻其所不戒也。"(九地篇第十一)

"卒强吏弱,曰驰。"(地形篇第十)

"相守数年,以争一日之胜。不知敌之情者,不仁之至也。非人之将也,非主之佐也,非胜之主也。"(用间篇第十三)

在"网络体系的奇观"一章,作者用中文引了《孙子兵法》"谋攻篇"中的"夫将者,国之辅也。辅周则国必强,辅隙则国必弱"来作为其该章观点的展示,其中对《孙子兵法》相关法则的引用共有八处,具体如下:

"衢地则交合。"(九地篇第十一)

"凡战者,以正合,以奇胜。"(势篇第五)

"夫将者,国之辅也。辅周则国必强,辅隙则国必弱。"(谋攻篇第三)

"昔之善战者,先为不可胜,以待敌之可胜。"(形篇第四)

"诸侯之地三属,先至而得天下之众者,为衢地。"(九地篇第十一)

"合于利而动,不合于利而止。"(九地篇第十一)

"料敌制胜,计险阨远近,上将之道也。"(地形篇第十)

"无恃其不来,恃吾有有以待也。无恃其不攻,恃吾有所不可攻也。"(九变篇第八)

在"男性世界中的女性"一章,作者用中文引了《孙子兵法》"九地篇"中的"是故始如处女,敌人开户;后如脱兔,敌不及拒"来作为其该章观点的展示,其中对《孙子兵法》相关法则的引用共有五处,具体如下:

"是故始如处女,敌人开户;后如脱兔,敌不及拒。"(九地篇第十一)

"衢地则交合。"(九地篇第十一)

"刚柔皆得,地之理也。故善用兵者,携手若使一人,不得已也。"(九地篇第十一)

"故为兵之势,在于顺佯敌之意。"(九地篇第十一)

"夫兵形象水,水之行,避高而趋下;兵之行,避实而击虚。故兵无常势,水无常形,能因敌变化而取胜者,谓之神。"(虚实篇第六)

在"当心肮脏政治"一章,作者用中文引了《孙子兵法》"九变篇"中的"是故屈诸侯者以害。役诸侯者以业。趋诸侯者以利"来作为其该章观点的展示,其中对《孙子兵法》相关法则的引用共有十二处,具体如下:

"夫吴人与越人相恶也,当其同舟而济遇风,其相救也,如左右手。"(九地篇第十一)

"我不欲战,画地而守之,敌不得与我战者,乖其所之也。"(虚实篇第六)

"兵之情主速。"(九地篇第十一)

"敢问:敌众整而将来,待之若何?曰:先夺其所爱,则听矣。"(九地篇第十一)

"是故不知诸侯之谋者,不能预交。"(军争篇第七)

"少则能守之,不若则能避之。故小敌之坚,大敌之擒也。"(谋攻篇第三)

"故兵以诈立,以利动。"(军争篇第七)

"将军之事,静以幽,正以治;能愚士卒之耳目,使之无知。"(九地篇第十一)

"是故屈诸侯者以害。……趋诸侯者以利。"(九变篇第八)

"故善战者,修道而保法,故能为胜败之政。"(形篇第四)

"故敌佚能劳之。诱之以利。"(虚实篇第六)

"故备前则后寡,备后则前寡,备左则右寡,备右则左寡,无所不备,则无所不寡。"(虚实篇第六)

在"老板与肮脏政治"一章,作者用中文引了《孙子兵法》"地形篇"中的"将弱不严,教道不明,吏卒无常,陈兵纵横,曰乱"来作为其该章观点的展示,其中对《孙子兵法》相关法则的引用共有六处,具体如下:

"故兵有走者,有驰者,有陷者,有崩者,有乱者,有北者。凡此六种,非天之灾也,将之过也。"(地形篇第十)

"将弱不严,教道不明,吏卒无常,陈兵纵横,曰乱。"(地形篇第十)

"厚而不能使,爱而不能令,乱而不能治,譬如骄子,不可用也。"(地形篇第十)

"故明君贤将,所以动而胜人,成功出于众者,先知也。"(用间篇第十三)

"凡战者,以正合,以奇胜。"(势篇第五)

"先知者,不可取于鬼神,不可象于事,不可验于度。必取于人,知敌之情者也。"(用间篇第十三)

在"结语"中,作者用中文引了《孙子兵法》"地形篇"中的"故战道必胜,主曰无战,必战可也。战道不胜,主曰必战,无战可也"展示其观点。

第五节 《孙子兵法》与体育

(一)《孙子兵法》与足球

田纳西州塞维尔维尔县协防员肯尼·拉特里奇的研究文章《〈孙子兵法〉与足球》于2003年发表在《体育教练》上①。与其他西方世界孙子研究者一样,作者先对《孙子兵法》的重要性和影响做了简要的交代。作者指出,孙子是中国的一名哲学家和将军,他创作了人们所知道的最早的关于战争与军事学的著作。大约公元前510年左右他写了一本系统引导军事战略和战术的手册,这本手册中的法则两千年多来一直在被人们研究和应用。

拿破仑将孙子兵法介绍给了西方世界,并运用了孙子的许多军事法则来帮助其占领了大部分的欧洲。最近孙子兵法成了苏联的政治、军事部门人员必读的经典之作。

毛泽东的那本战略和战术小册子(*Little Red Book*)就从孙子兵法中借用了很多思想。今天,《孙子兵法》已经成了一本广受欢迎的时髦之作②。

商界将孙子兵法运用到销售、市场营销、管理中。同样,孙子兵法也在许多现代电影中被提及,在商业学校和军事学院被研究。

---

① Kenny Ratledge. "Football according to Sun Tzu". *Coach and Athletic Director*, Vol.72, No.10, 2003, pp. 24–26.

② "Mao Tse Tung's *Little Red Book* of strategic and tactical doctrine had its genesis in the *Art of War*, which has become fashionably popular today." Kenny Ratledge. "Football according to Sun Tzu". Op. cit., p. 24.

足球是与战争最相似的体育运动。我们在足球中所用的好多术语就直接源自军事术语,如闪电式攻击(blitz)、获得战线上的优势(line to gain)、轰炸(bomb)、战壕(战线)(trench)以及侵犯(encroachment)。

许多很棒的教练,如伍迪·海耶尔(Woody Hayes)、鲍比·奈特(Bobby Knight)、杰纳勒尔·尼兰(General Neyland)等,都曾将军事理论运用到他们自己的体育项目中去。我相信,将孙子兵法与足球联系起来分析阐释一定会非常有趣。

"强而避之。"①(计篇第一)

当你的对手在进攻方面占优势时,那就要谨慎些,避免与他们发生一对一的冲突。

在防守方面,教练应该向他的前卫倾斜,以避免直接的对抗。

另一个较好的战术是运用多个前锋(multiple fronts),以避免出现没有人发起进攻的情况。如果对方的防御比你那一方的进攻要占优势的话,那就应该明智地选择定向进攻(option-oriented attack)的方法。这样做会使你看透某些防卫人员,让他们畅通无阻,失去防御作用。

"近而示之远,远而示之近。"②(计篇第一)

这个理念属于伪装(disguise)的范畴。别让你的对手知道你的真实意图。让他失去平衡。

比如,当你压近时(压力特技型防守)(pressure stunt type defense),就让你的对手以为你正在玩软的(远距离的进攻)(far away)。相反,当你们打算远距离防守时,则让他以为你们正在迫近。

"故兵闻拙速,未睹巧之久也。"③(作篇第二)

不管是进攻还是防守,这都意味着要趁早而且经常对敌人发起进攻。进攻或防守都要尽快完成。防守的时候,尽早攻击对手,引起对方的挫败

---

① "If the enemy is in superior strength, evade him." "Cleverness has never been associated with long delays." Kenny Ratledge. "Football according to Sun Tzu". Op. cit., p. 25.

② "When near your enemy, make him believe you are far away; when far away, make him believe you are near." Ibid.

③ "Cleverness has never been associated with long delays." Ibid.

泄气感,让拦网队员(守门员)(blockers)失去自信心。

"昔之善战者,先为不可胜,以待敌之可胜。""不可胜在己,可胜在敌。"①(形篇第四)

前一句表明,我们必须在制定出反对对手的计划之前有相当的把握。我们的防阻和突破技巧必须完善。我们必须通过不犯错误、不受罚、不失误以便在根本上比我们的对手更有优势。一个有着坚固的防守和良好、活跃的进攻的球队是很难被击败的。

后一句则表明,当对手犯了诸如失误或受罚这样的错的时候,我们必须好好利用这些优势。

"上下同欲者胜。"②(谋攻篇第三)

教练面临的一个最常见的问题就是后援(backups)的精神与体能的状态问题。后补队员的情感会影响整个球队。一个成功的教练要使他的候补队员成为整个球队的一部分。要让后补队员们感觉到自己是被球队所需要的。

通常的战略包括在训练和比赛时让更多的队员有上场的机会,并对服务人员给予激励和奖励。比尔·布莱恩特(Bear Bryant)就因为让更多的队员有上场的机会而出名。他常常会炫耀自己的球队打出了两三个全面的进攻。

"故善战者,求之于势,不责于人。"③(势篇第五)

教练必须小心,不能过度依赖某个队员。最好的球队并不总是由最好的队员组成的。一个机敏的教练会制定出一场让每个队员都有效发挥出自己才能的球赛计划。他不会要求自己的队员去做依他们的能力做不到的事。

---

① "The good fighters of old first put themselves beyond the possibility of defeat and then waited for an opportunity of defeating the enemy."and "To secure ourselves against defeat lies in our own hand but the opportunity of defeating the enemy is provided by the enemy himself." "Cleverness has never been associated with long delays." Kenny Ratledge. "Football according to Sun Tzu". Op. cit., pp. 25-26.

② "He will win whose army is animated by the same spirit throughout its ranks." Ibid., p. 26.

③ "The clever combatant looks to the effect of combined energy, and does not require too much from individuals." Ibid.

场地位置、战略、战术、侦查、比赛计划的制定、人际关系以及更多其他的东西都可在《孙子兵法》中找到需要的法则①。

(二)《孙子兵法》与篮球

东林肯高中的男子篮球助理教练奇普·阿什利的文章《〈孙子兵法〉与篮球》于2008年发表在《体育教练》上②。1772年,其时在北京传教的法国传教士让·约瑟夫·阿米奥(Jean Joseph Amiot)(1718—1793)翻译的法语版《孙子兵法》在巴黎出版,《孙子兵法》第一次被传播到西方世界。《孙子兵法》对整个中国历史和日本的军事思想都有着深刻的影响,它也是毛泽东战略理论和中国军队的战术法则的源泉。《孙子兵法》创作于规模较大的军队有效组织、良好训练和被专门将领指挥的时期。将《孙子兵法》与篮球运动相联系,文章旨在帮助引领高中篮球赢得胜利。

"在战争中,胜利总是属于那些有着更好训练的官兵"③(士卒孰练)(计篇第一)

一个篮球教练必须不断提高他的教练知识、技巧和战略。在其职业生涯中,教练必须成为一个喜好阅读的人。读那些关于成功篮球教练的传记,读与篮球技巧和战略相关的书。同时,他还应该参加教练诊所,(每天)观看数小时有关那些成功教练的、对手的以及自己队比赛的录像。教练是比赛的第一位老师。队员们必须具备赢得篮球比赛胜利的基本技巧,因而你的每个队员都不能有弱项。每天必须进行强制性的进攻和防守的反复训练,这样才能保证队员们在比赛中没有任何不确定性。比赛临近的

---

① "Field position, strategy, tactics, scouting, game planning, interpersonal relationships, and more are to be found within the page of *The Art of War*." Kenny Ratledge. "Football according to Sun Tzu". Op. cit., p. 26.

② Chip Ashley. "Sun Tzu: The Art of War and Basketball". *Coach and Athletic Director*, Vol.78, No.2, 2008, pp. 50-52.

③ 文章所参照的《孙子兵法》引文,用的是格里菲思1971年英译本(Samuel Griffith. *Sun Tzu: The Art of War*. New York: Oxford University Press, 1971)。有的为孙子原文译文,也有两处为后代评论家对孙子观点的评论。原文作者没有明确标注。本书作者注。"In war, victory usually goes to the army who has better trained officers and men." Chip Ashley. "Sun Tzu: The Art of War and Basketball". Op. cit., p. 50.

关键时刻应该每天训练十五分钟,以确保队员习惯这种类型的压力。

"卒,善而养之"①(作篇第二)

当你的队是主场时,教练必须确保客方的教练队需要的每样东西都准备好了。衣帽间里准备的设施都是干净的。要为对方提供一个让人感到被关心的环境。应该备好对方教练可用来图解比赛的白板、标示物(如笔、磁性纽扣等)和橡皮擦。同时还应该准备大量的可用于赛前热身的篮球。应该在观看比赛的凳子上为对方提供热水、杯子和毛巾。也应该在衣帽间为比赛完后的对方准备可口的饮料和食物。

"知彼知己,百战不殆;不知彼而知己,一胜一负;不知彼知己,每战必殆"②(谋攻篇第三)

作为一名篮球教练,最重要的就是明白你自己的进攻和防守哲学是什么。一名教练如果对自己的战略不确定那无异于失败。你得了解你的全体队员。一名成功的教练是不能期待他的队员去完成他们没有能力完成的事情的。

你的进攻和防守哲学必须得适合你队员的水平。如果一名教练在一年里不能使自己适应自己的全体队员,那他是不会成功的。

作为教练,你不仅要了解你自己,你还得了解那些可能会与你比赛的对手。你得问问以下几个关于对手的问题:他们的强项和弱项是什么?对方教练是位好赌之徒或者冒险者吗?或者更像是个保守之辈?谁是对方球队最好的队员?谁又是最佳的投球手、运球手、传球手、得分手、善于篮板球的球员和防守队员?

侦查对手是任何一位教练的队伍获得比赛胜利的必须功课。教练必须尽力亲自观看一场每个球队的比赛。如果你不能亲自到场观看,那你应该打电话给其他与那个球队打了比赛的教练,并看看你自己是否能观看一下他们的实战比赛。

如果一名教练不了解对手的强项和弱项,他是不可能制定出得分和抑

---

① "Treat the captives well, and care for them." Chip Ashley. "Sun Tzu: The Art of War and Basketball". *Coach and Athletic Director*, Vol.78, No.2, 2008. Op. cit., p.50.

② "Know the enemy and know yourself; in a hundred battles you will never be in peril. When you are ignorant of the enemy but know yourself, your chances of winning or losing are equal. If ignorant both of your enemy and of yourself, you are certain in every battle to be in peril." Ibid., p.51.

制对方的方案的。一些教练认为他们只需操心自己的球队就行了。他们相信,如果他们能够按照预计的那样去进行进攻和防守,对手的比赛计划与自己是毫不相干的。这种想法会让你的球队付出几场输球的代价。

由于你侦查并分析了对手在实际比赛中的进攻组合的情况,那你的球队了解对手在每一场比赛中的做法就是寻常之事了。同时,你也能唤起你的队员与他们比赛的热情。但这样,对其他的球队队员来说,他们会变得非常的令人沮丧,因为它们常常不能进行有效的进攻。

"寡者,备人者也;众者,使人备己者也。"①(虚实篇第六)

有时,你的篮球队会让对手仅是在球员的能力、块头和技能等方面的数量上被超过。那教练必须尽每一种可能让其队员做好充分准备打败这样的对手。教练必须让其队员完全了解比赛的计划,并能完美地实施这个计划以便给球队一个获胜的机会。

"故惟明君贤将,能以上智为间者,必成大功。三军之所恃而动也。此兵之要。""不使用间谍的军队就像人没有眼睛和耳朵。"②(用间篇第十三)

一名成功的教练必须尽可能多地获取其他人的帮助。你需要有在所有对手学校的朋友和熟人。这些朋友和熟人能够给你提供你需要的那些关于该校篮球队教练和队员的信息。你也需要雇佣能干的人到你比赛对手的比赛中去侦查他们的强项和弱项。如果一名教练不了解其他球队的进攻和防御计划就制订自己的比赛方案的话,那会是极其愚蠢的。

"故其战不复,而应形于无穷。"③(虚实篇第六)

在我的教练生涯中我曾亲见这种情况在比赛双方出现过。过去,当一个队有一个完美的比赛计划,那么这个队将会非常自信地赢得比赛。但在

---

① "One who has few must prepare against the enemy; one who has many makes the enemy prepare against him." Chip Ashley. "Sun Tzu: The Art of War and Basketball". Op. cit., p. 51.

② "And therefore only the enlightened sovereign and the worthy general who are able to use the most intelligent people as agents are certain to achieve great things. Secret operations are essential in war; upon them the army relies to make its every move." "An army without secret agents is exactly like a man without eyes or ears." Ibid.后一句为评论家贾林对前一句的评论。本书作者注。

③ "Therefore when I have won a victory, I do not repeat my tactics but respond to circumstances in an infinite variety of ways." Chip Ashley. "Sun Tzu: The Art of War and Basketball". Op. cit., p. 51.

下一次与同一个球队的比赛中,曾经管用的战术却不奏效了。因为对方球队为这场比赛做了更充足的计划和进攻,因此这次是他们打败了之前赢了他们的那支球队。一名教练不应该期待对手会两次犯同样的错误。

应该确信自己准备了一份备份的比赛计划。比如在比赛中,A 球队成功地在整场或半场中逼迫 B 球队并使其陷入了困境。A 球队得分超过 B 球队三十五分。下一次这两个球队比赛时 B 球队为上次那些陷阱做了充分准备,并采用了单手上篮以反对对手强攻的战略。先前获胜的 A 球队这次不能再阻止 B 球队得分,并以几分之差被 B 球队打败了。

"斗众如斗寡,形名是也。……声不过五,五声之变,不可胜听也。色不过五,五色之变,不可胜观也。"①(势篇第五)

一名篮球教练在比赛过程中必须得与其队员交流。通常比赛场馆里会非常吵闹,队员们不容易听清楚教练说的话。因此,教练必须得采取一套不同的交流体系。手势具有音韵的符号和色彩,能在某些情形下告诉队员们该做什么。所有的进攻和防守的布局都来自球场边线处指定的手势。所有的球员都必须得明白教练的每一个关于进攻和防守的手势。

这些手势要每天反复练习才能使所有的队员对它们不感到迷惑。运用这些手势可以减少言语交流的缺乏,因为队员们可以明白这些手势,但他们常常会听不清从凳子上传来的教练的声音。

"倚仗而立者,饥也。……见利而不进者,劳也。……吏怒者,倦也。"②(行军篇第九)

作为一名篮球教练,其中的一项工作就是要确信你的队员们身体状况良好。每天应该花 20~30 分钟的时间来做体能训练。每个教练都从不会想要自己的队员累得抓住短裤或是靠在那儿喘气。这对别的队来说可是你的队员疲劳和虚弱的信号。

---

① "And to control many is the same as to control few. This is a matter of formations and signals. The musical notes are only five in number but their melodies are so numerous that one cannot hear them all. The primary colors are only five in number but their combinations are so infinite that one cannot visualize them all." Chip Ashley. "Sun Tzu: The Art of War and Basketball". Op. cit., p. 51.

② "When his troops lean on their weapons, they are famished. When the enemy sees an advantage but does not advance to seize it, he is fatigued. If the officers are short tempered they are exhausted." Ibid., p. 52.

好的球队总是在体能方面占据优势。比赛中你不应该因为你的队员身体疲累而输掉比赛或是抓不住机会。教练应该为他的队员做榜样,有着饱满的精神和良好的身体状态。他应该在训练时间与他的队员们一起跑步锻炼。

"衢地则交合。""以珍宝和丝绸来报答可能的盟友,以庄重的盟友来加强联盟。严格遵守盟约,盟约必有助于我方。"①(九地篇第十一)

作为一名教练,高度尊重与你同一个区的其他教练是非常重要的。当与你比赛时的对手教练到你的体育场馆来打球时,你应当把他们当成受人尊敬的客人来对待,给他们提供所需的每一样东西。这点非常重要,因为你有一天也会需要他们为你侦查其他的球队。他们或许会给你提供你的球队赢得其他球队所需要的必要信息。作为教练,你也应该在比赛淡季与其他教练一起坐下来讨论比赛以及他们获得成功所运用的战略。

"三军足食,谨养而勿劳,併气积力,运兵计谋,为不可测。"②(九地篇第十一)

尽管所有教练都希望自己的队员处于最佳的身体状态,但当其队员们疲累时一个好的教练也必须能感觉到。那么在这些日子里,教练应该集中在彼此间搞一些有趣的、令人兴奋的比赛,并给予他们小小的表扬和奖励。体能训练可以暂时推迟。

同时,教练还应该时常邀请你的队员到你家去举行家庭聚餐。这样会让队员们有亲切之感,让他们知道你是关心他们的。

"明主虑之,良将修之。"③(火攻篇第十二)

当你设想出你的进攻和防守战略以及总体的篮球计划时,随之重要的

---

① "In focal ground I would strengthen my alliances." "I reward my prospective allies with valuables and silks and bind them with solemn covenants. I abide firmly by the treaties and then my allies will certainly aid me." Chip Ashley. "Sun Tzu: The Art of War and Basketball". Op. cit., p. 52. 后一句为军事家张预对孙子前一句观点的评论。本书作者注。

② "Pay heed to nourishing troops; do not unnecessarily fatigue them. Unite them in spirit; conserve their strength. Make unfathomable plans for the movements of the army." Chip Ashley. "Sun Tzu: The Art of War and Basketball". Ibid., p. 52.

③ "And therefore it is said that enlightened rulers deliberate upon the plans, and good generals execute them." Ibid. (见《孙子兵法》)

就是将其付之行动。应该尽快开始实施计划。

夏季会有为三至十年级的学生开设的三期夏季篮球营。在这三周里，教练可以向学生介绍你总体的篮球计划。向队员介绍那些在他们高中阶段的篮球比赛中对他们赢得比赛所需的那些进攻和防守的技巧。

作为一个好的教练，你应该保持乐观，反复修改你的计划以确保教练的质量。你应该为喜欢篮球的志愿者们每年开设教练诊所，与你所在那个区的所有中学篮球教练保持工作关系。送他们一本他们经营一种有效的计划所需要的所有信息的篮球手册，并与他们谈谈你对预期的引入新队员的计划。一名好的教练应该在被其他的教练问及时提供自己的意见。

对高中的篮球计划来说，应该在夏季的这几个月中实施自己的这些篮球哲学理念。教练应该为指导、一周的篮球营、个人的训练以及他所在的那个区的篮球比赛等开放体育场馆。他也应该在新学期开始时每周开放两次体育场馆以便与他的队员复习巩固他的篮球哲学理念。

总之，运用《孙子兵法》的相关法则，通过实施上面提及的一些战略，你可以成为一名更优秀的篮球教练。孙子从未曾谈论过篮球比赛，甚至他也从未曾摸过篮球，但他是他那个时代的天才。将他关于战争的法则运用到现代的篮球教练中，你将会带领你的球队赢得胜利。

（三）《孙子兵法》与高尔夫球

格里·帕克·蔡平和利亚姆·麦克唐纳译评的《孙子兵法中古老的高尔夫球艺术》于1992年出版①。全书除"前言""序言：我们为什么要玩高尔夫"和"附录"外，共有十章，行文格式和句式结构仿《孙子兵法》，只是其中关于高尔夫球的内容替代了《孙子兵法》中的相关内容。这十章分别为：

第一章：发起高尔夫球比赛；
第二章：军械库：高尔夫球装备；(The Arsenal：Golf Equipment)
第三章：战场（球场）着装：让你的防滑鞋与运动背心相匹配；
第四章：战场（球场）：发球区域、球道、崎岖不平之道、草坪、球洞与高

---

① Gary Parker Chapin and T. Liam McDonald trans. *Sun Tzu's Ancient Art of Golf*. Chicago：Contemporary Books，1992.

尔夫专卖店;

第五章:危险的九种变化(有活力的、无活力的、死的);(The Nine Varieties of Hazard: Animate, Inanimate, and Dead)

第六章:军争:从他处到此处;(Maneuvering: Getting Here from There)

第七章:虚与实:击球与不击球;

第八章:高尔夫球员的态度;(The Posture of the Golfer)

第九章战术:真正的进攻战略;

第十章:高尔夫球法则。(Doctrine: The Rules of Golf)

蔡平和麦克唐纳在"有关高尔夫球的附录"(Golf Addenda)部分简单介绍了如下四个方面的内容:

第一,《新约》外传中的高尔夫球;(Biblical Apocrypha about Golf)

第二,世界各地与高尔夫球相关的神话与传说;(Golf Myth and Legend from Around the World)

第三,普鲁塔克的障碍;(Plutarch's Handicaps)

第四,古罗马的高尔夫球。

"前言"中蔡平和麦克唐纳将《孙子兵法》译为 The Ancient Art of War (《古老的战争艺术》)。作者指出,《孙子兵法》除运用在战争中之外,许多人还发现孙子的智慧可用在生活的其他领域。律师、文学代理人、出版商、学生、足球运动员等都对孙子兵法在当下的形势中之可运用性给予了很高的评价。作者对孙子关于用间的思想"无所不用间也"(《孙子兵法》"用间篇第十三"给予了特别的强调,并认为此一法则是商业中行之有效的战术。作者指出,原本该书意欲用《中国古代的家伙引领你击球》(The Old Chinese Guy Takes You through Your Strokes)做书名的,但是出版商认为用《孙子兵法中古老的高尔夫球艺术》(也即是现在的书名)更好些。蔡平和麦克唐纳认为,此书名并没有表现出作者书中想要传达的那种生命力。

在"序言:我们为什么要玩高尔夫球"中,作者引用了《道德经》首句"道可道,非常道"来做篇首引文,只是作者对"道"之英译出来值得商榷①。

---

① "The Fairway can be known but not The True Fairway." Gary Parker Chapin and T. Liam McDonald trans. *Sun Tzu's Ancient Art of Golf*. Op. cit., p. 11.从译文可看出,蔡平和麦克唐纳将"道"译为"The Fairway"(航道、球道)。

作者在脚注中介绍了古代的中国人与苏格兰人制作高尔夫球之相似的方法。只不过苏格兰人往小皮袋子里填的是羽毛,而中国人往里填的则是从成年熊猫身上拔下来的毛发。这样带来的副作用是,为制作高尔夫球,令人烦恼地使熊猫变成了光秃秃的模样。

以第一章为例,读者从译文中可感觉出作者对《孙子兵法》句式、结构以及思想的戏仿。笔者试着将其译成汉语如下:

《发起高尔夫球比赛》(Waging Golf)

高尔夫球者,个人之大事。死生之地,存亡或喝彩或紧张且令人心碎的难堪之道,不可不察也。

故经之以五事,用其可将自己与你球场上的对手进行比较。一曰家庭生活,二曰天,三曰地,四曰装备,五曰法则。家庭生活者,那些可引起高尔夫球手与球之间保持和谐关系的因素,以及其周围的那些因素,如其配偶。天者,阴、阳、寒、暑、潮湿(雨)、雪、龙卷风、飓风、从遥远的加拿大移动来的冷锋,态度恶劣的积雨云以及其他的天气现象也。地者,远、近、其上的东西以及发生的地理现象也(如火山)。装备者,球场上所需之服装、球以及球童也。法则者,你对这些法则了解得怎样以及你可用其来诱使你的对手进入九重迷宫并从他那赢得一球也。

此五事,不,此六事,可让你决定其攻击对手的机会。当然,如果你发现自己拥有与卑微的棕色松鼠所拥有的二十四小时便利店同样的机会的时候已经步上球座,那么你多半不能放弃比赛而不受到严重的社会困窘之痛苦。

因而,当你不能取消一场注定会让人丢脸的、溃败的球赛时有三件事你可以做。一是,把你的失败当成是一次学习的经历来接受,并如孙子所言,记住"所有的高尔夫球赛都是痛苦的"(All golf is suffering)。二是,宣称你听到了你妻子的喊叫声。做这个的时候你要竖起你的耳朵并这样问道:"是我的妻子在叫我吗?"其次,你可以咨询我的"真正的进攻战略"一章,并开始节约你的口舌。

除"无所不用间也"一句之外,全书对《孙子兵法》并无直接引用。

(四)赢取冠军之道:《孙子兵法》及其他可为体育和生活提供帮助的道家智慧

杰里·林奇的《赢取冠军之道:〈孙子兵法〉及其他可为体育和生活提供帮助的道家智慧》于2006年在新加坡出版①。作者林奇有心,在"导论:冠军之魂与赢者之心"(A Champion's Soul with a Winner's Heart)中"如何从《孙子兵法》这本书中获得最多"(How to Get the Most from This Book)一节交代说全书是根据《孙子兵法》的四个核心法则来将全书分为四个部分的。林奇每部分都引用了相关的孙子兵法或是其他的道家智慧。每部分又分为三章,每章由蕴含战略、战术、引文、故事、轶事和作者与运动员与其他人打交道的过程中发生的相关珍贵实例等实用教训组成。四个部分代表一年之四季,十二章代表一年之十二个月。林奇指出,在中国文化中,四季代表一次完整的经历,标志着相关性以及关系的持久变化。林奇建议读者每月读一章,正好一年一个循环②。

书的封面和每部分的前面均有作者的朋友 Chuangliang Al Huang 的汉字草书,这些字恰是对全书和每部精华的表达。书的封面正中为"莫道"二字。第一部分"自我认识之道"(The Way of Self-Awareness)前为"知己"二字。第二部分"战略定位之道"(The Way of Strategic Positioning)前为"无势"二字。第三部分"竞争优势之道"(The Way of Competitive Advantage)前为"竞利"二字。第四部分"团队联盟与领导才能之道"(The Way of Team Unity and Leadership)之前为"修道"二字。

全书的十二章分别为:

第一章:自觉之教训;

第二章:目标与愿景之教训;

---

① Jerry Lynch. *The Way of the Champion: Lessons from Sun Tzu's The Art of War and Other Tao Wisdom for Sports & Life*. Singapore: Tuttle Publishing, 2006.

② "Each of the four major parts are subdivided into three chapters, each one filled with pragmatic lessons containing strategies, tactics, quotes, stories, anecdotes, and relevant gems taken from my years of experience with athletes and others, to help you to transform competition, confrontation, and conflict into true art. As a side not, this structure resembles the four seasons and twelve months of the calendar year. In Chinese culture, the cycle of the four seasons represents a complete experience, marking lasting change in habits and relationships." Ibid., p. xii.

第三章:知彼之教训;

第四章:诡道之教训;

第五章:情感管理之教训;

第六章:有准备之教训;

第七章:接受逆境之教训;(Lessons on Embracing Adversity)

第八章:冠军的美德之教训;

第九章:对立面之教训;(Lessons on Opposites)

第十章:团队协作之教训;

第十一章:无私之教训;

第十二章:清醒的领导才能之教训。

此外,该书还有颇具价值的导论:"冠军之魂与赢者之心"和附录"后记:相信过程"(Trusting the Process)。

除《孙子兵法》外,作者引用、论述的其他道家经典包括《道德经》《易经》,以及《论语》和诸葛亮的两个观点与国外孙子兵法英译本作者 R. L. Wing 的一个观点。

全书共涉及《孙子兵法》引文十九处。遗憾的是,林奇没有对任何一处引文的出处加以说明,而且引文的英译并不准确到位,很多地方值得商榷。林奇对《孙子兵法》的引用具体如下:

"知彼知己,百战不殆;不知彼知己,一胜一负;不知彼不知己,每战必殆。"(谋攻篇第三)

"施无法之赏,悬无政之令,犯三军之众,若使一人。犯之以事,勿告以言。犯之以利,勿告以害。"(九地篇第十一)

"故校之以计,而索其情。多算胜,少算不胜,而况于无算乎!"(计篇第一)

"凡军之所欲击,城之所欲攻,人之所欲杀,必先知其守将、左右、谒者、门者、舍人之姓名,令吾间必索之。必索敌人之间来间我者,因而利之,导而舍之,故友间可得而用也。"(用间第十三)

"百战百胜,非善之善者也。不战而屈人之兵,善之善者也。"(谋攻篇第三)

"故善战者,立于不败之地,而不失敌之败也。"(形篇第四)

"故能而示之不能,用而示之不用,近而示之远,远而示之近。"(计篇第一)

"故形兵之极至于无形。"(虚实篇第六)

"守则不足,攻则有余。"(形篇第四)

"敌人开阖,必亟入之。践墨随敌,以决战事。"(九地篇第十一)

"是谓胜敌而益强(作篇第二)。善用兵者,修道而保法,故能为胜败之政。"(形篇第四)

"主不可以怒而兴师,将不可以愠而致战。合于利而动,不合于利而止。故明君慎之,良将警之。"(军争篇第七)

"无恃其不来,恃吾有以待也。无恃其不攻,恃吾有所不可攻也。"(九变篇第八)

"攻其无备,出其不意。"(计篇第一)

"屈人之兵而非战也。知可以战,不可以战者胜。"(谋攻篇第三)

"行千里而不劳者,行于无人之地也。"(虚实篇第六)

"兵非益多也,惟无武进,足以併力料敌,取人而已。夫惟无虑而易敌者,必擒于人。"(行军篇第九)

"齐勇若一,政之道也;刚柔皆得,地之理也。故善用兵者,携手若使一人,不得已也。"(九地篇第十一)

"夫战胜攻取,而不修其功者凶,命曰费留。故曰:明主虑之,良将修之。"(火攻篇第十二)

第六节 《孙子兵法》与日常生活

(一)如何将《孙子兵法》运用到生活中获取你的目标

杰拉尔德·麦克尔森与史蒂文·麦克尔森合著的《孙子论成功之道:如何将《孙子兵法》运用到生活中获取你的目标》于2003年出版①。除"序言""嫔妃的教训"(实为《孙子传》)外,全书分为上下两个部分。上编为《孙子兵法》译文,下编题为《成功之艺术》(The Art of Success),是孙子兵法在生活中的实际运用,文中对孙子法则的直接引用达六十三处。作者在

---

① Gerald Michaelson and Steven Michaelson. *Sun Tzu for Success: How to Use The Art of War to Master Challenges and Accomplish the Important Goals in Your Life*. Avon: Adams Media Corporation, 2003.

文末交代,译文采用的是1993年军事科学出版社出版的潘嘉玢和刘瑞祥汉英对照《孙子兵法》中的英译文本。不同的是,作者在英译文本中,每一篇都按其内容分成了三至五节,并给每一节添加了恰当的标题。

下编共有五个部分:

第一部分:成功之个体特征;(Personal Characteristics for Success)

第二部分:成功之战略;

第三部分:成功之战术;

第四部分:充满竞争之成功;

第五部分:成功之例证。(Examples of Success)

作者在扉页上引了《孙子兵法》"计篇第一"中的"将听吾计,用之必胜,留之。将不听吾计,用之必败,去之。"

第一部分"成功之个体特征"共有十个小节:(一)简介:你是谁?;(二)知己;(三)有节操(Have Moral Integrity);(四)仔细聆听;(五)考虑周到;(六)勇敢;(七)实践原则;(八)有创造性;(九)以高标准为目标;(十)寻求良好的顾问。该部分对《孙子兵法》的具体引用有十一处,情况如下:

"知彼知己,百战不殆。不知彼不知己,每战必殆。"(谋攻篇第三)

"善用兵者,修道而保法,故能为胜败之政。"(形篇第四)

"将军之事,静以幽。"(九地篇第十一)

"三军足食,谨养而勿劳。併气积力。"(九地篇第十一)

"养生而处实。……是谓必胜。"(行军篇第九)

"齐勇若一,政之道也。"(九地篇第十一)

"如登高而去其梯。"(九地篇第十一)

"令不素行,以教其民,则民不服。"(行军篇第九)

"战势不过奇正;奇正之变,不可胜穷也。……声不过五,五声之变,不可胜听也。色不过五,五色之变,不可胜观也。味不过五,五味之变,不可胜尝也。"(势篇第五)

"计利以听,乃为之势。"(计篇第一)

"夫战胜攻取,……明君虑之。"(火攻篇第十二)

第二部分"成功之战略"共有十一个小节:(一)简介:战略领先战术——切记(Strategy before Tactics——Remember);(二)知战地;(三)建构个人网络;(四)发展重大的战略;(五)不战而屈人之兵;(六)以强击弱;

(七)避开那些应当避开的;(八)构建一个牢固的位置;(九)组织一个团队;(十)寻求突破;(十一)制定计划。该部分对《孙子兵法》的具体引用有二十一处,情况如下:

"故经之以五事,校之以计,而索其情:一曰道,二曰天,三曰地,四曰将,五曰法。凡此五者,将莫不闻,知之者胜,不知者不胜。"(计篇第一)

"兵者,国之大事,死生之地,存亡之道,不可不察也。"(计篇第一)

"作之而知动静之理,角之而知有余不足之处。"(虚实篇第六)

"故知兵之将,民之司命,国家安全之主也。"(作篇第二)

"先知者,必取于人,知敌之情者。"(用间篇第十三)

"不用乡导者,不能得地利。"(九地篇第十一)

"必以全争于天下。故兵不顿,而利可全。"(谋攻篇第三)

"是故胜兵先胜而后求战,败兵先败而后求胜。"(形篇第四)

"百战百胜,非善之善者也。不战而屈人之兵,善之善者也。"(谋攻篇第三)

"故善用兵者,屈人之兵,而非战也;拔人之城,而非攻也;毁人之国,而非久也。"(谋攻篇第三)

"见胜不过众人之所知,非善之善者也。战胜而天下曰善,非善之善者也。"(形篇第四)

"避实而击虚。"(虚实篇第六)

"能以众击寡者,则我之所与战者约矣。"(虚实篇第六)

"进而不可御者,冲其虚也。"(虚实篇第六)

"是故智者之虑,必杂于利害。……杂于害而患可解也。"(九变篇第八)

"故形兵之极至于无形。"(虚实篇第六)

"民既专一,则勇者不得独进,怯者不得独退。"(军争篇第七)

"以正合,以奇胜。"(势篇第五)

"故善出奇者,无穷如天地,不竭若江河。"(势篇第五)

"夫未战而庙算胜者,得算多也。"(计篇第一)

"应形于无穷。"(虚实篇第六)

第三部分"成功之战术"共有八个小节:(一)简介;让战术与战略相配合;(二)采取进攻;(三)快速移动;(四)获得动力;(五)利用机会;(六)坚持不懈;(七)占据高地;(八)收获成功。该部分对《孙子兵法》的具体引用

有九处,情况如下:

"凡先处战地而待敌者佚。"(虚实篇第六)

"故知胜有五:知可以与战,不可以与战者胜;识众寡之用者胜;上下同欲者胜;以虞待不虞者胜;将能而君不御者胜。此五者,知胜之道也。"(谋攻篇第三)

"故兵贵胜,不贵久。"(谋攻篇第三)

"故兵闻拙速,未睹巧之久也。夫兵久而国利者,未之有也。"(作篇第二)

"激水之疾,至于漂石者,势也……势如彍弩。是故善战者,其势险,其节短。"(势篇第五)

"故善战者,求之于势。"(势篇第五)

"威加于敌,故其城可拔,其国可堕。"(九地篇第十一)

"凡处军相敌,视生处高。"(行军篇第九)

"夫战胜攻取,而不修其功者,命曰费留。"(火攻篇第十二)

第四部分"充满竞争之成功"共有五个小节:(一)简介:恰当地获取你的优先权;(二)认真选择你的战争;(三)知彼;(四)有技巧地赢取进攻;(五)时间就是一切。该部分对《孙子兵法》的具体引用有九处,情况如下:

"故上兵伐谋,其次伐交,其次伐兵,其下攻城。"(谋攻篇第三)

"非得不用,非危不战。"(火攻第十二)

"十则围之,五则攻之,倍则分之,敌则能战之,少则能守之,不若则能避之。故小敌之坚,大敌之擒也。"(谋攻篇第三)

"故知胜有五:知可以与战,不可以与战者胜;识众寡之用者胜;上下同欲者胜;以虞待不虞者胜;将能而君不御者胜。"(谋攻篇第三)

"非圣智不能用间。"(用间篇第十三)

"不知彼而知己,一胜一负。"(谋攻篇第三)

"出其所不趋,趋其所不意。攻而必取者,攻其所不守也。善守者,敌不知其所攻。"(虚实篇第六)

"胜者之战人也,若决积水于千仞之谿者,形也。"(形篇第四)

"鸷鸟之疾,至于毁折者,节也。……节如发机。"(势篇第五)

第五部分"成功之例证"共有十个小节:(一)简介:运用智慧;(二)练习应对挑战;(三)赢得战争;(四)将之教训;(五)相关的法则;(六)战争之法则就是和平之法则;(七)日常生活之法则;(八)有效的决策;(九)实

施战略;(十)研究法则。该部分对《孙子兵法》的具体引用有十二处,情况如下:

"途有所不由,……城有所不攻。"(九变篇第八)

"爱民,可烦也。"(九变篇第八)

"屈人之兵,而非战也。"(谋攻篇第三)

"不战而屈人之兵,善之善者也。"(谋攻篇第三)

"战势不过奇正;奇正之变,不可胜穷也。"(势篇第五)

"知己知彼。"(谋攻篇第三)

"鸷鸟之疾,至于毁折者,节也。"(势篇第五)

"夫兵形象水,水之形,避高而趋下。兵之形,避实而击虚。"(虚实篇第六)

"不可胜者,守也;可胜者,攻也。守则不足,攻则有余。"(形篇第四)

"出其所不趋,趋其所不意。攻而必取者,攻其所不守也。"(虚实篇第六)

"故兵无常势,水无常形。"(虚实篇第六)

"故五行无常胜,四时无常位,日有短长,月有死生。"(虚实篇第六)

(二)克劳塞维茨与孙子:医疗改革

《美国公共卫生杂志》"我们时代的话题"(Topics for Our Times)栏目特约编辑乔治·西尔弗(George A. Silver)编辑的文章《克劳塞维茨与孙子:医疗改革的艺术》于 1995 年发表①。西尔弗一开始即指出,克林顿政府值得给予高度赞扬,因为其使人们关注一个立法目标,即国民医疗计划的需要。通过将其当成一项医疗"改革"的措施,这个目标同时也能平息一些长久的论争并将关注的中心集中到其可及性和支付能力上,既然其集中的关注点是保险方法和其保险费的可移植性。经过两年的讨论、论争和政治上的不和,这些法案几乎没有包含,或者说与最初清晰的目标相比已经大相径庭。由于没有完成的目标产生了政治的反响,其变化和"改进"必定关乎未来。对最初那些乌托邦计划的命运进行分析或许可对通过这

---

① George A. Silver. "Clausewitz vs. Sun Tzu——The Art of Health Reform". *American Journal of Public Health*, Vol.85, No.3, 1995, pp. 307–308.

些修正而取得最初的目标有所帮助。

现在已经成了陈腐思想的克劳塞维茨的格言——战争不过就是政治通过其他手段的延伸,或许可以重新解读为政治是由军事法则所成功引导的。另一位军事战略家,中国的孙子,有时观点与克劳塞维茨相悖。他的狡猾的格言却呈现为不那么具有破坏性,显得更"人道"。然而,在政治战略上,二者的思想常常显得一致而非不同。比如,在医疗改革的政治中,国家以及克林顿政府,或许可从对其以这些战略家为基础给予更仔细的分析中获益。

在评价冲突的目标,即恰当的、可能的目标与预期的、希望的目标之间的冲突时,政府可运用这些军事家在关于计划方面的一些基本法则:(一)清晰地阐明目标,而不是妥协地或是降低原本的条件去选择同盟;(二)对资源的调动;(三)简化并阐明实施的措施。

政治的论争要求阐明战略目标。这个克林顿政府是做到了。目标得到了改进,并扩大了医疗的范围,对医疗费用进行了限制。但在明确地表达目标,即以最小的费用平等地、普遍地获得最好的现代医疗上,领导层却错误地识别了恰当的手段,没能正确地估价那些重要的障碍。医疗改革中的"地形"(terrain),即是那些规模庞大的社会行动的历史前例,不仅包括医疗中那些正在被实施的机制,而且也包括那些通过立法来促进社会进步或发展的传统手段。"资源"(resources)则包括政府行为的试验值。

再如"同盟"(Allies),被政府医疗改革领导们看成是其金钱上的受益者,如保险公司、设备制造商、管理人员和组织人员,因为这些人有着隐藏的威力,最能破坏那些不能令他们满意的计划。然而,用克劳塞维茨和孙子的话来说,这些人都是敌人(enemy),应该用欺骗(deception)和诡计(subterfuge)来使他们的阴谋失效。就医疗而言,应将他们看成是破坏我们的重要目标的同盟。而且似乎不太可能完成其他的目标,如反对费用的提高,因为所谓的盟友其实正是医疗费用上涨的始作俑者。

而医生,更像是可能的盟友,尽管众所周知他们是保守的、利己的一类人,通常会对任何的改革抱敌意的态度。可通过给予医生在收费方面完全的自由而对医疗进行有效的改革来调动他们。两个成功的即存典范是一群人在普吉特海湾地区(Puget Sound area)实施的联合模式(cooperative model)以及在夏威夷实施的个体律师模式(solo practitioner model)。但是政府在做计划时因为医生被其看成是"敌人"而基本上被排除在分析和计划设计之外,而真正的敌人却被当成了盟友。

"简单"(Simplicity)在政府的努力之初在执行时被否认,白宫多层会议小组妨碍了两个必须的条件。在这个过程中,可能的同盟被离间而不是受到支持,受到限制的目标被复杂化而不是使其变得简单。不是向最后的胜利建立了一块垫脚石,而是细节的多样性、过程的复杂性以及不熟悉的行话分离了那些原本有着共同目标而且可以为那些有着敌意的力量提供支援的团队。

"攻其不备,出其不意。"这是通过一千页的细节讨论,极力在每一件事情上进行争论和削减立法目标的达成都没能取得的。与此相似的是,党派之争的惯常的韧性因无限制的争论点而得到了加强。无论什么样的国民计划都将会从国家所经历事情的加固中出现,政治的攻击和利益团体的对抗将会被期待,但是同盟注定将会成为关注和讨论的问题而不会像现实中假的"同盟"那样叛变。

最后,在狡猾地判断哪里该屈,甚至投降,哪里该强硬地坚持时,老战士们被否认了。在实际操作中,必要的妥协在战术上被击败。克劳塞维茨并非是一个不加限制的战争(unlimited warfare)和"无条件投降"(unconditional surrender)的真诚倡导者。他和孙子都认为必要的让步和妥协是需要的,并否认"理想的"战争,即一方赢的零和博弈(zero-sum game)是合理的军事目标。克劳塞维茨的那个理念在现在的任何情形下都已经过时了。但是克劳塞维茨和孙子都强调,让步和妥协,前提是不能使既定的目标受到危害。

为避免有害的影响,新的以"单方支付"计划为标志的税收政策受到了保险公司的拥护。利用综合的保险计划与单方支付客体之间的成本差异对强有力的战术优势而言是适合的。这点是孙子与克劳塞维茨有所分歧之处。克劳塞维茨蔑视考虑战争的得与失,因为他认为如果考虑得失就会妨碍我们在决策时的果断。然而,对战争成本效益的分析不得不成为这个过程中的一个显著特征。孙子坚持在做战争计划时要估计这些因素的价值。

1916年那场失败的医疗改革的情况大部分都体现在了1994年这场试图进行而未果的改革中。而且,在医疗这场改革中,1994年的立法之战成了另一场失败的改革。在经过八十年的经验和争论后,我们在快要成功之时却将胜利丢掉了。(Snatched defeat from the very jaws of victory.)

在这一点上,孙子引用了修昔底斯(Thucydides)的观点,或许最后一句是他自己的观点。常见的错误,孙子说,是先战而后再讨论自己的失误。(To act first and discuss mistakes afterward.)(败兵先战而后求胜。)

(三)《孙子兵法》与司法战

1.《孙子兵法》在法庭辩护中的运用

安东尼·普莱贝特克的长文《"审判战士":〈孙子兵法〉在法庭辩护中的应用》发表在 2008 年的《亚伯达法律周刊》上①。除"序言"和"结语"外,作者在第二部分以《孙子兵法》十三篇篇名来命各小节的标题,按十三篇来布局。作者自译十三篇题名,并在文中多次引用《孙子兵法》英译者托马斯·克利里(Thomas Cleary)的观点来做自己说理的证据。十三篇题名英译具体如下:1. Laying Plans　2. Waging War　3. Attack by Stratagem　4. Tactical Disposition　5. Energy　6. Weak Points and Strong　7. Manoeuvring　8. Variation of Tactics　9. The Army on the March　10. Terrain　11. The Nine Situations　12. The Attack by Fire　13. The Use of Spies

普莱贝特克在题首引了中国谚语"玉不琢不成器,人不琢不成才"②和《孙子兵法》"作篇第二"中的"故兵贵胜,不贵久"。

"序言"中作者运用荣格的心理分析法(Jungian analysis),将概念模式和相应的律师原型分为了三类:以顾客为中心的模式(the client-centric model)、以法官为中心的模式(the justice-centric model)和以科学为中心的模式(the science-centric model)。作者强调,该文的目的旨在检验是否战略功能主义(strategic functionalism)能将以顾客为中心的、以法官为中心的和以科学为中心的概念模式与一种一致的、统一的法庭辩护范式相融合。其关键在于,无论你鉴别的是哪种概念模式和相应的律师原型,你都可以很容易地将《孙子兵法》中所蕴含的道家哲学思想、军事战略和战术转换到法庭辩护中。大部分辩护律师倾向于将自己等同于其中两种模式的融合体,或者是所有的三种模式。然而,术语"审判战士"(Trial Warrior)有一

---

① Antonin I. Pribetic. "The 'Trial Warrior': Applying Sun Tzu's *The Art of War* to Trial Advocacy". *Alberta Law Review*,Vol.45, No.4, 2008, pp. 1017–1035.

② "The gem cannot be polished without friction, nor man perfected without trials.——Chinese Proverb". Ibid., p. 1018.

定程度的相似性,我们将在该文中用它来分析《孙子兵法》。

第二部分"孙子的军事理论和道家哲学思想在法庭辩护中的运用"一开始引用了利德尔·哈特(Sir Basil Henry Liddell Hart)为1963年出版的格里菲斯《孙子兵法》英译本所写的"序言"中的核心观点:"克劳塞维茨的的里程碑式的著作《战争论》描绘了第一次世界大战前那个时期的欧洲军事思想。如果能将他的《战争论》的影响力与孙子对"战争艺术"的阐述进行融合平衡的话,那么这个世纪(20世纪)人类文明很可能就会少受很多世界战争的损害了。孙子的理想主义与节制温的思想与克劳塞维茨强调逻辑上的理想和"绝对"的倾向正好相反。克劳塞维茨的追随者们将其"全面战争"(total war)的理论与实践发展到了极致。……简而言之,《孙子兵法》不仅是研究战争的最好最简洁的入门书,而且也是进一步研究军事的一种具有价值的可时常参考的资料。"作者进而强调,《孙子兵法》是一本关于军事战略和战术的权威之作,但它并非是有关军事理论的唯一的著作。道家的教义,最著名的如《易经》和《道德经》,其中都渗透了战争的艺术。作者在此引用了托马斯·克利里在其《孙子兵法》英译本"前言"中的观点:"《孙子兵法》的目的在于无敌,在于不可战胜,在于不战而屈人之兵,并通过对冲突的物理的、政治的和心理的了解获得无懈可击的力量。"①它才用了一种纯理性的极简主义的方法来应对冲突的解决,并为如何理解导致其解决之道的冲突的心理,或者理想地说是完全避免这种冲突的心理,提供洞见。文章的分析采取了《孙子兵法》十三篇的结构。

(1)计篇第一

《孙子兵法》是关于诡计、准备和技巧知识的艺术,因而,隐蔽和误导是关键的武器。作者对《孙子兵法》"计篇第一"中的相关法则的引用如下:

"兵者,诡道也。"

"故能而示之不能,用而示之不用,近而示之远,远而示之近。"

"利而诱之,乱而取之。"

---

① "Its aim is invincibility, victory without battle, and unassailable strength through understanding of the physics, politics, and psychology of conflict." Thomas Cleary. "Translator's Preface" in Thomas Cleary trans. *Sun Tzu: The Art of War: Complete Texts and Commentaries*. Boston & London: Shambhala, 2003.

"实而备之,强而避之。"

"怒而挠之,卑而骄之。"

"佚而劳之,亲而离之。"

"攻其无备,出其不意。"

"此兵家之胜,不可先传也。"

"夫未战而庙算胜者,得算多也。未战而庙算不胜者,庙算少也。多算胜,少算不胜,而况于无算乎！吾以此观之,胜负见矣。"

文中,作者对"五事"的重要性给予了详细的分析:

"法"

真正有效的"审判战士"必须建立客户的"道德高地",即如何和为什么所依赖的争论会将事实的审判者导向一个公正、公平、合理的结果。

"天""地"

对客户方和反对方支撑诉讼活动的财政和心理能力分别给予分析是很重要的。信息的最好来源是你的客户,一次周密彻底的客户访谈将会引出初步的背景信息。然而,调查的过程不仅于此,你不应该忽视互联网、私人调查服务、公众记录,以及私人的或集体的调查等,这些常常会给你提供重要的信息。

"将"

同样重要的是调查对方顾问的诉讼战术和其之前的诉讼经验。最好是咨询那些可能了解你的对手的同事,听听他们对于你对手的能力、声誉和个性特点等的看法。或者,从信息网站上找到对他们的介绍和评价。

"法"

"法"指的是组织效能和逻辑的一致性。正如孙子所指出的:"夫未战而庙算胜者,得算多也。未战而庙算不胜者,庙算少也。多算胜,少算不胜,而况于无算乎！吾以此观之,胜负见矣。"

早期的准备包括有效地获取所有的专业资源(公司搭档、助理、法律专业的学生、法律雇员)。特别是在复杂的诉讼或集体诉讼背景下,结构与组织,以及将可得到的所有资源(管理的、技术的、调查的,以及专家)统筹安排进一个一致的、统一的法庭辩护战略中是必要的。

（2）作篇第二

孙子言："并贵胜,不贵久。"

这里,孙子强调的是早期的处理安排。如果事先的安排不可能,那么速度和效能,正巧与拖延的战术相反,是受到赞赏的。作者对《孙子兵法》"作篇第二"的相关引用如下：

"其用战也,胜。久则钝兵挫锐,攻城则力屈。"

"久暴师则国用不足。"

"夫钝兵挫锐,屈力殚货,则诸侯乘其弊而起,虽有智者,不能善其后矣。"

"故兵闻拙速,未睹巧之久也。"

"夫兵久而国利者,未之有也。"

"故不尽知用兵之害者,则不能尽知用兵之利也。"

"并贵胜,不贵久。"

（3）谋攻篇第三

孙子曰："是故百战百胜,非善之善者也。不战而屈人之兵,善之善者也。"

要掌握程序上的和证据上的法则不仅仅只是背诵和机械的记忆,而是需要洞见,知道什么时候将它们运用到战略优势中。审判期间的和之前的请求是应该谨慎而且只有在能预测对方将如何反应和它是否能促进总体目标的改进时才使用的战术。正如孙子所言：

"知彼知己,百战不殆;不知彼而知己,一胜一负;不知彼不知己,每战必殆。"

如果另一方公开请求进攻,那你应该先权衡一下,如果接受这个请求会带来的损失与好处,以及如果拒绝的话,审判时最大程度上会导致什么缺陷或最高可达到什么样的上诉途径。无论如何,如果事实和证据记录都强烈支持即决审判的话,那就尽快行动。

"审判战士"必须知道孙子所谓的赢取成功的五个基本法则："知可以战,不可以战者胜;识众寡之用者胜;上下同欲者胜;以虞待不虞者胜;将能而君不御者胜。"

总而言之,"审判战士"要通过完全地知晓事实与法律以及辩护双方的强弱虚实包括天气局限与不足来主张并保持对诉讼的控制权。

(4) 行篇第四

《孙子兵法》"形篇第四"是强调战争之可变性与不可预测性的。正如孙子所言：

"昔之善战者，先为不可胜，以待敌之可胜。"

"不可胜在己，可胜在敌。"

"故善战者，能为不可胜，不能使敌必可胜。"

"故曰：胜可知而不可为。"

"不可胜者，守也；可胜者，攻也。"

"守则不足，攻则有余。"

法庭辩护涉及在审判时有效运用发现技术以赢得战术优势，包括：

使审查方知道他们所涉的案件；

允许承认和免除先前关于非争论性的事情的证据；

获取对诉讼事件的承认。

显然，无论是技术的挑战方面，还是时间的限制方面，法庭辩护正变得日益复杂。信息丰富的"审判战士"将以案件的环境为依靠，期待能利用那些擅长于在作为防御或进攻战术方面的电子发现的计算机专家们。

(5) 势篇第五

孙子"势篇第五"中集中论述了对兵力的使用，即，使用"奇"与"正"的方法获得战术上的优势："凡战者，以正合，以奇胜。"

孙子随后论述道：

"战势不过奇正。奇正之变，不可胜穷也。"

"乱生于治，怯生于勇，弱生于强。"

组织技巧的重要性，特别是在复杂的诉讼中，表现在对诉讼团队的整合上。这要求同事、工作人员、调查者、专家和普通证人之间都能很好地合作。孙子在"势篇第五"中也对战术变化的必要性、利用"奇"来部署战事以及利用对方的心理素质以使其陷入脆弱的处境给予了强调。

这种方法依赖的是团队的动力而非依赖个人的素质和才能。其中团队的团结、一致和动力激励着诉讼团队："故善战者，求之于势，不责于人，故能择人而任势。"

(6) 虚实篇第六

《孙子兵法》"虚实篇第六"阐述道家的"虚实"概念,该概念常常被用在军事、武术上。孙子言:

"人皆知我所以胜之形,而莫知我所以制胜之形。"

"故其战胜不复,而应形于无穷。"

在法庭审判中,孙子反对将在一场获胜的战争使用的相同战术运用到另一场全新的背景不同的战事中的法则,本质上是对关于认知偏差和幻想,特别是后见之明偏差(hindsight bias)和自我中心偏差(egocentric bias)的近代心理学的重申。预期依赖样板的先例、过时的法理或是没有说服力的判例法,"审判战士"不如积极地参加辩护律师协会,促进自己的专业发展以及继续法律方面的教育。

(7) 军争篇第七

《孙子兵法》"军争篇第七"阐述的是信息的收集、战场的准备、组织以及战斗的部署。

"悬权而动。"

"先知迂直之计者胜,此军争之法也。"

同时孙子还说:"言不相闻,故为金鼓;视不相见,故为旌旗。"

与此相似,像一幅画这样的示范性的展示胜过千言万语。由于受到可容许性和相关性的限制,明智地使用确证来强调或是简化复杂的东西,或是使用技术专家的证据(如医生、会计或是工程师)是高效的辩护工具。

孙子还提供了如下明智的建议,这些建议与以法官为中心的模式(justice-centred model)和"伦理职业"原型("ethical professional" archetype)是相呼应的:

"佯北勿从,锐卒勿攻。"

"饵兵勿食,归师勿遏。"

"围师必阙,穷寇勿迫。"

"此用兵之法也。"

(8) 九变篇第八

《孙子兵法》"九变篇第八"论述的是适应,托马斯·克利里(Thomas

Cleary)在"译者前言"中解释说:"自然地依靠战前的准备……但这并非仅仅是指物质的准备。没有适当的、良好的精神状态,纯粹的武力不足以保证战事的胜利。"①孙子在该篇列举了五种危险之道和为了获胜"审判战士"必须避免的五种心理上的危害:

"途有所不由,军有所不击,城有所不攻,地有所不争,君命有所不受。"

"故将有五危:必死,可杀也;必生,可虏也;忿速,可侮也;廉洁,可辱也;爱民,可烦也。"

因而,"审判战士"必须不仅仅自始至终保持职业的客观性,同时还要在专业上展示出与同事之间的和睦共处和互相尊重,以此作为促进和解的手段:

"凡此五者,将之过也,用兵之灾也。"

"覆军杀将,必以五危。不可不察也。"

(9) 行军篇第九

孙子在"行军篇第九"中阐述的是军队的部署,强调了弥漫其中的物理因素、社会因素和心理因素,对战前的准备、组织和战事的多样性进行了概括:"夫惟无虑而易敌者,必擒于人。"文中,孙子提供了如下关于心理分析方面的观点:

"敌近而静者,恃其险也。"

"远而挑战者,欲人之进也。"

"辞卑而益备者,进也。辞强而进驱者,退也。"

"轻车先出而居其侧者,陈也。"

"无约而请和者,谋也。"

(10) 地形篇第十

在《孙子兵法》"地形篇第十"中,孙子分析了战术部署的概念和对不同地形的适应。情报工作,包括战前的准备和先知,包括相关的己方与敌

---

① "In the *Art of War*, readiness does not just mean material preparedness; without a suitable mental state, sheer physical power is not enough to guarantee victory." Thomas Clearly trans. *The Art of War*. Boston & London: Shambhala, 2005, p. xliv.

方兵力的强与弱,对于战场的调查是很重要的。将这个比喻加以引申,透彻的案件分析和连续的证据准备成了战事成败的支点:"故曰:知彼知己,胜乃不殆;知天知地,胜乃可全。"

因此说,法庭审判的准备工作是一个动态的而非静态的过程。庭审概括、审判书、证据册以及各种证据清单必须持续加以修正和更新。同时,也必须准备好普通证人和鉴定证人。一旦审判日期决定了,对开始的陈述和最终陈述的重新起草和编辑,对庭审主题的改善有时甚至是放弃要认真地继续。同样,起草和修改写好的审讯论辩和权威的观点概述也有必要,这些东西应该在法庭审判一开始就提供。

(11) 九地篇第十一和火攻篇第十二

《孙子兵法》"九地篇第十一"和"火攻篇第十二"这两篇对于盘问之战略是很有用的比喻。"九地篇第十一"中孙子展开了对地形和九种地势的物理的、社会的和心理战术的分析:"孙子曰:用兵之法,有散地,有轻地,有争地,有交地,有衢地,有重地,有圮地,有围地,有死地。"

文中孙子不仅强调了物理的战术方法,同时也对社会的和心理的战术方法给予了强调:"九地之变,屈伸之利,人情之理,不可不察也。"

当你勾勒对对方专家的盘问计划时,将如下丰富的攻击地形加以考虑:

一是,有问题的凭据;

二是,专家意见中那些基础比较薄弱的;

三是,错误的假定;

四是,错误的技术或是那些经不起推敲的分析;

五是,情景的偏差或认知的偏差。

每一个庭审律师都应该发展一种能反映他自己的性格特征的盘问风格。一种有效的盘问应该反映出目标欺骗与快速这两个双重目标:"兵之情主速,乘人之不及,由不虞之道,攻其所不戒也。"

在"火攻篇第十二"中,孙子集中讨论了火攻的技巧与战略:"凡火攻有五:一曰火人,二曰火积,三曰火辎,四曰火库,五曰火队。"并强调:"夫战胜攻取,而不修其功者凶,命曰费留。"

因此,审判战士必须通过如下手段建立和保持对鉴定证人的把控:

一是,专业的凭据;

二是,实证分析;

三是,假设的合理性;

四是,不抱偏见,保持职业的中立;

五是,科学严密地使用方法、试验、协议和程序。

成功与失败的盘问之间的差别常常取决于对平衡判断和适度目标的运用:"非利不动,非得不用,非危不战。"

(12) 用间篇第十三

《孙子兵法》"用间篇第十三"讨论了间谍与诡计。该篇强调了情报的重要性;

"故明君贤将,所以动而胜人,成功出于众者,先知也。"

"先知者,不可取于鬼神,不可象于事,不可验于度。"

"必取于人,知敌之情者也。"

"故用间有五:有乡间,有内间,有友间,有死间,有生间。"

除了"计篇第一"和"形篇第四"中所讨论的各种情报搜集的方法外,"审判战士"还不应该忽略这条历史悠久的格言:"证人是不属于任何一方的。"①

"结语"部分作者对该文所讨论的观点进行了总结,并套用孙子的话来对法庭辩护的重要性给予了再一次强调:"兵者,法庭辩护之大事。……存亡之道,不可不察也。"(计篇第一)

2.交易的艺术:中国古代军事-哲学家给今日律师之建议

本·福特汉姆的文章《交易的艺术:中国古代军事-哲学家给今日律师之建议》于2004年发表在《田纳西律师杂志》上②。全文对《孙子兵法》与律师为交易方辩护相关的引用共有七处:

"不战而屈人之兵。"(谋攻篇第三)

"夫惟无虑而易敌者,必擒于人。"(行军篇第九)

"故善战人之势,如转圆石于千仞之山者,势也。"(势篇第五)

"无恃其不来,恃吾有以待也。无恃其不攻,恃吾有所不可攻也。"(九

---

① "…there is no property in a witness." Antonin I. Pribetic. "The 'Trial Warrior': Applying Sun Tzu's *The Art of War* to Trial Advocacy". Op. cit., p. 1035.

② Ben C. Fordham. "The Art of the Deal: Ancient Chinese Warrior, Philosopher Offers Advice for Lawyers Today". *Tennessee Bar Journal*, June 2004, pp. 27-31.

变篇第八)

"故兵无常势,水五常形,能因敌变化而取胜者,谓之神。"(虚实篇第六)

"故小敌之坚,大敌之擒也。"(谋攻篇第三)

"围师必阙。"(军争篇第七)

福特汉姆指出,"不战而屈人之兵"是《孙子兵法》的精华。在孙子看来,它是"知识与战略产生的功效"使得"冲突完全失去了发生的必要性"。那些承接买卖交易合同案件的律师可以从《孙子兵法》中找到成功运用于经商中买、卖方客户的智慧。

法律的实施常常要求服从某些具体的法则、制度和条例,成功地谈判和组织一次商业收购是一门远比科学要复杂的艺术。因而常常是,如何将一次交易安排组织好就可以决定此交易合同的具体细节。以下选择《孙子兵法》中的五个法则可以作为成功的商业谈判或部署时的蓝图。其实,这些法则,在认真思考之后就会发现,似乎不过就是常识。牢记这些告诫,一起来看看孙子是如何教我们不战而胜的。

法则一、计划(Have a Plan)

一个相对来说成功的律师在代表商业买卖的客户进行辩护时常常会在事前有所思考和用功,以使自己的辩护得到极大的加强。这正如童子军的口号:"准备好!"(Be prepared.)用孙子的军事法则说即是:"夫惟无虑而易敌者,必擒于人。"(行军篇第九)

战略建构的一部分就是要了解你的客户的目标和需求。这听起来似乎有些老套,一个好的律师应该实实在在花一些时间与他的客户交流,了解客户从这个官司中真正想得到的是什么,想达到的目的是什么。每一次官司都不一样,每一个买方或卖方的目标和期望也会不同。有些客户会非常有经验也能理解将会与律师共同承担的这个过程。但有的客户则会对将发生的一切一无所知,而且会对这个过程和与经商中的买或卖同时产生的结果寄予不现实的期待。作为律师,你得找出对你的客户而言什么是最重要的:可能是钱,是回避风险,是找到某个在他们生病或对工作感到厌倦时的接班人,或者完全是其他什么东西。答案是多种多样的,因客户不同而各具独特性。然而,这些答案对你帮助你的客户需要做出的那些无数的决定大有好处。

有效的战略建构的一部分是将其与你的团队的其他成员进行交流沟通。如果你是与其他许多律师一道从事一项较大的交易合同案,那你必须与他们建立一种有效交流的办法。要确保员工退休收入保障法(ERISA)、环境法、房地产商或者其他的专家与你是达成共识的。

一旦你头脑中有了客户的目标和需要,并与团队成员进行交流之后,那它们将会成为你起草方案和进行交易合同谈判的范本。客户的目标和需要将会通过谈判过程中不可避免的予与舍成为你的指明灯。

法则二、联合(Unity)

确保你的客户与你达成了共识。让你的客户知道官司过程的进行情况。最重要的是,确保你的客户不会通过与他的商业对手之间的直接优惠让步或是将你的战略透露给对方而压低应该付给你的酬金。

与诉讼案的客户不同,预期的买卖方之间常常会保持经常的联系并且彼此间进行讨论。他们之间的关系可能是雇员与雇主,买家与供货商,或是直接的竞争对手。这个不管,他们之间将毫无疑问会有讨论或者谈判。彼此间的让步优惠和泄露自己的战略发生的次数比我们想象的还要多,尤其是交易官司涉及的一方是绝望的卖家,或者是交易的一方有坚强的意志力,或是一方比另一方有相当丰富的经验时。要确保与你的客户在交易辩护之前就讨论好不许暗中损坏你的利益的重要性。特别要牢记在心,"鱼钩上的鱼"(fish on hook)综合症或者是像一位客户曾经告诉我的那样:"他们是绝望之徒,正试图往泥潭里跳。"(They are so done. They are trying to jump into the frying pan.)

有时我们会遇到那种特别善于挑拨和侵占别人的卖方或买方客户。花必要的时间来发展你和客户之间的关系以便让他了解为什么你需要了解一些备用的、支撑的信息,向他要求一些声明与保证,或是做写尽职调查项目。通过向你的客户展示你的远见与谨慎来建构客户对你的信任从长远来看将会节省你的时间、麻烦和金钱。一个律师必须是他的客户的领导:"故善战人之势,如转圆石于千仞之山者,势也。"(势篇第五)要确保是你那一方在滚石。

法则三、预期与适应(Anticipate and Adapt)

"无恃其不来,恃吾有以待也。无恃其不攻,恃吾有所不可攻也。"(九变篇第八)要常考虑你的对手的观点。对方的律师真的知道他的客户想要什么需要什么吗？我们知道对手要来了,而且常常会带着许多的评价和建议。对此做出预测,并为那些可能的建议做好准备。

一个有用的战略是能将那些你可能会在谈判中用到的某些条款和条件放进你的方案中。这些条款要合理,只需简单地在合理的范围内在你客户最牢靠的那个地方开始就可以了。如果你是为卖方辩护,那所有的声明与保证就推荐知识和物质方面的限定。如果你是为买方辩护,那就建议一些非物质的声明与保证。事前准备一个备用的方案(Plan B)。"故兵无常势,水无常形,能因敌变化而取胜者,谓之神。"(虚实篇第六)

法则四、固执与倔强(Stubbornness)

关于固执与倔强有许多话要说:"故小敌之坚,大敌之擒也。"(谋攻篇第三)作者福特汉姆将这种"坚"称作"骡子法则"(mule rule)。当然,过于放肆的固执、倔强会使交易告吹。然而,适当的固执、倔强,在关键时刻会为你的客户赢得关键的一分。我所谓的这种固执是一种可以使双方或有理或没理的争论转向的固执,是一种如是说的固执:"我不管你的理由是什么,我的客户不会那么做。"(I don't care what your reason is, my client just isn't going to do that.)

将你的固执节省来放到对你的客户来说真正关键的事情上。对你的客户将会承担的风险的绝对程度进行判决并坚持认为它就是一个好的位置是一种固执的行为。

一旦战略提出来了,那你就必须坚持到底。当其他的问题都半途而废,而且终点线就可看见时,对方往往会勉强同意的。为什么呢？因为律师所辩护争取的大部分都绝不可能发生。理论上的风险可能性最终会让步于合同成交的愿望。

法则五、消灭与成功(Annihilation versus Success)

"围师必阙。"(军争篇第七)偶尔,你会遇到似乎想要消灭对手的一方。由于我们大部分人都不想被人侮辱,因而这样的方法常常会导致对方变得强硬和猛烈而对你给予反击。这种方法常常会在不必要地经历更多的困难之后,以某个交易双方都满意的目标,导致交易的达成。

结语

下一次在你代表交易买方或卖方进行辩护时,好好考虑一下这五条关于战争的法则。记住,做一名从事商业交易辩护的成功律师是要尽可能多地了解交易的具体细节的。

(四)《孙子兵法》与建筑

新加坡国立大学设计与环境学院 Low Sui Pheng 和建筑系 Teo Hui Fang 的文章《现代精益建筑法则:与〈孙子兵法〉在起源与相似性方面的一些问题》发表在 2005 年的《管理决策》杂志上①。长文从"序言""精益建筑法则""孙子的战略法则""将两法则相连接""研究方法""调查对象的概述""精益法则之观点""孙子战略法则之观点""可靠性测试""关于两种法则之观点"和"结语与建议"几个部分对精益建筑法则与孙子兵法之间的相似性进行了详细的分析阐释。

"孙子的战略法则"一节,作者认为建筑语境中的承包方(contractor)常相当于孙子兵法中的"国家"(State)。项目管理者(the project manager)相当于孙子兵法中的"将"(general)。客户(client),有时甚至是合同公司的法人(owner of the contracting firm)相当于"君"(ruler)。而孙子兵法中的"军队"(army)则指的是在为法人和公司工作的项目经理手下工作的下属(subordinates)。建筑语境中的"地形"(terrain)指的则是项目股东所依附和置身其中的建筑公司的形势条件。而"敌人"(enemy)的指代却非常灵活,可用在不同的情景中,可同时相对于公司内部或外部而言。作者从 Lo et al 1998 年发表的一篇文章《孙子的战略法则与质量管理》(The Strategic Insights of Sun Tzu and Quality Management)②和邱庆河(Khoo Kheng-Hor)1992 年出版的专著《孙子兵法与管理》(*Sun Tzu and Management*)③中摘录了可用于精益建筑法则中的相关战略法则十一条,

---

① Sui Pheng Low & Hui Fang Teo. "Modern-day Lean Construction Principles: Some Questions on Their Origin and Similarities with Sun Tzu's *Art of War*". *Management Decision*, Vol.43, No.4, 2005, pp. 523-541.

② V. H. Y. Lo, C. O. Ho & D. Sculli. "The Strategic Insights of Sun Tzu and Quality Management". *The TQM Magazine*, Vol.10, No.3, 1998, pp. 161-168.

③ Kheng-Hor Khoo. *Sun Tzu and Management*. Kuala Lumpur: Pelanduk Publications, 1992.

具体情况如下:

"善用兵者,役不再籍,粮不三载。"(作篇第二)(Khoo,1992)

"夫地形者,兵之助也。"(地形篇第十)(Khoo,1992)

"知彼知己,百战不殆。"(谋攻篇第三)(Khoo,1992)

"故兵闻拙速。"(作篇第二)(Khoo,1992)

"投之无所往,死且不北。"(九地篇第十一)(Khoo,1992)

"水因地而制流,兵因敌而制胜。"(虚实篇第六)(Khoo,1992)

"夫将者,国之辅也。辅周则国必强,辅隙则国必弱。"(谋攻篇第三)(Khoo,1992)

"故不知诸侯之谋者,不能预交。"(军争篇第七)(Lo et al,1998)

"卒,善而养之。"(作篇第二)(Khoo,1992)

"是故军无辎重则亡,无粮食则亡,无委积则亡。"(军争篇第七)(Khoo,1992)

"故其疾如风,其徐如林,侵掠如火,不动如山。"(军争篇第七)(Lo et al,1998)

在"孙子战略法则之观点"一节,作者对从"调查对象的概述"中得到的对将孙子战略法则运用到管理项目中的赞同度的相关数据用表格的形式将这十一条法则的重要性进行了排序。排序表明,专业人员和员工团队的能力对项目的成功与否来说是极为关键的。排在前五位的法则表明,对项目管理者来说,除了掌握技术技能之外,领导和管理人员是非常重要的。排在前四位的法则也表明了对有技能的、灵活的劳动力以及可得到的技术水平的需要。其排序的具体情况如下:

第一位为第七条:"夫将者,国之辅也。辅周则国必强,辅隙则国必弱。"

第二位为第十条:"是故军无辎重则亡,无粮食则亡,无委积则亡。"

第三位为第十一条:"故其疾如风,其徐如林,侵掠如火,不动如山。"

第四位为第五条:"投之无所往,死且不北。"

第五位为第六条:"水因地而制流,兵因敌而制胜。"

第六位为第三条:"知彼知己,百战不殆。"

第七位为第八条:"故不知诸侯之谋者,不能预交。"

第八位为第九条:"卒,善而养之。"

第九位为第四条:"故兵闻拙速。"

第十位:第二条:"夫地形者,兵之助也。"

第十一位:第一条:"善用兵者,役不再籍,粮不三载。"

在"结语和建议"一节,作者补充了另外三条可用在精益建筑法则中的孙子的战术和战略:

"故善战者,求之于势,不责于人,故能择人而任势。"(势篇第五)(Khoo,1992)

"战势不过奇正,奇正之变,不可胜穷也。"(势篇第五)(Khoo,1992)

"治乱,数也。凡治众如治寡,分数是也。"(势篇第五)(Khoo,1992)

(五)《孙子兵法》与公共教育

美国班尼迪克大学教授奥维德·王(Ovid K. Wong)的专著《给教育领导人的重要战略:〈孙子兵法〉的重要性》于2008年出版①。除"前言""序言"和"结语"外,全书共有七章,详细阐释了《孙子兵法》对教育领导人的启发和借鉴作用。

作者在"序言"中指出,近年来,由于学校教育所取得的成绩不太理想,公共教育受到了广泛的批评。长期的学校教育之所以成功的一个关键口号就是"学校的领导才能"(school leadership)。总体上考虑,领导才能强调的是在作决定、迎接挑战和面对冲突与矛盾时领导所持的立场的重要性。《孙子兵法》阐述了将、将之知识以及谨慎运用特别的战略的重要性。这些战略的核心是领导之非协调性的道德目的,这可通过其他好的方面诸如智、信、严、勇气等领导素质而得到加强。世界各地都有了《孙子兵法》的诸多译本。该书可用于解决各种冲突与矛盾:个人自身的、两个个体之间的、两个军队之间的以及两个政治集团或国家之间的。读者将会因参考了这本书,或是将这本古老的东方哲学运用到当今西方世界之教育中而感到惊异,同时也会有极大的收益。

第一章为"与孙子相关之物事"(The Relevance of Sun Tzu),分四个部分对孙子进行了介绍:

第一,孙子何人?

---

① Ovid K. Wong. *Pivotal Strategies for the Educational Leader*: *The Importance of Sun Tzu's The Art of War*. Lanham: Rowman & Littlefield Education, 2007.

第二,《孙子兵法》为何物?

第三,古之智慧;

第四,《孙子兵法》在当今与将来之应用。

文中,作者奥维德·王用两个图表,把孙子兵法的核心军事法则、十三篇题名的英译和概况呈现出来了。第一个图表"孙子关于军事领导之法则"(Selected Wisdom of Sun Tzu about Military Leadership)引用的孙子法则有如下五处:

"知彼知己,百战不殆。不知彼而知己,一胜一负。"(谋攻篇第三)

"故胜兵若以镒称铢,败兵若以铢称镒。"(形篇第四)

"凡治众如治寡。分数是也。"(势篇第五)

"地形有通者,有挂者,有支者,有隘者,有险者,有远者。"(地形篇第十)

"厚而不能使,爱而不能令,乱而不能治,譬如骄子,不可用也。"(地形篇第十)

第二个图表为"《孙子兵法》概观"(Overview of *The Art of War*)。

第二章为"获胜之因素",作者从六个方面对此进行了分析总结:

第一,道;

第二,将;

第三,法;

第四,天;

第五,地;

第六,各个因素之间的平衡。

作者奥维德·王对孙子兵法的直接引用有七处,具体如下:

"故经之以五事,校之以计,而索其情:一曰道,二曰天,三曰地,四曰将,五曰法。"(计篇第一)

"道者,令民与上同意也,故可与之死,可与之生,而不畏危也。"(计篇第一)

"将者,智、信、仁、勇、严也。"(计篇第一)

"法者,曲制,官道,主用也。"(计篇第一)

"天者,阴、阳、寒、暑、时制也。"(计篇第一)

"地者,远、近、险、易、广、狭、死、生也。"(计篇第一)

"凡此五者,将莫不闻,知之者胜,不知者不胜。"(计篇第一)

第三章为"领导者",作者从七个方面对此进行了分析总结:

第一,教育领导者的出现;

第二,一个教育领导者应该必备的素质;

第三,学识的完备;

第四,学术之视域;

第五,建构兵保持一种学术之文化;

第六,管理学习之环境;

第七,与学校团体合作促进学习。

作者奥维德·王对孙子兵法的直接引用有七处,具体如下:

"兵者,国之大事,死生之地,存亡之道,不可不察也。"(计篇第一)

"将者,智、信、仁、勇、严也。"(计篇第一)

"知可以与战,不可以与战者胜;识众寡之用者胜;上下同欲者胜;以虞待不虞者胜;将能而君不御者胜。"(谋攻篇第三)

"故校之以计,而索其情。……将听吾计,用之必胜,留之。将不听吾计,用之必败,去之。"(计篇第一)

"食敌一钟,当吾二十钟;萁秆一石,当吾二十石。"(作篇第二)

"凡兴师十万,出兵千里,百姓之费,公家之奉,日费千金。内外骚动,怠于道路,不得操事者,七十万家。"(用间篇第十三)

"是故政举之日,夷关拆符,无通其使。厉于廊庙之上,以诛其事。"(九地篇第十一)

第四章为"发动战争",作者从四个方面对此进行了分析总结:

第一,发动战争之战略;

第二,找准自己的位置;

第三,进攻;

第四,防御。作者对孙子兵法的直接引用有七处,具体如下:

"地形有通者,有挂者,有支者,有隘者,有险者,有远者。"(地形篇第十)

"故用兵之法:十则围之,五则攻之,倍则分之,敌则能战之,少则能守之,不若则能避之。"(谋攻篇第三)

"见日月不为明目,闻雷霆不为耳聪。"(形篇第四)

"兵法:一曰度,二曰量,三曰数,四曰称,五曰胜。地生度,度生量,量生数,数生称,称生胜。"(形篇第四)

"故兵以诈立,以利动,以分合为变者。"(军争篇第七)

"可胜者,攻也。……攻则有余。"(形篇第四)

"合于利而动。"(火攻篇第十二)

第五章为"沟通",作者从八个方面对此进行了分析总结:

第一,何为沟通;

第二,作为一种沟通形式之行政管理体系;

第三,作为一种沟通形式之会议;

第四,作为一种沟通形式之展示;

第五,作为一种沟通形式之写作;

第六,作为一种沟通形式之阅读;

第七,作为一种沟通形式之决策;

第八,作为一种沟通形式之反思。

作者奥维德·王对孙子兵法的直接引用有八处,具体如下:

"言不相闻,故为金鼓;视不相见,故为旌旗。……故夜战多火鼓,昼战多旌旗,所以变人之耳目也。"(军争篇第七)

"凡治众如治寡,分数是也。斗众如斗寡,形名是也。"(势篇第五)

"夫金鼓旌旗者,所以一民之耳目也。民既专一,则勇者不得独进,怯者不得独退。此用众之法也。"(军争篇第七)

"先知者,不可取于鬼神,不可象于事,不可验于度,必取于人,知敌之情者也。"(用间篇第十三)

"故惟明君贤将,能以上智为间者,必成大功。三军之所以恃而动。此兵之要。"(用间篇第十三)

"故明君贤将,所以动而胜人,成功出于众者,先知也。"(用间篇第十三)

"奔走而陈兵者,期也。……依仗而立者,饥也。……谆谆翕翕,徐言入人,失众也。"(行军篇第九)

"百里而争利,则擒三将军。劲者先,疲者后,其法十一而至。五十里而争利,则蹶上将军,其法半至。三十里而争利,则三分之二至。是故军无辎重则亡,无粮食则亡,无委积则亡。"(军争篇第七)

第六章为"领导者的自我评价",作者从三个方面对此进行了分析总结:

第一,领导能力的评价中个人与他者之认识;

第二,学习风格评价;

第三,领导能力之自我评价。

作者对孙子兵法的直接引用只有一处:

"知己知彼,百战不殆;不知彼而知己,一胜一负;不知彼不知己,每战必殆。"(谋攻篇第三)

第七章为"将孙子的智慧运用到行动中",作者从三个方面对此进行了分析总结:

第一,孙子战略的概念图谱;

第二,应用虚实之知识以促使教育之改进提高;

第三,将理论应用于实践中。作者对孙子兵法的直接引用只有一处:

"夫兵形象水。水之形,避高而趋下;兵之形,避实而击虚。"(虚实篇第六)

在"结语"中,作者再一次强调,"将"之作用是非常关键的,因为在孙子看来,获得战争之道包括了有效的领导才能。孙子的领导战略很泛,而且在研究获胜的五种因素中被明显地概念化了。对这五种因素的透彻理解要求读者对其给予更加准确的解读。读者必须亲历过这些领导因素在阴阳环境中的内在平衡。一个卓有成效的将领,还必须很好地理解形势以便平衡道、法与将这三种内在因素和天、地这两种外在因素。

第二章
比较视野下英语世界的《孙子兵法》接受研究

第一节 《孙子兵法》与克劳塞维茨的《战争论》

(一) 孙子与克劳塞维茨之比较

迈克尔·汉德尔(Michael Handel)的《战争大师：古典战略思想》①一书除《序言》和《结语》外共有十八章。其中第二章为《孙子与克劳塞维茨之比较》，第十八章为《科贝特、克劳塞维茨与孙子》。汉德尔从比较的视角，运用比较研究的方法对古典战略思想的相似与相异做了全面的阐释，给读者呈现了异质文化他者眼中的孙子及其军事思想，具有相当的启发和借鉴意义。

理论将那些已知的事物归入系统中。但其作用远比过去常常称为"思维经济"(economy of thought)或者"思想的简约表达"(mental shorthand)更老的实证主义现在称作信息的储存和检索这回事要更大。没错，受到理论影响的系统化确实有简化法律法规和将秩序引入一大堆事实的作用。但它是一个更为基础的作用之副产品，这个作用就是：搞清楚那些可能不可理解的或者没有意义的实证发现的意思。

"……一种可行的理论是批评的根本依据。"②——克劳塞维茨：《战争

---

① Michael I. Handel. *Masters of War: Classical Strategic Thought*. 3rd revised and expanded edition. London: Frank Cass., 1992.

② "…a working theory is an essential basis for criticism." Ibid., p. 14.

论》,第一百五十七页

"我们的目的,不是要为作战指导提供新的法则和方法,我们关注的是检验那些长期存在着的基本的东西,并追溯其根本的原理。"①——克劳塞维茨:《战争论》,第三百八十九页

《孙子兵法》与克劳塞维茨的《战争论》之间的差别远不止是时间、地理条件和文化上的。然而,对两位伟大战略家之间的不同的强调有时不能太过夸大其词。利德尔·哈特(Liddell Hart)曾认为,克劳塞维茨的《战争论》与孙子兵法的结论表面上看没有太大差别。但即便是哈特,当他认为"孙子有着更清晰的视野,更深刻的洞察,更永恒的新鲜感……"②或者认为"孙子的现实和节制与克劳塞维茨强调逻辑的理想和'绝对'的倾向形成了相反的两极"③时也是不正确的。哈特甚至补充说"一个人如果要追求克劳塞维茨思想字里行间的逻辑极端,……那可能会失去手段与目的之间的全部关联。"而这,恰恰与克劳塞维茨想要证明的东西正好相反。利德尔·哈特的错误,很大程度上并非由于他更喜欢孙子兵法,而是因为他对于克劳塞维茨的看法过于抽象而反映出他对《战争论》的认识太过肤浅。

本文试图表明《孙子兵法》和《战争论》这两本似乎相异的战略经典实际上不仅有很多将彼此区分开来的不同也有很多的共同之处。事实上,它们根本的战略逻辑常常是一样的,是东西方总体的作战方法的"逻辑"或者"理性的推演"。正如费正清(John King Fairbank)教授指出的:"中国的许多战争经验可直接与别处的经验相比较……就中国的所谓的独特性而论,比较研究无疑会显示出中国的谬论。"④是由于错觉还是仅仅因为夸张,这两位军事思想家之间的如此差异被认为是由以下原因造成的:

第一,许多战略家认为《孙子兵法》读起来比《战争论》感觉更舒服,因

---

① "Our aim is not to provide new principles and methods of conducting war; rather, we are concerned with examining the essential content of what has long existed, and to trace it back to its basic elements." Michael I. Handel. *Masters of War: Classical Strategic Thought*. Op. cit., p. 14.

② "Sun Tzu has clearer vision, more profound insight, and eternal freshness …."Ibid., p. 15.

③ "Sun Tzu's realism and moderation form a contrast to Clausewitz's tendency to emphasize the logical ideal and the 'absolute'…". Ibid.

④ "…much of China's military experience is directly comparable with experience elsewhere … Comparative studies will no doubt show up the sinological fallacy as to China's alleged uniqueness."Ibid.

为《战争论》的方法论和风格不太容易被接受。《战争论》应该更浅些才好。由于它很少被人全文系统地阅读,因而容易被人做错误的比较。

第二,第一次阅读的时候,《孙子兵法》似乎更容易些,但实际上由于其深度更难读懂。而克劳塞维茨的《战争论》一开始更难读,但实际上如果仔细精读的话更容易理解。

第三,孙子和克劳塞维茨在他们的军事战略作品中采用的不是一样的定义和结构框架。《孙子兵法》的定义更宽泛,以至于使得许多战略家不知不觉间把苹果与橘子作在比较。

第四,《战争论》与《孙子兵法》常常是从不同的角度来处理相同的或者相关的对象,即,他们讨论的是同一枚硬币的两个不同面。在众所周知的这种盲人摸象的情况下,这就在没有改变实际上两者间存在许多共同之处之事实的情况下放大了两者间的差异。

在那些将《孙子兵法》与《战争论》进行比较的成果中,比较的有如下这些方面:二者的结构框架、方法论与风格、在参战时战略政策的规划与决策中政治所处的位置、对战地指挥官与政治领导人之间的责任的分析。除这些外,还有他们对间谍与诡计的评价、人员数量的优势、进攻与防御之间的关系、对战争的理性推算,以及战争中的摩擦、机遇、运气与不确定性。汉德尔在表中展示了对《孙子兵法》与《战争论》这两部经典的传统的看法。其中涉及二者对发动战争的看法、兵力的作用、对理想战争的看法、喜欢的赢取战争的方法、二者理论的优缺点等几个方面。

孙子、克劳塞维茨与对战争的研究

《孙子兵法》是用文言写成的简洁的战略经典。相反,克劳塞维茨的浮夸抽象的《战争论》却差不多有六百页。要理解克劳塞维茨的分析框架需要一页一页反复读他的《战争论》。与《战争论》不同,《孙子兵法》读起来更像是一本为君王或高级军事指挥官写的简洁的指南或手册。因而,当克劳塞维茨引导读者痛苦而曲折地尽管是完全值得地推理时,孙子,则在大部分的情形下,给他的读者呈现出他的结论。

"理论不能以解决问题的公式武装人的头脑,也不能通过在两边栽种一道道法则的办法来显示出唯一的解决办法就在这狭窄的道上。但它可以给我们的头脑注入大量的现象以及它们彼此间的关系,然后让它自由地

上升到行动的更高层次。"①——克劳塞维茨:《战争论》,第五百七十八页

孙子告诉读者,苹果总是会从树上掉到地上的(事实,a fact)。而克劳塞维茨却解释为何苹果总是会从树上掉到地上(理论阐释[theoretical explanation],重心的缘故[gravity])。对《战争论》的读者而言,重要的是学习的过程。但对《孙子兵法》的读者来说,法则的要求就是接受结论。但是,克劳塞维茨那些复杂的方法论并不总是易于解读,容易让人误解。主要的是他那些方法概念中理想型的方法,它们与那些大体说来是相反的辩证法以及他那些特别理想的类型是紧密相关的。比如,克劳塞维茨发展了一个"总体"(total)或"绝对"(absolute)战争的抽象的、理想的概念。战争在理论中,正如他所谓的,是由各种可能的力量和资源发动的——而且没有任何解释——直到一方能够宣称自己获胜为止。实际上,现实中战争总是在一定程度上受到限制的。

因而,孙子也采用了这种理想型的方法,只不过更加明确、更加受限制而已。孙子的建议"不战而屈人之兵,善之善者也"(谋攻篇第三)以及"屈人之兵而非战也"(谋攻篇第三)当然是任何政治家或军事家应该追求的一种理想,但事实远不止于此。这显然可从中国的历史和《孙子兵法》中大部分的篇章是在讨论如何通过战争取得胜利看出②。克劳塞维茨当然会在法则中赞同不战或不流血而获胜是令人满意的效果,但是他也会认识到这几乎是不可能的,并立马去着手寻求更可能的解决办法。在很多人看来,孙子对于"不战而胜"的愿望之陈述与克劳塞维茨的观点是矛盾的。但实际上,这两位战略家只是从不同的角度来处理相同的问题。同样,克劳塞维茨和孙子似乎不同的许多观点,不同只在强调的重点上,而非观点的本质③。

---

① "Theory cannot equip the mind with formulas for solving problems, nor can it mark the narrow path on which the sole solution is supposed to lie by planting a hedge of principles on either side. But it can give the mind insight into the great mass of phenomena and of their relationships, then leave it free to rise into the higher realms of action." Michael I. Handel. *Masters of War: Classical Strategic Thought.* Op. cit., p. 17.

② "Sun Tzu's recommendation that '…in war the best policy is to take a state intact' and that 'to subdue the enemy without fighting is the acme of skill' is certainly an ideal to which any political or military leader should aspire, but no more than that. This is evident from Chinese history itself and from the fact that most of *The Art of War* is dedicated to a discussion of how to win by fighting." Ibid., p. 18.

③ "To many, Sun Tzu's statements on the desirablity of victory without bloodshed appear to contradict Clausewitz's ideas; in fact, these two strategists are simply approaching the same issue from different perspectives. In the same way, many of the points on which Clausewitz and Sun Tzu seem to disagree can often be attributed to differences in emphasis, not substance." Ibid., p. 18.

理论、机会与不确定性

"简言之,绝对的所谓精确的事实绝不会在军事估算中找到坚实的基础。从一开始,就存在各种可能性、概然率、好运与坏运的相互作用。这些因素相互交织,贯穿着战争这幅织毯的经纬。在人类的全部活动中,战争就像是一副牌局。"①——克劳塞维茨:《战争论》,第八十六页

孙子和克劳塞维茨可能都会同意战争是一门艺术而非科学的根本方法论的假设。每一个军事的问题都有很大潜在的纠正的办法(而非仅仅是一个简单的、最佳的解决办法)。这些办法通过军事领导人的想象、创造和直觉而获得。孙子和克劳塞维茨也会同意,战争研究中固有的复杂性使得要形成一种积极的战争理论成为不可能的事情,即便我们可以说有一套"法则"或者"箴言"存在。任何"法则"或者"战争法则"都只能是相对正确的,而非绝对的。然而,克劳塞维茨比孙子更明确地对待批判性的问题,因为他将第二本书全部都用来分析战争的理论。例如:

"互动的真正本质必然是使其变得不可预测。"②——克劳塞维茨:《战争论》,第一百三十九页

"战争的理论也不能将法则、概念应用在行动中,因为没有规范的构想足够普遍化到配得上被称为法则,可以被运用到不断的变化以及战争的各种现象中。"③——克劳塞维茨:《战争论》,第一百五十二页

"因为在战争的艺术中,经验比无论多少抽象的真理都更重要。"④——克劳塞维茨:《战争论》,第一百六十四页

正如克劳塞维茨所强调的,战争是对人性本质各个方面的反应,充满着各种非理性的动机。在其更高的层面上,它是基于先天才能与灵感的一

---

① "In short, absolute, so-called mathematical, factors never find a firm basis in military calculations. From the very start, there is an interplay of possibilities, probabilities, good luck and bad that weaves its way throughout the length and breadth of the tapestry. In the whole range of human activities, war most closely resembles a game of cards." Michael I. Handel. *Masters of War: Classical Strategic Thought*. Op. cit., p. 19.

② "The very nature of interaction is bound to make it unpredictable." Ibid., p. 20.

③ "Nor can the theory of war apply the concept of law to action, since no prescriptive formulation universal enough to deserve the name of law can be applied to the constant change and diversity of the phenomena of war." Ibid.

④ "For in the art of war, experience counts more than any amount of abstract truth." Ibid.

种创造性的、实际的活动。在此活动中，敌人以不可预测的方式作用与反作用到真实的以及想象的移动中。而且，即便战争的指导本身是理性的，（比如目的与手段的相互关联,定义更清晰的目标），战争最终的政治目标仍然会是非理性的。

与其同时代的其他军事战略家不同,克劳塞维茨将战争看成是一个"有机的"而非"非有机的"或"机械的"活动。将其作为他的前提,他不可避免地得出了战争绝不可能作为一门精密的科学进行有利地研究的结论。他在第二本书题为《战争艺术还是战争科学》的第三章中对其做了深刻的讨论。他指出,科学的目标是知识,而艺术的目标是创造力。

"始终如一地保持(知识与能力)这种差别之间的基础,并称每一件事其目标在于创造性的能力,比如建筑或战争为艺术。科学这个术语应该为诸如数学或天文学这样其目标为纯科学的学科所保持。"①——克劳塞维茨:《战争论》,第一百四十八页

"创造与生产属于艺术的范畴:科学将会统治其目标为探究与知识的领域。于是出现了'战争的艺术'比'战争的科学'更恰当这样的结果。"②——克劳塞维茨:《战争论》,第一百四十八至一百四十九页

每条法则因而在各个不同的程度上,使艺术和科学的各种相互交织的、不可分割的因素结合在一起。因而,尽管战争的实践比起科学来说更是一门艺术,但这并不意味着战争不能系统地被研究,或者是一些科学的方法不能运用到非科学的法则(比如心理学、经济学、政治科学、战争)中。

因而,当克劳塞维茨得出结论说战争本质上是一门包含了一些科学的方面的艺术时,约米尼却在他建构一种战争的科学理论和他承认战争是最终基于经验和直觉的一种创造性活动这两者之间发生了动摇。尽管,最后约米尼倾向于认为战争是一门艺术,但他从未完全理解这个事实。在最后的分析中,与克劳塞维茨一样,约米尼承认"每一条法则都有例外"③。(约

---

① "It is …consistent to keep this basis of distinction [between knowledge and ability] and call everything art whose object is creative ability for instance, architecture [or war]. The term science should be kept for disciplines such as mathematics or astronomy, whose object is pure knowledge." Michael I. Handel. *Masters of War: Classical Strategic Thought*. Op. cit., p. 20.

② "Creation and production lie in the realm of art; science will dominate where the object is inquiry and knowledge. It follows that the term 'art of war' is more suitable than 'science of war'." Ibid., p. 21.

③ "Every maxim has its exception." (Jomini, *The Art of War*, p. 84.) Ibid.

米尼:《战争的艺术》[The Art of War],第八十四页)

  尽管《孙子兵法》没有直接地、深层次地讨论这个问题,但孙子认识到,正如这本书的书名所显示的,要想通过机械地运用不变的规则来预测战争的类型和过程是不可能的。"故兵无常势,水无常形。"(虚实篇第六)①紧接着孙子用了诗意的比喻来证明战争的无穷的复杂性:

  "声不过五;五声之变,不可胜听也。色不过五;五色之变,不可胜观也。味不过五;无味之变,不可胜尝也。战势不过奇正,奇正之变,不可胜穷也。奇正相生,如循环之无端,孰能穷之?"②——《孙子兵法》(势篇第五),第九一至九十二页

  与克劳塞维茨一样,孙子也认为战争的复杂性与不可预见性是由于相互作用的过程而形成的。

  "在己故能为,在敌故无必。"[梅尧臣]

  "故曰:胜可知,而不可为。"③——《孙子兵法》"形篇第四",第八十五页

  "故五形无常胜,四时无常位,日有短长,月有死生。"④——《孙子兵法》"虚实篇第六",第一百零一页

  换句话说,战争的法则从理论上讲是可以理解的,却没有引导如何运用它的蓝本。

  "此兵家之胜,不可先传也。"⑤——《孙子兵法》"计篇第一",第七十页

  最后,孙子得出了与克劳塞维茨相同的结论:[李筌]战无定法⑥。

---

  ① "And as water has no constant form, there are in war no constant conditions." Michael I. Handel. *Masters of War: Classical Strategic Thought*. Op. cit., p. 21.

  ② "The musical notes are only five in number but their melodies are so numerous that one cannot hear them all. The primary colors are only five in number but their combinations are so infinite that one cannot visualize them all. The flavors are only five in number but their blends are so various that one cannot taste them all. In battle there are only the normal and extraordinary forces, but their combinations are limitless; none can comprehend them all. For these two forces are mutually reproductive; their interaction as endless as that of interlocked rings. Who can determine where one ends and the other begins?" Ibid., p. 22.

  ③ "Therefore it is said that one may know how to win, but cannot necessarily do so." Ibid.

  ④ "Of the five elements, none is always predominant; of the four seasons, none lasts forever; of the days, some are long and some are short, and the moon waxes and wanes." Ibid.

  ⑤ "These are the strategist's keys to victory. It is not possible to discuss them beforehand." Ibid.

  ⑥ "[Li Ch'uan] In the art of war there are no fixed rules." Ibid.

(《孙子兵法》,第九十三页)二者都赞同成功要依靠克劳塞维茨所谓的军事天才的直觉(coup d'oeil, intuition)。这种才能可通过经验得到改善,但只有那些原本就拥有这种先天才能的人才行。孙子将战争看成是一种独创的艺术,这种艺术需要想象力、直觉和创新:"故其战胜不复,而应形于无穷。"①(《孙子兵法》"虚实篇第六",第一百页)两位战略家也都赞同,他们各自的著作得出的结论都仅仅只有有限的价值。因为,尽管他们睿智有远见,他们也不能给军事专家们具体的建议该如何运用这些法则。赢得战争胜利的关键不在于靠死记硬背掌握这些战争理论,而在于明智地运用。而是否能明智地运用要靠军事指挥官的直觉来最终决定。

(二)克劳塞维茨《战争论》与《孙子兵法》中的战略与时间之比较

劳拉·帕克特的文章《克劳塞维茨〈战争论〉与〈孙子兵法〉中的战略与时间》发表在1991年的《比较战略》上②。作者在中西方不同的世界观语境中比较了克劳塞维茨的《战争论》与《孙子兵法》不同的战略观与时空观。文章从"序言""理论组成""克劳塞维茨""孙子""结语"五个方面做了分析阐释。其中对克劳塞维茨《战争论》的分析和对《孙子兵法》的分析都是基于相同的框架:(一)对文本理解的障碍(文本的翻译与编辑;风格与方法);(二)与其他学者的互动(受前辈学者或同时代学者及其成果的影响;(三)其对后代产生的影响;(四)思想中的时间[中国古代哲学中的时间概念;《孙子兵法》中的时间];(五)克劳塞维茨战略的含义[《孙子兵法》中战略的含义]);(六)基本的概念。

在"克劳塞维茨"一节的"与其他学者的互动"部分,作者指出,没有证据显示克劳塞维茨生活的时代有德译本的《孙子兵法》,尽管1772年已经有耶稣会信徒阿米奥的法译本出版,但是克劳塞维茨"终身都不喜欢法国的东西",如果他不读任何法语书籍,那他读《孙子兵法》这本晦涩的中国经典的法译本的可能性也不大。克劳塞维茨并不特别倾向于自己的文化,但是如果他确实读过《孙子兵法》的话,他自己文化的时间概念之霸权也

---

① "Therefore, when I have won a victory I do not repeat my tactics but respond to circumstances in an infinite variety of ways." Michael I. Handel. *Masters of War: Classical Strategic Thought*. Op. cit., p. 21.

② Laure Paquette. "Strategy and Time in Clausewitz's *On War* and in Sun Tzu's *The Art of War*". *Comparative Strategy*, Vol.10, 1991, pp. 37-51.

将会使得他不那么容易被动摇。没错,在《战争论》与《孙子兵法》之间是存在着许多的相似形,但是这没什么奇怪的,因为二者论述的主题是一样的缘故。其他的军事战略家,如马基雅弗利(Machiavelli)、约米尼(Jomini),他们的著作文本也与《战争论》非常相似。换句话说即是,孙子对克劳塞维茨的影响,如果存在的话,是可以忽略的。而康德,却对克劳塞维茨有着极大的影响。好几个学者都注意到了这个。康德对克劳塞维茨的影响表现在许多方面,如,康德在《人类学》(Anthropology)一书中的性格分类法(classification of temperament)与克劳塞维茨在论述军事天才一章中的性格分类。康德的思想是克劳塞维茨一生关注的主题,它们影响了克劳塞维茨的辩证法。在论及克劳塞维茨对后代学者的影响时作者指出,《战争论》仍然是一本著名的、但较少人阅读的战争与政治经典。克劳塞维茨自己并非没有对手,没有批评家,但今天的学者仍然相信他的作品对战略具有广泛的影响。

在"克劳塞维茨思想中的时间"一节,作者归纳了他思想中时间这个概念的基本特征:线状的、很短(并且变得越来越短)、非连续的、单一的、时空是有区别而非互相协调的。

"战略的含义"一节论述了克劳塞维茨战略思想所包含的主要概念:摩擦(Friction)、突袭(Surprise)、一瞥(Coup d'Oeil)、领导的品质(Qualities of Leadership)、空间(Space)和战术(Tactics)。克劳塞维茨所谓的"摩擦"是指所有那些无法预知的、会使战争颓败、使最简单的事情变得困难的偶发事件。对克劳塞维茨而言,"突袭"并非一种进攻性的不可避免的工具,不会对摩擦产生什么好处。他试图减小突袭的重要性及其效果,贬低它是战争中不可避免却积极的因素。"一瞥"是一个明显的例子,表明一个特别的时间概念是如何能影响一个初期战略的。克劳塞维茨希望战略家能立刻抓住瞬间出现的情势,以便发展恰当的战略。一个战略的宽度不能不受到制约,因为对环境的估价、对战略的构思和对其履行的计划必须是在瞬间就要完成的。在克劳塞维茨看来,一个战略家的沉着冷静对构思一个不同的战略而言远比"一瞥"的能力更为重要。克莱塞维茨的空间概念的特征与他的时间概念是一致的。他认为战术与战略是不同的。

在"理解《孙子兵法》的障碍"一节作者指出,对中国语言知识缺乏了解严重妨碍了学者对《孙子兵法》的透彻理解。因而对译本的选择就至关重要。作者交代了选择1963年出版的格里菲思(Samuel T. Griffith)英译本的两个原因:一是该译本是从学者的角度来对特别的语句、上下文语境给予详细分析的,并用多种语言进行了参考说明;二是该译本更能准确反映战略的细微之处。由于翻译的困难以及中国古代文学风格的缘故有时需要两种以上的译本以便尽可能完全地抓住原文本的意思。鉴于此,该文也用了1905年版的卡尔思罗普(E. F. Calthrop)《孙子兵法》英译本和1944年的萨德勒译本(A. L. Sadler)。

在"与其他学者的互动"一节作者特别,孙子也与他同时代的其他人不同,他将战争看成是特别重要的研究对象。孙子把战争看得太重要了以至于不能把它留给那些怀着其他更深目的人去研究。他没有把当时的尚武精神太当一回事。

在"《孙子兵法》中的战略"中,作者首先归纳了《孙子兵法》中"时间"的特征:

第一,时间是重要的资源,应该惜时;

第二,时间是一个非常重要的因素,对取得胜利至关重要;

第三,在为一次行动选择做判断时,及时对已赢得胜利来说是相当关键的;

第四,时间指的是一个时期,是一个战略从构思到实施的一段时间。

《孙子兵法》对于时间的观念与中国古代对时间特征的描绘是一致的。而《孙子兵法》中的战略,则具有以下六个特征:

第一,战略是一种微妙的、复杂的技巧,是通过一段时间构思出来的。这个观点与克劳塞维茨的观点是完全相反的。克劳塞维茨认为战略是一眨眼功夫就闪现出的。

第二,运用战略的目的是为了避免全力投入的战争。如果战争不可避免地发生了,则必须尽快结束它。孙子对于战争中人力的损失非常敏感。他认为拖延而迟迟不决的战争是一种灾难,是无所谓赢家的。而克劳塞维茨则认为如果战争中发生人员伤亡,尽管遗憾却是正常的。

第三,选择最恰当的时机,而非仅仅为保护资源,是非常重要的。

第四,战略可以让人预测时间和趋势的更大可能性,能使人大量地阅读历史成为可能,这对良好的战略是至关重要的。

第五,突袭是一种主要的工具,而非一种妨碍。

第六,所有的资源都是非常重要的。

"其下攻城。攻城之法,为不得已。"(谋攻篇第三)

"百战百胜,非善之善者也;不战而屈人之兵,善之善者也。"(谋攻篇第三)

"兵贵胜,不贵久。"(作篇第二)

"卒,善而养之。"(作篇第二)

《孙子兵法》中的关键术语有以下四个:精神的影响(Moral influence)、天与地(Weather and terrain)、令与法(Command and doctrine)和先知(Foreknowledge)。作者认为,一个将领的精神的影响能够波及其他人的时间概念,鼓励他人或坚持不懈或着急或惊慌。精神的影响常在对手或是盟友间被用来达到各种目的。精神的影响有助于避免战争和冲突,而赢得时间本身即是一种防御。而在西方,却将距离看作是一种防御。孙子对待"天与地"的态度证明了他的时空概念是如何协调互助的。不利的天气或是困难的地形也会同时影响盟军和对手双方的行进速度。天气和地形也可能会为一次特别的行动创造最有利的条件。"令"和"法"是领导能力、进行鉴别和做决定的必备之物,一个将领必须时刻牢记在心。由于孙子的时间概念是划时代的、循环的,因而不可能在某一时刻对某一情形做出估价而在下一刻就决定相应的战略。作为一个将领,其"智"与"用"是非常重要的,因为及时性对战略而言至关重要。将领之"仁"对自己的军队和对手构思恰当的心理战略是很重要的。而"先知",与持续的时间一起可以创造出更大的灵活性。快速的鉴别是为当环境一旦发生变化而使战术发生相应变化而准备的。

"结语"部分作者总结说,克劳塞维茨的《战争论》和《孙子兵法》中的时间概念和战略概念差别是相当大的,并用表格将其做了归纳。

克劳塞维茨与孙子的时间与战略概念

特性	克劳塞维茨	孙子
时间		
单位	短,越来越短	持续的,持久的
连续性	否	是
均一性	是	否
方向	线性的	循环的
时/空	有区别的	相互协调的

续表

特性	克劳塞维茨	孙子
战略		
概念	即时的	较长的一段时期
突袭的作用	更多是一种阻碍	更多是一种工具
战争的持续	持续的、持久的	短暂的
灵活性	有限的	相当关键的
先知	有限的	相当关键的
强调	战术	战略

(三)克劳塞维茨与孙子的六条战略教训

马泰斯·帕尔斯(Matthijs Pars)的《克劳塞维茨与孙子的六条战略教训》发表在2013年的《公共事务》杂志上①。帕尔斯是荷兰海牙Meines & Partners公共事务与战略通信部的顾问。帕尔斯指出,一份好的战略对一次成功的议会游说或者公共事务活动来说是至关重要的。文章从《孙子兵法》和克劳塞维茨的《战争论》中选取了六条军事战略来加以讨论,这些战略也可被说客和公共事务管理者所运用。尽管战争与议会游说是完全不同的两回事,但彼此间仍然存在着很多的相似之处。因而,这些军事战略思想或许能够为公共事务领域提供一些不错的、实用的经验教训。首先,孙子和克劳塞维茨都强调了在行动前要谨慎地调查、探究。其次,在制定战略计划时,要警惕付出重大代价取得胜利和"规划谬误"(the fallacies of hope)。特别是克劳塞维茨,他警告我们不要太乐观地期待那些意外的东西,也不要对甚至是最好的规划与其现实之间存在的摩擦感到吃惊。一个好的解决这种摩擦的办法是,对于即采取的行动,该做的应该是搞清楚"为什么要做"和"做什么",而不是"怎么做"。第三,孙子与克劳塞维茨在如何有效地与敌人进行周旋方面都提供了引导。第四,突袭敌人占取上风,将自己引到一个能使你往前跨出决定性一步的位置。第五,分散敌人,同

---

① Matthijs Pars. "Six Strategic Lessons from Clausewitz and Sun Tzu". *Journal of Public Affairs*, Vol.13, No.3, 2013, pp. 329-334.

时使自己尽可能变得强大。第六,为避免双方间针锋相对的对抗提供了一种选择。

序言

一份好的战略对议会游说或公共事务活动来说是非常重要的,否则,追求的将会是遥不可及的目标,接近的将会是错误的政客,联合的将会是有害的盟友。对于战争,也一样:没有好的战略,被打败的机会将会相当的大。

文章探讨了说客和公共事务管理者可从《孙子兵法》和克劳塞维茨的《战争论》这两部军事战略经典中借鉴的教训。这两部作品都是被德国人称作"宝藏"(*Fundgrube*)的战略经典。当代的许多战略思想仍然是从中寻求参考的。

不用说,发动战争与议会游说是相差甚远的,它们有着各自不同的游戏规则。一个超级棒的诡计可能在战场上得到朋友和敌人的夸赞,但是对于说客来说却在其范围之外,而且有可能导致如马基雅弗利式(Machiavellian)的终身名誉损失。但从另一方面来讲,战争与游说却是非常相近的活动。彼此都有想要取得的目标、对手,也都存在威胁、机会、胜利与失败。

孙子

孙子与孔子生活在同一时代,大约在公元前 500 年。《孙子兵法》是一部关于军事战略的最古老的经典之作,而且也似乎是第一次基于理性的论述战争规划和实施的尝试。这是一部非常简洁明了的经典,是对于战争经验和知识之精华的多年酝酿之作。

毛泽东关于红军长征的军事战略很大程度上是以《孙子兵法》为基础的。《孙子兵法》也是美国海军陆战队的必读书目,其销量在托尼·瑟普拉诺(Tony Soprano)的系列电视节目"瑟普拉诺"(*The Sopranos*)之后大幅度提升了。

孙子的核心思想之一即是,战争是不祥之物,不得已而用之。(此观点不是孙子的兵法,而是老子《道德经》第三十一章中的观点:"兵者,不祥之器,[非君子之器],不得已而用之,[恬惔为上]。"本书作者注)"不战而屈人之兵,善之善者也。"(谋攻篇第三)不仅对士兵,而且对说客来说这都是一个非常有趣的观点。主要的事应该总是达成某个(政治)目标。而达到这个目标所采取的手段应该尽可能的恰当而且便于实施。如果可以采用不那么遥不可及的或者更间接的方法达到目标,干嘛还要全副武装地部署兵力呢?

克劳塞维茨

另一位其著作经受住了时间检验的战略思想家是卡尔·冯·克劳塞维茨。克劳塞维茨(1780——1831)是一位普鲁士军官,他生活在孙子之后,比孙子要晚大约两千多年。他的《战争论》是根据其在拿破仑战争(1804——1815)期间广泛、丰富的战争经验而创作的。克劳塞维茨认为,战争并非一种独立的现象,而是政治通过不同手段的延伸。政治,"是蕴育战争的温床"。(Politics is the womb in which war develops.)

与孙子相比,克莱塞维茨更懂科学也更善于分析,显而易见是启蒙主义的产儿。但他也发展了战争天才们的浪漫见解,主要表现为似乎意欲把握拿破仑那不可信的然而在很大程度上无法解释的成功。

战略教训之一:通过获取正确的信息和发挥想象力来做好充分的准备
获取信息

《孙子兵法》开篇即是论述战争艺术的。在发动一场战争(或者是游说)之前,应该对对象进行全面彻底的探究、考察:"兵者,国之大事,死生之地,存亡之道,不可不察也。"(计篇第一)正如美国国家航空航天局的机器人"好奇号"(Curiosity)火星车需要了解火星上的一切一样,一个议会说客,或者公共事务管理者,也可以因为对自己想要对其发起进攻的对象各个方面的好奇而从中受益(比如议员、部门、政府管理员等)。

克莱塞维茨认为,这样的探究、考察应该关注的是火力、敌人的计划、将要发生战争之战场的地形以及天气状况等。而对于议会说客来说,这种探究、考察应该是政府的计划、时限、进行的步骤以及敌人的计划等。

从专家或者"该领域中的人"(people in the field)那里搜集内部信息也是非常重要的。正如孙子明白告知的那样:"不用乡导者,不能得地利。"(军争篇第七)[①]对议会说客而言,可以从一点点搜集有用的信息开始,比

---

① "We shall be unable to turn natural advantage to account unless we make use of local guides." Matthijs Pars. "Six Strategic Lessons from Clausewitz and Sun Tzu". Op. cit., p. 330.

如有可能是某位决策制定者的支持幕僚提供的:"他明天早上将会在小车上,你那个时候可以打电话给他。"

对信息进行评估衡量

为了将其转化为对游说有用的知识,需要对搜集到的信息进行筛选、排列和阐释。在这点上,对对手的确切的爱好进行衡量和估计是至关重要的。这一点克莱塞维茨说得很清楚:"如果 A 的兴趣不是现在而是四个小时以后攻击他的对手,那么 B 感兴趣的不是四个小时之后而是现在被攻击;但不能由此推断,B 的兴趣是现在就攻击 A。这显然是两件完全不同的事。"

发挥你的想象

克莱塞维茨确实清楚地指出了,对信息的搜集和解读是存在着局限性的。通常会没有足够的时间和可能性来探究其方方面面,而很多事情也根本不可能提前预知。比如,新政策的大致计划可能获得,但是其具体细节甚至从内部人员那里都不可能得到。

克莱塞维茨认为,这种特别的困难可以通过"某种特别的智力天分"(mental gift of a special kind)得到部分解决。"这种智力天分将一种更容易也更坚定的步骤借给某人去采取某种行动,这样就可以在某种程度上使其免受精神上的无助感,使其不那么依赖他人。"正如士兵一样,拥有这种得天独厚的天分,能够快速估计战场上的距离,一个议会说客也可以利用他的想象力来好好地、有根据地推测正在关着的门后决策者们正在讨论的政府政策计划的纲要。

战略教训之二:在制定计划时,要谨防以重大牺牲而获得胜利和规划谬误

根据搜集分析后的信息来制定战略(游说)计划并不是件容易的事。计划制订后,还应根据新的实际情况和洞察来对其予以定期地更新和修改。

预防以重大牺牲为代价的胜利

根据克劳塞维茨的观点,制订计划时最关键的问题是:要搞明白通过所有这些大大小小的游说活动最终究竟想要得到什么样的结果?克莱塞维茨认为,这个问题的关键在于采取什么样的措施。这些行动真的有助于目标的达成吗?或者从长远来看会变成不利因素吗?我们应该试图透过蒙在未来事件上的面纱看清它们。孙子则以更加简洁的方式说道:"夫惟无虑而易敌者,必擒于人。"(行军篇第九)①因此得当心。克劳塞维茨似乎是在警告我们别变成歌德笔下的魔法师学徒(Goethe's sorcerer's apprentice [Zauberlehrling]),那个对未来可能产生的影响没有任何线索就发起行动的人。

1812年拿破仑大军与俄国和联军之间的波罗底诺战役(the Battle of Borodino)就是一个例证。这次战役拿破仑获得了胜利,而且也是他俄国战争的第一个顶峰。但从长远来看,这次战役是俄国获胜了。因为拿破仑赢得这场战役付出了高昂的代价:死了三万五千名士兵,包括装甲兵。它也因而被称为是"皮洛斯胜利"(Pyrrhic victory),一场付出了高昂的代价而获胜的战役。有军事历史学家称,拿破仑的剑因这场战役而变钝了②。

谨防规划谬误

正如克莱塞维茨警告我们要当心付出重大损失而获得战争胜利的风险一样,孙子也强调,我们绝不能相信我们能使鱼走路。希望(规划)并非战略。"途有所不由,军有所不出,城有所不攻,地有所不争。"(九变篇第八)③将这种情况转换到议会游说,一样也有需要避及的目标、论证和政策制定者。不注意的话,就有可能成为过于乐观的规划之牺牲品。这种情况被以色列心理学家同时也是诺贝尔经济学奖获得者丹尼尔·尼克曼(Daniel Kahnemann)称为"规划谬误"(planning fallacy)。

战略教训之三:要预防那些意外的因素
规划与现实之间的摩擦

没有人是无所不见的,有很多事情也不会依照规划进行。克劳塞维茨

---

① "He who exercises no forethought but makes light of his opponents is sure to be captured by them." Matthijs Pars. "Six Strategic Lessons from Clausewitz and Sun Tzu". Op. cit., p.331.

② "Napoleon's sword became blunt as a consequence." Ibid.

③ "We must not believe we can make a fish walk. Hope is not a strategy.'There are roads not to be followed, armies not to be attacked, towns not be besieged, positions not to be contested.'" Ibid.

将其称为甚至是最好的规划与其现实之间的摩擦(even the best plans and their realization)。由于这种摩擦的存在,19世纪最伟大的战略家,受克劳塞维茨影响的赫尔穆特·莫尔特科(老毛奇)(Helmuth Moltke)曾说:"没有任何战争计划能经受得住与对手之间的第一次交锋。"① 克劳塞维茨认为这种摩擦是由如下三个原因造成:

一是,不完整的、错误的信息(Incomplete and false information)

二是,在大雾中游说(Lobbying in the fog)

三是,政治就像是玩牌(Politics is like a game of cards)

战争就如同具有各种可能性的、各种概率的游戏,运气有好有坏。政策制定和议会游说也常常是这样。我们只需想想最近发生在日本福岛(Fukushima)的核灾难就够了。这场灾难导致德国的能源政策发生了完全改变,政府计划在2022年关闭所有的核反应堆。

如何抓住那些无法预料的关键因素

不正确的信息、无法预料的各种因素、规划与实际之间的摩擦、所有这些听起来都让人相当郁闷,那如何才能抓住那些无法预料的关键因素呢?克劳塞维茨给我们提供了一些有用的引导。在计划中制订出"为什么要做和做什么"来取代"怎么做",并有勇气抓住与那些无法预料的(政治)事件遭遇时策略直觉的灵光乍现。

战术(Auftragstaktik)

基于克劳塞维茨关于规划与现实之间的摩擦的观点,德军引进了一种任务命令的方法(战术,Auftragstaktik)并沿用至今。一种任务命令下达给这个领域的军官,告诉他们为什么要下达这个任务和这个任务是什么,但是留着让他们通过自己的主动性搞清楚该"如何"去完成这个任务。

依我自己的经验,这样的方法可以为议会游说或公共事务活动提供好的结果。提前讨论一次特别的会议或者一次行动的目的是什么远比制订详细的计划,告诉要做什么和说什么有效得多,因为集会和行动经常会变得与预期的有很大的不同。

---

① "No battle plan survives the first contact with the opponent." Matthijs Pars. "Six Strategic Lessons from Clausewitz and Sun Tzu". Op. cit., p. 332.

抓住策略直觉的灵光乍现

为了解决正出现的未能预料到的冲突,克劳塞维茨乐观地提出了"如何停止担忧,爱上那些无法预料的东西"①。这个解决办法的先决条件是培养两个重要的品质。一是具备接受"会把我们引向真理的内心之光的踪迹"②之才能。这些战略直觉的灵感一眨眼就出现在我们的脑海里。二是要有抓住这种"微弱之光"(faint light)的勇气和决心的素质,尽管其中会蕴含着不确定性。

战略教训之四:团结一致,分裂敌人

我们现在从战略思想灵感闪现的崇高世界,转到军事战略这个更加实际的问题上来。这个对于议会游说或公共事务活动一样非常有用。那就是,尽可能让自己变得强大,同时也要想办法去分裂你的对手。孙子曾建议,当敌人结盟时,瓦解敌人的联盟,离间他们之间的关系。更为特别的是,孙子强调,当敌人过河的时候,"勿迎之于水内,令半渡而击之,利"。(行军篇第九)③

著名的罗马格言"分而治之"(divide et impera)有一个积极的镜像,孙子将其描绘为"我专为一,敌分为十,是以十攻其一,则我众而敌寡。能以众击寡者,则我之所与战者约矣"(虚实篇第六)④。他认为,通过利用敌人的同时隐藏自己的位置可取得最佳的效果。如果能确定敌人的位置,而我们自己的却隐蔽着,"故形人而我无形,则我专而敌分。"(虚实篇第六)

克劳塞维茨同意孙子的观点,认为与对手交锋的话,如果能了解到对方的情况,"则比较适合破坏敌人的联盟或是使他们之间的联盟不起作用,或是给我们自己提供缔结新联盟的机会,这样,产生好的结果的机会将会大大增加。"⑤

尤其是对议会游说来说,这个战略将会使你得到许许多多的利益相关

---

① "…how to stop worrying and love the unexpected." Matthijs Pars. "Six Strategic Lessons from Clausewitz and Sun Tzu". Op. cit., p.333.

② "…traces of inner light, which lead to the truth." Ibid.

③ "…it provides strategic advantage when you first let half of his army cross the river and then strike." Ibid.

④ "…he whose soldiers are united in their efforts, will be victorious." Ibid.

⑤ "…that are suited for undermining alliances of the opponent or making them ineffective, or which give us new allies, the likelihood of a favorable outcome will greatly increase." Ibid., p.333.

者,激活他们还未被听见的声音。同时,你可通过为对有利的那一方或是对盟友中力量较小的那一方提供可选择的解决方案,试图在你认为可能的联盟之间制造纠纷(如政党之间的联合)。

战略教训之五:给敌人以出其不意的袭击(闪电战)

另一个巩固自己位置的办法就是给敌人以突然袭击。孙子和克劳塞维茨都强调了突然袭击是心理战的一个部分(它也是一种修辞工具)。对敌人采取突然袭击的目的在于打击敌人的士气。孙子激励士兵"出其所不趋,趋其所不意。"(虚实篇第六)①克劳塞维茨认为,要想使突然袭击获得成功,隐秘和快速执行是关键。

世界上著名的突袭的战役有公元216年汉尼拔(Barca Hannibal)给予古罗马军队的坎尼会战(the Battle of Cannae)和1940年德军对法国的装甲部队袭击战。德军装甲部队绕开法军重兵把守的马其诺防线(Maginot line),转而穿越地势险峻无人防守的阿登山区(the Ardennes),兵锋直指法军防线的结合部和薄弱点,使法军经营多年的马其诺防线瞬间变成了无用的摆设。在此十年后的朝鲜战争中,中国军队认为对美军采取正面攻击是没有机会的。于是他们收集了一堆罐头瓶、玻璃瓶和石头并把这些东西在一个事先设定好的点向美军战线扔过去。这些东西一扔即引起了美军一阵紧张的枪林弹雨声。半个小时后,他们又重复此动作。这样反复几次之后,把美军搞得不再理会他们了。中国部队于是趁机发动了突然袭击。

这种有意识或无意识的攻击类型似乎契合了孙子"凡战者,以正合,以奇胜"(势篇第五)②的思想,其产生的效果是相互的、可繁殖的。在以奇制胜的战役中,决定性的因素是速度,通过快速袭击敌人防御的空隙或者薄弱点而得,如1940年通过未设防的阿登山区,或是对议会游说团体来说,通过袭击对方防守的致命点。

战略教训之六:尽可能避免对抗

孙子教导我们,如果目标也可以通过其他的方式达到就要尽可能避免

---

① "...attack where the opponent is unprepared, where he least of all expects you." Matthijs Pars. "Six Strategic Lessons from Clausewitz and Sun Tzu". Op. cit., p.333.

② "...to engage with the *cheng*, but to win with the *ch'i*." Ibid.

彼此双方锋芒毕露的对抗。"为师必阙"（军争篇第七）这个观点源自孙子的"攻城之法，为不得已"（谋攻篇第三）的主旨。

1944年诺曼底登陆战中，蒙哥马利元帅（General Montgomery）就采取了这样的方法。德军几乎被围困在法来斯这个包围圈中（the Falaise pocket），但是蒙哥马利留下了一道口子以便让许多士兵逃走。如果不开这条口子的话，德军将会比以往更加坚定反攻的决心，造成盟军惨重的人员伤亡。

在议会游说或是公共事务活动中，我们应该想出替代不同的政党间或是利益团体间锋芒毕露地对抗的解决办法。想想有没有不那么遥不可及的、间接的或是可选择性的办法，有了这些办法即可部分达成议会游说团体的目标？通过以较小的代价来处理这种对抗，即可避免以重大代价取得胜利或者失败。

结语

文章探讨了从克劳塞维茨和孙子的军事著作中选取的六条可谓永久性的经典战略教训。当把这些教训运用在议会游说或是公共事务管理这样的特定语境中时，其中的某一条，或是多条，甚至所有的战略教训可能会对其成功产生影响。

第二节 《孙子兵法》与约米尼的《战略学原理》

2013年，印第安纳大学的迈克尔·贝纳斯基（Michael S. Bednarski）教育学博士论文《重温理查德·易威尔中将在葛底斯堡战役第一天决定不进攻墓地山：一项以孙子、安东尼·约米尼和美国陆军战地手册3-0, C1为理论之镜的研究》[1]详细分析比较了根据《孙子兵法》、约米尼的《战略学原理》以及美国陆军战地手册3-0, C1，理查德·易威尔中将（Lieutenant General Richard S. Ewell）决定不进攻墓地山（Cemetery Hill）是否是合理的。文章在"文献回顾""方法论""结语"等十一处以孙子、安东尼·约米

---

[1] Michael S. Bednarski. "Revisiting Lieutenant General Richard S. Ewell's decision not to attack Cemetery Hill on the first day of the battle of Gettysburg: A Study Viewed through the theoretical Lenses of Sun Tzu, Antoine Jomini, and the Us Army Field Manual 3-0, C1." D. Ed. Thesis, Indiana University of Pennsylvania, 2013.

尼和美国陆军战地手册3-0,C1为参照对易威尔中将在葛底斯堡战役(the battle of Gettysburg)第一天决定不进攻墓地山进行了详细的比较分析。

贝纳斯基指出,对易威尔中将在葛底斯堡战役第一天决定不进攻墓地山这个问题,一百五十多年来一直都在争论不休。21世纪,已经有几位历史学家对易威尔中将给予了批评。在论争了一百五十多年后,直到现在我们发现仍然不能对其1863年7月1日所做出的不进攻墓地山的决定是否合理有所定论。问题是,每个人似乎对这个问题都有自己的不同意见。现在我们需要一套军事法则的标准来决定在战争第一天那样的背景下易威尔中将的行为是否合理。文章以《孙子兵法》、约米尼的《战略学原理》以及美国陆军战地手册3-0,C1为基础,分析阐释了八条军事领导法则和两种"意义单位",为我们判断易威尔中将在1863年7月那个重大的下午和晚上的行为是否合理提供了更加客观的结论。这三种军事理论呈现了战争史上一些最为相关的和著名的军事教训。《孙子兵法》《战略学原理》和美国陆军战地手册为易威尔中将提供了有关从古至今的军事理论的一幅幅快照。

《孙子兵法》《战略学原理》以及美国陆军战地手册3-0,C1能帮上忙吗?

好战的易威尔中将拒绝发起进攻。许多人得出结论说他的这个行动导致了同盟国在葛底斯堡战役的失败,并粉碎了南方独立的梦想。毫无疑问,易威尔中将的这个决定玷污了他的名誉。从那以后,战役参与者、历史学家以及那些感兴趣的观察者多次猜测易威尔中将1863年7月1日晚的决定。对这个话题,许多人表达出肯定和否定两种意见。很少有人以军事法则为标准来阐述他们对易威尔此决定的看法。通过两千五百多年来的军事领导法则的理论之镜来回顾易威尔中将1863年7月1日晚上的状态和表现将会对判断其在那重大的一天的决定是否合理产生更加客观的、决定性的结论。

理查德·易威尔中将有着很长的卓著的军事生涯。他在西点军校的记录是一流的。他大部分的军事生涯是在墨西哥战争和攻打印第安人的内战中度过的。尽管易威尔中将有着很长的、成功的、卓著的事业,但最著名的还是他在葛底斯堡战役,尤其是第一天的举动。他不愿意进攻墓地山,并由此引发了一次大风暴。很多人认为,易威尔中将在葛底斯堡战役第一天的决定不仅失去了这场战役,而且对南方联盟来说也失去了整个战争。

镜像理论
孙子

孙子被公认为是世界历史上最著名的军事哲学家、理论家之一。他写于大约公元前450或500年的《孙子兵法》中充满了至今都相关的一些战略战术法则。孙子的存在成了许许多多古典军事历史学家分析谈论的对象。格里菲斯认为,孙子可能是另一个将领的化名,而他的《孙子兵法》则是许多中国古代军事领导人所写的文章的汇总。毫无疑问的则是,《孙子兵法》是一本至今都仍然很重要的论述军事的精华之作。当有人告诉英国著名的军官和军事理论家利德尔·哈特他的著作在"二战"期间的中国很出名时,他这样回答说:"我认为该是他们回归孙子的时候了。因为在那本短小的书中蕴含着我在二十多本书中所涉及的几乎绝大部分基本的战略和战术。"从古老的军事历史观来看易威尔中将在1863年7月1日那天不攻打墓地山的决定,它将会为我们提供一个更加客观的结论。孙子关于发动战争、战争部署、虚实、进攻战略、军势、估计、行军、将领的素质、军争、地形、间谍以及情报等方面的法则对我们思考易威尔中将的决定显得尤其重要。

安东尼·约米尼

约米尼是个军官,曾在法国和俄国的军队中服役过。他是瑞士裔,曾任迈克尔·内伊元帅(Marshal Michael Ney)的参谋长。他与卡尔·冯·克劳塞维茨同为19世纪最著名的军事理论家之一。约米尼的《战争的艺术》中蕴含的那些理论在内战之前的西点军校里非常卓越。事实上,当易威尔中将还是个候补军官时约米尼的军事理论是内战前的西点军校唯一教授的军事著作。迟至1862年,西点军校还这样记录着:"所有能干的法官都认为约米尼将军是这个或任何其他时代最能干的军事批评家和历史学家之一。"

根据许多历史学家的观点,在战争开始时是高级或初级军官的西点军校的绝大部分毕业生,都被灌输了约米尼的军事思想。有些历史学家也对约米尼军事理论影响的程度有所争论。特别是,约米尼对作战路线、侦查、进攻作战、内部路线、军争、集中、地形、秩序以及一个优秀的指挥官的性格等方面的关注将会为其他的理论之镜和同盟军第二军团在葛底斯堡战役第一天的指挥官提供一些比较的方面。这些发现将会为我们判断易威尔中将在葛底斯堡战役第一天的决定是否合理提供更加客观的19世纪的视角。

领导能力(Leadership)

孙子

(一)"将者,智,信,仁,勇,严也。"(计篇第一)

(二)"故将有五危:必死,可杀也;必生,可虏也;忿速,可侮也;廉洁,可辱也;爱民,可烦也。"(九变篇第八)

约米尼

(一)约米尼认为,当我们任命一位高级指挥官时,应该注意以下几个方面:下令试试一个人是否勇敢、在战斗中是否大胆、危难时是否有不动摇的意志力。

(二)约米尼描绘了他所认为的一个指挥官的性格特征:"一个将军最根本的品质应该如下:首先,有较高的道德勇气和高度解决问题的能力。其次,身体上不畏危险的勇气。他的科学的或军事的才能次于前面提及的特征,尽管如果这些才能很出色的话,它们将起到有价值的辅助作用。再次,重要的是他的个体的性格特点。一个勇敢、公正、坚定、正直、尊重他人而非嫉妒他人的人,且能很技巧地让这些优点有助于他自己的荣誉,那他将会成为一名好的将军,甚至成为一个伟大的人。"

(三)"对一个领导者来说成功最为重要的,就是相当的勇敢。"

(四)"通过这些训练或许可能促成一个迅速的、有战略的、出乎意料的妙计,这是一个好的将军最可贵的品质,缺乏这种品质他将绝不可能把世界上最好的理论付诸实践。"

领导能力可以有许多种不同的定义。可以看出,孙子和约米尼都了解了好的领导能力的价值,但他们评价的都是高级军官的重要性,并发布清晰简明的命令,以便其下属能够很容易就懂。

从前面的引文可以看出,孙子没有明确定义"领导能力",但他阐明了一个好的将领所应具备的品质特征。这位中国古代的将领强调了智慧、诚信、仁义、勇气和严格等品质。孙子是独特的,他也强调了那些对将领来说是危险的品质。孙子显得有些自相矛盾,因为他一面指出"仁义"是一名好的指挥官的品质,另一面他又说这种品质对一名将领来说是危险的。

有趣的是,我们注意到,约米尼认为对一名将军来说,他的"军事的才能"不如他的其他的个人品质重要。对约米尼这位 19 世纪的军事启蒙者和强调战争学的人来说,将关注的中心放在将军个人的性格上是令人吃惊的。然而,约米尼对将军品质的要求与孙子的并没有什么不同。

明确秩序(Clarity of Order)
孙子
(一)"如果命令不明确,而且统帅没有解释清楚,那是统帅的错。"(《孙子传》)
(二)"如果规则不明确,命令没有解释清楚,那是统帅的过失。"(《孙子传》)

约米尼
(一)"对一名将领来说,在明白了怎样制订出好的作战计划之后,其次最重要的品质毫无疑问就是通过其清晰的风格促进其秩序的实施。"
(二)"约米尼在其论述'进攻与战争秩序'的一章中指出,一种更简单的作战计划能够为成功提供一次更好的机会。书中他提及了那些失败的战事的原因:'不正确地传达秩序、它们将被理解和被总指挥的下属实施的方式、一些活动的无节制而另一些活动却又缺乏,以及出乎意料的军事妙计的不完美'。"

集中兵力(Concentration)
孙子
(一)"故形人而我无形,则我专而敌分。我专为一,敌分为十,是以十攻其一也,则我众而敌寡。"(虚实篇第六)
(二)"足以并力料敌,取人而已。"(行军篇第九)

约米尼
(一)"战术组合中的指导性原则,正如在那些战略中的一样,是将在手的大部分兵力用来反对敌方的部分兵力。并在这一点上,允诺拥有的是最重要的结果。"

（二）"在部署军队时,最大可能的移动和活动,通过其连续的使用那些或许可能对行动来说是很重要的点,以便带来优秀的兵力以对敌方军队施加压力。"

兵力的集中或许是所有分析的类别中最广泛的军事法则了。显而易见,所有的军事理论家都对其给予了特别的强调,提倡将自己的兵力聚集在攻击点上。然而,一些理论家却认为,指挥官应该使用大规模武力来攻击敌人战线上最重要的战略点（如约米尼和美军陆军战地手册）,而另一些则倡导集中兵力攻击敌人最弱的地方（如孙子）。不管怎样,所有的军事理论家都一致同意将尽可能多的兵力集中在进攻点以便为成功提供最佳的机会。

地形（Terrian）
孙子

（一）"夫地形者,兵之助也。料敌制胜,计险阨远近,上将之道也。知此而用战者,必胜;不知此而用战者,必败。"（地形篇第十）

（二）"夫兵形象水,水之行,避高而趋下;兵之形,避实而击虚。水因地而制流,兵因敌而制胜。"（虚实篇第六）

（三）"知敌之可击,知吾卒之可以击,而不知地形之不可以战,胜之半也。""故曰:知彼知己,胜乃不殆;知天知地,胜乃可全。"（地形篇第十）

（四）"途有所不由,军有所不击,城有所不攻,地有所不争。"（九变篇第八）

约米尼

（一）"战场上决定性的地点当然是能将战略和地形优势结合在一起的点。"

（二）"约米尼指出,对一个将军的部署进攻或防御战来说,第二种最不可缺少的特征就是他的出乎意料的妙计是确定的,他的冷静毋容置疑。"

（三）"说到温灵顿公爵,约米尼表达了西班牙和葡萄牙步兵利用地形的重要性。'他（温灵顿公爵）选择了难以接近的位置,而且将所有的道都布满了西班牙和葡萄牙步兵。这些步兵擅长于利用崎岖不平的地形优势。'"

（四）"通过这些训练或许可能促成一个迅速的、有战略的、出乎意料的妙计,这是一个好的将军最可贵的品质,缺乏这种品质他将绝不可能把世界上最好的理论付诸实践。"

地形在军事战争中总是特别重要,尤其是对20世纪以前的军队来说。或许由于技术和现代武器系统的缘故,有人或许会认为地形不如以前那么重要了。

军争(Manoeuvre)
孙子
（一）"实而备之,强而避之。"（计篇第一）
（二）"故兵以诈立,以利动,以分合为变者也。"（军争篇第七）
（三）"故善动敌者,形之,敌必从之;予之,敌必取之。以利动之,以卒待之。"（势篇第五）
（四）"出其所不趋,趋其所不意。"（虚实篇第六）
（五）"我不欲战,画地而守之,敌不得与我战者,乖其所之也。"（虚实篇第六）

约米尼
（一）"然而,有时直接使用主力毫无疑问是见效的,从军争到智胜会随之产生更好的效果,且能转变最接近敌人撤退线的侧翼。这样,他可能在撤退时受到威胁,那他将会猛烈地反击。而且,如果他是用主力进行反击的话,甚至可能成功。"
（二）"打一场真正的科技战——敌人可能会因智胜而被军争所驱逐,并且变动自己的位置。"

进攻作战(Offensive Operations)
孙子
（一）"不可胜在己,可胜在敌。"（形篇第四）
（二）"不可胜者,守也;可胜者,攻也。"（形篇第四）
（三）"十则围之,五则攻之,倍则分之。敌则能战之。少则能守之,不

若则能避之。"(谋攻篇第三)

（四）"将不能料敌,以少合众,以弱击强,兵无选锋,曰北。"(地形篇第十)

（五）"大吏怒而不服,遇敌怼而自战,将不知其能,曰崩。"(地形篇第十)

（六）"战隆无登。"(行军篇第九)

约米尼

（一）"由于在进攻战役中将敌人从它所处的地方赶走并尽可能切断它与其他之间的联系是至关重要的,因而最好的手段就是尽可能多地使用可累积的物质力量来打击它以达到这个目的。"

（二）"约米尼指出,任何的进攻都将从额外的支持中获得好处。这位瑞典裔将军解释道:'根本用不着说,实施一次更确定更有效的决定性打击,而且同时攻击敌人的侧面,这将会是有利的。'"

（三）"他（指挥官）然后将会去关注和努力放到这一点上,利用他的第三种力量以阻止敌人或警戒他的移动,同时,将其另外两种力量用在这个点上所能获得的东西,将会确保其胜利。这样行动他将会对重要的战术学所能给予他的所有状况感到满意,并将艺术法则以最完美的方式加以应用。"

（四）"然而却是真的,战场上最重要的那个点的决定在很大程度上依赖的是兵力的部署。因此,战线的尽可能延长与中心的分离将总会是进攻的恰当之点。战线上那些临近中心且与中心联系紧密的点将会是最强的,因为储备通常独立地置于那里,很容易从侧面对它给予支援。在这种情况下,关键的那个点因而成了战线上的极点。当大部分的优势值得考虑时,那就可以同时对各个极点发动一次进攻,但不要在进攻的力量是势均力敌的时候,或是在数量上不如敌人的时候。因而似乎,将一场战争中可使用的兵力全面联合以便获得对前面所提及的三个点之一的行动的最大效果。这个点可提供获胜的最大机会,也是一个通过运用刚才提及的分析非常容易就能决定的一个点。"

进攻作战和防御作战是军争的两种形式。所有从事这个研究的军事理论家都坚信,进攻作战是获取成功的最有效的方式。在谈论这个理念时孙子尤其直率。而且,如引文第二和第三中所示,孙子相信,最有效的进攻作战要求军队具有许多的优势以便能期待获得一个成功的合理机会。

防御作战（Defensive Operation）
孙子
（一）"不可胜在己，可胜在敌。"（形篇第四）
（二）"不可胜者，守也；可胜者，攻也。"（形篇第四）
（三）"十则围之，五则攻之，倍则分之。敌则能战之。少则能守之，不若则能避之。"（谋攻篇第三）
（四）"凡先处战地而待敌者佚，后处战地而趋战者劳。"（虚实篇第六）

约米尼
（一）"一个军队只在失败的时候或者是在绝对的低劣时才会退为防御状态。"
（二）"防御的目标是为击败或攻击对方的计划，防御的秩序安排应该是基于增大敌人接近目标位置的难度，并保留所拥有的强大储备，很好地隐蔽，并准备好在关键时刻到达敌人至少没有意料到的那个点。"
（三）"实际上，一个占据了选择良好的位置的将军，在那里他的移动是自由的，有着观察敌人接近的优势。他的兵力（事先以适当的方式安排在了一个位置上，通过这样的安置以便能产生最大的效果）或许会让敌人为他挺进跃过分隔开两支军队的空间而付出高昂的代价。而且，当攻击者，在经过严重的受害之后，且当胜利似乎到他手之后，发现他自己在某一刻受到猛烈的攻击。这种优势在所有可能的情形之下，不再属于他。因为这种对料想会被打击的对手一方反击的道德影响必定足以使最大胆的军队犹豫。"
（四）"我们必须尽力在防御的位置上不仅要覆盖侧面，而且常常发生在正面的其他点有障碍出现，以便可以对中心发动一次攻击。这样的位置对于防守来说总会是最有利的之一。"
（五）"而且，向着敌人推进的军队反抗着从地面的各种事件中出现的诸多不足，他必须在到达敌人的战线前通过它们。而且，无论一个地方多么平坦，总会有表面不平坦的地形，诸如小的沟壑、丛林、树篱、农舍、村庄等，要么占据这些地方，要么通过它们。对于那些天然的障碍或许也可以被加进敌人需要携带的电池中。那些总是在更大或者更小的程度上在全体中盛行的混乱暴露在步兵或者炮兵的连续的战火中。从这些事实来看,所有人都必须同意,在战术作战中,因采取主动产生的那些优势被那些劣势平衡了。"

从上述引文中显然可以看出,孙子和约米尼都认为,防御作战应该是暂时的,而且通常是在敌众我寡的时候才实施。正如孙子所说,在我方兵力弱的时候采取防守的态势。所有的理论家都认为,决定性的胜利要通过进攻作战。而且,一个决定性的决定几乎不可能是防御作战的结果。此外,所有的理论家都同意,先占据地利的一方比不熟悉战场及其特点的对方拥有显著的优势。有趣的是,上面关于孙子的防御作战思想的引用,在约米尼和美军陆军战地手册中都有提及。

情报(Intelligence)
孙子
(一)"知己知彼,百战不殆。"(谋攻篇第三)
(二)"故策之而知得失之计,作之而知动静之理,形之而知死生之地,角之而知有余不足之处。"(虚实篇第六)
(三)"故明君贤将,所以动而胜人,成功出于众者,先知也。"(用间篇第十三)
(四)"先知者,不可取于鬼神,不可象于事,不可验于度。必取于人,知敌之情者也。"(用间篇第十三)

约米尼
(一)"一个将军不应该忽略任何可获取关于敌人动向的信息的手段,而且,为了这个目的,应该使用侦查、间谍、由能干的军官指挥的轻装部队的成员、信号以及对逃兵和罪犯的审问等手段。"
(二)"有四种获取敌人作战信息的手段。一是安排良好的间谍系统;二是由熟练的军官和轻装部队组成的侦察兵;三是对战犯的审问;四是对各种可能性的假设。"
(三)"间谍将会使一个将军比其他中介确切地了解更多敌人军营里正在发生的事情。因为对侦察兵来说,不管训练得有多好,是无法得到前哨任何信息的。"

（四）"一个间谍的分支系统通常是会成功的。然而,对间谍来说,难的是渗入到敌方将军的密室,了解他可能会制订的秘密计划。因而,对他而言最好的就是,限制他自己亲眼所见或者从可靠的人那里听到的信息。"

（五）"通过增加获取信息的手段,因为,不管这些手段可能如何不完美和自相矛盾,真理可能常常就是从它们中筛滤出来的。"

（六）"由于不可能够从前面提及的办法中获取确切的信息,那么一个将军如果没有在基于各种可能的假设的前提下亲自安排好几种行动的做法,那他是不应该有所行动的。他根据与军队相关的形势来做出这些假设,而且从不失去对艺术原则的洞察。"

孙子也不例外。他将情报分成侦查和间谍两种。侦查通常是与战术行动相联系的。正如前面引文中所示,孙子强调了对敌人军事部署信息的需要。事实上,这位中国古代的将军相信,情报是军队赢得胜利的关键。

约米尼对获取相关情报的重要性的关注不逊于孙子。他也对尽可能获取敌人情报的好处给予了赞扬。而且,约米尼对如何获得这样的情报的论述要更加详细。

第三节 《孙子兵法》与马基雅弗利的《君主论》

伯纳德·鲍尔(Bernard Boar)的评论文章《孙子与马基雅弗利论战略》发表在1995年的《经营策略》杂志上①。文章以问答的形式,从《孙子兵法》和《君主论》中选取了孙子和马基雅弗利的相关战略观点。其中,鲍尔使用的《孙子兵法》译本是2005年波士顿出版的托马斯·克利里的英译本②,《君主论》则用的是2003年纽约出版的乔治·布尔英译本③。实际上,作者鲍尔引用的不完全是孙子的观点,也有六处是后来的军事战略家如张预、贾林、孟氏、杜佑等对孙子观点的阐释。

当你有现成的资源可用的时候,干嘛还要浪费时间和金钱在那些现代的咨询家们身上呢? 孙子和马基雅弗利这些古老的预言家,关于战略计划可是有许多要说的,而且其中的大部分思想就是到了现在仍然是正确的。

---

① Bernard Boar. "Sun Tzu and Machiavelli on Strategy". *The Journal of Business Strategy*, Vol. 16, No.1, 1995, pp. 16-18.
② Thomas Cleary trans. *The Art of War* by Sun Tzu. Boston: Shambhala Publications, 2005.
③ George Bull trans. *The Prince* by Machiavelli. New York: Penguin Books, 2003.

大约两千五百年前,一位名叫孙子的中国哲学家-军事家写了一本分析军事战略的书,书名为《孙子兵法》。该书是用非常精彩的哲学术语写成的,它可运用在你可想象得到的几乎所有类型的冲突中。其中,孙子最著名的思想"不战而屈人之兵"(谋攻篇第三)蕴含了他的战略思想的核心,强调了通过周密卓越的部署来赢得战争,从而化解冲突和矛盾。

公元1500年,意大利佛罗伦萨的马基雅弗利创作了《君主论》,该书对变化和冲突时期领导们的心理和手段给予了特别深刻的洞察。尽管马基雅弗利时常被批评为不讲道德,但他的这本《君主论》却是超道德的。马基雅弗利因建议领导们如何认清他们所处的形势(而非如他们喜欢的那样),以及如何运作以达到特别的目的而出名。对马基雅弗利而言,一种努力的成功与否是与领导的远见与美德密切相关的。

孙子与马基雅弗利的思想,一道为我们提供了一套持续的基本战略原则。下面摘录的就是关于孙子与马基雅弗利对一些现代问题的回答。

关于准则(benchmarking)

问:我被准则这个问题完全搞晕了。基准是欺骗吗?

马基雅弗利:人们在做事时总是喜欢模范,喜欢遵循别人和前人的足迹,甚至在他们完全就不能遵循别人的足迹或模仿前辈的超凡才能的时候。因而,一个行事谨慎的人必须总是追随伟人的足迹模仿那些杰出的人。如果他自己的能力比不上那些伟人时,至少这种行为本身还多少有点伟大的味道。

防御与进攻(Defense VS. Offense)

问:我觉得我的竞争对手一直在试图让我没有生意可做。我该怎样才能让我的公司免受攻击呢?

孙子:"善用兵者,会毁掉他的计划、破坏各种关系、切断供给,或者阻塞道路,这样,就能不战而胜。(此一观点是对张预对孙子观点"故善用兵者,屈人之兵,而非战也;拔人之城而非攻也;毁人之国,而非久也"(谋攻篇第三)一句之理解的引用与英译,本书作者注。)……是故趋诸侯者以利……屈诸侯者以害……尽管敌人兵力众多,如果其不知道我方军事情况,我方就能使敌人紧张地忙于其自身的防御而无暇筹划向我方进攻。(此一观点是对贾林对孙子观点"敌虽众,可使无斗"(虚实篇第六)一句之理解的引用与英译,本书作者注。)……敌不得与我战者,攻其所必救也。(虚实篇第六)"

战略协调(Strategic Alignment)

问:我正面临组织冲突的问题。我该如何建立一种共享的议程和共同的目的,以及在我整个的团体中建立一种协调呢?

孙子:"上下同欲者胜(谋攻篇第三)……故善用兵者,携手若使一人(九地篇第十一)……犯三军之众,若使一人(九地篇第十一)……战略时一直协调的问题,而非人多人少的问题。(此一观点是对杜佑对孙子观点"故知胜有五:知可以与战,不可以与战者胜;识众寡之用者胜;上下同欲者胜;以虞待不虞者胜;将能而君不御者胜。此五者知胜之道也"(谋攻篇第三)几句之理解的引用与英译。此一观点是《春秋》中的观点。本书作者注。)

外援(Outsourcing)

问:我想获得一些关于核心竞争力与运动功能这个问题的一些看法。我可以将一些原本一直是由内部完成的功能由外援来完成吗?

马基雅弗利:一位君主用以防御他的国家的军队要么是他自己的,要么是雇佣的,要么是附属的。雇佣军和附属的军队没有多大用处而且也不安全。如果一个君主依靠雇佣军来防御他的国家,那他将永远不会得到稳定或者安全。……原因就在于,除了付给他们的一点钱之外,没有忠诚或者什么诱惑可使二者安心待在这个位置上。而那点钱是不足以使他们为你卖命的。……因而我认为,除非是使唤自己的军队,否则没有什么可确保自己国家的安全。

战略联盟(Strategic Alliance)

问:作为一家快速发展的公司中的一员小将,我觉得自己特别容易受伤害。该怎么办呢?

孙子:"如果与强国结盟,那你的敌人就不敢来算计你了。[①]……故不知诸侯之谋者,不能豫交。(军争篇第七)……如果你不去争取与人联盟

[①] 此一观点是对孟氏对孙子观点"其次伐交"(谋攻篇第三)一句之理解的引用与英译。本书作者注。

寻求帮助,那你将孤立无援。①"

成功(Success)

问:有时我觉得自己不走运。为什么我的成功总是那么短暂呢?

马基雅弗利:"有些君王某一天很繁荣、兴旺,在并没有性格或是其他什么方面改变的情况下,某一天却突然就变得衰败、颓然了。我认为这种现象的出现,是由于那些君王完全依赖运气,因而当他们的运气发生改变时就会随之而变得衰败、颓然了。我也认为,那些能根据时代的需要来采取政策的君王会繁荣,而那些采取的政策与时代的需要相冲突的君王却不会繁荣。这样就解释了为什么繁荣会使短暂的。……如果时代和环境发生了变化,而他的政策不随之就行调整的话,那他就将会被灭亡。如果他根据时代和环境的需要改变自己的性格,那么,他的运气就不会发生改变。

献身(Commitment)

问:我的问题是,我完全将自己献身其中,却不能构想出完美的战略。

孙子:"帅与之深入诸侯之地,而发其机。焚舟破釜,若驱群羊。投之无所往,死且不北。"(九地篇第十一)

变化管理(Change Management)

问:我现在处于一种不值得人羡慕的境地,试图让我那些矛盾的、犹豫不决的、顽固的雇员们抛弃旧观念,接受我的新思想。我该怎么做呢?

马基雅弗利:"头脑中应该装着这样的观念,没有什么是难得来以至于不能处理的或者没有成功是值得怀疑的,以及坚持不变比发动改变会更加危险。改革者会使得所有那些在旧秩序下获得成功的人成为他的敌人,而只有那些不够热心的支持才来自那些在新秩序下获得成功的人。人通常是不会轻信的,除非他们自己亲身经历过,否则他们从来不会真正相信新鲜的事物。"

组织结构(Organization Structure)

问:战略与组织,哪个应该领先呢?

---

① 此一观点是对张预对孙子观点"是故不争天下之交"(九地篇第十一)一句之理解的引用与英译。本书作者注。

孙子:"计利以听,乃为之势。势者,因利而制权也。"(计篇第一)

视野(Vision)
问:我真正陷入了一些日常的困境中。我该提前计划到什么样的程度呢?
马基雅弗利:"所有聪明的君主都必须应付那些正在出现的麻烦,同时也要应对那些未来可能会出现的问题,并努力预先阻止它们发生。当他事先很好地预测到了这些问题时,那他就会很容易去补救。但是,如果他等着问题自己显现出来,那任何补救措施都会太晚了,因为疾病会变得难于治愈。……如果能够提前发现的话,小毛病小混乱是能够很快就治好的。……当缺乏诊断时,这些毛病、混乱就会被允许在这样一种状况下生长,以至于人人都能发现它们,那时要去治疗就太晚了。"

战略发展(Strategy Development)
问:战略规划最大的受益是规划本身呢还是集中注意力去思考经营这个过程?
孙子:"夫未战而庙算胜者,得算多也。未战而庙算不胜者,得算少也。多算胜,少算不胜,而况于无算乎!是故胜兵先胜而后求战,败兵先战而后求胜。"(计篇第一)

责任(Accountability)
问:我总是喜欢在恰当的时间从恰当的人那里得到正确的建议。然而,最近事情还是不太顺利。我哪里做错了呢?
马基雅弗利:一个君主必须经常征求别人的建议。他应该是一个常常发问的人,他必须耐心地听取他正在查究的问题的真相……自己本身不那么聪明的君主不会是一个很好的建议者。当他征询不止一个人的意见时,自己本身不那么聪明的君主绝不会从他的顾问那里得到一致的意见,或者不能将大家的意见综合一致。每一个顾问请教的都会是他自己感兴趣的问题,君主是不会知道该如何去纠正或理解他的顾问的。因此,我的结论就是,好的建议,不管它来自谁那儿,取决于问这个问题(也即是,理解这个问题)的君主本人的精明与否,而不是那个仅仅只想听到好的建议的君主的精明与否。

第四节 《孙子兵法》与朱利安·科贝特的《海军战略的若干原则》

迈克尔·汉德尔(Michael Handel)的《战争大师:古典战略思想》第十八章为《科贝特、克劳塞维茨与孙子》。在该章中,汉德尔从比较的视角,运用比较研究的方法对朱利安·科贝特、卡尔·克劳塞维茨和孙子的战略思想的相似与相异做了全面的阐释,给读者呈现了异质文化他者眼中的孙子军事思想。

题首汉德尔引了弗朗西斯·培根(Francis Bacon)的观点:"能控制大海的人才是永远地拥有最大的自由,而且才能随心所欲地从战争中获取尽可能多或尽可能少的东西。"①

对于那些其具有创造性和分析性的思维,能将战略(在这样的情形下,指的是海军战略)的错综复杂转变成一种创新理论或一部著作的人来说,也是一样的。正如著名的马汉(Alfred Thayer Mahan)将军自己说他曾极大地受到了约米尼作品的影响一样,朱利安·科贝特也同样深深地收到了克劳塞维茨《战争论》的影响。

汉德尔指出,当马汉将自己的作品与约米尼的作品相综合加以完善时,科贝特则用克劳塞维茨的《战争论》作为他不同战略思想的启发点。换句话来说就是,马汉保留了对约米尼以及那些"大陆战略家"(continental strategists)观点的忠诚。而科贝特则相反,尽管他受到《战争论》的启发,但却发展了与克劳塞维茨不同甚至有时相矛盾的观点。科贝特在其著作《海军战略的若干原则》(*Some Principles of Maritime Strategy*)中采用的精妙的方法讽刺性地与他从未读过的《孙子兵法》相似。该章中作者汉德尔主要阐释了科贝特最具有创新性的两个观点,这两个观点同时也为海战和陆战之间的不同提供了绝妙的证明。这两个观点是:武力的集中(the concentration of force)和有限战争(limited war)。②

---

① "He who commands the sea is at great liberty, and may take as much or as little of the sea as he will.——Francis Bacon" Michael I. Handel. *Masters of War*: *Classical Strategic Thought*. Op. cit., p. 213.

② "Mahan, in other words, remains loyal to Jomini's ideas, and by extension, those of the 'continental strategists'. In contrast, Corbett, although inspired by *On War*, develops ideas different from and sometimes contradictory to those of Clausewitz. The subtle approach adopted by Corbett ironically resembles that of a work he had never read——Sun Tzu's *The Art of War*." Ibid.

第二章 比较视野下英语世界的《孙子兵法》接受研究

汉德尔认为,科贝特和克劳塞维茨的相同之处有如下两个:一是二者都相信政治在战争和设想恰当的战略来保护国家利益中是居于首位的。显然,在科贝特1904年阅读《战争论》之前他自己是不懂政治在战争中的重要性的,但是克劳塞维茨的观点确实帮助他搞清楚了这个观点。科贝特也相信要为教育的目的而研究和发展战争理论。在这一点上他对克劳塞维茨的借鉴明显地体现在他著作中题为"战争的理论研究——作用及局限性"的一章中。二是,二者都同意,既然最好的战争理论"不能代替判断和经验",那它就不能"将战略系统化为一种精密科学"。理论最多能确定什么是"规范""标准",但是战争,由于其相互性、不确定性和复杂性等本质,却被偏离规范的那些因素所控制。千万不能低估如摩擦、机遇、运气这些东西。因而科贝特与克劳塞维茨一样,反复强调理解战争理论的价值和其固有的局限性的重要性。"战略分析绝不会带来精确的结果。其目标仅在于近似性,在于将那些有助于引导却总是留下很多位置让人去决断的东西进行分类。"①由于战争不断变化的性质,每一个人都会问及的第一个问题就是,这场战争的本质是什么?

科贝特对克劳塞维茨、约米尼等大陆战略家以及他那个时代绝大部分的英国海军战略家最引人注目的批评是关于他们的"大战定位"(big-battle fixation)。大部分与科贝特同时代的战略家都满足于接受这种关于克劳塞维茨的观点的粗糙而经过高度选择的版本,因为这些观点很方便支撑他们自己的信仰。这是拿破仑战争风格的一种主要构成,认为"经过艰苦的、持续的努力,不是将希望寄托于确保每一个小的进步,而是不停地给敌人施压直到对方彻底被瓦解。"科贝特的"对决战的寻求"(search for the decisive battle)与克劳塞维茨的"毁灭原则"(principle of destruction)以及通过在关键时刻最大可能的"武力的集中"取得胜利非常接近。

"我们认为,必须总是将直接消灭敌人的兵力作为主导性的考虑。我

---

① "Friction, chance, and luck must never be discounted as well. Corbett therefore resembles Clausewitz in his repeated emphasis on the importance of understanding both the value and the inherent limitations of a theory of war. 'Strategical analysis can never give exact result. It aims only at approximations, at groupings which will serve to guide but will always leave much to the judgement'." Michael I. Handel. *Masters of War: Classical Strategic Thought*. Op. cit., p. 214. Also see *Some Principles of Maritime Strategy*, pp. 83–84.

们只想建立这种毁灭性原则的主导意识。"——克劳塞维茨《战争论》,第二百二十八页

最大限度地集中兵力确实是赢得决战和推翻敌人的关键。克劳塞维茨、孙子、约米尼以及所有的"大陆战略家"都会同意它是战争最重要的法则。对此克劳塞维茨是这样论述的:

"应该在决定性的时刻考虑将尽可能多的部队投入战争,……这是战略的首要原则……"——克劳塞维茨《战争论》,第一百九十四至一百九十五页

"最好的战略总是兵力非常强的。显示体现在总体上,然后是体现在决定性时刻……没有什么比保持自己的兵力集中更高更简单的战略原则了。"——克劳塞维茨《战争论》,第二百零四页

但是科贝特却不相信集中海军兵力是最高最简单的战略。相反,他认为集中原则成了一种"口令"(a kind of shibboleth),其坏处比好处多。集中原则是一种"老生常谈"(a truism)。作为一种时间战略的经典他是不正确的①。如锡德纳姆伯爵(Lord Sydenham)后来指控科贝特对战争法则、计划和英国海军的士气产生了消极的影响,因而他应该对他们在日德兰海战(the Battle of Jutland)中决定性的战事中的失败负责。多年之后,西里尔·福尔斯(Cyril Falls)指控科贝特"缩小了战事的重要性"。尽管有这种接二连三的批评,但科贝特坚决拒绝改变他的"亵渎神明的"(blasphemous)战略思想②。

科贝特的第一个论点是,海上的兵力高度集中不能必然促使双方发生重要的交战,因为在海上,敌人的舰艇比陆上的部队更容易避免异常战事的发生。海上的兵力高度集中还会造成一个严重的问题。一艘舰艇的兵力集中程度越高,就越难隐蔽自己的行踪和行进路线。"一旦大规模集结形成,就没有隐蔽性和灵活性可言了。"③这里,与孙子非常相似,科贝特对保持自己位置的"无形"以便避免暴露自己的意图的必要性做了额外的补

---

① Michael I. Handel. *Masters of War: Classical Strategic Thought*. Op. cit., p. 215. Also see *Some Principles of Maritime Strategy*, p. 134 & p. 160.

② "Despite this barrage of criticism, Corbett steadfastly refused to change his strategically 'blasphemous' conclusion. Michael I. Handel. *Masters of War: Classical Strategic Thought*. Op. cit., p. 215.

③ "The greater the concentration of a fleet, the more difficult it is to conceal it whereabouts and movements. 'Once the mass I formed, concealment and flexibility are at an end.'" Ibid., p. 216. Also see *Some Principles of Maritime Strategy*, p. 131 & p. 138.

充阐释。孙子对此是这样论述的:

"故形兵之极至于无形,无形则深间不能窥,智者不能谋。因形而措胜于众,众不能知。人皆知我所以胜之形,而莫知我所以制胜之形。"——《孙子兵法》(虚实篇第六篇),第一百页

科贝特一样也相信有计划地分散兵力和"无形"能够为胜利创造意想不到的组合和惊喜。

"战争证明,(无形)是赢得战事胜利的关键,也是为之努力的目标。必须通过大胆的战略组合才能生效。作为一条战略原则,这个至少显而易见地蕴含着兵力的分散。只有通过冒险才能获得,而且其最好的、最有效的就是兵力的分散。"——科贝特《海上战争的若干原则》,第一百三十四页

其另一个原则是灵活性。兵力的集中应该这样安排,两个部分之间可以自由地结合,而且所有的部分在集中区域的任何一个点都可以迅速地集合成一个集体。理想的集中状态,简言之就是表面看起来比较弱但实际上,在其较弱的外表之下掩藏着力量①。

与克劳塞维茨不同,却与孙子非常相似,科贝特强调了欺诈在关键时刻取得兵力集中的价值。对科贝特来说,兵力的集中不仅仅只是大批船舰的集聚,如马汉或克劳塞维茨将会提倡的那样,而是意指对敌人的感觉的操纵。孙子对此是这样描绘的:

"故善动敌者,形之,敌必从之;予之,敌必取之。以利动之,以卒待之。"——《孙子兵法》(势篇第五),第九十三页

在某种意义上,孙子的方法可以看成是否定的。他认为分散敌人的兵力比将自己的兵力作最小集中的程度更重要。

在这一点上,科贝特与孙子之间有其他一些特别引人瞩目的相似之处应该提一提。科贝特发展了他反对一个宽泛的背景的理论观点。换句话说就是,他对战争开始之前和战争期间形成的外交联盟体系和合作感兴趣。他关注发动战争之经济与财政方面的情况,以及战争的技术与物资的方面,而这些方面克劳塞维茨都不感兴趣。科贝特也赞同孙子的观点,认为间谍战略必须只能在其自己喜欢的关系上才能实施见效,并由此挖掘他

---

① Michael I. Handel. *Masters of War*: *Classical Strategic Thought*. Op. cit., p. 216. Also see *Some Principles of Maritime Strategy*, p. 152.

自己的相对优势。对此孙子是这样说的:

"故善战者,致人而不致于人。"①——《孙子兵法》(虚实篇第六)翟林奈英译本第四十二页

"故善战者,致人而不致于人。"②——《孙子兵法》(虚实篇第六),第九十六页

科贝特对在特定的战地之特别类型的有限战争有所偏爱,以及他对尽管不那么实用和具有战术性的战略的偏爱,是他为英国的(或许其他在相似背景下的国家)比较优势的寻求之全部体现。这是孙子和科贝特都强调的所有战略计划的关键部分,但是克劳塞维茨似乎对此并不在意。尤其典型的是,对比较优势的寻求被军事势力较弱的一方,或者是被要用有限的资源来保卫辽阔的海域的海军力量或与强大的对手打一场陆战的一方所看重。

科贝特与孙子共有的另一个重要法则,是以最小可能的代价赢取胜利的愿望。由于这个法则包含了冒最小的风险赢取最大的利益的愿望,他们的理论在那些寻求低成本的胜利和兵力的倍增的一方占据着优势。

克劳塞维茨坚信兵力的节约是一种危险的、错误的节约,所以他更偏爱集中有效的兵力,也即是,关注的是结果,而不是成本。他认为:"战争中,投入太少的兵力导致的结果不仅仅是失败而是正面的伤害,而那时,交战双方正被迫想方设法胜过对方。"③克劳塞维茨关于兵力的真正的节约的思想不是如孙子、科贝特或其他战争法则的现代编辑将会抱持的那种以尽可能最小的成本取胜的思想,而是不用顾忌成本、利用所有可利用的兵力赢取胜利。科贝特和孙子都相信与寻求比较优势相关的间接法、成本的节约、出其不意、欺诈和有限战争④。

---

① "Therefore the clever combatant imposes his will on the enemy but does not allow the enemy will to be imposed on him."Michael I. Handel. *Masters of War*:*Classical Strategic Thought*. Op. cit., p. 217.

② "And therefore those killed in war bring the enemy to the field of battle, and are not brought by him." Ibid.

③ Michael I. Handel. *Masters of War*:*Classical Strategic Thought*. Ibid., p. 218. Also see Clausewitz. *On War*. Op. cit p. 585.

④ "Corbett and Sun Tzu also share a belief in the concept of the indirect approach, which relates to the search for comparative advantage, economy of force, surprise and deception, and limited war." Michael I. Handel. *Masters of War*:*Classical Strategic Thought*. Op. cit., p. 218. Also see Clausewitz. *On War*. Op. cit., p. 213.

与克劳塞维茨、约米尼以及其他大陆战略家不同,科贝特对寻求决战并不着迷。总的说来,他喜欢的是战略进攻,同时强调在实践层面上的防守。科贝特的战略是基于理性的、不动感情的算计,而非基于拿破仑或内尔森(Horatio Nelson)着迷的那种含糊的、浪漫的东西。又一次,与孙子相似,科贝特在总体上是反对战争中的不必要的冒险。而克劳塞维茨却相信,依靠其直觉所引导的军事天才,是必须被他为承受战争的巨大风险所做的准备来定义的。"在战争中,胆识……有其自身的特权。它必须有超过确保获取胜利的一定的军事力量……换句话说,它是一种真正的创造力……不可想象一个著名的指挥官没有胆识。"科贝特当然会把胆识看成是一个军事领导人的基本素质,但是他认为认真的算计和战略的创新应该事关全局①。作为一个战略家,与一场特别的战争中的方式相比,科贝特更关心的问题是如何取得一定的目标。

简言之,海战中的决定性胜利非常少见,以至于一般情况下不值得为其付出努力。当其他所有与他同时代的海军战略家都同意内尔森在特拉法加尔(Trafalgar)的胜利是一个例证时,科贝特却认为这种奉承不值得。总之,他指出,一场海战的伟大胜利的战略结果不是决定性的,正如反对拿破仑的陆战一样,内尔森或许是冒了太大的战术风险②。

科贝特的"有限战争"(limited war)概念的发展为我们提供了另一个关于他为通用战略特别是海军战略的战略理论所做的创造性贡献的很好例证。科贝特所阐释的战争理论与其具有启发式的开始点,即,克劳塞维茨在其《战争论》中所论述的关于有限战争的概念几乎没有相同之处。科贝特的有限战争的新概念也使得我们明白了海军战略观是如何在一种战略中注入新鲜的观点的。而这,之前要不是被大陆战略家们忽略了,要不

---

① "Boldness in war …has it own prerogatives. It must be granted a certain power over and above successful calculations …In other words, it is a genuinely creative force …A distinguished commander without boldness I unthinkable." Michael I. Handel. *Masters of War*: *Classical Strategic Thought*. Op. cit., p. 218. Also see Clausewitz. *On War*, Op. cit., pp. 190-192.

② "After all, he points out, the strategic results of the great sea victory were indecisive as far as the war against Napoleon on the continent was concerned, and Nelson may have taken too great a tactical risk." Michael I. Handel. *Masters of War*: *Classical Strategic Thought*. Op. cit., p. 219.

就是被他们误解了①。

对消耗在战争中的努力加以限制的第二个原因涉及相关兵力和交战国所能使用的手段。然而，如果不充足的资源或兵力是限制战争的唯一原因的话，那么"实战理论"（operational theory of war）与其他的非政治因素将足以决定一场战争是否该被限制还是被扩展。克劳塞维茨也对防御战和有限的进攻战之间的不同做了区分。克劳塞维茨所定义的另一种有限战争的特别类型同样也引起了科贝特的兴趣。这种战争是在一个国家帮助另一个国家，为大家共同的利益做出有限的贡献这样一种情形下发动的。

陆战与海战之间一个关键性的不同在于，在海洋环境中，海军的支配力量可以孤立战争区域以阻止敌军的增援同时确保自己防御的安全。正如科贝特所证明的，这种手段只在海战中对理想的有限战争来说才存在，也才能被占优势的海军力量所开拓运用。

只要海军的兵力足够强大到保卫自己的领土不被敌人入侵，那么位于岛上的海军兵力就可以享受这种孙子将会欣赏的独特的优势。事实上，在半岛战争（the Peninsular War）中（这场战争为"一场有限的偶然性战争"[a war by limited contigency]提供了完美的条件），英国军队"在不受限制战争中运用了有限的形式。我们的目标是不受限的，就是要打败拿破仑。海战的完全胜利没能做到这一点，但是海战的胜利给了我们运用有限的形式的力量，这是在我们的手段范围内最具决定性的进攻形式。"②

利用有限的兵力获得"无限的"结果（这种兵力的倍增的类型可在科贝特的理想的有限战争范式中找到），当然是与孙子的如下军事理论一样的："故善战人之势，如转圆石于千仞之山者。"（势篇第五）根据战略评论家张预和杜牧的解读，该法则意为："故用兵任势如峻坂走丸。用力至微而

---

① "Corbett's new concept of limited war also enables us to see how the naval perspective could breathe fresh insight into a strategy that was previously ignored or misunderstood by the continental strategists." Michael I. Handel. Masters of War: Classical Strategic Thought. Op. cit., p. 220.

② "Britain applied '…limited form to an unlimited war. Our object was unlimited. It was nothing less than the overthrow of Napoleon. Complete success at sea had failed to do it, but that success had given us the power of applying the limited form, which was the most decisive form of offence within our means …" Michael I. Handel. Masters of War: Classical Strategic Thought. Ibid., p. 224. Also see Some Principles of Maritime Strategy. Op. cit., p. 65.

成功甚博也。"和"故能用力少而得功多也。"①

如此，科贝特最后设想出了一种在海军中可用的特别的方法，这种方法克劳塞维茨有可能未曾想到过。这种方法无可否认只适合数量较小的海军兵力，但那些运用它的人却能充分利用自己有限的资源来获取自己野心勃勃的政治目标而不用冒战争升级或是被打败的风险。科贝特的理论也是对那种对决战的荒唐寻求的回答。因为他使用了"较低手段"（lower means）的战争去确保需要的积极的结果以使战争如果需要的话最终向"更高的形式"（higher form）推移。

在"十九世纪军事思想的发展"（The Development of Military Thought in the Nineteenth Century）一文中，阿加尔·加特（Azar Gat）将科贝特的《海上战略的若干原则》描绘成是"一种对克劳塞维茨的研究"（an étude on Clausewitz）。这个评价低估了科贝特军事战略思想的原创性和他对战略理论的贡献。克劳塞维茨的《战争论》对科贝特的理论著作《海上战略的若干原则》来说是一种无价的基础和催化剂，但不是它的蓝本。经由这种英国战争风格的倾向和影响，与克劳塞维茨的战略思想相比，实际上科贝特的战略思想与孙子的有着更多的共同之处②。

那是不是说科贝特的《海上战略的若干原则》与克劳塞维茨的《战争论》一样重要或一样具有创新性呢？显然不是。与《战争论》不同，《海上战略的若干原则》的重复较多，范围较窄，主要集中在论述英国海军战略的较狭窄的方面③。

这种对战场的孤立的战略差不多在朝鲜战争中取得了胜利，尽管那个时候还不能使用空中兵力进行整日整夜的打击，也没有较大范围的精确导引武器可用。尽管由于游击战的本质的缘故，这种战略在越南战争中无法

---

① "Thus the potential troops skillfully commanded in battle may be compared to that of round boulder which roll down from the mountain heights." "According to the commentators Chang Yu and Tu Mu, this mean that 'The force applied is minute but the results are enormous'," and "one need …but little strength to achieve much." Michael I. Handel. *Masters of War*: *Classical Strategic Thought*. Op. cit., p. 224.

② "Clausewitz's *On War* was an invaluable basis and stimulus for Corbett's theoretical work——but not its blueprint …By inclination and the influence of the British style of warfare, Corbett actually has more in common with Sun Tzu than with Clausewitz." Ibid., p. 225.

③ "Is Corbett's work as important or original as that of Clausewitz? Clearly not. Unlike *On War*, *Some Principles of Maritime Strategy* is repetitive and parochial and focuses on the narrower aspects of British maritime strategy." Ibid.

生效，但它在海湾战争中却取得了很好的效果。为了实现科贝特的在理想条件下的"有限应变战争"(limited contingency war)的理念，现在和未来的军事技术将因而能够人为地孤立一个战场。

科贝特、克劳塞维茨与孙子之比较①

	科贝特的《海军战略的若干原则》	克劳塞维茨的《战争论》	孙子的《孙子兵法》
对待风险的态度和战争中使用的方法	避免不必要的风险。不赞成最大、最小战略。不赞成战略冒险，但认为总体上的操作和战术冒险还是可以接受的。是一种理性的、不感情用事的、不浪漫的战争方法。	总体上看就是冒大风险。赞成在战场最大投入的战略。是一种理性的算计与浪漫的、大胆的、英雄式的平衡方法。	有计划的、理性的、不感情用事的。是一种最大、最小战略。
兵力的节约	极力强调"兵力的节约"。在可能的情况下赢取低成本的胜利。寻求兵力的倍增与相对的优势。	强调有效的结果，而不强调战争的成本或效率。对决定性结果的寻求。避免错误节约所带来的风险。	强调通过付出较小的代价取得胜利，寻求相对优势和兵力的倍增。效率与效果一样重要。
有限的战争	理想的有限战争只能在海洋环境中发动，而不是在陆地上。它要求在可以被海洋阻隔的偏远地区。它也要求具有海军的优势。陆军兵力的使用必须有助于兵力的倍增，并且能理想地阻止更强的兵力。这种战争主要受可使用之手段的限制，但其政治目标可以是不受限制的。在理想的条件下发动这种有限战争可以让兵力较弱的一方占主动和处于进攻状态。	战争首先是受到政治目标限制的。战争也可能受到可使用的手段的限制。有限的手段通常用来满足发动防御战争的需要。	没有太多讨论这个问题，但是在以尽可能最低的代价赢得战争的这种愿望中暗示出来了。
理论适用对象	主要适用于海军。	广泛适用于陆军和通常的战略。	广泛适用于陆军和通常的战略。

---

① Michael I. Handel. *Masters of War: Classical Strategic Thought*. Op. cit., p.226.

第五节 《孙子兵法》与弗朗蒂努斯的《谋略》

马来西亚国防大学战略系魏国良的文章《特种作战法则：孙子与弗朗蒂努斯的教训》发表在 2014 年《比较战略》第 33 期上①。文章分析了《孙子兵法》与古罗马军事家尤利乌斯·弗朗蒂努斯（Julius Frontinus）的《谋略》中蕴含的战略思想与特种作战实践之间的有机联系。魏国良指出，弗朗蒂努斯和孙子的战略思想与特种作战之间的相似性是显而易见的。最为重要的是，二者都认为对在达成目标的过程中作为方法和手段来使用的人与方法是有一个普遍的理解存在的。换言之，特种作战是一种在两千年前的世界里作为一种合理的战争方式而得到共同实践和共同认识的战争形式。必须加以强调的是，孙子和弗朗蒂努斯都没有指出特种作战可以单独生效或者单独赢取战事的胜利。在他们的著作中，特种作战常常被描绘成在军队主体中起一种补充的作用。

文章对特别作战做了定义，并评价了孙子和弗朗蒂努斯阐释的一些对于理解和解释特种作战是如何完成和在现代战争中做出战略贡献的思想法则。那种认为对于特种作战的战略研究由于战略专家的缺乏而受到损伤的普遍观点是不成立的，我们从孙子和弗朗蒂努斯的军事著作中可以学到很多关于特种作战的经验教训。

《孙子兵法》

《孙子兵法》在两千五百多年前就已经存在，并在无论是军事还是经营管理方面的现代战略的研究中被广泛使用和引用。《孙子兵法》受到当时普遍流行的中国道家哲学本质的影响。道家哲学强调自然与人的和谐共存，对这种和谐的寻求是生存在世、生活或战争中赢得成功的最重要的东西。

《孙子兵法》中有一系列法则可用来研究如何运用特种作战来获得积极的战略绩效。在《孙子兵法》的这些重要的可用于描绘关键的特种作战能力的法则中，包含着对"奇"（indirect/unorthodox forces）、出其不意、灵活

---

① Adam Leong Kok Wey. "Principles of Special Operations: Learning from Sun Tzu and Frontinus". *Comparative Strategy*, No.33, 2014, pp. 131–144.

性以及在敌人背后作战的能力、情报以及诡计的使用①。

"奇"(Extraordinary/ Indirect/ Unorthodox) Forces

孙子也阐述了在战争中运用特种作战的理念。下面即是孙子与特种作战相关的最重要的概念：

"三军之众，可使必受敌而无败者，奇正是也。……凡战者，以正合，以奇胜。"（势篇第五）

孙子所谓的"奇"与特种作战有相似之处，强调的是在敌人没有意料到的地方对其发动突然的袭击。孙子对指挥官以及他在战事中实际运用"正"之法与"奇"之法以获得最佳的绩效之理解能力的重要性给予了强调。但是，在我们把"奇"作为一种特种作战的形式加以运用时必须注意孙子提及的语境。对于孙子有效运用"奇""正"究竟意指的是什么这一点上有两种主要的争论。这个双重的概念可以理解为是运用军事力量和非军事力量以获取某种目标的一种方法，或是一种战略。指挥官对直接和间接战略的把控是论争的核心。三国时期的军事家曹操对"奇""正"也给予了自己的解读：

"先出合战为正，后出为奇。""正者当敌，奇兵从旁击不备。""己五而敌一，则三术为正，二术为奇；己二而敌一，则一术为正，一术为奇；己与敌人众等，善者犹当设伏奇以胜之。"（曹操注《孙子》）

还有一个引证则是关于安乐哲（Roger T. Ames）在其《孙子兵法》英译本中的评价。评价选自该译本中的《吴王与孙武之间的对话》(*A Conversation between the King of Wu and Sun Wu*)，高度概括了特种作战理念在中国古代战争中的普遍运用：

"遣轻兵，绝其粮道。……出其不意，袭击懈怠。"

孙子"奇"的理念可在发生于公元200年的官渡之战中得到证明。曹操军与袁绍军交战。两军在官渡展开战略决战。粮草囤积不足的曹操军奇袭袁绍军在乌巢的粮仓，继而击溃袁绍军主力。

另一个发生在近代的例子阐释了孙子的这个战略理念。9·11袭击

---

① "Among some of the key principles in Sun Tzu's strategic text that can be used in mapping with key special-operations capabilities is the use of extraordinary (indirect/unorthodox) forces, surprise, flexibility and the ability to operate behind enemy line, intelligence, and deception." Adam Leong Kok Wey. "Principles of Special Operations: Learning from Sun Tzu and Frontinus". Op. cit., p. 133.

之后,当美军决定袭击阿富汗剿灭基地组织的力量,杀死或捕获其领导人本·拉登时,许多战略分析家和专家都警告这么做将会遇到很大的困难,因为历史证明任何试图进入阿富汗的外国军队都被打败了。面临的这项艰苦任务恰好给了在反对阿富汗恐怖组织的战争中作为先锋部队的特种部队。美军特种部队马上与北约联盟军合作。这些经过非传统战争的特别训练的战士,培养引导本土的力量来打击彼此共同的敌人。美军特种部队提供科技支援和战略,而北约联盟则提供大批塔利班和基地组织人员需要的人员。这场战争是孙子所谓的运用"奇"之法(美军特种部队)与"正"之法(北约联盟)协同作战的经典战事,获得了卓越的战略效果。

出其不意(Surprise)

出其不意的法则是特种作战取得胜利的另一个关键成分。由于特种作战常常以小部分的人为最佳,缺乏持久的火力,因此他们需要依靠出其不意来确保自身的安全和获取自己的目标。孙子在兵法第一篇的"诡道"部分提及,胜利的关键是攻击敌人最没有意料到的地方:"攻其不备,出其不意。"(计篇第一)

更为重要的是,孙子的这个出其不意的法则也可以运用在通过特种力量予以实施的战争的虚拟形式中,如赢得一群人的"心理",这在反暴动中尤为重要。孙子的出其不意的法则可以运用在特种作战发挥其他的作用,如在非常规的战争中赢得目标人群的心理吗?这种出其不意的成分是如何发挥这样的作用的呢?为了证明这个,作者列举了美军特种部队在1963—1966年间的马来西亚-印度尼西亚武装冲突中所采取的心理战。

灵活性和在敌人背后作战的能力(Flexibility and Ability to Operate Behind Enemy Lines)

灵活适应不同的环境,在与敌人接触时能迅速扭转局面是特种作战最为重要的技能。孙子对这种所要求的灵活性是这样描绘的:

"故其疾如风,其徐如林,侵掠如火,不动如山,难知如阴,动如雷霆。"(军争篇第七)

特种作战部队是灵活的,能在大量的战事中运用。为了能通过各种可能的手段插入各种战事中,特种作战部队进行的是交叉训练。特种部队作战人员也要进行游击战和反游击战的训练。训练他们长期生活在敌人中以及如何逃跑和避免被捕。特种作战部队的侦探必须足够灵活才能求生并取得作战的胜利。或许就灵活性和在敌后作战的能力而言，对他们来说最重要的技能就是在敌占区进行心理战的能力，这要求特种作战部队的成员们能够讲当地的语言，懂当地的文化，并有像当地人一样消费和具备喝酒的能力。这些对一个普通的士兵来说不是一项容易的任务。

情报（Intelligence）

尽管特种作战力量不是传统意义上情报活动的一部分，但众所周知特种作战对为战略和战术目的的情报收集起到了相当重要的作用。孙子对情报的重要性给予了强调，在《孙子兵法》中专门用了一篇来论述情报。同时，他还在另一篇中这样说："知彼知己，百战不殆。"（谋攻篇第三）

收集情报以支持更大的战事是特种作战部队战士最重要的能力之一。特种作战部队战士经过良好的培训以便完成侦查和情报收集任务，有时甚至会在敌占区待上几个月。作者魏国良举了马岛战争期间，英国皇家海军特别海勤兵团在英军主力到达之前长时间秘密收集情报、观察和了解阿根廷兵力一事为例。魏国良强调，情报对特种作战取得成功来说是至关重要的。准确及时的散播与特种作战相关的思想是减轻战事风险，确保有更好的机会获得成功的关键法则。

诡道、欺诈（Deception）

孙子倡导一系列法则中的另一个与诡道或欺诈相关：

"兵者，诡道也。故能而示之不能，用而示之不用，近而示之远，远而示之近。利而诱之，乱而取之。"（计篇第一）

特种作战，通常规模会比较小，要求用伪装和分散敌人注意力等出色的欺诈手段以帮助他们有效地实施自己的作战计划。魏国良举了1942年英国突击队在圣那泽尔（St. Nazaire）实施的"二轮马车行动"（Operation Chariot）。另举了1991年第一次海湾战争中斯瓦茨科普夫将军（General Schwarzkopf）部署多国联合部队，有意造成从左翼直接进入科威特的声势，却指挥部队从右翼攻击，包围了在科威特的伊军的事实为例。

尤利乌斯·弗朗蒂努斯的《谋略》

弗朗蒂努斯是古罗马的一位军官和市民管理者，生活在公元35—104

年。他著名的存世之作有两部,一部是《谋略》(Stratagematon),关于军事战略的。另一部《罗马的沟渠》(The Aqueducts of Rome),是关于管理和维护城市水供给的,是以他作为一名市民管理者的经验而创作的。弗朗蒂努斯的论述战略和对军事计谋的运用的著作《谋略》是以罗马和希腊的军事史为基础的,它对军事和战略思想产生了持久的影响。弗朗蒂努斯写过一篇论述战略的文章,可惜丢失了。然而,这篇文章的附录却幸存下来,那就是这本众所周知的《谋略》。在《谋略》中,弗朗蒂努斯对战略(strategy)和谋略(stratagem)加以了区分。根据他的观点,"战略"是指挥官需要做的事:"……其特征为远见、优势、进取心,或者决心……"①而"谋略",指的却是"那些可归入某些特别类型的东西。"②弗朗蒂努斯可能很好地意识到了在战争中存在某种特别的作战形式,这种作战形式需要以特别选出来的人为基础实施突袭和欺诈的战事。这种作战实践与现代的特种部队作战也有相似之处。弗朗蒂努斯在其《谋略》中对这种重要的特征进行了如下的概括:

"在塞多留(Quintus Sertorius)通过经历之后认识到他绝不是整个罗马军队的对手,并希望也将这个证明给那些轻率发动战争的野蛮人看。他将两匹马带到他们面前。一匹马非常强壮,而另一匹则十分瘦弱。于是他带来两名年轻人,也是一个强壮,一个瘦弱。他让较强壮的那个年轻人去拉住瘦弱的那匹马的整个尾巴,同时命令瘦弱的那个年轻人去揪住那匹强壮的马的鬃毛。然后,当那位瘦弱的年轻人成功地完成了他的任务时,而那位强壮的年轻人却仍然在与那匹瘦弱的马的尾巴徒劳地挣扎。于是塞多留总结道:'通过这个实例我想向你们,我的同胞们,阐明罗马步兵的本质是什么。对于攻击整个罗马军队而言,他们是无敌的,坚不可摧的;但是对于攻击他们某个部分而言,进攻的军队则可以将他们分裂撕碎。"③

弗朗蒂努斯已经懂得在分散的、小的作战中运用小股力量袭击敌人远比运用大规模的部队去实施正面进攻更为有效。《谋略》一书中弗朗蒂努斯举了雅典军队在伊菲克拉特斯(Iphicrates)的领导下在阿拜多斯(Abydus)附近抗击斯巴达军队的伯罗奔尼撒战争(Peloponnesian Wars)为例:

---

① Sextus Julius Frontinus. *Stratagematon*. Charles E. Bennett trans. and ed. London: Harvard University Press,1925, p. 7.
② Ibid.
③ Ibid., p. 311.

"他推延了一些时间。然后,在一个相当寒冷的日子,谁都没有料到会有这么一次迁移。他挑选了他手下穿着最褴褛的男性,用力把他们全身涂满油,让他们喝酒以便让全身暖和起来,然后命令他们绕过海边,游过那些特别险峻以至于无法正常通过的地方。这样,通过从敌人后方对敌人发动突然攻击,他袭击了狭谷的守卫们。"①

在上面的引文中,弗朗蒂努斯强调了现代特种作战的一些关键的作战战略,一种运用最不容易引起怀疑的最困难的方法和运用伪装的、秘密的、偷偷潜入敌后的潜水作战。在到达敌人的战线的过程中,一次勇敢的突袭击败了敌人的守卫,为更大规模的部队与敌人交锋开了道,由此而取得了最大限度的惊喜与预期的结果。这个例证同时也强调了特种作战是作为常规兵力的辅助而起作用的。特种作战为其他的兵力进入敌区"踢开了大门"(kick the doors open)。

弗朗蒂努斯进一步强调了袭击和打败一座防御良好的城池的难度。一座准备充分防御良好的城池能够无限期地抵制,试图攻破它需要很长的时间,攻击它的一方需要承受人力的大量损失。然而,为了克服如此严峻的战争现实,弗朗蒂努斯又一次生动地强调了如何才能特种作战以赢得进入坚不可摧的城池的机会。他再一次运用了另一个发生在伯罗奔尼撒战争中的例子来证明如何攻击和获取城池的另一个观点:

"当阿卡狄亚军队进攻麦西尼亚的一个要塞时,伪造了一些仿照敌人的武器。然后,当他们得知另一队兵力将与第一队换班的时候,他们穿上那队准备去换班的敌人的服装,在交换班的混乱时刻被当成了敌人的自己人允许进入城池。于是他们占取这个城池,在敌人中实施了大破坏。"②

弗朗蒂努斯随后在其《谋略》中呈现了另一个相似的例子:

"……一天晚上,汉尼拔让一些迦太基人穿上猎人衣服,并将他们介绍给科农尼斯的随从。当这些抬着猎物的人放下他们抬着的猎物时,卫兵们允许他们进入城门,他们立刻袭击并杀死了这些卫士。然后他们毁坏大门,让汉尼拔和他的部队入城。除了那些逃进城池去寻求避难的人外,汉尼拔的部队杀死了所有的罗马人。"③

---

① Sextus Julius Frontinus. *Stratagematon*. Ibid., Op. cit., pp. 29-30.
② Ibid., p. 209.
③ Ibid., p. 217.

弗朗蒂努斯关于运用策略通过穿衣伪装成敌人或是普通市民进入防御很好的城池的文章与现代特种作战的实践发生了共鸣。比如在第二次世界大战期间英国和美国的战略情报局，实践相似的战术，将他们伪装成市民跳伞进入德军占领的欧洲以获得与各种游击队接触的机会。然后他们训练并与这些游击队合作破坏德军的财产，以及收集并将那些至关重要的情报报告给盟军司令部。进入如此坚固防御的所在要求独特地运用小分队的人去探查，为主力部队进入开辟道路。

在弗朗蒂努斯的《谋略》一书中有更多关于特种作战的例子，书中他强调了运用小分队，让他们使用隐蔽和出其不意的方法对敌人予以突然袭击，或是经常使用欺诈的手段克服敌人的防御优势，为其主力部队袭击目标铺路。文章所举的例子已经足以证明弗朗蒂努斯的《谋略》(*Strategematon*)，或者他所谓的"谋略"(stratagems)同与今天的特种作战实践相关的理念极为接近，对其文本进行更为深入的研究对特种作战是有益的。

第六节　《孙子兵法》与修昔底斯的《伯罗奔尼撒战争史》

阿塞拜疆哈扎尔大学教授理查德·卢梭比较研究克劳塞维茨、孙子与修昔底斯的战略思想的文章《克劳塞维茨、孙子与修昔底斯的战略观》于2012年发表在《哈扎尔人文社会科学》上[①]。作者卢梭在文章中阐明了军事战略的本质与作用。文章主要认为，战略是一座连接军事力量与政治目的的桥梁。战略与军事力量不同，战略与这种军事力量的实际运用也不相同。同样，战略也不是政策，它提供一种"成功之理论"(a theory of success)。战略是试图就名义上的军事能力转化成反对敌人的有效实施之战略计划的源泉。文章举了1940年夏天丘吉尔的英国军队的行为为例。文章的第二部分探讨了论述战略不同方面的八本经典著作，其中着重分析比较了克劳塞维茨、孙子与修昔底斯的战略思想著作。

作者指出，思想上的失误可能会导致可怕的后果，毕竟，我们谈论的是战争、和平，甚至是生死存亡的问题。交战双方并不一定有效运用了战略。

---

① Richard Rousseau. "Strategic Perspectives: Clausewitz, Sun Tzu and Thucydides". *Khazar Journal of Humanities and Social Sciences*, Vol.15, No.2, 2012, pp. 74-84.

比如两次世界大战中的德国,由于战略运用不当,结果为这种失误付出了惊人的代价。战略是至关紧要的。实际上,从历史的角度看,鉴于战争在世界事件进程中的糟糕的向心性,几乎没有其他的思想和行为比战略更至关重要。

战略的作用

战略为成功提供了一种理论。本质上,战略完成了一种转换的功能。它将军队转换成了一种旨在取得想要得到的政治结果的治国才能。

为了证明战略的本质与作用,我们可以来看看温斯顿·丘吉尔在1940年夏天英国政府的举动。当时,英国远征军在五月底和六月初匆匆撤离敦刻尔克(Dunkirk),其法国同盟在6月22日提出羞辱性的休战请求。英国之前的计划实施无效。简言之,其先前制定的战略被现实发生的事件给毁了。

即便是优秀的战略头脑也会暂时忘掉"战争不过是一场大规模的决斗"(War is nothing but a duel on a larger scale)这个重要的真理。

因而,关键的是要有战略,但更为重要的是要有可以使得战事成功的战略。战略,其根本的本质,不过是一种实践活动。20世纪美国最著名的战略家伯纳德·布洛迪(Bernard Brodie)对其职业特性的描绘一点都不含糊:

"战略思想,或者有人喜欢说战略'理论',是其实用。战略是对'如何去做一件事'的研究,是对如何完成并且有效地完成某件事的一种引导。正如在政治的其他许多分支中一样,起关键作用的是战略:这种思想会起作用吗? 更重要的是,在其将被接受检验的特殊情况下。它会起作用吗? ……尤其重要的是,战略理论是一种用来指导行动的理论。"[1]

鉴于战略的重要性、其作用的重要特征以及由于战略选择错误常常引发的可怕后果,我们可以从过去的哪些伟大的战略思想家那里寻求帮助呢?

从经典中寻求帮助

那些具有永恒生命力的论述军事战略的著作,同时也是今天关于智慧

---

[1] Richard Rousseau. "Strategic Perspectives: Clausewitz, Sun Tzu and Thucydides". Op. cit., p. 79. Also see Bernard Brodie. *War and Politics*. New York: Macmillan,1973, p. 452.

或武力使用的著作。但是那些关于战略的一般理论的作品,那些对所有的地方、目的、技术和时代都有用的研究却是相当地少。事实上,在过去的两千四百年里,只有三本关于战略主题的著作,以及另外五种具有持久价值的作品。

这三本关于战略理论的经典作品,在各个方面都有很大的差别。但是它们所呈现出的战略思想大体上却是相似的。这三本著作就是:

卡尔·冯·克劳塞维茨的《战争论》(写于19世纪20年代,作者1831年去世,在其去世后的1832年出版。未完成。)

孙子的《孙子兵法》(写于大约公元前400年中国的"战国时期"[公元前403—前221]。)

修昔底斯的《伯罗奔尼撒战争史》(由一名有些失宠的雅典将军修昔底斯写于大约公元前400年。战争史止于公元前411年,而不是写到雅典被打败的公元前406年。)

除这三本经典巨作外,另外五本不那么出名的作品是:

安托万·亨利·约米尼的《战争的艺术》(1838年)

利德尔·哈特的《间接路线战略》(1967年,第4版修订本)

爱德华·卢特瓦克的《战略:战争与和平的逻辑》(1987年)

约瑟夫·怀利的《军事战略:力量控制的一般理论》(1967年)

尼科洛·马基雅弗利的《战争的艺术》(1520年)

所有这八本著作归入不同程度的经典之中,尽管会在利德尔·哈特、卢特瓦克和怀利于20世纪创作的那几本著作上挂上一个显而易见的大问号。想要入选经典,一部作品必须得经受住时间的检验。在这八本论述战略的著作中,有三本无可争辩具有最高品质的著作保留了下来。可以毫不夸张地说,克劳塞维茨的《战争论》、孙子的《孙子兵法》和修昔底斯的《伯罗奔尼撒战争史》都是天才的作品。但在这三本之中,克劳塞维茨的《战争论》是最突出的。

很难夸大叙述对克劳塞维茨、孙子和修昔底斯著作的理解、洞察和教育价值。一个军队的将军应该将此格言铭记:如果克劳塞维茨、孙子和修昔底斯没有说过它,那一定是它不值得说。尽管发展一种一般的战略理论有很大的困难,但克劳塞维茨、孙子和修昔底斯的经典在思想上享有其他著作或是任何领域的全部学术著作很难取得的统治地位。

从历史上来看,这三位作者写作的情形相去甚远,理论上也是以完全不同的方式，但他们都不仅树立了后人几乎不太可能仿效的优秀标准，而且，从文字上看，做了当做之事。感谢他们的努力，尽管这三本战略著作在形式上差异巨大，让我们有了关于治国才能之一般理论的适当理论。

一种合理可靠的战略教育通常都是从对这三本著作的理解和论争开始的。正如前文所说，这三本战略著作差别极大。克劳塞维茨的《战争论》是一本为本质，实际上是为战争和战略的本质提供了一种理论的哲学小册子。要了解战争，最好的向导莫过于普鲁塞人。

克劳塞维茨理论的核心是受欢迎的激情、运气、机会与风险，以及理性"三位一体"（trinity）。这些组成成分通常分别与人民、军队及其指挥官和政策紧密相连。克劳塞维茨还坚持认为战争是一场决斗，是一个由各种不确定性构成的领域，而且摩擦、渗透到每一步，妨碍了巧妙计划的顺利实施。尽管克劳塞维茨没有贬抑物质的因素，但相比物质的成分，他更多强调了战争中的道德因素。

与《战争论》拘泥于细节的哲学特征相反，孙子的《孙子兵法》相当简洁精练，其结果便是高度抽象。但是，尽管《孙子兵法》很简洁，但它与克劳塞维茨的《战争论》一样含有许多相同的教育信息。但二者的观点有一些非常重要的差异。孙子喜欢诡道（欺诈），强调出其不意、情报和间谍的作用。他没有将注意力放到摩擦的作用以及为什么事先周密安排好的计划会失效的所有原因上。至少，他没有对此加以明确的说明。然而，孙子坚持对知彼知己重要性的强调。

有趣的是，孙子对了解敌人的必要性的强调最近被美国防御部门重新发现了。华盛顿政府现在意识到了文化差异是一个重要的因素，它对威慑努力和战争都有着显而易见的影响。

第三本战略巨作是修昔底斯的《伯罗奔尼撒战争史》，其战略思想可能是最难理解的。孙子的《孙子兵法》据说是为君王写的简明小册子。如果嫌其太长的话，可以做成完美的演示文档来呈现。而克劳塞维茨的《战争论》则从第一页起就显而易见是理论的。修昔底斯写的是一本历史书。这位希腊的士兵-历史学家故意将他的明智与历史叙事联系在一起。《伯罗奔尼撒战争史》不是一部抽象的或哲学的著作。这就意味着，要理解修昔底斯这部著作中的战争、和平与战略，那他就得了解发生的历史语境。如果这样做了的话，其结果将会相当令人满意。但它一定会让一个忙碌习惯于通过演示文档来接受其战略教育的士兵或是政治家感到灰心丧气。

克劳塞维茨、孙子和修昔底斯的著作应该被反复阅读。他们是无可替代的。当然,即便是作为整体来看时,它们也不是最后的定论。克劳塞维茨的《战争论》尤其引来了相当多充满敌意的评论,特别是在英国,据说是因为他偏爱大规模的战争的缘故。然而这足以说明,至少到现在,尽管没人去尝试,没有一个批评家敢严肃地去对他给予抨击。

前文所提及的五本对我们理解战略而言不那么重要的著作每本都各有其长处,尽管都有其局限性和不足之处。在对其进行判断时,大部分的战略理论家都会将它们视为战略经典。其中,约米尼的《战争的艺术》充满了感性的推理和极好的建议。必须要加一句的是,其中许多建议最好给忽略掉。对于与范围更窄的军事战略相对的重要战略,利德尔·哈特阐述了许多有用的观点。而卢特瓦克在他对战略那独特的、矛盾的本质进行的不竭的考察中开辟了新天地。约瑟夫·怀利(Joseph Wylie)的《军事战略:力量控制的一般理论》(*Military Strategy*: *A General Theory of Power Control*)则可能是20世纪用任何一种语言撰写的一般战略研究著作中最好的。他的中心思想有着克劳塞维茨式的深刻烙印,而且这是完全恰当的。怀利令人信服地宣称,战略的终极目标是控制敌人。这个似乎简单的见解实际上相当的复杂。《军事战略:力量控制的一般理论》是对克劳塞维茨观点"战争中我们的目标就是'将我们的意愿强加在敌人头上'"的令人敬佩的补充。

最后要说的是,马基雅弗利的《战争的艺术》,除了对其已经长久丢失的罗马优势的过度崇拜,无论是真实的还是想象的,是一座关于作为一种政策工具的治国才能和战争指导之好的建议和谨慎推理的金矿。

第三章
英语世界对《孙子兵法》的两种接受态度

第一节 一位看不见的中国指挥官

（一）一位看不见的中国指挥官——英国战略家利德尔·哈特为格里菲思《孙子兵法》英译所作"序言"

1963 年，塞缪尔·格里菲思英译的《孙子兵法》出版①，英国著名战略家利德尔·哈特（Liddell Hart）为该书作序②，对《孙子兵法》对现代政治、军事以生活各个方面的影响给予了高度的评价。

《孙子兵法》是论述"战争艺术"这个主题最早的著名著作，但是就其论述的详尽和理解的深度而言，还没有任何著作能够超越它。它可说是集中论述了战争智慧的精华。在过去的所有军事思想家中，唯有克劳塞维茨可与之相媲美。尽管克劳塞维茨的《战争论》比《孙子兵法》的创作时间要晚两千多年，但他的作品显得很"过时"（dated），有些部分甚至显得很"陈旧"（antiquated）。与克劳塞维茨的战略思想相比，孙子的战略思想有着更清晰的远见，更深刻的洞察和更恒久的新鲜感。

克劳塞维茨的里程碑式的著作《战争论》描绘了第一次世界大战前那个时期的欧洲军事思想。如果能将他的《战争论》的影响力与孙子对"战

---

① Samuel B. Griffith translated and with an introduction. *The Art of War*. London, Oxford, New York: Oxford University Press, 1963.
② "Foreword" by B. H. Liddell Hart. Ibid., pp. v-vii.

争艺术"的阐述进行融合平衡的话,那么20世纪的人类文明很可能就会少受很多世界战争的损害了。孙子的理想主义与节制温和的思想与克劳塞维茨强调逻辑上的理想和"绝对"的倾向正好相反。克劳塞维茨的追随者们将其"全面战争"(total war)的理论与实践发展到了极致。那种战略思想胚胎的发育受到了克劳塞维茨的格言的培育:"将节制温和的思想引入战争哲学是荒谬的。战争是一种将暴力推向其最大限度的行为。"①随后,他将自己的这个观点加以了限制,承认"作为战争最初的动机,政治目标应该成为决定军事目的和为之努力的程度的标准"。② 此外,他最后得出的结论是,追求那种包含着"手段与结果之间将失去全部关联"③的逻辑极端。

克劳塞维茨战略思想的副作用很大程度上是由于他的追随者们对其思想太过肤浅和太过极端的理解造成的。他们忽视了克劳塞维茨的那些限制条款。但是克劳塞维茨自己用一种太抽象的方式来阐释它并允许那些思想僵化的士兵追随他的观点也对这种误读起到了协同作用。这样常常使得人们对其《战争论》的理解偏离了他的本意。令人印象深刻却使人困惑的是,读者抓住了他那些主要的、形象的术语,却没能领会其潜在的思想。克劳塞维茨的《战争论》与《孙子兵法》的结论之间的差别其实并不像其表面上看起来那么大。

孙子思想的简洁原本可以纠正克劳塞维茨思想的晦涩。不幸的是,《孙子兵法》在法国大革命之前才由一个法国传教士将其摘译传到西方。尽管它对18世纪的军事思想的理性化倾向有着吸引力,但是这种影响的希望被法国大革命的激情和随后拿破仑对于传统敌对势力的胜利的陶醉和他们自身过于形式化的战术所堙没。克劳塞维茨是在那种陶醉的影响下开始他的军事思想的撰写的,而且在其去世之时都未能完成《战争论》的修改,以致于他在遗嘱中所预见的对他作品的"无尽的误读"不幸成为现实。等到后来西方有了《孙子兵法》译本之时,西方的军事处于克劳塞

---

① "To introduce into the philosophy of war a principle of moderation would be an absurdity——war is an act of violence pushed to its utmost bounds." B. Griffith translated and with an introduction. *The Art of War*. Op. cit., p. v.

② "Yet subsequently he qualified this assertion by the admission that 'the political object, as the original motive of the war, should be the standard for determining both the aim of the military force and also the amount of effort to be made." In "Foreword" by B. H. Liddell Hart In Samuel B. Griffith translated and with an introduction. *The Art of War*. Op. cit., p. v.

③ "…the means would lose all relation to the end." Ibid., p. v.

维茨的极端主义者的支配之下,中国兵圣声音的回响微乎其微。没有士兵或是政治家注意到孙子的警告:"夫兵久而国利者,未之有也。"①

早就需要新的、更加全面的、对其思想进行更加准确地加以阐释的《孙子兵法》译本了。随着核武器的发展以及潜在的自杀和种族灭绝行为的出现,那种需要进一步增加了。毛泽东领导下的新中国作为一个军事大国的出现,使得《孙子兵法》变得更加重要。因而,应该有人来从事《孙子兵法》的翻译工作。而且,这个任务由塞缪尔·格里菲思将军这么一位懂军事和中国语言与思想的能干的学生来担当正巧符合那时的需要。

我自己对《孙子兵法》的兴趣源于我 1927 年春季的时候收到的一封约翰·邓肯爵士(Sir John Duncan)寄给我的信。当时邓肯爵士正被指挥部(War Office)派遣到上海指挥蒋介石手下的广东军抵抗北方军阀的防御战。

邓肯爵士的信是这样开始的:

"我正在读一本中国的、写于公元前 500 年的关于'战争艺术'的书。其中有一个观点让我想起了你对'洪流理论'详述:'故兵形象水,水之行,避高而趋下;兵之形,避实而击虚。水因地而制流;兵因敌而制胜。'②书中还有另一个法则,直到今天中国将军们都还在运用它:'不战而屈人之兵,善之善者也。'"③

在读《孙子兵法》之后,我发现里面有许多其他的观点与我自己的思想不谋而合,尤其是他一再强调"出其不意""攻其不备"和间接的法则。《孙子兵法》帮助我认识到即便是在战术的本质上,很多基本的军事思想都是具有永恒生命力的。

大约十五年后,在第二次世界大战期间,我几次拜访了一位中国陆军武官,他是蒋介石的一个学生。他告诉我,我和富勒将军(General Fuller)

---

① "There has never been a protracted war from which a country has benefited." In "Foreword" by B. H. Liddell Hart In Samuel B. Griffith translated and with an introduction. *The Art of War*. Op. cit., p. vi. 原文引自《孙子兵法》(势篇第二)。本书作者注。

② "An army may be likened to water: water leaves dry the high place and seeks the hollows; an army turns from strength and attacks emptiness. The flow of water is regulated by the shape of the ground; victory is gained by acting in accordance with the state of the enemy." In "Foreword" by B. H. Liddell Hart In Samuel B. Griffith translated and with an introduction. *The Art of War*. Op. cit., p. vii. 原文引自《孙子兵法》(虚实篇第六)。本书作者注。

③ "The supreme art of war is to subdue the enemy without fighting." In "Foreword" by B. H. Liddell Hart In Samuel B. Griffith translated and with an introduction. *The Art of War*. Op. cit., p. vii. 原文引自《孙子兵法》(谋攻篇第三)。

的书都是中国军事院校的主要教材。于是我问他:"你认为《孙子兵法》怎么样呢?"他回答说,尽管《孙子兵法》被他们尊为经典,但大部分年轻军官都认为它已经过时了,因而在机械化武器时代几乎不值得研究了。鉴于此,我认为是他们回归孙子的时候了。因为在那本短小的书中蕴含着我在二十多本书中所涉及的几乎绝大部分基本的战略和战术。简言之,《孙子兵法》不仅是研究战争的最好、最简洁的入门书,而且也是进一步研究军事的一种具有价值的、可时常参考的资料①。

利德尔·哈特

(二)克拉维尔的《孙子兵法》英译本序言

1983年,詹姆斯·克拉维尔根据1910年出版的翟林奈《孙子兵法》英译本进行改译的《孙子兵法》英译本在纽约出版②。该译本以翟林奈译本为基础,对十三篇题名、原文注释和正文的英译和处理方式都做了改动。译本前有克拉维尔自己所做的长篇"序言"③,对《孙子兵法》的特点和重要性给予了足够的强调。

两个半世纪前,中国的孙子写了《孙子兵法》这本非凡的书。书是这样开始的:

"兵者,国之大事,死生之地,存亡之道,不可不察也。"(计篇第一)

《孙子兵法》是这样结尾的:

"故惟明君贤将,能以上智为间者,必成大功。三军之所恃而动也。"(用间篇第十三)

我确实相信,如果我们的当代军队和政治领导人研究过这本天才的著作,越南战争就可能不会打成即成的那个样子,我们就可能不会输掉朝鲜战争(之所以说我们输了,是因为我们并没有取得胜利),伊朗人质事件就可能不会发生,英帝国就可能不会被分解。而且,完全可能的是,第一次和

---

① "In brief, Sun Tzu was the best short introduction to the study of warfare, and no less valuable for constant reference in extending study of the subject." In "Foreword" by B. H. Liddell Hart. Op. cit., p. vii.

② James Clavell ed. and with a Foreword. *The Art of War by Sun Tzu*. New York: Dell Publibing Group, Inc., 1983.

③ Ibid., pp. 1–6.

第二次世界大战就可能会避免。当然,它们就可能不会像已经发生的那样发生,而数以百万计的年轻生命就可能不必失去。

"不战而屈人之兵,善之善者也。"(谋攻篇第三)

我惊讶地发现,两千多年前的孙子写下了那么多的真理,而且这些真理到今天仍然是适用的。尤其是他论述"用间"的那篇,我认为是非凡的。在我看来,《孙子兵法》这本小书显而易见地表明了现在有哪些事情正在被做错,以及为什么我们现在的对手在某些地区会如此的成功。《孙子兵法》是苏联的各级政治-军事部门的必读书目,而且在俄国可得到它已经有几百年了。毛泽东的那本论战略和战术法则的小红书,几乎每个字都源自《孙子兵法》。

更为重要的是,我相信《孙子兵法》相当清楚地表明了如何采取主动,打击敌人,打击任何敌人。

孙子如是说:"知彼知己,百战不殆。"(谋攻篇第三)

像马基雅弗利(Machiavelli)的《君主论》(*The Prince*)和宫本武藏(Miyamoto Musahi)的《五轮书》(*The Book of Five Rings*)一样,《孙子兵法》中所蕴含的真理,显示出在各种普通的商业冲突、董事会的斗争以及我们每日为生存的奋战中,甚至是在两性的博弈中获取胜利的方法。这些全都是战争,全都是在相同的法则——孙子的兵法——之下进行的。

我亲耳听到《孙子兵法》被提及是在1977年香港欢乐谷举行的一次赛马会上。我的朋友威廉姆斯(P. G. Williams),当时是赛马俱乐部(Jockey Club)的一名管事,问我是否读过《孙子兵法》。我说没读过,然后他告诉我说那他将会很高兴第二天送一本给我。当我第二天拿到这本书的时候,我发现自己没法读它。于是,几周后的一天,我才又重新把它拿起来。我完全震惊了。在我所读过的所有关于亚洲的著作中,尤其是关于日本和中国的著作中,我之前居然没有发现《孙子兵法》这本书。从那以后,这本书时常伴我左右。它成了我经常的伴侣,以至于在我创作《贵族之家》(*Noble House*)时其中的许多人物指代的就是其时志得意满的孙子。我认为他的书非常奇异。于是有了我这本对《孙子兵法》的改译之作。

不幸的是,对孙子其人或是对他创作《孙子兵法》十三篇的了解非常少。有人认为孙子生活在大约公元前500年的吴国,有人则认为是在大约公元前300年。

大约公元前100年的时候,编年史家司马迁做《孙子传》:

孙子,名武,齐国人。他的《孙子兵法》使他引起了吴王阖庐的注意。阖庐对他说:"我仔细研读了你的兵法十三篇。我可以用你的军事理论来在士兵身上做个小小的试验吗?"

孙子问答吴王说:"可以。"

吴王又问:"可以用来在妇人身上试试吗?"

孙子又一次肯定地回答说可以。于是从宫中选出了一百八十位妇人由孙子来做安排。孙子将她们分成了两个队,并把吴王的两个宠妃选为两个队的队长。然后命令她们全都用手持戟,并对她们说:"我想,你们都分得清前后和左右吧?"

妇人们回答说:"分得清。"

于是孙子继续说:"当我说'向前看'的时候,你们必须直视前方。当我命令'向左转'的时候,你们必须转向你们的左手。当我命令'向右转'的时候,你们必须转向你们的右手。当我命令'向后转'的时候,你们则必须将你们的头从右边转向你们的后背。"

妇人们又一次回答好。于是孙子将命令做了解释,并设置了斧和戟以便开始训练。然后击鼓命令"向右转"。但是妇人们只是放声大笑。

孙子耐心地说:"如果命令不清楚明了,如果命令没有被完全理解,那将军应该受到谴责。"他又一次开始训练她们。这一次他命令她们"向左转"。这一次妇人们又放声大笑。

于是孙子说:"如果命令不清楚明了,如果命令没有被完全理解,那将军应该受到谴责。但是如果命令很清楚,而士兵们不遵守的话,则是队长的过错。"说完之后,孙子命令将两个队的队长斩首。

吴王此时正在一座高高的亭上观看训练,看到他的宠妃即将被斩首的时候,大为惊讶,连忙让手下传给孙子如下命令:"寡人现在对将军的领军能力非常满意。如果失去这两个宠妃,寡人将食不甘味。希望不要将她俩斩首。"

孙子更加耐心地回答说:"臣一旦受命为将领军,将在军,则君命有所不受。"于是他立刻将两位队长斩首,并将排在每个队的第二个人命为队长。然后,再次击鼓。于是妇人们左、右、前、后、跪、起都做得完美准确,没有人敢发出一点声音。

于是孙子让手下向吴王报告说:"陛下,您的士兵已训练好等着您检阅。可派她们到国家需要她们的任何地方去使用。无论水火,现在她们都不会不遵守命令。"

但吴王回答说:"将军,停止训练,归营吧。寡人不想下来检阅部队了。"

于是孙子平静地回答:"吴王只是喜欢听好话,而不想将它们付诸实际行动中。"

从那之后,吴王知道孙子能用兵,并命他为将军。孙子领军打败了西边的楚国,入都郢。向北,他让齐国和晋国胆寒。他将自己的威名远播诸侯各国。

于是,孙子成了吴王手下的一员大将。差不多二十年的时间里,吴国的军队在与越国和楚国的战事中都获胜了。这段时期的某个时候孙子去世了,吴王也在一场战事中被杀。几年之后,孙子的后代子孙遵循他的军事法则并继续获得胜利。之后,他们把孙子的兵法给忘了。

公元前473年,吴国的军队被打败,吴国被灭。

1782年,《孙子兵法》首次被耶稣会信徒阿米奥神父(Father Amiot)译成法文①。传说《孙子兵法》这本小书是拿破仑获取战争胜利的关键和秘密武器。拿破仑的战争依靠的是移动作战,而这正是孙子兵法所极力强调的。当然,拿破仑根据自己的优势利用了所有的孙子兵法来占领了大部分欧洲。他不遵循孙子兵法之时就是他被打败之日。

直到1905年,《孙子兵法》才首次被译成英文。其第一个英译本是由卡尔思罗普上尉(P. E. Calthrop)翻译的。第二本,就是你将会读到的这本,是1910年在上海和伦敦出版的翟林奈(Lionel Giles)译本②。在根据此译本进行改译时,为了使其更容易被理解,我做了一些自由的处理。根据中国人的习惯,在翟林奈正文译文的注释之后,我紧接着增加了一些自己的注释。对任何中国古典文本的翻译,在译成另一种语言时,都会在一定程度上渗进译者自己的观点的。

同样,为了简洁,我有意删除了翟林奈译本中所有的中文人名和地名的注音。确实,几乎不太可能将中文汉字的读音译成罗马文字。再一次为了简洁的缘故,我使用的是老式的拼写方法。希望所有的学者,无论伟大

---

① 应为1772年。本书作者注。

② 克拉维尔的表达有误。卡尔思罗普上尉的名字应为 Capt. E. F. Calthrop。英语世界第二本《孙子兵法》英译本是1908年出版的卡尔思罗普的《兵书:远东的军事经典》(*The Book of War: The Military Classic of the Far East*)。1910年出版的翟林奈的《孙子兵法》英译本是英语世界的第三本。本书作者注。

与否,都能谅解我。

我诚挚地希望你能喜欢阅读《孙子兵法》这本书。《孙子兵法》值得一读。我要让我们所有的现役官兵,要让自由世界里所有的政治家和所有的政府工作人员以及所有大学和中学都把《孙子兵法》作为必须研究的对象。如果我是总指挥官,或者总统,或者首相的话,我会走得更远:我要写进法律,要求所有的军官,尤其是所有的将军,每年一次对《孙子兵法》十三篇进行口头和笔头的考试,得九十五分才算过关。任何一位考试不能过关的将军不用自己提出请求,都将立刻自动被解职,而其他所有的军官都将自动被降级。

我完全相信,孙子兵法对我们来说是至关重要的。他能为我们守望我们的孩子在和平中成长和繁荣提供保护。

让我们时刻记住,自古以来,人人皆知,"战争的真正目的是为和平"。

詹姆斯·克拉维尔

(三)向孙子学习

道格拉斯·麦克里迪(Chaplain Douglas M. McCready)的文章《向孙子学习》发表在2003年5~6期的《军事评论》"洞察"专栏①。这篇长文分六个部分对孙子兵法的重要性以及美军与孙子兵法的关系做了分析阐释。作者开篇即指出,《孙子兵法》无疑是一部经典之作。在大书店的书架上至少可找到其六个英译本②,它的旁边放着的是经常被引用却很少被阅读的另一本深受喜爱的军事经典,克劳塞维茨的《战争论》。译者安乐哲(Roger Ames)将《孙子兵法》描绘成是"世界上最经典的军事战略"。③

越南战争期间,常常见到军官们捧着《孙子兵法》和毛泽东的书。不可能每个捧着它的人都读过它,而且,读过它的人能懂它的也不多。

---

① Douglas M. McCready. "Learning from Sun Tzu". *Military Review*, May-June, 2003, pp. 85–88.
② 麦克里迪没有明确指出是哪六个英译本。该文章提到的《孙子兵法》英译本有1971年出版的格里菲思《孙子兵法》英译本和1993年出版的安乐哲《孙子兵法》英译本。其中,格里菲思《孙子兵法》英译本初版本于1963年出版面世。本书作者注。
③ 作者在文后注释一中交代,他使用的是1993年出版的安乐哲编译的以银雀山竹简本为底本的《孙子兵法》英译本。该译本包括了1971年塞缪尔·格里菲思《孙子兵法》英译本之后发现的诸多材料。许多专家认为安乐哲译本比格里菲思译本更准确。

1994年哈佛大学出版社出版的司马迁的《史记》认为,孙子生活在公元前1世纪的早期,并将孙子刻画为是与孔子同时代的人。而格里菲斯则认为,孙子可能生活在战国时期,因为其《孙子兵法》中所描绘的军事细节更符合那个时期而非春秋战国早期①。

毛泽东将孙子的思想运用到20世纪三四十代中国内战时期他的军事著作中。北越指挥官胡志明(Ho Chi Minh)和武元甲(Vo Nguyen Giap)也从孙子的智慧中获取灵感,将其思想运用到第一次反法战争和后来的反美战争中。

现代历史导致更多的人将《孙子兵法》当成是失败者的指南。现在在讨论不对称的战争时,孙子的思想是被考虑的重点,但是他的观点同样也适用于比自己更强的对手。无论在哪种情形下,较强的那一方的政治和军事领导人都认为应该熟悉孙子的思想,因为如果他们不运用他的思想,那他们一定得准备好保护自己被那些运用孙子兵法的对手所攻击。

格里菲斯这位参加过二战的老兵,在其著作的附录中详细罗列了日本人是如何运用孙子兵法的。他说日本出版了一百多个版本的《孙子兵法》,并将其运用到了日本人生活的方方面面。1963年格里菲斯的《孙子兵法》英译本出版后,美国人将孙子的军事战略挪用到商业中去似乎不再感到那么惊奇了。

孙子和克劳塞维茨证明了两种相反的战争理论。对克劳塞维茨而言,战争是被其他手段所驱使的政治的延续。而对孙子来说,战争是许多政治工具中国家领导人可用来达到他们的目的的一种手段。这种差别似乎很小,但其不同表现在了越南战争中美军与北越军的战略中。这同时也解释了为什么美军会输掉这场战争。

这场战争之后,哈里·萨默斯(Harry Summers)记录了一位美军陆军上校与一位北越的对手在河内的对话。运用克劳塞维茨的理论,萨默斯详细罗列了他认为美军在越战中被打败的不足之处。但他从未提及孙子。萨默斯的很多观点都是正确的,但结果是,这些与美军在越南战争中的努力是不相关的,因为不管是萨默斯还是其他越南战争的决策者,都没有完全理解他们正在进行的这场战争的实质。

---

① 整理的英语世界各种《孙子兵法》研究成果中,有人认为孙子生活在公元前500年,也有的认为其生活在公元前400年。有的认为孙子生活在公元前1世纪的早期,也有的认为孙子可能生活在战国时期。各有推测或猜测的理由与凭据。本书作者注。

北越与西方哲学

美军赢得了多场战役,却输掉了整个战争。因为它没有认识到它与对手打的不是同一场战争。孙子曾警告说,不知彼而知己,一胜一负。这种对战争本质的不同理解表现在美军潜在的对手所运用来处理战争的方法的不同上。与火力相比,这种方法更多强调了策略和对军事力量的调遣,并试图在对手意识到冲突的存在之前先行建立起冲突关系。更重要的是,这种方法认识到,对战场的决定性把控几乎都不是依靠所部署的军队来决定的。相反,对战场的把控依赖于对手的政治意愿以及老百姓的心与思想。

非常规的战争

因此,并非仅仅对美军将领来说了解孙子兵法是重要的,对这个国家中那些制定战略决策的大众来说,了解孙子兵法也一样重要,因为他们的思想是对手的关键目标。孙子曾说过,"不战而胜"比通过战争打败敌人更需要"善用兵"。他强调的是对兵力的调遣而非火力。这种调遣可能涉及政治、外交或战斗部署等。然而,与凭借战争手段相比,尽管孙子更喜欢不战而胜对手,但他意识到,那常常是不太可能的。

孙子的"不战而胜"的思想在两个方面得到了发展。一是在对手甚至在其开始意识到战争的无用之前已经显而易见输掉了战争这样的政治和外交情形之下;二是调遣自己的兵力以使对方的战略失效。孙子的建议"上兵伐谋,其次伐交,其次伐兵,其下攻城"(谋攻篇第三)表明了他更喜欢外交自主的方式。

在他处,孙子又说使用武力战争,无论胜利大小,都是对财力的消耗。孙子说我们应该试图进入敌人的外交决策圈,这样我们就可以完全避免战争。然而,要做好这个,需要很好的情报工作,而且不是美国所擅长收集的那种情报。当敌人的领导层被间谍入侵后,孙子的建议有着获得最大成功的可能性。通信情报和图像情报的作用要小得多。

对军事专家来说,孙子提到了他的兵法的不利因素,那就是,"善战者之胜也,无智名,无勇功。"(形篇第四)孙子介绍的这种胜利不需要军事胜利的宣传或者通常的游行。孙子为那些势力较弱的战胜势力较强的一方提供了方法。由于目前还没有哪个国家的军事力量比美国更强,因而孙子所介绍的方法就成了未来几十年里那些美国政治和军事领导人所将面临的问题。孙子关于运用"诡道"之术的思想多半是符合常理的,它常常是弱者用来打败强者的办法。在现代世界,美军拥有超强的军事力量这么一个关键性的因素,孙子兵法对诡道之术的介绍应该引起每个战略制定者的关注。

孙子,无处不在,亦无影无形

孙子对诡道之术的观点并非来自对书本手册的研究,它是思想与存在的结果,是一种与西方思想和文化传统不同的东西。孙子是这样描绘它的:"微乎微乎,至于无形;神乎神乎,至于无声。故能为敌之司命。"(虚实篇第六)孙子的军队无处不在,亦无影无形。《孙子兵法》十三篇中,有一篇专门用来讨论战争中"情报"的作用。孙子的战略和兵力部署比那些强调大部队、火力和决战的战略更多依赖好的情报。题名为"用间"的这一篇例证了一种明显不同于现代美国强调高科技监视和信息截取的情报方法。现代的这些情报方法有其巨大的价值,但都未对敌人的领导的思想通过间谍予以洞察。孙子曾强调说它是"三军之所恃而动也。此兵之要"(用间篇第十三)。

西方和中国的许多学者总结说,孙子是相信不通过战争而取得战事的胜利常常是可能的。当然,孙子相信"不战而胜"更招人喜欢,但《孙子兵法》十三篇的绝大部分都在讨论如何打仗这么个事实已经表明孙子认为不战而胜只是一种难以实现的理想。孙子也相信,君(政治领导人)应该将战略和战术的决定权完全交给他们的将领(将受命于君)。他甚至认为"君命有所不受"(九变篇第八)。这个在权力主义社会或许是可行的,但在民主社会却不能成立,因为它否定了文官治军,而且似乎也与孙子对战争的理解是不一致的。这种理解是要求君(政治领导人)对这种方法的每一个方面都要全面掌控。

孙子与其古老的评论家们都说有时战事的胜利有赖于士兵们所处的位置,位置决定了他们必须打或者只能死。这个不属于美军作战的一部分,但是我们应该认识到对其他国家文化来说这是标准流程,在美国面对这些对手时它会影响到美军的战术。

现代国际关系专家,如罗伯特·卡普兰(Robert Kaplan),曾宣称孙子是他们自己的。通过仔细阅读《孙子兵法》可对这种宣称产生质疑。孙子如是说:"故善用兵者,修道而保法,故能为胜败之正。"(形篇第四)杜牧对此法则评论说:"'道德'指的是人道和正义的方法。善于用兵的人首先修养自己的人道和正义并且保持其法律和制度。"杜牧笔下的孙子是关心领兵的将领的品格的,因为好的品格是取得战争胜利的关键。

了解你的敌人,否则你的战争就失败了一半

孙子的军事思想并非战略的最终决定权,但它是一种源泉,西方的军事和政治领导人能从中学到很多东西。它代表了一种与美国喜欢以战略击败为代价的战术制胜的相反的方法。认真思考这种影响东亚与东南亚尤其是中国的政治与军事战略的方法将获得极大的益处。正如孙子所言:"知彼知己,百战不殆;不知彼而知己,一胜一负;不知彼,不知己,没每战必殆。"(谋攻篇第三)

在未来的几十年里,美军将继续保持世界军事力量的统治地位,运用孙子的战略原则将会比以往更加重要。美军不可能将孙子的所有兵法都融入其防御战略,但它将会面对那些使用孙子兵法来反抗美军的对手们。对手们认识到,如果与美军直接交锋的话唯一的后果将会是被打败。

第二节　是为曲解与误用

(一)对孙子战略的误用

评论文章《对孙子战略的误用》发表在 2003 年的日本《朝日晚报》上①。文章指出,战争一开始在伊拉克发起的接二连三的大规模轰炸行动——"震慑"行动,据说源自孙子的军事战略,尤其是他的"凡用兵之法,全国为上,破国次之"。② (引自岩波书店出版的平装本《孙子兵法》"谋攻篇第三")孙子提出这条战略意在,甚至在战争发动之前就引起敌人心理的震惊和敬畏。这一次,美军引导的军事力量在军事行动开始之后求助于

---

① "The Misapplication of Sun Tzu's Strategy". *Asahi Evening News*, 2003.

② "As a matter of principle, the best war strategy is to get the enemy to surrender unharmed without causing it to suffer damage. Driving the enemy into submission by defeating it is an inferior option." "The Misapplication of Sun Tzu's Strategy". *Asahi Evening News*, 2003. (Quoted from the "Sun Tzu" paper back published by Iwanam Shoten.)

孙子兵法。对于这种意想不到的借用他的军事战略的方式,坟墓中的孙子脸上一定掠过一抹扭曲的笑。

(二) 从海湾战争到全球反恐战争:美军战略思想对《孙子兵法》的曲解?

新加坡武装部队上尉 Charles Chao Rong Phua 的文章《从海湾战争到全球反恐战争:美军战略思想对〈孙子兵法〉的曲解?》于2007年12月发表在《全球武装力量杂志》上①。据说,美军在第一次海湾战争和持续的全球反恐战争中都运用了孙子兵法。诺曼·施瓦茨科普夫(Norman Schwarzkopf),这位在海湾战争中领导美军和联合部队的将军,是位孙子的信徒,他从《孙子兵法》中借用战术确保了战争的胜利。在最近的伊拉克和阿富汗战争中,前美国中央司令部指挥官汤米·弗兰克斯(Tommy Franks)将军,据报道说也是一位孙子爱好者,常常会发现他引用孙子的观点。然而,两次战争的结果却是不同的。海湾战争持续时间不长,而且取得了胜利。而全球反恐战争却漫长且迄今为止还没有完结。该文不为判定全球反恐战争是否成功,而是意在了解为什么美军对《孙子兵法》的运用会产生如此不同的效果。马克·麦克雷利(Mark McNeilly)认为,孙子的影响正在美军高层官员中增加,以至于到了在国防大学举行关于孙子的论文比赛的程度。

对此问题的简单回答就是,海湾战争是一场传统的战争,并且施瓦茨科夫将军在作战时运用了孙子的非直接的法则,这种法则足以取得一场巨大的胜利。而全球反恐战争则是一场非传统的与看不见的敌人(恐怖分子)进行的战争,因而需要所有的士兵都完全了解孙子以便与可能也运用孙子的间接作战法则的恐怖分子作战。因而,这场战争成了心理和头脑的交战,而动作更快更"间接"的一方将会取得这场战争的胜利。即便弗兰克斯将军能使孙子兵法内在化,他的下属们却可能不能够,而且这可能成为一个很弱的环节。然而,答案可不这么简单的。

基于对1997年至2006年6月间发表在《军事评论》(*Military Review*)、《海军学报》(*Naval Proceedings*)和《参数》(*Parameters*)上与孙子相关的第

---

① Charles Chao Rong Phua. "From Gulf War to Global War on Terror——A Distorted Sun Tzu in US Strategic Thinking?". *RUSI*, Vol.152, No.6, December 2007, pp. 46-53.

二首文献和分析文本的阅读,笔者发现了更好地理解这种现象的如下观点。通过分析每篇文章中对孙子兵法的使用方式和频率,可以发现这种人,他们常常是借孙子来抬高自己,引用孙子兵法的目的意在证明自己的某些观点,而且有些引用是错误的。在另一些文章中,则是对孙子兵法的错误理解,如孙子最著名的"知彼知己"就常被引用来使"军事上的信息技术革命"合法化,这种观点强调的是知识可以导致胜利。但是孙子所谓的是"预知",或者是"先见之明",而不仅仅是信息技术。其他的文章误用孙子的"不战而屈人之兵"来证明军事上的信息技术革命的合理性,来证明使用火力是不可挡的,是正确的。实际上,孙子表明的是他更喜欢非暴力、战略技巧和心理战①。

孙子兵法在海湾战争中——博伊德因素

约翰·博伊德(John Boyd)是在海湾战争中运用孙子兵法的总设计师。他是一个孙子迷,花了很多年的时间来研究哲学著作和战略。他发现,在亚历山大大帝和成吉思汗的战役中都运用孙子的法则"计"(欺骗、灵活、速度等,ch'i, deception, flexibility and speed, amongst others)。在他最近对孙子兵法的详尽的阐释中,他将"观察、确定方向、决策、行动"连环(OODA loop, that is, Observe, Orient, Decide, Act)加以了概念化,联系运用孙子的法则以克服克劳塞维茨对通过克服摩擦和减少对战略战术的强调来取得决定性战役胜利的过分强调。结果是,海湾战争的胜利,让布鲁斯·博科维茨(Bruce Berkowitz)称赞博伊德为"美国的孙子"(The American Sun Tzu)②。

没错,博伊德对美国军队的影响与20世纪80年代和90年代美国国防部帮助在一些人中扩散他们对孙子兵法的"正确"理解,为孙子兵法在第一次海湾战争中的运用铺了路。博伊德是通过他那具有传奇色彩的长达七个小时的作战指示"冲突的模式"(Patterns of conflict)来宣传孙子兵

---

① 作者在文后注释三中进一步解释说,孙子倡导"非暴力"体现在他在"谋攻篇"中提出的观点中:"故上兵伐谋,其次伐交,其次伐兵,其下攻城。"(Sun Tzu advocated non-violence as expressed in his quote "attacking, in order of priority, the enemy's strategies, alliances, soldiers and worst resort, walled cities".)

② "As a result, Berkowitz crowned Boyd ' the American Sun Tzu" In Note 6 on p. 52: Bruce Berkowitz. "John Boyd: The American Sun Tzu". *Orbis: A Journal of World Affairs*, Vol. 47, No. 2, Spring, 2003, p. 370.

法的。该指示被传达了一千五百多次,指示中他介绍了孙子兵法及其在拿破仑和成吉思汗战役中的运用。他的最后思想全都体现在他那题为《赢与输》(Discourse of Winning and Losing)长达十五个小时的三百二十七张幻灯片中。80年代和90年代,他的听众包括时任国防部长迪克·切尼(Dick Cheney)、参议院军事委员会主席萨姆·纳恩(Sam Nunn)、白宫发言人纽特·金里奇(Newt Gingrich)、前美国海军陆战队司令官艾尔·格雷(Al Gray)将军和美国陆军参谋长爱德华·迈尔(Edward Myer)将军。然而,博伊德在美军中的影响是不均衡的,这个过程也是逐渐的,由他的助手们慢慢地促进,他坚持让这些人一读再读《孙子兵法》。海军对博伊德非常友好,但是陆军对孙子兵法和博伊德的介绍却不那么积极。尽管博伊德在美国陆军战争学院和利文沃斯堡指挥与参谋学院(Fort Leavenworth, Command and Staff General College)做过几次演讲,他的助手,沃斯·德·切格(Wass de Czege)准将却不能像艾尔·格雷将军那样引发更大的变化。

打好了基础做好了铺垫之后,孙子和博伊德的战略部署自然就在第一次海湾战争中获胜了。马克·麦克内利和里克·阿特金森(Rick Atkinson)将这场胜利,以及对孙子战略理念的显然运用与施瓦茨科夫将军对孙子的崇拜相联系。但是博伊德在"沙漠风暴行动"(Operation Desert Storm)的策划中起到了直接的作用。与博伊德指挥的第一次海湾战争的背景不同,我们可以理解为什么施瓦茨科夫将军除了宣布自己是孙子的门徒外别无选择。除他之外,几乎没有人了解孙子兵法,因而在他们与孙子兵法之间形成了思想的沟壑。最终,这种沟壑变成了在全球反恐战争中对孙子兵法的误用。取而代之博伊德的战略思想的,是威廉·欧文斯(William Owens)上将和美国的战略文化。

战略文化

科林·格雷(Collin Gray)将战略文化定义为"相对于武力的思想和行动模式",它是国民性的一部分,由"一个民族的历史经验、地理、政治哲学和市民文化以及其他东西共同塑造"。[①]

美国有着基于寻求功效和自身利益以及其他价值的实用主义的"务实

---

① Collin Gray. "National Style in Strategy: The American Example". *International Security*, Vol. 6, No.2, Autumn, 1981, p. 22.

的解决问题的文化"(pragmatic problem-solving culture)。它喜欢的是简化论和原子论的技巧,这种技巧强调差异性和二分法而非关系与联系。结果就是,美军的领导风格因而变得更加"注重管理而非战略"。它将重心放在对大规模的防御体系的管理而非操作问题上。实用主义必然使得美国对科学和技术持赞成态度。2001年的《美军陆军战地手册》(Us Army Field Manual [FM3-0])将信息技术描绘成既是一种强有力的促成者同时也是可以为决定性的行动创造条件的工具。2006年的《四年防务评估报告》(Quadrennial Defense Review Report)重申了自己的承诺:"保持美国在竞争者中的科学和技术领先地位。"

总之,这些美国的战略文化标准都是支持"美国式的战争"的,即消灭与消耗。美国喜欢发动的是那种"持续时间短、速度快、伤亡小、注重战略结果"的战争。运动战与美军思想不同,尤利塞斯·格兰特(Ulysses Grant)总统在内战中众所周知地对其加以了证明。

孙子的"知彼知己",指的是通过情报人员和敌人的文化认识并获得对敌人意图的预先了解。孙子列举了五种类型的间谍:乡间、内间、友间、死间和生间。通过乡间、内间、友间和生间,美国可以了解恐怖分子的战略、意图和联盟。这样的预见从根本上保证了美国在敌人内部实施对恐怖分子的"观察、确定方向、决策、行动"连环计划。而通过死间,可以向恐怖分子传播虚假的信息,将其泄露给恐怖分子,这样美军就可以攻击恐怖分子的头脑了。这样将会误导他们或者把他们搞混乱,以致于他们错误的战略会自行不战而败。除此之外,美军还切断了恐怖分子与他们的盟友与资金来源之间的联系。这样就削弱了恐怖分子的士气和支援基地,"不战而屈人之兵"。由于有了好的间谍在手,孙子才能自信地宣称,"知彼知己,百战不殆"(谋攻篇第三)。然而,在这点上,美军没有理解孙子,而是曲解了他,认为他建议通过技术手段了解敌人的技术能力和行踪。这样,美军试图运用信息与数据融合技术来获得欧文斯的信息优势。他很自信,孙子是支持这样的做法的。但实际上,对技术在战略文化中的这种强调令美军的情报机构感到困扰。首先,2006年的《四年防务评估报告》中对未来的情报投资主要是技术上的。其次,美军在发展情报人员的能力方面速度太慢。第三,美国市民文化视情报工作为"破坏法律之事",是相当危险的,是"肮脏的""非美国的"。这就使得大家生出了反对情报工作的制度/文化偏见。尤其是对双重间谍的招募,是有违禁止"脏手"(dirty hands)涉入的政策的(因为那样的人有可能是恐怖分子或者罪犯)。然而,矛盾的是,这些人是最能有效地潜入到敌人中间去的。因而,毫不奇怪,为什么恐怖主义和国土安全小组委员会的主席钱布里斯(Saxby Chambliss)不得不承认,9·11事件是"系统性的情报失败",而这种"系统性的问题"很大程度上是由于文化偏见所导致的①。

欧文斯因素

威廉·欧文斯(William Owens)上将是"军事上的信息技术革命"最强硬、最有影响力的人之一。他也可能对孙子兵法的曲解出了大力。作为参谋长联席会议副主席,他使自己的同事们相信"军事上的信息技术革命"。在他的专著《移除战争之雾》(Lifting the Fog of War)中,他强调了通过信息技术以便在"国家战略层面上"获得"作战空间意识、C4I[即,指挥、控制、交流、电脑和情报,Command, Control, Communication, Computer and Intelligence]和武力的精确使用",并在其介绍"军事上的信息技术革命"的序言中引用了孙子的"知彼知己"法则。在关于了解战场、敌人的重要性以及这么做的难度的时候,他在引用拿破仑、约米尼和克劳塞维茨的观点之前先引用孙子的观点当然是意义深远的。然而,在详细阐述了这些军事战略家的观点之后,他马上指出了技术可提供的可能性:"可不分白天黑夜地、在无论何种天气状况下,总是空前精准地、广泛地、不失时机地看见像如伊拉克或韩国那么大的战场。"此外,他还犯下了前面提及的、将信息(实际位置与技术能力)与情报(对敌人意图和战略的了解)混为一体的错。因此,可以说,欧文斯在误导美军相信孙子兵法是支持"军事上的信息技术革命"上起了重要的作用。然而,除了结构影响的本质外,欧文斯自己无疑也受到了美军战略文化的影响。

战略文化的前景

没有人也没有任何机构能够超越文化。美军的战略文化是一种"集体的自我意象"(collective self-image),这种文化在理解孙子兵法和恢复期的

---

① "Therefore, it is little wonder why Chambliss, Chairman of the Subcommittee on Terrorism and homeland Security, has to admit that 9/11 was the result of a 'systemic intelligence failure' and this 'systemic problem' is largely due to cultural bias." Charles Chao Rong Phua. "From Gulf War to Global War on Terror——A Distorted Sun Tzu in US Strategic Thinking?". Op. cit., p. 51.

价值时产生了偏爱。正如美国著名军事历史学家拉塞尔·韦格利（Russell Weigley）的美国式的战争方式不能解释美军在菲律宾战争和第一次世界大战中的行为一样，美国的战略文化或许也不能以相同的方式影响每个人。然而，在一定程度上，通过他们共同的军事训练和体系，每个人已经被社会化并以这种技术范式来思考了。对大部分人而言，美军的战略文化减少了孙子兵法的效果。更为重要的是，那些几乎没有时间来读《孙子兵法》的大部分人，会在"军事上的信息技术革命"中轻而易举地去引用或借用孙子兵法。对塞缪尔·格里菲思（Samuel Griffith）的《孙子兵法》英译本的参考引用明显表明了他们对格里菲思该书"序言"的误读。"序言"里格里菲思明明白白地强调了孙子对军事上的信息技术革命对于技术的过分强调是不赞成的。没有对孙子兵法的恰当分析，美军的技术范式就自然而然地认为自己理解了它。这些都是因为大部分文章的作者对孙子兵法（常常是不知不觉地）的误读误解，甚至在一定程度上，是由于那场以孙子之名举行的关于信息战的论文比赛。

文化准则并非法律。博伊德和那些努力去了解孙子及其兵法的少数人，这些人以一种对文化很了解的方式，通过卓有成效的人工情报，在革命进程中去反对那些战略文化准则。

（三）挣钱，非战：对《孙子兵法》的简略批评

美国贝勒大学汉卡盟商学院的布莱恩·麦考米克（Blaine McCormick）教授的评论文章《挣钱，非战：对〈孙子兵法〉的简要批评》发表在《商业道德》杂志2001年第29期上[①]。作者在摘要中指出，《孙子兵法》仍然是一本畅销书，一本经常被从业者用来参考的书。然而，其对于当代商业环境的普遍性却是有问题的。该评论主要考察了《孙子兵法》一书中的两个主要原则，即战争与欺骗（deception），并根据当代商业实践批评了这两个主要原则之间的关联性。

《孙子兵法》的作者在这本著名的著作的一开始写道："兵者国之大事，死生之地，存亡之道。"（计篇第一）这本书在其面世后，畅销了两千多

---

① Blaine McCormick. "Make Money, Not War: A Brief Critique of Sun Tzu's *The Art of War*". *Journal of Business Ethics*. No.29, 2001, pp. 285–286.

年。许多出版商手里都拥有这本书的不同版本。这正是这本书成为经典的一个标志。

从事管理实践和管理研究的学者手里都有这本《孙子兵法》。然而,对其文本进行批判式的阅读表明,这本关于军事战略的书对现代的经济背景并不具有普遍性。当我们考虑其对当代战略家们的实用性时,两个问题出现了。

第一个问题是,根本上而言,用战争来比喻商业,是一个糟糕的做法,因为战争,至多是一个输与赢的议题。战争的目的并不在于创造价值,而是,至少在于重新分配既存的价值。通常,战争是一种摧毁价值的行动。将商业活动比作战争行为也是有问题的,因为这对参与双方的持续关系的培养是没有好处的。尽管在战争的过程中会出现很多的战事,战争仍然以一次性的交易为其特征。相反,大量的商业活动牵涉到提供者与购买者或者雇佣者与被雇佣者之间的持续关系。

第二个问题是,当我们将《孙子兵法》这本书普及到现代经济领域时那正是孙子该书中关于"计"这个问题的中心之所在。孙子在"计篇第一"中给出了他对于战争最为抽象的陈述:"兵者,诡道也。""计"或许是《孙子兵法》一书的首要论点,也是其他研究管理的学者所关注的核心主旨。如1994 年 R. Tung 的文章"东亚的战略管理思想"[1]和 1996 年 B. L. De Mente 的文章"中国商业中的礼仪与伦理"[2],都在他们论述亚洲经济的战略思想中注意到了战争策略中居于首位的东西,特别是"计"。

在像战争这样纯粹分散的、一次性的交易中,"计"是一种理性的、合理的战略。然而,许多的商业交易都不是一次性的,而是一个公司及其供应商之间或者雇主与其雇员之间长期关系的一部分。此外,越来越多的商业正在通过营造综合的、双赢的交易而非"我赢你输"(win-lose)(即零和,zero-sum)的交易而获取成功。这种将重心放在价值创造上的"双赢"活动特别像被商业关系的持续本性所驱动一样。

对现代的战略家来说更好的一系列规则或许可以在罗伯特·阿克塞

---

[1] R. Tung. "Strategic Management Thought in East Asia". *Organizational Dynamics*, Vol.22, No. 4,1994, pp. 55-65.

[2] B. L. De Mente. "Chinese Etiquette and Ethics in Business". *NTC Business Books*, Lincolnwood, IL, 1996.

尔罗(Robert Axelrod)的里程碑式的著作《合作的演进》①中找到。阿克塞尔罗反复研究了"囚徒的困境"(Prisoner's Dilemma)的解决办法,并结合其他的事情得出结论,认为透明与诚实,而非欺骗,是将彼此产出予以最大化的核心。而且,阿克塞尔罗还证明,从长远来看,那些试图寻求最大社会收益的战略,即双赢的战略远胜过那些欺骗性的、"我赢你输"的战略。

在一个一次性的、以"我赢你输"为特征的交易活动中,《孙子兵法》所概述的法则在规划某个战略时将会被证明是有价值的。然而,在一个其核心在于建构双赢的关系的交易活动中,孙子的军事法则却大大地有待思考了。在这个世界中,阿克塞尔罗通过反复研究"囚徒的困境"证明在规划战略时双赢的战略远比孙子的法则要有用得多。

(四)孙子是个胆小鬼

1.孙子是个胆小鬼:战胜你的敌人,增进你的友谊,发动你真正的战争

斯坦利·宾的专著《孙子是个胆小鬼:战胜你的敌人,增进你的友谊,发动你真正的战争》于2004年出版②。除"前言——孙子:我们时代的胆小鬼""序言:我们所需要的就是战争""后记:我们不能和平相处吗"之外,作者以"真正的战争艺术"为题将全书正文分为了九个部分:(一)排除你糟糕的自我;(二)建构你的队伍;(三)进攻战之道;(四)取消胆小之精神;(五)敌人;(六)定位;(七)战争;(八)边工作边吹口哨;(九)对战利品的要求。除"前言——孙子:我们时代的胆小鬼"和第三部分:"进攻战之道"第二小节"孙子是个胆小鬼:不战而屈人之兵"专门论及孙子法则外,整本专著很多章节中都弥漫着孙子兵法的身影。全书对孙子法则的具体引用如下:

"前言——孙子:我们时代的胆小鬼"中,对孙子法则的引用有三处,具体如下:

"是故百战百胜,非善之善者也;不战而屈人之兵,善之善者也。"(谋攻篇第三)

"敌近而静者,恃其险也;远而挑战者,欲人之进也。其所居易者,利

---

① Robert Axelrod. *The Evolution of Cooperation*. New York: Basic Books, 1994.
② Stanley Bing. *Sun Tzu Was a Sissy: Conquer Your Enemies, Promote Your Friends, and Wage the Real Art of War*. New York: HarperCollins Publishers, 2004.

也。"(行军篇第九)

"率然者,常山之蛇也。击其首,则尾至;击其尾,则首至;击其中,则首尾俱至。"(九地篇第十一)

"序言:我们所需要的就是战争"中有一处:"故不知用兵之害者,则不能尽知用兵之利也。"(作篇第二)

第一部分"去除你糟糕的自我"中有六处,具体如下:

"夫将者,国之辅也。辅周则国必强,辅隙则国必弱。"(谋攻篇第三)

"天者,阴、阳、寒、暑、时制也。知之者胜,不知者不胜。"(计篇第一)

"将者,智、信、仁、勇、严也。"(计篇第一)

"道者,令民与上同意也。故可与之死,可与之生。"(计篇第一)

"施无法之赏,悬无政之令。"(九地篇第十一)

"故知兵之将,民之司命,国家安危之主也。"(作篇第二)"

第二部分"建构你的队伍"中有八处,具体如下:

"凡用兵之法,驰车千驷,革车千乘,带甲十万,千里馈粮;则内外之费,宾客之用,胶膝之材,车甲之奉,日费千金,然后十万之师举矣。"(作篇第二)

"视卒如婴儿,故可与之赴深谿;视卒如爱子,顾客与之俱死。"(地形篇第十)

"故令之以文,齐之以武,是谓必取。"(行军篇第九)

"其用战也,胜。久则钝兵挫锐,久暴师则国用不足。"(作篇第二)

"死地则战。疾战则存,不疾战则亡。"(九地篇第十一)

"是故军无辎重则亡,无粮食则亡,无委积则亡。"(军争篇第七)

"故杀敌者,怒也。"(作篇第二)

"言不相闻,故为金鼓;视不相见,故为旌旗。"(军争篇第七)

第三部分"进攻战之道(The Tao of OW [Offensive War])"中有四处,具体如下:

"死者不可以复生。"(火攻篇第十二)

"凡火攻有五:一曰火人;二曰火积;三曰火辎;四曰火库;五曰火队。"(火攻篇第十二)

"将听吾计,用之必胜,留之。将不听吾计,用之必败,去之。"(计篇第一)

"故上兵伐谋,其次伐交,其次伐兵,其下攻城。"(谋攻篇第三)

第四部分"摒弃胆小之精神"中有三处,具体如下:

"非利不动。"(火攻篇第十二)

"令发之日,士卒坐者涕沾襟,偃卧者涕交颐。"(九地篇第十一)

"以治待乱,以静待哗,此治心者也。"(军争篇第七)

第五部分"敌人"中有二处,具体如下:

"故智将务食于敌,食敌一钟,当吾二十钟。"(作篇第二)

"夫吴人与越人相恶也,当其同舟而济遇风,其相救也,如左右手。"(九地篇第十一)

第六部分"定位"中有五处,具体如下:

"主孰有道?将孰有能?天地孰得?法令孰行?兵众孰强?士卒孰练?赏罚孰明?"(计篇第一)

"奇正相生,如循环之无端,孰能穷之?"(势篇第五)

"进而不可御者,冲其虚也。……故形人而我无形。"(虚实篇第六)

"地形有通者,有挂者,有支者,有隘者,有险者,有远者。凡此六种,地之道也,将之至任,不可不察也。"(地形篇第十)

"兵者,诡道也。故能而示之不能,用而示之不用,近而示之远,远而示之近。利而诱之,乱而取之。……怒而挠之。"(计篇第一)

第七部分"战争"中有二处,具体如下:

"禁祥去疑,至死无所之。"(九地篇第十一)

"怯生于勇。"(势篇第五)

第八部分"边工作边吹口哨"中只有一处:"夫兵久而国利者,未之有也。"(作篇第二)

第九部分"对战利品的要求"中有二处,具体如下:

"多算胜,少算不胜,而况于无算乎!"(计篇第一)

"敌人开阖,必亟入之。先其所爱。"(九地篇第十一)

2.疯狂的老板:孙子是个胆小鬼(书评)

书评《疯狂的老板:孙子是个胆小鬼》发表在2007年的《发行周刊》第25第26期上①。《财富》专栏作家斯坦利·宾,为听众(读者)带来了两碟一套的盒带,其中包含了最新版的《疯狂的老板:孙子是个胆小鬼》。在书中,宾勾描了五种原型的技能失调的领导阶层:欺凌弱小型、偏执狂型、自

---

① "Crazy Bosses: Sun Tzu Was a Sissy". *Publisher Weekly*, Vol.25, No.26, 2007, p. 57.

恋狂型、懦弱无能型和灾难猎取型（多种品行不良和判断错误的自我毁灭型的融合）。宾同时从他自己爬上公司领导层的经历和时事头条来为每一种类型提供形象的实例。而且，宾还为经受住职场风暴提供了具体的战略。在《孙子是个胆小鬼》中，在审视为什么中国古代哲学家的《孙子兵法》中的教训或许不适合运用在当代的生意角斗中时宾展示了他那半带认真半带玩笑的睿智。宾流畅地阐述他的著作，以不动声色的、愉快的嘲弄口吻来阐释那些常常是不恭敬的内容。从宾这本《孙子是个胆小鬼》的参考文献可以看出他对商业媒体相当熟悉，而且他的视角毫无疑问是管理者的或者是专业人士的立场。那些工作的目的是为活着的人而非那些活着是为工作的人是不能为核心受众呈现出象宾这样的视听盛宴的。

（五）孙子的坏主意：信息时代的城市战争

罗伯特·莱昂哈德上校的评论文章《孙子的坏主意：信息时代的城市战争》于2003年发表在《军队》杂志上①。文章唯一直接引用的孙子战略思想是"其下攻城。攻城之法，为不得已"②（谋攻篇第三）。

作者指出，该是我们思考来一场城市战争革命的时候了。美国军队的编制很久以来读到的都是错误的历史，准备的是错误的战争，依赖的也是错误的哲学家的智慧。城市战争是未来之战，离现在很近很近的未来，而我们却没有为它的到来做好准备。我们对这个问题的思考被那些已经不再使用的过时的法则给打乱了。

我们没有生活在孙子的世界，甚至也没生活在克劳塞维茨、约翰·富勒或是利德尔·哈特的世界。现代世界已经城市化到了前所未有的程度，很难想象未来的军事实践会与城市战无关。孙子生活和写作（如果孙子确有其人的话）是农耕时代，那是大部分的土地不是荒野就是耕地。大部分人住在城外，而且战争通常是发生在平坦、空旷的地带。这样的战场——从孙子到拿破仑时代所常见的战地——每天正变得越来越稀少。而且，美军联合作战的胜利，特别是联合火力的胜利，保障了聪明的对手会将兵力

---

① Robert R. Leonhard. "Sun Tzu's Bad Advice: Urban Warfare in the Information Age". *Army Magazine*, Vol.53, No.4, 2003, pp. 38-44.

② "The worst policy is to attack cities. Attack cities only when there is no alternative." Ibid., p. 39.

转移到城市去寻求保护。现代的战场是城市。

由于官僚化的军事制度,因而情形常常是,美军的作战原则与其发展不能同步。"联合发文 3-0"(*Joint Publication* 3-0)用了整整一页来论述城市作战,以及与其密切相关的联合事务运作,但在我们的策略中仅只得到了礼节性的称许。城市作战继续被认为是不恰当的,是应该避免的,或是不情愿参与的。拉尔夫·彼得斯(Ralph Peters)和其他的人已经强有力证明了回避是几乎不可能的,但是我们还是缺乏对城市作战艺术的完全接受。代替城市作战中的动态法则的是,我们采取的是建立在回避基础上的神秘教条,混合着一些关于如何用机枪来清理房间的观点。这是完全不够的。

城市地区应该成为我们喜欢的作战媒介。我们应该对我们的城市作战的力量结构感到乐观,而不是将其降低到我们关于作战法则的附录 Q 中,将其当作标准的例外来对待。实际上,附录 Q 应该是关于在空旷地形作战的——这是一种与日俱增的稀少的情形——而我们的主要法则应该是思考城市作战的。

国力的各种因素应该在战争的何种层面上成为一个整体?如果我们在 20 世纪的冷战动态背景下来回答这个问题的话,那答案或许是战略的或者可能是作战的层面。然而,在 21 世纪的城市战争中,整体必须出现在战术的层面上。在现代城市战争中,与国防部打交道将不再是作战指挥官们所关心的,而是军队指挥官的事情。

跨部门之间的行动力量而非联合力量必须成为未来作战的基础。国力的各种因素在战争战术层面上的联合,这种作战指挥官层面的政府各机构的松散组织是根本不够的。实事求是地看看我们最近在阿富汗的作战会发现我们军队的很棒的表现和其他美国各政府机构心不在焉的糟糕的参与。结果便是,美国的外交政策中有 90% 是与军事相关的,只有极少数是关于经济的或外交的。这里有一个治疗在未来的城市战争中的混乱无序的处方。那就是,我们需要加强跨部门之间的行动力量。

跨部门之间的行动力量能起什么作用呢?它可以实施全面的军事作战。它也能发挥其他的作用,如训练和管理警力、花钱购买武器和从事情报工作、实施城市管理、援助经济发展、联系和吸纳城市中的各个帮派和城市中产阶级、促进文化交流、创立和管理学校、实施媒体活动和心理作战、计划和实施从军事作战到市民作战的部门间的传递。

实现这么一个前景的挑战是显而易见的,但我们有成功的典范,那就是

1986年的古德沃特尔-尼古拉斯法案(the Goldwater-Nichols Act of 1986)。

在战争的战术层面上,我们对于城市战争的办法是保留那些过时的,维持那些错误的历史事实。斯大林格勒战(Stalingrad)不是现代作战的典范,格罗兹尼战(Grozhy)也不是现代城市战争的好典型(或许,可作为消极的负面的典型)。摩加迪休(Mogadishu)是一个更好的研究案列,不是因为我们在那里的成功或失败的缘故,而是因为由于其使命更具有未来战事的典型特征的缘故。作战与和平完成任务的结合以及它们之间的迅速转换是未来战争将带给我们的典型的挑战。

在我们思考未来城市战争的范式的时候,我们必须避免那些我们感到舒服的范式。基于这个原因,我们必须注意逐步提升管理的精妙艺术而不是重新制定诺曼底登陆日的计划。今天实施进入作战的联合力量将被明天的跨部门之间的行动力量所取代。这种行动力量可能会突然从和平的作战转变为高度的冲突,然后又回复到原来的状态。

城市作战的军事战术也需要进行严肃的修正。纵观城市作战的丰富历史,一个事实变得很明显,而且这个事实在城市作战中是高于一切的,那就是:攻击的一方伤亡更大。在城市作战的致命区移动是造成伤亡的主要原因。由于处在固定的敌人有无数的机会来伏击进入射杀区域的任何目标,因而城市作战中的攻击很可能是最致命的任务。

因而,从逻辑上讲,我们有两个选择:要么是优化办法以减小攻击的代价,要么是寻找一种可以避免将攻击作为法则的城市战术模式。然而,第二种方法非常复杂,因为我们在未来战争中的使命将会是更常常要求实施进攻作战。因而,如何能让一支全副武装的军队不依赖攻击而实施进攻作战呢?我们可以从历史中找到答案,那就是,实施围攻。不是实施像中世纪的有着城墙的城市围攻,现代的联合力量实施的将是信息时代的围攻作战。

信息时代围攻作战的必要条件就是情报。跨部门之间的行动力量之最重要的效能就是情报战。网络的、多学科的、综合的情报是未来城市作战战术的生命。其困难在于我们大部分的情报基础设施,尤其是在军事领域,更适合在空旷的地形作战中。

夏洛克·福尔摩斯能对我们给予一定的帮助。阿瑟·柯南·道尔虚构的侦探经验在维多利亚时期伦敦复杂的城区运用。同样,我们必须学会将城市当成信息机车来观察。这样做可能会花费很多的财力,但挖掘丰富的情报是赢得一场信息时代的围攻战的第一步。

城市作战中的情报战,与其他的事情一起,将会让我们了解敌人所在的位置,以及同样重要的,敌人不在哪里。实际上,敌人的力量只能在偌大的城市中占据非常小的部分。我们的情报必须找出敌人所在的位置以及围攻他的安全路线。一旦敌人的位置被精确定位,跨部门之间的行动力量就会以兵力、自动监视、火力以及恰当的媒体等综合方式包围他。为此,我们必须创造出还不曾存在的技术,尤其是,必须发展绘制楼房建筑动态的能力。一旦我们知道这些楼房已经被敌人占据了,能马上将其动态图绘制出来。通过数据库来绘制出问题的所在是不管用的。这么做一是费用太贵,二是数据库也常常会过时。相反,通过动态绘图,我们能绘制出锁定位置的每栋建筑的重要特征。

由于我们想要避免在通过致命区时被攻击,那我们就必须诱使敌人移动。我们可以向敌人所在的位置发射能致死的或者不会致死的火力。通过这种方法就可以避免不必要的市民伤亡和财产的损失。使用这种手段要根据形势而定,而且使用传统的火力就行。也可以交替使用威力较猛的微波技术、声波武器或者不致命的化学武器。为了达到这个目的,我们必须改革那些反对使用暴力控制剂的过时的规则。那些允许我们用机关枪将人体撕裂但不允许我们使用不致命的令人窒息的工具的旧法规简直就是不人道的、可笑的。战斗支援气体是一种可用于城市战争的高级武器,未来的城市作战的每一个士兵都应该掌握它或是与其相似的东西。

(六)对《孙子兵法》论可持续竞争优势的战略之批评

2012年马来西亚多媒体大学高里·维纳亚的博士论文"全面质量管理与《孙子兵法》论可持续竞争优势之战略:马来西亚制造业研究"第二章第四节"孙子的战略艺术"对《孙子兵法》给予了批评[1]。

在塔尔伯特(P. A. Talbot)那篇全面考察商业战略是如何反应在军争比喻中的文章"公司法人:战略之军事比喻"中[2],他发现那些战略常常不

---

[1] Gowrie Vinayan. "Impact of Total Quality Management (TQM) and Sun Tzu *Art of War* Strategies on Sustainable Competitive Advantage (SCA): A Study of Malaysian Manufacturing Industries". PhD. Thesis, Multimedia University, Malaysia, 2012, pp. 64-65.

[2] P. A. Talbot. "Corporate Generals: The Military Metaphor of Strategy". *Irish Journal of Management*, Vol.24, No.2, 2003, pp. 1-10.

仅仅只是"短小、精干的格言警句"(short, pithy aphorisms),而且其产生的合成效果是经理们抓不住那些基本问题涉及的概念的复杂性和多维度性。其基本的战略管理步骤可分为三步,即,目标的建立、获取目标的方向以及成果的管理。根据陈(M. Chen)在其文章"孙子的战略思想与当代商业"中的看法①,孙子兵法集中阐述的是如何建立目标和朝着达到设定的目标努力的方向。孙子的战略并没有描绘实施的细节,这有可能是因为在战争中,只有两个预期的结果,不是胜就是败的缘故。塔尔伯特指出,这种仅仅集中于对战争与商业运作之间表面的相似性的过分热心的比较,只能对那些功能失调的管理有所帮助。

2003年,柯(A. S. O. Ko)的文章"孙子兵法能够用在解决寻求共识的组织机构所面临的问题吗"②通过香港的一组参与者对麦克内利(Mark McNeilly)的缩略本《孙子兵法》与质量屋矩阵(the QFD [House of Quality Matrix])对进行了研究。研究要求参与者对矩阵内的每一种特别的参考材料进行集体审议分析。他发现在孙子兵法与群体思维综合症之间就存在18%的薄弱关联。柯由此得出结论说,尽管孙子兵法是强有力的,然而,它似乎不适合运用于分析解决那些与内在交流相关的问题。

一些作家,如麦克内利指出,孙子认为应该不加破坏就能占领市场,组织机构应该尽力与竞争者之间达成勤勉的战略同盟。罗及其同伴在文章"孙子的战略洞察与质量管理"③中认为,像马基雅弗利的《君主论》一样,孙子的兵法主要是用来打败对手的。马基雅弗利和孙子,并没有好好地研究与对手结成联盟的可能性。在商业操作中,要把对手完全彻底地消灭不仅是不可取的,而且在实质上也是不可能的。由于合作是对构建一种双赢的形势下冲突中所有的相关方而言都是一种重要的因素,这些作家们都建议,想对待马基雅弗利的《君主论》一样,应该对孙子的兵法加以好好地思考。

---

① M. Chen. "Sun Tzu's Strategic Thinking and Contemporary Business". *Business Horizons*, Vol. 37, No.2, 1994, pp. 42-48.

② A. S. O. Ko. "Can Principles from Sun Tzu's *Art of War* Be Used to Address the Problems of Consensus-seeking Organizations?" *Corporate Communications: An Internal Journal*, Vol.8, No.3, 2003, pp. 208-212.

③ V. H. Y. Lo et al. "The Strategic Insights of Sun Tzu and Quality Management". *The TQM Magazine*, Vol.10, No.3, 1998, pp. 161-168.

附 录

附录一、笔者对卡尔思罗普1905年版《孙子兵法》英译本"序言"的汉译

序 言

（一）

　　一直到近代,日本人都是中国人的门徒。他们端坐在古代遗产的脚下,以某种方式回到过去去找寻他们关于战争的权威。孙子(Sonshi)①,是一位大约生活在公元前550年中国周代的最著名的人物。他不愿意从更古老的教义中去寻求,于是便自己动手对兵法给予了创新。后来的学者们大都是结合自己的情况来对孙子这位大师的兵法给予评论的。

　　战争的大体原则没有什么变化,而且孙子的大部分军事思想在其应用上都是非常现代的。与那些论战略的西方著作相反,孙子兵法更多论述的是人,或者是道德的方面。对于这些东西,我们现在要么是想当然,要么是忽略。中国人并非天生的士兵,统治势力也并非总是能够强势地控制住人民。纪律松散。而且,在将领及其他的人中,阴谋造反的能力巨大,爱国者

---

① "Names are written as pronounced in Japan. In this case 'Son' is the writer's name; 'Shi' is an honorific suffix." Capt. E. F. Calthrop trans. *Sonshi*: *The Chinese Military Classic*. Tokyo: Sanseido, 1905, p. i. 原文译者用的是日译本中孙子的名字。本书作者注。

很少,而且很容易被收买。

因而,外交的需要与间谍的重要性应运而生。对士气的考虑成为必然。智者们坚持认为必须"知己"!

孙子对防御的偏爱很可能是中国人的本性使然——慢条斯理、循规蹈矩、缺乏冲劲。他的建议首先是谨慎地移动,直到敌人自己开始行动才对其进行反击。他害怕被围攻,被正面进攻和被袭击。孙子喜欢的是东方式的狡猾且微妙的方法。

简言之,孙子的基本原则是:充分的准备、对作战计划的深思熟虑、情报工作的重要性、对地形的了解、变化以及不要依赖书本知识或者法则、速攻以及对自己优势的充分利用。

从文学的角度看,《孙子兵法》具有很高的地位,孙子的许多观点已经运用到了日常生活的方方面面。然而,在英译文本中,想要试图表达出中国散文的那种美是不大可能的。最终,只有意义之骨骼被呈现出来,而且常常还是模糊不清的。

似乎是为了适合这本关于战争的小书的特征,其文本变得过分的简洁,大部分话语表述异常严肃,一些篇章、拼写没有被注意,有的语法被省略。但是作者孙子想要表述的思想,却倾向于运用一种完全不同的形式展现在读者面前。夸张与夸大减弱了文本意思的准确性。文中使用了重复这种似乎喜欢在中国歌曲中运用的手法,但在英文中使用时却会显得异常的冗长乏味。因而,要保留原文本的风格,就得以牺牲其朴实简单的意思为代价。这就是为什么需要那些群聚在中国圣人周围的评论者来对其进行解释的原因了。

《孙子兵法》是"七书"(Shichisho)之一,是一本论述中国战争之领导艺术的集子。其他的兵书的重要性都不及它。《孙子兵法》的评论者也一样经过筛选,最好的那些被收录在一本题名为《十家注》的集子里①。本书的译文,就是在《十家注》的基础上,并参考了其他的资料。

(二)

孙子其人,最远可确定为是与孔子同时代的人。那个时候的中国有一

---

① 指的应该是《十家注孙子》,《官板书籍解题略》著录,日本昌平坂学问所存本。无辑者姓名。本书作者注。

个有名无实的统治者。国家被分为了许多不同的诸侯国(有一个时期有差不多四十个),而且战事不断。

这些战争并不仅仅是野蛮的攻击,而是经过深思密谋的。其谋略相当的专业,而且有不同的战略流派存在。然而,这些流派倾向于忽略那些西方的战略家们所思考的主要问题,而且在一些微妙的观点上也不相同。这些观点更多是遵循佛教宗派的思想。

无论如何,中国人已经完全认识到了战争是专门家的事。站在那些广为人知的将军或野心勃勃的统治者身后的,是他们的战略家。他们逐步规划形成战事的计划。而且必须加以说明的是,在他们制定战事策略的时候,还要观察天相,参阅古书以期获得某些迹象和暗示。

一本记载名人的生平事迹名叫《史记》(*Shiki*)的中国历史书中有《孙子传》,其中孙子被说成是一个专业的战略家。尽管对于他的生活细节没有更多的记载,但书中的记载还是给我们提供了了解他生活的那个时代的历史之机会。似乎没有更多关于孙子的史实。

孙子名叫武(Bu),祖籍是中国南方的齐国莒邑。有一个时期,孙子辅佐吴王阖闾。吴国主要是凭借他的才能而成为一个内政和军事都大有起色的诸侯国的。

他第一次与阖闾相见时的举止,以及其后他是怎样辅佐阖闾治理吴国的,情形如下:有一天,吴王告诉孙子他读过《孙子兵法》十三篇,并对其理论表示赞赏。但是现在,他想要孙子给他一些兵法的实际应用证明。孙子同意了,并问为了实际证明给吴王看他是否能够调动、训练吴王在宫中的妻妾嫔妃。这些后宫嫔妃一共有一百八十五人。孙子将这些宫女分为左右两队,并挑选出吴王最喜爱的两名宠姬担任队长。

然后,孙子向她们解释了她们的职责。当他下令"向左转"时,她们应该转向自己左边的方向。当他下令"向前走"时,她们就要向前。同样地,当下令"向右转"和"向后转"时,她们就应该做出相应的举动。

孙子把要求解释了三次,然后击鼓开始训练。但是那个领队只是咯咯笑。孙子想,可能是他的要求没有被她们领会,于是他又把宫女们应该怎么做重新讲了一遍。他再次向在台上的吴王宣布说训练马上开始,并击鼓示意。这些宫女们仍然在笑。这次孙子说道:"我的要求已经讲得很清楚了。这次是两个队长的错,不服从就该被斩。"于是,他下令将吴王的两个宠姬斩首示众。

到此为止，吴王不敢让孙子再继续下去，于是派了传令官去告诉孙子他已经对孙子的表现很满意了。但是如果要将他的宠姬斩首的话他会食不知味的。他恳求孙子手下留情。

对于吴王的请求，孙子回答说："这里是军队。大王既然已经任命我为将，将在军中，国君的命令有的可以不必接受。"①于是，他果断地将两个队长斩首示众，并让另外两个宫女接替了原来队长的位置。害怕自己遭遇同样的结局，两位队长做得很棒。

这就是《史记·孙子传》中关于孙子的记载。但是，尽管从常理看下面这个关于孙子的后人孙膑（Sonpin）的故事，与孙子没有直接关系，却似乎可以充分地补充其不足。孙膑生活在孙子之后一百四十五年。

年轻的时候，孙膑曾与庞涓一起拜师学习兵法。庞涓后来出侍魏国，成了魏惠王的将军。他极有野心，却认为自己在兵法方面的才能比不上自己昔日的同窗孙膑。

当他听说孙膑还没有被人聘用的时候，于是设了一个卑鄙的计，请孙膑到魏国去拜访他。孙膑急于见到老同学，但他却没有受到一个老同学应该受到的款待。庞涓将他视作犯人，在他前额上烙字，并砍去了孙膑的双足。然后，他认为已经没有人会用孙膑的才能了，便把他流放了。

当邻国齐国的使者准备返回时，孙膑去拜访了他，并向他讲述了自己的故事。齐国使者认为尽管孙膑失去了双腿，他还是可以为齐王效力，于是偷偷地将其藏在车里，把其载回齐国。

孙膑得到了齐王的赏识。并且，在随后的战争中，他的建议使战争取得了胜利，因而将其封为大将。尽管孙膑拒绝替代当时在士兵中深受爱戴与支持的大将田忌为将，但他接受了协助田忌为他出谋划策的建议。

很快，他展现自己才能的机会来了。邻国赵国请求派兵帮助反对庞涓效力的赵国。田忌起兵，军队行军中，孙膑坐在车中，思考作战的计划。他没有选择直接去解救被攻的邯郸城，而是布置将军队直袭魏国的襄陵，这使得庞涓很快就弃赵而自救。孙膑清楚，现在的庞涓一定勤勉地遵从先师孙子的兵法，认为自己可以预测庞涓的应对策略。

《孙子兵法》十三篇中说，一日行军二十里，由于有落伍和孱弱的士兵

---

① 此观点可参见《孙子兵法》"九变篇第八"："凡用兵之法，将受命于君，合军聚众。……君命有所不受。"本书作者注。

的缘故,则军队的进攻能力则会减少一半①。

孙膑在庞涓之前先撤退了。那天晚上,他让一万顶帐篷在军营中点上灯。第二天,他又下令撤退了二十里地,而且只让五千顶帐篷点上灯。再后一天,减少至两千顶!但实际上他的士兵人数一直没减少。于是他下令进一步撤退,到达一个叫马陵道的峡谷,他算计庞涓在天黑后很快就会到达这里。庞涓再也抑制不住冲动,下令:"不顾一切,尽快赶过去,务必活捉孙膑!!"他自己更是披甲执戈,亲自率二万轻骑,日夜兼程追击齐军。孙膑让人在道中一棵大树上刮下大片树皮,用墨写上六个大字:"庞涓死此树下。"然后,孙膑在附近安排了最好的五千弓弩手,命令他们一看见树下火把点亮,就一齐放箭。

而庞涓,发现孙膑军营中帐篷灯火的数量在一天天减少,就根据兵书中所教的认为孙膑的士兵在一定程度上已经是残兵败将而且兵力肯定减弱了。庞涓于黄昏后不久到达马陵道峡谷。他被树身上被刮掉的状况所吸引,似乎觉得树身上有字。于是他令手下点亮火把,亲自上前辨认树上的字。这时,万箭齐发,他立刻中箭身亡。

历史学家们说,是庞涓过于依赖兵书上的法则,因而忘记了圣人孙子主要的军事法则之一。这样来解释庞涓的举动似乎有违孙子的军事思想。

附录二、英语世界学者对《孙子兵法》中基本军事术语和战术法则的英译

天下:All under Heaven

交:Alliance; the junction of the enemy's forces; communications or alliances

伏:Ambushes

军势:Army's strategic power; strategic power

分合:Assemble and divide; segmenting and reuniting; division and combination

---

① "It is written in the thirteen articles that a forced march of twenty leagues in one day reduces the striking force by one half, owing to stragglers and weak men." Captain E. F. Calthrop trans. *Sonshi*: *The Chinese Military Classic*. Op. cit., p. v.此观点引自《孙子兵法》"军争篇第七"。原文为:"五十里而争利,则蹶上将军,其法半至。"本书作者注。

盛衰、兴衰:Ascension and decline

攻:Attack; strike

权:Authority; tactical balance of power

威:Awesomeness

权谋:Balance of power and plans

惠:Beneficence

仁:Benevolence; humaneness; humanity; true humanity; compassion; caring

围:Besiege; surround

乱(而取之):By disordering them; strike him; feign disorder, and crush him; seize him; disorder and thereby take them

(倍则)分之:By dividing their forces; scatter them; divide him; to divide our army into two; if your strength is double theirs then divide them

利而诱之:By enticing them with apparent profit; offer (the enemy) a bite to lure him; hold out baits to entice the enemy; benefit and thereby seduce them

使之无知:By keeping them ignorant

(饱能)饥之:By making them hungry; be starved; starve him out; cause him hunger

(安能)动之:By provoking them into action; be moved; to make him move; force him to move; provoke him to move; cause him to have to be on the move

夺其所爱:By seizing or threatening what they value

(佚能)劳之:By tiring and debilitating them; be troubled; to wear him down; to weary him; tire him out; tire them by flight; give him no rest; harass him; make them weary; distress and tire him; make them idolent and thereby make work for them; cause him to toil

算、数:Calculate; calculations

变化:Change and transformation; change; transform

亲而离之:Cause division among them; when attached, they appear separated; if they are united, cause them to be separated; when he is united, divide him; if his forces are united, separate them; let them believe themselve to be close to you and thereby get away from them

迂直: Circuitous and direct; the direct and the indirect; making the distant near; the artifice of deviation; detour

文武: Civil and martial

命、号: Command and control

致人: Compel others

集力: Concentrate force; concentration of force

形名: Configuration and designation; name and action; forms and calls; a matter of giving form to names

势: Configuration of power; disposition of power; strategic power; configuration; the spirit of the troops; influence; force; momentum; power configuration

乱、惑: Confusion

节: Constraints; restraint

隘地: Constricted ground; narrow ground; confined ground; defiles

争地、争: Contentious ground; competitive ground; key ground; ground of contention; conflict; contentious; dispute

诡、诈: Deception; Tao of Paradox; imitation; disguise; dissimulation; on the principle of deception; deceit; philosophy of deception; illusion; bluffing; stratagems; misdirection; sleight of hand

败: Defeat

守: Defense

阻: Defiles

失气: Deflated in spirit; dispirited

九地之下: Depths of Earth; the lowest on earth; under the ninefold earth; in the deepest shades; in the deepest depths of the earth; the most secret recesses of the earth; beneath the deepest level of earth; beneath the ninefold earth; below the nine earths; in the most secretive ways and places on earth; the deepest recesses of the earth; in all quatrants of the country; over all the land as though traveling in the heavens

害、不利: Disadvantage

不和: Disharmony

扰、不治、乱:Disordered; confused; chaos

兵制、兵治:Discipline

散地:Dispersive ground; idle ground; distracting

形势:Disposition and strategic power

形:Disposition of force; positioning

疑:Doubtful

地:Earth; situation; ground; condition; geography and terrain

亲附:Emotionally attached

用兵:Employing the military; using troops

围地:Encircled ground; surrounded situations; surrounded ground; enclosed ground; confined

明主:Enlightened ruler; brilliant ruler; perspicacious ruler; intelligent rulers; farsighted rulers; smart commander; enlightened sovereign; eminent sovereigns

圮地:Entrapping; obstructed situations; obstructed; low-lying ground; difficult ground; low lying ground; difficult terrain

非得不用:Engage in warfare only if victory is possible; Do not make war unless victory may be gained; If objectives cannot be attained, do not employ the army; Do not execute unless it is effective; Do not act when there is nothing to gain; If you cannot succeed, do not use troops; Use not your troops unless there is something to be gained; If you cannot achieve your aims, do not go to war; Never deploy except for victory; If there be prospect of victory, move; If it is not attainable, do not employ troops; Strike only when there are definite chances of success; If there is no gain, do not deploy the troops; Use not your troops unless there is something to be gained; If there is little to win, do not use your men; If you are not sure of success, do not use troops; If you cannot succeed, do not use troops

诱之、利之、动之以利:Entice

料敌:Evaluate the enemy

远地:Expansive ground; distant ground; far countries

佯北、退、北、走:Feigned retreats; flight is feigned; flee; retreats; misstep; astray

盛衰: Flourish and decline

衢地: Focal ground; intersecting situations; intersecting; communicating ground; path-ridden ground

形: Form; position

无形: Formless; without position; conceal my own disposition; formlessness; remaining invisible ourselves; to make sb. appear; an unassailable position; to be without form; remaining concealed myself; no form; conceal your dispositions; have no form

先知: Foreknowledge; prior knowledge and forewarning

天: Heaven; Nature; weather; climate; sky; meteorology

重地: Heavy ground; serious ground; deeply involved ground

高、高地: Heights; high ground

九天之上: Heights of Heaven; the highest of heaven; above the ninefold heavens; the topmost heaven; the highest heights of the sky; the topmost heights of heaven; the highest level of heaven; above the nine heavens; beyond the imagination of anyone; the highest reaches of the heavens

敌情: Intelligence

绝地、死地: Fatal; isolated; isolated situations; desperate; desolate ground; death ground; the last extremity; deadly ground; barren or isolated territory

知己: Know yourself; knowing oneself; know himself

知彼: Know your enemy; know the other; know others; knowing one's opponent; know the other side

将: Leadership; commander; generals; leader; generalship; command; military leadership

轻地: Light ground; simple ground; frontier ground; disturbing ground

乡导: Local guide; local intelligence; native agents; local spies; spies who have an excuse; village spies; native spy; local agents; local spying

制敌: Manipulate the enemy; compel the enemy

司命: Master of Fate; preside over the destiny; the Lord of the people's live; be in charge of the lives of the people; the arbiter of the people's fate; lord of life and death for the people; the grim reaper

军制：Military administration

军治：Military discipline

军势：Military power

起军、举兵、兴兵：Mobilize the army

相生：Mutual production; give rise to each other; their combination; lead on to each other in turn; give birth to each other; mutually support and reinforce each other; the two in combination give rise to …; their combinations give rise to …; produce each other

相克：Mutual conquest

无为：Non-action; nondoing

阴：North; shady hillside; the female principle

不可知：Not being knowable; not to know; ignorance

养人、养民：Nurturing the people

兆：Omens

正、正攻：Orthodox; the straightforward; the normal forces; ordinary maneuvres; evident force; the orthodox; orthodox methods; the direct methods; the conventional; the normal; straight; right; proper; correct; uprightness; the up and up; straightforwardness

久战：Prolonged campaigns; prolonged fighting; prolonged strategy; prolonged operations; protracted war; the operations long continue; the war lasts long; lengthy operations; a military operation continues for a long time; prolonged warfare

刺敌、角之：Probe the enemy

久、久战：Prolonged; protracted fighting

气：Psychology of chü; spirit; morale

赏罚：Rewards and punishments

义：Righteous; justice; straightforwardness

阳：South; sunny hillside; male principle

速：Speed; haste

间：Spies; agents

支地：Stalemated; indecisive; suspended ground

谋、计策：Stratagem; superior stratagem

法、兵法：Strategy; artful strategy; principles; Tao of warfare; discipline; method and discipline; art of warfare; doctrine; the laws; method; doctrine and law; regulation; military methods; the military code of law

利、地利：Strategic advantage

力：Strength

挂地：Suspended; entangled; entrapping; enveloped ground

道：Tao; moral influence; way; the moral law; moral influence; philosophy

人道：Tao of men

地形：Terrain; the area and position

交地：Traversable ground; negotiable ground; communicating ground; intersecting ground; at borders

险地：Treacherous ground; obstructed ground; precipitous ground; precipices

一、专：Unity; one; one-united; concentrate into one; form a single united body; concentrate and unite my entire troop at one place; be united as one; form a single united body; oneness; focus

不可胜：Unconquerable; invincibility; invincible

不可测：Unfathomable

奇、奇攻：Unorthodox; the surprising; the extraordinary forces; extraordinary maneuvres; the strategic force; unorthodox methods; the indirect methods; theunconventional; the abnormal; the extraordinary; surprise; strange; unusual; improper; innovation; deception or misdirection

无备：Unprepared

不战而屈人之兵：Victory without combat; to not engage and yet to subjugate the other side's soldiers

虚：Void; vacuity; vacuous

作战：Wage war

文武：Wen and wu; civil and martial

阴阳：Yin and yang

计篇：Estimate; calculate; plan; laying plan; assessments; making of plans; preliminary reckoning; appraisals; initial estimation; on assessments;

strategic asessments; detailed assessment and planning; analysis; first principles; the calculations; defense strategy; the organizatino and engagement

作篇:Waging war; on waging battle; waging of war; doing battle; operations of war; going to war; the challenge; maintain control

谋攻篇:Thwart a plan; attack the enemy's strategy; strike while schemes are being laid; to baulk the enemy's plans; stymie the enemy's plans; attack by stratagem; planning offensives; planning the attack; strategic offensive; planning a siege; the sheathed sword; planning for the attack; strategy of attack; strategic attacks; planning attack; the attack by stratagem; the plan on attack; planning attacks; planning on attack; positioning for engagement

形篇:Tactical dispositions; military disposition; dispositions; strategic dispositions(Hsing); disposition of military strength; forms and dispositions; formation; the order of battle; tactics; positioning; form; disposition of the army; positioning; the order of battle; disposition of military strength; military formation; the use of strength

势篇:Strategic power; configuration of power; positioning; energy; force and momentum; strategic military power; strategic advantages(Shih); use of energy; potential energy; force; the spirit of the troops; configuration; shih; forces; momentum; the shock of war; directing; the powerful configurations of armies; building strength

虚实篇:Vacuity and substance; illusion and reality; weaknesses and strengths; emptiness and strength; emptiness and fullness; weak points and strong; emptiness and solidity; empty and full; emptiness and strength; the solid and empty; weak points and strong points; weakness and strength; void and substance; strategies and field changes

军争篇:Maneuver; engaging the force; armed struggle; the army contending; maneuver an army; maneuvering; military combat; the fray; battle tactics; the struggle of armies; military maneuvres; armed conflict; military struggle; engagement management

九变篇:Variation of tactics; nine changes; the nine variables; adapting to the nine contigencies(pien); the nine changes; adaptations; the nine changes; nine varieties; the nine transformations; variations and adaptability; adaptability; the nine situations; the nine variations; the nine permutations; leadership competence

行军篇：The army on the march; maneuvering the army; marches; deloying the army; on the march; maneuvering armies; movement of troops; marching the army; moving the army; movement and deployment of troops; armed march; moving the force; moving troops; situation assessment

地形篇：Terrain; configurations of terrains; the terrain; classification of terrain; forms of terrain; ground; terrain types; forms of the earth; field position; topography; situational positioning; types of terrain; parties in engagement

九地篇：The nine ituations; nine terrains; the nine varieties of ground; the nine kinds of terrain; the nine situations; nine ground; nine grounds; nine types of terrain; the nine battle grounds; types of terrain; the nine terrains; Dynamics

火攻篇：Incendiary attack; fiery attacks; attack by fire; assault by fire; attacking with fire; the attack by fire; the fire attack; the assult by fire; fire attack; the incendiary attack; reducing strength

用间篇：The Use of spies; employing spies; employment of secret agents; using spies; use of spies; espionage; on the use of pies; the employment of spies; using spies; intelligence and espionage; the use of intelligence; intelligence

附录三、安乐哲《孙子兵法》英译本附录中的"孙武论将"与"孙武论布兵"

安乐哲在其《孙子兵法》英译本中交代此为《孙子兵法》之后的典籍如《左传》《史记》《潜夫论》《文选》《北堂书钞》《通典》和《太平御览》中发现的相关内容。

(一) 孙武论将 (Sun Wu Discusses the Commander)

1. 孙武兵书云:军井未达,将不言渴;军灶未炊,将不言饥。

The military treatise of Sun Wu says: "Before the army's watering hole has been reached, the commander does not speak of thirst; before the fires have food on them, the commander does not speak of hunger."

2. 孙子曰:将者:智也,仁也,敬也,信也,勇也,严也。是故智以折敌,仁以附众,敬以招贤,信以必赏,勇以益气;严以一令。故折敌则能合变,众附则思力战,贤智则阴谋利,赏罚必则士尽力,气勇益则兵威令自倍,威令一则惟将所使。

Master Sun said: "The traits of the true commander are: wisdom, humanity, respect, integrity, courage, and dignity. With his wisdom he humbles the enemy, with his humanity he draws the people near to him, with his respect he recruits men of talent and character, with his integrity he makes good on his rewards, with his courage he raises the morale of his men, and with his dignity he unifies his command. Thus, if he humbles his enemy, he is able to take advantage of changing circumstances; if the people are close to him, they will be of a mind to go to battle in earnest; if he employs men of talent and wisdom, his secret plans will work; if his rewards and punishments are invariably honored, his men will give their all; if the morale and courage of his troops is heightened, they will of themselves be increasingly martial and intimidating; if his command is unified, the men will serve commander alone."

3. 孙子兵法曰:人效死而上能用之,虽优游暇誉,令犹行也。

Sun-tzu: *The Art of Warfare* states: "Where men are committed to fight to the death, their superiors are able to make good use of them. Even when they are taking it easy and are at their leisure, commands will still be carried out."

4. 孙子兵法云:贵之而无骄,委之而不专,扶之而无隐,危之而不惧。故良将之动也,犹璧玉之不可污也。

Sun-tzu: *The Art of Warfare* states: "Exalt him and he is not arrogant; commission him and he does not act autocratically; support him and he does not conspire; threaten him and he is not afraid. Thus the actions of the able commander are as incorruptible as a jade insignium."

5.孙子兵法秘要云:良将思计如饥,所以战必胜,攻必取也。

Sun-tzu: *The Secret Essentials of the Art of Warfare* states: "Because the able commander plans and calculates like a hungry man, he is invincible in battle and unconquerable in the attack."

6.孙子兵法云:非文无以平治,非武无以治乱。善用兵者有三略焉:上略伐智,中略伐义,下略伐势。

Sun-tzu: *A Discussion of the Art of Warfare* states: "It takes a person of civil virtue to bring peace to the empire; it takes a person of martial virtue to quell disorder in the land. The expert in using the military has three basic strategies that he applies: The best strategy is to attack the enmey at the level of wisdom and experience; the second is to expose the injustice of the enemy's claims; and the last is to attack the enemy's battle position (shih)."

7.孙子曰:将者,勇,智,仁,信。

Master Sun said: "The traits of the true commander are: courage, wisdom, humanity, and integrity."

8.孙子曰:将必择其福厚者。

Master Sun said: "The commander will surely choose those who are most fortunate."

(二) 孙武论布兵 (Sun Wu Discusses Deploying the Army)

1.孙子曰:天隙之地,丘墓故城,兵不可处。

Master Sun said: "On marching through terrain with natural defiles, grave mounds, and the ruins of old walls, the army cannot tarry."

2.孙子兵法曰:林木蘙荟,草树蒙笼。

Sun-tzu: *The Art of Warfare* states: "The forests lie thick and tangled, the vegetation is lush and overgrown."

3.孙子曰:故曰:深草蓊秽者,所以逃遁也;深谷险阻者,所以止御车骑也;隘塞山林者,所以少击众也;沛泽杳冥者,所以匿其形也。

Master Sun said: "Therefore it is said: Terrain covered with thick brush and lush foliage is used for escape and for hiding; ground marked with deep valleys, defiles, and natural hazards is used to ward off chariots and mounted troops; narrow passes and mountain forests are used for the few to attack the many; terrain covered with marshy jungle and dark thickets is used to conceal one's position."

4.孙子曰:凡地多陷曲,曰天井。

Master Sun said: "Lowlands covered with quagmires and labyrinths, are called natural wells."

参考文献

一、英语世界的《孙子兵法》英译本

Alistair McAlpine. *The Ruthless Leader*: *Three Classics of Strategy and Power*. New York: Wiley & Sons, Inc., 2000.

Arthur Lindsay Sadler trans., *Three Military Classics of China*. Sydney: Australasian Medical Publishing Company, Ltd., 1944.

Brian Bruya trans. Tsai, Chih Chung adapted and illustrated. *Sunzi Speaks*: *The Art of War*. New York: Anchor Books, 1994.

Captain E. F. Calthrop trans. *Sonshi*: *The Chinese Military Classic*. Tokyo: Sanseido, 1905.

——trans. *The Book of War*: *The Military Classic of the Far East*. London: John Murray, 1908.

Chou-wing Chohan & Abe Bellenteen trans., Brant Rosemary ed. *The Art of War*: *The Cornerstone of Chinese Strategy*. Israel: Astrolog Publishing House, 2003.

E. Machell-Cox. *The Principles of War by Sun Tzu*, a new translation from a revised text. Ceylon: Royal Air Force, 1943.

Gary Gagliardi. *Sun Tzu's The Art of War Plus The Art of Marketing*. Seattle: Clearbridge Publishing, 2003.

J. H. Huang trans. *The Art of War*: *The New Translation*. New York: William Morrow, 1993.

James Clavell trans. & ed. *The Art of War*. London: Hodder & Stoughton, 1981.

——trans. and ed. *The Art of War*. New York: Delacorte Press, 1983.

John Minford trans. *The Art of War*, with an introduction and commentary. New York: Viking, 2002.

Leong Weng Kam trans., Tsai, Chih Chung edited and illustrated. *The Art of War*. Singapore: Asiapac, 2001.

Lionel Giles trans. and ed. *Sun Tzu on the Art of War: The Oldest Military Treatise in the World*, with introduction and critical notes. London: Luzac & Co., 1910.

——trans. *Sun Tzu on the Art of War: The Oldest Military Treatise in the World*, with introduction and critical notes. London: Kegan Paul, 2002.

Patrick Edwin Moran trans. and commented. "Master Sun's Art of War: A Classic Text for the Modern Martial Artists". 2010.

R. L. Wing trans. *The Art of Strategy: A New Translation of Sun Tzu's Classic The Art of War*. New York: Broadway Books, 1988.

Ralph D. Sawyer trans. *The Seven Military Classics of Ancient China*, with a commentary. Boulder: Westview Press, 1993.

——trans. *The Art of War* by Sun Tzu, with introduction and commentary, with collaboration of Mei-chun Lee Sawyer. New York: Barnes & Noble Books, 1994.

——trans. *The Art of War*. Boulder: Westview Press, Inc., 1994.

——translated, compiled and introduced. *The Art of Warrior: Leadership and Strategy from the Chinese Military Classics*, with selections from *The Seven Military Classics of Ancient China* and *Sun Bin's Military Methods*. Boston: Shambhala Dragon Editions, 1996.

——trans. *The Complete Art of War (The Art of War by Sun Tzu and The Art of War by Sun Bin)*, with historical introduction and commentary. Boulder, Colorado: Westview Press, 1996.

——trans. and ed. *The Essence of War: Leadership and Strategy from the Chinese Military Classics*. Boulder, Colorado: Westview Press, 2004.

——. *Fire and Water: The Art of Incendiary and Aquatic Warfare in China*, with the collaboration of Mei-chun Lee Sawyer. Boulder, Colorado: Westview Press, 2004.

——trans. *The Essential Art of War*, with historical introduction and commentaries, with collaboration of Mei-chun Lee Sawyer. New York: Basic Books, 2005.

——. *Ancient Chinese Warfare*. New York: Basic Books, 2009.

Roger T. Ames trans. *Sun-tzu: The Art of Warfare*, the 1st English translation incorporating the recently discovered Yin-chueh-shan texts, with an introduction and commentary. 1st edition. New York: Ballantine Books, 1993.

Samuel B. Griffith translated and with an introduction. *The Art of War*, with a foreword by B. H. Liddell Hart. London: Oxford University Press, 1963.

——translated and with an introduction. *The Art of War*. Oxford: Clarendon Press, 1963. 197p, 23cm.

——translated and with an introduction. *The Art of War*, with a foreword by B. H. Liddell Hart. New York: Oxford University Press, 1971 (Actually it is the revised version of his PhD. Thesis, Oxford University, 1960).

Sui Yun trans. *Sunzi's Art of War: World's Most Famous Military Classic*, illustrated by Wang Xuanming. 6th edition. Singapore: Asiapac, 2001.

Thomas Cleary trans. *The Art of War*. Boston: Shambhala, 1988.

——trans. and ed. *Mastering the Art of War*, by Zhuge Liang and Liu Ji. Boston: Shambhala, 1989.

——trans. *The Art of War* (pocket classics). Boston & London: Shambhala, 1991.

——trans. with commentary. *The Lost Art of War: Sun Tzu (II)*. Harper: San Francisco, 1996.

——trans. *The Illustrated Art of War*. Boston: Shambhala, 1998.

——trans. *The Art of War*, an illustrated edition. Shambhala Publications, 2004.

——trans. *The Art of War*. Boston: Shambhala, 2009.

Tom Butler-Bowdon trans. *The Art of War: The Ancient Classic*, including the translated *The Sayings of Wu Tzu*. West Wessex: Capstone Publishing, 2010.

Victor H. Mair trans. *The Art of War: Sun Zi's Military Methods*. New York: Columbia University Press, 2007.

Wee Chow-Hou. *Sun Zi Art of War: An Illustrated Translation with Asian Perspectives and Insights*. Singapore: Prentice Hall, 2003.

The Art of War. 1st Indian edition. New Delhi: Pentagon Press, 2009.

The Denma Translation Group. *The Art of War*: *The Denma Translation*. Boston: Shambhala Publications, 2001.

二、英文专著

Bevin Alexander. *Sun Tzu at Gettysburg*: *Ancient Military Wisdom in the Modern World*. New York: W. W. Norton and Co. Inc., 2011.

Bina D'Costa & Katrina Lee-Koo eds. *Gender and Global Politics in the Asia-Pacific*. New York: Palgrave Macmillan, 2009.

Cao, Shan. *The Strategic Advantage*: *Sun Zi and Western Approach to War*. Beijing: New World Press, 1997.

Check Teck Foo. *Sun Tzu on Management*: *The Art of War in Contemporary Business Strategy*. Singapore: Butterworth-Heinemann Asia, 1995.

——. *Reminiscence of an Ancient Strategist*: *The Mind of Sun Tzu*. Hampshire: Gower Publishing Ltd., 1997.

—— & Peter Grinver. *Organizing Strategy*: *Sun Tzu Business Warcraft*. Singapore: Butterworth-Heinemann, 1995.

Chet Richards. *Certain to Win*. Philadelphia: Xlibris, 2004.

Chu, Chin-ning. *The Art of War for Women*: *Sun Tzu's Ancient Strategies and Wisdom for Winning at Work*. New York: Currency Doubleday, 2007.

Curtis J. Montgomery. *Sun Tzu on Investing*: 15 *Strategies for Dynamic Investment*. John Wiley & Sons, 2003.

D. C. Lau & R. T. Ames. *Yuan Dao*: *Tracing Dao to its Source*. New York: Ballantine Books, 1998

David Apoatolico. *Tournament Poker and The Art of War*. New York: Lyle Stuart, 2005.

David Rooney. *Guerrilla*: *Insurgents, Rebels and Terrorists from Sun Tzu to Bin Laden*. London: Brasseys UK Ltd., 2004.

David E. Hawkins & Shan Rajagopal. *Sun Tzu and the Project Battleground*: *Creating Project Strategy from "The Art of War"*. Basingstoke, Hampshire: Palgrave Macmillan, 2005.

David G. Jones. *The School of Sun Tzu*: *Winning Empires without War*. Bloomington: iUniverse, Inc., 2012.

David H. Li. *The Art of Leadership by Sun Tzu*——a new millennium bilingual edition of *Sun Tzu's Art of War*. Minnesota: Premier Pub., Co., 2000.

David I. Goldenberg. *The Art of War 3: The Cannons of Commerce*. 1st Books Library, 2002.

Donald G. Krause. *The Art of War for Executives*. 1st edition. New York: Berkeley Publishing Group, 1995.

Dean Lundell. *Sun Tzu's Art of War for Traders and Investors*. New York: McGraw-Hill, 1997.

Ed Halter. *From Sun Tzu to Xbox: War and Video Games*. New York: Thunder's Mouth Press, 2006.

Foo Check Teck & Peter Hugh Grinyer. *Sun Tzu on Management: The Art of War in Contemporary Business Strategy*. Singapore: Butterworth-Heinemann, 1994.

Gary Gagliardi. *The Art of War: In Sun Tzu's Own Words*. Seattle: Clearbridge Publishing, 1999.

——. *Sun Tzu's The Art of War Plus Its Amazing Secrets*. Seattle: Clearbridge Publishing, 2003.

——. *Sun Tzu's The Art of War Plus The Art of Career Building*. Seattle: Clearbridge Publishing, 2003.

——. *Art of War Plus Warrior Class: 306 Lessons in Strategy*. Shoreline: Clearbridge Publishing, 2004.

——. *Sun Tzu's The Art of War and Strategy against Terror: Ancient Wisdom for Today's War*. Shoreline: Clearbridge Publishing, 2004.

——. *The Art of War for the Management Warrior: Sun Tzu*. Seattle: Clearbridge Publishing, 2007.

Gary Parker Chapin & T. Lian McDonald trans., illustrated by Bruce Jorgenson. *Sun Tzu's Ancient Art of Golf*. Chicago: Contemporary Books, 1992.

Gerald A. Michaelson. *Sun Tzu: The Art of War for Managers: 50 Strategic Rules*. Avon, Mass.: Adams Media, 2001.

——. *Sun Tzu Strategies for Selling: How to Use the Art of War to Build Lifelong Customer Relationships*. New York: McGraw-Hill, 2004.

——& Steven W. Michaelson. *Sun Tzu Strategies for Winning the*

Marketing War: A Field Manual for Business Leaders. New York: McGraw-Hill, 2003.

——& Steven W. Michaelson. *Sun Tzu for Success: How to Use the Art of War to Master Challenges and Accomplish the Important Goals in Your Life*. Avon, Mass.: Adams Media Corp, 2003.

——& Steven W. Michaelson. *Sun Tzu Strategies for Marketing: 12 Essential Principles for Winning the War for Customers*. New York: McGraw-Hill, 2004.

Gong Lizeng & Yang Aiwei trans. *The Story of Sun Zi*, by Cao Yaode and Cao Xiaomei. Beijing: Foreign Languages Press, 2002.

Han Jia & Wang Guozhen trans. *Sun Tzu: The Ultimate Master of War*, by Xu Yuanxiang and Li Jing. Beijing: China International Press, 2007.

Harry Costin ed. *Readings in Strategy and Strategic Planning*. Fort Worth: Dryden Press, 1998.

Herry Lynch. *The Way of the Champion: Lessons from Sun Tzu's The Art of War and other Tao Wisdom for Sports & Life*. Tuttle, 2006.

Ho Lai Lin trans. *Leadership: A Dose of Sun Zi*, by Sayling Wen. Singapore: Asiapac, 2000.

Jason B. Bucklin. *The Return of Sun Tzu* (a novel). San Jose, CA: Writers Club Press, 2001.

Jessica Steindorff. *Art of War: As Featured on the Sopranos*. New Millennium Audio, 2005.

Jodi Wing. *The Art of Social War: A Novel*. London: Harper Collins Publishers, 2008.

Kaihan Krippendorf. *The Art of the Advantage: 36 Strategies to Seize the Competitive Edge*. London: Texere Publishing, 2003.

Khoo Kheng-Hor. *Sun Tzu's Art of War at Work: Applying Sun Tzu's Art of War in Today's Business World*. Malaysia: Pelanduk Publications, 1990.

——. *Applying Sun Tzu's Art of War in Corporate Politics*. Malaysia: Pelanduk Publications, 1995.

——. *Applying Sun Tzu's Art of War in Managing Your Marriage*. Philadelphia: Coronet Books Inc., 2002.

——. *Applying Sun Tzu's Art of War in Managing Your Children*. Philadelphia: Coronet Books Inc., 2002.

——. *Applying Sun Tzu's Art of War in Managing Your Money*. Philadelphia: Coronet Books Inc., 2002.

——. *Applying Sun Tzu's Art of War in Corporate Planning*. Malaysia: Pelanduk Publications, 2003.

——. *Applying Sun Tzu's Art of War in Human Resource Management*. Malaysia: Pelanduk Publications, 2004.

Laurence J. Brahm. *Doing Business in China: Sun Tzu's 'The Art of War' as a Means of Understanding How the Chinese Do Business*. Boston: Tuttle Publishing, 2004.

Lin, Wusun trans. *The Art of War*. Beijing: Foreign Languages Press, 2007.

Luo, Shunde trans. and ed. *Sun Tzu on the Art of War*. Taipei: Li Ming Wen Hua Shi Ye Gong Si, 1991 & 2000 (Chinese and English edition).

Luo, Zhiye trans. and ed. *Sun Tzu's The Art of War* (Chinese and English edition). Beijing: China Translation and Publication Corporation, 2007.

M. W. Luke Chan trans. *Sunzi on the Art of War and its General Application to Business* by Chen Bingfu. Shanghai: Fudan University Press, 1989.

Mark McNeilly. *Sun Tzu and the Art of Business: Six Strategic Principles for Managers*. New York: Oxford University Press, 1996.

——. *The Six Principles from Sun Tzu and the Art of Business: Six Principles for Managers*. New York: Oxford University Press, 1996.

——. *Sun Tzu and the Art of Modern Warfare*. New York: Oxford University Press, 2001 (includes a translation of *The Art of War*).

Michael I. Handel. *Masters of War: Sun Tzu, Clausewitz, and Jomini*. London: Frank Cass and Co., 1992.

——. *Masters of War: Classical Strategic Thought*. 3rd revised and expanded edition. London: Frank Cass, 2001.

Michael Howard & Peter Paret eds. and trans. *Carl von Clausewitz: On War*. Princeton: Princeton University Press, 1976.

Mou, Xudian trans. *Sun Wu's "Art of War" and the Art of Business Management*, by Li Shijun, Yang Xianju & Qin Jiarui. Hong Kong: Haifeng Pub. Co., Ltd., 1990.

Niccolo Machiavelli. *The Art of War*. New York: Bobbs-Merrill, 1965.

Ovid K. Wong. *Pivotal Strategies for the Educational Leader: The Importance of Sun Tzu's The Art of War*. Lanham: Rowman & Littlefield Education, 2008.

Philip J. Ivanhoe ed. *Master Sun's Art of War*. Indianapolis: Hackett Publishing Company, 2011.

R. L. Cantrell. *Understanding Sun Tzu on the Art of War*. New York: Doubleday, 1994.

R. L. Wing. *The Art of Strategy*. New York: Dolphin Doubleday, 1988.

Ralph Peters introduced. *The Book of War*. New York: Modern Library, 2000.

Raymond T. Yeh & Stephanie H. Yeh. *The Art of Business in the Footsteps of Giants*. Minerva, Ohio: Zerotime Publishing, 2004.

Roald Knutsen. *Sun Tzu and the Art of Medieval Japanese Warfare*. Folkstone: Global Oriental, 2006.

Robert D. Kaplan. *Warrior Politics: Why Leadership Demands a Pagan Ethos*. New York: Random House, 2002.

Robert E. Neilson ed. *Sun Tzu and Information Warfare: A Collection of Winning Papers from the Sun Tzu Art of War in Information Warfare Competition*. Washington D. C.: National Defense University Press, 1997.

Robert L. Cantrell. *Understanding Sun Tzu on the Art of War*. Arlington: Center for Advantage Company, 2004.

——. *Art of War: Sun Tzu Strategy Card Deck: 54 Winning Strategies*. Arlington: Center for Advantage Company, 2004.

Stefan Rudnicki. *The Art of War by Sun Tzu*. West Hollywood: Dove Books, 1996.

Stanley Bing. *Sun Tzu Was a Sissy: Conquer Your Enemies, Promote Your Friends, and Wage the Real Art of War*. New York: Harper Business, 2004.

Stephen F. Kaufman. *The Art of War: The Definitive Interpretation of Sun

Tzu's Classic Book of Strategy. Clarendon, Vermont: Tuttle Publishing, 1996.

Steven W. Michaelson. *Sun Tzu for Execution: How to Use the Art of War to Get Results*. Avon, Mass.: Adams Business, 2007.

Sun, Haichen compiled and translated. *The Wiles of War: 36 Military Strategies from Ancient China*. Beijing: Foreign Languages Press, 1991.

Tang, Zi-chang trans. and ed. *Principles of Conflict: Recompilation and New English Translation with an Annotation on Sun Zi's Art of War*. San Rafael, California: T. C. Press, 1969.

Tao Hanzhang. *Sun Tzu's Art of War (The Modern Chinese Interpretation)*. New York: Sterling Publishing, 1987.

Thomas S. Kuhn. *The Structure of Scientific Revolutions*. Chicago: University of Chicago Press, 1996.

Thomas Raphael Phillips ed. *Roots of Strategy: The Five Greatest Military Classics of All Time*. Harrisburg, PA: Stackpole Books, 1985.

Timothy Walton. *Challenges in Intelligence Analysis: Lessons from 1300 B. C. to the Present*. Cambridge: Cambridge University Press, 2010.

Victor H. Mair trans. and commented. *Tao Te Ching: The Classic Book of Integrity and the Way*. New York: Bantam, 1990.

Wang, Jan-chih. *Sun Tzu's Thirteen Chapters, with Annotation and Reflections*. New York: Cozy House Publisher, 2004.

Wee Chow-Hou. *Sun Tzu: War and Management: Application to Strategic Management and Thinking*. Boston: Addison-Wesley, 1996.

Wu Qi, Sima Rangjv & A. L. Sadler. *The Chinese Martial Code* (originally published as *Three Military Classics of China*). Tuttle: Publishers Group UK, 2009.

Yuan, Shibing trans. *The Art of War*. Beijing: Foreign Language Teaching and Research Press, 1997.

——. *The Art of War*, with a commentary by Tao Hanzhang, introduction by Robert Wilkinson. Wordsworth Limited, 1998.

——. *Sun Tzu's Art of War: The Modern Chinese Interpretation*, by Tao Hanzhang. New York: Sterling Pub. Co., Inc., 1987.

Zhang, Huimin trans. *Sunzi: The Art of War with Commentaries (Chinese and English edition*). Bejing: Chinese Literature Pub. House, 1995.

Zheng, Lin translated with an introduction. *The Art of War: Military Manual Written cir. 510 B. C.* Shanghai: World Book Co., Ltd., 1946.

Zhong, Qin trans. *The Essentials of War: The Masterpiece of a Strategist in Ancient China(Sun Wu)*. Beijing: New World Press, 1996.

三、英文硕博论文

David Andrew Graff. "Early Tang Generalship and the Textual Tradition". PhD. Thesis, Princeton University, 1995.

Evan D. Pheobus. "System of Conflict: Translation as a Means of Exploring Mediation". MA. Thesis, University of Cincinnati, 2010.

Gowrie Vinayan. "Impact of Total Quality Management (TQM) and Sun Tzu Art of War Strategies on Sustainable Competitive Advantage (SCA): A Study of Malaysian Manufacturing Industries". PhD. Thesis, Multimedia University(Malaysia), 2012.

Jae Chang Kim. "Li or Shih: The Chinese Military Strategic Culture and Chinese Use of Force during the Cold War". PhD. Thesis, Fletcher School of Law and Diplomacy(Tufts University), 2002.

Jeffrey L. Guichard. "An Application of Ancient Chinese Philosophical Beliefs of Leadership as Defined Within Sun Tzu's 'The Art of War': Creating an Instrument to Measure the Strategic Intelligence of a Leader". PhD. Thesis, Regent University, 2011.

Laure Paquette. "A Comparative Study of Strategy and time in Clausewitz's *On War* and Sun Tzu's *The Art of War*". MA. Thesis, Queen's University, 1989.

Michael S. Bednarski. "Revisiting Lieutenant General Richard S. Ewell's Decision not to Attack Cemetery Hill on the First Day of the Battle of Gettysburg: A Study Viewed through the Theoretical Lenses of Sun Tzu, Antoine Jomini and the US Army Field Manual 3-0, C1". D. Ed. Thesis, Indiana University of Pennsylvania, 2013.

Pan, Yaotian. "The Influence of Chinese Cultural Tradition on Modern Business Organization in China". PhD. Thesis, University of Calgary (Canada), 2008.

Peter A. Boodberg. "The Art of War in Ancient China: A Study Based Upon the *Dialogues of Li, Duke of Wei*". PhD. Thesis, University of California at Berkeley, 1930.

Tadashi Watanbe. "Japan's Preventive Strategy: Secure the World——the National Defense Program Guidelines in and after FY 2010". MA. Thesis, University of Denver, Josef Korbel School of International Studies, 2009.

Toshi Yoshihara. "Chinese Strategic Culture and Military Innovation: From the Nuclear to Information". PhD. Thesis, Fletcher School of Law and Diplomacy(Tufts University), 2004.

Ying-kit Abraham Tsui. "A Holistic Model for Driving Improvement". MA. Thesis, California State University, Dominguez Hills, 1999.

Zhang, Aiping. "A Study of Recent Developments of Institutional Planning in Chinese Universities: Three Case Studies". D. Ed. Thesis, University of Toronto(Canada), 2002.

四、英文期刊文章

Aaron Creller. "The Art of War: Sun Zi's Military Methods" (book review). *China Review International*, Vol.16, No.1, 2009.

Adam Leong Kokl Wey. "Principles of Special Operations: Learning from Sun Tzu and Frontinus". *Comparative Strategy*, Vol.33, No.2, 2014.

Alan Cate. "A Swift, Elusive Sword: What if Sun Tzu and John Boyd Did a National Defense Review"(book review). *Military Review*, Vol.84, No.1, 2004.

Allen Danford. "On the Sun Tzu Side of the Street". *Publishers Weekly*, Vol.251, Issue 20, 2004

Allen Hing. "Forget Sun Tzu. Try the Art of Business". *Inc.*, Vol.27, No.5, 2005.

Andrew Sai On Ko. "Can Principles from Sun Tzu's Art of War be Used to Address the Problems of Consensus——Seeking Organizations?" *Corporate Communications*, Vol.8, No.3, 2003.

Angela Harris, Margaretta Lin & Jeff Selbin. "From 'The Art of War' to 'Being Peace': Mindfulness and Community Lawyering in the Neoliberal Age". *California Law Review*, Vol.95, No.5, 2007.

Ard-Pieter De Man. "Sun Tzu and the Art of Business, including Sun Tzu's *Art of War*". *Organization Studies*, Vol.23, No.6, 2002.

Arden Bucholz. "Master of War: Sun Tzu, Clausewitz and Jomini" (book review). *War in History*, Vol.1, No.3, 1994.

Bernard Boar. "Sun Tzu and Machiavelli on Strategy". *Journal of Business Strategy*, Vol.16, No.1, 1995.

Blaine McCormick. "Make Money, Not War: A Brief Critique of Sun Tzu's *The Art of War*". *Journal of Business Ethics*, Vol.29, No.3, 2001.

Boar Bernard. "Sun Tzu and Machiavelli on Strategy". *Journal of Business Strategy*, Vol.16, No.1, 1995.

Bruce Berkowitz. "John Boyd: The American Sun Tzu". *Orbis*——a Journal of World Affairs, Vol.47, No.2, 2003.

Caleb M. Barteley. "The Art of Terrorism: What Sun Tzu Can Teach Us about International Terrorism?" *Comparative Strategy*, Vol.24, No.3, 2005.

Carnes Lord. "A Note on Sun Tzu". *Comparative Strategy*, Vol.19, No.4, 2000.

Charles Chao Rong Phua. "From the Gulf War to Global War on Terror——a Distorted Sun Tzu in US Strategic Thinking?" *The Rusi Journal*, Vol.152, No.6, 2007.

Charles Chow Hoi Hee & Bruce Gurd. "Leadership Essentials from Sun Zi's *Art of War* and *The Bhagavad Gita*". *Journal of Management History*, Vol.16, No.3, 2010.

Chek Teck Foo. "Implementing *Sun Tzu's Art of War*, System of Systems (SOS) Thinking: Integrating Pilot's F22 Raptor Cockpit and the Brain of CEO". *Chinese Management Studies*, Vol.3, No.3, 2009.

Chen, Qimei & William D. Wells. "The Wisdom of Two Sages: Sun Tzu and Confucius on Market Strategy". *Asian Journal of Communication*, Vol.8, No.2, 1998.

Ching-Chane Hwang & L. H. M. Ling. "The Kitsch of War: Misappropriations of Sun Tzu for an American Imperial Hyper Masculinity". Conference Papers——International Studies Association, 2005 Annual Meeting.

Chip Ashley. "Sun Tzu: The Art of War and Basketball". *Coach and Athletic Director*, Vol.78, No.2, 2008.

Christian De Cock. "Of Strategy, Warfare and Fiction: Writings on Sun Tzu". *Asia Pacific Business Review*, Vol.2, No.2/3, 1984.

Christopher Coker. "What Would Sun Tzu Say about the War on Terrorism?" *RUSI Journal*, Vol.148, No.1, 2003.

Dale Farris. "Crazying Bosses: Spotting Them, Serving Them, Surviving Them and Sun Tzu Was a Sissy: Conquer Your Enemies, Promote Your Friends, and Wage the Real Art of War". *Library Journal*, Vol. 132, No. 14, 2007.

David I. Goldenberg. "From 400 B. C to A. D. 2000: Applying the Wisdom of Sun Tzu". *Strategy & Leadership*, Vol.25, No.1, 1997.

David S. Maxwell. "Operation Enduring Freedom——Philiphines: What Would Sun Tzu Say?" *Military Review*(English Edition), Vol.84, No.3, 2004.

David Wanetick. "Advancing the Business of Intellectual Property Globally: How Sun Tzu Would Outflank Patent Trolls". *Journal of the Licensing Executive Society*, Vol.45, No.2, 2010.

Derek Yuen. "Deciphering Sun Tzu". *Comparative Strategy*, Vol.27, No. 2, 2008.

Douglas McCready. "Learning from Sun Tzu". *Military Review* (English Edition), Vol.83, No.3, 2003.

Eric O. Trais & Bryan M. Bell. "Cyber This, Cyber That …So What". *Air and Space Power Journal*, Vol.24, Issue 1, 2010.

Florence Yean Yng Ling & Sing Yee Lee. "Career Development in Construction Firms: Application of Sun Tzu's Art of War Principles". *Engineering, Construction and Architectural Management*, Vol.19, No.2, 2012.

Frank Chin. "I am Talking to the Strategist, Sun Tzu about Life when the Subject of War Comes up". *American Journal*, Vol.17, No.1, 1991.

Frank J. Lexa. "Strategic Planning in Diagnostic Imaging: Meeting the Challenge". *Canadian Association of Radiologists Journal*, Vol.59, No.1, 2008.

Gary Gagliardi. "Sales Strategies from Sun Tzu's The Art of War". *American Salesman*, Vol.49, No.2, 2004.

George A. Silver. "Clausewitz VS. Sun Tzu: The Art of Health Reform". *American Journal of Public Health*, Vol.85, No.3, 1995.

Gerard Kelley. "Machiavelli? Sun Tzu? No, Desperate Heads Should Look to George Dubya for Inspiration". *Times Educational Supplement*, No. 4913, 2010.

Gilbert Tayler. "Sun Tzu at Gettysburg: Ancient Military Wisdom in the Modern World" (book review). *Kirkus Reviews*, Vol.79, No.5, 2011.

Joseph J. Romm. "The Gospel according to Sun Tzu". *Forbes*, Vol.148, No.13, 1991.

Jacqueline Newmyer. "Sun Tzu and the Art of Modern Warfare" (book review). *War in History*, Vol.12, No.2, 2005.

Joseph Savirimuthu. "Identity Theft and the Gullible Computer User: What Would Sun Tzu in *The Art of War* Might Teach". *Journal of International Commercial Law and Technology*, Vol.3, No.2, 2008.

Jason B. MacDonald & Kent E. Neupert. "Applying Sun Tzu's Terrain and Ground to the Study of Marketing Strategy". *Journal of Strategic Marketing*, Vol.13, No.4, 2005.

Joan Johnson-Freese. "China's Manned Space Program: Sun Tzu or Appolo Redux?" *Naval War College Review*, Vol.56, No.3, 2003.

John Rhea. "Sun Tzu and the Revolution in Military Affairs". *Military & Aerospace Electronics*, Vol.12, No.8, 2001.

Johnson Hillary. "The Next Management Revolution——It's Time to Throw Sun Tzu out with the Trash". *Inc——Magazine for Growing Companies*, Vol.26, No.7, 2004.

Joseph Heath. "An Adversarial Ethic for Business: Or When Sun Tzu Met the Stakeholder". *Journal of Business Ethics*, Vol.27, No.4, 2007.

Judy Malana. "Sun Tzu and the Art of Business: Six Strategic Principles for Managers". *Naval War College Review*, Vol.65, No.4, 2012.

K. I. Tong. "Strategies for Epidemic Prevention in an Typical Period: Epidemiology & Sun Zi's *The Art of War*". *Journal of Youth Studies (Hong Kong)*, Vol.7, No.1, 2004.

Ken Kempcke. "The Art of War for Librarians: Academic Culture,

Curriculum Reform and Wisdom from Sun Tzu". *Libraries & the Academy*, Vol. 2, No.4, 2002.

Kenney Ratledge. "Football According to Sun Tzu". *Coach and Athletic Director*, Vol.72, No.10, 2003.

Lance Blyth. "Guerrilla: Insurgents, Patriots and Terrorist from Sun Tzu to Bin Laden". *Journal of Military History*, Vol.69, No.2, 2005.

Laurence Paquette. "Strategy and Time in Clausewitz's *On War* and in Sun Tzu's *The Art of War*". *Comparative Strategy*, Vol.10, No.1.

Low Sui Pheng & Teo Hui Fang. "Some Questions on Their Origin and Similarities with Sun Tzu's *Art of War* Modern-day Lean Construction Principles". *Management Decision*, Vol.43, No.4, 2005.

Mark McCary. "Sun Tzu's Battle for Your Footnotes: The Emergent Role of Libraries in Judicial Warfare". *University of Miami National Security & Armed Conflict Law Review*, Vol.3, 2013.

Mark Willoughby. "Securing Lessons from Sun Tzu and Hannibal". *Computer World*, Vol.40, No.41, 2006.

Matthew J. Morgan. "The Art of War in Operation Iraqi Freedom". *Defense and Security Analysis*, Vol.21, Issue 1, 2005.

Matthijs Pars. "Six Strategy Lessons from Clausewitz and Sun Tzu". *Journal of Public Affairs*, Vol.13, No.3, 2013.

Michael I. Handel. "Corbett, Clausewitz, and Sun Tzu". *Naval War College Review*, Vol.53, No.4, 2000.

Michael Warner. "The Divine Skein: Sun Tzu on Intelligence". *Intelligence and National Security*, Vol.21, No.4, 2006.

Peter Allan Lorge. "The Art of War: Sun Zi's Military Methods" (book review). *Journal of Military History*, Vol.72, No.3, 2008.

Peter C. Ordeshook. "Theoretic Interpretation of Sun Tzu's *The Art of War*". *Journal of Peace Research*, Vol.31, No.2, 1994.

Ralph D. Sawyer. "Sun Tzu, Alive and Well in Contemporary China". *Military History*, Vol.24, No.4, 2008.

Richard Rousseau. "Strategic Perspective: Clausewitz, Sun Tzu and Thucydides". *Khazar Journal of Humanities and Social Sciences*, Vol.15, No.

2, 2012.

Robert R. Leonhard. "Sun Tzu's Bad Advice: Urban Warfare in the Information Age". *Army Magazine*, Vol.53, No.4, 2003.

Samuel K. Ho and Amy S. F. Choi. "Achieving Marketing Success through Sun Tzu's *Art of Warfare*". *Marketing Intelligence & Planning*, Vol.15, No.1, 1997.

Sandra L. Power. "Studying the Art of War: Military Books Known to American Offices and Their French Counterparts during the Second Half of the Eighteenth Century". *Journal of Military History*, Vol.70, No.3, 2006.

Santiago I. Iguez. "Sun Tzu Revisited?" *Asia Inc*, No.15, 2006.

Scott A. Boorman. "Mao Tse-tung and *The Art of War*: Samuel B. Griffith translated and introduced. *Sun Tzu: The Art of War*" (book review). *Journal of Asian Studies*, Vol.24, No.1, 1964.

Shaun Treat & Jon Croghan. "Rhetorical Imperialism and Sun Tzu's *Art of War*: A Response to Comb's Rhetoric of Parsimony". *Quarterly Journal of Speech*, Vol.87, No.4, 2001.

Silver GA. "Clausewitz VS. Sun Tzu——The Art of Health Reform". *American Journal of Public Health*, Vol.85, No.3, 1995.

Sorin Gabriel Gresoi. "Sun Tzu——The Art of War Interpretation for Business". *Romanian Statistical Review Supplement*, Vol.62, No.1, 2014.

Stanley Bing. "Sun Tzu Was a Sissy: Conquer Your Enemies, Promote Your Friends, and Wage the Real Art of War". *Fortune* (U. S. Edition), Vol.150, No.10, 2004.

Stephen J. Cimbala. "Sun Tzu and Salami Tactics? Vladimir Putin and Military Persuasion in Ukraine, 21 February——18 March, 2014". *The Journal of Slavic Military Studies*, Vol.27, No.3, 2014.

Steven C. Combs. "Sun-zi and the Art of War: The Rhetoric of Parsimony". *Quarterly Journal of Speech*, Vol.86, No.3, 2000.

Steven Heine. "From *Art of War* to Attila the Hun: A Critical Survey of Recent Works on Philosophy/Spirituality and Business Leadership". *Philosophy East and West*, Vol.58, No.1, 2008

T. Pokora. "Sun Tzu: The Art of War", translated by Samuel B. Griffith (book review). *Orientalistische Literaturzeitung*, Vol.62, No.1, 1967.

Wann-Yin Wu, Chou Chi-Hsiung & Wu Ya-Jung. "A Study of Strategy Implementation as Expressed through Sun Tzu's 'Principle of War'". *Industrial Management and Data System*, Vol.104, No.5, 2004.

Wee Chow-Hou. "Perspectives from Sun Tzu's The Art of War". *WorldatWork Journal*, Vol.9, No.2, 2000.

"Sun Tzu: The Art of War" (book review). *Royal United Service Institution Journal*, Vol.108, 1963.

"Sun Tzu and the Art of Modern Warfare" (book review). *Library Journal*, Vol.126, No.16, 2001.

"Land Forces——Sun Tzu". *Asian Defense Journal*, 2004.

"The Ancient Art of Leadership". *Nursing Management*, Vol.14, No.10, 2008.

"All War is Deception". Sun Tzu (544-496 B.C.). *U.S. Naval Institute Proceedings*, Vol.136, No.8, 2010.

"Ten Books on Leadership in Time of War". *Human Events*, May 17, 2004.

"Sun Tzu at Gettysburg: Ancient Military Wisdom in the Modern World". *Kirkus Reviews*, Vol.79, No.5, 2011.

"The Misapplication of Sun Tzu's Strategy". *Asahi Evening News*, 2003.

后　记

找寻孙子

　　本书稿的形成得益于我在曹师顺庆先生指导下完成的博士论文"英语世界的郭沫若研究"。该书稿的选题、研究方法和研究框架都受到其启发，并从中有所借鉴，在此特别向先生表示我一如既往的感激。感谢先生的知遇之恩和牵引前行。

　　在收集整理"英语世界的郭沫若研究"和"英语世界的毛泽东诗词与文艺理论研究"的过程中，便一直在关注、收集"英语世界的《孙子兵法》研究"的资料。因此，这本专著的形成应该算是长时间思考和整理的结果。

　　同之前所有的课题一样，资料的收集是个异常艰辛曲折的过程，令人伤心、激动，也让人振奋。《孙子兵法》资料的收集难度更有过之而无不及。国家图书馆内《孙子兵法》的英文书馆藏其实是挺丰富的，仅与《孙子兵法》英译文本相关的我需要的专著就不少。但完全没有料到的是，我提交的二十八种书目中，信息回馈只能借阅复印到其中的四种。细问原因，告知图书馆在维护，网上显示在架可借阅的西文图书中仅有很少部分能借阅到。再问可否想办法借出复印，回答绝无可能，让我趁早想办法到其他图书馆借阅。没有资料怎么做研究呢？更何况我这个课题就是关于第一手英文资料的整理的，需要对原文本进行详细的文本分析才行呀。

　　赶紧问询借书和研究经验丰富的久明他认为国内哪些图书馆藏书比较丰富，有可能找到我需要的这些英文资料。久明说可以试试重庆图书馆、上海图书馆和北京大学图书馆。赶紧进入这几个图书馆查询，重庆图书馆无一本馆藏。北京大学图书馆除了我之前已经复印过的五本相关专著外，再无需要的信息。还好，上海图书馆带给我安慰，有六个相关的文本。第二天一大早再次拉网式搜罗国内比较有可能收藏这些书的大学图书馆,如四川大学图书馆、四川师范大学图书馆、国防科技大学图书馆、南京大学图书馆、南京师范大学图书馆、山东大学图书馆、山东师范大学图书馆,均无一本相关收藏。我彻底崩溃。

英语世界最早的《孙子兵法》英译本是 1905 年在日本东京出版的 *Sonshi*,国内图书馆和网上均无。美国亚马逊网上有唯一一本旧书卖,标价 16000 美元。但要做译本的比较研究,最早的译本是肯定少不了的关键之关键,无论如何要想办法得到它才行。突然想到在日本学习的仕江,心想如果这个版本书在国内找不到馆藏的话,那它最初的出版地应该会有收藏的。马上联系他查询日本的图书馆了解情况。仕江开始还主动说,要是价钱合适的话我给你买一本吧。待我告诉他网上的标价,大吃一惊的他根本不敢相信。喜的是第二天他查询到该书在日本九州大学图书馆和东洋文库两处有馆藏,失望的是这本珍稀书作为只有临时居住证的他来说是没有申请借阅复印的资格的。失望之余我突然想到了参加郭沫若国际会议时认识的日本郭沫若研究学者中,岩佐昌暲先生曾经就是九州大学的教授。问了久明要日本郭沫若学会会长岩佐先生的邮件,可是久明讲,最好还是请蔡震先生出面给岩佐先生联系吧,他俩二十多年的老朋友了,这么麻烦人的事一般人不好轻易开口的。我马上给北京郭沫若纪念馆的蔡先生打电话说了此事。蔡先生说岩佐先生早就从九州大学退休了,他可以试试看能不能联系上去年三月已经从九州大学博士毕业的岸田宪也先生。我只能祈祷尽快带来联系的结果。

晚上躺在床上突然想到在新加坡学习的柯芦。何不烦她试试,看看在新加坡能否找到这些英文资料呢。记得延超师弟当初想做"新加坡英语文学研究",我通过各种途径查询国内的相关研究资料,均无任何收获。不甘心的延超两次亲自跑新加坡,不但弄到丰富的研究文献,顺利完成了博士论文,而且还以此为题成功申报到教育部课题和国家社科课题。第二天一早便给柯芦发邮件,把我需要复印的书目发给了她。柯芦同我一样也是个急性子,看我要得急,马上上网帮我查询。等到下午四点过我从西坝、五通陪朋友游玩回来,柯芦已经在 QQ 上留言告诉我所查寻到可以借阅的书目,共有七本纸质本和五本电子文本。真是太令人振奋了。

出门玩之前我也给日本的仕江发了同样的书目让他查询。周末他在家上网不便,到晚上都还没消息给我。晚上在 QQ 上联系上他,我把除了已在国家图书馆、上海图书馆和新加坡可以复印到的图书书目整理了给他，共有十八项。第二天下午，上完课的他返回信息给我。他问，有两个消息，一好一坏，你要先听哪个？那就先来坏的吧。仕江说坏消息就是你要的书大阪市立图书馆一本也没有馆藏。那好的呢？好的就是你要的这些书基本上都可以在网上买到。仕江马上把网上购买这些书的详细信息整理出来传给了我，其中有1908年《孙子兵法》的英译本，是《孙子兵法》最早的那本英译本作者卡尔思罗普的另一英译本。通过价格折合、选择，我最终决定购买其中的十一本。粗略算了下价钱，感觉还不是很贵。

  我决定还是亲自给岩佐先生发邮件告诉他我想烦他借书的事。邮箱号码是管久明要的，可是试了四次都被退回来了。后来他又帮我找到另一个邮箱号码，这下成了。下午回来时岩佐先生回复的邮件已经躺在我的邮箱里。信中他爽快地答应这几天他会通过学校的图书馆申请馆际互借那本珍稀书来复印了寄给我。为方便我找到他，他随后又发了第二封邮件告诉我两个随时可以找到他的邮箱。感动溢满心中。为他的记得，为他的倾力相助，为这么个德高望重的老先生对后学的无私扶助。其实我仅在济南和南充的国际会议上见过先生两次。后来通过很多次邮件往来，岩佐先生直接请在九州大学文学部的中国哲学讲座主任柴田笃（Shibata Atsushi）先生以自己的名义借出此书。柴田笃先生从台湾回日本后在百忙中把此书的英文部分电子扫描，做成三十五张图片传给岩佐先生，岩佐先生再将文件两个一组打包，共发了十七封邮件，将资料给了我。最后一封邮件中，岩佐先生把柴田笃先生的邮箱给我，让我给先生发封致谢的邮件，并在信中再次强调说，要不是柴田笃先生作为主任亲自将这本书借出，我是断断不可能得到这些珍贵资料的。两位学术任务都异常繁重的大学者，为将此书给我付出了大量的心力，令我感动，倍觉温暖。在此向两位先生致以我诚挚的谢意！在其后的孙子资料和我做的其他研究中，以及在翻译《郭沫若学刊》和《汉学研究》目录需要查询核实相关的日文资料时，很多时候都是麻烦严谨而热心的岩佐先生。先生说："我非常乐意作你的日汉词典。"

  柯芦在新加坡帮我复印到并及时通过顺风快递给我的书、仕江在日本网上为我购买并亲自带回来给我的书、海英在英国为我收集下载的电子书、我在上海图书馆和国家图书馆复印的书，再加上我在亚马逊网上买到的六本书和之前我已经从北京大学图书馆、四川大学图书馆和国家图书馆复印到的书和下载的书，这样，我做《孙子兵法》在英语世界的传播与接受研究"所需要的众多第一手英文资料就基本上弄齐了。感动之余，我喜极而泣。对孙子的找寻,让人亦喜亦悲。

  资料收集整理的艰难对我所做的"中国经典在英语世界的传播与接受研究"系列课题都尤其突出。衷心感谢生命中的这些有缘人,是你们的倾力相助让这个艰辛的过程变得还可以忍受,是你们的真诚以待让我的研究没有半途而废,并苦中作乐地享受其中的每一分惊喜与满足。

  感谢北京语言大学的阎纯德教授对此书稿的欣赏与偏爱,将其列入"列国汉学史书系",使其成为我在该书系继《马立安·高利克的汉学研究》和《郭沫若在英语世界的传播与接受研究》之后的第三个"孩子"。感谢先生亦师亦友的鼓励、帮助与牵引。

破晓玉英
二〇一七年三月六日